庆祝建党百年　助力“三高四新”

——第十一届湖南省社会科学界学术年会

优秀论文选编

主　编　胡代松
副主编　戴树源　王和平　丁　宇
编　委　刘　平　方　丽　周松华　贺丁辉
　　　　康韵凝　唐小玲　王莉娟

湘潭大學出版社
XIANGTAN UNIVERSITY PRESS

图书在版编目（CIP）数据

庆祝建党百年助力 “三高四新”：第十一届湖南省社会科学界学术年会优秀论文选编 / 胡代松主编. -- 湘潭：湘潭大学出版社，2022.9
ISBN 978-7-5687-1017-6

Ⅰ. ①庆… Ⅱ. ①胡… Ⅲ. ①社会科学－文集 Ⅳ. ①C53

中国国家版本馆 CIP 数据核字（2023）第 027002 号

庆祝建党百年助力 “三高四新”：

第十一届湖南省社会科学界学术年会优秀论文选编

QINGZHU JIANDANG BAINIAN ZHULI SANGAOSIXIN :

DI SHIYIJIE HUNANSHENG SHEHUI KEXUEJIE XUESHU NIANHUI YOUXIU LUNWEN XUANBIAN

胡代松 主编

责任编辑：丁立松
封面设计：张丽莉
出版发行：湘潭大学出版社
社　　址：湖南省湘潭大学工程训练大楼
电　　话：0731-58298960 0731-58298966（传真）
邮　　编：411105
网　　址：http://press.xtu.edu.cn/
印　　刷：长沙云图数字印刷有限公司
经　　销：湖南省新华书店
开　　本：787 mm×1092 mm 1/16
印　　张：25.5
字　　数：589 千字
版　　次：2022 年 9 月第 1 版
印　　次：2022 年 9 月第 1 次印刷
书　　号：ISBN 978-7-5687-1017-6
定　　价：148.00 元

序

繁荣发展中国特色、湖南特点哲学社会科学

湖南省社会科学界联合会党组书记、副主席（主持日常工作）
胡代松

哲学社会科学是人们认识世界、改造世界的重要工具，是推动历史发展和社会进步的重要力量。党的二十大报告明确指出，要“深入实施马克思主义理论研究和建设工程，加快构建中国特色哲学社会科学学科体系、学术体系、话语体系，培育壮大哲学社会科学人才队伍”。湖南文源深、文脉广、文气足，是哲学社会科学的一片沃土，广大社科工作者要深入学习贯彻党的二十大精神，立足哲学社会科学事业发展，做到“五个起来”，努力打造一批具有中国特色、湖南特点的“湘字号”社科品牌，为构建中国特色哲学社会科学作出积极贡献。

把龙头舞起来——高举旗帜、挥舞旗帜。坚持以马克思主义为指导，是当代中国哲学社会科学区别于其他哲学社会科学的根本标志，必须旗帜鲜明加以坚持。要高举习近平新时代中国特色社会主义思想这面思想之旗、精神之旗，带头学懂弄通做实，贯穿到课题研究、学术交流、社科评价、社科普及、成果运用等各方面各环节，使之成为哲学社会科学工作的“魂”和“纲”。广大社科工作者要坚定理论自信，自觉坚持以马克思主义为指导，自觉把新时代党的创新理论贯穿研究和教学全过程，转化为清醒的理论自觉、坚定的政治信念、科学的思维方法，切实让党的思想旗帜高高飘扬。

把责任扛起来——研究湖南、服务湖南。以我们正在做的事情为中心，从中国式现代化的实践中挖掘新材料、发现新问题、提出新观点、构建新理论，是构建中国特色哲学社会科学的着力点、着重点。党的十八大以来，习近平总书记三次视察湖南，作出“一带一部”“三个着力”“守护好一江碧水”和“打造三个高地，践行四新使命，落实好五项重点任务”等一系列重要指示。习近平总书记对湖南重要讲话重要指示批示精神、省委重要决策部署，就是我们研究湖南、服务湖南的关键着力点。我们要紧跟习近平总书记思想步伐，立足湖南大地实际，走进现代化新湖南建设的主战场，聚焦推进长株潭一体化发展、数字经济发展、民营经济高质量发展等重大任务重大工作，开展前瞻性、全局性、战略性

研究，提出更多务实管用的对策，不断汇聚全面落实“三高四新”战略定位和使命任务、加快建设社会主义现代化新湖南的智慧和力量。

把产品优起来——多出成果、形成品牌。哲学社会科学繁荣发展的标志，一个是人才，一个是成果。同全国一样，我省哲学社会科学还处于有数量缺质量、有专家缺大师的状况，地位作用和发展潜力没有充分发挥出来。社科联要牢记“人才是第一资源”理念，着眼争取人、凝聚人、团结人，精心做好社科联的“联”字文章，“联”出最大同心圆，“联”出强大战斗力，为“湘字号”社科品牌建设留人聚人。做优哲学社会科学生态，走出去、请进来的步子迈得更大，建立科学权威、公开透明的哲学社会科学成果评价体系，建立优秀成果推介制度，把优秀研究成果真正评出来、推广开，打通研究成果与实际应用的“最后一公里”，让湖南社科品牌更闪亮，影响力更强大。

把优势用起来——深入交流、深化普及。把握社科联作为党委领导下的学术性群众团体的定位，发挥社科战线组织层次多、联系群众广、人才荟萃、智力密集的优势，广泛开展纵向、横向学术交流活动，推动哲学社会科学学科建设和学术繁荣。扎实组织社科专家、社科普及志愿者深入机关、企业、学校、军营、社区、农村开展社科普及活动，讲好地方话百姓话家常话，把深奥的理论讲清楚讲透彻讲明白，把党中央的声音、省委的决策部署更好传达给知识分子和基层干部群众，不断增强社科普及工作的说服力吸引力影响力。

把平台搭起来——拓宽渠道、健全机制。强化系统社科建设，统筹全省哲学社会科学各项工作和任务，建立健全哲学社会科学统筹协调机制，加强贯彻落实情况督查，加强宏观指导，推动我省哲学社会科学增活力、筑高地。强化数字社科建设，运用哲学社会科学大数据平台，推进流程再造、服务重塑，创新平台应用，储备社科信息数据资源池，实现哲学社会科学领域学术资源整合和开放共享。强化全媒社科建设，发挥新媒体传播优势，打造全媒体传播平台，构建中央、省、市、县四级联动的主流媒体传播矩阵，为哲学社会科学事业繁荣发展营造良好氛围。强化学术平台建设，用心用情办好省社科界学术年会和“湖湘大学堂”，进一步提升品质、扩大影响，使之成为我省社科界靓丽的学术名片、高端的学术交流平台。强化温馨社科建设，提升政治职能、联络功能、服务效能，优化资源配置，引导专家学者方向明、主义真、学问高、德行正，构建学术共同体，放大人才聚集效应，着力把社科联打造成有温度、有情怀的“社科工作者之家”。

风正劲足自当扬帆破浪，任重道远更需快马加鞭。今天，生逢伟大时代，身处伟大国家，我们坚信，在习近平新时代中国特色社会主义思想的科学指引下，在省委宣传部的坚强领导下，在省社科联全体干部职工的团结努力下，我们必将把湖南社科事业在新的起点上向前推进一步，湖南社科事业也一定会迎来又一个生机盎然、朝气蓬勃的春天。让我们一起为此作出我们的努力和奉献！

目 录

中国共产党党内政治忠诚教育的百年历程与经验启示…………………… 王 翔 张 奎 / 1

湖南先进装备制造业发展现状及对策建议 ………………… 韦志文 田 晖 宋 清 / 11

大学生返乡创业协同帮扶机制构建路径 ……………………………… 邓玉喜 肖青山 / 24

中国共产党领导湖南报纸抗战的方式及当下启示 ……………………………… 龙运荣 / 34

中国共产党精神谱系湖南篇章的鲜明特质与时代价值

……………………………………… 任欣欣 高其荣 汤迪军 粟 锋 谭 縈 / 42

党史中的三份《中国妇女》刊物及其妇女解放思想 …………………………… 刘人锋 / 50

文化适应视角下湖湘传统体育对接“一带一路”倡议的机制与路径研究 …… 刘 鑫 / 69

传统村落人居环境有机更新：理论认知与实践路径 ……… 李伯华 杨馥端 窦银娣 / 80

应急管理软实力：理解中国抗疫精神的新视角 ……………………… 杨安华 江发明 / 96

体育非物质文化遗产保护传承中乡村精英话语权的生成

………………………………………………… 邱海洪 江 亮 胡 蓉 付 亮 / 116

湘企在非洲工程承包的法律风险及其防控研究……………………… 张小虎 王朝乾 / 133

统筹推进大中小学思想政治理论课一体化建设的四重进路……………… 陈方芳 / 165

五溪流域三古文化生态变迁研究……………………………………………… 易 弢 / 173

湘西州传统村落空心化特征及调控措施研究……………… 秦英洁 刘春腊 付怡纯 / 184

政府购买老年康复服务质量满意度影响因素研究…………………………… 徐金燕 / 195

论纪念性文化遗产的法律保护…………………………………………………… 陶华强 / 209

需求侧改革与“双循环”新发展格局构建服务业发展的功能与路径探析
…………………………………………………………………… 曾世宏　钟　纯 / 223
年报问询函的公司治理效应：非效率投资视角…………… 曾辉祥　龚方圆　周　琼 / 237
能力本位的现代调适：百年大党强党视域下政党能力建设论纲……………… 管志利 / 279
“双一流”建设背景下地方高校人力资源柔性管理的实证研究 …… 王小兵　刘锦志 / 291
论共同富裕的政治伦理内核…………………………………………………… 向汉庆 / 301
数字赋能背景下社会救助管理跨部门协同研究……………………………… 刘　玮 / 308
中国红色文学英语译介的百年嬗变研究……………………………………… 刘　堃 / 325
新时代全面从严治党的实践路径研究………………………………………… 李珍珍 / 334
中华民族伟大复兴的政治经济学分析……………………………… 张　磊　刘长庚 / 343
论人类命运共同体理念深入人心的文化理路………………………………… 胡达仁 / 357
县级政府社会矛盾化解的系统集成路径：问题导向、逻辑结构与效能转化
…………………………………………………………………… 侯丹丹　陈建斌 / 367
牢牢把握伟大建党精神的鲜明特征与时代意义……………………………… 曾梦芳 / 379
经济危机、金融化资本主义走向及防范启示………………………………… 蔡景庆 / 385
后　记 …………………………………………………………………………… 401

中国共产党党内政治忠诚教育的百年历程与经验启示

王 翔 张 奎*

摘 要：中国共产党成立之初，党内的政治忠诚教育便应运而生，历经革命、建设、改革各个历史时期，呈现出起步与不断锤炼、强化与曲折前进、规范与丰富完善、升华与系统深化的发展轨迹，并在实践探索中形成了理论教育与实践锻炼相联系、听党指挥与党内民主相统一、继承传统与改革创新相结合、制度规范与科学引导相贯通等宝贵经验，梳理党内政治忠诚教育发展的历史脉络，总结经验，把握规律，对新时代进一步加强共产党员的政治忠诚教育，开启全面建设社会主义现代化国家新征程，奋力夺取第二个百年奋斗目标新胜利具有重要的理论意义和现实意义。

关键词：政治忠诚；中国共产党；历史考察；启示

对党忠诚是共产党员应该具备的最基本、最首要、最核心的政治操守，也是对每一位共产党员最根本的政治要求。党员的政治忠诚关系到一个政党的创造力、凝聚力和战斗力，更直接影响着一个政党的政治属性和前进方向。党的十八大以来，习近平总书记多次强调党员干部要“做政治上的明白人，对党绝对忠诚，始终同党中央在思想上政治上行动上保持高度一致”[1]，并把政治忠诚放在衡量干部好坏的第一位。作为党的思想政治工作的重点内容，党员政治忠诚教育历经建党百年的历史时期，积累了宝贵的经验财富，为我们党在新形势下加强党员政治忠诚教育提供了重要参考。站在时代发展的浩荡潮头，回望中国共产党百年以来加强党员政治忠诚教育的历史轨迹，寻经探宝，把握规律，从历史经验中提炼出克敌制胜的法宝，对当下党员干部进一步坚定理想信念，树牢“四个意识”，坚定“四个自信”，做到“两个维护”，不忘初心，牢记使命，奋力实现中华民族伟大复兴的千秋伟业大有裨益。

一、中国共产党党内政治忠诚教育的百年历程

中国共产党成立以来便高度重视对党员的政治忠诚教育，注重强化党性锻炼，以确保党的先进性和纯洁性。党员的政治忠诚教育一以贯之，贯穿于党在革命、建设、改革的各个历史时期，为党和人民的事业保持兴旺发达提供了不竭力量源泉，基本呈现出起步与不断锤炼、强化与曲折前进、规范与丰富完善、升华与系统深化的历史发展轨迹。

* 王翔，中南大学马克思主义学院院长、教授，博士生导师；张奎，中南大学马克思主义学院硕士研究生。

1. 起步与不断锤炼时期（1921—1949）

在革命战争时期，共产党员的忠诚与否在严峻残酷的敌我斗争中有着举足轻重的地位，直接关乎甚至决定着党的革命事业的生死兴衰。因此，中国共产党一经成立，党员的政治忠诚教育便应运而生。1921年党的一大通过的党纲中明确要求申请入党者必须“承认本党党纲和政策，并愿成为忠实的党员”[2]。共产党员的政治忠诚教育也由此初步确立并逐渐展开。党的二大通过决议案要求党员不仅要在思想上忠诚于党，更要在行动上拥护党的纲领和政策，忠诚为党工作。1923年11月，《教育宣传问题决议案》明确要求各地定期开展“政治讨论”，并就讨论后的情况向党中央提交报告，实行党内教育情况的报告制度。不仅如此，党在成立后就开展党员的政治忠诚教育还做了许多工作，如创立党报党刊，开办训练班、讲习所，设立地方党校和马克思主义研究会等等，不断强化党员的革命忠诚教育。但党在这一时期的政治忠诚教育主要是通过一定形式的政治讨论、学习和宣传等手段开展，还停留在政治启蒙层面上，没有具体深入到马克思主义理论的系统性、针对性教育，总体上仍处于党员政治忠诚教育的起步阶段。

大革命失败以后，许多优秀的共产党员为革命事业献出了宝贵生命，用实际行动教育了广大党员如何忠于革命忠于党。1929年12月，古田会议提出了党内教育的十项内容和十八种方法，标志着党内思想政治教育理论的初步形成和党内政治忠诚教育的进一步发展。随后，党内的政治忠诚教育在土地革命时期长期的赤白对立、敌我斗争中不断根据实际情况发展变化。在抗日战争期间，党进一步加强了党员的政治忠诚教育。1942年，党中央发布《中共中央关于在延安讨论中央决定及毛泽东同志整顿三风报告的决定》，开始延安整风运动，在全党范围内开展了一次集中的党性教育，加强了全体党员的政治信仰建设，整顿了党的风气。此外，为加强共产党员的党性修养和忠诚教育，中共中央在延安还先后创办过中国人民抗日军政大学、陕北公学、中国女子大学等20多所院校，对大批的党员干部进行培训教育。在解放战争时期，伴随土地改革运动，党内又开展了以“三查三整”为主要内容的整党运动，等等。这些都是党在民主革命时期为了凝聚党员思想共识，坚定党员政治信仰，确保革命队伍纯洁，不断加强党员政治忠诚教育而采取的积极措施。

2. 强化与曲折前进时期（1949—1978）

新中国成立以后，中国共产党更加重视对党员的教育管理，尤其是在思想政治教育方面。毛泽东同志早在七届二中全会上便对全体党员进行谆谆告诫，“务必使同志们继续地保持谦虚、谨慎、不骄、不燥的作风，务必使同志们继续地保持艰苦奋斗的作风。”[3] 1950年5月，中共中央发出《关于在全党全军开展整风运动的指示》，要求在全党全军开展一次大规模的整风运动，着重批判各级党政领导干部在工作中出现的官僚主义、命令主义、骄傲自满、脱离群众等不良倾向，改进党员干部的思想作风和工作作风。在此基础上，党中央决定从次年的下半年开始，用三年时间对基层党组织进行一次普遍性的、大规模、广范围的整党建党运动。同年四月，党的第一次全国组织工作会议通过了《关于整顿党的基层组织的决议》《关于发展新党员的决议》，教育广大党员如何做一名符合标准的共产党员，把人民的即党的公共利益摆在私人利益之上。之后，中共中央在整党过程中发现了严重的贪污、浪费和官僚主义问题，决定开展“三反”运动，并就大贪污犯刘青山、张子善一案做出了公开枪毙的决定，以现实的典型反面案例教育广大党员干部要经受住执政初期的物质考验，践行为人民服务的宗旨，坚定政治信念，牢记政治忠诚。此外，新中国成立后广大党员干部主动学习马列主义、毛泽东思想，自觉提升自身政治觉悟和理论修养的行动，更是践行对党忠诚的直接体现。

党在取得全国范围内的执政地位之后，一直比较注重对党员队伍的政治教育，因此党内的政治忠诚教育在新中国成立后相对长期的一段时间内得到了比较健康、正常的良性发展。但是，受长期革命战争中形成的惯性思维和路径依赖影响，党在解决建设社会主义过程中出现的矛盾问题时，往往习惯于通过发动大规模群众运动解决问题。加之长期革命型意识形态的强化和塑造，一些运动在进行的过程中容易出现极端化、过度化的现象，从而使运动的发展背离了初衷。1957 年，党中央发起的整风运动便由于反右斗争的扩大化，最终未能实现最初的政治设想，在一定程度上使得党内的政治忠诚教育也由此进入了一个曲折发展的时期。1963 年到 1966 年的社会主义教育运动，由于执行过程中的偏差，也最后走向了“左”的发展方向。直到“文化大革命”爆发，党的政治忠诚教育走到了一个异化发展的“顶端”。

3. 规范与丰富完善时期（1978—2012）

改革开放之后，中国共产党重新确立了解放思想、实事求是的思想路线，党员政治忠诚教育在社会发展进步的过程中稳步前进，迈进了制度化、规范化、科学化发展的新阶段。1980 年 2 月，党的十一届五中全会通过了《关于党内政治生活的若干准则》，要求共产党员要严格遵守党的纪律，忠于党和人民的事业，纠正了长期以来极不正常的党内政治生活，为推动党内政治忠诚教育正常开展提供了重要法规支撑。而后，党的十二大通过党章规定了共产党员“必须全心全意为人民服务，不惜牺牲个人的一切，为实现共产主义奋斗终身”[4]的政治标准，明确提出了新时期党员政治忠诚的深刻意蕴和时代内涵。此后，中共中央 1983 年先后发布的《关于加强党员教育工作的通知》和《中共中央关于整党的决定》，中组部、中宣部 1994 年 4 月联合印发的《关于加强和改进党员教育工作的若干意见》，中共中央 1999 年 9 月印发的《关于加强和改进思想政治工作的若干意见》等一系列政策、文件都极大地促进了新时期党员政治忠诚教育的制度性建设。此外，中共中央在 1998 年开展的以“讲学习、讲政治、讲正气”为主要内容的“三讲”教育活动，也是这一时期中国共产党在实践层面上加强党员忠诚教育的有力举措。

进入 21 世纪以来，随着市场经济的不断深化，各种腐化侵蚀党员干部的不良因素日益增多，对党员干部的思想观念、精神信仰和政治忠诚提出了极大挑战。中国共产党高度重视党员干部的思想政治教育，在党员对党忠诚方面提出了一系列严格要求，并不断丰富和完善党员政治忠诚教育的政策安排和制度设计。党的十六大报告明确提出，“共产党员必须发挥先锋模范作用，牢固树立共产主义远大理想和中国特色社会主义坚定信念。”[5]党的十七大报告更是强调要“加强党员干部理想信念教育和思想道德建设”[6]，提出了加强党的建设的重要战略任务。此后，中共中央 2009 年印发了《2009—2013 年全国党员教育培训工作规划》和《关于推进学习型党组织建设的意见》，与之前 2006 年印发的《干部教育培训工作条例（试行）》《关于加强党员经常性教育的意见》等一系列政策文件和法规，共同构建起了加强共产党员先进性建设的长效机制和制度主体，推动了党内政治忠诚教育在新世纪的长足进步和发展。

4. 升华与系统深化时期（2012 年党的十八大以来）

“办好中国的事情，关键在党，关键党要管党、从严治党。”[7]党的十八大以来，习近平总书记以独到的政治眼光、高超的政治水平，提出了关于党员政治忠诚教育的一系列新思想、新观点和新论断，全面而深刻地阐述了加强党员政治忠诚教育的重要地位、时代意义和方法路径，为新时代开展党员政治忠诚教育提供了根本指针和基本遵循。习近平总书记反复强调党员干部政治忠诚的极端重要性，把对党忠诚作为首要政治原则，指出对党绝对忠诚是“唯一的、彻底的、无条件的、不掺任何杂质的、没有任何水分的忠诚”[8]。2014 年 5 月，他在视察中办工作时把对党绝对忠诚作为“五个坚持”之首明确提出来。2019 年 3 月，他在中央党校中青年干部培训班上强调：“领导干部要忠诚干净担当，忠诚始终是第一位的。”[9] 2020 年 8 月 26 日，习近平总书记在中国人民警察警旗授旗仪式上，提出了“对党忠诚、服务人民、执法公正、纪律严明”[10]的 16 字方针，为新时代全面从严管党治警，人民警察队伍建队治队指明了根本方向。可以看出，长期以来习近平总书记对于党员政治忠诚问题有着深刻洞察和清晰认识。

不仅如此，习近平总书记同样注重在常态化的现实教育实践中推进党员政治忠诚教育向前深化。党的十八大以来，党内先后进行了群众路线教育、“三严三实”专题教育、“两学一做”学习教育、“不忘初心、牢记使命”主题教育、党史学习教育等五次集中性的学习教育，加强了全体党员的理想信念教育，有力地整饬了党的风气，推动党的自我革命向纵深推进，凝聚了全党全社会的广泛共识。此外，党的十九届四中全会明确提出“要建立不忘初心、牢记使命的制度，完善坚定维护党中央权威和集中统一领导的各项制度”[11]，直接为党的忠诚教育在新时代的历史方位下向更高水平发展和更深层次挺进提出了更高要求。

二、中国共产党党内政治忠诚教育的基本经验

透过党员政治忠诚教育的长期发展历程，可以发现中国共产党基本探索出了理论教育与实践锻炼相联系、听党指挥与党内民主相统一、继承传统与改革创新相结合、制度规范与科学引导相贯通等宝贵经验。

1. 理论教育与实践锻炼相联系

实践是检验真理的唯一标准，行动是考验忠诚的最佳标尺。马克思主义哲学的观点认为理论来源于实践，并对实践具有指导作用，两者是辩证统一，互为一体，不可分割的。正如恩格斯所指出的那样：“人们行动的一切动力，都一定要通过他的头脑，一定要转变

为他的意志的动机，才能使他行动起来。”[12]作为党内基本伦理规范的政治忠诚，不只是统摄内在的精神世界和情感归属，还直接要求和规定着党员的现实具体行动。因此，中国共产党长期以来对党员进行政治忠诚教育是坚持理论联系实际的重要原则，既开展形式多样的理论教育，又结合深刻丰富的现实实践，把共产党员对党忠诚的观念转化成内化于心，外化于行的实践成效。

在民主革命时期，中国共产党创设性地把土地革命与党的建设紧密联系起来，把党员的理论教育内容与实际的革命任务联系起来。比如，“打土豪、分田地”是当时党的任务主线和斗争策略，中国共产党放手发动党员去贯彻和落实，让他们在执行党的路线、方针、政策的过程中，切身感悟党的宗旨、目标和任务，用实践深化他们对党的理论教育的认可和理解，用事实坚定他们忠诚于党的情感和信仰。新中国成立后，面对繁重复杂的经济恢复和建设任务，中国共产党一以贯之要求党员干部在兼顾一线工作的同时加强科学文化知识的补习和马克思主义理论知识的学习。纵观百年历史，中国共产党始终发扬理论联系实际、知行合一的优良作风，以实践活动的形式丰富党的理论教育的内容，增强全体党员干部在思想上和行动上同党中央保持一致的政治自觉。

2. 听党指挥与党内民主相统一

一名共产党员是否对党忠诚，在现实层面首要地就反映在是不是听党指挥，服从党的领导，执行党的政策。当然，对党忠诚，听党指挥并不是要求党员放弃正常的民主权利而对党盲从迷信，与之相反，听党指挥与党内民主这二者是辩证统一，不能割裂的。中国共产党对党员进行政治忠诚教育，统一党的思想，协调党的步伐，与尊重党员主体地位，保障党员民主权利，实行党内民主并不矛盾，而且这两者是可以和谐共处，并行不悖，相互促进的。正如毛泽东同志讲的那样，“民主和集中之间，并没有不可逾越的深沟，对于中国，二者都是必需的。”[13]实践也证明，党史上凡是坚持党员听党指挥与党内民主有机统一做得比较好的阶段，往往是党的事业顺利前进并取得巨大成就的时期。

毛泽东同志深刻理解教育党员听党指挥与发展党内民主的辩证关系，在领导“三湾改编”的过程中，既坚持政治建军的重要原则，又加强部队民主建设。中国共产党并不因强调对党忠诚而偏废党内民主，而是在开展政治教育工作的过程中引导和教育党员认识和捍卫自身的民主权利，推动党的思想政治教育工作更加深入人心，催生出更加坚定的组织感情和革命信仰，为党的事业发展壮大汇聚强大动力。党的十二大重新恢复民主集中制，规约了党内政治生活的基本原则，保障了党员正常的政治权利，有利于教育共产党员增强党性原则，通过正常的组织程序向党组织表达自身的意见，把对党忠诚落到实处，见之于行。党的十八大之后，以习近平同志为核心的党中央把党的政治建设摆在首位，以党的作风建设为切入点，针对新形势下党内政治生活出现的理想信念不坚定、对党不忠诚、纪律松弛等一些问题，印发了《关于新形势下党内政治生活的若干准则》和《中国共产党党内监督条例》，进一步严肃和规范党内政治生活，使党员对党忠诚有了明确的章程和抓手，把全党的思想共识统一到中国特色社会主义的伟大实践当中，为党员忠诚教育注入了强大的时代活力。

3. 继承传统与改革创新相结合

继承是创新的基础，创新是继承的必然要求。马克思主义哲学告诉我们万事万物是处于不断运动变化之中的，事物要想前进和发展就必须不断改革创新以适应变化发展了的现实实际情况。习近平总书记在阐述管党治党的重要原则时也强调：“要注重把继承传统和改革创新结合起来。”[14]就此而言，共产党员的忠诚教育问题亦是如此。迄今为止，党的政治忠诚教育已经走过了一个世纪的发展历程。细察百年党史不难发现，共产党人开展忠诚教育向来是坚持以各个时期中心任务为主线，总结历史经验和教训，在批判继承的基础上进一步改革创新。

党员政治忠诚教育就其实质来说，是通过一定的形式手段，把共产主义理想、马克思主义理论、党的宗旨任务等基本内容，“灌输”和强化进入共产党员头脑之中，形成稳定的无产阶级的世界观、人生观和价值观，从而实现党员组织身份归属和个体价值认同的融合化一。因此，尽管党的历史上没有明确的以政治忠诚为主题而进行的教育活动，但是党进行的各种思想政治教育活动都是内含着共产党人的忠诚教育，并始终贯彻着继承传统与改革创新相结合的宝贵经验。比如，延安整风运动开创的党内学习教育的形式方法贯穿了此后一系列整风整党运动，直到今天全党上下正在热烈开展的党史学习教育等都有所借鉴。共产党员的政治忠诚在历次党内集中教育活动得到不同程度的深化，应用的载体和手段也随着时代的进步而更新。但是，中国共产党开展党内政治生活形成的惩前毖后、治病救人、“团结—批评—团结”等优良传统没有丢，而是一以贯之，且更加强调其重要性，彰显其时代性。中国共产党的党员政治忠诚教育在继承与发展的辩证统一中展现出新时代的熠熠光辉。

4. 制度规范与科学引导相贯通

制度建设具有长期性、稳定性和根本性的独特优势，共产党员的政治忠诚根本上还是要靠制度进行规范和保障。正如邓小平同志所讲：“制度问题不解决，思想作风问题也解决不了。”[15]有了良好的制度，还需要有好的执行，只有把合理合法的制度规范和讲求策略的科学引导有机统一起来，才能在具体的操作中取得事半功倍的效果。共产党人深谙此理，在加强党员政治忠诚教育的过程中始终坚持制度规范与科学引导同向同行，相互贯通。

在战争年代，共产党员肩负着争取民族独立和解放的历史重任，只能在艰苦的生存环境下直面战争的生死考验并且时刻保持坚定的革命热忱。因此，共产党员的忠诚教育在增强信心、砥砺信念、坚定信仰的过程中必须解决好短期低落与长远发展、组织要求与个体自觉、崇高理想与残酷事实的现实问题。抗日战争时期，中国共产党既注重通过发布党内文件进一步革新党员干部的教育培训制度，又注重利用反映抗战主题的文艺作品进行宣传教育，振奋根据地军民抗击日寇、解救民族危亡的热情，运用文艺熏陶、情感共鸣的方式在潜移默化中引导广大党员群体对党忠诚。新时代，我们党在开展党员政治忠诚教育的过程中，仍然秉承制度规范建设与科学引导并重的优良传统，在制度建设的基础上，综合运用多元化的现代信息技术手段，精准把脉，科学施策，更大激发共产党员忠诚为党、清白做人的政治自觉，更大促进共产党员忠诚干净、担当作为的奋斗动力。党的十八大以来，以习近平同志为核心的党中央创新运用巡视制度，既扎紧制度的笼子，构建不敢腐、不能腐的制度约束，又引领党员干部思想的方向，树立不想腐的思想自觉，充分恰切地体现了我们党在制度规范与科学引导上的双向发力和密切配合。

三、中国共产党党内政治忠诚教育的现实启示

梳理中国共产党加强党员政治忠诚教育发展的历史脉络，总结历史经验、把握历史规律，镜鉴古今，有利于为今后加强党员政治忠诚教育提供可资借鉴之处。

1. 突出导向性，坚持马克思主义指导地位

一是要加强共产党员的理想信念教育。关于理想信念和对党忠诚的关系，习近平总书记有着深刻认识，明确提出共产党人“理想信念动摇了，就不可能心中有党，对党忠诚”[16]的精辟论断。在新时代坚定共产党员的理想信念就是要加强以共产主义远大理想和中国特色社会主义共同理想为主要内容的理想信念教育，坚定广大党员干部对马克思主义、共产主义的信仰，增强对中国特色社会主义道路和事业的信心。党员的理想信念坚定，反映在现实中就是干事创业的热情永不消退，为人民服务的意识常驻心间，在重大历史关头立场坚定。

二是要加强中国共产党的创新理论武装。马克思主义学说是科学和发展的，中国共产党在长期的革命和建设实践中，坚持以马克思主义为指导，运用马克思主义的立场、观点、方法解决中国的实际问题，把马克思主义的基本原理同中国的具体情况相结合，实现了马克思主义中国化的历史性飞跃。共产党员对党忠诚、讲党性，实际上就是要坚持用党在实践中形成的马克思主义中国化的理论成果，用党的创新理论和先进成果武装头脑，指导实践。习近平新时代中国特色社会主义思想是马克思主义中国化的最新理论成果，是21世纪马克思主义、当代中国马克思主义、与时俱进的马克思主义。新时代加强党员政治忠诚教育，最直接、最根本的就是要坚持用习近平新时代中国特色社会主义思想武装全党，从而“使全体党员自觉、自主、自动地忠诚于党、忠诚于人民、忠诚于马克思主义。”[17]

三是要加强马克思主义经典著作的学习。共产党员要按照习近平总书记读原著、学原文、悟原理的要求，深入研究学习马克思主义经典作家的理论著作，从弄懂做实处出发，在学深悟透中掌握，在知行合一上下功夫，学以致用，学用结合，把学习马克思主义的经典著作作为加强党员政治忠诚教育的重要渠道，化有声的忠诚教育为无声的文字说服，于潜移默化中增进忠诚的底气，于和风细雨中提升忠诚的自觉。

2. 强调首要性，把党内政治忠诚教育摆在重要位置

第一，营造全党全社会讲忠诚的环境氛围。媒体宣传部门要广泛宣传共产党员讲忠诚的先进事迹，弘扬共产党员对党忠诚的优良传统，不断创造出主题鲜明的反映共产党人忠诚本色的影视文化作品，推动全社会形成崇尚忠诚，践行忠诚的风气，为共产党员的忠诚

教育提供丰厚的精神养料和肥沃的土壤环境。同时，要注意占领舆论宣传的高地，牢牢把握住社会主义主旋律，积聚共产党员对党忠诚的正能量，把控关键时间节点，开展重要纪念活动，推进对党员进行忠诚教育的实践教育。

第二，构建党员对党忠诚的全面教育系统。教育战线是强化和提高共产党员忠诚意识的重要阵地。党员对党忠诚教育系统的构建一方面可以依托高等院校、科研院所的现有资源，进一步深入实施马克思主义理论研究和建设工程，建立党员干部定期开展各类教育培训的机制；另一方面应当充分利用现代信息技术手段和用好网络学习平台，整合线上线下教育资源，拓宽党员政治忠诚教育的渠道，提供更多非制度化的教育资源。

第三，建立健全党内忠诚教育的制度体系。首先要构建开展共产党员政治忠诚教育的长效机制，注意防范“运动化”倾向。各级党组织应当在党员教育管理的大格局中突出政治忠诚教育的重要性，把党员的政治忠诚教育作为党性教育的根本标准，列为党建工作的重中之重。其次，要注意推动顶层设计与基层探索有效结合，既要有关于党员政治忠诚教育制度建设的宏观思考和整体安排，又要注意吸收借鉴基层具体实践中的创新设计和有益经验。最后，要积极优化整合现有的党员教育制度，注意吸纳党员教育管理的其他制度设计，融入党员教育管理的整体制度框架，形成制度优势，发挥制度合力作用。当下，各级党政有关部门可以密切联系党的十九届四中全会提出的建立不忘初心、牢记使命制度，把对党员的政治忠诚教育融入其中，整体谋划，一体推进。

3. 注重实效性，把握党内政治忠诚教育的科学规律

其一，坚持整体推进和尊重差异相结合。共产党员的政治忠诚教育是一项系统工程，具有长期性和全局性，必须坚持宏观战略安排下的整体推进，但是又不能不顾实际情况，忽视客观规律大搞“一刀切”的教育模式。党员队伍结构是复杂的，不同教育背景、不同工作领域的党员认知水平不一，观点想法不同。各级党委和政府在整体推进党员政治忠诚教育的过程中必须尊重人类由知晓到感悟到认同再到践行的思想认知递进规律，针对不同部门、不同行业、不同领域的党员群体情况，坚持具体问题具体分析，体现差异化原则。

其二，坚持思想教育和情感教育相结合。坚持思想教育和情感教育并重，把思想教育做得入情入理，把情感教育做得有理有节，是切实增强党员政治忠诚教育的应有之义。要丰富党员日常教育的活动形式，创新“三会一课”“主题党日”“节日纪念”“学习研讨”等党员经常性活动的内容和方式，让广大党员群体在平常的点滴中增强对党组织的感情和信赖，提升对党忠诚的自觉意识。

其三，坚持政治教育和道德教育相结合。在政治教育上要坚持以列宁的“灌输”论为指导，继续做好对党员干部“灌输”党的大政方针、党的纪律要求、党的宗旨路线和党的崇高理想等政治内容，提升党员干部的理论素养和政治水平。在道德教育中融合政治教育的内容要素，把优秀传统文化、革命文化和社会主义先进文化作为主要内容，发挥政治教育和道德教育有效结合的双重功效。同时，要注意运用道德教育的原则和方法，发挥道德教育催生的强大心理自觉，为政治教育的有效开展提供动力支持。

4. 彰显时代性，不断推动党内政治忠诚教育与时俱进

一是要具备前瞻性，积极适应时代变化发展。时代发展千变万化，社会进步日新月异。共产党员的忠诚教育工作要跟上时代节奏，与时代发展同频共振，必须不断创新忠诚教育的理念和方式，注重发挥互联网平台教育功能，建设一批特色鲜明，主题突出的政治忠诚教育网站，使之成为开展网络忠诚教育，进行网络意识形态斗争的重要阵地。同时，要注意促进传统媒体与新媒体的融合发展，优势互补，打造全媒体时代党员忠诚教育的新模式。

二是要注重创新性，继承发展优秀传统文化。中国优秀传统文化中有大量关于“忠诚”“忠孝”的思想论述，尽管这些思想不可避免地带有时代局限性，但其中的很多思想精华对于我们今天开展党员政治忠诚教育仍具有借鉴意义。像《左传》中关于忠于国家、忠于公室的论述：“公家之利，知无不为，忠也。”（《左传·九年》）“临患不忘国，忠也。”（《左传·昭公元年》）；孔子一贯提倡的“忠恕”思想；民族英雄“精忠报国、以身许国”的民族气节等都是值得今人深度挖掘和继承发展的宝贵资源。

三是要保持开放性，合理借鉴国外有益经验。相比国外许多民主型政党，党员管理松散，党员入党自由，中国共产党加强党员的政治忠诚教育工作一直以来都是我们党的优良传统和政治优势。但从党员政治忠诚教育的具体策略来讲，我们应当以更加开放的心态，批判性地看待国外开展党员忠诚教育的一些做法和理念，相互交流借鉴，坚持洋为中用，中西结合，不断革新我们党加强党员政治忠诚教育的工作。

参考文献

[1] 本书编写组. 党中央治国理政新理念新思想新战略 [M]. 北京：北京联合出版公司，2016：230.

[2] 中共中央党史研究室. 中国共产党历史第一卷（1921—1949）[M]. 北京：中共党史出版社，2002：68.

[3] 毛泽东. 毛泽东选集（第 4 卷）[M]. 北京：人民出版社，1991：1438-1439.

[4] 中共中央文献研究室. 十二大以来重要文献选编（上）[M]. 北京：中央文献出版社，2011：58.

[5] 中共中央文献研究室. 十六大以来重要文献选编（上）[M]. 北京：中央文献出版社，2011：41.

[6] 中共中央文献研究室. 十七大以来重要文献选编（上）[M]. 北京：中央文献出版社，2009：39.

[7] 中国共产党第十八届中央委员会. 关于新形势下党内政治生活的若干准则 [M]. 北京：人民出版社，2016：1.

[8] 李文. 对党绝对忠诚是根本政治要求 [N]. 人民日报，2016-02-15（07）.

[9] 坚定理想信念 牢记初心使命 [N]. 人民日报，2019-03-03（01）.

［10］对党忠诚服务人民执法公正纪律严明 坚决完成党和人民赋予的历史使命［N］. 人民日报，2020-08-27（01）.

［11］中共中央关于坚持和完善中国特色社会主义制度推进国家治理体系和治理能力现代化若干重大问题的决定［N］. 人民日报，2019-11-06.

［12］中共中央马克思恩格斯列宁斯大林著作编译局. 马克思恩格斯选集（第4卷）［M］. 第2版. 北京：人民出版社，1995：251.

［13］毛泽东. 毛泽东选集（第2卷）［M］. 北京：人民出版社，1991：383.

［14］中共中央文献研究室. 十八大以来重要文献选编（中）［M］. 北京：中央文献出版社，2016：102.

［15］中共中央文献编辑委员会. 邓小平文选（第2卷）［M］. 北京：人民出版社，1994：320.

［16］中共中央文献研究室. 十八大以来重要文献选编（中）［M］. 北京：中央文献出版社，2016：321.

［17］李军鹏. 新时代激发广大干部担当作为靠什么［J］. 人民论坛，2020（Z1）：46-48.

湖南先进装备制造业发展现状及对策建议

——基于创新的视角

韦志文　田　晖　宋　清*

摘　要：全面促进湖南省先进装备制造业的高质量发展是全面落实“三高四新”战略定位和使命任务的现实要求。本文利用2012—2019年湖南省先进装备制造业的相关数据，分析了湖南省先进装备制造业整体及各行业的发展现状和创新情况。研究发现：湖南省先进装备制造业发展势头良好、创新潜力强劲，但存在行业内发展不平衡、创新要素投入不足、出口竞争优势不明显的问题。因此，本文从加强产业集聚、完善创新体系和优化出口布局三个方面提出了相应的政策建议，以期促进湖南省先进装备制造业高质量发展。

关键词：先进装备制造业；创新；湖南省

一、引言

制造业是湖南省核心经济实力的重要体现。受新冠感染疫情的影响，湖南省制造业发展受到冲击，经济增速回落。作为湖南省优势产业的先进装备制造业也存在一线技术工人短缺、内需不足、出口受限等问题，产业高质量发展受阻。如何促进先进装备制造业的高质量发展，拉动湖南经济增长成为亟待解决的问题。2020年9月，习近平总书记考察湖南，勉励湖南打造“三个高地”、践行“四新”使命（以下简称“三高四新”战略），为湖南发展描绘宏伟蓝图。其中“三个高地”便是指要着力打造国家重要先进制造业高地、具有核心竞争力的科技创新高地以及内陆地区改革开放高地[1]。2021年以来，湖南省先进装备制造业取得创新突破，上半年高新技术产业增加值增长22.2%，湖南省先进装备制造

* 韦志文，中南大学商学院硕士研究生；田晖，中南大学商学院教授，硕士生导师；宋清，清华大学经济管理学院博士研究生。

业不断迈上新的“制高点”。已有文献表明，创新是促进先进装备制造业发展的重要引擎[2]，那么，湖南省先进装备制造业发展现状以及创新情况如何？在“三高四新”战略背景下，应如何利用创新之策畅通经济循环助力经济战“疫”，进而促进湖南省先进装备制造业的高质量提升？

二、现状分析

先进装备制造业是湖南省工业的支柱产业之一，中联重科、三一重工、中车株机等知名企业奠定了装备制造业的领军地位。随着近几年政府的支持与企业对创新的重视，先进装备制造业在湖南省工业中的地位日益凸显。因此，本文采用湖南省 2013—2020 年统计年鉴数据，对湖南省先进装备制造业发展现状及创新情况进行分析①。根据国家行业分类标准，借鉴吴艳（2013）的做法[3]，本文将湖南省先进装备制造业的范围界定为：金属制品业；通用设备制造业；专用设备制造业；汽车制造业；铁路、船舶、航空航天和其他运输设备制造业；电气机械和器材制造业；计算机、通信和其他电子设备制造业；仪器仪表制造业；文教、工美、体育和娱乐用品制造业。

（一）湖南省先进装备制造业发展现状

由图 1 可知，2012—2019 年 8 年时间，湖南省先进装备制造业企业个数由 2882 个增长至 5061 个，增长率为 75.6%，全部从业人员年平均人数由 80.7 万人增长至 100.5 万人，先进装备制造业发展规模不断扩大，众多传统装备制造业开始向先进装备制造业转型，依托充足的人力资源支撑，促进了先进装备制造业的飞速发展。图 2 反映了先进装备制造业工业销售产值及其占 GDP 的比重②，从图中可以看出，湖南省 GDP 呈现持续稳定增长的态势，而先进装备制造业则是促进经济增长的重要引擎，2012 年先进装备制造业对经济增长的贡献率为 38.8%，至 2016 年，贡献率达到 44.14%，接近 GDP 总量的半数，2017 年先进装备制造业工业销售产值有所下降，但总体呈现稳中有进的趋势。湖南省“十四五”规划纲要显示，至 2025 年，先进装备制造业产值要比 2020 年翻一番。上述材料表明湖南省先进装备制造业发展势头良好，但仍存在增长不稳定的情况。

---

① 由于 2012 年之前先进装备制造业所包含的类别存在差异，且湖南省统计年鉴的数据更新至 2019 年，故本文的数据年份区间设置为 2012—2019 年。

② 湖南省统计年鉴关于先进装备制造业细分行业的销售产值仅公布到 2017 年。

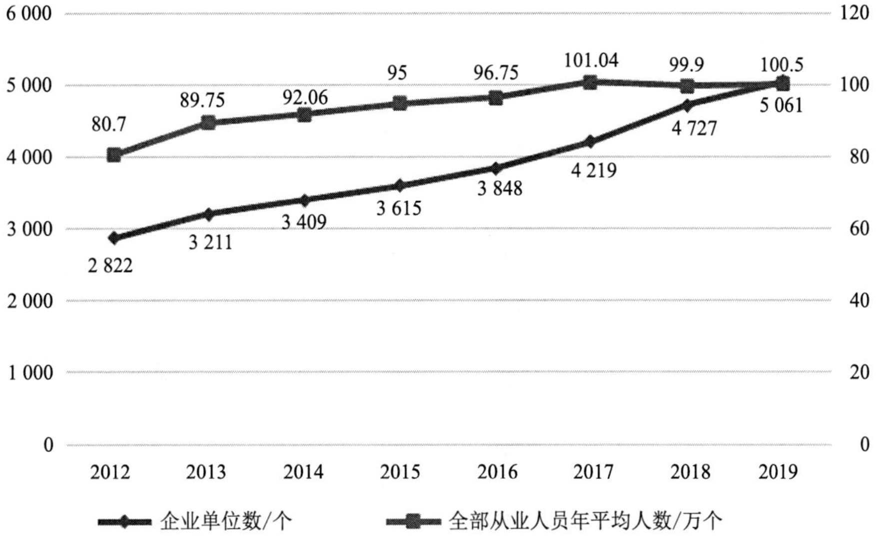

图 1　2012—2019 年规模以上先进装备制造业企业单位数与从业人数

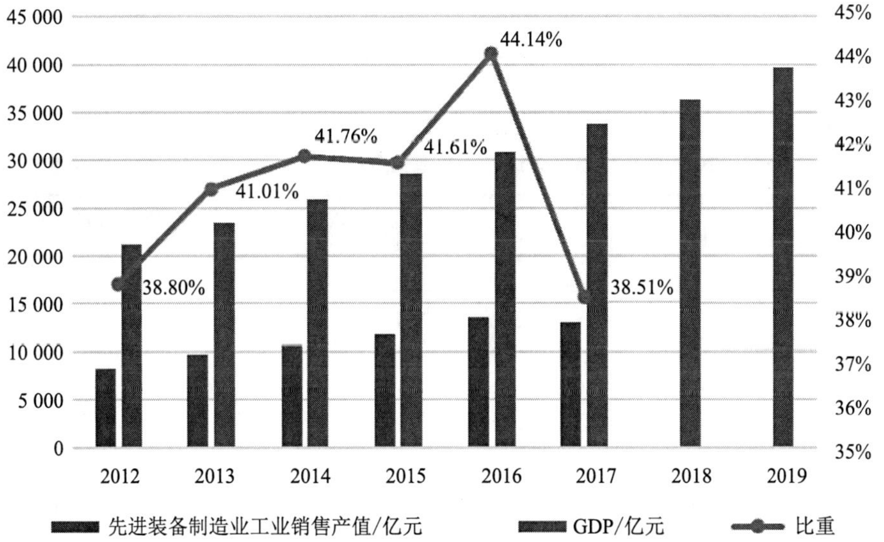

图 2　2012—2019 年规模以上先进装备制造业工业销售产值及占 GDP 比重

在新发展格局下，提升国际国内双循环的效率、形成相互促进的良性互动局面是促进经济高质量发展的重要手段，湖南省先进装备制造业在国内享有良好的声誉，然而与美国、德国等发达国家相比，仍存在较大差距，直接造成了湖南省先进装备制造业出口竞争优势不强的问题。如图 3 所示，湖南省先进装备制造业工业销售产值虽呈稳步增长的态势，但出口交货值自 2012—2017 年并未有显著提升且呈下降的趋势，出口交货值未超过 1 000 亿元，处在较低的水平①。从出口交货值占工业销售产值的比重来看，出口比重维

① 湖南省统计年鉴关于先进装备制造业细分行业的出口交货值仅公布到 2017 年。

持在6%的水平，并从2013年开始呈现不断下降的趋势，到2017年，出口交货值仅占工业销售产值的5.41%，出口与内需比例严重失调，不利于湖南省先进制造业提高国际竞争优势，打开国际市场。

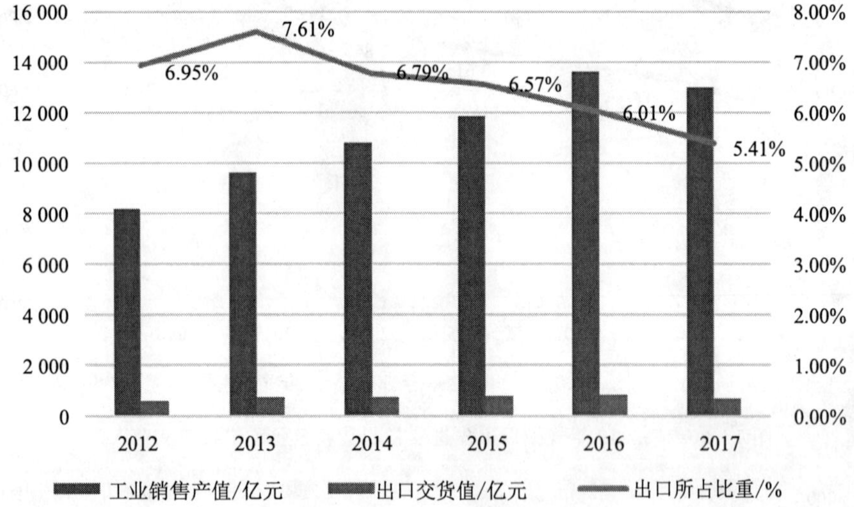

图3　2012—2017年规模以上先进装备制造业出口交货值及占销售产值比重

表1　2018年、2019年规模以上先进装备制造业分行业企业数、年均劳动人数及增长率

分类	企业数（个）			年均劳动人数（万人）		
	2018	2019	增长率	2018	2019	增长率
金属制品业	857	935	9.10%	11.1	11.81	6.40%
通用设备制造业	875	907	3.66%	10.9	12.5	14.68%
专用设备制造业	759	797	5.01%	14.8	14.96	1.08%
汽车制造业	380	415	9.21%	10.8	10.42	−3.52%
铁路、船舶、航空航天和其他运输设备制造业	158	171	8.23%	6	6.91	15.17%
电气机械和器材制造业	681	721	5.87%	11.4	12.88	12.98%
计算机、通信和其他电子设备制造业	627	689	9.89%	28.4	24.88	−12.39%
仪器仪表制造业	134	146	8.96%	1.9	1.57	−17.37%
文教、工美、体育和娱乐用品制造业	256	280	9.38%	4.6	4.57	−0.65%
合计	4 727	5 061	7.1%	99.9	100.5	0.6%

从细分行业看，湖南省先进装备制造业行业规模增长较快，从2018年至2019年，先进装备制造业企业数量增长7.1%，维持在较高的增长水平，而年均劳动人数增长率仅为0.6%。2019年，在细分的九大行业中，金属制品业、通用设备制造业、专用设备制造业以及计算机、通信和其他电子设备制造业企业数量较多，发展规模较大，仪器仪表制造业

企业规模较小，各细分行业企业数年均增长率均保持在较高的增长水平，表明在政策的鼓励及行业发展过程中涌入了大批的新兴企业；从年均劳动人数看，计算机、通信和其他电子设备制造业劳动人数最多，至 2019 年达到 24.88 万人，而增长率却出现较大的负增长。此外，汽车制造业、仪器仪表制造业以及文教、工美、体育和娱乐用品制造业年均劳动人数增长率也为负，表明这些行业对劳动力的需求呈现下降的趋势，而金属制品业、通用设备制造业、专用设备制造业、铁路、船舶、航空航天和其他运输设备制造业以及电气机械和器材制造业仍旧保持较盛的劳动力需求。

表 2、表 3 反映了 2012—2017 年湖南省规模以上先进装备制造业分行业销售产值及所占比重。从总量上看，2017 年专用设备制造业产值占据绝对优势，所占比重为先进装备制造业总产值的 20%以上，2017 年销售产值达到 2 901.48 亿元，计算机、通信和其他电子设备制造业其次，所占比重达到 15.78%，两大产业为支撑湖南省先进装备制造业的发展做出重要贡献，仪器仪表制造业以及文教、工美、体育和娱乐用品制造业所占份额相对较小，比重维持在 2%的水平。从发展趋势上看，金属制品业、汽车制造业、计算机、通信和其他电子设备制造业以及文教、工美、体育和娱乐用品制造业维持在较高的增长水平，通用设备制造业和电气机械和器材制造业保持在平稳增长状态，专用设备制造业、仪器仪表制造业增速有所下降，而铁路、船舶、航空航天和其他运输设备制造业增速则呈现波动下降的趋势。由此可见，湖南省先进装备制造业各行业存在发展不平衡的问题，但随着产业结构的不断调整，各行业协调发展的水平在不断提升。

表 2　2012—2017 年规模以上先进装备制造业分行业销售产值（亿元）

分类	2012	2013	2014	2015	2016	2017
金属制品业	703.8	842.98	1 020.88	1 112.85	1 246.88	1 225.48
通用设备制造业	1 117.1	1 298.23	1 490.6	1 579.55	1 723.11	1 755.54
专用设备制造业	2 682.85	2 602.16	2 645.92	2 694.4	2 862.86	2 901.48
汽车制造业	707.56	987.4	1 142.66	1 362.34	1 803.58	1 801.5
铁路、船舶、航空航天和其他运输设备制造业	665.56	748.85	901.47	1 095.9	984.07	921.39
电气机械和器材制造业	1 051.62	1 266.43	1 440.93	1 686.76	1 874.9	1 734.83
计算机、通信和其他电子设备制造业	1 003.81	1 505.49	1 660.02	1 816.85	2 563.18	2 054.87
仪器仪表制造业	171.94	223.17	230.88	233.34	228.26	243.7
文教、工美、体育和娱乐用品制造业	123.57	181.13	275.9	293.21	332.69	387.28
合计	8 227.81	9 55.84	10 809.26	11 875.2	13 619.53	13 026.07

表3 2012—2017年规模以上先进装备制造业分行业销售产值所占比重（%）

分类	2012	2013	2014	2015	2016	2017
金属制品业	8.55%	8.73%	9.44%	9.37%	9.16%	9.41%
通用设备制造业	13.58%	13.45%	13.79%	13.30%	12.65%	13.48%
专用设备制造业	32.61%	26.95%	24.48%	22.69%	21.02%	22.27%
汽车制造业	8.60%	10.23%	10.57%	11.47%	13.24%	13.83%
铁路、船舶、航空航天和其他运输设备制造业	8.09%	7.76%	8.34%	9.23%	7.23%	7.07%
电气机械和器材制造业	12.78%	13.12%	13.33%	14.20%	13.77%	13.32%
计算机、通信和其他电子设备制造业	12.20%	15.59%	15.36%	15.30%	18.82%	15.78%
仪器仪表制造业	2.09%	2.31%	2.14%	1.96%	1.68%	1.87%
文教、工美、体育和娱乐用品制造业	1.50%	1.88%	2.55%	2.47%	2.44%	2.97%
合计	100%	100%	100%	100%	100%	100%

（二）湖南省先进装备制造业创新情况

创新是支撑经济高质量发展、促进产业结构优化转型的重要引擎，也是促进传统装备制造业向先进装备制造业转型的关键。自2013年创新驱动发展战略提出以来，中国各省份的创新水平得到显著提升。“打造具有核心竞争力的科技创新高地”是湖南省“三高四新”战略的重要方面，因此，本部分主要介绍湖南省先进装备制造业的创新情况，并分析其中存在的问题，以希望能够通过提升科技创新能力助力湖南省先进装备制造业高质量发展。

R&D投入是企业科技创新的前提。已有研究显示，R&D投入的数量直接影响着工业企业的科技产出情况，因此，提高R&D投入对于湖南省先进装备制造业的发展具有重要作用。R&D投入主要包括R&D人员及R&D经费内部支出两个方面。图4反映了规模以上先进装备制造业R&D人员及其占劳动人数的比重，由图可知，湖南省先进装备制造业全部从业人员呈现缓慢增长的趋势，而R&D人员数量在8年时间内始终保持稳定态势且处在较低的水平。从R&D人员占全部从业人员的比重来看，湖南省先进装备制造业的R&D人员占比较低，2012年R&D人员占比为5.22%，然而到2019年，R&D人员比重仅为5.32%，增长仅为0.1%，较低的R&D人员构成不利于提升湖南省先进装备制造业行业的劳动力素质，从而制约其高质量发展。图5则反映了湖南省先进装备制造业R&D经费内部支出及来源于政府资金所占的比重情况，由图可知，自2012年以来，湖南省先进装备制造业R&D经费内部支出呈现较快的增长，由2012年的1 226 895万元增长至2019年的3 000 769万元，增长率约为144.6%，表明湖南省先进装备制造业企业逐渐重视科技创新，加大企业的研发投入，从而有利于先进装备制造业的转型发展。然而，从政府R&D的投入来看，来源于政府资金的R&D经费则呈现出逐年下降的趋势，2012—

2013 年政府资金投入快速增长，原因可能在于创新驱动发展战略于 2012 年底提出后，该战略产生了较强的政策效应，政府资金投入显著提升，政府资金所占比重提升约 7 个百分点，而后三年维持在较高的比重，但自 2017 年开始，政府资金投入持续下降，至 2019 年，政府资金占 R&D 内部经费支出比重已下降至 2.88%。因此，湖南省先进装备制造业的创新发展亟需新的机遇，而“三高四新”的提出则是提升政府资金投入比重，促进湖南省先进装备制造业发展的重要契机。

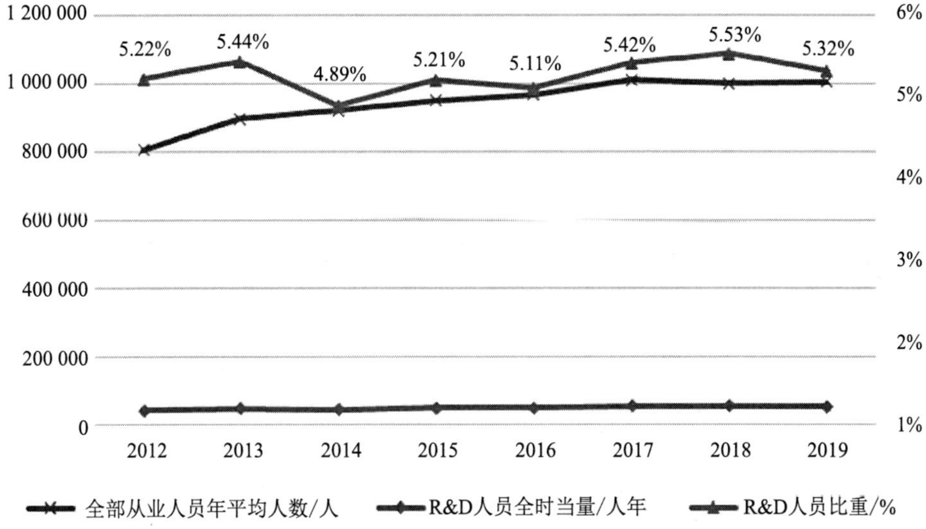

图 4　2012—2019 规模以上先进装备制造业 R&D 人员及占劳动人数比重

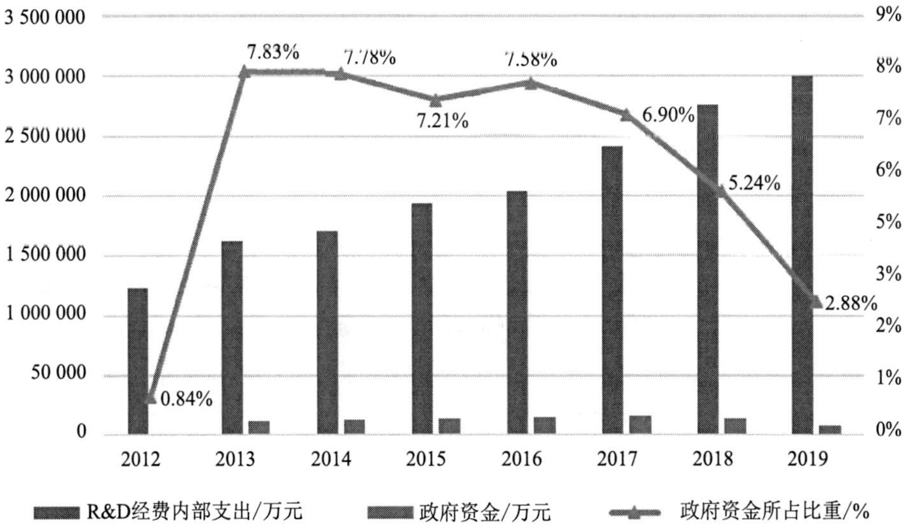

图 5　2012—2019 年规模以上先进装备制造业 R&D 经费内部支出及政府资金所占比重

打造湖南省具有核心竞争力的科技创新高地需要重视先进装备制造业的科技创新，同时也要扩大对外开放的作用[4]。由图 6 可知，湖南省先进装备制造业新产品销售收入增长较为稳定，但在2018年有所回落，其中新产品出口占比较低且增长缓慢。自2012年以来，湖南省先进装备制造业新产品出口额缓慢增长，从2012年占新产品销售收入总值的4.48%提升至2019年的10.08%，表明随着R&D人员数量和经费的投入，湖南省先进装备制造业新产品的国际认可度有所提高，但仍旧以内销为主，因此需要进一步加大创新人员的激励和研发资金的投入，以提升国际市场竞争力，扩大先进装备制造业的对外开放层次，助力“三个高地”“四新”使命的良性互动。

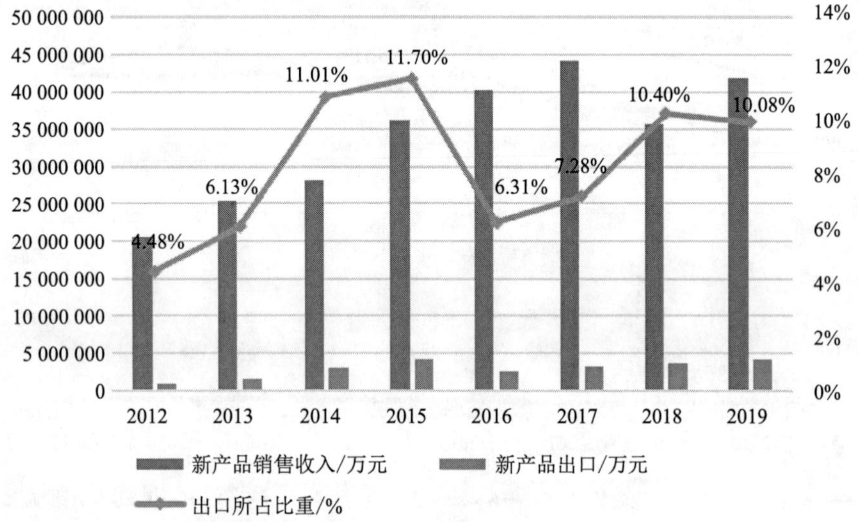

图6 2012—2019年规模以上先进装备制造业新产品销售收入及出口情况

表4反映了2018年、2019年湖南省先进装备制造业分行业的创新投入情况，由表4可知，专用设备制造业以及计算机、通信和其他电子设备制造业R&D人员的投入以及R&D经费内部支出最多，表明这两个行业能够较好地聚拢创新要素；仪器仪表制造业以及文教、工美、体育和娱乐用品制造业创新要素投入较低，其中，仪器仪表制造业的R&D人员及经费在2019年出现了较大程度的负向增长，而文教、工美、体育和娱乐用品制造业则出现了强劲的增长趋势。另外，汽车制造业以及计算机、通信和其他电子设备制造业的创新要素投入也出现了较大程度的负向增长，未来需要持续提升这些行业的创新投入，以全面协调地促进湖南省先进装备制造业的高质量发展。

表4 2018—2019年先进装备制造业分行业R&D人员及R&D经费内部支出情况

分类	R&D人员全时当量（人年）			R&D经费内部支出（万元）		
	2018	2019	增长率	2018	2019	增长率
金属制品业	3 375	4 067	20.50%	191 643	229 140	19.57%
通用设备制造业	5 797	6 136	5.85%	241 251	285 981	18.54%
专用设备制造业	13 597	12 532	−7.83%	726 270	921 857	26.93%
汽车制造业	6 124	4 606	−24.79%	379 649	277 635	−26.87%

续表

分类	R&D 人员全时当量（人年）			R&D 经费内部支出（万元）		
	2018	2019	增长率	2018	2019	增长率
铁路、船舶、航空航天和其他运输设备制造业	3 959	5 164	30.44%	302 163	337 059	11.55%
电气机械和器材制造业	7 053	7 049	−0.06%	343 752	376 309	9.47%
计算机、通信和其他电子设备制造业	12 045	11 095	−7.89%	469 081	447 544	−4.59%
仪器仪表制造业	2 206	1 544	−30.01%	63 704	57 651	−9.50%
文教、工美、体育和娱乐用品制造业	1 127	1 279	13.49%	48 172	67 593	40.32%

表 5、图 7 和图 8 反映了湖南省先进装备制造业的创新产出情况，由表 5 可知，2019 年湖南省先进装备制造业各行业销售收入除仪器仪表制造业外均呈现较大程度的正向增长，其中金属制品业、通用设备制造业、铁路、船舶、航空航天和其他运输设备制造业以及文教、工美、体育和娱乐用品制造业增幅均在 20%以上，发展势头良好，前景广阔；从出口情况看，大部分行业在 2019 年新产品出口收入都有较大增长，仅专用设备制造业以及电气机械和器材制造业新产品出口收入有小幅度的下降，表明国际市场对湖南省先进装备制造业新产品的需求逐渐旺盛，在世界上的地位不断得到提升；从各行业新产品出口收入占总销售收入的比重看，计算机、通信和其他电子设备制造业占据绝对出口优势，出口占比达到 40%以上，其次为文教、工美、体育和娱乐用品制造业，2019 年出口占比为 21.86%，表明湖南省的电子设备制造产品及娱乐用品制造产品在国际市场上认可度较高，综合来看，湖南省先进装备制造业迈向更深层次的高水平对外开放阶段；从湖南省先进装备制造业的专利申请数量上看，自 2012 年以来涨幅较大，八年时间增长将近两倍，其中专用设备制造业申请数量最多，2019 年达到 5 332 件，文教、工美、体育和娱乐用品制造业数量最少，其余行业呈现均衡发展的趋势。

表 5 2018—2019 年规模以上先进装备制造业分行业新产品销售收入及出口情况

分类	新产品销售收入（万元）			新产品出口收入（万元）		
	2018	2019	增长率	2018	2019	增长率
金属制品业	1 868 301	2 499 874	33.80%	18 256	26 519	45.26%
通用设备制造业	2 866 565	3 516 360	22.67%	83 250	101 828	22.32%
专用设备制造业	9 704 192	11 022 065	13.58%	226 350	214 099	−5.41%
汽车制造业	7 167 087	8 055 133	12.39%	65 487	128 614	96.40%
铁路、船舶、航空航天和其他运输设备制造业	2 652 852	3 395 145	27.98%	227 891	267 320	17.30%
电气机械和器材制造业	4 064 408	4 863 297	19.66%	136 095	121 716	−10.57%
计算机、通信和其他电子设备制造业	6 245 836	7 376 837	18.11%	2 878 534	3 198 489	11.12%

续表

分类	新产品销售收入（万元）			新产品出口收入（万元）		
	2018	2019	增长率	2018	2019	增长率
仪器仪表制造业	666 547	468 991	−29.64%	3 850	18 985	393.12%
文教、工美、体育和娱乐用品制造业	527 397	641 914	21.71%	77 970	140 300	79.94%

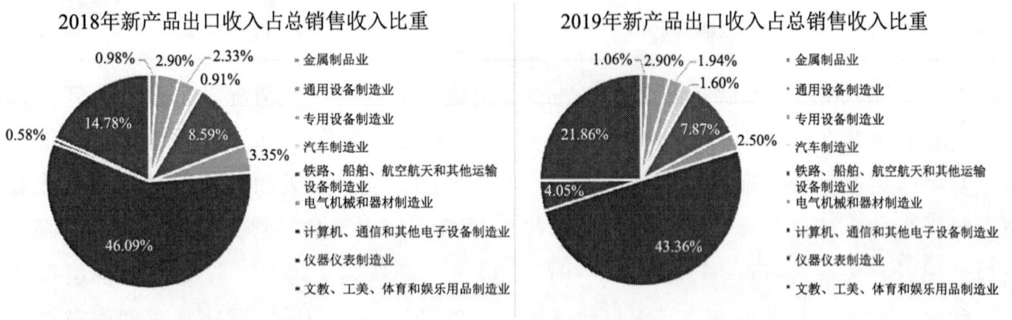

图 7　2018 年、2019 年规模以上先进装备制造业分行业新产品出口收入占总销售收入比重（%）

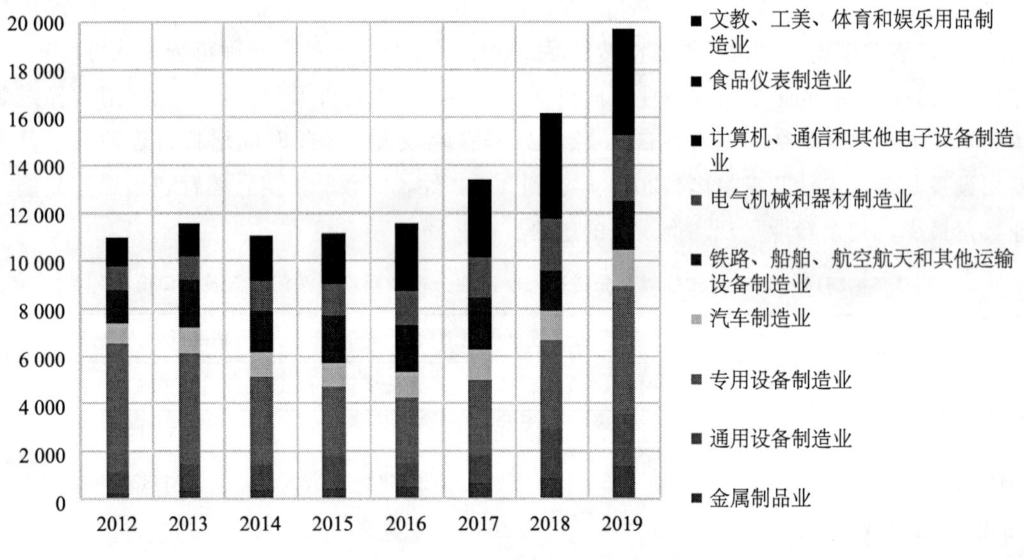

图 8　2012—2019 年规模以上先进装备制造业分行业专利申请数量

（三）存在的主要问题

通过上述对湖南省先进装备制造业发展现状以及创新情况的分析，可以发现湖南省先进装备制造业总体发展态势良好，创新产出也不断得到国际的认可，先进制造业各行业结构不断调整优化，“三高四新”战略实施前景广阔，然而仍旧存在以下问题，制约着湖南省先进装备制造业的进一步发展：

1. 先进装备制造业行业内发展不平衡，制约先进装备制造业总体提升

湖南省先进装备制造业已形成较为完整的产业布局，然而产业内部存在发展不均衡的现象。根据上文现状分析可知，工程机械以及铁路、船舶、航空航天和其他运输设备制造业在全国具有领先优势，依托湖南卫视及“网红长沙”的影响力，文教、工美、体育和娱乐用品制造业也呈现蓬勃的发展潜力，然而湖南省先进装备制造业主要依托专用设备制造业、电气机械和器材制造业以及计算机、通信和其他电子设备制造业获得较快的增长，部分行业销售产值不增反降，企业劳动人数也出现不同程度的缩减，如铁路、船舶、航空航天和其他运输设备制造业 2015 年以来销售产值减少，计算机、通信和其他电子设备制造业的劳动人数 2018—2019 两年内降幅达 17.37%，其他行业的增长速度也出现增长缓慢或下降的趋势，产值增长乏力，关键核心技术和零部件基础仍然薄弱，高端产能不足、低端产能过剩，部分领军企业带动作用不强，未能形成较好的产业集群，产业链发展不完善。

2. 创新要素投入不足，创新优势尚未完全激发，制约先进装备制造业高质量发展

创新是促进先进装备制造业高质量提升的关键要素，然而从湖南省先进装备制造业的创新情况看，虽然创新产出不断增长，但创新要素投入不足。湖南省高校云集，培养出众多高素质人才，但湖南省先进装备制造业的 R&D 人员以及 R&D 内部经费支出比重近年来处于较低的水平且未出现明显的增长趋势，同时 R&D 经费中来源于政府的部分逐年降低，部分企业甚至出现负向增长的情况，不利于激发企业的自主创新活力，造成湖南省先进装备制造业产业核心技术对外依存度偏高，关键核心技术掌握不足，生产技术受制于人，先进装备制造业各行业均存在关键生产领域瓶颈的问题，严重制约先进装备制造业的高质量发展。

3. 出口竞争优势不明显，不利于充分利用国际市场

在“国际国内双循环”新发展格局下，不仅要求充分利用国内的超大规模市场，而且要注重扩大对外开放水平，形成国际国内相互促进的良性互动模式。然而从湖南省先进装备制造业出口占总销售产值的比重看，出口比重呈现逐年下降的趋势，新产品的出口波动性也较大，出口增长不明显，表明湖南省先进装备制造业目前以国内市场为主，国际市场优势不明显，而出口交货值等指标恰恰是直接体现国际竞争力的核心指标，说明湖南省先进装备制造业的出口竞争优势较低，与美国、日本等先进装备制造业强国的企业相比仍具有较大的差距，不利于塑造良好的国际品牌形象，制约先进装备制造业的均衡发展。

三、对策建议

（一）促进先进装备制造业产业集聚发展，发挥龙头企业带动作用

“十四五”时期，湖南省应围绕工程机械、轨道交通、航空动力三大产业打造具有全球影响力的产业集群，形成一批项目成长性好、行业水平高端、集群配套完善的高质量产业集群示范基地。湖南省政府应充分发挥引领作用，给予先进装备制造业产业政策优惠支持，突出优势产业，引领省内龙头企业积极发挥带头示范作用，完善产业集群配套设施，聚集上下游企业，通过产业集群降低各类综合成本，支持龙头企业加强本地配套产品和服务购买力度，提升配套能力，从而在“三高四新”战略的指导下，着力打造国家重要的先进制造业高地。

（二）加强创新要素投入，完善创新体系

湖南省高校云集，科技创新人才众多而人才流失现象严峻，如何吸引高素质人才从事先进装备制造业的生产研发是重点工作。首先，湖南省应着力激发产学研合作优势，深入实施“芙蓉人才行动计划”，不断扩大科技人才队伍，吸引高层次创新人才，完善人才引进措施，健全人才培养体系。其次，湖南省政府应充分依托创新驱动发展战略，充分释放创新潜能，提高创新要素的投入和支持力度，为先进装备制造业的技术研发提供充足的人力和资本支持；企业要在政府创新政策红利的支持下，加快生产智能化发展，提升产品技术含量，加快关键零部件和重大技术装备的攻关力度，提高先进装备制造业产业的整体创新能力，从而打造具有核心竞争力的科技创新高地，助力先进装备制造业的高质量提升。

（三）优化湖南省先进装备制造业出口布局，提升国际市场占有率

湖南省先进装备制造业要加强对出口的重视，通过提升国际市场占有率拓宽销售范围，增强企业国际知名度与品牌影响力。政府要在“三高四新”战略的引领下着力打造湖南省内陆地区改革开放高地，重视先进装备制造业出口规模及质量的提升，制定出口退税、减税等系列出口优惠政策切实降低先进装备制造业出口成本，支持有实力的先进装备制造企业“走出去”，开展先进装备制造业产品的境外生产；企业要积极加强与“一带一路”沿线等新兴发展中国家的合作，利用“一带一路”以及自贸区建设所带来的国家贸易合作机遇，推动大型成套设备、机械产品、机电产品、交通运输设备产品的出口，取长补短，开拓新兴市场，同时要依托数字经济，加快推进人工智能以及互联网产业的发展，为新产品的出口提供便利，建成国际一流的先进装备制造强省。

参考文献

[1] 习近平在湖南考察时强调在推动高质量发展上闯出新路子 谱写新时代中国特色社会主义新篇章 [N]. 湖南日报，2020-09-19 (1).

[2] 张月月，俞荣建，陈力田. 国内国际价值环流嵌入视角下中国装备制造业的升级思路 [J]. 经济学家，2020 (10)：107-116.

[3] 吴艳. 湖南生产服务业与先进装备制造业产业发展关系研究 [J]. 经济数学，2013，30 (03)：91-97.

[4] 毛明芳. 打造具有核心竞争力的科技创新高地——基于区域创新能力建设的视角 [J]. 湖南社会科学，2021 (01)：21-28.

大学生返乡创业协同帮扶机制构建路径

——基于湖南、贵州、江苏三省的调研*

邓玉喜　肖青山**

摘　要：乡村振兴需要产业支撑，产业发展要依靠人才。大学生有专业知识，有创业激情，也有家国情怀，是助力乡村振兴的生力军。通过在湖南、贵州、江苏部分地区调研，发现大学生返乡创业的政策执行、社会环境、教育供给、企业帮扶等方面还存在着一些堵点。为了实现大学生返乡创业助推乡村振兴的目标，政府、社会、高校、企业有必要根据大学生返乡创业的规律，从驱动、孵化、调整与成长几方面构建协同帮扶机制，助力大学生返乡创办企业，让企业能“活”下来并“兴”起来，进而形成乡村产业甚至产业链。

关键词：乡村振兴；大学生；返乡创业；协同帮扶

一、引言

习近平总书记在2020年中央农村工作会议上强调：民族要复兴，乡村必振兴[1]。可见乡村振兴是实现中华民族从富起来到强起来的基础工程。产业兴旺在《中共中央 国务院乡村振兴规划（2018—2022)》所提出的五项总要求中是摆在第一位的[2]，而要实现产业兴旺，必须有做成、做强产业的人才。大学生有专业知识，有创业激情，如果能利用所学回报家乡、返乡创业，将成为发展乡村产业、惠及乡邻、助力乡村振兴的重要智力支持。大学生返乡创业也是乡村留住“本土人才”，实现乡村智力“内循环”的重要途径。在调研中发现大学生返乡创业率与成功率不高，大学生返乡创业的政策执行、社会环境、教育供给、企业帮扶等方面还存在着一些堵点，需要政府、社会、高校与企业形成协同帮扶机制，助推他们返乡创业，为当地村民多增收、有奔头提供支撑。

---

* 2018年度教育部人文社会科学研究规划基金项目“乡村振兴进程中大学生返乡创业协同帮扶机制研究”(18YJAZH015)。

** 邓玉喜，湖南工程职业技术学院职能部门党总支书记，湖南省人社厅SYB创业与网创直播创业培训讲师，高级政工师；肖青山，湖南工程职业技术学院讲师。

二、大学生返乡创业协同帮扶机制构建的意义

创业，对任何人而言都不是一句口号，而是扎扎实实的复杂系统工程。大学生特别是应届毕业生，他们有专业知识、有返乡创业回馈家乡的热情，但与复员军人、农民工相比，在生活阅历、政策运用以及人脉资源、融资能力等方面存在短板。本课题组认为，如果政府、高校、社会、企业等能遵循协同学原理，有针对性地建立帮扶机制，发挥协同效应，能使返乡创业这个复杂工程在一定程度上化繁为简。

1. 有助于提升国家相关政策的帮扶效能

近年来，各级政府相继出台了一系列创业帮扶政策与措施，如果当地政府能发挥主导作用，协调就业创业主管部门及相关政府职能部门、教育主管部门与高校、企业等共同商议制定措施，并积极宣传、贯彻这些政策、措施，能大大增强部门之间的协同性，从而收到 1＋1＞2 的效果。

2. 有助于形成支持大学生返乡创业的社会氛围

在政府、高校、企业协同制定帮扶举措后，一方面通过政府官方媒体宣传、高校宣讲，打通学生返乡创业的“最先一公里”。另一方面，企业本身作为政策制定的参与者、政策的受惠者，并且企业身处乡村，其员工大多为乡邻，他们可以就帮扶政策“现身说法”，有助于形成支持大学生返乡创业的良好社会氛围。

3. 有助于提高大学生返乡创业的信心

高校如果能及时将各级各类支持大学生返乡创业的相关政策纳入双创教育课堂，积极引导在校学生参与各级各类创业活动，那么学生在参加培训，特别是在参加创业实践活动后，可能看会产生创业构思。如果有老师引导他们将创业构思落地为创业项目，并在校园创业孵化基地开展后续指导，毕业返乡时，家人、乡亲以及家乡的企业都能接纳他和他的项目，且当地企业负责人也能对他的创业项目进行指导，这样必将大大提高大学生返乡创业的信心。

4. 有助于推进乡村智力“内循环”

建立政府—高校—企业—社会支持大学生返乡创业的协同帮扶机制，让大学生实实在在感受到帮扶的力量，从而增强返乡创业的信心。切实的帮扶，也必将提升大学生返乡创业的成功率，他们成功创办的涉农企业在好的创业环境中必将发展为产业，并延伸产业链，从而吸引更多的同学与乡邻回乡创业或务工，乡村的“本土人才”就会实现“走出去—回家乡”良性智力循环，为乡村振兴提供长远的智力与产业支撑。

三、大学生返乡创业的堵点及其成因梳理

从麦可思发布的《就业蓝皮书》来看，2019 届本科毕业生自主创业比例为 1.6％，高职毕业生自主创业比例为 3.4％。随着毕业时间的延长，创业率有所上升，毕业三年内上升至 8.1％[3]。由此看来，每年应届毕业生创业率普遍不高，就业几年后再创业率有所上

升，但是关于大学生返乡创业的数据没有呈现。从 2018 年下半年到 2020 年上半年，本课题组就大学生返乡创业相关问题进行了近两年的调研，深入到了湖南、贵州、江苏三省部分贫困地区，在政府机关相关工作人员、新型农业经营主体、返乡创业大学生、村民、在校大学生中展开调研，调研时编制了访谈提纲和调查问卷（详见表 1～表 4 的“注”）。在村民中的调研以访谈为主，没有发放问卷，针对在校大学生的调研，是通过所走访高校的双创课教师或双创教育管理人员向该校在校学生利用“问卷星”开展在线调查，在规定的时间内在线回收问卷 2 000 份，均有效。通过调研得到的反馈主要有：政府机关工作人员认为当地创新创业政策落实得一般，大学生返乡创业最希望得到资金的支持；新型农业经营主体中经营中小微企业占大部分；返乡创业大学生毕业三年后在创业的人数远低于毕业一年在创的人数，本科学历创业的成功率高于专科或高职学历学生。具体信息详见表 1～表 4。本文中没标明出处的数据均来自本课题组调研结果。

表 1　大学生返乡创业相关问题调查（政府工作人员卷）

问题及题型	选项与比例（%）	问题及题型	选项与比例（%）
1. 目前地州市乡镇的创新创业政策落实得如何（单选）	①很好（38.71%） ②一般（54.84%） ③较差（6.45%）	4. 大学生返乡创业时希望得到政府哪些帮扶（多选）	①政策（70.97%） ②资金（90.32%） ③专家指导（87.10%） ④信息平台共享（83.87%） ⑤其他（9.68%）
2. 您所在部门对大学生返乡创业的帮扶（多选）	①政策（83.87%） ②资金（61.29%） ③技术或平台（48.39%） ④其他（6.45%） ⑤不支持（9.68%）	5. 您认为，农村的创业点在哪（多选）	①传统农业（58.06%） ②特色产业（74.19%） ③公益扶贫（51.61%） ④技术指导（67.74%） ⑤其他（22.58%）
3. 您是否参与指导创业（单选）	①有（70.90%） ②没有（25.87%） ③希望有（3.23%）		

注：本项调研是在走访中发放并现场全部回收问卷 150 份，访谈三个省所辖县人社局、就业局或工商局部分工作人员。

表 2　大学生返乡创业相关问题调查（新型农业经营主体卷）

问题及题型	选项与比例（%）	问题及题型	选项与比例（%）
1. 目前您所经营或管理的企业类型是（单选）	①贸易类（17.54%） ②服务类（29.82%） ③制造类（10.53%） ④农林牧渔类（35.09%） ⑤其他（7.02%）	5. 如果您参加了指导大学生返乡创业，您的主要参与方式是（单选）	①培训讲座（52.63%） ②现场指导（28.07%） ③在线指导（5.26%） ④创业沙龙（14.04%）

续表

问题及题型	选项与比例（%）	问题及题型	选项与比例（%）
2. 目前您所经营企业的规模是（单选）	①300 人以上（3.51%） ②100～300 人（0%） ③40～100 人（7.02%） ④40 人以下（89.47%）	6. 当地是否有创业孵化基地（单选）	①有（43.86%） ②没有（56.14%）
3. 大学生返乡创业的阻力是什么（多选）	①家人不支持（36.84%） ②乡村基础设施不理想（45.61%） ③政策落地难（47.37%） ④用工难（22.81%）	7. 当地是否有以下与创业相关的资源库（单选）	①创业帮扶程序库（21.05%） ②创业项目库（10.53%） ③创业者信息库（15.78%） ④创业指导专家信息库（14.04%） ⑤新型农业经营主体评估信息库（0%） ⑥无（38.60%）
4. 您参与过指导大学生返乡创业吗（单选）	①有（26.32%） ②没有（73.68%）		

注：本问卷是在走访调研中发放并现场全部回收问卷 80 份，访谈对象主要是当地新型农业经营主体负责人。

表 3　大学生返乡创业相关问题调查（返乡创业大学生卷）

问题及题型	选项与比例（%）	问题及题型	选项与比例（%）
1. 你的学历是（单选）	①大专或高职（21.19%） ②本科（77.97%） ③硕士（0.85%） ④博士（0%）	6. 你返乡创业的动力（单选）	①自愿（60.17%） ②家人要求（3.39%） ③朋友邀请（3.39%） ④其他（33.05%）
2. 你所学的专业是（单选）	①工科（1.69%） ②文科（67.80%） ③理科（12.71%） ④医科（1.69%） ⑤农森牧渔（16.11%）	7. 你返乡创业的时间（单选）	①1 年（66.49%） ②2 年（9.32%） ③3 年（5.08%） ④3 年以上（16.01%）
3. 你是否参加过创业培训（单选）	①是（21.36%） ②否（68.64%）	8. 你返乡创业过程中乡邻与亲戚的态度（单选）	①支持（51.69%） ②反对（33.08%） ③其他（15.25%）

续表

问题及题型	选项与比例（%）	问题及题型	选项与比例（%）
4. 在上大学期间是否接受过乡情、乡愁教育（单选）	①是（40.68%） ②否（59.32%）	9. 你在创业的过程中，享受了政府的哪些政策支持（多选）	①资金资助（49.15%） ②税费减免（33.90%） ③技术支持（35.59%） ④其他方面（70.34%）
5. 你毕业的时间（单选）	①1 年（55.08%） ②2 年（16.10%） ③3 年（9.32%） ④3 年以上（19.50%）	10. 你的企业调整中是否得到过相关帮扶？（多选）	①政府帮扶（28.38%） ②企业帮扶（12%） ③母校帮扶（15.29%） ④乡亲帮扶（24.23%） ⑤无任何帮扶（20.10%）

注：本问卷是在走访调研中发放并现场全部回收问卷 165 份。

表 4 大学生返乡创业相关问题调查（在校大学生卷）

问题及题型	选项与比例（%）	问题及题型	选项与比例（%）
1. 你所学的专业是（单选）	工科（59.12%） 文科（31.87%） 理科（6.69%） ④医科（0.41%） ⑤农林牧渔（1.91%）	5. 你是否愿意返乡创业（单选）	①是（61，19%） ②否（38.81%）
2. 你现在就读几年级（单选）	①大一（53.13%） ②大二（38.15%） ③大三（6.27%） ④大四（2.45%）	6. 你的家人是否同意你返乡创业？（单选）	①同意（33.74%） ②反对（66.26%）
3. 你是否参加过创业培训（单选）	①是（20.23%） ②否（79.77%）	7. 你的亲朋好友邻居是否赞同你返乡创业（单选）	①同意（61.02%） ②反对（38.98%）
4. 你来自农村还是城镇（单选）	①农村（75.72%） ②城镇（24.28%）	8. 如果返乡创业，你最希望在哪些方面得到帮助或支持（多选）	①资金（95.75%） ②技术（85.87%） ③政策（80.85%） ④社会环境（75.73%）

注：本问卷是在高校走访调研中，通过双创课教师或管理人员向该校学生以“问卷星”开展在线调查，在预定的时间内在线回收问卷 2 000 份。

通过对相关文献与课题组现场调研所得信息的梳理，发现当下大学生返乡创业还存在以下堵点：

1. 驱动力不足

驱动力是指推动或吸引大学生返乡创业的力量。

一是地方政府层面。首先是政策执行中存在落地“最后一公里”问题。从调研结果看，对上级或本级政策落实“很好”的只有38.71%、落实“一般”的达54.84%，还有6.45%“较差”，新型农业经营主体反映政策支持落地难达47.37%（见表1和表2）。其次是存在信息孤岛。有些县（市）级政府相关部门建立了一些与创业相关的资源库，但数量不多，没有统一的平台（见表2），可见资源信息是分散的，特别是当国家政策调整时，各个部门可能也制定了相应的政策在其官网发布，返乡创业大学生很可能因没有及时看到相关信息而错失机遇。再次是乡村基础设施不完善。45.61%的新型农业经营主体反馈这是返乡创业的堵点之一（见表2），主要表现在交通、网络、冷链物流等方面与产业需求不匹配。二是社会层面。家长不支持孩子返乡创业的达66.26%，乡邻和亲戚反对者达33.08%（见表3），可见社会对大学生返乡创业的支持率亟待提高。三是高校层面。返乡创业大学生反馈其创业动力来自学校教育的只有33.05%。他们在交谈中反馈，当初在校期间的创业教育理论居多，实践偏少，在课堂上“没有接受过乡情、乡愁教育”的达59.32%（见表3）。四是企业层面。首先是企业帮扶的热情不高。企业没有参与过大学生返乡创业指导者达73.68%，参与现场指导者更少，只有28.07%（见表2）。其次乡村金融机构对大学生返乡创业支持欠缺。在被调查的政府相关部门工作人员90%的受访者认为大学生返乡创业最大的需求是“资金需求”（见表1），在校大学生反馈“如果返乡创业最想得到资金支持”者达95.75%（见表4），返乡创业大学生“得到过资金支持的”占比49.15%（见表3）。同时，涉农产业风险大但目前保险产品少。

2. 孵化基地管理机制有待完善

一是地方政府层面。当地政府没有创业孵化基地的达56.14%，当地即使有创业孵化基地，有些返乡创业者创办农林牧渔等类企业也用不上，因为其创业地点直接在田间地头或山川湖泊，用不上集中化的孵化基地。二是高校层面。目前高校一般都建有大学生双创孵化基地，但不是每个项目都能入驻，针对不适宜进入高校或地方孵化基地的项目，地方政府、高校并没有出台与其项目相匹配的帮扶政策。

3. 持续性帮扶机制缺失

大学生返乡创办的企业，经营一段时间后，需要调整方向、规模等，在这个调整过程中如果能有政府、企业、高校及乡亲的帮扶则容易平稳过渡，但从表3可以看出他们得到的帮扶并不多。当地政府、企业、母校以及乡亲帮扶者分别是：28.38%、12%、15.29%、24.23%，还有20.10%没有获得任何帮扶，可见得到各方的帮扶都比较少。究其原因主要表现在：一是政府层面，对于大学生返乡创业帮扶的重点在初创时期，持续跟进帮扶机制缺失。二是高校层面，目前高校有毕业生回访机制，但这种回访更多是针对常规就业，而针对创业类，特别是返乡创业大学生的跟踪指导机制缺失。三是企业层面，一方面由于初创企业难以找寻到这样的资源；另一方面是政府没有激励成熟企业去帮扶初创企业的相关政策。四是社会层面，缺乏“试错”的宽容。在访谈中了解到，当大学生返乡创办企业需要调整时，一方面，乡亲对于大学生返乡创办企业的调整不理解，他们认为对已经办成的企业进行调整可能是瞎折腾；另一方面，如果企业发展遭遇瓶颈，乡邻则认为他可能不适合创业，应该放弃，对于他的困境更多的是袖手旁观。

4. 发展机制有待完善

俗话说：“扶上马，送一程。”针对初创企业不但要帮扶其存活，更要帮扶其壮大。但在访谈中了解到，目前很多县（市）、乡镇在制订当地产业发展规划时并没有对接初创企业，或者说是只是将龙头企业纳入产业规划，而对大学生返乡创办的小微企业关注不够，从而成为其发展壮大的堵点。企业、高校以及社会的帮扶则更少了，从而不利于大学生返乡创办的企业延伸产业链，或者规模化形成产业。

四、大学生返乡创业协同帮扶机制构建路径

通常情况下，大学生返乡创业都要经历：产生返乡创业构思→选准返乡创业项目→创办企业→让企业活下来→企业发展壮大。课题组在调研中发现，98.58%的在校学生反馈返乡创业需要政府、社会、高校、企业共同帮扶（见表4）。基于此，本课题组依托协同学原理，遵循初创企业的成长规律，提出了政府、社会、高校、企业协同发力，疏通大学生返乡创业的堵点，构建驱动、孵化、调整与成长的协同帮扶机制，形成层层推进的统一整体，与大学生返乡创办企业的历程同向同行，相互促进（见图1）。

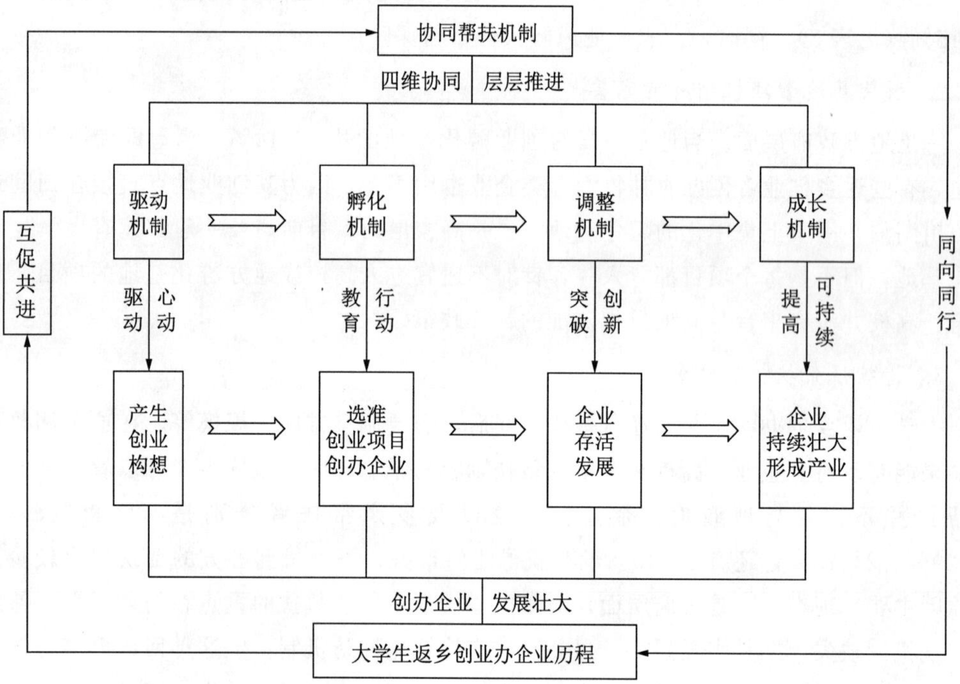

图1　大学生返乡创业协同帮扶机制构建模型

1. 驱动机制

马斯洛需求层次理论认为，个体成长发展的内在力量是动机。而动机是由多种不同的

需求组成，人类的需求由低到高分为：生理、安全、爱与归属、尊重以及自我需求[4]。该需求理论是梯形结构，由低到高，直到顶层“自我实现”需求产生。就在校大学生而言，有些学生目标很明确，内驱力很强大，能主动出击。有些学生则需要外在力量——比如榜样、教育、政策引导、社会舆论等——形成协同外驱力，激发其潜意识中的内驱力，引导学生逐渐聚焦目标并付诸行动。激发内驱力可从以下几方面着手：

第一，政府建立政策驱动机制。一是国家层面要一如既往地做好政策的顶层设计，地方政府根据当地实际制定细化政策，提升政策的可执行性。二要强化责任监督，有专职部门监督检查，解决好帮扶政策落地的“最后一公里”问题。三要出台相关政策激励成熟企业帮扶初创企业。

第二，高校建立教育驱动机制。一是建立专创融合的教师队伍，让他们成为学生创业的领航人。创业课教师要做到“专创融合”，引导学生关注学科领域最前沿的信息，适时捕捉创业机会，发挥教育的驱动力。二是丰富实践教学内容。首先，创业教学中要第一时间宣传党的方针政策，让政策的驱动力在课堂上得到发挥。其次，丰富创业教育内容，把乡情乡愁教育、本地区域经济发展的情况纳入教学内容，激发学生将个人梦想融入当地乡村振兴规划。最后是针对返乡创业学生要建立跟踪指导机制，并纳入高校教学考评体系。

第三，社会各界建立舆论引导机制。通过各种媒体和平台宣传国家的有关政策，尽量扩大政策的知晓度，扩大返乡创业利己利家利乡的宣传力度，推动全社会支持大学生返乡创业。

2. 孵化机制

“孵化”，是指学生准备返乡创业的项目在下乡前或专利产品市场转化前的培育过程。孵化的过程，实际是创业者熟悉企业创建流程、评估市场风险、整合创业资源、提升自身创业素质的过程，这也是提升初创企业成功率的方式之一。

第一，高校建立孵化机制。当学生的创业内驱力得到激发，就会产生创业构想。关注创业项目，特别是那些有专利、获得了创业大赛奖项的学生更想在校期间或毕业当年就付诸现实。既可以由指导老师团队辅导他们，也可以实施师生同创。

第二，政府与高校建立协同孵化机制。如果在校学生有涉农项目，又愿意返乡创业，高校可以协助他对接原籍县（市）地方政府，推荐项目入驻当地的“创业孵化基地”。如果不适合入驻，则协助创业者寻找合适场地，请求村支两委协助办理土地流转、租赁等相关事项，然后当地县（市）政府按相关政策办理相应减免或经济帮扶。通过政府与高校的共同帮扶，初创企业落地生根的可能性远大于他个人孤军奋战。

3. 调整机制

所谓“调整”，就是改变现有的状况，使之符合现实的需要。大学生返乡成功创办了企业，在经营一段时间后，或遇发展瓶颈、或要扩大规模、或要改变方向、或要开发新产品、或要延伸产业链等，都是创业者的必然经历。在与返乡创业大学生交谈时，100%的受访者都希望能得到帮扶，希望政府、社会、企业、高校形成一个对初创企业调整的协同帮扶机制。

第一，政府的帮扶机制。一是政策帮扶。一方面建立初创企业调整激励机制，即对于这类企业基本稳定后，在适度扩大规模、品牌提升方面给予政策激励保障，以便形成产业乃至产业链。另一方面建立帮扶激励机制。政府要出台相关政策，激励专家、乡贤、专业教师对初创企业开展跟踪指导，建立帮扶档案，并纳入帮扶实施人员的绩效考核，特别是对企业管理人员参与帮扶即可纳入其自身企业的诚信档案。二是建立专家库，将专家所擅长的领域通过一个公共平台发布，返乡创业者能及时找到合适的帮扶专家，从而少走弯路。

第二，高校跟踪指导帮扶机制。一是建立毕业生返乡创业档案，建立毕业生创业跟踪指导机制，将毕业生创业跟踪指导与教师工作绩效挂钩。二是开展灵活多样的指导。高校教师对毕业生创办的企业实行不定期回访，或者可以建立返乡创业者线上交流群，创业者可以在线上互相交流创业经验，亦可以在线下一对一交流；高校教师也可以一对一开展指导，包括与创业相关的专业知识、法律援助、心理指导等，让初创者少走弯路或走出低谷。

第三，社会容错机制。当初创企业遇到经营困境，乡亲们要能够最大限度地包容他、帮扶他，让他在困境中看到友善与援助。这样，在初创企业调整过程中，政府、高校、企业、社会协同一致，助力初创企业走出困境、站稳市场并存活下来。

4. 成长机制

创业成长机制是指帮扶初创企业壮大与可持续发展的机制。可以在以下几方面尝试：

第一，激励创新机制。有研究表明，我国从 2005 年起，再没有出现过生存型创业大于机会型创业的态势[5]。大学生所创企业创新性越强，也意味着风险可能越大，需要外界帮扶的概率越大。创业者在选定创业类型、企业战略定位、企业发展调整，都与国家政策息息相关。因此，创业者希望国家针对创新型初创企业的发展有相应的政策支持，特别是当地各个相关部门根据国家政策制定的制度要更接地气，契合当地产业发展需要，突出“精准性”和“前瞻性”，既要鼓励创新型初创企业发展壮大成产业，更要帮扶新的产业发展形成新的产业链。

第二，企业形象塑造机制。一是初创企业自身要有品牌意识，着力塑造企业形象，打造企业专属知识产权。二是公共媒体宣传帮扶。公共媒体以其公信力及时跟进初创企业的发展，及时宣传，塑造企业形象。如课题组在调研中发现的返乡创业黄姓学生，他利用所学专业带领乡亲种植彩色稻米获得成功后，得到了“学习强国”等媒体的推广，收获了很好的社会效益，为他发展产业打下了基础。四是以自媒体打造企业专属知识产权。在黄姓学生种植的荷花、桃树、李树、玉米、柑橘等初具规模时，他依托当地村部的国家级文物保护单位“桃树湾清代古民居刘氏大屋”在当地的名气，再借助自媒体，成功引流探古寻史的游客，发展乡村游和青少年研学活动，并通过乡村游带动游客的“尾箱经济”，农场产出的玉米、莲蓬、时令水果供不应求。

第三，风险监控机制。除高校建立毕业生创业档案外，县（市）相关部门也要建立初创企业档案，建立跟踪指导机制。初创企业有专家跟踪指导，或者有成功的新型农业经营主体负责人指导或加盟，那就会少走弯路。如黄姓同学的企业在经营一年后，当地比他早几年返乡创业且成功创办一家文化发展有限公司的学长，以入股的形式加盟农场，带来了一些经验，对农场的风险控制与制定未来规划发挥了积极作用。当地政府的关怀、乡村的帮扶、同行的指导与支持都增加了他让农场“兴起来”的信心。

五、结语

在乡村振兴进程中，大学生产生返乡创业的动机以及创业企业的孵化、调整与成长进程是千差万别的，但都有寻求帮扶的需求。为了吸引大学生返乡并助力乡村产业振兴，各地政府、高校、企业、社会有必要建立协同帮扶机制，为他们所办企业“活下来”“兴起来”提供持续动力，使大学生真正成为乡村振兴、民族复兴的生力军。

参考文献

①本文所说的大学生返乡创业是指农村籍大学生毕业当年或毕业在外地工作若干年后返回家乡，寻求新的资源组合创办企业、创造价值的过程。

②本文中“企业”是指已成功站稳市场并在当地有一定影响力的新型农业经营主体。

[1] 习近平出席中央农村工作会议并发表重要讲话 [EB/OL]. (2020-12-29) [2021-02-21]. http://www.gov.cn/xinwen/2020-12/29/content_5574955.htm.

[2] 中共中央 国务院印发《乡村振兴战略规划（2018—2022年）》[EB/OL]. (2018-09-26) [2021-02-21]. http://www.gov.cn/zhengce/2018-09/26/content_5325534.htm.

[3] 2020年中国大学生就业报告（就业蓝皮书）[EB/OL]. (2020 7 10) [2021 02 21]. https://www.sohu.com/a/406820044_362042.

[4] 胡家祥. 马斯洛需求层次论的多维解读 [J]. 哲学研究. 2015 (8): 104-108.

[5] 李伟铭. 中国新创企业成长机制研究 [M]. 北京：科学出版社. 2014: 8.

中国共产党领导湖南报纸抗战的方式及当下启示

龙运荣*

摘　要：在百年风雨征程中，中国共产党领导全国人民进行了可歌可泣的伟大革命斗争。中国共产党领导的湖南报纸抗战是这场伟大的“民族性的全面战争”不可分割的重要部分，为最终取得民族独立和人民解放做出了巨大贡献。中国共产党领导湖南报纸抗战宣传的历史经验是极其宝贵的，对做好当前的新闻宣传工作具有重要启示，值得总结并牢记。

关键词：抗日战争；文化抗战；报纸宣传；中国共产党领导

一、引言

在百年风雨征程中，中国共产党领导全国人民进行了可歌可泣的革命斗争，坚决抗击西方列强和帝国主义的侵略，最终取得了民族独立和人民解放。抗日战争是“一场民族性的全面战争”，是中国人民抵抗外国侵略的伟大革命战争的重要组成部分。而湖南因为其特殊的地理位置，成为抗战的重要战略要地，奠定了湖南抗战在全国抗战中的重要地位。特别是北平、天津、上海等大城市相继失陷后，湖南成为抗战文化运动的重心，长沙成为除武汉之外的又一著名“文化城”。[1]中国共产党领导的湖南文化抗战是这场“民族性的全面战争”不可分割的重要方面，“文化抗战与军事、政治、经济等方面的抗战一样，是中国共产党领导的伟大的抗日战争的重要组成部分。”[2]湖南的抗战文化不仅丰富了全国抗战文化的声威和内涵，唤醒了民众抗日，而且促进了全省抗日民族统一战线的扩大，推动了全国抗战文化深入发展[3]。

作为文化抗战的重要组成部分，抗战期间湖南报纸发展迅速，作用显著。然而，由于各种原因，目前学界对湖南报纸抗战宣传的专题研究仅有向宣柔的《湖南〈大公报〉抗战宣传研究（1937—1945）》[4]和张蓉的《〈观察日报〉抗战宣传述论》[5]两篇文章，其他研究则多散见在关于抗战文化、文化抗战的介绍中，比如华济时较早发表的论文《湖南的抗战文化运动》[6]介绍了抗战时期湖南境内创办的各类报纸。此后，范忠程（1997）、唐正芒（2000）、萧栋梁（2005）、罗玉明（2006）、廖芳芳（2011）、夏远生（2015）、刘宏伟

---

* 龙运荣，湖南科技学院传媒学院院长、教授。

(2019)、胡振荣(2020)等从不同角度进行了论述。此外，新闻史关于湖南报纸发展的研究也对湖南报纸的抗战宣传有所涉及，如冯英子回忆了抗战时期《湖南群报》状况[7]，黎澍介绍了《湖南观察日报》情况[8]，刘丁东对抗日战争时期的湖南报纸进行了专门研究[9]，周希介绍了民国时期湘西报刊发展概况[10]，戴玉龙[11]、陈艳辉[12]分别对《力报》进行了专门研究。本文主要对抗战期间中国共产党领导湖南报纸抗战的主要方式进行梳理，并就其对当前新闻宣传工作的启示谈几点看法。

二、中国共产党领导湖南报纸抗战宣传的主要方式

抗战时期，为了组织和动员全社会抗战，保全组织和个人，中国共产党采取了灵活多样的方式领导湖南报纸抗战宣传工作。

1. 直接创办或间接参与办报宣传抗战

抗战期间，为了更好地宣传抗战，中国共产党通过直接创办报纸，或者以地下党员身份参与创办报纸，揭露日本帝国主义侵略行为，号召广大民众奋起抗战。中共先后直接创办了《大众报》《观察日报》《抗战日报》《湘流报》，间接参与的报纸有《实践晚报》《力报》《湘潮晚报》(黄炎主办)、《楚湘晚报》(邹河汉主办)、《交通日报》(张翌舒主办)、《时代日报》(魏方主办)等。

《大众报》于1937年12月1日在长沙创刊，最初为十六开小报，后改为八开三日刊。领导报纸的中共党小组由任作民、潘开茨、张生力组成。为了集中力量办好报纸，1938年4月，中共湖南省工委决定把《大众报》合并到《观察日报》。《观察日报》原由《火线下》《民族呼声》等合并而来，1938年1月25日在长沙创刊。同年5月，《观察日报》被确定为中共湖南省委机关报。社长由唐文燮担任，黎澍、杨赓先后担任总编辑，主要负责人还有潘开茨、邓克生、丁刚等。杨赓为长沙人，曾就读北京大学法律系，1938年加入中国共产党。长沙大火后，《观察日报》被迫迁往邵阳，与邵阳的《真报》合并。因转载毛泽东的《论新阶段》一文暴露了与共产党的关系，该报被勒令于1939年4月17日停刊。

在周恩来、徐特立的指导下，1938年1月28日，《抗战日报》在长沙创刊，主要由廖沫沙、王鲁彦等人负责，田汉出面邀请湖南一些文化、新闻界人士参与。该报之所以选择1月28日为《抗战日报》正式创刊日，是因为这一天是1932年上海“一·二八”抗日战争的纪念日。《抗战日报》在出版的内容和形式上大致与上海《救亡日报》相似，被视为其姊妹报出版。徐特立十分重视该报出版，重要社论必过目修改，并撰写《抗战到底与自力更生》《精神总动员和抗战戏剧》《五四运动十九周年》等多篇文章。

邵阳《真报》为四开版日报，1938年4月创刊于邵阳。社长兼总编辑由敖振民担任，国内外要闻版编辑兼任校稿、译稿由唐旭之负责。邵阳《真报》以党的抗日民族统一战线纲领为指导，坚持服从党中央的领导，开展各项对敌斗争。

《力报》于1936年9月15日在长沙创刊，后来曾迁至邵阳、衡阳、沅陵，乃至桂林、贵阳等地。因此，该报分别称长沙《力报》、邵阳《力报》、衡阳《力报》、沅陵《力报》、桂林《力报》等。各报之间既有区别又有联系。《力报》的办报人员多有变动，其中不少

是中共党员。长沙《力报》社长雷锡龄，总编辑康德，副刊兼采访部主任严怪愚；报纸为对开八版，设有《社评》《国内新闻》《国际新闻》《省内新闻》《副刊》《广告》等栏目；报纸编排讲究，印制精美，在当时的湖南报界均属上乘；1938 年 11 月，因长沙大火，该报被迫迁往邵阳。邵阳《力报》较以前更为激进，增设《国内战事动态》《新闻记者》等栏目，以对社会新闻的报道敢言而著称；1940 年 5 月 13 日，该报终因敢言触怒薛岳当局而被查封。邵阳《力报》被查封后，1940 年 7 月 1 日，雷锡龄、戴哲明带领部分人员前往衡阳，创办衡阳《力报》；1944 年 8 月衡阳失陷前，曾出零陵版，还曾一度迁往贵阳；1946 年 1 月，《力报》迁回衡阳，1949 年 11 月停办。衡阳《力报》办报宗旨、风格乃至栏目设置方面，都与长沙《力报》一脉相承。1943 年 6 月 10 日，朱德龄、严怪愚等人在沅陵创办沅陵《力报》；1945 年底，该报迁回长沙，直至 1948 年 11 月 19 日终止；该报在风格上继承了长沙、邵阳《力报》的敢言传统。

《大华晚报》于 1942 年 11 月 5 日在衡阳创刊，为民营对开四版小报纸，抗战后期迁贵阳继续出版。发行人舒名世原为《大刚报》编辑。《大华晚报》的后台虽然为原属湖南国民党乙派人士，但编辑中有中共地下党员。《大华晚报》敢于直言，勇于揭露社会黑暗，在抗战中发挥了积极作用。

《开明日报》由原《观察日报》总编辑黎澍与刘岳厚于 1938 年 8 月创办。黎澍曾就读于北平大学，于 1936 年参加中国共产党。《开明日报》以“抗战、民主、进步”为办报宗旨，积极宣传中国共产党抗日主张，热情讴歌抗日英雄，深刻揭露日本帝国主义暴行，强烈呼吁全国人民一致抗日。[13]

《湘流报》于 1936 年 8 月 1 日在长沙创刊，受中共地下党组织领导。总编辑为彭秉朴，编辑有杨荣国、唐荣前、廖申之（即廖意林）。该报共四开一张，第一版为社论和简要新闻，第二版为青年生活和学运消息，第三版介绍马克思主义哲学和社会科学的知识，第四版为文艺。西安事变后，《湘流报》积极呼吁国民党停止内战，释放政治犯，抗日救国。

2. 撰写新闻报道揭露卖国投敌行径和战争进展

由于战时的局势动荡，为了更好地开展工作和保护自己及党组织，许多共产党员以地下党员身份进入报纸编辑部，通过撰写新闻报道揭露汉奸卖国投敌行径，通过报道战争进展激发广大民众的抗战斗志。

《大刚报》于 1937 年 11 月在郑州创刊，后迁信阳，武汉沦陷后迁衡阳。《大刚报》在衡阳复刊后发行量由原来的 3000 份跃升到万份以上，甚至多达 1.5 万份，创湖南报纸发行数量的纪录。编辑部多为共产党员和进步报人，在抗战中发挥了进步作用。1942 年，杨潮担任总编辑后对苏德战争进行了全面报道，撰写了不少精辟的社论和军事论文，断言社会主义苏联的胜利和德国法西斯的必败，并且指出了英美想坐收渔翁之利的真实面目。

《力报》是一支抗日反蒋的嘹亮号角，它的进步立场和在湖南的影响受到周恩来、徐特立的赞赏。1939 年 12 月 29 日，汪精卫在越南河内发表了臭名昭著的“艳电”，严怪愚连夜写成《汪精卫叛国投敌前后》一文，陈楚收电后翌晨将其刊发。《力报》也成为第一家公开揭露汪精卫投日卖国消息的报纸。[14]

《中国晨报》于1945年1月1日在晃县（今新晃侗族自治县）创刊，4月迁辰溪，时有“湘西新华日报”之称。该报由李宗理出资，冯英子任总编辑，严怪愚、蒋牧良等任副刊编辑，黄达三、储安平、吴希之、姚家积等人撰写社论。1945年8月，美国在日本广岛和长崎投掷原子弹，苏联向日本宣战，吴希之为此撰写社论“断定日本将于四十八小时之内投降”。[15]《中国晨报》是湖南唯一一家参加芷江洽降报道的报纸，真实记录了日本帝国主义投降的场景。可惜的是，至今没有找到相关的存报。

邵阳《真报》坚持中国共产党的方针、政策，及时刊载党的重要文献和敌占区的游击战讯息，激发广大爱国民众的抗日热情。长沙大火后，邵阳《真报》与《观察日报》合并另出《真报》半月刊。

3. 联络进步报人进行文化抗战

抗战爆发后，中国共产党以正式或地下党员身份积极联络进步的文化名流投身文化抗战，其中绝大多数都是通过创办报纸来进行抗战宣传和组织动员的。

全面抗战开始后，随着北平、天津、上海、南京等大城市相继沦陷，许多文教机关和学校内迁长沙或湖南省内其他地方，一大批的著名文化人齐聚湖南，其中，包括邹韬奋、范长江等著名的报人。

与此同时，著名湘籍文化人吕振羽、翦伯赞、田汉等先后从外地回到了长沙，一批湘籍大学生也回到了长沙，文化界人士和学生曾一度达到1 500多人。中国共产党通过联络这些文化名人，在湖南创办了许多报纸或请他们为报纸撰稿，“组成了一支庞大的宣传共产党团结抗战思想的进步写作队伍，使共产党的思想政治领导深入人心。”[16]

4. 开展社会动员激发全民抗战斗志

媒介是社会动员的有力工具，能有效搭建连接个体和社会行动之间的桥梁。中国共产党领导各类报纸呼吁组织和训练民众，动员民众服兵役及劳军，做好应战准备，极大地激发了全民抗战的斗志，有效保卫了人民。

从1937年1月份起，长沙《力报》先后发表了系列文章，如《青年训练与国防教育》《关于民众训练》《关于动员民众几点意见》等，以此来组织和训练民众。为了更好地动员群众，1937年11月21日该报组织了“麓山时事座谈”，讨论抗战期间民众如何出钱、出力支援前线。针对农村群众对战争认识不足及一些陈腐观念，1937年11月20、23、25日，《力报》推出3期农村宣传特辑。衡阳《力报》也发表了大量社评，如《发挥民众的力量》《加强军民合作》等，进行民众动员。

在徐州失守、武汉危急时，《观察日报》敏锐地意识到湖南也有沦为战场的危险，1938年7月下旬刊载了徐特立的文章《保卫湖南以及保卫武汉的基本问题》，提出全面动员农民群众准备应战、有计划地疏散城市人口等九条建议。同年8月14日，《国民日报》发表了王次青的署名文章《从八一三周年纪念会讲起》，痛斥国民党顽固派的做法，《观察日报》抓住主题连续发表社论和来稿，开展如何动员民众保卫大湖南的讨论。

《抗战日报》提出，动员农民抗战就要努力做到七大措施，中国的抗战应该是全民族抗战，要“以整个中华民族的力量来阻挡敌人”。

三、中国共产党领导湖南报纸抗战宣传的当代启示

中国共产党领导湖南报纸抗战的历史虽然一去不复返，但是留给我们的历史经验是极其宝贵的，值得总结并牢记。

1. 新闻媒介是开展政治斗争的重要工具

新闻媒介具有明显的意识形态属性，是开展政治斗争的重要工具。特别是在特殊的历史时期，报纸的意识形态属性更加明显。抗战时期的湖南报纸充分反映了特定历史时期的政治斗争和党派之争，报纸的思想具有明显的党派性，形成了以国共两党为主的对阵局面。

国民党对中共所办报纸采取政治审查、新闻检查、谈话、罚款、逮捕记者和编辑、查封报社等手段进行严格控制，特别是何键和薛岳主湘期间，取缔查禁中共在湘所办报刊，各地报案频发，严重制约了战时湖南报纸的发展。“皖南事变”期间，薛岳在湘潭、衡阳、邵阳、常德、益阳等县逮捕的中共党员、进步群众及其家属达三千多人，中共办报力量遭到严重削弱。

国共两党之间的政治斗争还表现在所办报纸之间进行针锋相对的报道。汪精卫公开投敌后，国民党遮遮掩掩，后来不得已由吴稚晖出面写了一篇《为〈举一个例〉进一解》的长文章敷衍了事。《抗战日报》于是当即发表一篇《读吴稚晖的进一解》，指斥国民党内为汪精卫辩护。1936 年 10 月 31 日是蒋介石的五十寿辰，国民党通令全国各报撰文庆祝。《湘流报》不但不祝寿，还发表了《悼念黄克强先生》一文来纪念黄兴逝世 20 周年。随后又发表了《希特勒与墨索里尼》，说谁要想在中国实行法西斯主义，简直是白日做梦。

国共两党的这种政治斗争也表现在同一报纸内部两种势力的明争暗斗。长沙《力报》在办报中一直存在两种不同的势力较量。一部分是跟随蒋介石的蒋肇同、雷锡龄、刘腔深等黄埔系，一部分是靠近中国共产党、具有进步倾向的康德、严怪愚、陈楚等知识分子。在全面抗战初期，两种截然不同的思想观点经常在报纸上体现。创刊之初，该报曾连续以“力”为题发表宣传法西斯的文章，后来又热烈为蒋介石祝寿，在“西安事变”中力主“讨伐”张学良、杨虎城，表现出错误的极右思想倾向。而鲁迅逝世后，《力报》又出特刊以示追悼，表现出进步倾向。《力报》前后明显的立场变化，主要是报社内部两种不同势力斗争的结果。

2. 坚持党的领导是报纸抗战胜利的重要力量

中国共产党始终高度重视舆论宣传工作，注重利用报刊、广播的组织、动员和舆论引导作用。创办报刊与组建抗日救亡团体也成为八路军驻湘通讯处和湖南省工委抗日救亡的主要工作。

抗战期间，中共湖南省委直接掌握或影响的报刊有《湘流报》《前进》等 100 多种报

纸和期刊，各地方中共党委掌握的报刊30余种，各县受共产党影响的民报或进步报刊总计有100多种，这些报刊极大地激发了全体湖南人的抗战斗志。

许多共产党员通过公开或地下身份领导或指导办报活动，开展了卓有成效的抗日斗争。《力报》受到中共地下党员李仲融、刘乐扬等人的暗中扶助，其副刊的进步倾向通过严怪愚的主编体现得淋漓尽致。严怪愚早年就读于湖南大学政治经济系，1928年加入中国共产党，后因躲避国民党追杀与党组织失去联系。严怪愚不畏强权，仗义执言。《力报》的进步得到许多共产党人的支持和帮助，郭沫若、田汉为该报写过文章，周有光、金克木等写过社论，沈从文编过副刊。1939年春，邵阳《力报》因人事变化凸显笔政困境，为了应对人事危机，总编辑严怪愚邀请原《观察日报》的共产党员、时任中共邵阳中心县委书记的唐旭之任首席主笔。1943年，共产党员刘思慕担任总主笔，他执笔撰写的有关国际问题的社论和“两周战局”笔锋犀利、议论精当，深受读者特别是一些政界人士的关注，政治进步性更是前所未有。共产党员羊枣执笔的“星期专论”也很出色，思想进步、分析透彻、文笔生动，深受读者欢迎。

3. 勇于创新是媒介取得强大宣传效果的重要保证

抗战时期是湖南报纸发展的重要时期，不仅表现在报纸数量众多，还表现在许多报纸大胆创新、积极探索新的办报方式来吸引读者。

《力报》从内容和形式上都做出了较大革新。从内容设置上看，《力报》第一版为报头和广告，第二版下半部分为社论，内容多涉及民众关心的中日外交、国际关系、国内问题等。第三版至第五版为新闻版，最后两版一般为副刊和各种特刊，涉及社会服务、艺术、气象、教育等。从形式上来看，《力报》采用了新的编排方法，给每条新闻都加上标题，必要时用大号黑体字加以强调突出，呈现出更为强烈的主次感和厚重感。同时，《力报》曾派记者严怪愚、方家达、伏笑雨等进行战地采访，乃当时湖南报纸的创举。严怪愚撰写的《陇海东线》《黄河防线》等长篇通讯，在当时产生了极大反响。

《大刚报》在中国新闻史上也有两项创举。一是1942年10月10日，该报举办民意测验，测验共有试题10个，收到读者答案11 000多件，参加者涉及工农商学军政各界。结果第一题认为中国抗战能够胜利的占99.6%。测验结果一经公布，很多外国通讯社立即转播，予以好评。二是1943年常德会战时，中国守军三面被围，英勇奋战。该报通过美国驻华空军使用飞机向中国被围部队散发报纸，鼓舞军队士气。同年底又出《敌后航空版》，由美国空军带到敌后散发，供敌后军民阅读。纽约中国新闻处编辑、前太平洋通讯社记者梁琪英对《大刚报》发行敌后航空版，认为系世界创举。

4. 坚毅与担当是新闻从业者的重要品格

抗战时期，物资紧缺，交通不便，加之国民党反动当局钳制舆论、迫害进步言论、四处逮捕和残害共产党员与进步青年，办报变得异常艰难，这是湖南报纸发展史上最艰苦的时期。所以，“抗日战争时期，主要依靠报人艰苦奋斗、克服困难办报，而且报人意志之坚强是湖南报纸发展史上罕见的。”[17]正是靠着一大批报人的坚毅与担当，才使得湖南报纸出现了前所未有的蓬勃发展局面。

邵阳《力报》全社共有70来人，所有人只供吃饭不领薪水，人人过着艰苦朴素的生活。1940年5月13日，该报因一篇报道激怒了薛岳当局，被邵阳警备司令部查封，严怪愚、康德和冯英子等人被捕入狱。为了报纸的恢复和发展，潘乃光、晏鸣秋两位校对代替严、冯服役八个月。这一切没有报人坚强的意志，是根本不可想象的。桂林《力报》最终拿到手的创办经费仅有1 000多元，资金的严重欠缺影响了桂林《力报》的各个方面，社址便只得定在距离市区六七里的社公岩，报房是用树皮盖顶的。

湖南《大公报》的处境也好不到哪里去。为了维持生活，总编辑张平子曾兼任长郡中学、大麓中学国文教师，担任湖南大学教授。1944年，长沙、湘潭沦陷，《大公报》停刊。

《抗战日报》靠着田寿昌和其他朋友在苦撑，干着“无米之炊”的工作，不仅白报纸和印刷费成问题，同仁们的伙食也是勉强敷衍，更别说薪水了。因为生活困难，廖沫沙的妻子和孩子被迫自杀[26]，这给廖沫沙的身心造成了极深的打击。为了国家和民族的前途，他化悲痛为力量，跟周立波、欧阳山等在沅陵复刊《抗战日报》，并曾在茶陵支办《开明日报》。

5. 始终以读者为中心是报纸生存的重要法宝

作为大众传播媒介，读者是报纸的命脉。中国共产党领导或参与的报纸始终以读者为中心，十分注重为读者服务的理念，始终以服务读者为办报宗旨。

《力报》在服务读者方面有着明确的认识，设置了“社会服务”“读者意见”栏目和大量专刊和副刊，认真听取读者建议，积极改进报纸编排。

《抗战日报》《观察日报》刊载了许多文章，积极提出解决难民问题的参考意见，关注兵役问题，始终以广大读者的利益为中心，开展各种舆论监督，以利于支援前方抗日和后方救亡工作的开展，为抗战胜利做出了重要贡献。

参考文献

[1] 钟声. 湖南抗战与中国抗日战争 [N]. 光明日报，2005-5-24 (B3).

[2] 王继平，杨晓晨. 论中国共产党领导的湖南文化抗战 [J]. 湘潭大学学报（哲学社会科学版），2021 (2)：154-161.

[3] 萧栋梁. 论湖南抗战文化的历史地位和作用 [J]. 湖南社会科学，2005 (5)：169-173.

[4] 向宣柔. 湖南《大公报》抗战宣传研究（1937—1945）[D]. 长沙：湖南师范大学，2017.

[5] 张蓉.《观察日报》抗战宣传述论 [D]. 长沙：湖南师范大学，2017.

[6] 华济时. 湖南的抗战文化运动 [J]. 湘潭大学学报（哲学社会科学版），1993 (3)：18-22.

[7] 冯英子. 抗战报话——湖南群报 [J]. 图书馆杂志，1982 (4)：71-72.

[8] 黎澍. 记湖南观察日报 [J]. 湖南党史通讯，1984 (2)：4-13.

[9] 刘丁东. 抗日战争时期湖南报纸研究 [D]. 长沙：湖南师范大学，2010.

[10] 周希. 民国时期湘西报刊发展概况及分析 [D]. 南京：南京大学，2014.

[11] 戴玉龙.《力报》研究——以长沙《力报》为中心 [D]. 长沙：湖南师范大学，2009.

[12] 陈艳辉. 湖南《力报》(1936——1945) 研究——基于文化抗战视角的考察 [D]. 武汉：华中科技大学，2013.

[13] 中国人民政治协商会议茶陵县委员会文史资料研究委员会. 茶陵文史第 4 辑 [Z]. 茶陵：中国人民政治协商会议茶陵县委员会文史资料研究委员会，1989：71.

[14] 刘宪阁认为，汪精卫叛变投敌的事最先由重庆《大公报》披露的。陈艳辉亦称查阅，确实如此。详见：陈艳辉. 湖南《力报》(1936—1945) 研究——基于文化抗战视角的考察 [D]. 武汉：华中科技大学，2013：30.

[15] 冯英子. 中国晨报始末 [J]. 新闻与传播研究，1981 (5)：273.

[16] 唐正芒. 湖南抗战文化运动概略 (上) [J]. 云梦学刊，2002 (2)：28.

[17] 刘丁东. 抗日战争时期湖南报纸研究 [D]. 长沙：湖南师范大学，2010：33-34.

中国共产党精神谱系湖南篇章的鲜明特质与时代价值

任欣欣　高其荣　汤迪军　粟　锋　谭　綮*

摘　要：湖南为中国共产党构筑精神谱系、书写人民史诗提供了重要的实践场域和文化资源，直接构成中国共产党精神谱系的文本语境和历史情境。本文基于百年党史呈现了中国共产党精神谱系湖南篇章的整体面貌，梳理了湖南不同历史时期铸就的共产党人精神，并探明了中国共产党精神谱系湖南篇章的鲜明特质和时代价值。其鲜明特质在于马克思主义与中国实际的成功结合、湖湘文化与中国共产党的深度互嵌、湖南人民与中国现代化的内在互动。其时代价值在于为湖南实施“三高四新”战略提供精神支撑、为我国应对百年未有之大变局凸显湖南担当、为我国实现中华民族伟大复兴贡献湖南力量。

关键词：中国共产党；精神谱系；湖南篇章

习近平总书记在党史学习教育动员大会上指出，建党百年来，一大批革命烈士英勇牺牲，一大批英雄人物顽强奋斗，一大批先进模范忘我奉献，“形成了一系列伟大精神，构筑起了中国共产党人的精神谱系”[1]。2021 年 7 月 1 日，在庆祝中国共产党成立 100 周年大会上，习近平总书记指出，100 年前中国共产党的先驱们创建了中国共产党，形成了坚持真理、坚守理想，践行初心、担当使命，不怕牺牲、英勇斗争，对党忠诚、不负人民的伟大建党精神。热土洞庭，红色潇湘，十步之内，必有芳草。湖南是中国共产党孕育并塑造伟大精神谱系的重要地域。从新民主主义革命时期的新民学会，到社会主义革命和建设时期的八千湘女上天山，再到新时代脱贫攻坚首倡之地的十八洞村，21.18 万平方公里的湖湘大地钩沉并凝练了中国共产党精神谱系湖南篇章。中国共产党在湖南浓墨重彩的百年芳华，赋予湖南普遍而深刻的精神意蕴，成为体悟中国共产党精神特质、展望中国道路光辉前景的独特窗口。

一、中国共产党精神谱系湖南篇章的百年积淀

恰如“马克思把希望完全寄托于共同行动和讨论必然会产生的工人阶级的精神的发

* 任欣欣，岳阳市社科联党组书记、主席；高其荣，湖南理工学院马克思主义学院院长、教授；汤迪军，岳阳市社科联党组成员、副主席；粟锋，湖南理工学院马克思主义学院讲师，博士；谭綮，岳阳市社科联党组成员、副主席。

展”[2]。中国共产党精神谱系完整展现了中国共产党人精神世界与道德境界，是中国共产党领导人民群众从站起来、富起来到强起来的伟大飞越中形成的宝贵精神财富，由具体精神形态汇集而成，一般以时间、地点、事件或代表人物命名，如五四精神、韶山精神、抗洪精神、雷锋精神等，宛若历史齿轮串联起党的精神血脉史。“半部中国近代史，竟由湖南血写就”。百年党史中众多重要人物和重大事件与湖南密切相关，湖南篇章是中国共产党精神谱系中不可或缺、不可分割的璀璨明珠。在这个意义上，湖南就不仅是地理版图的空间概念，而直接构成中国共产党精神谱系的文本语境和历史情境。阐明中国共产党精神谱系湖南篇章，也意味着开辟一条触摸历史事实并真切感知党史的学习通道。

1. 忠于革命，不怕牺牲，为共和国奠基（1921—1949）

自 1840 年鸦片战争使中国陷入半殖民地半封建社会的历史漩涡以来，湖南以从不退却、慷慨激昂的革命姿态矗立在中国近现代史的中心场域。湖南是中国共产党建党、建军、建政的重要策源地，以毛泽东、刘少奇、任弼时、彭德怀、贺龙等为代表的湘籍无产阶级革命家群体深度融入并领导了 20 世纪中国的民族独立和人民解放事业。十月革命一声炮响，给中国送来了马克思列宁主义。毛泽东、蔡和森等人在长沙创建当时全国影响最大的革命团体之一——新民学会，在《湘江评论》宣示“洞庭湖的闸门动了，且开了！浩浩荡荡的新思潮业已奔腾澎湃于湘江两岸了”[3]，并逐渐意识到资产阶级不能救中国，率先提出要“明目张胆正式成立一个中国共产党。”[4]历史和人民选择了马克思主义，湘籍无产阶级革命家抱定革命宗旨，团结带领人民挽救国家和民族的危亡，开创中国共产党精神谱系的湖南篇章：以“韶山五杰”和毛泽东一家牺牲的 6 位亲人为代表的革命先烈铸就韶山精神、骄杨精神；大革命失败后共产党探索中国革命新道路形成的秋收起义、湘南起义、桑植起义和平江起义革命精神；见证党与人民鱼水深情、命运与共的半条被子精神；标识长征伟大转折历史开端的通道会议精神；共产党在湘坚持抗日民族统一战线彰显的湖南抗战精神；任弼时“随时准备用自己的生命去殉我们的事业”凝结的骆驼精神。

2. 勤于劳动，团结奋斗，为新中国立业（1949—1978）

1949 年中华人民共和国的成立开启中华民族发展史的新纪元，“占人类总数四分之一的中国人从此站立起来了！”[5]在社会主义革命和建设时期，中国共产党领导人民执掌国家政权，党的“革命话语”逐渐转向“建设话语”。湖南把“那么一股革命热情，那么一种拼命精神”投入社会主义建设事业，生机勃发的锦绣潇湘绽放更加绚丽多彩的精神火焰，中国共产党精神谱系湖南篇章与时俱进、不断充实。20 世纪 50 年代初，八千湘女响应中央关于“保卫边疆、建设边疆”的号召，以“巾帼不让须眉”的斗志践行“妇女能顶半边天”的信念，在荒凉戈壁滩组建家庭、拓荒创业，用血肉之躯筑起了城市和绿洲，被誉为“新疆荒原上的第一代母亲”。1963 年 3 月 5 日，毛泽东题词并倡议全国“向雷锋同志学习”。雷锋用“一滴水”“一线阳光”“一粒粮食”“一颗螺丝钉”自喻，在普通的岗位无私奉献，“把有限的生命，投入到无限的为人民服务之中”，生动诠释“平凡而伟大的共产主义精神”。1963 年 11 月，人民解放军战士欧阳海为抢救由广州开往昆明的旅客列车，奋不顾身推出蹿到铁轨的战马，挽救了列车和数百名乘客，献出 23 岁的年轻生命。八千湘女精神、雷锋精神和欧阳海精神映射着中国共产党精神谱系湖南篇章的演化轨迹，其精神表征由革命时期的领袖垂范延展为建设时期的群众叙事，这种转向表明党进一步唤醒了人民当家作主的主体性意识，激发了人民群众为社会主义新中国而奋斗的民族责任感。

3. 勇于改革，弯道超车，为新时期建功（1978—2012）

1978 年十一届三中全会召开，中国共产党推进思想解放，团结带领人民阔步走进改革开放新时期。湖南把工作重心转移到以经济建设为中心，投身全球化怀抱和市场经济大潮，抢抓“弯道超车”的跨越发展机遇。中国共产党精神谱系把改革开放前后两个时期贯通起来，透过湖南篇章可以看到精神谱系的发展性和统一性。一方面，“改革是中国的第二次革命”，改革开放精神与革命精神是内在一致的，两者不存在根本矛盾。习近平总书记强调“改革开放铸就的伟大改革开放精神，极大丰富了民族精神内涵，成为当代中国人民最鲜明的精神标识!”改革开放精神就是新时期的革命精神，核心要义是开拓创新、敢闯敢试、和平发展、合作共赢。湖南大力弘扬改革开放精神，经过长期努力在诸多领域具有独树一帜的影响力，如“文学湘军”“出版湘军”“广电湘军”“演艺湘军”“互联网湘军”“工程机械湘军”等。另一方面，随着改革开放精神的洋溢，更需要革命精神的在场和激扬。邓小平同志曾告诫全党“搞社会主义建设，实现四个现代化，同样要在党中央的正确领导下，大大发扬这些精神”[6]。湖南赓续九八抗洪精神，以洞庭湖为主战场，多次成功应对洪水灾害；2008 年面对 50 年未遇的特大冰雪灾害，打赢抗冰救灾人民战争。湖南篇章是改革开放精神和革命精神相辅相成的力证，两者作为中国共产党精神谱系的重要子集，也是中国共产党创造经济快速发展和社会长期稳定“两大奇迹”的精神源泉。

4. 善于创新，开放崛起，为新时代奋进（2012 年至今）

党的十八大以来，以习近平同志为核心的党中央引领中国特色社会主义进入新时代，推动中国共产党精神谱系在内涵拓展和价值深化基础上实现历史性新飞跃。“新时代要有新气象，更要有新作为。”湖南以奋发有为的精神状态践行新思想，凝聚决战决胜全面建成小康社会和开启全面建设社会主义现代化国家新征程的精神伟力，中国共产党精神谱系湖南篇章永葆蓬勃朝气、熠熠生辉。2013 年 11 月，习近平总书记在湘西十八洞村考察，首次提出“精准扶贫”重要论述。湖南作为“精准扶贫”首倡之地，创新脱贫攻坚工作机制，在全国率先制定下发《全省贫困村识别和建档立卡工作方案》，探索出“四跟四走”产业扶贫模式，做到“首倡之地当有首倡之为”。到 2020 年底，全省 51 个贫困县、6 920 个贫困村全部脱贫，特别是 2016 年—2020 年，平均每年减贫超过 100 万人。全省 100 多名党员干部为夺取脱贫攻坚全面胜利而牺牲，大型史诗歌舞剧、电影《大地颂歌》和纪实作品《立此存照》《扶贫志》等是湖南弘扬脱贫攻坚精神的生动记录。改革开放 40 年，湖南省 GDP 总量从 1978 年的 147 亿元跃升到 2020 年的 4 万亿元，进入全国前 10 名。人均 GDP 突破 6 万元。牢记习近平总书记殷殷嘱托，着力推动长江经济带生态优先绿色发展。岳阳市作为“守护一江碧水”的首倡地，以壮士断腕的决心重拳整治，打出了“共抓大保护、不搞大开发”的组合拳。全市 31 个国控、省控断面地表水水质达标率由 2018 年的 89%上升到 2020 年的 97%，2020 年长江水源地水质达标率达 100%；城区空气质量优良率达 90.7%，空气质量在全省 6 个通道城市中稳居第一；长江岸线码头复绿率达 100%；2020 年洞庭湖越冬候鸟超过 28.8 万只，江豚、麋鹿稳定栖息分别达到 120 头和 200 多头，创近 10 年之最，“候鸟的欢歌、江豚的微笑、麋鹿的倩影”成为岳阳的新名片。2020 年岳阳 GDP 总量跨过 4 000 亿元，稳居全省经济第二强市，用实践证明“绿水青山就是金山银山。”2020 年新冠感染疫情全球大流行，湖南 400 多万党员把在党爱党、在党为党融入血脉，发扬越是艰险越向前的战斗精神，党旗高高飘扬在疫情防控斗争第一线；全省数万医护人员白衣执甲，逆行出征、援助非洲，谱写大医精诚、报国为民的壮丽诗篇；作为中部崛起的重要增长极，湖南“疫中寻机”，协同推进疫情防控和复工复产。伟大抗疫精神和脱贫攻坚精神更加凸显中国共产党是中国特色社会主义的中流砥柱，党必须以自我革命来推进伟大社会革命，才能在新时代经得起各种风险挑战考验。

二、中国共产党精神谱系湖南篇章的鲜明特质

“一代人有一代人的使命，一代人有一代人的担当。”从开启新纪元到进入新时期，从走进新世纪到开辟新时代，中国共产党在不同时期承担相应的历史任务，淬炼了兴党强国的精神谱系，熔铸中国共产党人鲜明的精神品格和政治本色。中国共产党精神谱系湖南篇章的艰辛开创、恢宏巨制和百年积淀，刻写中国共产党在内忧外患中诞生，在磨难挫折中奋起，在攻坚克难中壮大的历史脉络。探明中国共产党精神谱系湖南篇章的鲜明特质，有利于全面把握和理解中国共产党的信仰来源、文化传承和实践主体。

1. 精神内核：马克思主义与中国实际的成功结合

中国共产党精神谱系湖南篇章的思想内核是马克思主义与中国实际相结合。毛泽东同志做过总结，“我国的革命和建设的胜利，都是马克思列宁主义的胜利。把马克思列宁主义的理论和中国革命的实践密切地联系起来，这是我们党的一贯的思想原则。”[7]在革命时期，以毛泽东为代表的早期马克思主义者在湖南革命实践中完成思想转变：第一次是与改良主义、无政府主义等非马克思主义思潮决裂，创办中国共产党第一所干部培训学校湖南自修大学，领导粤汉铁路和水口山工人大罢工，掀起湖南工人运动高潮；第二次是在党内与错误思潮作斗争，开辟“枪杆子里出政权”“农村包围城市”的新民主主义革命道路，湖南成为“建军摇篮”，在秋收起义打出了由何长工设计的工农革命军第一面军旗。在改革时期，湖南迅速挣脱思想枷锁，得益于马克思主义与中国实际相结合的第二次飞跃。没有对马克思主义的坚定信仰，不能把马克思主义同中国实际相结合，中国的革命和建设必然误入歧途，中国共产党精神谱系也必定丧失质的特性。习近平总书记指出：“对马克思主义的信仰，对社会主义和共产主义的信念，是共产党人的政治灵魂，是共产党人经受住任何考验的精神支柱。”[8]全面理解中国共产党精神谱系，要紧扣马克思主义与中国实际相结合这个主题、主线和主流，否则就会流于表面、顾此失彼。

2．文化滋养：湖湘文化与中国共产党的深度互嵌

中国共产党精神谱系湖南篇章的文化传承表征为湖湘文化与中国共产党的深度互嵌。湖湘文化是中华民族传统文化的组成部分，是形成、发展和存续在湖南的地方文化，源于古代楚文化，在北宋时期“卒开湖湘之学统”，明末清初“至船山而复盛”。中国近代以来湖湘文化日益发扬光大，其精髓是爱国主义、民本思想、经世致用和独立根性。首先，湖湘文化深刻影响了湘籍无产阶级革命家。从爱国主义传承来看，洞庭湖畔的屈原求索精神、范仲淹忧乐精神对毛泽东、任弼时等人影响深远。毛泽东评价屈原是伟大的爱国者，“是一个不朽的形象”。任弼时说全国同胞要“本爱身之心以爱国”，每个人都应有卫国之心。其次，湖湘文化深刻影响了中国共产党的思维方式。作为党的第一代领导核心，毛泽东推动世界性的马克思主义与地方性的湖湘文化进行对话，既为马克思主义中国化提供感性文化材料，又为湖湘文化注入红色基因并使其获得崭新的时代内涵。如体现经世致用的岳麓书院“实事求是”学风被升华为党的实事求是思想路线；体现民本思想的“民胞物与”被阐发为党全心全意为人民服务的根本宗旨；坚忍不拔的“独立根性”被精炼为党独立自主、自力更生、艰苦奋斗的建设方针。全面理解中国共产党精神谱系，要明确中国共产党是中华优秀传统文化的忠实传承者和弘扬者，否则就会落入文化虚无主义的陷阱。

3．主体自觉：湖南人民与中国现代化的内在互动

中国共产党精神谱系湖南篇章的主体自觉呈现为湖南人民与中国现代化的内在互动。在封建社会，“湖南人精神”指的是湖湘士大夫阶层独特的精神气质和性格。马克思主义唯物史观认为人民不仅是历史的剧中人，更是历史的剧作者。习近平总书记强调“给我们力量和信心的是中国人民”，“人民才是真正的英雄”。湖南人民是书写中国共产党精神谱系湖南篇章的主体，党对“人民话语”的定位与建构，使“湖南人精神”得到创造性转化和创新性发展。当代“湖南人精神”就是湖南人民奋力开展社会主义现代化建设的精神结晶。新中国成立以来，湖南发生翻天覆地的变化，农业的基础地位不断巩固，“杂交水稻之父”袁隆平领衔的高科技农业举世瞩目；工业发展由弱到强，工程机械产业集群稳居全国第一。湖南作为制造业大省，贡献了强有力的工程机械“湘军”，向世界展示了属于“中国制造”的亮丽名片。在 2020 年世界工程机械品牌 50 强中，湖南的“三一重工、中联重科、山河智能”位列其中。2018 年主营业务收入约占全国总量的 26%；第三产业发展迅速，文化领域享有“无湘不成军”的盛誉。以“广电湘军、出版湘军、动漫湘军、娱乐湘军、创意湘军、移动互联湘军”为核心阵营的“文化湘军”品牌集群声名赫赫。湖南广电在“亚洲品牌 500 强”中，高居第二。湖南出版集团成为全球出版业十强；以北斗卫星、磁浮技术、超级计算机、“海牛号”深海钻机为标志的世界级先进科技成果成为湖南新名片，创造了“自主创新长株潭现象”。湖南人民在社会主义现代化道路上唱响改天换地的铿锵战歌、发出砥砺奋进的时代强音。2012 年湖南提炼的“忠诚、担当、求是、图强”精神充分反映了湖南人民“敢为人先、敢于担当”。全面理解中国共产党精神谱系，要牢记“江山就是人民，人民就是江山”，中国共产党领导的人民群众是精神谱系的谱主，

否则就会喧宾夺主、失去根脉、无所依托。

三、中国共产党精神谱系湖南篇章的时代价值

“当高楼大厦在我国大地上遍地林立时，中华民族精神的大厦也应该巍然耸立。”人无精神不立，党无精神不振，国无精神不强。中国共产党始终代表中国先进文化的前进方向，中国共产党精神谱系是构筑中华民族精神大厦的四梁八柱。2021 年是中国共产党成立 100 周年，也是实现中华民族伟大复兴中国梦“两个一百年”目标的历史交汇期。中国共产党精神谱系湖南篇章的百年进程，是物质生产积累的攀升过程，也是坚持共产主义理想、精神谱系日渐丰盈的光荣历程。中国为实现第二个百年奋斗目标，开启全面建设社会主义现代化国家的新征程，我们必须持之以恒地赓续中国共产党精神谱系，激发其鲜明特质所承载的巨大精神力量。湖南正在扎实开展党史学习教育，注重从党的光辉历史中汲取砥砺奋进的精神动力，以主动作为续写中国共产党精神谱系湖南篇章的新辉煌。

1. 为湖南实施“三高四新”战略提供精神支撑

坚定主心骨，高举习近平新时代中国特色社会主义思想伟大旗帜。马克思主义认为精神源于人的主观能动性，共产党人的精神是改造世界、实现自我解放的思想自觉。“任何真正的哲学都是自己时代的精神上的精华。”习近平新时代中国特色社会主义思想是 21 世纪的中国精神精华，要以习近平新时代中国特色社会主义思想为根本遵循，全面发挥中国共产党精神谱系对湖南社会主义现代化建设的支撑作用。习近平总书记对湖南寄予殷切期望，2013 年在湘考察提出“弘扬老一辈革命家的崇高风范”，2020 年来湘考察要求“着力打造国家重要先进制造业、具有核心竞争力的科技创新、内陆地区改革开放的高地，在推动高质量发展上闯出新路子，在构建新发展格局中展现新作为，在推动中部地区崛起和长江经济带发展中彰显新担当，奋力谱写新时代坚持和发展中国特色社会主义的湖南新篇章”[9]。习近平总书记考察湖南重要讲话精神是推动习近平新时代中国特色社会主义思想在湖南落地生根、开花结果的行动指南。一方面，“革命精神是非常宝贵的，没有革命精神就没有革命行动”。中国共产党精神谱系是超越个体物质追求的社会集体意识，是基于社会实践的共同道德记忆，能为湖南实施“三高四新”战略提供坚实的精神支撑。另一方面，“没有革命的理论，就没有革命的行动”。湖南大力实施“三高四新”战略，高举习近平新时代中国特色社会主义思想伟大旗帜，切实担负起习近平总书记赋予湖南的新时代使命任务，完全契合中国共产党精神谱系的主题和本质，有利于结合新的实践创新发展中国共产党精神谱系湖南篇章。

2. 为我国应对百年未有之大变局凸显湖南担当

打好主动仗，传承湖湘文化精髓，应对百年未有之大变局。习近平总书记对国际局势作出科学研判，“当前，我国处于近代以来最好的发展时期，世界处于百年未有之大变局，两者同步交织、相互激荡”。我国发展处于重要战略机遇期，经过中国共产党的百年接续奋斗，特别是十八大以来以习近平同志为核心的党中央办成了许多过去想办而没有办成的

大事，推动党和国家事业发生历史性变革，前所未有地走近世界舞台中心。同时世界处于百年未有之大变局，新一轮科技革命和产业变革带来的新陈代谢和激烈竞争前所未有，全球治理体系与国际形势变化的不适应、不对称前所未有。习近平总书记指出“今后一个时期，我们将面对更多逆风逆水的外部环境”，“必须进行具有许多新的历史特点的伟大斗争，任何贪图享受、消极懈怠、回避矛盾的思想和行为都是错误的”。2021 年 3 月，湖南省委书记许达哲讲授党史学习教育主题党课时把湖湘文化概括为“崇文、崇武、崇德、崇实”4 个特点。湖湘文化蕴含“文武相济、内圣外王、威德并用”的精神志趣，可以运用马克思主义的立场、观点和方法进行批判性地继承，进而转化为新时代全面推进中国特色大国外交、应对外部环境风险的思想资源。首先，湖南深入推进开放崛起，开放强省建设成效明显，积极对接共建“一带一路”，中非经贸博览会永久落户，中欧班列四通八达，围绕湘企出海和湘品出境，主动融入中国进一步扩大对外开放的新发展格局。其次，中国共产党精神谱系湖南篇章深刻体现了湖湘文化敢于斗争、不畏强暴、倔强霸蛮的精神品格，为中国与逆全球化潮流、霸权主义、强权政治进行伟大斗争提振“精气神”，锻造更为强大的动员力、向心力和凝聚力。

3. 为我国实现中华民族伟大复兴贡献湖南力量

赢得主动权，贡献湖南人民力量，助力中华民族伟大复兴。恩格斯发现真正推动历史发展的是“使广大群众，使整个的民族，以及在每一民族中间又使整个阶级行动起来的动机”。中国共产党精神谱系湖南篇章揭示：人民是社会物质财富和精神财富的创造者，是中国共产党革命和执政的力量源泉。习近平总书记多次强调人民在社会历史发展中的地位和作用，“中国梦归根到底是人民的梦，必须紧紧依靠人民来实现”，“人民对美好生活的向往，就是我们的奋斗目标”，提出并坚持以人民为中心的发展思想，使中国共产党在人民群众心目中始终享有崇高威望。“实现中华民族伟大复兴的中国梦，是中华民族近代以来最伟大的梦想”，“我们比历史上任何时期都更接近中华民族伟大复兴的目标”[10]。为确保中华民族伟大复兴进程不被打断，中国的发展主动权、创新主动权必须牢牢掌握在自己手中。“惟楚有才，于斯为盛。”湖南人民有责任、有实力、有信心为实现中华民族伟大复兴赢得主动权作出新的更大贡献。坚持一切为了人民，赢得发展主动权。湖南推动区域协调发展，持续加强生态文明建设，着力改善人民生活品质，特别是扎实推进农业农村现代化，巩固拓展脱贫攻坚成果，以乡村振兴引领湖南人民共同富裕取得更为明显的实质性进展。坚持一切依靠人民，赢得创新主动权。拥抱创新的“图强”精神烙印在湖南人民血液深处，梁启超赞叹“可以强天下而保中国者，莫湘人若也”。湖南省委十一届十二次全会集中全省人民智慧推进“三高四新”的重大决策的全面实施，吹响湖南人民砥砺奋进的强劲号角，创新开放的新湖南必将在中部地区崛起中走在前列。

“挥毫当得江山助，不到潇湘岂有诗?”中国共产党人的精神不是抽象的思维存在，不是静态的机械理念。湖南这片红色沃土为中国共产党构筑精神谱系、书写人民史诗提供了实践场域和文化资源。中国共产党精神谱系湖南篇章的开创、发展和传承，见证了党的百年征程、辉煌成就和基本经验，昭示着党领导人民的价值追求和光辉前景。在中国共产党精神谱系湖南篇章的感召下，湖南人民一定以习近平新时代中国特色社会主义思想为指引，朝着“三高四新”的战略目标阔步前进，谱写“芙蓉国里尽朝晖”的新时代湖南崭新篇章。

参考文献

[1] 习近平. 在庆祝中国共产党成立100周年大会上的讲话 [J]. 党建，2021 (07)：4-9.

[2] 中央编译局. 马克思恩格斯选集（第1卷） [M]. 北京：人民出版社，2012：391.

[3] 习近平. 在纪念毛泽东同志诞辰120周年座谈会上的讲话 [N]. 人民日报，2013-12-27 (3).

[4] 中共中央文献研究室. 蔡和森文集（上册） [M]. 北京：人民出版社，2013：75.

[5] 中共中央文献研究室. 建国以来毛泽东文稿（第1册）[M]. 北京：中央文献出版社，1987：6.

[6] 中共中央文献研究室. 邓小平文选（第2卷）[M]. 北京：人民出版社，1994：367.

[7] 中共中央文献研究室. 毛泽东文集（第7卷）[M]. 北京：人民出版社，1999：116.

[8] 习近平. 习近平谈治国理政 [M]. 北京：外文出版社，2014：15.

[9] 许达哲. 大力实施“三高四新”战略 奋力建设现代化新湖南 [N]. 学习时报，2021-01-08 (001).

[10] 中共中央党史和文献研究院. 论中国共产党历史 [M]. 北京：中央文献出版社，2021：2.

党史中的三份《中国妇女》刊物及其妇女解放思想*

刘人锋**

摘 要：在百年党史中，中国共产党先后领导创办了三份同名妇女刊物《中国妇女》。第一份于1925年12月30日在上海创刊，主张妇女解放必须和国民革命相结合；劳动妇女是妇女获得解放的主力；妇女解放必须同妇女自身的利益相结合；提出促进妇女解放的方式一是要善于宣传，二是要建立妇女组织，三是妇女要团结。第二份于1939年6月1日在延安创刊，及时传达中国共产党抗日救亡和妇女工作的方针政策，指导抗日根据地的妇女工作；号召妇女积极投入抗日救亡运动；发动妇女参加生产劳动；积极为妇女争取参政权、就业权，关心妇女特殊权益；重视妇女干部的培养，总结和交流妇女工作的经验。第三份于1949年7月20日在北京创刊，宣传党的妇女解放思想，发动妇女参加国家建设；重视保护妇女权益，强调要从妇婴卫生、孩子托育等多方面做好妇女工作；重视妇女的恋爱婚姻家庭问题；注重以发起问题讨论的方式分析、解决妇女问题。三份《中国妇女》都密切联系刊物所处时期的社会现实，积极传播党的妇女思想，指导妇女工作；反映妇女生活，探讨妇女解放问题；动员妇女积极投身到民族解放、国家建设和谋求自身解放的斗争中，为党领导下的妇女解放事业作出了重要贡献。

关键词：中国共产党；《中国妇女》；妇女解放

百年党史中，中国共产党先后领导创办了三份同名妇女刊物《中国妇女》，这三份刊物作为党的妇女工作的重要思想舆论阵地，宣传党对妇女工作的方针政策，探讨妇女解放问题，反映了党在不同时期的妇女解放思想；紧密联系时代的发展，展示中国妇女在不同时期的精神风貌，在潜移默化中引导中国妇女的主流价值观，发挥了重要的思想引领和舆论引导作用。

---

* 湖南省社会科学成果评审委员会课题“晚清民国妇女报刊与妇女解放研究”（XSP17YBZZ063）。

** 刘人锋，湖南女子学院教授。

一、《中国妇女》(1925)

(一) 创办概况

中国共产党领导创办的第一份《中国妇女》刊物于1925年12月30日在上海创刊，“对外是上海各界妇女联合会的机关刊物，实际上是经中共中央批准、共产党妇女干部创办的第一份公开发行的妇女刊物，属中央妇女部、上海区委妇委双重领导，杨之华曾努力将其办成全国性的妇女刊物——‘指导全国妇女思想’的阵地。”[1]从1926年1月15日中共中央妇女部的第四号通告也可以看出，《中国妇女》是中国共产党直接领导下的妇女刊物。“《中国妇女》已刊出到第四期了，然而各地消息始终没有得到，因此《中国妇女》在实际上失去了指导全国妇女思想上的地位。以后希望各地妇女部制定专门负责的同志担任调查当地女学生、女工人及农妇的实际状况（如风俗习惯……）。其次当地妇女运动发展的情形，均须各地地委或区委负责指定通信员，每月至少须一次通信。已经指定的，请速执行职务（如湖北）。通信直接寄上海闸北宝山路宝通路顺泰里十二号各界妇女联合会《中国妇女》收。”[2]

“1925年五卅运动爆发后，向警予等根据中共中央的指示把上海女界促成会改组成上海各界妇女联合会”，[1]1925年6月5日，该会在上海成立，“以团结上海各界妇女，为求女子在社会上的一切真正平等地位，谋自身之切实解放为宗旨。”[3]在成立大会上，推选中共党员钟复光为主席。钟复光表示该团体发起已久，曾邀集筹备会数次，五卅惨案的发生使她们“益觉女界有结合必要”，因此立即成立该会，“本团体一方面援助血案，一方面为妇女阶级谋利益，如将来之国民会议事，故须先有预备，故将成为永久团体。”[4]向警予出席成立大会并且报告了对外国人惨杀同胞的宣言十二条。宋庆龄、沈仪彬也出席大会。

1925年11月15日，上海各界妇女联合会召开第二次临时大会，表示妇女受宗法社会的支配，在经济、政治、法律等方面均处于男子的附庸地位，“我们妇女非自己起来与社会的恶制度奋斗不可，非根本铲除这种恶制度所加于我们妇女身上一切压迫不可。我们要与现社会的恶制度奋斗，我们要铲除这种制度所加于我们的压迫，那我们就必须有伟大的和坚强的组织，我们的各界妇女联合会，便是本着这个宗旨而成立的。”[5]而且女界联合会产生于五卅运动中，显示了妇女的力量，因此妇女要团结起来，建立这个组织就是为了团结妇女。

上海各界妇女联合会指出目前妇女的责任是：“（一）与全国被压迫的男子们合作努力，参加消灭帝国主义与军阀的国民革命运动。（二）我们作为国民革命运动是要以取得我们女子在经济上、政治上、法律上以及社会上所应得的权利为条件。换言之，我们作国民运动是站在我们妇女本身利益上而作的。所以我们除作国民运动外，还要努力做关于妇女本身利益的工作。（三）我们要极力打破旧宗法社会所加于我们妇女的一切束缚与压迫——如礼教等。（四）参加目前的反奉系军阀运动，也是我们的责任。”[5]

基于这些责任，上海各界妇女联合会决定创办《中国妇女》，目的在于“我们妇女要想脱离我们目前的奴隶地位，只有使我们大多数的妇女们根本觉悟起来，根本了解我们妇女所以成为奴隶的原因，和怎样脱离这奴隶地位的方法，那时才有可能。”[6]《中国妇女》便是为着担负这个责任而创办。

《中国妇女》认为宗法社会的思想支配妇女生活的全部，因此它“以猛力攻击宗法社会思想和拥护妇女思想行动的自由为第一宗旨。就各种实际问题痛切批评，并从理论上时代思潮上分析宗法社会思想不能存在和不应该存在的理由。从多方面指明反对势力——帝国主义军阀基督教等，利用宗法社会思想钳制妇女的事实。”[7]认为妇女是整个被压迫民族的一部分，民族没有自由独立妇女绝无自由独立的可能，而使中华民族不能自由独立的是帝国主义及其依附者军阀，因此它的第二宗旨是“号召一般妇女从事反帝国主义运动（当然反军阀反基督教运动已包括在内）在民族的独立自由争斗中力争妇女本身的独立和自由。”[7]认为工农妇女是妇女中最大多数而且生活最痛苦的部分，饱受资本家、土豪劣绅的剥削，所以富于革命的战斗力，不仅是民族革命的主力军，而且是妇女解放的先锋队，因此“以多载工农妇女消息，描写工农妇女生活拥护工农妇女利益为第三宗旨。”[7]同时还要“多方面地描写妇女一般的痛苦，从根本上指示妇女解放的出路，使她们一方面明白自身团结反抗的必要；他方面认识真正扶助自己解放的只有革命的势力。”[7]此外，《中国妇女》不限于宣传工农妇女解放思想，反映工农妇女的状况，还有对“各派妇女运动思想的批评及其背景的分析”。[7]

与创办目的和宗旨相适应，《中国妇女》主要设置以下栏目：“（一）评论：专载对于各种实际问题之批评。（二）论文：专载理论的分析的文字。（三）译述：译述世界各国有关妇女问题的名著。（四）妇女消息：搜罗一旬内妇女消息，无论国内的或国外的系统编述于叙事之中寓宣传之意。（五）通信讨论：讨论范围限于妇女问题或与妇女有关的问题。一在引起妇女研究的兴趣；一在使本报与妇女发生密切的关系。（六）杂感：借各种问题发表感想，只要有意思不怕琐屑，但行文宜简洁而痛快。（七）文艺：以有文学趣味而兼新思想之短篇小说新诗戏剧等均为合格。使本报内容丰富起见，尤应多方搜集实际的材料。在有妇女运动于有基础的地方，如广州北京山东河南湖北湖南各地应指定本报通信专员。”[7]

《中国妇女》原定为旬刊，但是后来因为难以按时出版，从“1926 年 7 月第 18 期后改为月刊”[8]。终刊时间约在 1926 年下半年，共出版多少期不详。

（二）妇女解放思想

1. 妇女解放必须和国民革命相结合

《中国妇女》认为中国妇女的解放与国民革命紧密联系，“中国妇女运动的进步，开始于促成国民会议的运动。从此民族运动得到了妇女运动的主力军，而妇女运动本身也就发展起来。”[9]妇女解放是民族解放的一部分，“只有民族能独立，妇女才能解放。”[9]中国妇女的解放，前提条件是民族革命运动的胜利。

当时对妇女的压迫不只是宗法社会的旧制度，帝国主义和军阀是维持这种制度的主要力量，因此妇女要“与全国被压迫的男子们合作努力，参加消灭帝国主义与军阀的国民革命运动。”[5]同时“参加目前的反奉系军阀运动，也是我们的责任。”[5]

妇女参加国民革命运动，“先要脱离各帝国主义的政治经济的压迫，然后能达到初步的妇女解放。因为必须国民革命成功，然后政治上、法律上才能得到改革的可能，教育上、职业上才能实行大规模的新方针。劳动妇女的生活状况，才能因她们的阶级斗争而得到比较多的改善。”[10]而且从世界范围来看，妇女运动的开始和成功与各国革命运动都有密切的关系，由此可见，“妇女运动不是单纯的女性主义的运动，而是联合其他被压迫民众共谋解放的革命运动。”[10]所以，“中国妇女必须以全力来促成国民革命的实现，谋中国民族独立。”[10]尤其“必须使中国革命的女学生和大多数劳动妇女来参加反帝国主义和反军阀的战线，尽革命的义务，这才有达到妇女解放的可能。”[10]中国妇女的解放不仅要与国民革命相结合，而且要与“世界各国被压迫民族以及无产阶级，合力奋斗，以彻底推翻帝国主义——资本主义，然后在社会主义建设的过程里，妇女才能渐渐地得到彻底的解放。”[10]

2. 劳动妇女是妇女获得解放的主力

杨之华认为虽然中国的妇女运动开始较早，但是“到了五四的时候，妇女运动才有切实的、反抗宗法社会旧礼教的力量，然而只有到了五卅运动，妇女解放的运动才得了现实的、有战斗力的先锋——中国的女工。”[11]是五卅运动使我们“发现了妇女运动的生力军——劳动妇女。”[11]为此，杨之华强调妇女运动要“促起最大多数劳动妇女的政治的、社会的觉悟，并且赞助他们的运动”，[12]要建立劳动妇女运动联合战线。杨之华特别呼吁女学生要到民间去，为劳动妇女服务，“只有经过中国无产阶级，才能和世界一般被压迫妇女联合战线，达到共产主义社会——真正的男女平等的社会。”[11]

上海各界妇女联合会和《中国妇女》都非常重视女工运动，1926 年 6 月 10 日，上海各界妇女联合会执行委员会为丝厂女工罢工召集临时会议，讨论两项援助办法：“（一）特派代表向‘女青年会’及‘妇女节制会’‘总工会’等处接洽预备一致援助。（二）通过特发宣言呼醒全国妇女注意。”[13]《中国妇女》全文刊登扶助丝厂女工罢工的宣言，提出改善待遇的条件。

与此同时，《中国妇女》的作者深入女工的家庭和她们劳动的工厂，实地观察女工的生活和工作状况，了解她们被家庭压迫和工厂剥削的情形，了解女工罢工的缘由和过程，看到“中国的劳动妇女的革命性很盛，她们在罢工中的战斗力，非常强大，不但她们能反抗资本家，并且她们还不肯屈服在旧家庭的压迫！”明白女工“需要代表工人利益的自身组织”。[14]

3. 妇女解放必须同妇女自身的利益相结合

《中国妇女》指出，虽然工人、农民和许多贫困者都是最受压迫的人们，但是其中妇女始终要多受一层压迫。“我们无论在经济上、政治上、法律上以及一切思想和社会习惯上直接的或间接的都被放在男子的附庸地位。我们至今还没有财产继承权，没有参政权，我们的一举一动，至今还是极端地受家庭的和社会的一切礼俗习惯的支配。总而言之就是受宗法社会的支配。我们的自由简直是等于零。所以我们妇女非自己起来与社会的恶制度奋斗不可，非根本铲除这种恶制度所加于我们妇女身上一切压迫不可。”[5]因此妇女“作国民革命运动是要以取得我们女子在经济上、政治上、法律上以及社会上所应得的权利为条件。换言之，我们作国民运动是站在我们妇女本身利益上而作的。所以我们除作国民运动外，还要努力做关于妇女本身利益的工作。”[5]“我们要极力打破旧宗法社会所加于我们妇女的一切束缚与压迫——如礼教等。”[5]

中国妇女悲惨的生活状况决定了她们“以要求一般妇女之职业上、教育上、法律上、政治上的平等和自由，要求劳动妇女生活待遇的改善为最低限度的政纲，为最近的目标。”[10]杨之华希望热心妇女运动的女同胞“多注意妇女实际问题，言行一致，以群策群力去解决妇女最感到苦痛的种种问题。”[12]中国妇女中最痛苦的是女工和农妇，这些妇女在困苦窘迫的条件之下连吃饭穿衣都照顾不过来，可是有些论妇女运动的人却说妇女的弱点在于身体不强，以至于让男子看不起，认为妇女应当先从锻炼身体开始。对此，杨之华质问难道这些劳动妇女“能在一天二十四小时之外另照得着第二十五点钟来体操?”[12]劳动妇女没有时间锻炼身体，这正是她们要求平权和解放的理由之一，因此更加要求减少工作时间、增加工资，更加要求参政的权利，决不能等女子体格强壮之后再来要求，“只有要求到了政治的、经济的、社会的一切自由，才能使女子的体力、智力等等得到应有的发展。”[12]因此从事妇女运动的人“要为下层妇女要求人的生活，要求平等的待遇。”[12]目前要做的是调查劳动妇女的状况，尤其是五卅运动之后失业女工的情形，其次是想如何救济她们，如何提高她们的地位。

4. 提出妇女解放的方式

一是要宣传。杨之华认为从事妇女运动者要关注时局，要“从宣传、组织两方面做去。”[12]例如宣传组织女界参加国民会议。“妇女运动之中必须要有先进的分子做中坚，渐渐的引导一般市民，以至于农村的妇女群众，进行一般的解放运动。”[15]可是在当时的妇女中不容易找出几个能计划能活动的人才，尤其缺乏有政治智识的人才，以致不能迅速引起一般妇女群众的注意，对此也不要泄气，从事妇女运动的领导者必须有坚强的意志，找到解决问题的办法。“第一，我们应时时刻刻分析客观环境的情形。第二，我们应当努力组织训练如何能依照客观情形决定我们运动的方略和目标，继续不断地进行下去，达到最后的目的。”[15]

二是要有组织。《中国妇女》认为“我们要与现社会的恶制度奋斗，我们要铲除这种制度所加于我们的压迫，那我们就必得有伟大的和坚强的组织。我们的各界妇女联合会，便是本着这个宗旨而成立的。”[5]杨之华分析上海的妇女运动分为三派：教会派的、资产阶级的、无产阶级的，认为“上海的妇女应该做全国妇女运动的先锋队，应该建筑一个妇女运动的大本营。就是组织能代表一切被压迫妇女做运动的团体。这种组织才能集中革命妇女的力量，参加反对帝国主义的民族解放运动，同时也就可以努力扩大革命的妇女运动到更广泛的群众中去。衹有群众的、被压迫的人民的觉悟团结、组织及奋斗，能得到自己的解放——我们妇女当然也是如此。”[9]为了促进妇女组织的发展，《中国妇女》介绍湖南妇女组织“湖南女界联合会”“青年妇女学艺社”[16]的发展情况。

三是要团结。妇女要推翻旧礼教的制度，就“要集中势力，联合在一个奋斗的团体里，筑起反抗旧社会、旧礼教的联合战线，对他们下一个总攻击!”[12]针对女界不团结的现象，杨之华呼吁“姊妹们！在目前的环境里，再不能自相猜忌、自相残杀了，不然我们的危险更大了!”[12]女工“要争得自由、平等、幸福，只有把散沙一般的姊妹们组织起来参加国民革命的队伍”，[11]女学生要“赶紧团结组织起来参加一切社会生活，参加学生会、参加妇女团体、参加国民革命。”[11]杨之华批评资产阶级妇女热衷于本阶级妇女的参政权利，告诫她们如果“不先去与一般平民妇女携手，打倒军阀帝国主义，解放中国民族，那里能够有这样容易，不劳而获的政权呢!”[9]

同时，妇女运动是国际性的，中国的妇女运动“要与全世界被压迫妇女联合起来，这才能谋到解放的目的。因为妇女运动，是被压迫的妇女对于统治阶级和压迫制度的斗争。世界的资产阶级一天不打倒，各国的宗法社会制度、男女不平等的制度，便一天不能打倒。”[11]尤其是女工要“参加全世界被压迫妇女的联合战线，向世界压迫我们的、统治我们的阶级奋斗”。[11]三月八日是妇女节，“是劳动阶级妇女警醒自己，集合自己的势力，也就是全世界被压迫民族妇女联合战线，以参加世界革命运动求妇女解放的日子。”[11]女工尤其要明白这个节日是全世界被压迫妇女联合示威，表示一致的反抗，“只有这种一致的反抗能打倒帝国主义者对于你们的压迫，打倒他们对华的侵略势力，打倒他们自己的帝国主义的政府和资本主义的统治。”[11]也只有这样，社会主义才能开始建设，女工的合法权益才会得到保护。

二、《中国妇女》(1939)

(一) 创办概况

1939 年 6 月 1 日，《中国妇女》月刊在延安创刊，由中共中央妇女运动委员会主办，延安中国妇女社编辑出版，延安新华书店发行。中共中央是在 1939 年三八妇女节的时候决定创办《中国妇女》，因为在抗日战争进入相持阶段以后，“在我们的抗战工作中，妇女工作——抗战的妇女运动的工作，仍是整个抗战中比较薄弱的一环节。”[17]而且在外敌入侵下，“不仅抗战的最后胜利，有待于全中华民族儿女更大的努力，而中华民族的真正民族解放和社会解放大业的完成，更必需二万万二千五百万女同胞能够与同等数量的男同胞，并驾齐驱的奋斗。”[17]《中国妇女》的创办就是要动员和组织妇女积极参加抗战建国大业，赶走日本侵略者，建设新中国。毛泽东为《中国妇女》的创刊号题词：“妇女解放，突起异军，两万万众，奋发为雄。男女并驾，如日方东，以此制敌，何敌不倾，到之之法，艰苦斗争，世无难事，有志竟成。有妇人焉，如旱望云，此编之作，伫看风行。”[18]表明毛主席和党中央对《中国妇女》的重视，对抗战时期妇女工作的重视。

《中国妇女》的创刊不仅是为了动员广大妇女参加抗战建国事业，还为了“积累与交换妇女工作经验，指导与帮助各地妇女工作干部，增加妇女文化的力量”，[19]因此在投稿要求上，需要“指导妇女运动工作、研究妇女问题之论文；各地妇女运动、妇女生活等之通讯；外国妇女运动、妇女生活之介绍；模范妇女之记述与介绍；妇女医药卫生、日常切身工作之常识；文艺、木刻、漫画等。”[20]创刊一周年之际，《中国妇女》再次强调所需稿件为：“一、内容最具体的通讯：妇运、妇女生活，具体反映实际情况。二、有具体内容的实际工作经验。三、对实际工作有助的妇女问题理论的研讨。四、译稿的内容亦请站在对妇女读者具有教育意义或足以介绍国际妇运动态。”[21]

“《中国妇女》是专门妇女问题的刊物。因此，它的读者对象是党的妇女干部和非党的妇运干部。”[19]因此内容主要是：“一、全国妇女工作的指导，经验的总结及交换。二、妇女问题理论上的研讨并介绍正确的马列主义观点的妇女理论。三、反映各地妇运情况及妇女生活。”[19]为了妇女干部更好地交流与总结妇女工作的经验教训，早在1939年4月7日，中央妇委就妇女工作指示要“建立《中国妇女》通讯网，指定人负责经常给《中国妇女》投稿，并多写具体的斗争和工作经验的论文和通讯送来。”[22]1939年9月，邓颖超在中国女子大学开学典礼上作报告，指出妇女运动“要组织强有力的刊物，因此《中国妇女》便应在中共中央妇委领导下力求充实和健全。”[23]

1941年初，抗日战争在经济上陷入了特别艰难困苦的时期。一方面日本集中侵华的大部分兵力对华北、华中敌后抗日根据地实行极为残酷、疯狂的扫荡。另一方面国民党顽固派掀起第二次反共高潮，用大量兵力包围、进攻八路军、新四军，封锁敌后抗日根据地。在日军、伪军和国民党顽固派的三方夹击下，以延安为中心的陕甘宁边区经济发生严重困难，物资奇缺，受此影响，《中国妇女》决定减少篇幅。“本社因印刷困难，暂时减少篇幅，故自二卷九期起，从十六开本改为三十二开本。”并且规定来稿“最好不超过三千字”。[24]

为了集中人力、物力办好中共中央新创的机关报《解放日报》，1941年3月8日，《中国妇女》出至第2卷第10期后暂时停刊。1941年5月16日，中共中央机关报《解放日报》在延安创刊，同年9月28日《中国妇女》以副刊的形式在《解放日报》上刊出，每半月一期，到1942年3月停刊，共出了12期。

（二）妇女解放思想

1. 宣传中国共产党抗日救亡和妇女工作的方针和政策

《中国妇女》担负着宣传中国共产党抗日救亡和妇女工作的方针和政策的职责，刊登《中国共产党中央委员会为抗战两周年纪念对时局宣言》《中国共产党中央委员会为抗战三周年纪念对时局宣言》《中共中央为“三八”节工作给各级党部的指示》《中共中央为“三八”节工作给各级党委的指示》《边区党委关于深入妇女工作给各级党委的指示》，毛泽东的《当前时局的最大危机》和《团结到底》，朱德的《十月革命和妇女》和《动员广大妇女到生产运动中来》等重要宣言、指示和文章，向广大妇女分析时局，阐明抗日战争与妇女解放的密切关系，表明中国共产党坚持抗战、解放妇女的决心，坚定妇女夺取抗日战争胜利的信念。

2. 号召妇女积极投入抗日救亡运动

《中国妇女》指出“妇女运动是人类解放的一部分，而不能把它孤立起来，不能把它与整个人类解放的事业分开。”[25]特别是在中华民族面临外敌入侵的时候，“妇女解放运动是与整个民族解放和社会解放事业不可分离的一个有机组成部分。”[26]因此“不驱除日寇出中国，则整个中华民族不能解放，同时，民族不能解放，则妇女解放更无从谈起。”[26]也就是说只有全民族解放了妇女才能得到解放。

在外敌入侵下，民族解放首先必须驱除日本侵略者，那么妇女就应当参与到抗日战争中来，“每个妇女必须认识，不管她的能力的大小，不管她所担任的工作的大小，只要于民族解放事业有利的都须尽力去做。”[26]妇女参加抗战就是在谋求自身的解放，妇女只要多做一分与民族解放事业有利的工作，也就是为妇女解放多做了一分工作。

同时，每个参加抗战建国工作的人也必须认识，妇女占全民族组成分子的一半，如不把妇女宣传和组织到民族解放事业中来，就是等于放弃民族力量的一半投入到抗战建国中。而要发动处于社会最底层的广大劳动妇女参加抗战，首先就必须使她们认识到自身的社会价值，唤起她们的社会意识。在民族沦亡的时刻，必须向妇女阐明：民族的解放有赖于妇女的参与。“民族不求解放则已，要求解放，则必须吸收广大妇女参加民族解放的事业。”[26]从事妇女运动者要明白妇女解放不是两性间的斗争，不是制造两性间的仇恨与倾轧，“妇女运动的工作，应从民族解放社会解放的观念出发。妇女运动的发展，应适合于革命斗争的形式。”[25]当时的形势就是反对日本帝国主义的侵略。总之，民族解放是妇女解放的前提，妇女解放运动是民族解放运动的一个组成部分；没有民族解放的胜利，妇女解放无从说起；没有妇女的广泛参与，民族解放也不可能胜利。

为了动员妇女积极投入到抗日救亡中，《中国妇女》刊登《唐县妇女自卫队的检阅》《华北敌后妇女的英姿》《晋察冀边区妇女群众武装》《驰骋在江南战场上的女战士》等文章，介绍妇女以不同方式在前线、在敌后开展抗日救亡工作。同时大力宣传女英雄的光辉事迹，如《李林同志略历》《李林同志遗书之一》《李桂芳同志被难经过》《忆李林同志》《民族女英雄——李林之死》，在《悼女英雄李林李桂芳等同志》一文中称赞她们是妇女英雄，号召“全体女共产党员同志和全国妇女同胞更加奋起抗敌，为完成李林、李桂芳同志等的未竟事业而奋斗，为李林、李桂芳等同志及一切抗敌殉国的烈士们复仇而奋斗”。[27]

3. 发动妇女参加生产劳动

抗日救亡时期，“由于一面抗战一面建国，大批壮丁被征调和伤亡，使得动员妇女普遍地参加生产事业在今天有了头等重要的意义。”[28]如果“没有广大妇女群众积极参加，边区经济建设计划就不能完成，抗日战争的胜利就会受到极大挫折，就会影响到中华民族的解放，自然也就会影响到边区妇女的解放。”[29]

不但如此，妇女从事生产劳动，既是经济独立的表现，也是谋求自身解放的方法。“中国妇女要能够真正独立地生活，就必须首先打破经济的束缚，积极参加社会各部门的生产。”[30] “妇女要求得真正的解放，必须在经济上能够独立生产，只有在经济上能够独立，才能够获得真正的自由平等。”[29] 因此发动广大妇女到生产运动中来，就是使妇女经济独立，提高她们的社会地位，也就是把妇女从重重的压迫和剥削之下解放出来。正因如此，1941 年 2 月 8 日，《中国妇女》第 2 卷第 9 期刊登毛泽东的题词“开展边区妇女工作应当从生产着手。”

为了发动妇女积极投入到生产劳动中，《中国妇女》刊登《活跃在生产线上的我们》《秋收的一天》《持久抗战中的中国女工》《晋东南妇女春耕运动》等文章，展现妇女在生产劳动中的重要作用，树立劳动妇女的模范形象。

4. 为妇女争取权利

首先是参政权。《中国妇女》认为不动员广大妇女参加抗战就不能取得民族解放的胜利，“而动员妇女的先决条件，就是给妇女以民主自由”。[31] 应该“允许她们有各种便于抗战的自由权利。”[32] “与男子一样的获得各种民主权利去参加一切抗战建国的工作。”[33] 甚至明确提出“在宪法中应当明文规定：妇女在政治、经济、劳动、教育、职业及社会生活各方面有与男子同等权利。明确规定保护女权，保护母亲与儿童，保护妇女劳动等。”[31] 肯定妇女与男子一样有同等的政治权利，认为妇女获得各项民主权利应当成为一种制度，这才是妇女在政治上的解放。

同时，妇女自己也要积极争取参政权。当时正值国民政府即将召开国民代表大会，《中国妇女》认为妇女“要拥护最近国民参政会所通过的‘请政府定期召集国民大会实施宪政案’，要求在宪法上规定妇女与男子地位完全平权。”[34] 不仅如此，还“应群起竞选，要求规定妇女代表名额，代表无性别的限制。”[33]

为了推动妇女获得民主宪政的进程，《中国妇女》刊登《中国妇女宪政运动》《获得民主权利的陕甘宁边区的妇女》《妇女宪政座谈会》《延安市妇女界发起成立妇女宪政促进会》《渝市妇女成立宪政研究会》《晋察冀边区 1940 年区村政权改选运动中的妇女》等文章，将第 1 卷第 9 期（1940 年 2 月）作为三八与宪政特辑，刊登《中国妇女在近代历史上参政运动的研讨》，延安妇女界宪政促进会成立大会纪实、简章以及告全国妇女、边区妇女书，致宋庆龄、何香凝及宋美龄的信，驳斥反对妇女参政的谬论，认为“有越多越好的妇女参加政治，推进民主，中华民族的解放战争便越有胜利的把握。”[35]

其次是就业权。20 世纪 30 年代末 40 年代初，国统区掀起“妇女回家”逆流，许多机关、工厂拒绝或限制妇女入职，《中国妇女》积极为妇女争取职业权利，指出邮局限制录用女职员的办法是“绝对要引起全国一切进步力量之愤慨的。”[36] 积极“为邮局女职员呼吁”[36]。针对各地辞退女职员尤其是已婚女职员，号召妇女“到职业中去”。[37] 特别转发邓颖超发表在《新华日报》副刊《妇女之路》上的著名文章《关于〈蔚蓝中一点黯澹〉的批判》，坚决反对“从个人私有制度出发，从封建性的旧压迫，加重对妇女的束缚出发，要使妇女为小我家庭中，一个‘夫’与‘子’的观点上的‘新’的贤妻良母主义。”[38] 认为尤其在抗战需要妇女接替男子的工作岗位，要发挥广大家庭妇女的潜在力量，尽国民之职责。

最后是关心妇女的特殊权益。《中国妇女》认为“抗战动员工作是要紧的重要的，但是解除妇女痛苦的问题，决不可疏忽，而且应该把它当作是中心工作之一。”[39]因为实际情况是要动员妇女积极参加抗战工作，必须解决妇女切身痛苦问题，改善妇女生活，才能把工作做好。针对一些机械地坚持要怀孕妇女操练，结果导致妇女流产的事例，提出“为了国家的前途，为了民族的新生力量，保护母亲和孩子，在今天完完全全是必要的而且必须的，每个母亲应当注意保护她自己和她自己的孩子，但更重要的，是客观上应当造成容许她保护自己和孩子的物质条件和尊重产妇的环境。”[40]

1941 年 2 月 5 日，《中共中央为“三八”节工作给各级党委的指示》，“今后除继续抗战动员工作外，必须把深入家庭保护妇女切身利益作为经常工作的中心。”例如：“关心妇女生活痛苦（如反对缠足、早婚、虐待、买卖婚姻、关心疾病、生育、婚丧等困难问题）。”“注意保护母亲儿童（注意使孕妇、产妇得到休息，儿童得到适当保育等）”。[41] 1941 年 3 月 8 日，提出《今年“三八”节的三个战斗口号》之一是“保护妇女切身利益”，阐明动员妇女参加抗日斗争，“也只有从保护妇女切身利益做起，才能得到更大的成效。”[42]

5. 重视妇女干部的培养

抗战的客观环境需要大批妇女干部来组织并且带领妇女担负抗战建国及妇女运动工作，因此培养妇女干部便成为解决妇女工作的重要方式。《中国妇女》很重视妇女干部的培养，创刊即提出“要动员全国妇女参加抗战建国的伟大事业，没有成千上万的优秀妇女干部是不可能的。”[43]洛甫希望妇女干部“要有坚定的革命的政治的原则立场。”“要有切实工作埋头苦干的实际精神。”“要有独立工作、克服困难、不屈不挠的顽强精神。”“要有接近群众，同群众一起，教育群众，向群众学习的民主精神。”“真正能够具备革命利益高于一切，一切服从革命利益的牺牲精神。”最后，“在参加一般的革命运动中，特别要着重解放妇女本身的工作。”[43]要明白妇女解放首先是妇女本身的事，尤其是妇女干部的责任，不要轻视妇女群众及不愿做妇女工作。张琴秋认为妇女干部“要培养自己政治上的坚定性与工作的独立能力”，“要有埋头苦干贯彻始终的精神”，“要有敢作敢为的气魄和坚定的政治立场”，“要有政治家风度的修养”。[44]

为了更好地培养妇女干部，《中国妇女》刊登《前方妇女干部要求学习的问题》《怎样动员农村妇女》《在游击区怎样举办乡村妇女干部训练班》等文章，介绍培养妇女干部、从事妇女工作的经验。

三、《中国妇女》（1949）

（一）创办概况

1949 年 3 月 24 日—4 月 3 日，中国妇女第一次全国代表大会在北平召开，确定新中国妇女运动的方针路线为“新中国的妇女要和新中国的人民在一起，努力实现革命在全国范围内的完全胜利，同时要用更大的努力参加新中国的建设工作，而其首要任务是参加工业和农业生产，尤以城市工业生产为重。为完成这任务，必须全心全意地依靠女工，团结其他劳动妇女，争取知识妇女，自由职业妇女及其他各阶层妇女，结成巩固的联盟，共同奋斗。”[45]为了更好地执行这一方针路线，全体代表一致同意创办全国性的妇女刊物。

1949 年 7 月 20 日，《新中国妇女》月刊创刊，由刚刚成立的中华全国民主妇女联合会主办。党中央对此十分重视，毛泽东、朱德都为《新中国妇女》题词。毛泽东的题词是：“团结起来，参加生产和政治活动，改善妇女的经济地位和政治地位。”朱德的题词是：“为建设新中国而奋斗。”反映中央对妇女工作的要求随着形势的变化而变化，由抗战时期要求妇女同心协力抵御外辱，共求解放，转变为要求妇女参加工农业生产，争取自身的经济、政治地位。

《新中国妇女》定位在指导全国妇女的工作与生活，“帮助读者学习如何运用马列主义毛泽东思想分析中国当前的妇女问题及妇女解放的途径；从妇女运动的理论和实践中，从社会科学，自然科学，文艺创作等各方面来研究妇女问题和妇女运动，帮助读者正确地全面地认识新中国妇女解放的途径；并循着这条大道前进。同时也将更进一步帮助各地读者了解妇女生活和妇女工作情况，交流妇女工作经验，供给妇女工作材料，指导妇女运动的发展。为此，《新中国妇女》月刊，将是一个以妇女问题为中心的综合性刊物。”[45]在后来的办刊实践中，基本坚持了这一办刊宗旨。

从 1956 年第 1 期起《新中国妇女》更名为《中国妇女》。在《本社更改社名、刊名、刊期启事》中解释当时定名为《新中国妇女》是“为了鲜明地区别于解放前的旧中国”，到了 1956 年“已没有必要再冠一‘新’字”了，于是从 1956 年 1 月开始“将《新中国妇女》月刊改名为《中国妇女》月刊”，相应地社名也改为“中国妇女社”。[46]

1966 年 8 月 20 日，毛泽东给《中国妇女》题写刊名，从 1966 年 9 月 10 日出版的第 9 期开始封面上的刊名改用这一题字。从 1967 年起《中国妇女》停刊。

1976 年 1 月，《中国妇女》曾出过一期试刊，但是直到 1978 年 7 月 15 日（即为 1978 年第 1 期）才正式复刊，表示“《中国妇女》杂志是由全国妇联领导的政治性、群众性、综合性的月刊。它以马列主义、毛泽东思想为指导思想，结合妇女的实际情况和特点，宣传社会主义革命和建设新时期的总任务，报道广大妇女在新的长征中作出的新贡献、新经验和各条战线的先进人物；……宣传新宪法，保护妇女儿童的合法权利，反映妇女的意见和要求，关心妇女的切身问题；批判男尊女卑和一切剥削阶级的旧思想、旧传统、旧风俗、旧习惯、树立社会主义的新道德、新风尚。”[47]宋庆龄撰文《祝贺〈中国妇女〉杂志复刊》，指出妇女“需要有自己的刊物来宣传、报道她们的活动，作为她们共同学习的园地。”[48]

复刊后第一期的《中国妇女》发表社论《尽快提高妇女的科学文化水平》，并发表文章《探索细胞奥秘的人》，介绍植物研究所植物细胞形态学女专家吴素萱，反映《中国妇女》积极响应新时代的号角，尊重科学、尊重人才。即使再度宣传大寨妇女，也不再是宣传她们那种苦干加蛮干的精神，而是反映“大寨妇女向科学文化进军”[49]的新气象。时任纺织工业部副部长的郝建秀发表文章《更好更快地解决人民的穿衣问题》，表明党和国家的工作中心已经转移到经济建设，努力提高人们的生活水平。

为适应社会的发展，20 世纪 90 年代《中国妇女》开始一系列改革。1999 年改为旬刊，内容上“在关注女性的同时，我们也会更为关注社会、关切男人、关心孩子、关爱我们生存发展的环境。”表示“这是我们奋斗的又一次开始，愿它也能成为我们辉煌的再一次延续。”[50]

从 2000 年开始《中国妇女》改为半月刊，“关注女性命运，关切女性人生，关心女性权益，关爱女性生活”。[51]现在《中国妇女》“上半月刊以热点话题、人物报道、情感婚姻、家庭教育和健康生活等为主要内容，‘在这里，遇见中国故事女主角’。下半月刊‘法律生活帮助’，以女性职场、婚姻家庭等相关领域权威、实用的法律帮助和人生关怀为主要内容，情与法相融，爱与慧相伴，为美好生活做加‘法’。”[52]

（二）妇女解放思想

1. *发动妇女参加国家建设*

新中国刚刚成立，百废待兴，妇女是国家建设不可缺少的力量，在当时千疮百孔的旧中国的基础上建设新中国，更加需要妇女的参与，《中国妇女》创刊伊始即提出妇女“要有劳动观点，积极参加生产建设。”[53]1950 年 6 月，中共中央召开七届三中全会，提出为争取国家财政经济状况的基本好转而斗争的总任务，党的工作重心由军事向经济转移。《中国妇女》响应中央号召，赞成“现在全国大陆差不多已完全解放，今后应积极推动生产建设了。我们广大的家庭妇女应当改变过去的陈旧观念，参加各种生产工作。”[54]

不仅是为了建设国家，更重要的是妇女只有积极参加生产，使自己经济独立，才能得到真正的解放。“妇女必须要参加生产，以推进社会的发展，争取经济独立，这是妇女解放运动的关键。”[53]因此妇女“每个人都负担生产建设的任务。”[54]而且“劳动是神圣的”，[55]“劳动可以创造一切，劳动决定着祖国的社会主义建设和人类进步事业的命运。只有通过每个人的和集体的创造性的劳动，才能给国家带来繁荣，给人民带来幸福，从而也给你们自己带来幸福。”[56]

这就决定了妇联的工作任务之一是“组织教育妇女参加各种工业和农业生产”，着重“解除妇女参加生产的思想障碍和实际困难，提倡和帮助她们学习技术。”因此要“举办儿童保育，妇幼卫生和文化教育技术教育等工作；并重视组织起来的教育。”[57]1953 年，全国妇女代表大会决定今后“妇女工作的中心任务，就是要组织妇女积极参加工农业生产。”[55]

为了促进妇女积极参加国家建设，《中国妇女》刊登中央和全国妇联关于劳动的指示，发表《争取作社会主义建设积极分子》《为实现今年农业丰收而斗争》等文章，鼓励妇女参加工农业生产，做社会主义建设的先进妇女。同时，介绍积极建设新中国的妇女模范人物，如纺织女工、女技术员、女车间主任等等。复刊后的《中国妇女》宣传积极参与国家建设的时代女性人物，她们中有女劳模、女工程师、女医生、女厂长、女市长、女院士、公司女领导、女艺术家，还有积极参与环境保护的女性等，反映新中国不同时期的新女性。刊物还介绍怎样组织和发动妇女参加生产的经验，如《组织城市妇女生产》《新区怎样发动妇女参加生产》《杨村发动妇女参加农业生产的经验》《做好纺织女工的家属工作，完成突击增产纱布的工作》等。

2. 关心妇女特殊权益

《中国妇女》非常关心妇女的特殊权益，早在1949年解释为什么单独提出女工工作时指出，不仅因为女工占有相当数量，是生产建设中不可忽视的力量，而且因为“孩子家务的牵累，生理疾病的痛苦”，使女工在工作中遇到许多困难，因此“女工除去和男工有共同的要求外，还有特殊的要求。”[58]强调要从妇婴卫生、孩子托育等多方面做好女工工作，“尽可能地帮助她们解决实际困难问题。”[59]即使是在动员妇女参与到抗美援朝运动时，也坚持认为“要在扩大和深入整个抗美援朝运动中，动员各种妇女群众搞好生产，做好工作，就必须在可能范围内逐步解决妇女的特殊困难。”[60]

《中国妇女》之所以特别提出妇女的特殊权益，是认识到妇女的生理特点和家庭角色。“妇女有经期、孕期、产期和哺乳期。”[61]“已婚的女职工还要较多地担负着养育子女和料理家务的责任。”[62]因此对妇女在生活上经常遇到的一些困难，要更多地关心和帮助，“工会和妇联等有关方面必须共同协作，千方百计地帮助她们解决那些可能解决的问题。”[62]如果在劳动中注意“合理安排妇女劳动力，重视保护妇女的健康”，[61]使妇女身体健康、精神饱满，妇女劳动起来就会干劲大、效率高，就会使生产任务完成得好、完成得快，所以“保护妇女健康和完成生产任务是一致的，不是矛盾的。”[61]为了充分发挥广大妇女的力量，保持旺盛的干劲、持久的劳动，还要“大力宣传妇女保健知识，使妇女们增加卫生科学常识，懂得注意保护身体健康和安全生产的道理。”[61]正因为重视妇女的特殊权益，《中国妇女》从创刊起就一直注重普及妇女的生理卫生知识、生育和节育知识，提示妇女重视婚前健康检查；介绍怎样健身、预防疾病及养育孩子的知识等。

《中国妇女》重视妇女的特殊权益还基于充分认识到妇女的生育价值。因为“女职工们担负着另一种社会的义务，她们要生育和教养孩子，她们要处理家务，因此在她们前进道路上所遇到的困难，会比男人更多一些。”[63]这个时候不仅不要歧视妇女，而且要关心她们，帮助她们克服困难，解决问题。“妇女除了和男人一样生产物质的生产以外，还要生育第二代，延续人类的生命”，[61]在生育方面妇女所起的作用比男性更大，如果大家都重视在劳动中保护妇女的健康，妇女都身强力壮，孩子都健壮活泼，这不仅是妇女儿童的切身利益，也是男女共同的利益，对国家、对民族都是有好处的。

针对妇女从事繁重的家务劳动，《中国妇女》很早就提出要“建立男女平等、民主和睦、团结生产的、由丈夫、妻子和所有成员共同负担家务劳动的新家庭。”[64]建议“在可能的条件下，逐步举办帮助妇女减轻家务的公共事业（如托儿组织等），以增进妇女参加社会生产、社会活动的可能。”虽然在当时的条件下不可能完全家务劳动社会化，但是“不考虑目前妇女的家务负担，动员家务繁重的妇女参加过重的社会劳动和社会活动，以致妨碍全家正常生活和本人健康，是不合适的；同样，完全不考虑如何逐步减轻妇女的家务劳动，增进妇女参加社会事业的可能，也是不对的。”[64]

当然，妇女自己也有责任解决自身的困难。蔡畅号召“各个岗位上的姊妹们，我们应该进一步加强政治、文化、科学、技术的学习，使自己具有建设社会主义事业的坚毅意志，并不断提高自己的科学技术水平。在参加各种生产、工作和学习中，要努力克服由于重男轻女的封建残余思想所造成的困难，要妥善安排家务，搞好生产，搞好工作，努力学习，一定要坚持到底，胜利地向文化、科学和技术进军，使自己具有建设社会主义的才能。”[63]区梦觉希望妇女认识到“家庭大家都有份，家务就得大家分工，一人管一些，不要过分集中在女同志身上。在这个问题上，如果男同志的思想、观点不大正确，还有点封建或资产阶级残余思想的话，女同志就不要过分迁就，不妨作适当的斗争。”[65]

《中国妇女》针对一些企业在实行经济责任制的过程中损害女职工合法权益的现象，提出“在实行经济责任制中切实搞好女工劳动保护”。[66]指出“妇女既是物质资料的生产者，又是人类再生产的主要承担者，不能把妇女的生理特点视为自身缺点，也不能把人类再生产视为妇女个人的私事。”[67]为了使妇女能够和男性在同等起点上参加就业竞争，对劳动制度改革提出建议。对于妇女参政问题，“应从积极的方面完善女性参政的思路，将女性政治参与从浅层次的、表面的行为变为深层次的内在的发挥，表现出对参与权的真正占有，这就是我们应当追求的新境界。”[68]《中国妇女》非常注重向妇女介绍相关的法律法规，设置维权热线、维权纪实、法律咨询栏目，把下半月刊作为法律专刊，使知法、守法，懂得维护自身权益。

3. 重视妇女的恋爱婚姻家庭问题

恋爱婚姻是每个妇女的生活中重要的组成部分，也与新社会的建设密切相关，《新中国妇女》创刊伊始就对此予以关注，第 2 期即刊登列宁的《论自由恋爱》，批判资产阶级的自由恋爱观。开设恋爱婚姻家庭栏目，发起读者讨论恋爱问题，提倡以爱情为基础的自由婚姻，反映婚姻观念的变化，宣传新式婚姻和婚礼，批判买卖、包办婚姻。

婚姻法是与妇女切身利益密切相关的法律，《中国妇女》非常重视对婚姻法的宣传。1950 年 5 月 1 日，《中华人民共和国婚姻法》开始施行，《新中国妇女》刊登安子文的《实行婚姻法与肃清封建思想残余》，阐明实行婚姻法的意义，著名律师史良的《对婚姻法中一些问题的解答》，从法律的角度解疑答难。号召各级妇联“继续协助各级政府的司法机关，特别是区村政府贯彻执行婚姻法。”要“在群众中进行婚姻法的宣传解释工作。”“对执行婚姻法中之偏差和不正确思想，妇联有责任提出自己的建议和修正意见。”[57]同时，不定期开办《婚姻问题讲话》栏目，广泛宣传婚姻法。1953 年 3 月中共中央作出关于贯彻婚姻法运动月工作的补充指示，《新中国妇女》积极响应，将 1953 年第 3 期改为贯彻婚姻法运动专辑，发表社论《健康有力地开展贯彻婚姻法运动月的工作》，采取多种形式宣传自由恋爱、自主婚姻及平等的夫妻关系，反映婚姻法实施后夫妻关系、婆媳关系的变化，提醒要重视婚前健康检查，介绍如何解决群众的婚姻和家庭问题的经验。

1980 年 9 月 10 日第五届全国人民代表大会第三次会议通过了修改的《中华人民共和国婚姻法》，从 1981 年 1 月 1 日起施行。《中国妇女》立即响应，1980 年第 10 期刊登康克清的文章《认真学习、积极宣传和执行新婚姻法》，讲述青年争取婚姻自主的故事，发起

“孙静的遭遇说明了什么?”的讨论，批评父母强迫儿女婚姻。为了更好地宣传婚姻法，1980 年 10 月出版增刊《婚姻》，刊登婚姻法全文，伍仁达撰写的《婚姻法四十问》，解释婚姻法的条规，为群众释疑解惑。讲述青年争取婚姻自主、孝敬老人、实行简朴婚礼的故事，也讲述婚姻家庭领域违法必究的事例。2020 年 5 月 28 日，十三届全国人大三次会议表决通过了《中华人民共和国民法典》，自 2021 年 1 月 1 日起施行，《中国妇女》的法律专刊积极介绍民法典婚姻家庭编。

4. 发起妇女问题讨论

《中国妇女》常以读者来信的方式，发动读者对不同时期的妇女问题进行讨论。20 世纪 50—60 年代发起过对人生观、婚姻观的讨论，如“女人活着为什么?”“杨云为什么自杀?”“选择爱人的标准是什么?”“我们夫妻感情为什么破裂?”等。

复刊以后又发起过多次问题讨论，如 1984 年第 4 期到第 7 期开展“我们应不应该是陶春?”的讨论，就电影《乡音》中的女主人公陶春形象开展讨论，讨论二十世纪八十年代的新型妇女应该具备哪些基本素质，应该建立怎样的夫妻关系。1986 年第 1 期到第 8 期开展“女性的理想与理想的女性”大讨论，引发人们对社会应当怎样要求女性，女性应当怎样塑造自己等问题的思考，反思与探讨职业女性家庭与事业，其后对讨论中涉及的许多重要问题，发表罗琼的《我对女性理想的思考》、若水的《女性理想的反思与求证》，不断深入讨论。1991 年第 8 期到第 12 期，开展“什么是现代女性美”的讨论，1996 年第 7 期到 1997 年第 3 期开展“走出下岗后的困惑”的征文活动，开展妇女下岗与再就业问题的讨论。

这些讨论中规模最大的一次是 1988 年关于“妇女回家”的讨论。20 世纪 80 年代末，随着经济体制改革的深入，产业结构调整和企业优化组合，城镇下岗女性越来越多，劳动力市场上出现了排斥女性的现象。面对女性日益严峻的就业形势，《中国妇女》1988 年第 1 期以《我的出路在哪里?》和《大邱庄“妇女回家”的思索》为发端，展开了“1988——女人的出路”问题大讨论，一直持续到第 11 期。有人认为“部分女工回家对社会对家庭有益”,[69] 有人认为“妇女回家的口子不能开”,[70] 有人指出“家庭妇女贡献大”,[71] 要“想想我们自己是怎样来到人世的”,[72] 还有人认为“不论是做家庭主妇，还是干社会工作，这都不是重要的，要紧的是，人必须有自己选择生活的权利，无论是男人还是女人。”[73] 这些讨论，有助于读者思考妇女问题和问题的解决。

四、结语

党史中的三份《中国妇女》，积极传播党的妇女思想，指导妇女工作；反映妇女生活和妇女运动的情况，探讨妇女解放的问题；反映不同时期的女性形象，同时也塑造不同时期的女性形象，传播平等的性别观念；动员妇女、团结妇女积极投身到民族解放、国家建设和自身解放的斗争中，为党领导下的妇女解放事业作出了重要贡献。

参考文献

[1] 一木. 杨之华等创办《中国妇女》[A]. 江苏省瞿秋白研究会. 瞿秋白研究文丛[C]. 北京：中国文联出版社，2011：304.

[2] 中福. 中共中央妇女部通告第四号 [A]. 中华全国妇女联合会妇女运动历史研究室. 中国妇女运动历史资料 1921—1927 [C]. 北京：人民出版社，1986：478.

[3] 上海各界妇女联合会章程 [A]. 中华全国妇女联合会妇女运动历史研究室. 中国妇女运动历史资料 1921—1927 [C]. 北京：人民出版社，1986：391.

[4] 上海各界妇女联合会成立 [A]. 中华全国妇女联合会妇女运动历史研究室. 中国妇女运动历史资料 1921—1927 [C]. 北京：人民出版社，1986：390.

[5] 上海各界妇女联合会第二次临时大会宣言 [A]. 中华全国妇女联合会妇女运动历史研究室. 中国妇女运动历史资料 1921 1927 [C]. 北京：人民出版社，1986：393＋394.

[6]《中国妇女》发刊词 [A]. 中华全国妇女联合会妇女运动历史研究室. 中国妇女运动历史资料 1921—1927 [C]. 北京：人民出版社，1986：472.

[7]《中国妇女》的宗旨和内容 [A]. 中华全国妇女联合会妇女运动历史研究室. 中国妇女运动历史资料 1921—1927 [C]. 北京：人民出版社，1986：473＋474.

[8] 田景昆、郑晓燕. 中国近现代妇女报刊通览 [M]. 北京：海洋出版社，1990：59.

[9] 杨之华. 上海妇女运动 [A]. 中华全国妇女联合会妇女运动历史研究室. 中国妇女运动历史资料 1921—1927 [C]. 北京：人民出版社，1986：311＋312＋313.

[10] 杨之华. 中国妇女之状况与国民革命 [A]. 中华全国妇女联合会妇女运动历史研究室. 中国妇女运动历史资料 1921—1927 [C]. 北京：人民出版社，1986：541＋542.

[11] 杨之华. 三八与中国妇女 [A]. 中华全国妇女联合会妇女运动历史研究室. 中国妇女运动历史资料 1921—1927 [C]. 北京：人民出版社，1986：572＋574＋575＋576＋577.

[12] 杨之华. 妇女运动之职任的我观 [A]. 中华全国妇女联合会妇女运动历史研究室. 中国妇女运动历史资料 1921—1927 [C]. 北京：人民出版社，1986：519＋520＋521.

[13] 上海各界妇女联合会扶助闸北丝厂女工罢工之宣言 [A]. 中华全国妇女联合会妇女运动历史研究室. 中国妇女运动历史资料 1921—1927 [C]. 北京：人民出版社，1986：628-629.

[14] 子华. 一九二六年上海丝厂女工罢工运动中之感想 [A]. 中华全国妇女联合会妇女运动历史研究室. 中国妇女运动历史资料 1921—1927 [C]. 北京：人民出版社，1986：638.

[15] 杨之华. 中国妇女运动之过去与现在及其将来 [A]. 中华全国妇女联合会妇女

运动历史研究室．中国妇女运动历史资料 1921—1927［C］．北京：人民出版社，1986：535＋536.

［16］湖南妇女团体的发展［A］．中华全国妇女联合会妇女运动历史研究室．中国妇女运动历史资料 1921—1927［C］．北京：人民出版社，1986：417-418.

［17］发刊词［J］．中国妇女，1939（1）：3＋5.

［18］毛泽东．题词［J］．中国妇女，1939（1）：2.

［19］《中国妇女》一周年［J］．中国妇女，1940（12）：14.

［20］本刊征稿条例［J］．中国妇女，1939（1）：20.

［21］编辑室［J］．中国妇女，1940（12）：10.

［22］中共中央妇委关于开展妇女工作问题给山东分局的指示［A］．全国妇联．中国妇女运动历史资料 1937—1945［C］．北京：中国妇女出版社，1991：148.

［23］邓颖超．抗日民族统一战线中的妇女运动 续［J］．中国妇女，1940（9）：29.

［24］中国妇女社启事［J］．中国妇女，1941（9）：35.

［25］邓颖超．抗日民族统一战线中的妇女运动［J］．中国妇女，1940（8）：30.

［26］王明．论妇女解放问题［J］．中国妇女，1939（1）：5.

［27］中共中央妇委．悼女英雄李林李桂芳等同志［J］．中国妇女，1940（1）：2.

［28］王里．妇女与生产合作社［J］．中国妇女，1940（2）：13.

［29］朱德．动员广大妇女到生产运动中来［J］．中国妇女，1941（8）：2.

［30］朱德．十月革命和妇女［J］．中国妇女，1940（6）：2.

［31］孟庆树．怎样开展妇女界宪政运动［J］．中国妇女，1940（8）：6＋7.

［32］何依凡．论中国近百年来的妇女解放运动［J］．中国妇女，1940（8）：21.

［33］琴秋．中国妇女片段生活的回顾［J］．中国妇女，1939，1（7）：6＋7.

［34］杨松．第二次世界帝国主义大战与中国妇女［J］．中国妇女，1939（5/6）：6.

［35］王里．驳关于妇女宪政运动的两种谬论［J］．中国妇女，1940（12）：11.

［36］琴秋．为邮局女职员呼吁［J］．中国妇女，1940（8）：11.

［37］危拱之．到职业中去［J］．中国妇女，1941（10）：15.

［38］邓颖超．关于《蔚蓝中一点黯澹》的批判［J］．中国妇女，1940（6）：20.

［39］琴秋．对于妇救会工作的几点意见［J］．中国妇女，1940（12）：10.

［40］吴群．反对残害母亲和孩子［J］．中国妇女，1940（4）：11.

［41］中共中央为“三八”节工作给各级党委的指示［J］．中国妇女，1941（10）：4.

［42］今年“三八”节的三个战斗口号［J］．中国妇女，1941（10）：5.

［43］洛甫．对妇女干部的几点希望［J］．中国妇女，1939（1）：7.

［44］琴秋．对妇女干部的几点要求［J］．中国妇女，1939（5/6）：13-14.

［45］见面话［J］．新中国妇女，1949（1）：419.

［46］本社更改社名、刊名、刊期启事［J］．中国妇女，1956（1）：1.

［47］致读者［J］．中国妇女，1978（1）：24.

[48] 宋庆龄．祝贺《中国妇女》杂志复刊 [J]．中国妇女，1978 (1)：1.

[49] 孔令贤．大寨妇女向科学文化进军 [J]．中国妇女，1978 (1)：8.

[50] 本刊编辑部．理想依然年轻 [J]．中国妇女，1999 (1)：1.

[51] 佚名．中国妇女 [J]．2000 (1)：1.

[52] 中国妇女官网 http://www.womenofchina.com/2021/0202/3899.html.

[53] 区梦觉．怎样做一个新社会的新妇女 [A]．中华全国妇女联合会妇女运动历史研究室．中国妇女运动历史资料 1945—1949 [C]．北京：中国妇女出版社：426.

[54] 宋庆龄．"三八"纪念与家庭妇女生产建设 [A]．中国妇女管理干部学院．中国妇女运动文献资料汇编（第二册）[C]．北京：中国妇女出版社，1988：61+62.

[55] 何香凝．组织妇女积极参加工农业生产 [A]．中国妇女管理干部学院．中国妇女运动文献资料汇编（第二册）[C]．北京：中国妇女出版社，1988：160.

[56] 邓颖超．青年是建设社会主义的希望 [A]．中国妇女管理干部学院．中国妇女运动文献资料汇编（第二册）[C]．北京：中国妇女出版社，1988：226.

[57] 蔡畅．全国民主妇联一年来的工作概况及今冬明春的主要工作任务 [A]．中国妇女管理干部学院．中国妇女运动文献资料汇编（第二册）[C]．北京：中国妇女出版社，1988：66+67.

[58] 蔡畅．关于女工工作的几个问 [A]．中华全国妇女联合会妇女运动历史研究室．中国妇女运动历史资料 1945—1949 [C]．北京：中国妇女出版社：436.

[59] 陈少敏．加强对女工的教育，充分发挥女工的力量 [A]．中国妇女管理干部学院．中国妇女运动文献资料汇编（第二册）[C]．北京：中国妇女出版社，1988：162.

[60] 蔡畅．在伟大爱国主义旗帜下进一步联系与教育广大妇女 [A]．中国妇女管理干部学院．中国妇女运动文献资料汇编（第二册） [C]．北京：中国妇女出版社，1988：83.

[61] 李德全．关心妇女健康 保持旺盛干劲 [A]．中国妇女管理干部学院．中国妇女运动文献资料汇编（第二册）[C]．北京：中国妇女出版社，1988：383+384+385.

[62] 杨之华．把党的政策具休贯彻到女工工作中去 [A]．中国妇女管理干部学院．中国妇女运动文献资料汇编（第二册）[C]．北京：中国妇女出版社，1988：403.

[63] 蔡畅．职工姐妹要积极参加先进生产者运动 [A]．中国妇女管理干部学院．中国妇女运动文献资料汇编（第二册）[C]．北京：中国妇女出版社，1988：256.

[64] 蔡畅．列宁论社会主义建设与妇女解放 [A]．中国妇女管理干部学院．中国妇女运动文献资料汇编（第二册）[C]．北京：中国妇女出版社，1988：207.

[65] 谈革命妇女的人生观——记区梦觉同志的谈话 [A]．中国妇女管理干部学院．中国妇女运动文献资料汇编（第二册）[C]．北京：中国妇女出版社，1988：419.

[66] 邢华．在改革中要注意女职工的劳动保护 [J]．中国妇女，1984 (1)：7.

[67] 辽宁省妇联．关于劳动制度改革的建议 [J]．中国妇女，1986 (11)：10.

[68] 向群．超越女性参政"比利化"思考 [J]．中国妇女，1991 (3)：23.

[69] 白叙. 部分女工回家对社会对家庭有益 [J]. 中国妇女，1988 (2)：7.
[70] 晓风. “妇女回家” 口子不能开 [J]. 中国妇女，1988 (2)：7.
[71] 李秀玲. 家庭妇女贡献大 [J]. 中国妇女，1988 (4)：10.
[72] 李禹兴. 想想我们自己是怎样来到人世的 [J]. 中国妇女，1988 (11)：16.
[73] 马丽珍、宋美娅. 要紧的，是选择生活的权利 [J]. 中国妇女，1988 (6)：15.

文化适应视角下湖湘传统体育对接“一带一路”倡议的机制与路径研究

刘　鑫*

摘　要：随着“一带一路”的不断推进，科教文卫各领域建设性突破不断涌现，湖湘传统体育作为我国体育文化中不可或缺的部分，其传承发扬面临着前所未有的新挑战。确立价值强化认同感、丰富内容唤起自觉性、增强实力提升自信心、聚焦创新推动自强力和搭建平台促进融合质，上述要素凝聚协同作用和合力效应，共同形成“一带一路”背景下湖湘传统体育文化适应的路径与机制。

关键词：文化适应；湖湘传统体育；一带一路；机制路径

一、引言

不同文化背景的群体或个体彼此进行接连不停的长时间直接接近往来，使得原本的文化均孕育出一定程度上变化的现象，可称之为文化适应。而传统体育文化适应则在一定程度上特指有差异性的文化背景与内涵的群体在不停的长时间直接往来中所引发的本民族传统体育文化态度与模式的孕育，进而爆发的一定变化与选择，这一层面上文化适应即跨文化传播。文献调研表明，学者们对湖南传统体育文化的传承与发展进行了大量研究，如：熊少波等通过对湖湘祭祀与湖南传统节庆体育的关系进行分析，提出了推动湖南传统节庆体育发展的对策；龙宋军将湘中“朱家舞狮”作为典型，解析阐述了我国民俗体育成长兴盛的外部环境因素以及内在动力因子，指出政府—社会合作将是其未来发展的主要模式。不过这些研究均未涉及“一带一路”背景下湖湘传统体育跨文化对接问题的研究。湖南省虽然地处内陆未与外国交界，但湖南省有着丰富的传统体育文化资源，凭借其在中部的交通枢纽地位，在“一带一路”背景下其传统体育的跨文化传播也大有可为。

二、湖湘传统体育概述

“一带一路”沿线遍布着风格迥异的体育文化，且“一带一路”在这些不同体育文化交流过程之中发挥着纽带的作用。湖南省是我国少数民族聚居区，拥有丰富的体育文化，

* 刘鑫，湖南科技学院体育学院讲师。

如苗族的上刀梯、跳鼓、接龙舞、打泥脚等，湘水河畔的单木戏水、龙舟竞渡、划竹排等活动，楚文化中的耍龙灯、舞狮子、赛龙舟、出嫁伴家歌舞等，这些体育项目均具有独特的湖湘地域特色。

（一）湖湘传统节庆体育

湖南省共有14个市州，时间长河奔流不息，诸多传统节庆体育活动和项目都在历史进程中逐渐消亡，现仅有怀化、岳阳、永州、衡阳和湘西自治州5个城市留存和发扬了湖湘传统节庆体育项目。如今仅30多种，详见表1。

表1　湖湘五市州现存传统节庆体育项目和活动

州市	共有项目	独有项目
湘西自治州	爬坡杆、芦笙舞、划龙舟、舞龙、踩高跷、舞狮、打陀螺、举石锁、扭秧歌、八人秋、跳灯、傩舞、上刀梯、民间武术、斗牛、踢毽子	摆手舞、八井拳、茅古斯、挑重担、跳桌子、鼓舞
怀化市		走竹竿、抢花炮、挑重担、高脚马
岳阳市		高跷、摔跤
永州市		打铜鼓
衡阳市		打扁担、壮拳

资料来源：调查研究整理所得。

（二）湖湘民间传统武术

湖湘民间传统武术在古代便可见一斑，作为综合性的民族文化，湖湘传统民间武术历经秦、汉、唐、宋、明、清、民国和现代社会的多重淬炼和传承发扬。从“三苗之地”转变为“鱼米之乡”，民间传统武术所传承的淳朴重义、勇敢尚武、奋斗不止和一如既往的精魄，仍旧如故璀璨生辉。湖湘全境共计49类拳种鳞次栉比，下又囊括835种五花八门的拳术套路，39种相得益彰的对练套路，而经世传扬流芳而又匠心独运、独辟蹊径、标新立异的拳种包含关键的16种，最具代表性的是岩鹰拳、东安拳、梅山拳。其中梅山武术又被称为梅山拳，拥有36式单操手和86类拳术及其套路，将防守放于首位，既可攻又可守，极其简洁实用，又勇猛刚烈，以不失灵活多变而著称，可谓是集大成者，更兼具历史价值、对古代军事发展与技艺研究价值和梅山武术道德精神的和谐价值。

表2　湖湘民间传统拳术代表

传统拳术	流传地	特点	套路与功法
岩鹰拳	邵阳市新宁县	贴身近战、短促发力	虎鹰归巢掌，岩鹰一、二路拳
东安拳	永州市东安县	讲究气、神、力，即气势、神态样子与气力	东安一、二、三路拳、小洪拳、东安虎拳、四门阵、四十八法拳

续表

传统拳术	流传地	特点	套路与功法		
梅山武术	娄底市新化县	短小精悍，桩功稳固，手法奋勇猛烈，刚烈变化多端	拳术套路：梅花桩、丁字桩、田字桩、大小红桩、六步桩、边势等	器械套路：齐眉棍、七星刀、把流星、梭镖、板凳、桌拳、铁尺	对练套路：棍对叙、棍对板凳、梭镖进双刀

资料来源：调查研究整理所得。

（三）湖湘少数民族传统体育

作为多民族聚居的湖湘地区，共有 52 个少数民族和谐共存，而各民族生产生活方式的不同导致形形色色的少数民族项目缤繁夺目、妙不可言，以土家族、苗族、回族、彝族、满族等 14 个少数民族最为丰富，彝族、土家族和苗族位列前三名，传统体育项目分别为 49 项、47 项和 39 项，详见图 1。

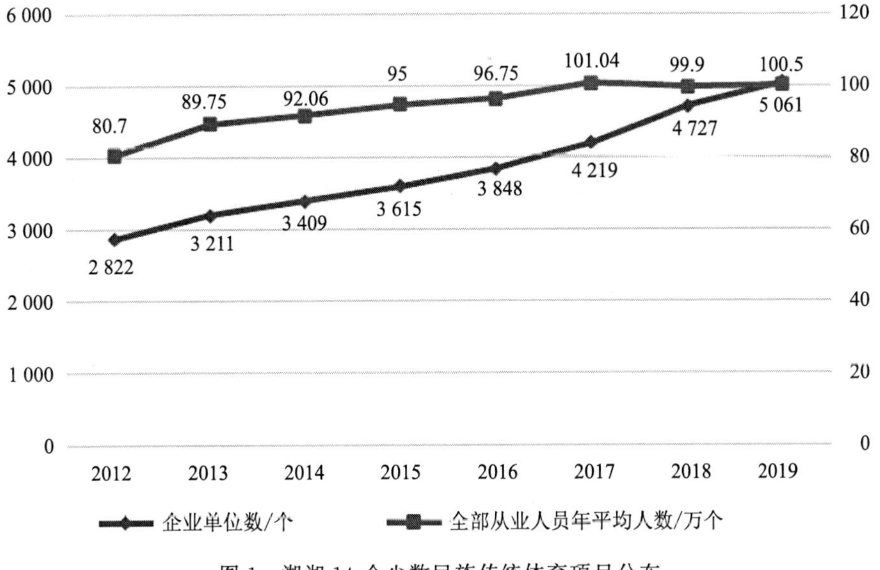

图 1　湖湘 14 个少数民族传统体育项目分布

限于地理环境等因素，湖湘地区少数民族传统体育项目（只有 358 项）分布相对集中，具体类型可分为休闲娱乐主导型、竞技能力主导型、配合节庆习俗主导型这三种主要类型，三大类型又可各分为六小类或五小类，详见表 3、表 4 和表 5。

表 3　湖湘休闲娱乐主导型民族传统体育项目

类别	民族	项目
棋艺类	侗族	三向、三白、三打
	土家族	打三棋

续表

类别	民族	项目
碰击类	苗族	金一棍、打花棍
	土家族	打花棍
击打类	苗族	打花鼓
	土家族	莲花十八响
托举类	回族	提石磴
	各族	玩石销（青年为主）
跳跃类	白族	跳花盆
	各族	跳拱背（少年儿童为主）
抛接类	布依族	丢花包
	仡佬族	玩花龙
	壮族	投绣球
	彝族	打鸡毛
	苗族、水族	打手毽

资料来源：调查研究整理所得。

表 4　湖湘竞技能力主导型民族传统体育项目

类别	民族	项目
体能类	苗族	划龙舟
	侗族	抢花炮
竞速类	苗族	龙舟竞渡
	苗族、彝族、水族	赛马
	土家族	高脚竞速
命中类	苗族、彝族	射箭、射弩
	瑶族	打陀螺
制胜类	苗族、彝族、侗族	摔跤
角力类	回族	扭扁担
	满族	扯地牛
	瑶族	打泥坨、抛花包、推竹杠

续表

类别	民族	项目
技艺类	布依族	板凳拳
	仡佬族	象步虎掌
	苗族	苗拳

资料来源：调查研究整理所得。

表 5　湖湘配合节庆习俗主导型民族传统体育项目

类别	民族节庆	传统体育项目
宗教祭祀类	彝族三月三祭山节	跳舞
	苗族跳月、接龙节	跳芦笙、斗雀、舞狮、爬山、载歌载舞、接龙、竞技赛马
	侗族“祭祖母”、春社	载歌载舞、竞技玩马、赶坳、斗画眉
	土家族祭风神	竖旗
新春佳节类	苗族新年	竞技玩马、斗鸟、游方、跳芦笙、上刀梯
	布依族赶桥会	甩花包、打陀螺、载歌载舞、跳芦笙、耍龙
	侗族侗年	跳芦笙、玩山、对歌
	仡佬族仡佬年	打蔑鸡蛋、打秋千
农事生产类	苗族赶社、龙舟节	高台舞狮、刀棍竞技及歌舞 、斗牛、划龙舟
	布依族牛王节	斗牛
婚恋郊游类	苗族花坡节	摔跤、跳芦笙
	彝族歌节	打鸡毛
	布依族四月八	赛马、对歌
狂欢娱乐类	苗族姊妹节、摔跤节	斗雀、踩鼓、跳芦笙、游方、摔跤
	彝族火把节	竞技玩马、拔河、摔跤
	侗族斗牛节	斗牛、斗狗
	瑶族陀螺节	打陀螺

资料来源：调查研究整理所得。

三、“一带一路”背景下湖湘传统体育文化适应对接路径

文化适应的前提条件是文化认同，文化适应的必备因素是文化自觉，文化适应的必要前提是文化自信，文化适应的重中之重是文化自强，文化适应的根本目的是文化融合，上述五方面都是文化适应的对接路径（详见图 2）。

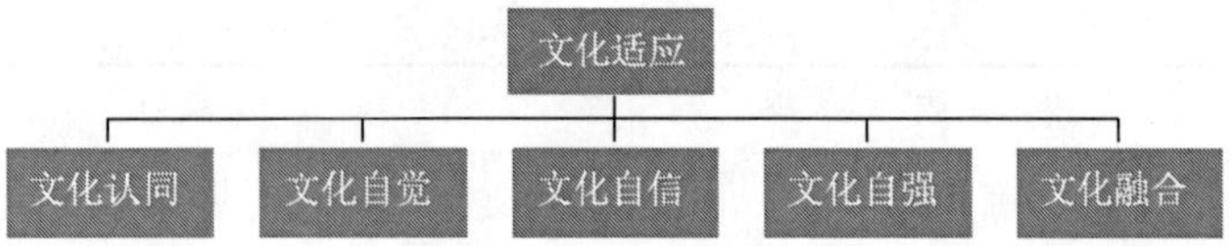

图 2 文化适应对接路径

（一）确立价值坐标，强化文化认同

在市场经济大潮下，湖湘传统体育的价值基础遭到不同程度上的破毁。强化湖湘传统体育文化适应和文化传播，确立价值坐标是其中的关键，避免在传播中丧失自我，以便为“一带一路”倡议提供文化上的动力和支撑，增强湖湘乃至整个中华民族传统体育文化的国际传播力和影响力。在面对西方欧美国家强势的文化传播和体育话语权背景下，湖湘传统体育唯有面向外部兼并包容、广泛收罗，对内部革新立异、承接延续，在深层次解读、借鉴西方体育文化的同时，将自身特点和体育文化嵌入其中，而不是笼统覆盖和灌输，应尝试引发深层次的文化共鸣。

湖湘传统体育既具有物质性传承又饱含非物质文化相关特质；既拥有军事格斗价值，又内涵文化记忆价值；既保有人才输送功能，又蕴含自强不息精神。世代记忆、口口相传、图文记录、音像资料、器械服饰、拳谱功法等让湖湘传统体育世代相传、薪火不息。如梅山武术和各类拳种，其格斗动作和武打器械，强悍凶狠又不失灵活多变，内蕴军事价值。湖湘传统体育溯源千年，以动作为文化符号，以精神为文化气息，以器物为文化图腾，所有种种均是湖湘传统体育文化认同的定海神针，应当给予澄明廓清、价值外溢。

（二）唤醒文化自觉，丰富文化内容

要真正意义上达到文化自觉的境界，探其根源是必备步骤。湖湘传统体育项目、拳术或是武术，其根（传承谱系、口授相传、民俗活动等）均是清晰可循。如：岩鹰拳历经杜心五先生的鹰爪拳到武术大师蒋兆鸿再到传人刘烈红，其传承谱系明晰。国家级非物质文化遗产梅山武术由北宋赵天祥所创，历经元、明、清、民国的发展沉浮，最终由晏西征先生传至伍玉躲副主席，至今共传二十五代。湖湘传统体育项目的历任传承者知晓所习武术的来历、形成和技艺特色，在求真的道路上不断探索，于湖湘传统体育文化适应之路而言锦上添花。

纷繁复杂的传统体育项目蕴含湖湘地区特定的地方特征、社会背景、人文气息和文化元素。譬喻东安拳可细分为四门阵、东安一二三路拳、东安虎拳、四十八法拳、小洪拳等拳种和拳法。作为湖湘地区人口最多少数民族之一的苗族，金一棍、打花鼓、龙舟竞渡、射弩、苗拳、斗牛、斗雀、游方、跳芦笙、上刀梯等活动抑或民俗均是流传至今的传统体育项目。从传统项目和拳种中挖掘湖湘传统体育文化的共享价值，提升创意水平、转化文化产品、编织桥梁纽带、融通中外概念、提炼故事主题。

（三）增强文化实力，提升文化自信

文化自信，是文化传承者面对文化冲突时积极向上的心境。在文化冲突和文化适应中最可怕的便是丧失文化主体性，即丧失依托于文化底蕴的文化自信。湖湘传统体育历经历史长河的荡涤筛选，渗透着湖湘人民的自我认同、智慧力量和坚定信念。湖湘传统体育有必要从器物（具有文化符号意义的龙舟、芦笙、陀螺和刀梯等）、制度（湘湖拳种的礼仪和规则）、行为（传统体育蕴含的生产、生活、格斗动作）、心态（不息、崇勇、尚武、耐劳等的民族心态）四个层级深入建立文化自信。

传统体育文化作为民族文化中必不可少的部分，在推进“一带一路”倡议的过程中发扬光大和传承传播，扮演着全球化进程中进行文化渗透与交融的关键角色。湖湘传统体育文化软实力在本质上讲就是自身所包蕴的向心力、吸引力和固有魅力。武术、拳系、拳种、体育活动，时至今日依然展示着其技击之精华和自身之实力。这种魅力，需要历史传承、文化传播与民众支持。打开地理上的阻隔，扩大湖湘传统体育的影响力，接纳、认同、体验、参与湖湘传统体育文化，进一步增进其文化“软实力”，推动其文化传播和文化适应进程。

（四）聚焦传播创新，促进文化自强

传播系统的创新是文化创新的促进条件，尤其是政府、企业、民间社团、媒体、个人等都应自觉化身为湖湘传统体育文化传播和文化适应的主体。政府作为湖湘传统体育创新的使者之一，政治访问、文化交流或体育赛事均是推销契机；企业在生产体育产品时应注重加入湖湘传统体育文化元素，促使传统体育文化内容和民族体育的内涵宣扬；土生土长的民间组织和团体，依托其对极具地方特色的湖湘传统体育文化的深刻理解和感情，借助“自媒体”等及时传播工具和途径，有针对性地制定传播渠道和方式实现差异性、目的性、体验性、赛事性跨境传播。

遵循民族尤其是少数民族传统生活逻辑，是湖湘传统体育创新的前提。以世代繁衍的少数民族体育活动为例，现存项目大多滋生于民族赖以生存的生产生活。比如湖湘竞技能力主导型民族传统体育项目中的扯地牛、扭扁担、打陀螺便是源自农耕生产和休闲娱乐的典型代表；射箭、摔跤等具有伤害性和进攻性的传统体育项目，则是由阻隔杀伤和狩猎生存而沿袭留存；更有跳芦笙、对山歌等传统习俗流传至今的项目，每一项都源自民族生产生活，是湖湘人民智慧和生活的功劳，散发出浓重芬芳的民族气息，体现着湖湘地区的生活逻辑。值得关注的是，在进行湖湘民族传统体育创新时，需要理清项目与生活的逻辑关系。违背内在逻辑的内容创新和传播创新难以获得“土著”的文化认同，何谈其他民族、种族的认同。湖湘传统体育既蕴藏历史逻辑，也折射俱进思维；既内含传统文化记忆，也反映当代文化变迁。在创新时，需要拿捏历史与现实之间的张力，恰当处理传统与现代的关系。

（五）搭建文化平台，推动文化融合

正常来说，不同民族历史传承和发扬的文化符号系统、价值系统以及思维系统，向来是各有千秋、自成一派，然而在各自民族的历史长河中却是相对固定和稳定的，三大系统是整个民族理解自身文化和外来文化的支撑和凭据，并根据自我认识选择、切割和解读形形色色的文化。但是，不同文化间相互碰撞、相互影响所带来的文化误读并不是绝对的，搭建多元文化的交流平台是对接“一带一路”、避免文化误读的重要手段。仅仅中国相对羸弱，受到西方资本主义发达国家的侵略，导致哪怕时至今日中国文化学者心中依然留存一定隐隐的自卑情结，对本国的文化成就甚至于疑虑或否定。尤其是湖湘地区地处偏僻、环境闭塞，其传统体育文化更是传播有限，遂搭建一个公开、公平、顺畅、多元的文化平台，创新机制、凝聚共识，使得湖湘传统体育文化“打开山门，撩开面纱”，打造湖湘传统体育文化品牌。湖湘传统武术在“一带一路”的国际传播中，需更明晰和诠释“精、气、神”的准确内涵，坚持对武术本质诠释真实易懂，提升传播队伍的质量，结合体育竞技战略之后，借由自身魅力和传媒力量，打开多向度的传播模式和平台。

“一带一路”的文化适应需要“非体育”文化特征和湖湘文化整体支撑，而其自身所蕴含的各种独特特性是其文化适应乃至跨文化传播的枢纽环节。“去体育化”“去攻击性”对于湖湘传统体育文化交流和文化解读也是关键。文化渗透是文化涤荡不可避免的问题，湖湘传统体育及时涵化及充分融合外来文化元素和养分，便在更大程度上经受得住文化冲洗和扫荡。譬喻岩鹰拳便是形意十二形、少林五形、鹰拳、鹤拳糅合的产物，既丰富湖南民族传统体育的内涵，又切实提高了技艺水平和厉害程度。即使岩鹰拳在清、民国和新中国成立后均不断融合外来武术文化元素，但对本土拳种的精髓（注重贴身近战和短促发力）矢志不渝，也更加契合湖湘山区陡峭狭小的地势地貌。

四、“一带一路”背景下湖湘传统体育文化适应对接机制

文化适应拥有认同感、自觉性、自信心、自强力和融合力五条基本路径，而借由确立价值强化认同感、丰富内容唤起自觉性、增强实力提升自信心、聚焦创新推动自强力和搭建平台促进融合力，层层推进、稳扎稳打（详见图 3）。

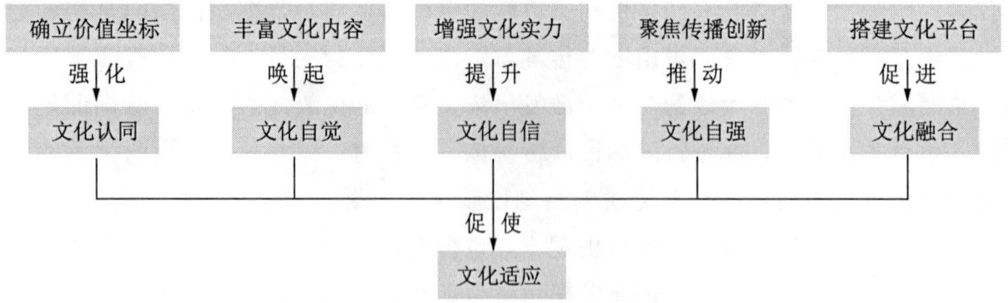

图 3　湖湘传统体育文化适应运行图

属于心理学范畴的认同感、自觉性和自信心，均奠定了湖湘传统体育文化适应的心理

基础，此为第一层面。文化实力的增强带来文化自强的可能，进而激发湖湘传统体育文化适应的内生动力。借由对外来文化取其精华的接收摄取，带来湖湘传统体育文化适应源源不断的外来助力。由此可见，文化适应的五方面提升路径是相互关联，浑然一体的，加之立法监管和经费人才等外部条件的加持形成合力对接机制，共同推动湖湘传统体育及其蕴含文化可持续发展（详见图 4）。

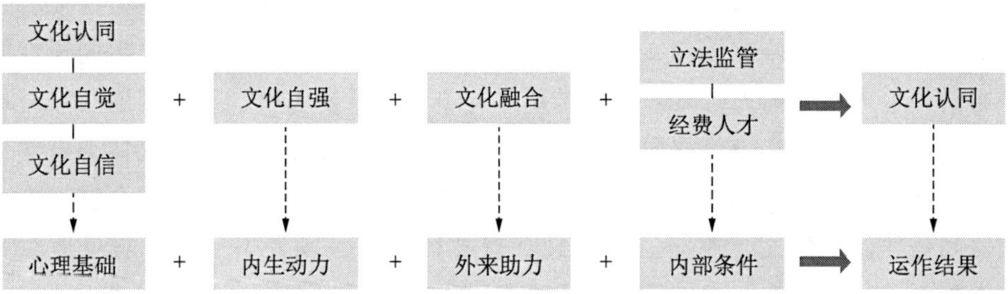

图 4　湖湘传统体育文化适应对接机制

就立法监管层面而言，伴随传承人的减少和民俗文化氛围的缺失，湖湘传统体育急需从上至下立法保护的有力实施。从国务院到湖南省再到各州市，政府机关单位的着眼点仅局限于非物质文化遗产的爱惜维护、保卫流传和延续发扬，而对于具有特殊存在的民族体育和传统体育忽略至多，致使许多项目的有效继承和发扬无以为继，步伐不断停滞，强势的立法和监管可谓是大势所趋。就当代立法理论和实施程序来说，政府相关部门应当切实加大政策支持和立法保护力度，立法内容和体系设计根据湖湘传统体育实际情况，制定人性化、针对性法律法规和训练机制，完善制度化建设程序，争取最大程度上映现严格有效的执法监管，成立专门的体育文化事业监管机构，借由“一带一路”引导其走向高效、有序、持续的国际化道路。

就经费人才层面而言，相关部门、民间组织应当尽己所能，借由设立湖湘传统体育文化专项研究基金和武术竞赛专项基金等方式，给予湖湘传统体育以经费支持。另外，可将传统体育文化元素嫁接现代体育运动项目，借助建设资金间接推进，提高国民普及度，借由“一带一路”拓展国际覆盖面。湖湘地区体育人才培养和就业领域相对狭窄，可借由各方面势力投入资金和资源，有的放矢地开办体育专业院校和增设体育专业，注重师资力量的加强和教育基础设施建设，打造更加优良的教学环境。另外，对现有武术师资进行统一培训也是很有必要的一种方式，传统体育人才可优先选择就读学校和相关专业，充分调动其传播传统体育文化的热忱度。

就科研深度与广度层面而言，基础科研的深度和广度，决定一个国家原始创新活力。湖湘地区乃至全国的体育科研工作者对民族地区传统体育的文献贡献量少，且文献质量相对较低，科研工作者和相关部门领导应当多查阅学习国内外有关湖湘传统体育的研究数据和探究成果，尤其加强关注核心刊物的刊载内容，与前沿研究动态接轨。不仅是期刊和专著的发表和钻研，尝试在具有时效性的报刊、科技会议和网络平台发布观点和讨论。湖湘传统体育想要更好地对接“一带一路”，需要拓宽语言的使用范围，将目光投向国际多语种科研信息库，开拓国际视野和文化理解，改变外语引文量两极分化的现状。除此之外，重视对高校学位论文的考察与借鉴，进一步发掘和拓展其他学科知识的学习和运用，用以审视体育现象，留心强时效性学术交流信息和报刊网络信息。

就文化价值整合层面而言，书写和展示湖湘传统体育的文化价值是其对接“一带一路”倡议进行跨文化传播的迫在眉睫之事。作为外来文化要被文化体系之外的人接受和认可，即使存在心理落差也千万不能主动割舍或任其流失，此为维持文化整体特征和生存活力的关键所在。就湖湘传统体育文化保护发展而言，通过通俗易懂的、产生同理性的多种途径介绍给外地人和外国人，其对湖湘传统体育项目的喜爱程度、重视程度和好奇程度远超想象。依托受众品位和价值取向，有针对性地实行文化整合是湖湘传统体育跨文化传播的战略选择和必然选择，“以我为主”应当也必然是湖湘传统体育文化整合核心理念。譬如湖湘民间传统武术的文化整合，鉴于现代竞技体育的蓬勃发展，不可避免地在竞技理念、竞赛规则、竞赛内容、推广模式等层面受到潜移默化的作用，却导致武术技击本质的流转离散。而湖湘民间传统武术乃至民族传统体育、传统节庆体育的竞技化改造，应当有选择、有针对地开展，区别对待金牌主义、锦标主义。

就湖湘传统体育学科建设层面而言，现阶段湖湘地区高等院校基本只设立武术与民族传统体育（二级学科），可见学科构建层面传统体育分量不足，传统体育项目和文化不论上游理论抑或是实践操作的阻碍亟待完善。湖湘传统体育国际推广应当推行标准化建设、数字化储备和科学化阐释，并极力发挥湖湘少数民族传统体育的健身效应，使其对接“一带一路”的现实效果与利益获得大放异彩。将大众、学生和部分学者对于湖湘传统体育项目的社会感性认知转化为理性认知，加强对不同类型的湖湘传统体育项目、节庆活动和民族体育等历程的梳理，切实有效推进高校体育教育理论体系的构建、学科设置、教材编制选用，使湖湘传统体育在跨文化传播和“一带一路”语境中，尽可能清楚明晰、简约理性地呈现在国际受众面前。

五、结语

上文阐述的诸要素形成合力效应，一致推进湖湘传统体育在文化适应视角下对接“一带一路”倡议和跨文化传播。一味强调“本土”和一味追求“复古”，只能落得画地为牢、文化边缘化终局，构建“自性”和“共性”共通的新型湖湘传统体育文化形态，使其通畅完成文化适应阶段，以全新面貌对接“一带一路”，实现跨文化传播。

参考文献

［1］赵承磊．“一带一路”节点城市的体育文化融入路径探析——以河洛体育文化为例［J］．吉林体育学院学报，2016，32（01）：5-8．

［2］陈静静，张晓义，陈思．“一带一路”倡议下中哈体育交流与合作研究［J］．体育文化导刊，2018（04）：31-35＋119．

［3］梁枢，王益民．“一带一路”倡议背景下中国体育产业的全球价值链升级研究［J］．体育与科学，2018，39（02）：7-12.

［4］王宏涛．“一带一路”倡议下我国体育非物质文化遗产国际传播研究［J］．广州体育学院学报，2018，38（03）：36-39.

［5］胡家浩．“一带一路”体育合作的“金砖”路径［J］．沈阳体育学院学报，2018，37（04）：1-7＋13.

［6］贾国有．论现代体育文化的文化认同与文化适应［J］．课程教育研究，2016（21）：210-211.

传统村落人居环境有机更新：理论认知与实践路径

李伯华 杨馥端 窦银娣*

摘 要：新型城镇化背景下，中国传统村落人居环境面临着严重的人地关系危机，对其进行有机更新显得尤为重要。立足于有机更新的科学内涵及传统村落人居环境的系统演变特征，采用文本分析法、逻辑推理法与实地调研法，辨析传统村落人居环境有机更新的理论认知，进而构建了传统村落人居环境有机更新的路径机制。本文旨在：①以解决传统村落人居环境各子系统问题困境为导向，将人居环境系统的问题现状归类为物质空间、文化空间与社会空间，在多元主体协同并治、更新过程循序渐进、有机秩序有效保护的更新原则下提出以三生空间为空间载体、景观基因为灵魂核心、社会场域为基础脉络的传统村落人居环境有机更新理论认知；②在自然生态系统绿色持续、地域空间系统稳定协调、社会文化系统传承延续和多元主体系统和谐相融目标定位下，构建以优化物质空间、文化空间和社会空间为着力点的传统村落人居环境有机更新路径机制，包括物质空间更新：优化三生功能，营造和谐人居环境；协调三生空间，构建协同发展路径；文化空间更新：显性基因建库，3D 技术模拟修补；隐性基因存档，3R 技术还原修复；社会空间更新：资本调适策略下关系网络织补；惯习结构调整下社会秩序重构。以实现传统村落人居环境可持续发展为目标，对传统村落人居环境有机更新的理论认知与实践路径进行深入探讨，以期为传统村落人居环境有机更新提供科学参考与实践借鉴。

关键词：有机更新；传统村落；人居环境；理论认知；实践路径

一、引言

传统村落是指村落形成较早，拥有较丰富的传统资源，具有一定历史、文化、科学、艺术、社会、经济价值，应予以保护的村落[1]，是中国传统文化的物质体现，也是寄托乡愁的重要载体。作为重要的文化遗产和精神财富，传统村落逐渐受到公众的普遍关注。2012 年国家建立传统村落名录保护制度，截至 2019 年，共有 6 799 个村落纳入中国传统

* 李伯华，衡阳师范学院地理与旅游学院教授；杨馥端，衡阳师范学院地理与旅游学院硕士研究生；窦银娣，衡阳师范学院地理与旅游学院副教授。

村落名录。2015年中共中央宣传部等组织拍摄了《记住乡愁》纪录片，让更多传统村落进入人们的视野，加深了大众对于传统村落的认识。但随着工业化和城镇化进程的加快，传统村落面临聚落空心化[2]、文化断裂化[3]、景观异质化[4]等严重危机，传统村落人居环境日趋恶化，引起了党和国家的高度重视。2021年中央一号文件《中共中央 国务院关于全面推进乡村振兴加快农业农村现代化的意见》中明确提出保护传统村落和乡村风貌、改善乡村人居环境。国家政策的支持为乡村人居环境更新改造提供了契机，作为乡村人居环境的独特地域单元，如何在保留传统村落有机秩序和原真风貌的基础上改善传统村落人居环境，已经成为乡村振兴中亟须解决的科学问题。

人居环境学源于20世纪50年代希腊学者道萨迪亚斯（C A Doxiadis）的“人类聚居学”，提倡系统地研究人类居住环境。国外对于人居环境的研究起步较早，对于传统村落人居环境的涉及领域较为广泛，以传统村落人居环境的可持续发展为主流理念[5-6]，趋向于多学科交融的综合化研究。学者们基于文化学视角研究传统村落的历史风貌保护[7]，基于生态学视角研究传统村落营建技术的生态智慧[8]与生态景观的规划设计[9]，基于社会学视角研究土地改革政策下传统村落社会公平问题[10]，总体而言，研究内容逐渐走向物质文化与非物质文化、建筑空间与社会空间并存的格局。20世纪90年代吴良镛教授创立了“人居环境科学”[11]，我国人居环境的研究框架逐渐规范化和系统化，开展多学科交融的人居环境研究。从研究内容上看，国内人居环境主要集中在城市人居环境[12-13]、城市边缘区人居环境[14]、人居环境营建技术[15]、山地人居环境[16]与传统聚落人居环境[17]等，但是现有研究成果多集中于城市人居环境研究。随着传统村落保护制度和乡村振兴战略的提出，传统村落人居环境更新改造逐渐引起学者们的重视，相关研究主要集中于传统村落的物质空间改善，对于社会关系网络与文化空间修复更新涉及较少。学者们分别从建筑学视角结合类型学方法[18]、自组织理论[19]等研究传统村落人居环境的建筑空间营建与更新，从景观生态学视角结合景观美学评价法[20]、德尔菲法[21]等定量评价方法研究传统村落人居环境的生态环境改善与提升，从社会学视角结合行动者网络理论[22]、社会网络分析方法[23]等研究传统村落的社会网络治理与调整，从文化地理学视角运用文化传承度评价[24]、非物质文化遗产活化[25]等方法研究传统村落人居环境的文化景观保护与活化。总体而言，现有研究虽有所涉及传统村落更新改造，但多以单一视角关注传统村落的局部领域，缺乏以宏观系统的视角探索传统村落人居环境全面更新改造的方法策略，亟须构建传统村落人居环境全面更新的理论框架与实践路径，为传统村落人居环境提供可参照的更新范式，从而推进传统村落人居环境的可持续发展。因此，本文试图以实现传统村落人居环境可持续发展为目标，将有机更新理论运用于传统村落人居环境改造研究中，在讨论有机更新概念构架及发展趋势的基础上，对传统村落人居环境有机更新的理论认知和实践路径进行深入探讨，以期为传统村落人居环境有机更新提供科学参考及实践借鉴。

二、有机更新概念与进展

“有机”意味着事物各部分相互关联协调、紧密联系，就像一个生物体那样有机联系，而“更新”不仅仅是拆除重建，更多的应当是原型调适，即在顺应原有风貌和肌理的基础上进行必要的调整与改变，以满足当今新的生活需求。“有机更新”最早由吴良镛教授提出并主要实践于“什刹海”规划研究和“菊儿胡同”住房改造，其具体含义是指即采用适当的规模与合适的尺度、依据改造的内容与要求，妥善处理目前与将来的关系，不断提高规划设计质量，使每一片的发展达到相对的完整性，这样集无数相对完整性之和，即能达到有机更新的目的[26]。有机更新是在恢复和保留传统风貌的基础上，使传统地区“延年益寿”，并且所有的改建都是处于持续的更新之中，其基本属性可分为整体的有机性、细胞和组织的有机性和更新过程的有机性。有机更新不仅是一种理论方法，更是一个地区可持续发展的动态过程，其实践的基本原则为注重改造地区的整体性、居民参与的自发性、地区特色的延续性、规划实施的渐进性、更新尺度的灵活性和更新效益的综合性。

有机更新理论自 1979 年形成雏形以来被广泛应用于城市规划，包括老旧城区、历史街区、传统社区的改造研究中。直至 20 世纪 90 年代末王路教授将有机更新理论与乡村改造更新结合起来[27]，自此才拉开乡村有机更新的序幕。有机更新使乡村改造更新的方式变得更加契合乡村人居环境可持续发展的目标，为乡村人居环境从衰败走向复兴迎来曙光。但是学术界对于传统村落人居环境有机更新的研究较少，并且较多聚焦于传统村落的物质空间层面，主要针对传统村落的建筑形态、街巷肌理、公共空间等[28-30]。从发展演变历程来看，有机更新的理论内涵与更新实践被不断地完善和丰富，形成了完善的理论体系和大量的实践经验。从未来发展趋势来看，乡村与城市相比具有更为鲜明的有机属性，随着乡村振兴战略和美丽乡村建设的提出，有机更新与传统村落人居环境更新改造结合将成为研究热点。

三、传统村落人居环境有机更新的理论认知

传统村落人居环境是在一定地域范围内，由自然环境、经济基础、文化特质和社会关系等要素交互作用构成的具有一定功能属性和结构特征的复杂巨系统，从结构上来看，具体包括多元主体系统、社会文化环境系统、地域空间环境系统以及自然生态环境系统四个子系统[31]，各组成单元相互交叉融合，共同构成多层级、多维度的有机整体。随着工业化进程、城镇化水平的发展，传统村落人居环境不断与外部环境系统进行物质循环和能量流动。在传统村落内部要素变动和外部环境侵扰的共同作用下，其人居环境系统逐渐远离平衡状态。作为一个有机整体，传统村落人居环境的可持续运转依赖于各子系统要素的协调发展，传统村落人居环境有机更新即在多元主体协同并治、更新过程循序渐进、有机秩序有效保护的原则下，通过对各子系统的问题现状进行综合整治以实现其人居环境系统的动态平衡。通过梳理发现传统村落人居环境各子系统的问题现状可总结为物质空间——空间发展失调（三生空间紊乱与主导功能落后）、文化空间——文脉延续受阻（物质景观破碎与传统文化失真）、社会空间——社会矛盾突出（关系网络断裂与社会秩序无序）[32]，分别用三生空间、景观基因和社会场域进行理论联系，使其成为传统村落人居环境有机更新的理论依据，从而根据理论依据进行传统村落人居环境有机更新，以此形成针对性改善

各子系统问题现状的更新效应（图 1）。

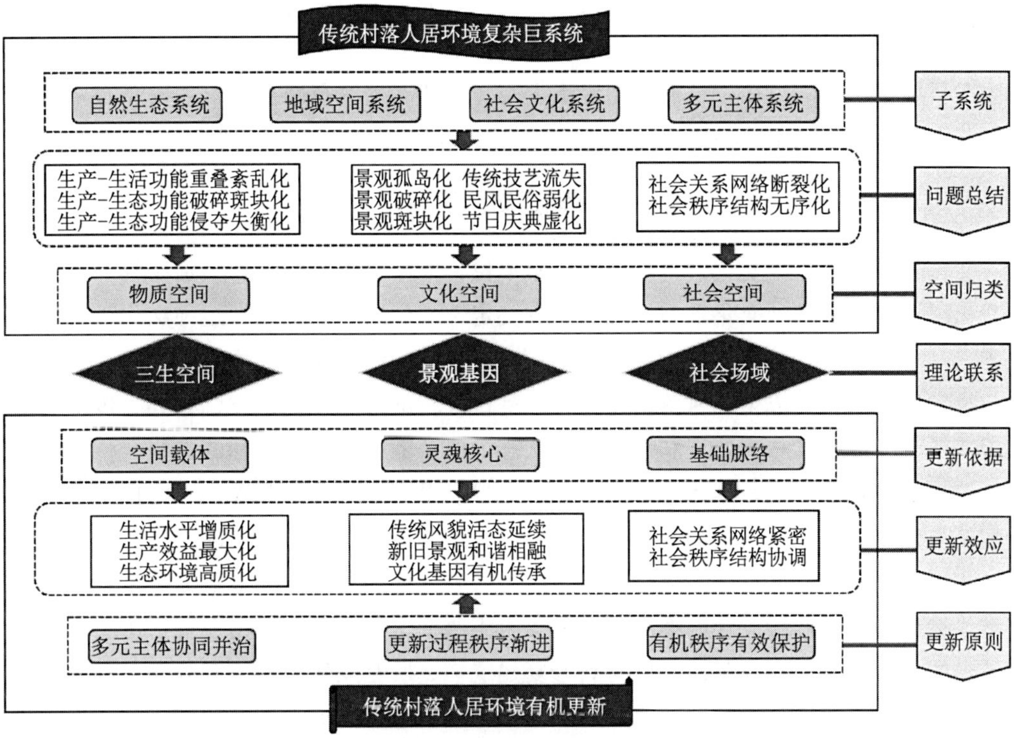

图 1　传统村落人居环境有机更新理论辨识

（一）三生空间：传统村落人居环境更新的空间载体

三生空间是传统村落人居环境的空间载体，三生功能协调是一个地区可持续发展的关键。从三生空间独立角度来看，传统村落普遍存在现代功能整体落后的现象，具体表现为：①生态环境污染严重：村民环保意识的缺乏与环卫设施的不健全造成生活垃圾随意堆放，从而严重影响生态环境；②生活空间宜居性弱：随着现代化生活观念和方式的转变，村民对住房的舒适度、卫生条件以及基础设施等提出新要求；③生产空间规划不合理：大多数传统村落正经历由农业生产向旅游业等多样化生产态势转变，但是由于资金有限、政策落实不足、利益相关者矛盾突出等原因，致使农业生产被搁置、旅游产业基础薄弱。从三生空间耦合角度来看，经济的快速增长引发对建设用地的旺盛需求，农业用地与生态用地的非法占用引起区域生产、生活和生态空间结构的无序发展。在快速城镇化和旅游开发背景下，传统村落的地域结构遭受严重冲击，导致传统村落人居系统的空间结构和主导功能逐渐发生重塑，三生空间开始由传统的人居空间向新型复合空间转变，三生空间相互侵占、挤压造成生产—生活功能重叠紊乱化、生活—生态功能破碎斑块化、生产—生态功能侵夺失衡化等现象。因此，改善传统村落人居环境物质空间不仅需要对生产、生活、生态功能进行更新改造，提升主导功能的宜居性，还需要充分考虑三生空间的相互胁迫关系，厘清各空间之间的耦合互动关系，在山水林田湖草一体化保护修复的理念下探索传统村落三生空间的时空演变规律，制定出传统村落生态空间有效保护、生产空间资源协调配置、生活空间合理安排的方案。由此不仅可以达到传统村落生活水平增质化、生产效益最大化和生态环境高质化的目标，还能够制定出生态、生产、生活空间协同发展的路径，实现传统村落人居环境物质空间的协调稳定。

（二）景观基因：传统村落人居环境更新的灵魂核心

文化景观基因是指文化“遗传”的基本单位，即某种代代传承的区别于其他文化景观的文化因子，它对某种文化景观的形成具有决定性的作用，也是识别这种文化景观的决定因子[33]。传统村落文化景观基因即传统村落所独有的文化特质，对传统村落景观特征风貌起决定性作用，构成传统村落的意象，也是传统村落人居环境的文化核心。传统村落的风貌特征自形成以来一直处于和谐稳定的状态，但是随着城镇化进程的加快，传统村落风貌正遭受着景观破碎化，具体包括因旧建筑自然损毁而导致的景观破碎和因拆旧建新导致新建筑与传统风貌格格不入的局部景观破碎化，最终造成传统村落出现景观斑块化和景观孤岛化现象。针对村落古建筑群传统风貌被严重破坏的现象，国家采取了一系列历史建筑修缮改造措施，各修缮设计方案虽然普遍要求不改变文物原状，提出在保留历史原貌和建筑特色的前提下运用现代工艺与新材料修复建筑物、所有改建工程应充分尊重居民诉求等原则，但是在修缮工程中却往往忽视景观基因的保护或者造成景观基因滥用。此外，传统村落现有更新修复模式较多集中于建筑空间，缺乏对于文化基因的保护与修复，传统村落民风民俗、节日庆典、宗族关系和传统技艺等具有丰富价值的文化基因正面临宗族关系解体、传统技艺流失、民风民俗弱化、节日庆典虚化等问题。基于此，传统村落人居环境文化空间更新应在对传统村落进行景观基因识别与分析的基础上，掌握传统村落景观基因与文化基因的核心特征，注重景观基因的有机传承和融合更新，打造新旧景观和谐相融、景观基因科学修复和文化基因有机传承的传统村落人居环境有机更新模式。

（三）社会场域：传统村落人居环境更新的基础脉络

“场域”是社会空间的概念，表现为“关系的系统”，是客观存在的空间同人类心理认知的结合[34]，传统村落即为一个场域，是社会关系网络变迁的基本单位。场域、资本和惯习三者之间构成联动关系，在传统村落场域中，村民所拥有的资本主要为经济资本、文化资本与社会资本，包括经济收入、受教育程度、人脉资源等。惯习是知觉、评价和行动的分类图式构成的系统，是村民不断实践形成的行为倾向，代表着村民世代沿袭的宗法礼制和伦理观念等。旅游开发商以及游客原本是传统村落场域外的行动主体，随着企业资本的介入、外来文化的涌入，这些场域外的行动主体进入传统村落并不断影响着村民的资本和惯习，进而改变了传统村落场域的结构，使传统村落的社会关系网络逐渐断裂、社会秩序结构逐渐失调。首先，伴随着旅游开发的资本占有和积累，传统村落的生产方式逐渐由农业转变为旅游业，传统村落由熟人社会转变为类熟人社会，传统村落社会呈现出个体原子化、关系陌生化等特征，社会关系表现为由亲缘、地缘关系向业缘关系的转变，以利益为主导的契约关系导致村民之间、村民与旅游开发商以及村民与政府之间的矛盾冲突不断涌现。其次，新一代年轻村民的思想受到现代化和城镇化的洗礼使其原有惯习发生变化，造成传统村落社会的伦理价值、传统礼制、宗族间的凝聚力等受到冲击，自我利益为中心的契约关系使一切事务均需要法律法规等公权力处理，并且由于收入差距的扩大，“以富为尊”的社会治理理念格局逐渐出现，造成传统村落的治理秩序、道德秩序与法律秩序陷入混乱无序状态[35]。综上所述，社会关系网络的断裂与社会秩序的变迁打破了传统村落场域的平衡，所以传统村落亟须场域内多种社会关系的织补与调适、社会秩序的调整与重组。因此，如何修复和织补传统村落社会的关系网络、如何培育和发展传统村落的社会新秩序成为传统村落社会空间协调有序的切入点，也是传统村落人居环境有机更新需要梳理的基础脉络。

四、传统村落人居环境有机更新的实践路径

基于三生空间、景观基因和社会场域理论，以自然生态系统绿色持续、地域空间系统稳定协调、社会文化系统传承延续与多元主体系统和谐相融为目标定位，以物质空间更新、文化空间更新和社会空间更新为着力点，提出优化主导功能与重塑三生空间、修补显性基因与修复隐性基因、织补关系网络与重构社会秩序的有机更新方案，构建了传统村落人居环境有机更新的路径机制（图 2）。

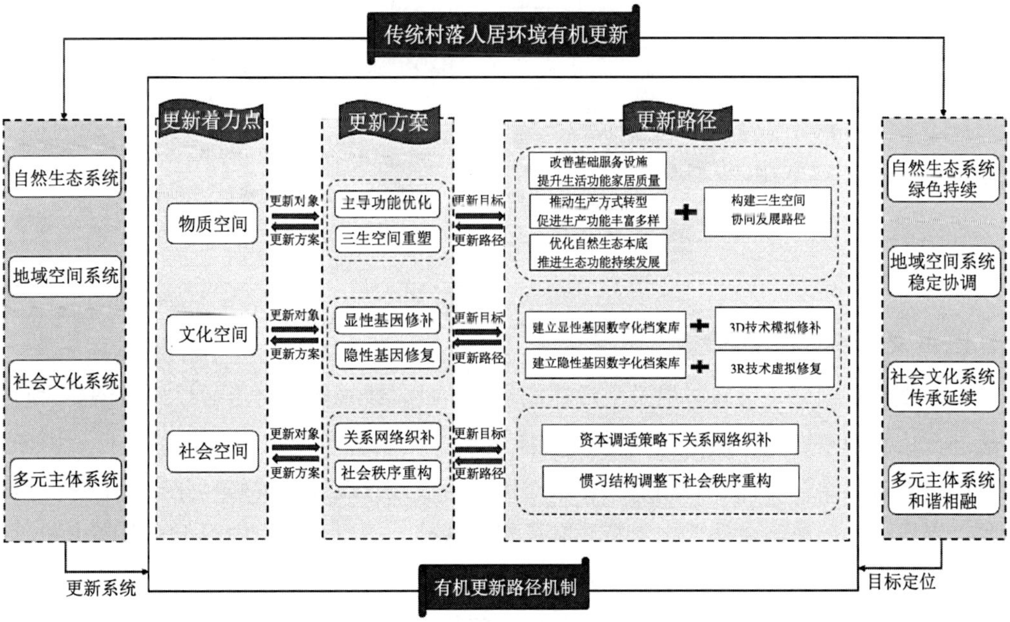

图 2　传统村落人居环境有机更新路径机制

（一）物质空间更新：主导功能优化与三生空间重塑

传统村落物质空间通过改善基础服务设施、推动生产方式转型、优化自然生态本底进行主导功能优化；通过梳理三生空间耦合互动机制、模拟三生空间未来发展模式、构建三生空间协同发展路径进行三生空间重塑，从而解决传统村落三生空间发展无序、主导功能落后的问题现状，推动传统村落人居环境自然生态系统绿色持续，地域空间系统稳定协调（图 3）。

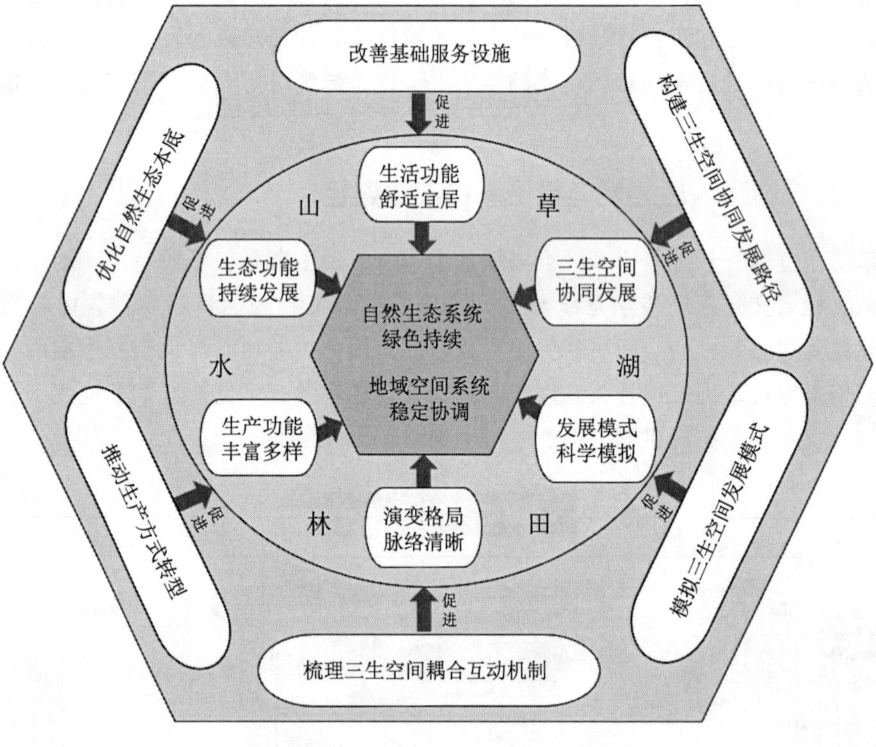

图 3　物质空间更新优化机理

1. 优化主导功能，营造和谐人居环境

（1）改善基础服务设施，提升生活功能宜居质量。改善传统村落居住环境需要对传统村落进行从微观至宏观、渐进式的生活功能更新。微观上小至民居住宅，实行“内新外旧”更新策略，结合现代趋势和居民需求对民居内部进行现代化装修，弥补原有住房舒适性弱、宜居性差的缺陷，外部在保持原有风貌的基础上适当翻新。中观上充分考虑村落内部基础设施和公共服务设施的更新，强化医疗、教育、文娱、社会保障体系等公共服务功能，完善村落电网、路网、环卫设施等基础设施服务功能。道路是村落的基本骨架，在整个村落中承载着运输职能。早期的道路通行主要为步行或牛马驮行，所以路面较窄且多为土路，随着村落发展壮大，要充分考虑机动车通行条件，相应地拓宽道路面积以及进行路面硬化，为了不影响整体风貌，路面硬化材料、颜色应与本土风貌融合共生。给排水系

统、环卫设施、电力电网与移动物联网是传统村落现代化进程中须臾不可或缺的配套设施，确保自来水长期供给、生活污水完善处理、电力电网与移动物联网普及到户以及垃圾收运有效处理等。宏观上将村落与镇域、县域有机联系起来，充分考虑村庄的交通可达性，加强传统村落资源路、产业路和旅游路建设，提高村落交通可达度。由此实现从微观至宏观、小规模渐进式的原有设施更新和现代生活功能有机植入。

（2）推动生产方式转型，促进生产功能丰富多样。政府充分发挥主导作用，为传统村落经济发展提供政策扶持与方向引导，提高传统村落农业生产水平，鼓励传统村落经济向多元化方向发展。立足传统村落发展条件宜游则游，对于适合发展旅游业的村落应该深度挖掘本土资源避免旅游同质化，根据村落特色发展文化旅游与生态旅游、休闲旅游、康养旅游及研学旅行等相结合的形式，找到适合自身特色的旅游发展模式与发展战略，打造以创意为先、文化为根的旅游产业。但是发展传统村落旅游业并不意味着产业替代，而是要促进产业融合，旅游业与其他行业相互合作有助于提高传统村落旅游模式的多元化与灵活性。通过立足传统村落产业基础打造旅游产业链，形成以旅游业为主导的泛旅游业产业集群，为全面优化传统村落旅游业提供保障和动力。同时为避免传统村落旅游客源市场结构单一，应将传统村落旅游业纳入大尺度空间形成区域旅游圈，从而保持传统村落旅游产业的活力。此外，随着互联网时代的到来，促进传统村落旅游业迎合互联网时代趋势，通过大数据、互联网信息技术和AI技术等与旅游业有效融合，推动传统村落旅游智能化发展。因此，探索可持续的旅游开发模式、构建可持续的产业融合机制对促进传统村落生产功能多样化具有重要意义。

（3）优化自然生态本底，推进生态功能持续发展。提升传统村落绿色生态功能应该提高村民生态保护意识，以政策形势加大生态保护力度，根据村落土地利用现状制定村落发展规划，统筹安排生态用地布局与规模。此外，在保护生态用地的基础上对传统村落生态景观进行合理规划设计，推进人文景观与自然景观有机融合，从而提升传统村落的人居环境美学品质。在进行生态景观设计时不仅需要考虑景观的美观和实用性，还需要兼顾传统村落的文脉传承，充分展现传统村落的风貌特色。在院落中种植部分与建筑特征相呼应的植物（窗木雕刻、梅兰竹菊等），既能够有效衬托建筑文化、营造良好的人文景观空间，同时也能够有效调节空间小气候。农田、水系旁以线状形式进行水土涵养设计，形成缓冲带保护滨水空间的同时严守生态保护红线。大面积的自然林、草地等以面状的形式形成生态核心区，在核心区周围打造人工景观隔离带，最大程度上降低人类活动对自然生态的干扰。对传统村落进行生态景观设计不仅可以提升村民居住品质，还能够实现水土涵养、生物多样性保护等生态功能。因此，通过提升居民生态保护意识、落实土地利用规划以及合理进行生态景观设计，从而使传统村落生态功能可持续发展。

2. 协调三生空间，构建协同发展路径

三生空间相互耦合、胁迫，造成传统村落物质空间无序发展，从而影响传统村落人居环境的可持续发展。只有系统地分析传统村落三生空间的交互胁迫机理，科学地制定三生空间协同发展模式，实现生活水平增质化、生产效益最大化和生态环境高质化的建设目标，才能达到传统村落物质空间有机更新的目的。运用“过去—现在—未来”时空观念系统地梳理传统村落发展至今的三生空间互动耦合演变机制，科学地模拟预测三生空间未来发展模式，进而通过调整和改变各影响因素探索构建三生空间协同发展的路径。从历史演进角度探索三生空间的演变过程，采用资料分析法、GIS 和 RS 等技术与方法梳理村落历史发展脉络及各阶段三生空间的变化情况，掌握村落三生空间变化的背景尺度及影响因素，分析三生空间的演变格局及机制。从模拟预测视角探索三生空间的发展路径，分析三生空间耦合胁迫现状，建立系统动力学模型、元胞自动机模型或土地利用变化模型等对传统村落三生空间发展转变结果进行仿真模拟。例如：将传统村落生产、生活、生态空间融合，构建传统村落“生产—生活—生态复合系统”，从而建立传统村落三生空间互动耦合的系统动力学模型，研究传统村落生产—生活—生态复合系统的空间特征[36]。在理清三生空间内部各要素耦合关系的基础上，通过改变参数定量化地预测未来三生空间的演变结果，从而根据现状特征和预测结果科学地构建传统村落人居环境三生空间协同发展路径，制定传统村落生态有效保护、生产资源合理配置、生活空间合理安排的方案和模式，实现传统村落经济建设与生态文明建设的有机统一。以定性与定量相结合的方法、“历史梳理—现状分析—未来模拟”时空观的角度研究三生空间协同发展路径，成为传统村落人居环境物质空间修复更新的新思路。

（二）文化空间更新：显性基因修补与隐性基因修复

运用景观基因理论进行传统村落文化空间更新，提出建立传统村落景观基因数字化档案库，分别运用 3D 技术和 3R 技术进行显性基因模拟修补与隐性基因虚拟修复的更新路径，从而解决传统村落传统风貌失真、文化特色消亡等困境，实现传统村落人居环境社会文化系统有机传承的目标（图 4）。

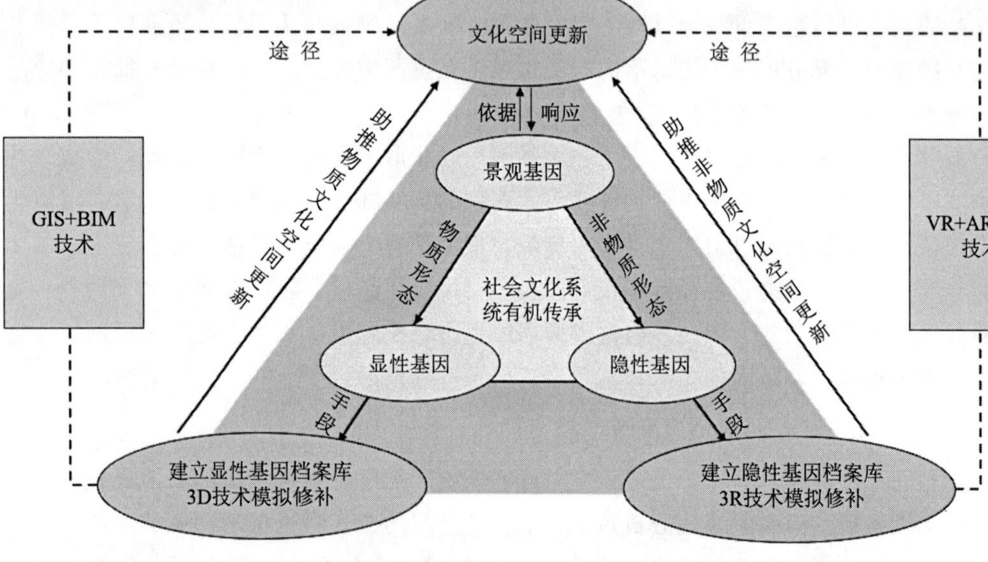

图 4　文化空间更新优化机理

1. 显性基因建库，3D技术模拟修补

建立显性基因数据库是对传统村落景观基因保护与传承的有效方式，也是传统村落建筑空间改造更新的指导依据。传统村落景观基因数字基因库拥有海量数据，需要构建一个便捷高效的数据检索方式，从而实现传统村落基因库信息的一键式检索。因此在对传统村落显性基因进行识别和提取的基础上，按照景观基因分类依据，分别将传统村落的空间布局、民居建筑特征、主体性公共建筑等建立一级目录，一级目录下按照维度划分具体二级指标，包括基因特征（图案图谱及文本描述）、建造材料、病理症状（勘察方法及残损情况）、修补技术等，从而建立传统村落显性基因数字档案库。例如查看传统村落中民居建筑的基因信息，通过点击民居呈现其平面、立面、局部及装饰4个维度，其中包括平面（院落式、单列式、井干式）、立面（屋脸、山墙、屋顶）、局部（房梁、门窗、内壁、屋檐）、装饰（石雕、木雕、彩绘）等，再分别显示各维度下二级指标的基因特征、建造材料、病理症状与修补技术，从而实现全效信息聚合。结合显性基因库与GIS、RS获取的空间信息，在基因库内提炼精选出具有文化特色的经典性元素和标志性符号，将其纳入传统村落物质空间新建筑中，同时还可以通过3D模拟技术构建传统村落破损建筑的修复模型。三维设计在建筑学领域被广泛应用，建筑信息模型（building information model，简称BIM技术）涵盖了几何学、空间关系、地理信息系统、各种建筑组件的性质及数量的工作系统[37]，成为传统村落建筑数字化修复的新趋势。与普通3D建模软件相比，BIM技术不仅仅是视觉体验，不同的是它可以做到参数化，可以直接通过修改参数实现更为便捷的数据管理和修改搭建的建筑模型，同时还能丰富单个构件模型的几何特征，能够充分修复和还原传统村落的局部装饰特征。因此通过BIM技术与GIS技术相结合的方式构建传统村落物质景观修补的三维仿真模型，实现传统村落宏观空间与微观建筑单体内部信息的结合，在保留显性基因特征与保证村落物质景观修补设计可视化的基础上，通过项目指导与方案输出有效地进行传统村落物质景观的有机更新，从而有效解决景观破碎化、斑块化以及异质化等问题。

2. 隐性基因存档，3R技术还原修复

利用现代化先进技术保护和传承传统村落非物质文化景观基因是推动传统文化繁荣发展的基础。以文字录入、三维扫描、信息转录等新兴数字化技术对传统村落文化进行挖掘、收集并将传统村落隐性基因的图案图谱、文本或语音信息以及关系背景等特征进行档案式存储，从而生成隐性基因档案库。建立系统化的隐性基因数字化档案成为解决传统村落文化挖掘较浅、民俗记忆淡化、传承载体丢失等问题的有效途径之一。隐性基因的还原与传承即非物质文化的认可与延续，世代居住的村民自身必须熟知并认同本土文化内涵，形成对传统文化的文化自觉与文化自信进而传承与弘扬本土文化。面对传统文化记忆淡化、传承主体逐渐消失，利用现代化技术重现与构建传统文化记忆、通过网络和各种平台展示和传播传统村落非物质文化，吸引更多的人投身于传统文化的保护与传承，从而使传统村落隐性基因得以延续和发扬。3R技术包括VR（Virtual Reality）、AR（Augmented

Reality）和 MR（Mix Reality），即“虚拟现实＋增强现实＋混合现实”技术。通过 3R 技术连接传统村落非物质文化的多种视觉体验形态，重现村民的文化记忆和增强游客的文化体验感。没有物质传承载体的社会习俗、节庆礼仪等，利用 VR 技术构建三维虚拟环境，村民和游客等可以通过特定设备在虚拟环境中感受昔日村落节庆的盛况、礼仪习俗的神圣，达到沉浸其中获得与真实环境相同的体验。具有物质传承载体的文化空间（学堂、宗祠、表演广场等），利用 AR 技术将真实世界与虚拟世界合成一起，将虚拟世界应用到现实世界，从而达到增强现实的作用。例如通过 AR 技术在学堂重现授课画面，既赋予了学堂这一公共空间更为完整的意义，也加深了居民和游客对学堂的进一步认知和情感。传统舞蹈、戏剧表演等，利用 MR 技术创造虚实结合的新空间，促进文化要素与地理空间的灵活叠加。因此，在建立隐性基因档案对隐性基因进行数字化管理的基础上，运用 3R 技术保护和传承村落非物质文化，实现传统村落隐性基因的还原与修复。

（三）社会空间更新：关系网络织补与社会秩序重构

运用场域理论进行传统村落社会空间更新，在外部力量（政府、企业主体、游客）与内部力量（村民）的驱动下，以经济资本、社会资本和文化资本作为调适策略织补断裂的社会关系网络；以调整场域内行动者惯习结构的视角促进治理秩序、道德秩序与法律秩序的有序发展，构建村落内生发展秩序机制与国家支持的外生发展秩序相协调的传统村落社会新秩序。从而解决传统村落社会关系网络断裂化、社会秩序结构无序化的问题困境，实现传统村落人居环境多元主体系统和谐相融的目标（图 5）。

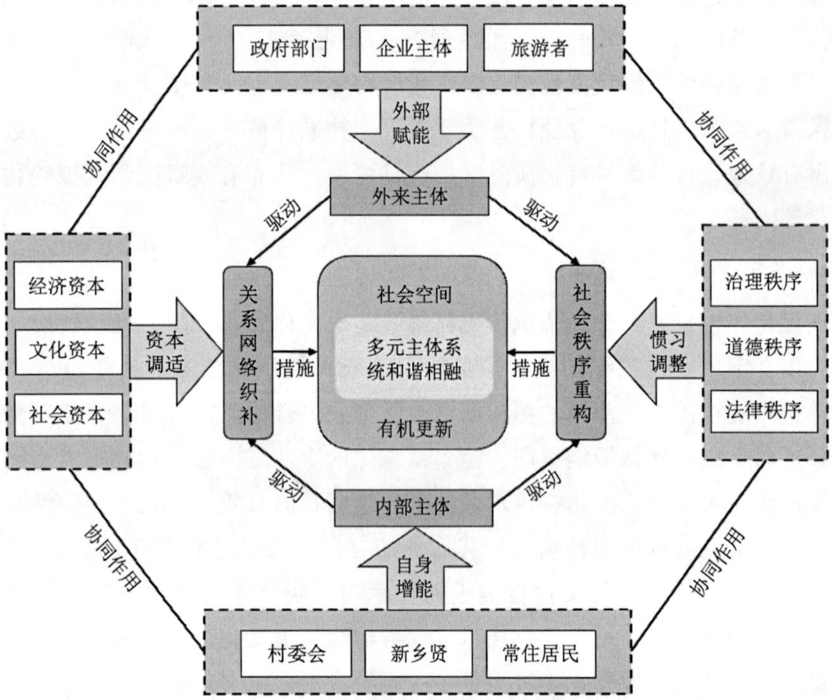

图 5　社会空间更新优化机理

1. 资本调适策略下关系网络织补

在传统村落这一场域中，拥有各类资本的行动者相互竞争而形成的种种关系制约着个体的行为与决策，也影响场域内关系网络的形成与发展。通过调适场域内的经济资本、文化资本和社会资本结构，促进断裂关系网络的织补与改善。经济资本是传统村落场域中波动较大的资本，传统村落名录的纳入与旅游发展的带动导致村民的财产收入呈现出一定涨幅，但由于收入分配不均，引起“村民—政府—企业”之间的利益纠纷也不断涌现。在外部力量的干预下，政府部门充分发挥宏观调控作用，建立资本准入制度妥善协调旅游商业开发与传承性保护之间的关系，兼顾公平与效益、协调各方利益相关者的利益，企业部门也应在充分尊重村落文化的基础上制定相应的经营模式，与政府、村民建立长期友好的合作关系。村民所拥有的文化资本相对匮乏，对于现代化设备的使用与外来文化的理解较为欠缺，这不仅影响传统村落的转型进程，还会与外部人员产生文化与价值观念冲突，触发村民对外来人员的抵触情绪。通过加强基础教育、开展科技文化活动等提高居民的文化程度与拓宽居民的视野，培养有文化、有见识、懂技术的新型村民，以此提升村民的文化资本。社会资本掌握较多的人往往在传统村落社会网络中占据结构洞位置，具有较强的信息和资源优势以此来扩大与村落内外行动者的关联性。传统村落旅游开发引起的社会分层与异质化使村落内部不同群体的资源占有率极不均衡，旅游开发商占据结构洞位置具有连接游客、村民与外部投资主体的作用，掌握着村落内部与外部环境的丰富信息，能够获得更大的社会资本回报率。因此，需要占据结构洞的群体发挥作为桥梁作用的信息和调控优势，实现传统村落内外环境的资源整合，有效地推动村落各行动主体社会资本的增值，从而实现公共利益最大化。综上，在多元主体与文化的介入下传统村落场域内关系网络的改变与断裂可以通过经济资本、文化资本和社会资本的调适策略，以实现有机更新逻辑下社会关系网络的织补。

2. 惯习结构调整下社会秩序重构

场域潜移默化地影响着行动者个体，地域文化、共同信仰与同质价值塑造着场域内行动者趋于一致的惯习。传统村落社会结构和运行秩序的变迁不断形塑着村民的惯习结构，场域内的行动者与惯习也不断建构场域的意义，影响着传统村落社会结构的历史演变进程。由于传统村落社会秩序结构具有“文化特殊性”和“结构制约性”，除了场域环境变更导致维持社会秩序的条件和结构发生改变之外，村民惯习的滞后性与根植性也是重要的肇因。引领正确的治理格局、构建有序的社会秩序需要促进村民新旧惯习的协调与交融，进而优化传统村落社会的治理秩序、道德秩序与法律秩序。改善村落治理秩序需要村民适时吸收新的社会价值理念，适当接纳自组织治理、他组织治理等多元化治理模式，在为传统惯习留下发展空间的同时，对传统惯习进行适当更新，促进传统礼制与现代化乡村治理模式的有效融合。改善村落道德秩序需要引导居民在信仰和传承族规家训的同时形成正确的价值观念，防止在现代化浪潮中产生拜金主义等不良思想，树立“能者优先”的社会治理理念。通过加强思想道德建设不断提高村民的思想道德素质，培养新时代有理想、有文化、有道德、有纪律的四有村民。改善法律秩序需要加强传统村落法治建设，除了村民适当接受法治教育、提升法制观念意识之外，政府部门还需充分考虑乡土地方性知识，完善法律法规同乡规民约之间的衔接与协调。因此，对场域内村民的惯习进行创造性的发展与调整以弥补新旧秩序之间的断层，推动传统村落社会治理秩序、道德秩序与法律秩序有序发展，构建村落内生发展秩序机制和国家支持的外生发展秩序相融合的传统村落社会新秩序。

五、结论与讨论

（一）结论

结合新型城镇化与乡村振兴背景，运用有机更新理论探索了传统村落人居环境的改造路径，为解决传统村落人居环境各子系统问题现状、促进传统村落人居环境可持续发展提供了新的研究思路，具有一定的理论价值与实践意义。通过梳理与总结传统村落人居环境系统的问题现状发现传统村落自然生态系统、地域空间系统、社会文化系统与多元主体系统面临空间发展失调（三生空间紊乱与主导功能落后）、文脉延续受阻（物质景观破碎与传统文化失真）、社会矛盾突出（关系网络断裂与社会秩序无序）等困境。以解决传统村落人居环境问题困境为导向，将传统村落人居环境问题现状归类为物质空间、文化空间与社会空间失衡，在多元主体协同并治、更新过程循序渐进、有机秩序有效保护的更新原则下提出以三生空间理论为空间载体、景观基因理论为灵魂核心、社会场域理论为基础脉络的传统村落人居环境有机更新理论认知。结合传统村落人居环境有机更新理论依据，以传统村落人居环境可持续发展为目标，以更新优化物质空间、文化空间与社会空间为着力点，构建传统村落人居环境有机更新的路径机制，具体包括：

（1）依据传统村落人居环境自然生态系统绿色持续、地域空间系统稳定协调的目标定位，探索基于三生空间理论的传统村落物质空间有机更新路径。针对传统村落主导功能落后以及三生空间出现生产—生活功能重叠紊乱化、生活—生态功能破碎斑块化、生产—生态功能侵夺失衡化等问题，从优化主导功能视角出发，优化主导功能，营造和谐人居环境；从重塑三生空间视角出发，协调三生空间，构建协同发展路径。

（2）依据传统村落人居环境社会文化系统传承延续的目标定位，探索基于景观基因理论的传统村落文化空间有机更新路径。针对传统村落显性基因出现景观破碎化、景观斑块化和景观孤岛化，隐性基因出现传统技艺流失、民风民俗弱化、节日庆典虚化等现状问题，以显性基因修补与隐性基因修复的视角出发：采取显性基因建库，3D 技术模拟修补景观基因；运用隐性基因存档，3R 技术还原修复文化基因。

（3）依据传统村落人居环境多元主体系统和谐相融的目标定位，探索基于社会场域理论的传统村落社会空间有机更新路径。针对传统村落社会关系网络断裂化、社会秩序结构无序化等问题，提出在外部力量（政府、企业主体、游客）与内部力量（村民）驱动下，以经济资本、社会资本和文化资本作为调适策略织补断裂的社会关系网络；以调整场域内行动者惯习结构的视角促进治理秩序、道德秩序与法律秩序的有序发展。

（二）讨论

传统村落人居环境有机更新是一个系统工程，涉及多个子系统的更新修复，更新工程具有难度大、技术复杂等特点，因此，需要拥有更为综合的知识背景和更为多元的文化视角探讨传统村落有机更新的理论内涵，加强不同路径下传统村落人居环境有机更新的多维主题研究。需要多学科交融的研究主体，包括地理学、建筑学、规划学、社会学和生态学等学科，从理论和实践层面探索传统村落人居环境有机更新的改造范式。因此，未来如何建设传统村落人居环境有机更新模式将需要各专业领域的学者、专家不断进行深入研究。此外，本文仅以宏观角度分析传统村落人居环境系统的共性问题，缺乏对于不同村落人居环境问题特性的深入探讨，在后续研究中将会通过实例不断完善传统村落人居环境有机更新的理论与实践经验。

参考文献

［1］胡燕，陈晟，曹玮，等. 传统村落的概念和文化内涵［J］. 城市发展研究，2014，21（1）：10-13.

［2］林祖锐，理南南，常江，等. 传统村落空心化区位分异特征及形成机理研究：以山西省阳泉市传统村落为例［J］. 现代城市研究，2016（1）：16-23.

［3］李伯华，李珍，刘沛林，等. 聚落“双修”视角下传统村落人居环境活化路径研究：以湖南省张谷英村为例［J］. 地理研究，2020，39（8）：1794-1806.

［4］向远林，曹明明，秦进，等. 基于精准修复的陕西传统乡村聚落景观基因变异性研究［J］. 地理科学进展，2020，39（9）：1544-1556.

［5］Mishchenko，Inna V. Theoretical issues of sustainable rural settlements development formation［J］. Tomsk State University Journal，2011（346）：123-125.

［6］Ghorbankhani M，Zakcrhaghighi K. Applying urban village approach，appropriate solution at realization of sustainable human settlements（case study：Hamedan moradbeig valley）［J］. Turkish Online Journal of Design Art and Communication，2016（6）：779-795.

［7］An E H，Park C K. A Study on the Characteristics of Hanok Gates from a Cultural Landscape Perspective：Focusing on the Hanok Gates of Three Traditional Korean Villages in Gyeongsang-do Province［J］. Korea Journal，2017，57（3）：112-140.

［8］Eminagaoglu Z. Ecological approaches in rural settlement：A case of Turkey［J］. International Journal of Ecosystems and Ecology Science-Ijees，2018，8（2）：401-408.

［9］Chen B X，Yuei N，Takakazu U. Planted forest and diverse cultures in ecological village planning: A case study in Tarama island, Okinawa Prefecture, Japan [J]. Small-Scale Forestry, 2014, 13 (3): 333-347.

[10] De Lima K K S, Lopes P F M. The socio-environmental quality of rural settlements in Rio Grande do Norte State, northeastern Brazil [J]. Ciencia Rural, 2012, 42 (12): 2295-2300.

[11] 吴良镛. 人居环境科学导论 [M]. 北京: 中国建筑工业出版社, 2001: 15-36.

[12] 李雪铭, 郭玉洁, 田深圳, 等. 辽宁省城市人居环境系统耦合协调度时空格局演变及驱动力研究 [J]. 地理科学, 2019, 39 (8): 1208-1218.

[13] 张文忠. 宜居城市建设的核心框架 [J]. 地理研究, 2016, 35 (2): 205-213.

[14] 祁新华, 程煜, 陈烈, 等. 大城市边缘区人居环境系统演变规律: 以广州市为例 [J]. 地理研究, 2008 (2): 421-430.

[15] 陈秉钊. 上海市郊区小城镇人居环境可持续发展研究 [J]. 城市规划汇刊, 2002 (4): 19-22+78.

[16] 赵万民. 山地人居环境科学研究引论 [J]. 西部人居环境学刊, 2013 (3): 10-19.

[17] 刘沛林. 古村落: 独特的人居文化空间 [J]. 人文地理, 1998 (1): 38-41.

[18] 张子琪, 裘知, 王竹. 基于类型学方法的传统乡村聚落演进机制及更新策略探索 [J]. 建筑学报, 2017 (S2): 7-12.

[19] 陈喆, 周涵滔. 基于自组织理论的传统村落更新与新民居建设研究 [J]. 建筑学报, 2012 (4): 109-114.

[20] 冯微微, 黄宗胜, 张元博, 等. 黔东南侗族传统村落景观美景度 [J]. 生态学杂志, 2019, 38 (12): 3820-3830.

[21] 张元博, 黄宗胜, 陈旋, 等. 贵州石漠化区布依族传统村落人居环境适宜度 [J]. 应用生态学报, 2019, 30 (9): 3203-3214.

[22] 杨忍, 徐茜, 周敬东, 等. 基于行动者网络理论的逢简村传统村落空间转型机制解析 [J]. 地理科学, 2018, 38 (11): 1817-1827.

[23] 陆天华, 于涛. 基于社会网络分析的旅游地乡村社会空间重构研究: 以南京世凹“美丽乡村”为例 [J]. 地理科学, 2020, 40 (9): 1522-1531.

[24] 杨立国, 刘沛林. 传统村落文化传承度评价体系及实证研究: 以湖南省首批中国传统村落为例 [J]. 经济地理, 2017, 37 (12): 203-210.

[25] 顾大治, 王彬, 黄雨萌, 等. 基于非物质文化遗产活化的传统村落保护与更新研究: 以安徽绩溪县湖村为例 [J]. 西部人居环境学刊, 2018, 33 (2): 100-105.

[26] 吴良墉. 北京旧城与菊儿胡同 [M]. 北京: 中国建筑工业出版社, 1994.

[27] 王路. 农村建筑传统村落的保护与更新: 德国村落更新规划的启示 [J]. 建筑学报, 1999 (11): 16-21.

[28] 贾莉莉. 徽州民居村落聚居形态的有机更新 [J]. 安徽建筑工业学院学报 (自然

科学版)，2004 (6)：54-57.

[29] 朱霞，谢小玲. 新农村建设中的村庄肌理保护与更新研究 [J]. 华中建筑，2007 (7)：142-144.

[30] 文剑钢，戴嘉瑜. 基于有机更新理论的传统村落公共空间特色营造研究：以湖州和孚镇荻港村为例 [J]. 生态经济，2018，34 (3)：230-236.

[31] 李伯华，曾灿，刘沛林，等. 传统村落人居环境转型发展的系统特征及动力机制研究：以江永县兰溪村为例 [J]. 经济地理，2019，39 (8)：153-159.

[32] 李红波，胡晓亮，张小林，等. 乡村空间辨析 [J]. 地理科学进展，2018，37 (05)：591-600.

[33] 刘沛林. 古村落文化景观的基因表达与景观识别 [J]. 衡阳师范学院学报（社会科学)，2003 (4)：1-8.

[34] 皮埃尔·布尔迪厄，华康德. 反思社会学导引 [M]. 北京：商务印书馆，2015：120-144.

[35] 沈费伟. 乡村秩序重构：实现乡村振兴的策略选择 [J]. 学术交流，2020 (7)：146-156.

[36] 马历，龙花楼. 中国乡村地域系统可持续发展模拟仿真研究 [J]. 经济地理，2020，40 (11)：1-9.

[37] 罗齐鸣，华建民，黄乐鹏，等. 基于知识图谱的国内外智慧建造研究可视化分析 [J]. 建筑结构学报，2020，52 (3)：1-15.

应急管理软实力：理解中国抗疫精神的新视角*

杨安华 江发明**

摘 要：应急管理软实力是一个国家的应急文化、灾害与应急管理价值观念、应急管理制度的影响力与感召力，以及由此所形成的应急动员能力。如果说2012年党的十八大召开之前中国应急管理工作主要是以“一案三制”为核心的硬实力建设的话，那么党的十八大则开启了以总体国家安全观统领的应急管理软实力建设新时代，更加重视软实力成为新时代中国特色应急管理体系建设的根本性特征。中国能在抗击新冠感染疫情中实现率先重启，率先取得抗击新冠疫情重大战略成果，充分表明了应急管理软实力建设的显著成效。在抗击新冠疫情斗争中形成的伟大抗疫精神彰显了中国应急管理强大软实力。以此次疫情为契机，培育融入血脉的文化力，提升更具包容性的制度力，提高更具亲和性的动员力，打造更具韧性的协调力，以形成更加强大的应急管理软实力，实现应急管理软、硬实力均衡发展，成为新时代中国应急管理体系和能力现代化的重要使命。

关键词：新冠感染；抗疫精神；应急管理；软实力

面对突如其来的新冠病毒性感染疫情，在党中央、国务院坚强领导下，我国用三个月时间，在全球率先取得抗击新冠感染疫情重大战略成果。在全国抗击新冠感染疫情表彰大会上，习近平总书记指出：“在这场同严重疫情的殊死较量中，中国人民和中华民族以敢于斗争、敢于胜利的大无畏气概，铸就了生命至上、举国同心、舍生忘死、尊重科学、命运与共的伟大抗疫精神。”① 我国此次抗疫实践及在此过程中形成的伟大抗疫精神，是一种有别于应急管理体系与技术等硬实力的软实力，为理解我国应急管理实践发展提供了新视角。纵观我国应急管理的发展进程，如果说2003年非典疫情的发生至2012年党的十八大，我国应急管理工作主要是夯实了以“一案三制”为核心的应急管理硬实力的话，那么2012年党的十八大之后，则开启了以总体国家安全观为统领的应急管理软实力建设新时

* 项目基金：本文是国家社科基金项目“共建共治共享社会治理格局下的企业灾害参与机制研究”（18BZZ060）的阶段性成果。

** 杨安华，湘潭大学公共管理学院、湘潭大学应急管理研究中心教授、博士生导师；江发明，湘潭大学公共管理学院博士生。

① 习近平：《在全国抗击新冠肺炎疫情表彰大会上的讲话》，《人民日报》，2020年9月9日。

代，更加重视软实力成为新时代中国特色应急管理体系建设的根本性特征。我国取得抗击新冠疫情重大战略成果，表明了应急管理软实力建设的显著成效。在抗疫斗争中形成的伟大抗疫精神，充分彰显了中国应急管理生命至上、举国同心、舍生忘死与尊重科学诸方面的强大软实力。弘扬抗疫精神，同时针对我国应急管理体系的短板与不足，持续加强应急管理软实力建设，实现应急管理软、硬实力的均衡发展，成为新时代中国应急管理体系和能力现代化的重要使命。

一、软实力：新时代中国应急管理的新动力

2019 年末，新冠感染疫情突如其来，并迅速演变成百年来人类遭遇的影响范围最广的全球性大流行病，肆虐全球。疫情惨重，全球已超过 1.8 亿人感染，400 多万人死亡。西方不少国家因新冠疫情防控不力而陷于疫情治理危机[①]。中国在医学科学和医疗设备上不如欧美发达国家，却能最大限度地发挥现有医疗设备的作用，在 2 个月内便有效遏制了疫情蔓延，3 个月夺取全国抗疫斗争重大战略成果。何以如此？相关研究从中国公共行政、基层治理与社会组织等在疫情应对的合作经验，以及中国制度优势如何联结社会治理、智能技术应用抗击疫情等方面，为解释中国的抗疫效能提供有力证据。我们认为，近年来中国应急管理软实力建设及取得的显著成效，已成为中国应急管理能力发展的新动力，也为揭示中国抗疫成效和理解抗疫精神提供了一个新的视角。

软实力理论认为，一个国家的综合国力由硬实力和软实力构成。虽然软实力和硬实力密切相关，有时相辅相成，但软实力并不依赖硬实力而存在，如果缺乏软实力支撑，硬实力往往难以发挥作用[②]。综合国力如此，作为综合国力重要组成部分的应急管理也是这样。美国和一些欧洲国家的抗疫绩效就表明了这一点。在硬实力方面，这些国家拥有全球最为先进的医学科学和医疗设备，包括强大的药物研发能力与完备的应急系统。可以说，这些国家拥有全球最强的应急管理硬实力，但抗疫绩效却与此极不相称[③]。这表明，与综合国力一样，一个国家的应急管理能力同样离不开软实力的支撑。

硬实力和软实力的概念，最早是由美国学者约瑟夫·奈在 20 世纪 90 年代初系统提出来的。奈从国际战略的角度，把一个国家的实力区分为硬实力和软实力。在他看来，硬实力（hard power），是指一个国家的经济、政治制度、军事和科学技术等综合实力；软实力（soft power）则“是一种依靠吸引力，而非通过威逼或利诱的手段来达到目的的能力。这种吸引力源于一个国家的文化、政治理念和政策”[④]。软实力是国家、组织、个人都可以拥有的一种力量。对于国家而言，软实力是指一个国家的文化与政治价值观的吸引力，以及塑造国际规则和决定政治议题的能力。相对于硬实力，软实力的重要特征在于它“是一

① 欧阳桃花、郑舒文、程杨：《构建重大突发公共卫生事件治理体系：基于中国情景的案例研究》，《管理世界》，2020 年第 8 期。

② 约瑟夫·奈：《软实力》，马娟娟译，第 13 页，中信出版社，2013 年版。

③ 何萍：《抗疫的硬实力与软实力：一种观察视角》，《湖北社会科学》，2020 年第 6 期。

④ 约瑟夫·奈：《软实力》，第Ⅻ页。

种吸引人的力量”[1]，是靠自身的吸引力而非强制性发挥作用，是被引导成自愿的行为。一个国家的软实力，包括其文化、价值观念、社会制度与发展模式的国际影响力和感召力，以及参与国际事务的程度。国家软实力对内表现为一个国家的生命力、创造力与凝聚力，对外表现为一个国家在发展模式、民族文化与外交政策等方面被国际社会认可的程度[2]。因此，软实力是一个国家的一种至关重要的力量，因为国家的生存、发展和崛起均无法离开软实力的支撑。而当一国的软实力丧失或被严重削弱，无论拥有多么强大的经济实力，这个国家衰败的命运都将难以避免。[3] 因而软实力研究的意义也就变得十分明显，其重大意义“就在于改变我们固有的习惯思维，将软实力建设置于战略高度，重视政治体制改革、政府统治与管理能力以及公民素质的改善与提高，以便培育与构建现代化的社会主义政治文化”[4]。

奈的软实力概念提出来之后，立刻引起了人们的广泛关注。在学术界，不仅很快掀起了国家软实力研究的高潮，还很快被用于其他领域，如“区域软实力”“城市软实力”“企业软实力”与“个人软实力”等概念相继被提出，同时引起了各国政府与企业管理者的高度重视。加强国家、企业等各类组织的软实力建设，实现组织软实力与硬实力的协调发展几乎成为共识[5]。

在应急管理领域，由于该领域研究起步晚，软实力普遍没有引起足够重视，虽然少数学者关注到了应急管理软实力问题，但尚未出现系统性研究。不过，在公共安全与应急管理实践中，软实力的至关重要性已经日益凸显。如 2011 年的 3·11 大地震期间，日本民众表现出冷静的心理素质和良好的应急秩序，赢得了世界各国人民的尊重[6]。这实际上是一种良好的应急文化素养，正是这种素养，使公共安全与应急意识已经内化为日本民众的自觉行动，从而构成了日本文化的重要内容，也成为日本应急管理软实力的重要方面。之所以如此，一方面是日本民众在长期与灾害交锋中逐步形成的一种能力和素养，同时也是日本政府在灾害管理过程中对民众长期宣传教育与培训演练的结果。但在学术界，应急管理软实力尚未像其他领域那样引起重视。在我国，2003 年“非典”疫情发生以来应急管理工作得到了前所未有的重视，并且提出了国家应急管理体系和能力建设的目标，但应急管理体系与能力建设中“重硬轻软”问题十分严重，以致有学者呼吁，当前我国迫切需要把增强软实力作为国家应急管理体系和能力建设的重中之重[7]。

那么，什么是应急管理软实力？作为国家实力的重要组成部分，应急管理软实力也是相对于应急管理中的硬实力而言的。应急管理的硬实力是指一个国家的应急管理体系，包

---

① 约瑟夫·奈：《软实力》，第 10 页。

② 乃风、孔琳：《“国家软实力构建与中国公共关系发展高层论坛”报道》，《国际公关》，2007 年第 2 期。

③ 阎学通：《从和谐世界看中国软实力》，《环球时报》，2005 年 12 月 19 日。

④ 蒋英州、叶娟丽：《国家软实力研究述评》，《武汉大学学报：哲学社会科学版》，2009 第 2 期。

⑤ Ivan Bakalov,“Whither soft power? Divisions, milestones, and prospects of a research programme in the making”,Journal of Political Power,Vol. 12,No. 1,2019.

⑥ 闪淳昌等著：《中国突发事件应急体系顶层设计》，第 92 页，科学出版社，2017 年版。

⑦ 姜长云、姜惠宸：《新冠肺炎疫情防控对国家应急管理体系和能力的检视》，《管理世界》，2020 第 8 期。

括应急预案、应急管理体制、机制与法制，以及支撑该体系有效运行的人力、物力、财力与技术等，这些是管理与应对各类灾害的生产力，也是一个国家的经济、政治制度和科学技术综合实力的重要方面；与此相对应，应急管理的软实力是指一个国家的应急文化、灾害与应急管理价值观念、应急管理制度的影响力与感召力，以及由此所形成的应急动员能力，从而构成了应急管理的韧性系统。应急管理软实力的重要作用在于，通过提高一个国家的公共安全与应急文化，加强制度建设与软性政策输出，增强全社会的灾害意识和灾害管理或灾害参与能力。如果说硬实力构成了应急管理基础性能力的话，那么，软实力不仅是应急管理能力的重要组成部分，还是进一步提高应急管理能力和水平的助推器。二者共同构成一个国家的应急管理能力，缺一不可。

关于应急管理软实力的构成要素，可以借用奈对国家软实力的研究。奈认为，软实力是一种同化力，主要来自三个方面：文化、政治价值观、对外政策[①]。依照奈的这一观点，应急管理软实力主要来源于文化、价值观和政策。从这三个方面看，应急管理软实力主要由应急文化、应急管理价值观、应急管理制度与政策等构成，以及由此形成的一个具有包容性和韧性的应急管理系统。主要包括应急文化力、制度力、动员力、协调力与应急人的公共安全与应急素养等。

二、我国应急管理软实力建设的演进与发展

从国家应急管理体系与能力框架中审视，一个国家应急管理能力的发展通常深深嵌入该国应急管理体系之中。应急管理体系因此成为理解应急管理软实力的重要基础。一般认为，我国应急管理体系建设起源于美国“9·11”事件，但实质性建设行动开始于应对“非典”危机及其后的教训总结[②]。薛澜根据应急管理发展的时间轴将我国应急管理体系划分为前后两个阶段，即新中国成立后至2003年的第一代与2003年之后的第二代应急管理系统[③]。高小平将我国应急管理体系分为单灾种应急和综合应急两个阶段[④]。钟开斌认为，新中国成立以来我国国家应急管理体系发展经历了4个版本，其中2003年之前的1.0和2.0版以事中应对为主，2012年党的十八大以后我国应急管理体系朝着强化源头防范、风险防范化解方向的4.0版发展[⑤]。

这些洞见为我们全面深入理解我国应急管理体系与能力发展脉络提供了清晰思路，也展示了在短短十几年中我国应急管理体系建设取得的巨大成就。但另一方面，应急管理作为国家治理体系和治理能力的重要组成部分，十几年来我国应急管理能力建设，不仅仅是体系不断趋于完善，其能力逐步变得强大，更为关键的是，这种能力随着体系的不断完善

① 约瑟夫·奈：《软实力》，第15-16页。

② 程惠霞：《“科层式”应急管理体系及其优化：基于“治理能力现代化”的视角》，《中国行政管理》，2016第3期。

③ 薛澜：《中国应急管理系统的演变》，《行政管理改革》，2010年第8期。

④ 高小平：《建设中国特色的应急管理体系》，《中国应急管理》，2009年第4期。

⑤ 钟开斌：《中国应急管理体制的演化轨迹：一个分析框架》，《新疆师范大学学报（哲学社会科学版）》，2020年第6期。

而变得越来越有韧性和包容性，即应急管理系统中软性力量的作用越来越凸显。近20年来我国应急管理发展的一大重要成就，是应急管理软实力开始成为一种重要力量。从这个角度看，我国应急管理能力建设的发展，清晰地分为这样两个阶段：即2003年“非典”到2012年党的十八大之前，这一时期着重是建设以“一案三制”为核心的应急管理硬实力；2012年党的十八大之后，则开启了以总体国家安全观为统领的应急管理软实力建设，更加重视软实力成为新时代中国特色应急管理体系建设的显著特征。

1. 2003—2012年：以“一案三制”为核心的应急管理硬实力建设

我国历史悠久。中华文明史同时也是一部中华民族与各类灾害不断斗争的历史①。如何战胜各种灾害也就成为我国每个朝代统治者的重要工作，我国也因此积累了丰富经验。中华人民共和国成立之后，党中央和国务院高度重视灾害治理工作，在这方面做了大量工作，也取得了显著成效。但我国现代意义上的应急管理体系建设起步晚，始于2003年总结“非典”疫情防控的经验和教训②。

2003年春发生的严重非典疫情，致使我国遭受了一场重大公共危机考验。在党中央、国务院有力领导下，我国取得了抗击非典疫情的重大胜利。非典疫情危机的强烈冲击导致我国开启了现代应急管理体系建设之路。当年7月，胡锦涛同志在全国防治“非典”工作会议上强调，我国应采取切实措施解决应急管理中存在的诸多问题，“真正使这次防治非典斗争成为我们改进工作、更好地推动事业发展的一个重要契机”③。7月，国务院召开全国应急管理工作会议，提出了将应急管理纳入制度化与法制化轨道的方案。此后党的十六届三中、四中、五中、六中全会都对加强应急管理工作、提高突发公共事件应对能力做出了重要部署。如党的十六届六中全会正式提出，我国应按照“一案三制”（应急预案、应急管理体制、机制与法制）的总体要求建设应急管理体系。全会通过的《关于构建社会主义和谐社会若干重大问题的决定》指出：“建立健全分类管理、分级负责、条块结合、属地为主的应急管理体制，形成统一指挥、反应灵敏、协调有序、运转高效的应急管理机制……健全应急预案体系，完善应急管理法律法规。”④ 党的十七大进一步提出要完善突发公共事件应急管理体系的目标。

在实践层面，2003年5月，《突发公共卫生事件应急条例》公布；同年7月，国务院办公厅专门成立“建立突发公共事件应急预案工作小组”。2005年1月，通过《国家突发公共事件总体应急预案》。2006年1月8日，《国家突发公共事件总体应急预案》正式发布，国务院各相关部门已编制了国家专项预案和部门预案；全国范围内省级突发公共事件总体应急预案均已编制完成。同年5月，国务院应急管理办公室（国务院总值班室）成立。6月，国务院出台《关于全面加强应急管理工作的意见》，提出了加强“一案三制”

① 夏明方，朱浒：《〈中国荒政全书〉的编纂及其历史与现实意义》，《中国图书评论》，2007年第2期。
② 高小平：《中国特色应急管理体系建设的成就和发展》，《中国行政管理》，2008年第11期。
③ 《全国防治非典工作会议在京举行》，《人民日报》，2003年7月29日。
④ 《中共中央关于构建社会主义和谐社会若干重大问题的决定》，《人民日报》2006年10月19日。

工作的具体措施。2007 年 11 月，《中华人民共和国突发事件应对法》正式颁布，标志着我国应急管理工作走向法制化轨道。温家宝同志在 2008 年全国人大会议上宣布："全国应急管理体系基本建立"①。

2008 年发生的南方冰冻雪灾和 5·12 汶川大地震，是继 2003 年非典疫情之后我国发生的两起重大灾害事件。这两次重大灾害事件促使我国应急管理的"政策之窗"再次打开。当年 6 月，在深入总结我国应急管理成就和经验的基础上，党中央、国务院提出了进一步加强应急管理的方针政策。10 月，全国抗震救灾总结表彰大会召开，胡锦涛同志指出，"要进一步加强应急管理能力建设，大力提高处置突发公共事件能力……建立健全集中领导、统一指挥、反应灵敏、运转高效的工作机制，提高各级党委和政府应对突发事件的能力……通过全方位推进应急管理体制和方式建设，显著提高应急管理能力。"② 这两次重大灾害事件是对非典疫情以来我国应急管理体系建设成效的检验。总体而言，我国以"一案三制"为核心内容的应急管理体系建设取得了重大成效：应急预案体系基本形成，基本建立了统一领导、综合协调、分类管理、分级负责、属地为主的应急管理体制，"统一指挥、功能齐全、反应灵敏、协调有序、运转高效"的应急机制初步形成，应急管理法制建设得到不断加强（见表 1），该体系的"顶层设计"，具有高屋建瓴、总揽全局的重大意义③。之后，我国又成功应对了甲流感等重大公共卫生事件，玉树地震、舟曲泥石流与芦山地震等重大自然灾害，7·23 甬温线动车事故等重大事故灾难，以及 2009 年新疆乌鲁木齐 7·5 事件等社会安全事件。这些事件的处置表明，我国以"一案三制"为核心内容的应急管理体系是符合国情、基本可行的④。

表 1　2003—2012 年中国"一案三制"应急管理体系建设成效

	构成	主要成效
应急管理体系	预案建设	《国家突发公共事件总体应急预案》颁布；截至 2005 年底，全国应急预案编制工作基本完成，基本形成了"纵向到底、横向到边"的预案体系。截至 2012 年底，不包含党委、军队系统，全国编制的各级各类应急预案一共达 550 余万件，涵盖了自然灾害、事故灾难、公共卫生事件和社会安全事件等各个领域；各级政府及相关部门也都编制了应急预案，其中中央企业应急预案编制率达到 100%，建筑施工、矿山、危险化学品等重点行业领域实现了应急预案全覆盖
	体制建设	建立了统一领导、综合协调、分类管理、分级负责、属地为主的应急管理体制。所有省级人民政府、90%的地市人民政府、80%的县级人民政府成立了应急管理领导机构及其办公室，解放军和武警部队应急管理的组织体系得到了有效加强，不少基层组织建立健全了相应的应急管理工作机构

① 温家宝：《在第十一届全国人大一次会议上所做的政府工作报告》，《人民日报》，2008 年 3 月 6 日。

② 胡锦涛：《在全国抗震救灾总结表彰大会上的讲话》，《人民日报》，2008 年 10 月 9 日。

③ 高小平：《中国特色应急管理体系建设的成就和发展》，《中国行政管理》，2008 年第 11 期。

④ 童星：《中国应急管理的演化历程与当前趋势》，《公共管理与政策评论》，2018 年第 6 期。

续表

	构成	主要成效
应急管理体系	机制建设	建立了“统一指挥、功能齐全、反应灵敏、协调有序、运转高效”的应急管理机制。各级突发事件专项指挥机构和协调联动机制逐步完善，并相继建立了泛珠三角、黄渤海和黄河中游四省等区域应急联动合作机制
	法制建设	加强了应急管理法制建设。颁布实施了第一部应对各类突发事件的综合性法律《突发事件应对法》，颁布《食品安全法》等，修订《消防法》《防震减灾法》等法律法规。截至2012年4月，国家已制定或修订相关法律法规110余件，应急管理法律法规体系基本建立，突发事件应对工作进入了制度化、规范化、法制化轨道

与此相适应，我国应急管理基础设施建设也得到了快速发展。如，为提高应急救援能力，2011年1月，国家确定在东北、华北、中南、华东、西南、西北六大区域高标准建设7支国家矿山应急救援队。同时，积极推进了油气田、船舶溢油、道路交通、铁路运输、水上搜救等行业（领域）国家救援基地和队伍建设，建设了国家、省、市三级安全生产应急救援指挥中心与国家、省、市三级安全生产应急平台体系等；十一五期间，国家和地方各级政府投入资金20多亿元，企业投入资金200亿元，加强各类应急救援队伍基础设施建设，配置了高精救援设备，增配了特种大型设备，提高了技术装备水平①。在公共卫生领域，2003年非典疫情后花重金建立的一套传染病网络直报系统，于2004年1月1日在全国范围正式启用，我国传染病疫情由之前的逐级上报汇总数据，转变为以互联网为基础的网络直报个案信息，共覆盖39种传染病。截至2011年底，全国已有100%疾病预防控制机构、98%的县级以上医疗机构和87%乡镇医疗卫生机构实现了传染病疫情和公共卫生事件的网络直报，平均报告时间由直报前的5天缩短为4个小时②。与此同时，我国政府战略性地启动了P4实验室等重要基础设施建设。这些工作均为我国应急管理能力的提高奠定了重要基础。

可见，非典疫情之后用了不到十年的时间，我国成功建立起了以应急预案与应急管理体制、机制、法制等“四梁八柱”为核心的应急管理体系与夯实的设施为基础的强大应急管理硬实力。然而，一个国家要增强实力，不能只注重硬实力而忽视软实力，因为如今软实力已经获得了与硬实力一样甚至更为重要的地位，如果没有软实力支撑，硬实力将难以发挥有效作用③。在进行应急管理能力建设的过程中，软性因素逐步被纳入我国战略决策之中。

2. 2012年至今：以总体国家安全观为统领的应急管理软实力建设

党的十八大以来，以习近平同志为核心的党中央从推进国家治理体系和治理能力现代

① 闪淳昌等著：《中国突发事件应急体系顶层设计》，第19页。

② 到2013年，我国宣布已建成全球规模最大的法定传染病疫情和突发公共卫生事件网络直报系统，疫情信息从基层发现到国家疾控中心接报。参见李立明、姜庆伍主编：《中国公共卫生理论与实践》，第1111页，人民卫生出版社，2015年版。

③ 王沪宁：《作为国家实力的文化：软权力》，《复旦学报：社会科学版》，1993年第3期。

化的战略高度，从实现“两个一百年”奋斗目标和中华民族伟大复兴中国梦的战略全局，谋划部署应急管理工作，开启了我国应急管理事业新篇章。党的十八届三中全会提出、十九届四中全会专题研究国家治理体系和治理能力现代化。应急管理作为国家治理的重要组成部分，应急管理体系和能力现代化也就成为我国应急管理工作的总目标。面对百年未有之大变局，我国于2013年成立中央国家安全委员会。在2014年4月15日召开的中央国家安全委员会第一次会议上，习近平正式提出“总体国家安全观”，强调统筹外部安全和内部安全、国土安全和国民安全、传统安全和非传统安全、自身安全和共同安全，要求“构建集政治安全、国土安全、军事安全、经济安全、文化安全、社会安全、科技安全、信息安全、生态安全、资源安全和核安全等于一体的国家安全体系”①。2015年颁布《国家安全法》，在既有11类安全的基础上，新增了粮食安全与金融安全等七大类型的安全。党的十九大报告把“坚持总体国家安全观”列为新时代坚持和发展中国特色社会主义的一大基本方略。我国应急管理系统也由之前的以体系建构为重点向以能力建设为重点转变，在这一过程中，软实力逐步得到重视和彰显。在“总体国家安全观”统领下，我国公共安全与应急管理的重要发展就是开始将软实力建设纳入应急管理体系和能力建设，以有效发挥国家应急管理体系的制度效能，为推进国家治理现代化提供安全保障。

（1）牢筑“人民至上、生命至上”的安全发展理念

人民是决定党和国家前途命运的根本力量。党的十八大以来，以习近平同志为核心的党中央站在新的历史方位，坚持以人民为中心的思想，全面部署我国应急管理工作，将“人民至上、生命至上”定格为安全发展理念。习近平总书记于2013年指出：“各级党委和政府、各级领导干部都要牢固树立安全发展理念，始终把人民群众生命安全放在第一位，牢固树立发展不能牺牲人的生命为代价这个观念”，并强调“这个观念一定要非常明确、非常强烈、非常坚定。”② 2015年8月在关于做好安全生产工作的批示中指出，“各级党委和政府要牢固树立安全发展理念，坚持人民利益至上，始终把安全生产放在首位”③。12月，他再次强调：“无论规划、建设还是管理，都要把安全放在第一位，把住安全关、质量关，并把安全工作落实到城市工作和城市发展各个环节各个领域。这是一条硬杠杠。”④ 2016年4月，习近平总书记进一步指出：“国家安全工作归根结底是保障人民利益，要坚持国家安全一切为了人民、一切依靠人民，为群众安居乐业提供坚实保障。”⑤ 党的十九大报告强调“弘扬生命至上、安全第一的思想”。这一思想已经内化为《安全生产法》（2014年修订）《国家安全法》《国家安全战略纲要》与《中共中央 国务院关于推进安全生产领域改革发展的意见》等系列法律法规中的条文。在新冠感染疫情防控中，人民至

---

① 《坚持总体国家安全观 走中国特色国家安全道路》，《人民日报》，2014年4月16日。

② 中共中央党史和文献研究院编：《习近平关于防范风险挑战、应对突发事件论述摘编》，第229页，中央文献出版社，2020年版。

③ 《习近平关于防范风险挑战、应对突发事件论述摘编》，第234页。

④ 《习近平关于防范风险挑战、应对突发事件论述摘编》，第189页。

⑤ 《习近平在首个全民国家安全教育日之际做出的指示》，《人民日报》，2016年4月15日。

上、生命至上的理念得到了极大彰显。疫情肆虐全球，中国之所以能率先实现重启，因为“中国是把人民的生命价值放在最高地位，将人民至上、生命至上这个理念作为我们最重要的指导”[①]。

（2）更加重视应急管理中的统筹协调能力

应急管理能力的发挥依托于应急管理体系。从功能上看，应急管理体系是由应急准备、应急处置与救援、应急资源和物资保障、应急预警和决策，以及应急统筹协调等构成完整体系。应急管理能力则是这些方面有机结合、整体协同的结果[②]。而这些能力的有效发挥均离不开统筹协调。整个应急管理体系内部政府部门之间，政府与社区、社会组织、企业与公众等利益相关者之间的协同和整合能力，直接影响到应急管理体系的有效运行和能力发挥。作为一种软实力，在应急管理体系中，统筹协调的作用堪称一台机器的润滑剂。加强、优化、统筹国家应急能力建设，成为党的十八大以来我国应急管理能力建设的一大重要特征。一是统筹发展与安全。党的十八大之后，我国提出“统筹发展和安全两件大事”重要命题，强调实现发展和安全两个目标相互依存、相互促进。2013 年我国成立国家安全委员会，重要目标就是统筹协调涉及国家安全的重大事项和重要工作。2015 年 12 月，习近平总书记指出：“安全和发展是一体两翼、驱动之双轮。安全是发展的保障，发展是安全的目的。”[③] 党的十九大将统筹安全和发展，增强忧患意识，做到居安思危，作为党治国理政的一项重大原则。党的十九届五中全会强调“把安全发展贯穿国家发展各领域和全过程”[④]。二是统筹防灾减灾救灾工作。《国家突发事件应急体系建设“十三五”规划》将“源头治理、关口前移”作为基本原则，规定强化预防与应急并重。2016 年 7 月，习近平总书记在唐山调研考察时系统提出了“两个坚持”和“三个转变”重要论述[⑤]。该思想以制度化的形式出现在《中共中央 国务院关于推进防灾减灾救灾体制机制改革的意见》等相关政策意见中。如该《意见》规定：“要强化灾害风险防范措施，加强灾害风险隐患排查和治理，健全统筹协调体制……统筹力量，全面提高国家综合防灾减灾救灾能力”[⑥]。三是统筹政府与社会。2015 年民政部出台《关于支持引导社会力量参与救灾工作的指导意见》，提出了支持引导社会力量参与救灾工作的方案。《中共中央 国务院关于推进防灾减灾救灾体制机制改革的意见》进一步提出了“坚持党委领导、政府主导、社会力量和市场机制广泛参与”原则。随后发布的《国家突发事件应急体系建设“十三五”规

① 闪淳昌、薛澜、彭宗超等：《中国为什么能率先重启?》，2020 年 10 月 29 日，http://ccmr.sppm.tsinghua.edu.cn/cnews/1032.jhtml,2021 年 4 月 5 日。

② 姜长云、姜惠宸：《新冠肺炎疫情防控对国家应急管理体系和能力的检视》，《管理世界》，2020 年第 8 期。

③ 习近平：《在第二届世界互联网大会开幕式上的讲话》，《人民日报》，2015 年 12 月 17 日。

④ 中国共产党第十九届中央委员会第五次全体会议公报，2020 年 10 月 29 日，http://www.xinhuanet.com/2020-10/29/c_1126674147.htm,2021 年 3 月 19 日。

⑤ 即“坚持以防为主、防抗救相结合，坚持常态减灾和非常态救灾相统一，努力实现从注重灾后救助向注重灾前预防转变，从应对单一灾种向综合减灾转变，从减少灾害损失向减轻灾害风险转变，全面提升社会抵御自然灾害的综合防范能力。”参见《习近平在河北唐山市考察：落实责任完善体系整合资源统筹力量》，《人民日报》2016 年 7 月 29 日。

⑥ 《中共中央 国务院关于推进防灾减灾救灾体制机制改革的意见》，《人民日报》，2017 年 1 月 11 日。

划》将坚持“政府主导、社会协同”作为基本原则，规定“更加注重发挥市场机制作用，充分调动群众的积极性、主动性和创造性，强化社会参与”[①]。

(3) 将制度建设置于更加突出的位置

制度体系能增强一个国家的软实力[②]，因为制度优势一旦形成，就能形成强大的制度惯性，获得人们的信赖和支持，进而代代相传。[③] 习近平总书记指出：“制度优势是一个国家的最大优势，制度竞争是国家间最根本的竞争”，要求各级领导干部“要切实强化制度意识，带头维护制度权威，做制度执行的表率”[④]。随着党的十八大以来国家对制度建设的高度重视，应急管理领域的制度建设也不断得到加强。党的十八届三中全会《决定》在食品药品安全监管方面，提出要建立最严格的覆盖全过程的监管制度、食品原产地可追溯制度和质量标识制度。习近平总书记指出，“真正实现社会和谐稳定、国家长治久安，还是要靠制度”[⑤]，“我们必须发展为了人民、发展依靠人民、发展成果由人民共享，做出更有效的制度安排”[⑥]，要“善于用制度优势应对风险挑战冲击”[⑦]。党的十九届四中全会重点研究了坚持和完善中国特色社会主义制度与把中国制度优势更好地转化为国家治理效能问题。会议强调应进一步构建系统完备、科学规范、运行有效的制度体系。其中在公共安全方面，提出要完善和落实安全生产责任和管理制度，加强和改进食品药品安全监管制度。党的十九届五中全会提出了建设更高水平的平安中国的制度安排。中共中央政治局于 2020 年 12 月 11 日就做好国家安全工作举行集体学习，习近平总书记从全局和战略高度对国家安全作出一系列重大决策部署，要求“构建系统完备、科学规范、运行有效的国家安全制度体系”。

(4) 更加注重提升应急管理人素质

国家应急管理体系和能力现代化，关键在于应急管理人的现代化。[⑧] 党的十八大以来，党中央与国务院对党政干部的应急能力建设和应急管理队伍建设的重视达到了新高度。2015 年 1 月，习近平总书记与中央党校第一期县委书记研修班学员座谈时强调：“要加强对学员进行危机处理、国家安全和公共安全的教育培训。”[⑨] 同年 5 月，他在主持中共中央政治局第二十三次集体学习时指出：“各级党委和政府要充分认识维护公共安全的重要意义，牢记公共安全是最基本的民生的道理，自觉把维护公共安全放在维护最广大人民根本

---

① 《国务院办公厅发布〈国家突发事件应急体系建设“十三五”规划〉》，《中国应急管理》，2017 年第 7 期。

② 约瑟夫·奈：《软实力》，第 15 页。

③ 马亮：《四位一体的国家治理：制度优势何以转化为治理效能?》，《广西师范大学学报（哲学社会科学版）》，2021 年第 1 期。

④ 习近平：《坚持和完善中国特色社会主义制度推进国家治理体系和治理能力现代化》，《求是》2020 年第 1 期。

⑤ 习近平：《切实把思想统一到党的十八届三中全会精神上来》，《人民日报》，2014 年 1 月 1 日。

⑥ 《以新的发展理念引领发展》（2015 年 10 月 29 日），习近平《论坚持全面深化改革》，中央文献出版社，2018 年，第 173 页。

⑦ 《习近平主持召开中央全面深化改革委员会第十三次会议强调：深化改革健全制度完善治理体系 善于运用制度优势应对风险挑战冲击》，《人民日报》，2020 年 4 月 28 日。

⑧ 韩自强：《应急管理能力：多层次结构与发展路径》，《中国行政管理》，2020 年第 3 期。

⑨ 转引自何毅亭：《做习近平总书记要求的“四有”干部》，《学习时报》，2015 年 1 月 22 日。

利益中来认识，放在贯彻落实总体国家安全观中来思考。”[①] 党的十九大将“增强驾驭风险本领”作为增强执政本领的重要方面。2019 年 1 月，习近平总书记进一步强调：“防范化解重大风险，是各级党委、政府和领导干部的政治职责。”之后，他在 2020 年秋季学期中央党校（国家行政学院）中青年干部培训班开班式上提出干部特别是年轻干部要提高“应急处突能力”等七种能力。为落实党中央国务院部署，《国家突发事件应急体系建设“十三五”规划》对强化领导干部应急管理能力培训与加强应急管理干部队伍建设均做了明确规定[②]。中共中央印发的《2018—2022 年全国干部教育培训规划》，把抓好总体国家安全观与应急管理等纳入干部培训体系，并已将应急管理纳入中央组织部调训计划内容。中共中央办公厅印发的《党政领导干部考核工作条例》明确指出“驾驭风险本领”是考核领导班子领导能力的重要内容。《全国应急管理干部大培训总体方案》（应急〔2020〕16 号）计划用三年时间，在全国范围内开展应急管理干部大培训。这些都是有助于提高应急管理人素质的重要措施。

三、伟大抗疫精神彰显我国应急管理强大软实力

新冠感染疫情既是对我国治理体系和治理能力的一次“大考”，也是对我国应急管理软实力建设成效的检验。实践证明，这次疫情防控充分彰显了党的十八大以来我国应急管理软实力建设的显著成效。我国应急管理体系建设起步晚，在医学、科技等方面总体上不如西方发达国家，但我们在以习近平同志为核心的党中央强有力领导下，坚持人民至上、生命至上，与时间赛跑，通过迅速打响疫情防控的人民战争、总体战、阻击战，用短短一个多月的时间遏制了疫情蔓延势头，控制了疫情的蔓延，体现了强大的应急管理效能。这次抗疫斗争，“14 亿中国人民显示出高度的责任意识、自律观念、奉献精神、友爱情怀，铸就起团结一心、众志成城的强大精神防线”[③]，铸就了伟大抗疫精神。我国抗疫斗争显著成效及在此过程中形成的伟大抗疫精神，既是应急管理软实力建设发挥作用的充分体现，又构成了我国应急管理软实力的重要内容，将对我国应急管理实践产生深远而持续的影响。

1. 生命至上彰显我国应急管理价值软实力

新冠疫情发生后，以习近平同志为核心的党中央坚持生命至上的应急价值取向，高度重视，积极响应。习近平总书记亲自指挥、亲自部署这场疫情阻击战。2020 年 1 月 25 日，中共中央政治局召开紧急会议，并成立应对疫情工作指挥中心，把以“人民生命重于泰山”作为疫情防控宗旨，成立联防联控、群防群控小组。习近平总书记多次强调，要把人民群众生命安全和身体健康放在第一位。他指出：“在重大疫情面前，我们一开始就鲜明

---

① 习近平在中共中央政治局第二十三次集体学习时强调：牢固树立切实落实安全发展理念 确保广大人民群众生命财产安全，《人民日报》，2015 年 5 月 31 日。

② 参见：《国务院办公厅发布〈国家突发事件应急体系建设“十三五”规划〉》，《中国应急管理》，2017 年第 7 期。

③ 习近平：《在全国抗击新冠肺炎疫情表彰大会上的讲话》，《人民日报》，2020 年 9 月 9 日。

提出把人民生命安全和身体健康放在第一位”，“人民至上、生命至上，保护人民生命安全和身体健康可以不惜一切代价”①。国家以非常之举应对非常之事，“防”与“控”并举两手抓。为防止疫情的全面扩散，我国实行了史无前例的严格防控，武汉市全面封城。各省份纷纷启动一级应急响应，严防严控。很快在全国形成了从医学科学家到一线医护人员、从社区管理人员到志愿者、从党政机关到国有企业、公立医院，都全力投入到生命救治工作之中的强大力量②。同时，举全国之力，从全国各地调集医护人员和物资支援湖北，并建立方舱医院，实行应收尽收，从而快速有效地控制住了疫情传播。从这个意义上说，中国抗疫之所以卓有成效，首先是因为中国治理模式坚守中国独有的价值理念，始终坚持“人民群众生命与安全高于一切”，从根本上解决了“为谁（人民群众）治理”的问题③。

2. 举国同心彰显我国制度软实力

我国的制度优势集中体现在集中性、协调性、高效性三大方面。集中性就是能够集中力量办大事；协调性是中央和地方政权机关的强大协调能力；高效性则是各级政府集中统一管理所表现出的决策、执行的高效特点④。举国同心背后所体现的是我国集中力量办大事的制度优势。突发公共事件发生后，这一优势表现在：能在高压状态下快速形成强大战斗力和号召力，从而有效调动各方资源和各种力量。而与集中性同时发挥作用的是协调性与高效性。从而在整个疫情防控过程中形成了“强大的组织动员能力、统筹协调能力、贯彻执行能力”⑤，有力保障了疫情防控工作的顺利开展。为有效防控疫情，在应急人员调配上，自 2020 年 1 月 24 日至 3 月 8 日，全国共调集 346 支国家医疗队、4.26 万名医务人员、900 多名公共卫生人员驰援湖北。在医疗设施建设上，仅仅用了十多天时间，就先后建成火神山医院和雷神山医院，从而在很大程度上缓解了紧张局面；同时改建 16 座方舱医院，并开辟 600 多个集中隔离点。另外，将汶川地震建立的对口支援用于疫情防控，全国 19 个省区市对除武汉以外的 16 个市州进行对口帮扶⑥。在医疗物资调配上，一方面通过派遣干部深入生产企业，打通医疗物资生产企业的上下游供应链，帮助企业恢复生产；同时，根据各地实际情况对亟须的医疗物资进行统筹分配，以确保前线医疗物资的足额供应，从而逐步解决了医疗物资紧缺问题。举国同心在行动上表现为“群防群控”策略的实施，实际上解决了我国国家治理中独有的“靠谁治理”的根本性问题⑦。正是因为如此，

① 《习近平关于防范风险挑战、应对突发事件论述摘编》，第 166 页。

② 何萍：《抗疫的硬实力与软实力：一种观察视角》，《湖北社会科学》，2020 年第 6 期。

③ 欧阳桃花、郑舒文、程杨：《构建重大突发公共卫生事件治理体系：基于中国情景的案例研究》，《管理世界》，2020 年第 8 期。

④ 燕继荣：《制度、政策与效能：国家治理探源——兼论中国制度优势及效能转化》，《政治学研究》，2020 年第 2 期。

⑤ 国务院新闻办公室：《抗击新冠肺炎疫情的中国行动》，《人民日报》，2020 年 6 月 8 日。

⑥ 习近平：《在全国抗击新冠肺炎疫情表彰大会上的讲话》，《人民日报》，2020 年 9 月 9 日。

⑦ 如湖北大批党员下沉基层开展拉网式排查力求实现应收不漏一人，四川大批志愿者报名参与流调以期将关口前移控制传染源头，浙江基层社区发挥主观能动性实行严格的自我监管自我排查。参见欧阳桃花、郑舒文、程杨：《构建重大突发公共卫生事件治理体系：基于中国情景的案例研究》，《管理世界》，2020 年第 8 期。

虽然我国在医疗水平与应急设备等方面不如欧美发达国家，却能通过发挥强大的动员力，举全国之力，将有限资源的作用发挥到极致，从而有效克服了硬实力上的不足，取得了令世人意想不到的良好效果。

3. 舍生忘死彰显我国应急管理人素质软实力

应急管理人素质是一种应急管理软实力，在我国抗击新冠感染的斗争中发挥了关键作用。可以说，无论多完善的应急体制、方案、策略，最终都要由应急管理人来落实执行，没有可靠的应急管理执行者，一切都将无从谈起。在此次抗疫斗争中，包括广大医务人员、党员干部、新闻工作者、社区工作者、快递小哥、环卫工人、志愿者等在内广大应急管理人，他们以迎难而上、舍生忘死的精神奋战在一线，彰显了应急管理人超凡的品格。在疫情进入决战阶段的关键时刻，广大应急管理人过硬的政治素质尤为重要。习近平总书记强调：“干部政治上过不过得硬，就要看关键时刻靠不靠得住”，“关键时刻冲得上去、危难关头豁得出来，才是真正的共产党人。”① 无数基层党组织和广大党员在“火线”上淬炼党性。25 000 多名优秀分子在火线上宣誓入党，在全国一线参与防控的党员、干部达 3 914.4 万，在抗击新冠感染疫情中，不幸感染的党员、干部达 2 337 人，396 名党员、干部牺牲在抗疫一线②。此外，不计其数的快递小哥、志愿者、环卫工人等奔波在抗疫一线，他们冒着生命危险，参与抗击新冠感染疫情行动，为我国快速有效地控制疫情做出了积极贡献。

4. 尊重科学彰显我国技术治理软实力

科学技术本身是硬实力的基础而不是软实力，但一个国家或民族对科学的尊重和敬仰，将作为物质构件的技术，如计算机、因特网、数字通信技术等现代科技成果，嵌入到国家治理结构与治理机制之中，将其转变为一种治理技术，并通过对现实政治过程的修正、互动与重构，最终沉淀为新型的治理理念、治理结构与治理机制③，构成了国家软实力的核心支柱。在我国应急管理实践中，技术治理正在“成为一种国家权力的运行工具和实现方式，赋权和赋能于管理的主体和客体”④，也成为我国应急管理软实力的重要内容。所以，在未知的新型传染性疾病面前，我国“秉持科学精神、科学态度，把遵循科学规律贯穿到决策指挥、病患治疗、技术攻关、社会治理各方面全过程”⑤，从而使尊重科学成为我国抗疫精神的重要部分。在部署疫情防控时，习近平总书记多次强调，“要鼓励运用大数据、人工智能、云计算等数字技术，在疫情监测分析、病毒溯源、防控救治、资源调配等方面更好发挥支撑作用”⑥。在抗疫实践中，无论是百度、阿里巴巴、腾讯等大型企业，

---

① 习近平：《在统筹推进新冠感染疫情防控和经济社会发展工作部署会议上的讲话》，《人民日报》，2020 年 2 月 24 日。

② 中共中央组织部党建研究所：《党的强大领导力和执政力的充分彰显与锻造》，《求是》，2020 年第 20 期。

③ 唐亚林：《国家治理在中国的登场及其方法论价值》，《复旦学报（社会科学版）》，2014 年第 2 期。

④ 董幼鸿、叶岚：《技术治理与城市疫情防控：实践逻辑及理论反思》，《东南学术》，2020 年第 3 期。

⑤ 习近平：《在全国抗击新冠肺炎疫情表彰大会上的讲话》，《人民日报》，2020 年 9 月 9 日。

⑥ 习近平：《全面提高依法防控依法治理能力，健全国家公共卫生应急管理体系》，《求是》，2020 年第 5 期。

还是像码全科技这样的小型企业，均发挥了重要作用。如使用最广的健康码，除了主要由阿里巴巴提供技术支撑，小公司码全科技也功不可没。健康码的成功使用，彻底改变了疫情防控最初阶段我国依靠人海战术与手工操作对流动人口和复工复产企业进行层层审批和逐级上报而陷入“表海”之中的抗疫格局，实现了疫情防控的智慧治理，显著提高了抗疫效率和能力。

四、持续推动我国应急管理软实力建设的基本进路

约瑟夫·奈指出，“中国古代文化虽然从未提及软实力，但中国人其实早已深谙此道”[①]。尽管党的十八大以来我国应急管理软实力得到了大幅度提升，这次抗疫实践及取得的伟大抗疫精神更是彰显了我国应急管理强大软实力。但不可否认的是，我国应急管理仍然存在诸多短板，尤其是应急管理体系中“硬件很硬，软件很软”现象仍然十分突出，以及由此导致的应急管理系统软、硬结构性失衡成为我国应急管理体系的关键短板，其直接后果是导致应急管理系统本身韧性不足而加大了其面对灾害时的脆弱性。该问题已成为制约我国应急管理体系和能力现代化的重要因素。我国应以此次疫情为契机，弘扬伟大抗疫精神，从文化力、制度力、协调力与动员力等方面持续推动应急管理软实力建设，以实现应急管理软、硬实力的均衡发展，进一步提高应急管理体系和能力现代化水平。

1. 文化力：培育融入血脉的公共安全与应急文化

软实力是基于文化，因为文化是根，春风化雨，润物无声。作为应急管理根基和灵魂的应急文化，是公共安全在意识形态领域和人们思想观念上的综合反映，往往内化为人的一种较为稳定的属性，它以安全价值观为核心，包括风险防范意识、安全行为方式、自救互救意识和技能等[②]。应急文化具有信念凝聚、精神激励、行为规范等功能，对提高应急管理能力具有长远的意义[③]。提升我国的应急文化力，就是要在培育融入血脉的公共安全与应急文化的基础上，不断提升将应急文化资源转化为应急文化力的能力，使应急文化为应急管理能力建设提供源源不断的动力。首先，明确应急文化建设的重点。将学校、家庭和社区、企业三个方面作为应急文化建设重点：在学校，加快落实《大中小学国家安全教育指导纲要》，从小学、中学到大学，对学生们进行相应的安全教育和实操演练，提高学生的应急安全素养；在家庭和社区，通过多途径、多方式进行应急文化普及教育，建设平安家庭和安全企业；在企业，进一步加强企业应急文化建设。其次，明确应急文化建设对象。从对象上，应急文化不仅包括公众和企业的文化建设等，还应包括应急专业队伍的文化建设。应急管理部成立之后，应急专业队伍的文化建设更是迫切需要提上日程。可以考虑将习近平总书记训词中对国家综合性消防救援队伍提出的“对党忠诚、纪律严明、赴汤

① Joseph S Nye. “China and soft power. South African Journal of International Affairs”, South African Journal of International Affairs, Vol. 19, No. 2, 2012.

② 闪淳昌等著：《中国突发事件应急体系顶层设计》，第 113 页。

③ 罗云：《发挥文化引领作用 建设应急文化体系》，《中国应急管理报》，2019 年 2 月 12 日。

蹈火，竭诚为民”作为核心内容。最后是在具体举措上，加快制定《全民应急文化建设纲要》。这是我国应急文化建设的当务之急，目的在于使强化应急准备、提高应急能力成为全社会的自觉，增强全社会的安全意识与应急责任意识，风险识别能力和避险、自救互救能力，构建全民应急管理工作格局①，从而内化为软实力。

2. 制度力：完善更具包容性的应急管理制度体系

制度构成了软实力的来源与基础，具有软实力的制度模式是一个国家文明最为重要的体现②。2018 年组建应急管理部是我国应急管理结构的一次整体性重构，但因为改革牵涉面广，整合的部门众多，在新旧体制转型、职责交接的特殊时期，面临一系列亟待解决的问题，需要从制度上处理好“破”与“立”“统”与“分”“防”与“救”“上”与“下”的关系③，使之更具包容性，让软实力得到进一步彰显。因此，提升我国应急管理制度力，就是要强化具有包容性的应急管理制度体系建设，完善能够彰显软实力的应急管理制度体系，使制度体系成为应急管理软实力提升的强大动力和根本保障。总体思路是以此次机构改革为契机，通过推进应急管理体系和能力现代化进一步发展和完善更具包容性的应急管理制度。具体而言，就是在坚持党对应急管理工作全面领导地位，发挥集中力量办大事制度优势的同时，将其与调动全社会力量有机结合，从建立具有可持续性和包容性社会的高度，把防灾减灾和可持续发展举措下沉到妇女、儿童、残疾人与老年人等底层群体与弱势群体及相关地区，同时吸纳并促进社区、民间组织与企业等力量参与，将所有利益相关者纳入应急管理体系，真正形成以人民为中心、更具包容性的应急管理制度体系。

3. 动员力：迈向更具亲和性的应急管理“软动员”

社会动员已成为我国克服急难险重问题尤其是抗击各类重大灾害的重要手段。因为社会动员可以提高应急效率，降低应急管理成本，减少突发事件给社会造成的损失④。从 2008 年的汶川地震救援到新冠感染疫情防控，无不表明强大动员力在战胜巨灾中发挥的重大作用。但动员力有不同层次与方式，传统社会动员主要依靠行政命令的强制性、意识形态与发动群众运动而实现，是一种强制型动员，也可以称为“硬动员”；而与应急管理现代化相适应的社会动员则更加注重运用市场与法律手段、社会规范与文化浸润，是一种“软动员”。前者主要依靠强制力，并非软实力；后者则无须通过强制就能实现，遵循平等、知情、自愿、利益和价值导向等原则，只有这样的动员力才能真正转化为软实力。与传统动员方式相比，其动员主体的行为方式由动员客体的需要来决定，严格遵循法律框架和市场规律，而且，主体行为受到客体反馈的影响⑤。因此，“软动员”更具亲和性，也更有持久性。提升我国应急动员力，就是要实现“硬动员”向“软动员”转变，目标是使全

① 刘铁民：《构建新时代国家应急管理体系》，《中国党政干部论坛》，2019 年第 7 期。

② 胡伟：《依法治国与制度软实力：“中国梦”的新维度》，《政治学研究》，2014 年第 6 期。

③ 薛澜：《学习四中全会〈决定〉精神，推进应急管理体系和能力现代化》，《公共管理评论》，2019 年第 3 期。

④ 雷晓康：《突发公共事件应急管理的社会动员机制构建研究》，《四川大学学报（哲学社会科学版）》，2020 年第 4 期。

⑤ 王金涛、陈琪：《软动员：国家治理现代化视阈下的社会动员转型》，《新视野》，2017 年第 1 期。

社会力量成为应急管理中的利益相关者，有效参与风险治理与应急管理，实现“突发事件风险防范责任人人共担，应急管理安全收益人人共享”[①]。为此，首先，改变动员方式。改变强调政治性，主要采用行政命令、群众运动等方法的传统动员，转而运用经济激励、政策供给与宣传引导等方式实现社会动员。其次，完善应急动员制度。一是优化动员机制，在政府与被动员者之间建立合作规则的基础上，将应急动员融入应急管理全过程，建立基于应急管理全过程的沟通协调机制、资源—功能整合机制与联合行动机制；二是完善动员法制，实现应急动员法制化。如针对在《突发事件应对法》等法律法规中应急动员缺乏明确规定而难以充分激发被动员者积极性的现状，对公民如何高效、有序参与应急管理与参与的责、权、利等作出更加明确的规定。三是完善应急管理培训制度。针对应急动员需要被动员方具备一定的能力作支撑[②]，完善公众的应急参与培育制度，提高其应急参与能力。最后，加强基层应急组织建设。基层是做好应急管理工作的坚强堡垒。可以通过在基层公务人员和党员干部中加强党的建设，提高其社会动员与应急管理能力，从而凝聚社会，并提高基层应急能力，为应急动员奠定坚实的基础。

4. 协调力：打造更具韧性的应急管理系统

组织是由人员与机构等构成的系统，组织运行有赖于人的管理，而管理则是对组织内外人员及所需资源的协调。故协调力是实现有效管理的核心能力。正是在这个意义上，法约尔将组织职能分为专业职能和管理职能，并借用生理学原理，将二者分别比作人体的肌肉系统与大脑系统——如果没有大脑系统，人的身体不过是一堆没有活动能力的肉体，所有器官的功能就会丧失殆尽。[③] 以此强调起协调作用的管理职能的极端重要性。协调是沟通、联合，并使所有行为和力量达到和谐统一[④]。协调力的主要作用在于促进系统内各方力量的一致行动，形成组织韧性，使系统得以高效运行。而相对于常规管理，协调力在应急管理中地位尤其关键，因为灾害应对往往超越了任何单个部门的力量，故应急管理本质上要求在不同机构、不同层级的政府、私营部门、非营利组织与公众等之间进行广泛沟通协调[⑤]。因此需要坚持“优化、协同、高效”的原则，推动跨越部门界限，发挥好突发事件应对的统筹协调作用，以此形成更具韧性的应急管理系统。首先，应加强应急管理部门与其他相关部门协调，提高跨部门协调力。针对影响当前我国应急管理机构职能发挥的关键问题——应急管理部门理想职能定位与实际机构设置之间存在结构性矛盾，一是设立国家应急管理委员会，以高层次议事协调机构来强化跨部门协调；二是建立统一的应急力量和资源保障体系，以力量和资源整合来强化跨部门协调；三是加强跨部门协调方面的法制

---

① 王宏伟：《找准新发展理念下应急管理新定位》，《中国应急管理报》，2021 年 3 月 30 日。

② 宋劲松：《应急管理社会动员》，第 16 页，中国经济出版社，2012 年版。

③ 亨利·法约尔著：《工业管理与一般管理》，第 114 页，机械工业出版社，2007 年版。

④ 亨利·法约尔著：《工业管理与一般管理》，第 6 页。

⑤ Donald F Kettl. System under stress: The challenge to 21st century governance. third edition, Sage, 2014.

建设，以制度规范来强化跨部门协调①。其次，应强化政府与社会力量的协调，提升对社会的协调力。关键措施在于完善政府、非政府组织、企业与公众等广泛参与的应急管理合作关系，推进应急管理体系向社会化发展。最后，完善联防联控与群防群控机制。联防联控和群防群控是我国应急管理中常用而有效的方法，能有效解决紧急状态应急管理所需的效率和资源问题②，但应针对该机制存在的资源错配和决策失误以及对个人权利侵蚀等问题，应进一步加以完善。当务之急是在准确把握国家控制与国家动员边界的基础上，通过夯实基层应急管理、强化基于关系网络的人员动员和资源动员，逐步强化社会控制和社会动员③，逐步弱化联防联控和群防群控机制中的强制性成分，更多地发挥其韧性作用。另外，还应加强属地职责与部门间的协调，使"统一领导、综合协调、分类管理、分级负责、属地为主"应急管理体制真正得以建立和运行。

参考文献

[1] 习近平在全国抗击新冠肺炎疫情表彰大会上的讲话 [N]. 人民日报，2020-9-9 (2).

[2] 欧阳桃花，郑舒文，程杨. 构建重大突发公共卫生事件治理体系：基于中国情景的案例研究 [J]. 管理世界，2020，36 (8)：19-32.

[3] 约瑟夫·奈. 软实力 [M]. 马娟娟，译. 北京：中信出版社，2013.

[4] 何萍. 抗疫的硬实力与软实力：一种观察视角 [J]. 湖北社会科学，2020 (6)：32-35.

[5] 乃风，孔琳. 软实力：大国崛起方程式"国家软实力建构与中国公共关系发展高层论坛"报道 [J]. 国际公关，2007 (2)：14-17.

[6] 阎学通. 从和谐世界看中国软实力 [N]. 环球时报，2005-12-16 (2).

[7] 蒋英州，叶娟丽. 国家软实力研究述评 [J]. 武汉大学学报（哲学社会科学版），2009，62 (2)：241-249.

[8] Bakalov I. Whither soft power? Divisions，milestones，and prospects of a research programme in the making [J]. Journal of Political Power，2019，12 (1)：1-23.

[9] 闪淳昌，等. 中国突发事件应急体系顶层设计 [M]. 北京：科学出版社，2017.

[10] 姜长云，姜惠宸. 新冠肺炎疫情防控对国家应急管理体系和能力的检视 [J].

① 钟开斌：《战略与决策找回"梁"——中国应急管理机构改革的现实困境及其化解策略》，《中国软科学》，2021年第1期。

② 联防联控是通过打破科层体系层级壁垒和部门分割，实现不同层级政府与部门间的统筹协调行动，旨在提高应急管理效率；群防群控则是通过对基层社会的统筹协调，唤醒和汲取社会资源，以解决紧急状态下资源短缺问题。

③ 有学者根据控制—动员、国家—社会的关系，把应急管理分为四个组成部分：国家控制、国家动员、社会控制和社会动员。前二者是动用国家力量控制和国家对科层体系与基层社会的动员；后二者则是社会自身的控制和动员，故无须强制力。参见：孔凡义、施美毅《联防联控和群防群控：我国应急管理中的控制和动员机制》，《湖北行政学院学报》，2020年第2期。

管理世界，2020，36（8）：8-18.

[11] 程惠霞．“科层式”应急管理体系及其优化：基于“治理能力现代化”的视角[J]．中国行政管理，2016（3）：86-91.

[12] 薛澜．中国应急管理系统的演变 [J]．行政管理改革，2010（8）：22-24.

[13] 高小平．建设中国特色的应急管理体系 [J]．中国应急管理，2009（4）：11-17.

[14] 钟开斌．中国应急管理体制的演化轨迹：一个分析框架 [J]．新疆师范大学学报（哲学社会科学版），2020，41（6）：73-89.

[15] 夏明方，朱浒．《中国荒政全书》的编纂及其历史与现实意义 [J]．中国图书评论，2007（2）：10-12.

[16] 高小平．中国特色应急管理体系建设的成就和发展 [J]．中国行政管理，2008（11）：18-24.

[17] 全国防治非典工作会议在京举行 [N]．人民日报，2003-7-29（1）.

[18] 中共中央关于构建社会主义和谐社会若干重大问题的决定 [N]．人民日报，2006-10-19（1）.

[19] 温家宝在十一届全国人大一次会议上的政府工作报告 [N]．人民日报，2008-3-6（2）.

[20] 胡锦涛．在全国抗震救灾总结表彰大会上的讲话 [N]．人民日报，2008 10-9（2）.

[21] 童星．中国应急管理的演化历程与当前趋势 [J]．公共管理与政策评论，2018，7（6）：11-20.

[22] 李立明，姜庆伍．中国公共卫生理论与实践 [M]．北京：人民卫生出版社，2015.

[23] 王沪宁．作为国家实力的文化：软权力 [J]．复旦学报（社会科学版），1993（3）：91-96.

[24] 坚持总体国家安全观 走中国特色国家安全道路 [N]．人民日报，2014-04-16（1）.

[25] 中共中央党史和文献研究院．习近平关于防范风险挑战、应对突发事件论述摘编 [M]．北京：中央文献出版社，2020.

[26] 汇聚起维护国家安全强大力量 不断提高人民群众安全感幸福感 [N]．人民日报，2016-4-15（1）.

[27] 闪淳昌，薛澜，彭宗超，等．中国为什么能率先重启？[EB/OL]．（2020-10-29）．http://ccmr.sppm.tsinghua.edu.cn/cnews/1032.jhtml.

[28] 习近平．在第二届世界互联网大会开幕式上的讲话 [N]．人民日报，2015-12-17（2）.

[29] 中国共产党第十九届中央委员会第五次全体会议公报 [EB/OL]．（2020-10-

29). http://www.xinhuanet.com/2020-10/29/c_1126674147.htm.

[30] 中共中央 国务院关于推进防灾减灾救灾体制机制改革的意见 [N]. 人民日报，2017-1-11 (9).

[31] 国务院办公厅关于印发《国家突发事件应急体系建设“十三五”规划》的通知 [J]. 中华人民共和国国务院公报，2017 (22)：22-35.

[32] 马亮. 四位一体的国家治理——制度优势何以转化为治理效能？[J]. 广西师范大学学报（哲学社会科学版），2021，57 (1)：1-12.

[33] 习近平. 坚持和完善中国特色社会主义制度推进国家治理体系和治理能力现代化 [J]. 求是，2020 (1)：1-5.

[34] 习近平. 切实把思想统一到党的十八届三中全会精神上来 [N]. 人民日报，2014-1-1 (2).

[35] 中共中央党史和文献研究院. 习近平《论坚持全面深化改革》[M]. 北京：中央文献出版社，2018.

[36] 深化改革健全制度完善治理体系 善于运用制度优势应对风险挑战冲击 [N]. 人民日报，2020-4-28 (1).

[37] 韩自强. 应急管理能力：多层次结构与发展路径 [J]. 中国行政管理，2020 (3)：137-142.

[38] 何毅亭. 做习近平总书记要求的“四有”干部 [N]. 学习时报，2015-1-19 (1).

[39] 牢固树立切实落实安全发展理念 确保广大人民群众生命财产安全 [N]. 人民日报，2015-5-31 (1).

[40] 燕继荣. 制度、政策与效能：国家治理探源——兼论中国制度优势及效能转化 [J]. 政治学研究，2020 (2)：2-13.

[41] 中华人民共和国国务院新闻办公室. 抗击新冠肺炎疫情的中国行动 [N]. 人民日报，2020-6-8 (10).

[42] 习近平. 在统筹推进新冠肺炎疫情防控和经济社会发展工作部署会议上的讲话 [N]. 人民日报，2020-2-24 (2).

[43] 中共中央组织部党建研究所. 党的强大领导力和执政力的充分彰显与锻造——关于抗击新冠肺炎疫情伟大斗争的观察与思考 [J]. 求是，2020 (20)：43-50.

[44] 唐亚林. 国家治理在中国的登场及其方法论价值 [J]. 复旦学报（社会科学版），2014，56 (2)：128-137.

[45] 董幼鸿，叶岚. 技术治理与城市疫情防控：实践逻辑及理论反思——以上海市××区“一网统管”运行体系为例 [J]. 东南学术，2020 (3)：24-33.

[46] 习近平. 全面提高依法防控依法治理能力，健全国家公共卫生应急管理体系 [J]. 求是，2020 (5)：1-5.

[47] Nye J S. China and soft power [J]. South African Journal of International Af-

fairs，2012，19（2）：151-155.

［48］罗云. 发挥文化引领作用 建设应急文化体系［N］. 中国应急管理报，2019-2-12（1）.

［49］刘铁民. 构建新时代国家应急管理体系［J］. 中国党政干部论坛，2019（7）：6-11.

［50］胡伟. 依法治国与制度软实力："中国梦"的新维度［J］. 政治学研究，2014（6）：20-28.

［51］薛澜. 学习四中全会《决定》精神，推进国家应急管理体系和能力现代化［J］. 公共管理评论，2019，1（3）：33-40.

［52］雷晓康. 突发公共事件应急管理的社会动员机制构建研究［J］. 四川大学学报（哲学社会科学版），2020（4）：37-42.

［53］王金涛，陈琪. 软动员：国家治理现代化视阈下的社会动员转型［J］. 新视野，2017（1）：37-42.

［54］王宏伟. 找准新发展理念下应急管理新定位［N］. 中国应急管理报，2021-3-30（1）.

［55］宋劲松. 应急管理社会动员［M］. 北京：中国经济出版社，2012.

［56］亨利·法约尔. 工业管理与一般管理［M］. 迟力耕，等译. 北京：机械工业出版社，2007.

［57］DF Kettl. System under stress：the challenge to 21st century governance［M］. CQ Press，SAGE，2013.

［58］钟开斌. 找回"梁"——中国应急管理机构改革的现实困境及其化解策略［J］. 中国软科学，2021（1）：1-10.

体育非物质文化遗产保护传承中乡村精英话语权的生成

——基于湖南“汝城香火龙”的田野考察

邱海洪　江　亮　胡　蓉　付　亮*

摘　要：新时代背景下体育非物质文化遗产如何实现“创造性转化与创新性发展”，特别是如何激发文化持有者参与保护传承的内生动力，是当前学界面临的重要议题。本文基于米歇尔·福柯的“话语—权力”理论，采用参与式观察、深度访谈等研究方法，以湖南省“汝城香火龙”活动为田野个案，探讨体育非物质文化遗产保护传承中乡村精英话语权的生成问题。研究认为：自我价值的实现和村落社会“面子与文化资本的赚取”，是乡村精英追求体育非物质文化遗产保护传承中话语权的主要动力。村落（宗族）龙灯理事会是乡村精英为组织、开展“汝城香火龙”活动而组建的自组织，该组织通过内部动员与外部联络的方式进行运作。配合地方政府响应国家文化发展战略，依托文化学者构建“非遗”学术话语以及借助“全媒体”立体化渲染发展图景，是“汝城香火龙”保护传承中乡村精英话语权生成的行动策略。体育非物质文化遗产保护传承中乡村精英话语权的存在，有利于激发文化持有者的文化自觉意识，促进“自上而下”与“自下而上”相结合的“社会共治”保护传承模式的形成。

关键词：体育非物质文化遗产；乡村精英；话语权；文化自觉；汝城香火龙

一、研究的缘起

（一）体育非物质文化遗产申报、评审过程中乡村精英话语权的缺失

非物质文化遗产作为一个新兴的整合性学术概念，源于联合国教科文组织《保护非物

---

* 邱海洪（1982—），男，湖南永兴人，衡阳师范学院体育科学学院副教授，博士研究生，研究方向为体育非物质文化遗产传承与发展。江亮，男，衡阳师范学院体育科学学院教授，博士，博士研究生导师，研究方向：体育赛事品牌与体育用品品牌。胡蓉，女，衡阳师范学院美术学院讲师，博士，研究方向为传统民居装饰。付亮，男，衡阳市成章实验中学，体育组，中学一级教师。

质文化遗产公约》(下文简称《公约》)和一系列的工作文件。《公约》规定民族—国家是申报世界非物质文化遗产的唯一合法主体，确定了国家行政权力在非物质文化遗产申报、评审过程中的主导地位。在中国非物质文化遗产的首倡者是官方，国家自上而下颁布、实施了一系列相关政策与法律、法规，建立健全了国家、省、市、县四级非物质文化遗产保护名录体系。《中华人民共和国非物质文化遗产法》第三条规定："国家对体现中华民族优秀传统文化，具有历史、文学、艺术、科学价值的非物质文化遗产采取传承、传播等措施予以保护。"我国现行的非物质文化遗产代表性项目名录产生的程序，是由县级—市级—省级的人民政府文化主管部门负责进行逐级申报，国家级非物质文化遗产代表性项目名录则由国务院文化主管部门组织专家进行初评和审议，并将通过专家评审和完成公示的项目报国务院批准、公布。"汝城香火龙"于2006年入选第一批湖南省级非物质文化遗产名录，2008年被列为第一批国家级非物质文化遗产扩展项目名录。从国家级和省级公布的批文显示，"汝城香火龙"的申报单位为湖南省汝城县，保护单位为汝城县文化馆。由此可见，无论是"自上而下"制定、实施的非物质文化遗产保护政策与法律、法规，还是"自下而上"逐级申报的非物质文化遗产代表性项目名录，都是按照国家、地方政府、文化学者等主流话语以及高度政治化过程决定的结果，而忽视了遗产原初主体——地方性文化持有者的作用和影响，在此过程中，作为文化持有者的乡村精英则长期局限于客观的"深描"对象层面，处于沉默或"失语"的境地。

(二)体育非物质文化遗产传承实践中乡村精英的主体性角色

"申遗"不是终点，传承才是重点。非物质文化遗产作为一种文化事实，其所蕴含的各种技艺、知识、表演、习俗，更多依靠人的活动为主要传承途径。有学者提出："非物质文化遗产在根本上是民众生活的一部分，其的传承与展演必须遵照民众的固有方式与传统，要立足于'本土文化主体'的发展。"2015年联合国教科文组织颁布的《保护非物质文化遗产伦理原则》明确提出："相关社区、群体和个人在保护其所持有的非物质文化遗产过程中应发挥主要作用。"在对"汝城香火龙"活动的参与式田野调查中发现，在当地"汝城香火龙"活动的组织开展都是以村落(宗族)为单位，每一个保留这一传统的村落(宗族)都成立了他们各自的"龙灯理事会"组织。龙灯理事会由十余名乡村精英共同组成，负责"汝城香火龙"活动的一切事宜。他们是活动的发起者、组织者、宣传者和活动经费的主要筹集者。龙灯理事会决定活动的开展与否，确定活动的时间与规模。田野经验告诉我们，乡村精英在"汝城香火龙"活动中具有绝对的权威与话语权。这就促使我们思考：乡村精英作为体育非遗申报、评审过程中曾被遮蔽或压抑的"无权者"，如何成为其传承实践中的"主角"，进而拥有了话语权。也即他们的话语权是如何生成的？本文即以此为主题，探讨体育非遗保护传承中乡村精英的话语权问题。

(三)文献回顾

我们首先要面对的是"乡村精英"和"话语权"的概念。乡村精英又被称为"村庄能人”或“乡土精英”，他们在村落社会中处于承上（国家）启下（村民）的中介地位[1]，是乡村治理和乡村文化建设研究的重要群体。国内关于乡村精英的研究始于19世纪末20世纪初，其研究范式主要经历了乡村精英的地位和功能→乡村精英的角色分类→乡村精英的结构及其变迁趋势等过程。关于乡村精英的定义，学者主要围绕“影响力决定论”和“资源优势论”展开，前者强调乡村精英是在乡村公共事务上具有较高影响力的个体，后者则指拥有超越普通村民优势资源的个体[2]。贺雪峰等乡村研究学者依据帕累托的精英理论，将乡村精英定义为：“那些在乡村中拥有相对资源优势及社会影响力超过一般村民社会影响力的那类村民”，并将其分为体制精英和非体制精英。其中，体制精英指掌握着乡村正式权力资源的村组干部，他们的社会影响力来源于国家政权体系的正式授权与认可，而非体制精英则指在乡村社会中有一定经济、文化、社会影响力的村民[3]。此定义综合了“影响力决定论”和“资源优势论”两方面，文中论述的乡村精英沿袭了该定义及分类方式。在非物质文化遗产保护传承实践与研究中，乡村精英得到了学界的关注，学者认为，非物质文化遗产保护传承的主体应该是以社区居民和传承人为主的文化持有者[4]，需要特别强调“家园生态”的维持与重建，以及地方文化持有者的重要作用[5]，对其保护传承的最好方式就是让其回归民众日常生活[6]，以文化持有者为核心，尊重文化发展的内在规律，推动其创新和发展[7]。部分乡村精英被国家或地方政府认定为非物质文化遗产代表性项目代表性传承人，但是在文化认同、价值认定上并没有形成固定内核的群体组织，应从乡村文化角度出发，自下而上完善传承人认定制度[8]。

话语权的概念最初源于苏联语言学家巴赫金的超语言学思想，后经法国哲学家、社会学家米歇尔·福柯的进一步发展而形成话语—权力理论。福柯在其著作《话语的秩序》中将话语与权力联系起来，深刻地阐述了权力与话语相互构建的关系。福柯认为，话语权是一种不可或缺的资源——发展的过程就是呈现，需要不断彰显，拥有话语权就拥有了彰显的平台，因此，社会上所有的人都需要借助话语权，在社会生活中寻求最大化地呈现和表达机会。同时，话语权在很大程度上能够保障话语者赢得社会地位，并由此获得利益[9]。话语权是当前民主政治研究和社会学研究中出现频率较高的一个词语，有学者认为，少数民族乡村精英在民族社会中的功能和责任十分显著，他们的话语体系呈现出独有的内容特征和权力模式[10]。在关注乡村“在场”的艺术精英的同时，更要关心失去话语权的“过往”的艺术精英，这样才能使当代的民间艺术得以均衡发展[11]。随着社会的发展，话语权被引入体育研究领域。目前，中国体育国际话语权的研究是学界关注的热点，研究主要集中在体育国际话语权的概念和内涵、历史发展梳理、中国体育国际话语权存在的问题和提升策略等。部分学者以话语权为视角关注弱势群体体育基本利益的保障、农民工体育话语权的缺失、女性体育文化发展等问题。另有学者从国家层面、社会环境和地方文化持有者三个层面分析了体育非遗传承人身份呈现的现实境遇[12]，在传承人认定制度方面，提出应增加民间权威声音、保障民间话语权[13]。

综上所述，众多学者从各自的学术视角对乡村精英、话语权的概念、内涵及在人文社会科学中应用进行了较多的论述，也有部分学者开始关注乡村精英话语权问题，为课题组思考体育非遗保护传承中乡村精英话语权的生成提供了很好的理论参考。同时，我们也发现，现有研究成果主要集中在对乡村精英话语权拥有的价值和功能、现状与存在问题及提升策略方面，而对于乡村精英话语权是如何生产出来的，对其产生机制的分析却始终未进入学者们的视线。乡村精英话语权的分析是文化持有者权力结构分析的切入点，也是体育非遗"在地化"保护传承的关键。文章循着米歇尔·福柯"话语—权力"理论路径，对"体育非遗"保护传承中乡村精英话语权生成的动力、路径及影响，从学理上加以挖掘和阐释，解读其背后行动逻辑，以期完善相关研究。

二、案例地与方法交代

本文的田野点是湖南省汝城县的一个客家传统村落（以下简称金村）。汝城县属于客家文化扩展聚居区，是湖南省 5 个"非纯客住"县之一。据金村叶氏族谱记载，始迁祖（叶广信）原籍南雄府（今广东韶关南雄市），明成化中徙居桂阳（今汝城）金村。"汝城香火龙"是当地客家人在传统节日期间以村落（宗族）为单位，组织开展的一项舞龙习俗（又称舞龙灯）。据《汝城县志》（1932 年版）卷二十一记载："元宵扮演龙灯，花炮、管弦、钲鼓喧闹城乡以乐升平，谓之年消。"又："汝民向耐劳苦，无他娱乐，为（唯）演剧为社会唯一有兴趣事，其关于团体者则迎神忏仙，农隙报赛申乡禁、闹春台及清明祭祖宴谱招龙之属，莫不演剧累日，浃旬远近聚观。"县志中的"龙灯""招龙"均为"汝城香火龙"的文献资料记载。

金村地处汝城县东北部的土桥镇，距土桥镇人民政府 2 km，距汝城县城约 7 km。2010 年金村被评为湖南省第三批历史文化名村，2015 年通过湖南省第四批中国传统村落评审。全村常住村民 622 户，总人口 2 450 人（2018 年数据），包括 6 个自然村，15 个村民小组。村民以叶、卢、李三姓为主，根据三姓的族谱记载，同姓同宗的有叶氏 6 个村民小组（坎上、坎下、砖屋、象形湾上叶家一、二组）、卢氏 3 个村民小组（上巷、下巷、界下）。李氏的 4 个村民小组属"同姓不同宗"，分为"井头一、二组李"和"田心一、二组李"。金村在 1 km^2 范围内分布有六处古祠堂，包括叶氏的敦本堂（俗称叶氏家庙）、达德堂、咸正堂，卢氏的叙伦堂（俗称卢氏家庙），"井头李"的陇西堂和"田心李"的别驾第。这些具有江南建筑特色的古祠堂大多始建于明代，其间经历过多次维修至今基本保存完好，均有确切纪年碑记，具有较重要的历史、艺术、科学价值，金村古祠堂群于 2013 年被列为第七批全国重点文物保护单位。文中之所以对村内姓氏、宗族、宗祠建筑等情况进行介绍，主要是因为"汝城香火龙"活动的举办通常都是以同姓、同宗为单位，以各自宗祠为举办场所组织开展。

本研究主要运用质性研究方法中的参与观察法、实地勘察调查法和个案研究法。笔者对"汝城香火龙"的研究始于 2013 年 12 月，在此之后，每年都要到汝城县对"汝城香火龙"进行田野调查，相继调查、走访了汝城县档案馆、文化馆、金村、广安所、三拱门、周家村、迳口村等，获取了《汝城县志》、"汝城香火龙"国家级（省级）非物质文化遗产申报书、金村叶氏、卢氏、李氏族谱等文献、图片影像资料。对"汝城香火龙"的起源传说、仪式过程、文化特征、组织机制、文化变迁等方面有了较为全面的掌握与理解。围绕“体育非遗”保护传承中乡村精英话语权这一核心问题，笔者多次前往金村进行驻村调研，全程参与了 2016 年、2019 年金村叶氏和 2017 年卢氏家族的“汝城香火龙”活动。从活动的组织发起、扎龙、资金筹集、“乐捐鸿名”、龙头竞标到活动当天招龙仪式的祠堂祭祖、游龙、接龙、化龙等环节。通过参与式观察法、半结构式访谈法和焦点小组访谈法全面系统地进行研究资料收集。在实际操作上，深度访谈的对象包括龙灯理事会成员、“汝城香火龙”省级非物质文化遗产传承人、汝城县文化馆工作人员、当地村民、文化学者等。之后，又通过电话、微信（视频、语音）等方式不断进行回访和追踪调查。另外，还通过文献法查阅关于“汝城香火龙”的既有研究成果，确保更全面地了解“汝城香火龙”发展的历史背景与现实状况。文中凡未明确注明出处的材料，均来自上述田野调查。

三、乡村精英话语权的生成路径

福柯的话语—权力理论揭示了话语是权力的产物，拥有话语也就意味着对权力的实现。乡村精英话语权是指乡村精英作为一个利益群体，以话语的方式进行利益表达，作为影响他人乃至政府决策的权力、手段[13]。以下将从生成动力、组织架构、行动策略三个方面探讨“体育非遗”保护传承中乡村精英话语权的生成。

（一）话语权生成的动力

“体育非遗”保护传承中乡村精英话语权的生成，其实质是其权力的获取，即“体育非遗”的阐述权、言说权、表达权和传承权[14]。那么，乡村精英为何会在“体育非遗”保护传承中追求话语权？也即他们追求话语权的动力是什么？

1. 自我价值的实现

自我价值是指在个人生活和社会活动中，个体对社会做出贡献，而后社会和他人对作为人的存在的一种肯定关系，包括人的尊严和保证人的尊严的物质精神条件。依据《中华人民共和国村民委员会组织法》（2018 年）的规定，村民委员会办理本村的公共事务和公益事业。一年一度的“汝城香火龙”活动是当地村落社会中的一项重要公共事务，属于乡村体制精英组织、管理的工作范畴，从“汝城香火龙”的组织机构龙灯理事会的成员构成来看，大部分的理事会成员都是村组干部。特别是“汝城香火龙”成功“申遗”后，保护传承好当地的非物质文化遗产成为乡村体制精英工作考核的一项参考指标。随着我国社会经济的转型发展，国家正式权力在乡村社会的有限撤出，尤其是 2006 年国家彻底取消农业税费后农村税费改革、计划生育全面放开两孩政策后，乡村体制精英与村民的日常互动减少，信息沟通受阻，他们在村庄权力格局中的主导地位逐步“隐身化”。同时，在乡村事务管理过程中的一些资源分配过程中（诸如土地流转、农田、茶山、扶贫补贴等）又容易造成他们与村民之间关系紧张。作为国家级非物质文化遗产的“汝城香火龙”是上接国家文化发展战略，下联村民日常生活的公共事务，通过组织与开展“汝城香火龙”活动可以有效化解乡村体制精英在工作过程中与村民之间的矛盾，重塑他们的乡村精英身份。

如果说乡村体制精英参与“汝城香火龙”活动是他们的“本职工作”，那么，对于乡村非体制精英的积极参与又是出于何种考量？经济学中的“理性人”假设认为，追求利益是人们行动的终极目标，行动者会依据其花费的精力、拥有的技能和投入的资本来预期回报。然而，笔者发现，乡村非体制精英在“汝城香火龙”活动中对经济利益的关注较少，不但组织、参与活动的所有付出都没有报酬，而且他们在活动资金筹集的“乐捐鸿名”中所捐出的金额通常高于一般村民。可见，以经济利益驱动下的理性行为去解释“汝城香火龙”活动中乡村非体制精英的参与行为并不恰当。事实上，乡村非体制精英参与“汝城香火龙”活动更看重的是参与过程带来的能够承载有关尊重、价值、能力等要素的“角色符号”，即自我价值的实现。乡村精英的自我实现主要表现为对社区性价值的追求，将他们拥有的文化资本、经济资本向社会资本和象征资本转化，以实现阶层身份确认、阶层意识激活和阶层地位的再生产。正是因为他们的行为满足履行了村落社会核心的本土文化观念与期待，使得他们在村落社会中树立“威望高、口碑好”的形象。

2. 面子与文化资本的赚取

“面子是中国人调节社会交往最细腻的标准，触及了中国人社会心理最微妙、奇异之点”[15]，学者翟学伟从社会学和社会心理学的角度将“面子”定义为：个体为了迎合某一社会圈认同的形象，经过印象整饰后表现出来的认同性的心理和行为[16]。面子在很大程度上决定了人们的价值观念、行为方式及社会交往。村落社会也被称为“熟人社会”，其基本特征是村民间的熟悉和亲密，表现为“差序格局”的关系结构，家庭、宗族及村落等初级群体是村民生产和生活的基本组织形式，来自血缘的亲情与来自地缘的乡情编织出一个熟人社会的人际关系网络。

以前在村里大伙喜欢讨论谁家的房子盖得漂亮，谁挣的钱多。现在村里条件比过去好了很多，住村里的基本都盖了新房子，也有在县城、市里，甚至大城市买房的，房子这类经济上物品已没有了可比性。大伙更多地倾向于看谁在村里公家事上的付出多，就比如在家族“香火龙”活动中出了多少力、捐了多少钱。（访谈：LZP，男，金村卢氏村民）

舞香火龙是家族的头等大事，作为家族的一员有责任和义务参加，活动需要出钱、出力也是应该的，经济条件好的多出点，经济条件一般的“本分”的还是要出。公家的事情不参与，在村里那是很没有面子的，会让别人瞧不起，在村里住着也没有味。（访谈：YSY，男，金村叶氏村民）

村落熟人社会的面子主要来自公共事务中的互动与交往，即使他们在村落政治、经济方面长期“默默无闻”，但因为他们为村落社会做出贡献，并对村民乃至村落社会结构产生影响，则同样能被推到村落公共事务的“前台”，甚至成为活动的“核心人物”。YLZ就是典型的例子，40多岁的他，在家务农，农闲时到建筑工地打工。YLZ年少时便跟其父亲学习“汝城香火龙”扎制技艺，是目前金村叶氏家族唯一精通该项技艺的中年人。扎龙是“汝城香火龙”活动中的关键环节，他凭该项技艺被族人推选为叶氏家族龙灯理事会成员，全程负责香火龙的扎制。这种基于“面子”的道德分层缓冲了经济差异的分裂效应，维系了熟人社会的秩序。

现在懂香火龙扎制技艺的人很少啦，YLZ很厉害，他是我们家族年轻人里面唯一精通该技艺的人，幸好有他，要不然我们金叶氏香火龙估计难得搞起来。在我们当地，如果一个家族没有会扎龙的人，而又想元宵出龙的话，就只能出钱聘请别村的人来帮忙，光工钱就是一笔不小的开支（近2万元），而且还会被其他村（家族）瞧不起。（访谈：YLS，男，金村叶氏村民）

在此意义上，扎龙技艺就是一种文化资本，在“汝城香火龙”活动中“扎龙人”凭借该资本获得村民的广泛称赞与认可，从而让其获得了一定的权威性。这与布迪厄的资本理论有所不同，布迪厄关于资本转化的论述着眼于“投入—回报”的实践经济学逻辑，即追求最大化的物质或者符号收益[17]。与此不同，乡村精英并非着眼于当下的“投入”在未来可能产生的“回报”，他们在“汝城香火龙”活动中对经济利益的追求显然少于其对道德利益的追求。正如杜赞奇所说的：“村落社区中的乡村精英热衷家族公共事务，是由于提高社会地位、威望、荣耀，并向大众负责的态度，而并不是为了追求物质利益。”村落社会日常生活中一个人的地位如果不能获得他人发自内心的人格信服与权威认同，则经济资源上的优势并不能转化为熟人社会中的优势地位，那些与社区没有任何联系（即没有影响）的人，即便再有钱亦不能算是该社区有面子的人，这对处于村庄情境下的乡村精英们非常明白这一点。因此，乡村精英们特别注意谋求在村民中的良好形象与权威认同，以获得相对稳定的“面子”“关系”与“名望”[18]，从而村落社会中面子与文化资本的赚取成为乡村精英追求话语权的动力之一。

（二）话语权生成的组织架构

社会组织是人们为了有效地达到特定目标，按照一定的宗旨、制度、系统建立起来的共同活动集体，一般分为两类：一类是在民政部门登记的合法团体，另一类则是没有在政府部门登记的草根组织，“汝城香火龙”活动的组织机构龙灯理事会则属于后者。接下来主要从龙灯理事会的组织特征、运作逻辑来分析乡村精英如何通过该组织实现话语权的生成。

1. 龙灯理事会的组织特征

汝城县每一个保留“汝城香火龙”传统的村落都有龙灯理事会。龙灯理事会是以村落（宗族）为单位建立的一种民间自发组织，负责整个活动的各项事务，包括活动的时间确立、经费筹集、人员分工等，设有理事长、秘书长、副理事长、会计、出纳、理事等，成员一般为10～15人。

在我们汝城每个舞“香火龙”的村子都有各自的龙灯理事会，没有龙灯理事会牵头，这个事搞不便（定）。理事会成员都是家族里“能说上话、会办事的人”。理事会成员是没有报酬的，但即使这样，也不是想入就能入的。首先，要有本事，有威望，并热衷于家族事务；其次，是各自房认可的人，能代表其所在的房。金村叶氏由三房组成，每房都要有代表，具体的事务可以让他们去张罗，这样活动开展起来就会便利许多。再则，只要是我们叶氏家族的人，无论现在住不住村里都可以。（访谈：YZ，男，金村叶氏龙灯理事会成

员）

龙灯理事会成员主要由村落（宗族）内部推荐、选举产生，不仅要求其具备超出一般村民的能力，而且在村落家族事务中具有一定威望和组织能力。除此之外，他们还必须能代表其所在的“房支”，保证宗族内每个房支都有理事会成员。这种兼顾每个房支的人员确定方式，是龙灯理事会在村落社会“合法性”的基础，这样才能唤醒族人的“集体记忆”，强化宗族认同意识。村民宗族意识的强化有利于对宗族内全体村民的动员，形成共识性村庄决策，有效提升龙灯理事会的整合能力，进而构建乡村精英的话语权基础[19]。对于乡村精英来说，进入龙灯理事会是其获取话语权的合法途径。

舞龙灯是每年家族里的头等大事，人力、物力、财力花费不少。扎龙耗时最多，人手多时也至少需要10天，人手不够的话则需要将近1个月。整个活动开销一般都在10万以上，光出龙当天就需要100多壮年劳力，村子小、不团结那是出不了龙的。（访谈：LR，男，金村卢氏龙灯理事会成员）

对于一个村落（宗族）而言，组织、开展一次“汝城香火龙”活动是一项庞大而繁杂的系统工程，需要动员和协调各方面的资源和力量，这远非单个人的能力所能胜任[20]。单个的乡村精英无论是其能力还是影响力都不足以组织整个活动。“有组织的少数胜过无组织的多数”。因此，乡村精英通过“抱团取暖”的方式汇集村庄力量、资源，组建精英集团，这种整合一旦形成，将是1＋1＞2的结果。龙灯理事会的成立标志着乡村精英话语权生成的组织基础已经形成，接下来他们将如何运行这一组织？

2. 龙灯理事会的运作方式

乡村精英通过龙灯理事会这一组织机构，采用“内部动员”和“外部联络”的运作方式组织、开展“汝城香火龙”活动。内部动员是“汝城香火龙”活动开展的先决条件，它必须建立在村民“基于社群内部的协作关系和自愿基础上的结合”。在内部动员上基本遵循平等参与、财务公开、分工合作的模式进行。

在香火龙活动中舞龙头是种荣誉，人人都想舞龙头。按照香火龙的扎制来分，一条龙一般按单数扎成9～13拱，其中，第一拱为龙头，共有8个位置。那么，龙灯理事会则必须制定一个方案，来确定哪些人舞龙头。叶氏龙灯理事会通常以房支为单位采用“暗标”（开标前具体金额不公开）的形式确定，以最高金额确定龙头标，2016年叶氏“不夜天”香火龙活动的龙头标为8 888元。卢氏家族则以个人身份进行竞标，以出资最多的8人为中标者，2017年“南楚名家”香火龙活动的龙头标为5 000元一位。（访谈：LZL，男，金村卢氏龙灯理事会成员）

龙灯理事会在定好具体“出龙”日期后将会组织龙头竞标，依据龙头竞标结果确定舞龙头的具体人员。龙头竞标是“汝城香火龙”活动的一个重要环节，竞标现场异常热闹，家族内的全体成员都可以参与投标（包括外迁人员）。竞标结束时当即宣布结果，中标者欢天喜地如获大奖，而未中标者也能“愿赌服输”坦然接受。这种无论是以房支还是以个人名义参与的龙头竞标，都给了全体族人一次参与竞争的机会，正是因为这种面向所有族人平等参与的机会，激发了他们的主人翁意识，最大限度地调动了他们参与的积极性。

财务公开是指在活动资金筹集过程中的“乐捐鸿名”和活动结束后的账目公开，龙灯理事会将在第一时间将这两项内容张贴于村里的公告栏、路口等显眼处，村民可以及时知晓活动收入来源、个人捐赠情况及活动开支去向。在调研中叶氏龙灯理事会理事长 YSL 对我们提道：“钱账是大家最敏感的事情，必须及时、无误地告知大伙，这不但是对大家负责也是对我们自己负责。”及时、公开的财务制度，无疑向村民展示出龙灯理事会的办事效率与奉献精神。内部动员除了平等参与、财务公开外，对参与村民进行合理的分工赋权也是非常重要的。龙灯理事会下设接待组、外联组、财务组、后勤组、安保组等具体执行小组，明确每组的分工且责任到人。工作内容的精细化和责任的具体化在活动中具有两个作用，其一，是明确工作的责任和边界，促使村民对工作内容了然于心，便于村民之间建立良好的合作关系，有效推进工作进程；其二，能够根据个人特点，使其工作能力与工作内容形成基本的对等关系，做到量才适用。

外部联络主要有以下几种形式。第一，向政府“报喜”，龙灯理事会将活动的日期、规模向当地乡（镇）政府、县文化馆、县旅游局等部门上报，并邀请政府部门派代表出席活动的“点火”仪式。向上级政府部门的“报喜”，不但可以得到一定的资金资助，而且可以借助地方政府的力量确保活动的顺利开展并扩大其影响。2016 年金村叶氏“香火龙”活动就曾得到县委宣传部的支持，联系了湖南经视频道进行全程现场直播。活动中政府部门的“在场”成为其合法性与“上档次”的象征。第二，到企事业单位“化缘”，联系村庄附近企事业单位“接龙”，企事业单位在“接龙”时都会送出一定数额的“接龙”红包，此项也是活动经费的一个重要来源。第三，与旅行社合作，发展乡村旅游，通过与旅行社、摄影协会、户外运动协会等的联系，在活动当天接待前往观看的游客。2019 年金村叶氏香火龙活动当天就接待了 100 多名前来参观的游客，村里为他们提供午餐，旅行社支付一定的费用。除此之外，龙灯理事会还会邀请一些关注“汝城香火龙”的文化学者，及附近的宗亲前来参加。乡村精英以龙灯理事会的名义，组织开展的内部动员与外部联络，隐蔽了他们的个人身份，而采用“组织”的行为，增加了其话语的权威感。

（三）话语权生成的行动策略

福柯的实践性权力，即权力的支配效应不应被归于“占有”，而须归因于调度、计谋、策略、技术与运作等[21]。权力主体的技术策略与运作，是其实现权力支配效应的关键。乡村精英通过发挥自身的资源、能力优势，积极组织、动员村落民众参与“汝城香火龙”活动，以此确保活动的顺利举办及扩大活动的规模与影响。在此过程中他们也会通过一些行动策略来强化他们的精英身份，并获取活动的话语权。

1. 配合地方政府响应国家文化发展战略

在社会主义文化强国建设背景下，非物质文化遗产保护传承成为一项重大而又持续的国家文化发展战略。面对国家“自上而下”推出的关于中华优秀传统文化复兴政策，汝城县政府积极响应国家文化战略号召，在县文化馆专门设立了非物质文化遗产保护中心，由文化馆副馆长担任中心主任，对县内所保有的传统文化进行挖掘和整理，逐级申报各个层级的非物质文化遗产保护项目。地方政府作为非物质文化遗产项目的申报主体，不但要完成上级政府下达的非物质文化遗产保护的任务目标，而且还要充分利用非物质文化遗产资源，大力发展第三产业。以下是时任县委书记、副县长在全县领导干部会议上关于“汝城香火龙”发展的讲话摘要。

要深入挖掘农耕文化、理学文化、红色文化、古祠堂文化等旅游文化内涵，做好申报国家级历史文化名城和全国红色旅游经典景区工作，打响“理学文化名城”“香火龙故乡”“古祠堂之乡”等特色文化旅游品牌。（LGS，男，汝城县委书记）

成立由专家指导的，以县政府领导为组长的“汝城香火龙”保护工作领导小组；政府加大对“汝城香火龙”保护工作的经费投入，建立“汝城香火龙”工作资料库；选定3～5处“汝城香火龙”工作代表村，培养一支专兼结合的，公众参与的保护和传承队伍；建立“汝城香火龙”保护工作网站，申请加入全国舞龙协会，参与各种研讨会，加大对“汝城香火龙”的宣传力度。（LCQ，男，汝城县人民政府副县长）

汝城时任县委书记在全县领导干部会议上提出进一步发展“汝城香火龙”，助推汝城地域特色文化旅游品牌的打造。每年元宵节期间汝城全县境内数十个村落举办“汝城香火龙”活动（从正月初二开始持续到十五），吸引了省内外数十万游客前往观看。同时，“汝城香火龙”的传承发展被纳入地方经济、文化、旅游产业发展的政府工作报告、新闻报道、地方年鉴。汝城县人民政府门户网站上“走进汝城”“汝城旅游”版块专门设有“汝城香火龙”的介绍宣传。

过去我们金村最出名的就是村里的祠堂，很多外地人也专门赶来参观，但光几个祠堂最多3个小时就转完了。近几年来政府为金村的发展提供了很多政策与资金，金村牌坊、环村公路、文化广场、村民房屋改造等。“香火龙”是我们汝城县最出名的传统文化，我们金村作为省级历史文化名村，不搞说不过去啊。（访谈：YZM，男，金村叶氏村民）

村里在确定出龙的具体时间后，就向县文化馆和土桥镇政府汇报，也将活动信息提供给县旅游局，他们会给一定的资金支持，一个地方一般资助2 000块。县里出面帮助联系电视媒体，土桥镇政府则会安排当地派出所负责活动当天的安全保卫。（访谈：YZM，男，金村叶氏龙灯理事会成员）

近年来，“文旅融合”成为乡村旅游发展的新趋向，来自国家、地方政府发展的资源与媒体的关注，开辟了传统文化资本向其他资本形式转换的渠道。乡村精英认识到“汝城香火龙”活动中话语权的获得、运作不单来自村落“文化网络”，国家行政力量的“借用”也是其非常重要的一种策略。他们主动将村落传统文化活动嵌入到官方话语体系中，在国家文化发展战略框架下开展。因此，诸如“传统文化复兴”“非物质文化遗产”等国家文化发展战略话语不但出现在“汝城香火龙”活动现场的标语、横幅上，也能从与乡村精英交谈中听到。乡村精英有意识地谋求与地方政府部门的互动，以及对地方政府发展话语的主动迎合，其目的是获取更多来自地方政府的支持，既包含政策和资金的支持，又包含“汝城香火龙”文化活动的政治合法性，为他们带来更多社会关注度与身份的认同。

2. 依托文化学者建构“非遗”学术话语

从我国非物质文化遗产申报、确认过程及国家、地方颁布的一系列法律、法规来看，各级非物质文化遗产名录的入选是以“选择”为操作范式，在此过程中文化学者是这种选择标准的制定者和执行者，他们在非物质文化遗产话语的知识生产中处于主导地位。文化学者在制定、执行及修改完善标准的过程中进行实地调研是必不可少的环节，而乡村精英是其调研不可忽视的群体。非物质文化遗产项目申报书中的文本知识是文化学者与乡村精英互动中产生的，2007 年“汝城香火龙”在申报国家级非物质文化遗产准备阶段，县政府专门邀请了文化部一名 Y 姓研究员过来指导申遗工作，在申报书的撰写和内容的表述上，进行了聚焦和修饰定位，给予了具体的指导和实施意见。“汝城香火龙”成功申遗后，吸引了更多的科研机构及高校研究人员前往汝城对其进行田野调查，2016 年中国社会科学院 S 姓研究员也曾在金村驻村调研多次。

文化学者在进入村落进行调查的时候，通常会在村里寻找合适的合作者，“与当地人合作的另一个原因是，他们是长期居住在那里……他们最懂得当地方言、宗族的历史等。”乡村精英作为村里的“能人”[22]，他们不仅能够为调查者提供丰富的乡村生活资料，还能为学者搭建更多的田野关系提供便利。政府部门接待的专家学者到村里调研，首先会考虑将其安排与村支书或村主任对接。而“自由行”的研究者无论是从调研的效果还是效率考虑同样也不会绕开乡村精英群体。在前面分析龙灯理事会的组建特征时笔者就提到，金村龙灯理事会的多数成员同时也是村两委人员，金村 YSL 就曾多次接待过前来金村的调研学者，驻村调研的学者吃住都是安排在他家。

外面来的专家在舞龙方面懂得比我们多，听他们那么一讲，再回过头来看我们实际做的活动，还真就是那么回事。平时在活动中有些具体的事情大家意见难得统一，这个时候搬出某某专家怎么说的，还真管用。(访谈：YT，男，金村叶氏龙灯理事会成员)

霍布斯鲍姆在《传统的发明》中指出“传统并不是古代流传下来的不变的陈迹，而总是当代人活生生的创造，那些表面上久远的传统，其实只有很短暂的历史”[23]。“汝城香火龙”从一项村落民俗体育活动到国家级非物质文化遗产项目，其变迁过程也是一种“传统的发明”，在此过程中文化学者与乡村精英是研究者与研究对象的关系，但他们之间传统意义上的那份“神圣契约”早已淡化，而更多地表现为一种彼此无害、期望有益的“合作与共谋”。乡村精英在文化学者的调研中不单是“报道人”的角色，同时，他们会揣摩文化学者调研的旨趣而对其地方性知识加以改装，也会巧妙地借用文化学者的调研来建构自己的非遗学术话语。借助于文化学者的“在场”，乡村精英不仅生产了地方性知识，也“生产”了关注他们的学者。对此，郭于华曾提道：“事实上我们的‘参与’本身也被用作增加这一活动的合法性和扩大其影响的方式。”

3. 借助“全媒体”立体化渲染发展图景

当下随着媒介日渐渗透到社会生活的各层面，媒介化社会成为我们的时代语境，我们已然面临“全媒体”的信息传播转向和当代文化的视觉转向这一媒介生态环境。“汝城香火龙”活动虽然依旧沿袭以村落（宗族）为单位组织开展的传统，但其规模与影响早已远超村落范围，活动当天数万人的到场观看与各类电视台的现场直播，使得这一村落仪式成为一种公共文化。其中最重要的原因就是媒介通过多平台对其进行多落点、多形态的传播。“汝城香火龙”的“全媒体”宣传背后是地方政府与乡村精英两股驱动力量的合力。地方政府出于对传统地域文化品牌的打造，尤其是塑造“养生福地”及“全域旅游”县形象而大力宣传“汝城香火龙”。这种宣传常见于主流媒体对“汝城香火龙”的报道，诸如，湖南日报、郴州日报、湖南电视台，甚至是央视的纪录片制作栏目都曾到汝城拍摄过关于“汝城香火龙”方面的素材。主流媒体对“汝城香火龙”的报道，通常都是由汝城县委宣传部出面联系，2016 年金村叶氏“不夜天”香火龙活动，湖南经视频道派出拍摄组驻村十几天，对“汝城香火龙”活动中的扎龙、出龙、接龙、化龙等环节进行拍摄及现场直播，其间时任汝城县委宣传部副部长 YJF 曾几次前往金村与摄制组进行对接。2017 年金村卢氏“南楚名家”香火龙活动，县委宣传部邀请了郴州市电视台进行现场直播，摄制组邀请了原汝城县档案馆退休干部 LJG 担任现场解说嘉宾。

除了依靠主流媒体的宣传外，乡村精英同时通过龙灯理事会的宣传组发动全体村民通过自媒体对家族香火龙活动进行宣传。村民的宣传是一种“点对点”，是官方主流媒体宣传的一种有效补充，其效果也是非常的明显。在调研过程中我们也发现，活动期间村里各家各户接待来访做客的亲戚、朋友明显增多。在信息传媒越来越发达的今天，互联网和手机 App 具有分散、多点、互动、海量、无界等特点，具传播速度和广度达到最大化，为“汝城香火龙”文化传播提供了重要渠道与传播阵地。人们依托抖音、快手、微博、微信、客户端等新媒体平台，采用短视频、直播、微电影等形式向社会大众推送“汝城香火龙”。乡村精英通过主流媒体、自媒体的关注、报道与推广，有效提升“汝城香火龙”的知名度，共同渲染了“汝城香火龙”的发展图景。

四、乡村精英话语权对体育非遗保护传承的影响

乡村精英在乡村权力的内核和边际结构中担任承上启下的桥梁角色[18]，他们通过组建乡村精英集团（龙灯理事会）、配合地方政府、依托文化学者和借助全媒体等行动策略，组织、参与“汝城香火龙”的保护传承，并在此过程中建构他们的话语权。那么，乡村精英的这种话语权对体育非遗保护传承将产生怎样的影响?

（一）激发文化持有者的文化自觉意识

文化自觉的理念可追溯至中国新文化运动之初，最早可见于梁启超的《欧游心影录》一文，20 世纪 40 年代费孝通先生开始关注文化自觉问题，他在 1997 年北京大学举办的社会学人类学第二届高级研讨班上提出文化自觉的概念。文化自觉是指生活在一定文化中的人对其文化有自知之明，明白它的来历、形成的过程，所具有的特色和它的发展的趋向。而这种自知之明是为了强化对文化转型的自主能力，获取决定适应新环境文化选择的自主地位。

元宵节舞“香火龙”是我们汝城的一个传统，已有上千年的历史。然而，在“文革”期间一切与宗族相关的活动都被视为封建迷信的东西，上面规定不准搞，我们也不敢搞。特别是在横扫一切“牛鬼蛇神”运动中，村里的祠堂也受到了冲击，族人把祠堂里的祖先牌位、雕花屏风、牌匾等一些老物件都拆卸下来藏起来。卢氏家族为保护“南楚名家”的牌匾，在牌匾上涂上一层泥灰，再写上“灭资兴无”四个字。现在就不一样啦，政府重视传统的东西，特别是“香火龙”被列为国家级非物质文化遗产后，政府鼓励、支持我们搞，活动的规模、影响更大，很多外地人专程跑到我们这里看“香火龙”。（访谈：YSL，男，金村叶氏龙灯理事会成员）

“汝城香火龙”作为一种地域性的文化形态，承载着当地民众的共同精神诉求和情感寄托，长期以来当地民众出于朴素的实用主义创造并传承这一传统。然而，在其历史发展过程中经历过否定、“污名化”甚至被动中断过。随着国家对传统文化的复兴重视，“汝城香火龙”不但重回村落民众视野，而且被列为国家级非物质文化遗产项目，实现了从一种百姓日常生活的“地方性知识”成为一项公共文化的“华丽转身”。正如费孝通先生所说：“我们是经过了自我否定之后，才需要有文化自觉，即通过一个社会过程让公众重新具有文化上的共识。”[24]“汝城香火龙”的遗产化进程主要是围绕非物质文化遗产名录机制所进行的一系列标准制定、价值评估和符号建构，其实质是知识话语在非物质文化遗产领域的介入过程[25]。随着“非遗后”时代的来临，非物质文化遗产项目由“重申报”向“重保护”转向，“在地化”保护成为各参与主体的一种普遍共识。“遗产最终需要回归家园、回归地方”[26]，如何使“汝城香火龙”在它原本的文化空间中得到有效传承，当地人的日常生活、文化传统则是其生存和延续的土壤。

家族举办一次“香火龙”活动不容易，可以说是耗时、费力、烧钱。活动从准备到结束将近个把月，开支10万以上。那么大家为什么又去弄这个事，我是这么认为的。第一，大家现在条件好了，出得起这个钱。第二，老一辈人一直传下来的东西自然有它的道理和价值。第三，能不能组织舞龙，活动的规模、影响大不大，关乎整个家族和个人的面子。（访谈：LDR，男，金村卢氏龙灯理事会成员）

目前，对于非物质文化遗产的“申报”模式，很大程度上是作为文化“他者”的专家学者或地方文化工作者所进行遗产的界定、选择和保护。其实非物质文化遗产具有十分宽泛的含义和内容，是一种“文化主体的选择”，正如人类学家戈德施密特所说的：“作为文化基本样式的习俗和技艺是某一文化习得群体的安身立命之所，同人的生理健康同等重要，人们期待自身的文化得到赞扬和尊重，这些回应有助于文化认同和自我意识的培养。”只有文化持有者真正了解自己的文化，才会更好地保护、发展自己的文化。由乡村精英组成的龙灯理事会能形成村庄内生文化传承的自主力量，从而激发村民的文化觉醒。因此，应当从“文化持有者的内部眼界”出发，激发地方民众在“汝城香火龙”保护与传承中的“文化自觉”。话语权可以激发文化持有者当家作主的热情，无论是乡村精英还是普通民众，都会通过对“汝城香火龙”保护传承的参与，获得一种文化身份上的认同和确证。这是一种文化自觉的具体表现，是一种值得提倡的体育非物质文化遗产保护传承路径。

（二）促进“自上而下”与“自下而上”的社会共治

我国政府于 2004 年 8 月 28 日正式批准加入联合国教科文组织颁布的《保护非物质文化遗产公约》，非物质文化遗产保护被纳入了我国政府的文化行政体系，以文化与旅游部（当时的文化部）为行政主管机构，下设非物质文化遗产司。各省、市、县等地方政府的文化行政体系内设机构中均设置了非物质文化遗产管理部门。国家自上而下设立了非物质文化遗产管理行政机构，既是基于履行《保护非物质文化遗产公约》缔约国的责任，也体现出了国家文化战略层面的考量。2005 年 3 月国务院办公厅下发了《关于加强我国非物质文化遗产保护工作的意见》和《国家级非物质文化遗产代表作申报评定暂行办法》等文件，并在全国范围内正式启动非物质文化遗产代表作名录体系建设工作。2011 年 2 月全国人民代表大会常务委员会颁布实施《中华人民共和国非物质文化遗产法》。2017 年 1 月中共中央办公厅、国务院办公厅下发《关于实施中华优秀传统文化传承发展工程的意见》。各级地方政府结合地方实际情况相继制定、实施相关政策、法规文件。截至 2021 年 6 月，国务院先后确定并公布了五批国家级非物质文化遗产代表性项目（共计 1 557 项）、五批国家级非物质文化遗产代表性项目代表性传承人名单（共计 3 068 人）。在此期间，中国政府动员各地积极申报联合国教科文组织的人类非物质文化遗产代表作名录，截至 2020 年 12 月，中国列入联合国教科文组织非物质文化遗产名录（名册）项目共计 42 项，总数位居世界第一。国家自上而下地建立四级（国家级、省级、市级、县级）保护名录，对名录项目提供法律保护和财政支持，组织开展了诸如“非物质文化遗产”普查工作、“非物质文化遗产”代表性传承人认定工作、“非物质文化遗产”研究工作及加大对“非物质文化遗产”民众教育等多方面的保护工作。

相对于国家“自上而下”制定非物质文化遗产保护政策、法规并将其逐级贯彻下去，最终变为民众实践的过程，地方政府、基层组织和地方民众则通过发挥自身的主动性和能动性，其经验和问题逐级为决策者所吸纳，而最终成为国家的各项政策、方针及规定。这种“自下而上”的推展框架加速了非物质文化遗产保护的发展进程，同时改善了非物质文化遗产保护结构体系，调动了各种民间力量的积极性，通过政府的行政职能导向和支援，使得非物质文化遗产保护的空间布局趋向合理。随着“非遗后”时代的到来，对于已经入选国家级非物质文化遗产代表性项目的“汝城香火龙”而言，单凭国家自上而下的单向保护传承路径明显是不够的。“汝城香火龙”根植于村落社会的文化土壤，体现了当地民众的认知情感、信仰与价值观念、伦理道德、生产生活、文化认同等方面的特征，它不同于物质文化遗产，建一个博物馆把它保存起来就能完成保护工作。文化持有者对其保护传承的认知态度、实际需求、行为方式是其保护传承的关键所在，“汝城香火龙”保护传承的最终效果在于文化持有者的自主选择与文化实践，其核心是让作为文化持有者的村落民众拥有文化自信，形成文化自觉意识，让“汝城香火龙”在保持发挥其原有价值、功能基础上，赋予其新的时代意义。

乡村精英作为文化持有者群体，在语言、行为、心理与情感上对“汝城香火龙”相关的历史传统、民俗习惯、价值观念以及生产、生活方式有着共同且丰富的人生体验和“集体记忆”。同时，他们凭借优于普通民众的社会资源、政策敏感度和人格魅力，成为“汝城香火龙”保护传承的组织者、领导者。乡村精英话语权的拥有是自下而上的赋权过程，消解了以往以政府和专家学者为中心的权力结构。这种自下而上的话语权也反映了文化持有者的真实体验和利益表达权，促发他们参与的积极性和主动性，发挥文化持有者的主体作用。只有“自上而下”与“自下而上”保护传承路径的双向融合，体育非物质文化遗产保护传承才能保持长久而创造性的生命力。

五、结语

乡村精英的权力结构是当下乡村治理研究的一个关注点，也是分析乡土社会性质的重要视角。通过对国家级非物质文化遗产项目——“汝城香火龙”活动的深入分析后发现，在体育非物质文化遗产保护传承中乡村精英话语权生成的动力主要源于自我价值的实现和面子与文化资本的赚取；村落（宗族）龙灯理事会是乡村精英话语权生成的组织机制，其主要通过内部动员与外部联络的方式组织村落民众积极参与“汝城香火龙”活动。乡村精英通过配合地方政府响应国家文化发展战略，依托文化学者构建“非遗”学术话语，借助全媒体立体化渲染发展图景等行动策略来获取体育非物质文化遗产保护传承的话语权。乡村精英话语权的拥有，可以激发文化持有者的文化自信与自觉意识、促进“自上而下”与“自下而上”的社会共治。

对体育非物质文化遗产保护传承中乡村精英话语权生成的关注与分析，有助于揭示体育非物质文化遗产的走向和文化再生产的行为逻辑及动力机制，让其拥有自主的文化叙述与阐释其物质生活与精神文化的权力，这才是对文化持有者传承本土文化权力的尊重。体育非物质文化在本质上属于民间文化，其生存之地必然也在民间社会。无论是国家和地方政府、专家学者都应该充分认识到民间社会生存的自然秩序，发现民间文化生存的自然规律，发挥文化持有者的主体性作用，以确保体育非物质文化遗产保护工作拥有良好的民间基础，真正在工作中形成上下互动的良性循环，促使文化持有者从被动地接受管理向主动地参与治理转变，进一步促进社会管理多元化及社会共治时代的到来。

研究通过参与式观察和深度访谈，获得了许多生动的口述资料，但这些资料难免存在主观成分，再加之采用共时性的研究理路对乡村精英这一群体的功能表现和变迁发展掌握有限。因此，本研究仅触及体育非物质文化遗产保护传承研究的冰山一角。理想的乡村文化研究应走进村民生活，对其生活世界与文化意义进行深描，并在此基础上对村落组织传统与变迁做进一步思考，呈现中国乡村文化传承机制，为政府的合理施政提供参考价值。但如何才能达到这一目标，尚需深入探讨。

参考文献

[1] 姜爱，刘春桃. 乡村“过疏化”背景下传统村落乡村精英的角色——基于鄂西南盛家坝乡E村的个案考察 [J]. 中南民族大学学报（人文社会科学版），2019，39（05）：33-37.

[2] 孙九霞，黄凯洁. 乡村文化精英对旅游发展话语的响应——基于安顺屯堡周官村的研究 [J]. 西南民族大学学报（人文社科版），2019，40（03）：27-33.

[3] 蒋旭峰. 乡村治理中的精英传播及其模式探讨 [J]. 理论探讨，2012（04）：159-163.

[4] 黄涛. 论非物质文化遗产的保护主体 [J]. 河南社会科学，2014，22（01）：109-117＋124.

[5] 彭兆荣，龚坚. 从“他者保护”到“家园遗产”——以“畲族小说歌”为例 [J]. 贵州民族研究，2008（04）：51-58.

[6] 朱以青. 基于民众日常生活需求的非物质文化遗产生产性保护——以手工技艺类非物质文化遗产保护为中心 [J]. 民俗研究，2013（01）：19-24.

[7] 陈沛照. 主体性缺失：当前非物质文化遗产保护省思 [J]. 广西民族大学学报（哲学社会科学版），2014，36（06）：87-92.

[8] 唐穆君. 非物质文化遗产传承人认定制度的反思——基于乡村秩序裂变语境 [J]. 广西社会科学，2020（02）：139-143.

[9] 张谊浩，裴平，方先明. 国际金融话语权及中国方略 [J]. 世界经济与政治，2012（01）：112-127＋159-160.

[10] 常宝. 少数民族知识精英话语权、社会责任及其困境分析——以内蒙古蒙古族知识精英为例 [J]. 西北民族研究，2017（04）：38-46.

[11] 王会莹. 民间艺术精英的分化及其话语权的崛起与失落——关于山西浮山剪纸创作群体现状的反思 [J]. 西北民族研究，2010（02）：178-184.

[12] 汪雄，聂锐新，崔家宝. 身份呈现与认同：体育非物质文化遗产传承人的口述史考察 [J]. 原生态民族文化学刊，2017，9（02）：128-133.

[13] 王书彦，韦启旺，张英建，等. 体育非物质文化遗产传承人认定制度探析 [J]. 武汉体育学院学报，2014，48（12）：23-27＋36.

[14] 刘国普. 论乡村治理中的农民话语权保障——基于善治的视角分析 [J]. 云南行政学院学报，2011，13（01）：122-125.

[15] 王拓. 口述史：“非遗”传承人获得话语权的媒介与途径 [J]. 天津大学学报（社会科学版），2014，16（02）：168-172.

[16] 姜彩芬. 面子、符号与消费 [J]. 广西社会科学，2008（05）：72-75.

[17] 翟学伟. 中国人行动的逻辑 [M]. 北京：社会科学文献出版社，2001.

[18] 杜鹏. 熟人社会的阶层分化：动力机制与阶层秩序 [J]. 社会学评论，2019，7

(01): 65-74.

[19] 刘祖云，黄博. 村庄精英权力再生产：动力、策略及其效应 [J]. 理论探讨，2013 (01): 32-36+2.

[20] 孙敏. 乡贤理事会的组织特征及其治理机制——基于清远市农村乡贤理事会的考察 [J]. 湖南农业大学学报（社会科学版），2016，17 (06): 49-55.

[21] 管竹笋. 村庄认同意识的升华——对鄂东永丰村舞龙灯习俗的文化人类学解读 [J]. 黑龙江民族丛刊，2006 (03): 107-113.

[22] 尤泽顺. 话语与权力：批评话语分析对福柯的继承与发展 [J]. 福州大学学报（哲学社会科学版），2018，32 (04): 73-78.

[23] 张士闪. 当代村落民俗志书写中学者与民众的视域融合 [J]. 民俗研究，2019 (01): 14-27+156.

[24] 霍布斯鲍姆. 传统的发明 [M]. 南京：译林出版社，2004.

[25] 高丙中，赵萱. 文化自觉的技术路径：非物质文化遗产保护的中国意义 [J]. 中南民族大学学报（人文社会科学版），2014，34 (03): 1-6.

[26] 牛光夏. “非遗后时代”传统民俗的生存语境与整合传播——基于泰山东岳庙会的考察 [J]. 民俗研究，2020 (02): 109-115.

[27] 张骁鸣，黄秋芬. 把日常的还给日常：从龙舟赛看传统体育文化遗产的当代适应 [J]. 旅游学刊，2019，34 (05): 7-9.

湘企在非洲工程承包的法律风险及其防控研究

张小虎　王朝乾*

摘　要：中非经贸博览会永久落户湖南，湘非经贸合作跨入了新的历史发展阶段。在打造中非经贸深度合作先行区的过程中，工程承包是湖南走进非洲的核心力量。在政策指引和支持之下，湘企凭借自身技术、业务模式的创新提高，在非工程承包项目日益增多。与此同时，企业也面临一系列法律风险。为应对赴非工程承包过程中的法律风险，应从湘企和政府两个层面出发，构建“预防＋应对”的风险防控体系。中央政府和省级政府应发挥支持者、保障者作用，从政策、信息、资金等方面为湘企在非洲工程承包提供支持和引导；湘企作为参与主体，应从企业社会责任意识、风控体系、纠纷解决策略等路径入手防控风险，从而进一步完善赴非工程承包法律风险防范机制。

关键词：湘企；非洲；工程承包；法律风险

一、引言

2020 年 5 月 14 日，湖南省委办公厅印发《关于落实中非合作八项行动 打造中非地方经贸合作高地的若干意见》（以下简称《若干意见》），要求“对非工程承包营业额年均增速 15%以上”，并明确指出“支持湘企参与非洲国家基础设施重点项目开发合作，支持我省工程咨询企业承接非洲国家工程建设项目，鼓励对非投资工程项目优先采用中国技术标准。”湘企迎来了对非工程承包项目的发展新机遇。然而，国际工程承包作为一项投入大、周期长的复杂的系统工程，湘企从项目的取得、实施、结算等阶段会面对各类的法律风险：在项目取得阶段，非洲国家主要从外国承包商资质以及本土成分等方面对湘企的主体资格进行限制，在招标过程中会遭遇因合同内容的瑕疵以及程序的不公开导致项目被暂停的状况，并且在合同签订时还会面临 FIDIC 合同条款的固有法律风险；在项目的实施阶段，由于工程本身的长期性和外部复杂性，湘企可能主要面临融资法律风险、环保法律风险和劳务法律风险等一系列问题；在项目结算阶段，由于非洲国家金融环境的不稳定性，

---

* 张小虎，湘潭大学中国-非洲经贸法律研究院副院长、副教授、硕士生导师；王朝乾，湖南省宁乡市人民法院执行局法官助理。

易出现货币汇兑的法律风险。此外，当企业面临工程变更、延误、终止等违约情况时，也会导致合同终止，工程项目也就此结束。而这些法律风险的成因涉及多方主体，从非洲国家、我国中央政府、湖南省政府、湘企等四个主体入手：由于工程承包是一项长期的工程，而非洲各个国家的政局稳定性和自身治理水平普遍较低，湘企在项目实施过程中很容易受到外部环境的影响；而在非洲国家的社会环境下，中央政府和湖南省政府的预防、保障机制对湘企在非洲工程承包的保障还不够全面，且湘企自身缺乏必要的风险防范能力和足够的社会责任意识，因此导致法律风险复杂多样，法律问题频频发生。

二、湘企在非洲工程承包的现状与问题

湘企对非工程承包作为湖南对非经贸的主力，在省级政府的政策指引、资金支持、平台保障等多方面支持下，取得了长足的发展，不仅整体规模稳步增长，工程承揽能力、业务模式也有了很大程度的提高，涌现出一大批优秀的企业和有影响力的项目。但是，湘企在非洲工程承包过程中也遇到了经济利益、企业形象受损等问题。

（一）湘企在非洲工程承包的外部环境

工程承包作为湖南对非经贸合作的重点领域，省政府从各个方面给予支持：首先，不仅在高级别的政府年度工作报告、对外工作规划明确支持，还出台具体专项指导意见；其次，在政府出台的专项资金管理办法中，湘企对非工程承包占了很大部分，多家政策性银行也为湘企提供充足的资金支持；最后，通过各项平台建设为湘企提供优质的服务保障。

1. 政策指引

作为湖南对非经贸合作的重要组成部分，政府的外经工作规划和政府工作报告等政策文件中都强调了湘企工程承包发展的重要性：在《湖南省商务和开放型经济发展第十三个五年规划》中就明确提出，为了深化与“一带一路”沿线国家合作以及巩固湖南对外传统战略合作伙伴关系，加强与非洲的经贸合作重点项目的开展，首先需要建立并拓宽与非洲合作交流的渠道，其次是通过湘企在工程承包中重点领域的优势，扩宽与非洲工程承包的合作范围。[①] 同时，《湖南省对接“一带一路”倡议推动优势企业走出去实施方案》明确规定“抢抓非洲实施公路网、铁路网、港口建设契机，积极跟进埃塞俄比亚、加纳、阿尔及利亚、乍得等重点国家基础设施建设项目，推动我省工程承包企业在非洲地区做大做强。培育具有国际竞争力的本土跨国企业。能源开发板块重点培育水电八局、中南勘测设计研究院。路桥房建板块重点培育湖南建工、中建五局、远大住工、湖南路桥等企业。”[②] 通过重点企业+重点国家的政策指引，明确了湘企在非洲工程承包的先行之路。更为重要的

---

① 湖南省商务厅，湖南省发展和改革委员会．关于印发《湖南省商务和开放型经济发展第十三个五年规划》的通知（湘商发〔2016〕21号）．

② 湖南省人民政府办公厅．关于印发《湖南省对接“一带一路”倡议推动优势企业“走出去”实施方案》的通知（湘政办发〔2015〕80号）．

是，为打造湖南对外开放、共建“一带一路”的新载体，《若干意见》的总体要求就包括了对非工程承包营业额年均增速15%以上。同时对湘企工程承包提出了政策指引：积极对接《中非基础设施合作规划》，支持湘企参与非洲国家基础设施重点项目开发合作，融入非洲三网一化建设。支持我省工程咨询企业承接非洲国家工程建设项目，打造工程样板典范。探索以贸易带投资促合作模式，鼓励对非投资工程项目优先采用中国技术标准。① 由此可见，湖南省政府将对非工程承包作为对外经贸的一项重点工程，在整体规划层面明确了对非工程承包的重要性的基础上，同时对接中央政策，通过更加详细具体的可持续性方案为湘企在非提供政策支持和指引。

2. 资金支持

一方面，湖南省政府提供专项资金支持。根据湖南省政府相关文件的要求，商务厅及财政厅出台了对外投资合作资金申报的规定：“首先明确了对外承包工程以及对非经贸合作是该专项资金支持的重点方向，在支持项目公示名单中，湘企对非工程承包占了很大比例；其次，针对专项资金所对应的具体项目进行分类，主要对企业在境外超过一年的大型工程、工程完成额在10亿以上的总项目或20亿以上的分包项目给予奖励。”② 另一方面，湖南省各大金融银行提供全方位资金支持。中国进出口银行湖南分行、中国建设银行湖南分行作为开发性金融银行，在湘企对非工程承包的初始阶段和发展阶段提供了大力支持，很好地解决了湘企融资难的问题，为湘企在非洲工程承包奠定了坚实的第一步。以中国建设银行湖南分银行为例，近年来，中国建设银行湖南分银行已为湖南路桥、湖南电力院等多家湘企在非洲工程承包提供了融资支持，同时与湖南省商务厅倾力打造“湘企出海”综合服务平台，为湖南“走出去”企业提供全面和“一站式”政策和金融服务。可见，湖南充分发挥金融银行自身优势深化了与湘企在非洲工程承包的合作深度，同时，省政府针对特定企业提供专项资金支持，形成了全方位、重点突出的资金支持体系。

表1 湖南省2020年对外投资合作资金拟支持项目（部分）③

项目单位	项目名称
湖南建工集团有限公司	加纳北部省、东部省、沃尔特省电网项目2期
湖南交通国际经济工程合作有限公司	马里巴马科四桥项目
	马里拉哈道路项目
湖南省第六工程有限公司	科特迪瓦腰果加工厂项目
	科特迪瓦国际手工业园项目

① 中共湖南省委办公厅．印发《关于落实中非合作八大行动打造中非地方经贸合作高地的若干意见》的通知（湘办发〔2020〕8号）．

② 湖南省财政厅．关于印发《湖南省开放型经济与流通产业发展专项资金管理办法的通知》（湘财外〔2020〕8号）．

③ 湖南省商务厅、湖南省财政厅关于2020年度对外投资合作资金拟支持项目的公示［EB/OL］．（2020-9-8）［2020-12-20］http://swt.hunan.gov.cn/swt/hnswt/tzgg/202009/t20200908_289778521963547392.html.

续表

项目单位	项目名称
湖南省第二工程有限公司	肯尼亚内罗毕湖南大厦项目
	喀麦隆 225kV＋EBOLOWA-KRIBI 和 90kV＋MBALMAYO-MEKIN 输电线路及相关工程建设项目
特变电工衡阳变压器有限公司	科特迪瓦仓储收费系统（SRE）下腰果加工和存储现代化仓库建造项目
	科特迪瓦 12 个大区国有手工业区的改造和开发项目

3. 平台保障

为了支持湘企对非工程承包等重点领域的推进，湖南省主要从以下几方面入手：一是加强经贸交流。首先，拓宽了境外经贸交流平台。我省依托互联网技术，同时寻求境内外政府机构、各大协会、组织的有力支持，在各大网站展示湘企对非工程承包的相关信息，为湘企与非洲各国更加充分地沟通交流提供帮助。其次，依托线下国际经贸交流平台。湖南省依托中非经贸博览会这一区位优势，积极加强与非洲各国政府、企业团体的沟通交流，通过大型且持续的经贸交流往来，帮助企业开拓国际市场，促进项目的落成。最后，依托高校建立智库，为湘企在非洲工程承包提供智力支持。湖南省智库近年来高度关注湘企对非工程承包，湘潭大学、湖南大学等诸多高校也纷纷建立了相应的中非经贸研究机构，很多具体可操作的建议被政府采纳，形成了高校—政府—企业的良性互动。二是加强信息共享。通过各种渠道收集境外项目信息，结合我省产业发展情况确定重点项目清单并组织相关企业跟踪对接，促成项目落地和实施。借助我省资源优势，实施开放型经济“移动互联网＋”行动计划，为企业搭建集信息、资金、人才、法律、服务等于一体的对外经贸和双向投资的信息共享平台，及时发布重点国家和地区的投资环境、产业政策、税收政策、招商项目等。① 三是建设综合性服务平台。近年来，湖南省政府大力打造“湘企出海”平台。在对外承包工程板块，提供办事指南、常见问题问答、在线申报、统计数据填报、政策法规查询、对外承包工程经营主体查询等多项服务，为湘企顺利在国内办理相关手续和熟悉相关政策提供了极大的便利。同时，提供详细的统计数据，分国家分行业提供每个月、每年工程承包完成额、签约额等重要数据，为湘企掌握非洲的市场行情提供了极大的便利。这一系列平台建设，为湘企在非洲工程承包提供了良好的交流沟通渠道，也为湘企熟悉非洲、更好地走进非洲提供了充足保障。

（二）湘企在非洲工程承包的发展现状

近年来，大量湘企赴非开展投资，而工程承包是其中的重要组成部分，且在非洲工程

① 湖南省人民政府办公厅．关于印发《湖南省对接“一带一路”倡议推动优势企业“走出去”实施方案》的通知（湘政办发〔2015〕80 号）．

承包占湘企对外工程承包的半数以上。伴随承包规模的扩大，湘企在非洲工程承包呈现出新的特点：第一，市场范围扩大。湘企对非工程承包的范围已经遍布几乎整个非洲，随着技术水平和优质服务水平的提高，已经开始抢占相对发达地区的大型项目，新增对外承包额每年大幅度增加；第二，业务模式升级。从主要从事简单的施工承包、分包业务到EPC工程承包模式，业务水平的提高带来了更大幅度的利润。第三，承建了诸多影响力大的项目。湘企以对外援助的名义在非洲承建了相当多的公共基础设施，极大地扩大了湘企在非的影响力。

1. 总体规模

据湖南省商务厅统计，目前该省在非洲投资的企业超过120家，合同投资总额近10亿美元；2018年湖南对非工程承包和劳务合作完成营业额约12亿美元。[①] 近年来，中建五局、中国水电八局、湖南建工、特变电工衡阳变压器有限公司等企业，已陆续在加纳、乌干达、科特迪瓦、肯尼亚等国拓宽了工程承包市场，参与非洲国家的基础设施建设。首届中非经贸博览会期间，湘企对非工程承包又迎来了新的发展，在中非经贸博览会上集中签约了多个项目，合作意向金额逾10亿美元。其中，水电八局牵头实施的就有3个，分别是加纳帕鲁谷灌溉项目EPC合同协议、布维灌溉项目EPC合同协议，以及加纳北部农村电气化项目；湖南建工集团在加纳北部、东部及沃尔特省电网二期项目，合同金额共计达1.8亿美元以及特变电工衡阳变压器有限公司与科特迪瓦签订2.4亿欧元农产品智能仓储项目和5.79亿欧元轻工业贸易基地项目合同等。但同时，我们也发现，水电八局、湖南路桥等几家企业在非洲工程承包量就已占据整个湘企在非洲工程承包的一大半，如何推动中小分包企业走出去是目前急需解决的问题。

2. 典型企业

水电八局、中建五局、湖南建工以及中国电建集团中南勘测设计研究院有限公司（以下简称中南院）是湘企在非洲工程承包的主力，其合同签约额和完成额均占半数以上。通过图1，可以发现，湘企的重点领域集中在电力工程建设、水利建设、交通运输、一般建筑等基础设施建设当中。以水电八局为例，以大型水电项目为重点领域，在乌干达卡鲁玛水电站、加纳布维水电站都是作为项目施工总承包商，并且都是采取EPC合同模式。自20世纪初进入非洲市场以来，在加纳、乌干达、尼日利亚等多个国家承担了多项水利、交通等基础设施合同，总合同额超过200亿。除此之外，中建五局在非洲在建加上已完工的项目超过二十个，合同额超430亿。湖南建工援建的塞内加尔竞技摔跤场成为加固中非友谊、增强中国在非影响力的重大工程。中南院于2020年在乌干达成功签下两个大型变电站项目，是中南院在非洲工程承包的重大突破，展示了湘企在非洲不断开拓市场的良好前景。

---

① 周月桂. 湘企大步走进非洲 [N]. 湖南日报，2018-09-01 (001).

表 2　湘企在非重点工程承包项目（部分）

湘企	项目	项目概况
水电八局	加纳布维水电站	该项目合同总额 6 亿美元，是湘企进入非洲市场的先遣部队
	乌干达卡鲁玛水电站	水电八局以 EPC 总承包方式成为该项目的主要承包商，该项目合同总额近 17 亿美元
	尼日利亚格鲁水电站	合同总金额超过 10 亿美元，水电八局为责任方，占 70％份额
	莱索托麦特隆大坝及原水泵站项目	合同总金额为 79 991 160 美元，合同工期 27 个月
中建五局	阿尔及利亚南北高速公路	中标里程长达 528 km，中标合同额高达 60 多亿美元
	科特迪瓦阿比让四桥项目	本工程合同造价 1.9 亿美元
	刚果（布）国家一号公路项目	合同总额达 28.9 亿美元，是中刚建交 50 年来，两国之间最大、最重要的合作项目
湖南建工	塞内加尔竞技摔跤场	项目合同金额 2.9 亿元人民币，工期 28 个月
	坦桑尼亚国际工程总承包项目	共计合同金额 8.2 亿元，已完成产值 7.2 亿元
	EPC 买方信贷项目	共计合同金额约 57 亿元，已完成产值 9.12 亿元
中南院	利比亚 ZUWARA 房建工程	合同总价为 97 820 万利比亚第纳尔，约合 58.8 亿元人民币

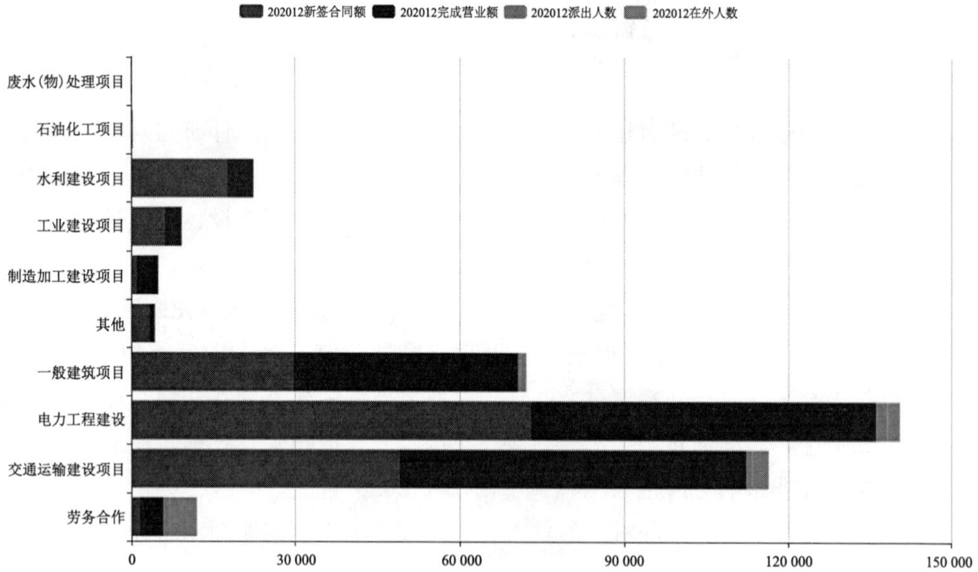

图 1　2020 年 12 月湘企对外工程承包行业分布①

① 湘企出海平台：http://www.investgohn.com/statistics/contractProjectIndustry.do

（三）湘企在非洲工程承包所面临的现实问题

在中非经贸合作发展的大环境下，湘企基于自身区位优势，加之自身在工程承包领域的优势地位，使得湘企在非洲工程承包取得了一定成绩，但由于非洲复杂特殊的国别环境，加之政府的保障机制和湘企自身还存在需要改进之处，使得湘企在非洲工程承包中会面临各类法律风险，导致湘企遭受经济利益损失和形象受损等问题。

1. 面临经济利益受损的风险

湘企在非洲工程承包，容易受到当地不稳定政策等外部环境的影响，导致项目延期或者停工。以湖南某建筑施工企业在疫情期间进行的国际工程项目为例，自 2020 年 3 月至 10 月间，主要在建的 24 个国际工程项目，受疫情影响停工的有 16 个，其中受疫情影响导致项目停工最多达 183 天，最少 19 天。受疫情防控投入、疫情持续期间的设备材料供应中断或价格上涨、劳动用工成本增加、抓抢工期投入等方面的影响，导致工程项目成本增加。由于工期延误，可能导致业主遭受工期罚款或者增加成本并由承包商单独承担的法律风险，导致湘企遭受经济大量损失。同时，非洲当地业主可能会出于经济或其他原因通过诉讼等司法方式干扰湘企合法取得的工程承包项目施工。此外，以某湘企参与的科威特大学城 5A&B 项目为例，业主强行对湘企使用《反投资法》，扣除了部分结算款，导致湘企面临诉累和项目资金压力，严重影响了项目的顺利实施。[①] 当然，湘企不仅仅是由于以上例子中的原因遭受经济损失，在工程承包过程中，湘企会面对当地政府、业主、公民、劳工、非政府组织等多个主体以融资、环保、劳工等多种理由，干扰项目的正常实施，给湘企带来经济利益损失。

2. 面临企业形象受损的风险

不仅仅是经济利益损失，湘企还会由于环境、劳工、媒体舆论、当地行政机关等多种原因遭受企业形象受损的问题。以水电八局在乌干达承建卡鲁玛水电站为例。水电八局在承建过程中雇用了大量当地劳工，由于不熟悉当地劳工法等原因，导致出现多起罢工事件，给湘企形象带来巨大影响。不仅如此，某些不良媒体恶意宣传子虚乌有的事件损害了水电八局企业形象，在当地审计机关审查水电八局的项目时，将不良媒体炒作的中国员工对当地居民的恶性事件纳入其中，而没有任何证据。若这类官方报告不改变此类内容，将使得湘企在非苦心经营的品牌遭受重创，使得湘企企业形象受损。[②]

---

① 宋宜军，崔敏捷. 科威特反投资争议案的解决技巧 [J]. 国际工程与劳务，2019（12）：58-61.

② 宋宜军，陈如意. 国际工程受项目所在国审计之典型案例剖析 [J]. 国际工程与劳务，2020（03）：37-41.

三、湘企在非洲工程承包的法律风险种类

对外工程承包往往涉及复杂的法律关系。[①] 伴随着湘企在非洲工程承包的发展，湘企从项目的取得、项目的实施以及项目结束后等不同的阶段会面临不同类型的法律风险，当然某一法律风险并不是固定只会出现在某一阶段，而是在该阶段此类法律风险出现的可能性以及造成的影响较大。在项目招投标过程中，非洲国家主要从外国承包商资质以及本土成分等方面对湘企的主体资格进行限制，同时招标程序的不公开会导致项目被叫停；在项目的实施阶段，由于工程本身的长期性和外部复杂性，湘企还有可能面临融资法律风险、环保法律风险和劳务法律风险等一系列问题；在项目结算阶段，由于非洲国家金融环境的不稳定性也易出现货币汇兑的法律风险。同时，当工程中止、延误、终止等违约情况出现时，通过何种手段降低损失也是湘企工程承包过程中急需解决的重点问题之一。

（一）项目取得时的法律风险

项目通常是通过招标的方式取得。[②] 项目取得的过程中，主要面临以下风险：首先是在项目取得之前，会面临非洲国家法律对承包商主体资格的限制，非洲国家政府一般会对外国公司的投标资格加以限制，根据工程的级别对投标企业的资产和人员提出要求。其次，部分国家通过了本土化立法法案，本土化的比例要求成为其不同于其他地区的特有法律风险；在招标过程中，存在实体风险和程序透明度风险，湘企在竞标过程中会因外部环境和自身因素陷入资格文件存在缺陷等情况，而且在非洲会面临由于招标程序的不公开导致项目被叫停的境况；在签订合同时，还会遭遇 FIDIC 合同条款中的不可抗力条款、索赔时效条款带来的法律风险。

1. 非洲国家法律对主体资格的限制

湘企在非洲进行工程承包，首先，需要在当地注册公司，否则无法承包工程项目，而对外国承包商往往有着更为严格的规定。如尼日利亚规定要求外国承包商在当地注册公司，在项目所在州政府或联邦政府部门进行承包商注册，并要求每年更新，同时，外国自然人需以公司名义承揽工程承包项目。[③] 坦桑尼亚则规定，外国承包商在坦经营，必须到坦桑尼亚承包商注册协会（CRB）进行注册。获得永久注册证的外国承包商，可在坦长期经营，但每年需缴纳一定数额的年费。外国承包商还可以以中标项目的名义申请临时注册，在项目实施完毕后，向 CRB 办理注销临时注册证手续。其次，当湘企注册完成之后，需要在当地有关部门进行资质核实，根据资质的不同能够承包的项目类型规模有所区分。以乌干达为例，乌干达主要资质要求包括法律合规（即法律纠纷澄清）、未破产、未被禁

① 郑一争，宣增益．“一带一路”建设中对外工程承包的法律风险及应对［J］．河南大学学报（社会科学版），2018，58（02）：61-67.

② 姚梅镇．国际经济法概论［M］．武汉：武汉大学出版社，2010：317.

③ Article 13 of Nigeria’s Labor Act of 1990.

止，提供完税证明、财务报表、社保缴纳证明。乌干达承包工程法案主要是中央采购局（PPDA）颁布的采购法案（2018 年 2 月修订版），其中对当地公司（National Provider）、在乌干达成立的公司（resident provider）和外国公司（foreign provider）工程承包、咨询服务、供应服务的要求和限制有：（1）供应合同（supplier），10 亿先令及以下的合同，只授予当地公司（National Provider）、在乌干达成立的公司（resident provider）。超过 10 亿先令的可以授予外国公司。（2）道路合同（road works），450 亿先令及以下的合同，只能授予当地公司（National Provider）、在乌干达成立的公司（resident provider）。超过 450 亿先令的可以授予外国公司。（3）其他公共工程（public works），100 亿先令及以下的合同，只授予当地公司（National Provider）、在乌干达成立的公司（resident provider）。超过 100 亿先令的可以授予外国公司。可以看出，非洲国家对外国公司进入本国市场设置了诸多限制，实体上包括企业的规模、技术能力等资质，程序上包括企业在当地进行相应的注册、管理、缴费等。因此，湘企在非洲工程承包受到严格的准入门槛和退出机制的制约，一旦触及相应规定，企业资格被吊销，从而导致项目延误乃至终止。不仅如此，非洲国家对承包商主体的认定与国内相关规定在一些领域存在矛盾之处，是目前湘企在非洲工程承包遇到的难题之一。以湖南路桥公司为例，国资委在《国有产权管理通知》里明确指出，在外工程承包时严禁员工私人持有土地，路桥公司作为湖南省国资委的拳头子公司，理应遵守此规定。但是，在非洲政府看来，路桥公司作为国资委控股公司，本质上是中国政府的资产企业。因此，当工程承包项目取得时，同时又需要工程经过地段的土地所有权时，而路桥公司以员工私人名义持有土地违反国内规定，以企业名义持有土地，则会被当地政府视为中国持有当地土地，导致合同无法履行。

2. 本土化立法的法律风险

非洲地区的本土化立法在项目取得时，对工程承包的限制也是不可小觑。以南非为例，南非十分注重自身经济健康发展和提升本土居民劳动技能。为了增强黑色人种经济实力，政府或国有企业标的项目会要求投标者的黑色人种经济振兴评分达到一定标准。在南非，工程承包招投标过程中，对创造就业机会义务的规定屡见不鲜。例如，在可再生能源采购计划中，80%的员工必须是南非人，其中 50%必须是黑色人种。工程承包由于需要雇用大批劳工，而由于工程承包技术水平要求的提高，当地劳工很大一部分缺乏专业的技术水平能力。因此，湘企在工程承包过程中的某些阶段需要特别专业的技术人才时，就可能达不到当地本土化的要求，因而导致纠纷。同时，津巴布韦的《本土化和经济授权法案》中也规定："在津巴布韦的所有企业，无论性质如何，津巴布韦本土居民必须控股超过 5 成，而且，已成立的外资企业必须将 5 成股权全部转让给当地居民或者政府；新成立的企业需要让出 5 成股份才能在津巴布韦获得营业资格；对于控股股权的重大处分，诸如兼并、重组等，需要经过国家政府机关负责人批准。"[①] 近年来，本土化作为非洲国家增强本国经济成分、提高本国居民就业水平、保障本国企业市场占有率的有效手段已经得以迅速

---

① Article 41 of Indigenization and Economic Empowerment Act of Zimbabwe of 2007.

发展，因此，当湘企在非洲工程承包时触及相关法律规定，非洲国家的处罚力度和决心会使得企业遭受巨大损失。

3. 招投标法律风险

湘企在非洲工程承包招投标过程中主要遭遇的法律风险包括实体和程序两方面。在实体方面，由于非洲部分国家需要的主体资格等文件要求的不稳定性以及国家内部的腐败欺诈现象，导致湘企在招投标中出现违标等情况。以湖南建工为例，在非洲某国家招投标时，由于多方原因，湖南建工出现了资格文件造假的情况，导致湖南建工被多家国际金融机构连带制裁，致使湖南建工遭受重大经济利益损失，同时其企业信用遭受严重损害。在程序方面，公开的招标由于自始至终的程序透明和严格的程序设定，很少当地居民和非政府组织的抗议，而有限邀请招标、直接授标等方式则易出现程序不透明的法律风险。以安哥拉为例，近两年来，安哥拉政府为加快本国基础设施建设，制定了优先实施的项目清单，出于对中国政府和中资企业的信任，采取邀标的形式直接向部分中资企业发出邀请之后再进行授标，并通过大量使用中国融资贷款实施有关项目。自中非经贸博览会以来，湖南与安哥拉的合作开始加深，2020 年 11 月，湖南省建筑业协会与安哥拉驻华大使访问团就湘企在非洲工程承包市场开拓进行了深入合作探讨。以中地海外湖南中扬建设参与安哥拉罗安达新国际机场项目为例，湖南中扬在安哥拉已形成了相当完善的工程承包体系，被安哥拉政府有关部门直接向总统推荐，并最终以总统令的形式将项目直接授予，但在以后可能会引发因招标程序不透明的法律纠纷。以中国路桥公司为例，2020 年 6 月初，肯尼亚上诉法院通过了肯尼亚政府与中国路桥公司（CRBC）32 亿美元标准铁路（SGR）项目的判决，称该合同非法，其中主要依据之一就是招标过程不公开。[①] 而中国路桥公司关于标准铁路项目早已完工。可见，直接授标能确保企业取得项目，但招标项目不公开会成为项目自始至终全过程的一个“定时炸弹”。

4. FIDIC 条款法律风险

当项目取得后，湘企作为承包商需要与业主签订工程承包合同。FIDIC 作为国际工程承包通行合同模板，也是湘企在非洲工程承包的对外签收的模板合同。据湖南路桥的相关工作人员介绍，目前，湘企在非洲工程承包的项目类型为 EPC 工程，其 FIDIC 合同主要适用“银皮书”版本。湘企在非洲工程承包签署 FIDIC 合同条款的现实基础上，结合“银皮书”条款内容，主要的法律风险包括：第一，不可抗力法律风险，不可抗力在“银皮书”第 19 条有详细规定，其涵盖就包括了战争、自然灾害等突发性强、瞬间毁灭性强的事件。在非洲，自然灾害事件频发，加之政治环境的不稳定，不可抗力条款对于湘企在非洲工程承包的合法权益有着很强的保障作用，但在实践中，对不可抗力的认定、举证责任的分配等多方面原因致使企业适用困难。以湖南某公司承包非洲某国公路项目为例，签署

① Contract for Kenya's China-funded railway ruled ‘illegal’[N/OL].(2020-6-23)[2020-12-20]http://www.msn.com/en-xl/africa/kenya/contract-for-kenyas-china-funded-railway-ruled-illegal/ar-BB15SxQR.

的是 FIDIC 施工合同条款，在项目施工过程中，由于项目所在国与邻国发生冲突，导致项目施工过程中燃油资源供应不足致使工程停工，给企业带来巨大的利益损失。第二，索赔时效法律风险。合同条款最重要的是遇到违约或者不可抗力等情形需要终止或解除合同时，如何能有效地进行索赔，而在 FIDIC 合同条款中，索赔时效是一项十分严格的规定，在 1999 年、2017 年 FIDIC 合同条款第 20 条规定“承包商向业主发出索赔通知的时效为 28 天，提交索赔报告的时效为 42 天”,① 纵观湘企乃至中资企业在非洲工程承包，未按时提出索赔通知的现象普遍存在。以湘企某索赔案例为例，业主在项目开工 1 年后才提供符合要求的 GPS 基准测量点，但中国承包商在与业主长达半年的工地会议中，每次均要求业主提供 GPS 基准测量点，但直至半年后聘请了国外的合同专家，才向业主发出了书面索赔通知。监理工程师根据 FIDIC 合同第 20.1 款的规定，以承包商未能在索赔事件发生后的 28 天内提出书面索赔通知为由，否决了承包商的工期延长和额外费用索赔。②

（二）项目实施时的法律风险

当湘企通过招投标程序合法取得项目签订合同之后，接下来工程承包进入项目的实施阶段，由于湘企在非的工程承包大部分仍属于大型企业的大型对外工程项目。周期长，规模大，项目融资是湘企面临的第一个法律风险。在传统融资方式不能完全满足的当下，诸如 PPP 模式等新型融资手段是湘企需要高度重视的。除此之外，非洲国家环境权入宪以及严格的环境、劳工保护体系加上公民、非政府组织的维权意识并伴随着西方势力的阻挠使得湘企在非洲工程承包的环保、劳工等社会责任性质的法律风险日益突出。

1. 融资法律风险

对外工程需要大量的资金，承包商想要在竞标时提高竞争力，不仅要依靠技术条件、管理水平和业绩，而且在很大程度上要依靠其融资能力。国际工程项目的融资方式多种多样，包括政府融资、国际金融机构贷款、商业银行贷款、政府间双边贷款、出口信贷、项目融资、PPP 融资等。③ 传统融资大都依赖银行贷款，然而非洲当地银行信用制度大都不完善、资金缺乏、利率较高、结算困难。在乌干达，当地贷款利率为 20%左右，并且贷款手续十分繁杂，条件较高。乌干达银行贷款手续较严格，或者要求申贷者提供贷款保函，或者要求其提交以下材料：(1) 房产证书或土地证书；(2) 工作（居住）许可；(3) 投资注册证书；(4) 3 年以上从业经验并提供 1 年银行往来对账单；(5) 银行要求的全套申请表。④ 因此，介于非洲国家融资程序复杂，且部分国家融资法律政策对外企有着相对苛刻

---

① FIDIC，Conditions of Contract for Construction [M]. 1999；FIDIC，Conditions of Contract for Construction [M]，2017.

② 中国对外承包工程商会. 国际工程总承包项目合同管理导则 [M]. 北京：中国建筑工业出版社，2016：73.

③ 宣增益. “一带一路”战略下我国铁路走出去相关法律及对策研究 [M]. 北京：中国政法大学出版社，2017：188.

④ 商务部国际贸易经济合作研究院，中国驻乌干达大使馆经济商务处. 对外投资合作国别（地区）指南：乌干达 [R]. 2019：60.

的限制，加之非洲国家融资实力有限，如若事先缺乏了解，极易引发法律风险。

尽管有完备的法律规则，科学的规则内容，一旦法律实施不力，再精美的法律规则都只能是形同虚设，难免落入“法律是法律，社会是社会”的困境。据相关人士在非洲国家的调研反映，很多与项目运作管理相关的当地政府官员不仅对本国 PPP 法律毫不知情，更倾向于用惯用合作方式进行；还存在大量不严格遵循 PPP 法律政策相关规定的现象。例如 2012 年赞比亚 PPP 招投标程序因暗箱操作，撤销了几个电信、铁路建设方面的 PPP 项目。[①] PPP 法律的实施与法律规定相左的问题在非洲国家比较突出。一方面，因如南非、尼日利亚等非洲国家适用国家、省与地方政府立法并行的 PPP 法律体系，呈现出高度的层级碎片，这不仅存在潜在的法律冲突问题，也可能让管理者和投资者无所适从，宁愿选择便捷的传统方式。另一方面，非洲有些国家贿赂文化盛行，且这一问题在 PPP 项目的反映上尤为明显，PPP 项目牵涉的项目资金巨大，公益性质强烈，注定 PPP 项目管理者在法律实施的道路上充满了偏离法律的诱惑。此外，通过观察非洲国家的国界线发现，西方殖民者出于统治的方便，加之殖民历史长，导致非洲国家的国界线依据经纬度划分为较为规则的板块，但是这也人为地割裂了非洲的自然环境，致使水电类 PPP 项目跨越多个国家，因此非洲国家之间法律的协调，法律的变更均应为 PPP 环境法律风险的重要内容。

表 3 湘企工程承包所在地非洲国家 PPP 立法情况梳理

序号	国家	立法情况	译文	备注
1	南非	Public Finance Management Act	《公共财政管理法》(1999，2017 修正)	
		Preferential Procurement Framework Act	《优惠采购政策框架法》(2000)	
		Public-Private Partnership Manual	财政部《PPP 手册》(2004)	
		Standardized Public Private Partnership Provisions PPP	财政部《PPP 标准化规定》(2004)	
2	安哥拉	Ante Projecto de Lei sobre as Parcerias Público-Privadas	《公私合作法案》(2010)	葡萄牙语
3	尼日利亚	Infrastructure Concession Regulatory commission (Establishment, ECT) Act	《基础设施特许权监管委员会法案》(2005)	
		PUBLIC PROCUREMENT ACT	《公共采购法》(2007)	
4	埃及	the law regulating Partnership with the Private Sector in Infrastructure Projects, Services and Public Utilities	《基础设施、服务及公共领域私人合营法》(2010)	

① 朱伟东：非洲 PPP 项目的法律政策环境 [J]. 中国投资，2017 (04)：78-79.

续表

序号	国家	立法情况	译文	备注
5	阿尔及利亚	未查到 PPP 相关立法		
6	加纳	National Policy on Public-Private Partnerships (PPP)	《关于公私合营的国家政策》(2011)	
		GHANA PUBLIC PRIVATE PARTNERSHIP BILL Draft	《公私合作法案(草案)》(2013)	
7	肯尼亚	The Public Procurement and Disposal Act	《公共采购和处置法》(2005)	
		PUBLIC PRIVATE PARTNERSHIPS ACT 2013	《公私合作法案》(2013)	
8	刚果(布)	未查到 PPP 相关立法		
9	坦桑尼亚	NATIONAL PUBLIC PRIVATE PARTNERSHIP (PPP) POLICY	《关于公私合营的国家政策》(2009)	
		THE PUBLIC PRIVATE PARTNERSHIP ACT	《公私合作法案》(2010)	
10	埃塞俄比亚	未查到 PPP 相关立法		
11	乌干达	GHANA PUBLIC PRIVATE PARTNERSHIP BIL	《公私合营(PPP)法案》(2015)	
12	加纳	PUBLIC PRIVATE PARTNERSHIPS ACT 2013	《PPP 法案》(2013)	

除了在非洲当地融资以及通过 PPP 进行融资等方式外，湘企在非洲工程承包主要依赖国内的金融机构和国内私人资本的投入。一方面，在向银行等金融机构寻求融资时，银行会要求企业提供担保以降低风险，其中以主权担保、机构担保为主，但在实际操作过程中会遇到各种情况导致融资不能。以湖南某企业参与东非某国某铁路建设项目为例，为了项目的顺利进行，业主想通过主权担保的方式向中国金融机构寻求融资，可是由于主权担保已达到上限，导致项目无法顺利进行且承包商自身也无法获得金融机构贷款，企业因此面临资金短缺、项目难以正常进行的困境。另一方面，据了解，目前大量湖南在非中小型工程承包企业主要依赖国内私人资本开始先期施工，然而，由于私人资本的不稳定性，加之在非洲工程承包工程款也很难及时收回，导致企业资金链极其容易断裂，从而给项目带来毁灭性打击。

2. 环境法律风险

伴随着环境权入宪，非洲成为全球环境权入宪的主力军，这些国家尤以非洲大陆法系国家居多。多元化的条款设计与差异化的实施效果，从宣示性的单一型条款到公民权利义务结合国家责任与司法救济的综合型条款，非洲各国对公民环境权保护与救济的法律制度日益完备。① 多数非洲国家也规定了宪法权利受侵害时的救济措施，如提请法院进行司法审查的权利，或者赋予公民诉诸法院寻求救济的权利。② 同时，在某些西方势力的煽动下，国际环保组织和当地环保组织针对中资企业在非洲工程承包项目提起环境公益诉讼，甚至到了滥诉的程度，导致部分工程停工，完成进度被无限期延缓。

表 4 湘非工程承包合作重点国家的环境法律立法概况

国家	环境法名称	环境权是否入宪
埃塞俄比亚	《环境影响评估公告》《环境污染控制公告》(2002 年)	1995《埃塞俄比亚宪法》第 44 条
坦桑尼亚	《国家环境法》(1983 年)、《环境管理法》(2004 年第 20 号法案)	
肯尼亚	《环境管理与协调法》(1999 年)、《环境影响评估规定》	2010《肯尼亚宪法》第 42 条
乌干达	《国家环境法》(2019 年)	1995《乌干达宪法》第 39 条
科特迪瓦	《环境法》(1996 年)	2000《科特迪瓦宪法》第 19 条
塞拉利昂	2000 年《环境保护法》	
刚果（布）	《环保法》 (1991 年 4 月 23 日第 003/91 号法律)	2002《刚果（布）宪法》第 35 条
南非	1998 年《南非国家环境管理法》	1996《南非宪法》第 24 条
阿尔及利亚	2003 年《环境保护法》(No. 03-10)	
加纳	1999 年《环境评估条例》（Environmental Assessment Regulations 1999）以及 2002 年《环境评估（修订）条例》(Environmental Assessment (Amendment) Regulations 2002)	
安哥拉	《环境基础法》（1998 年 5 月）、《环境影响评估条例》(2004 年 6 月)	2010《安哥拉宪法》第 39 条
埃及	1994 年《环境法》、1983 年《自然保护法》	2014《埃及宪法》第 46 条

环境影响评价是中国大型项目建设取得环境许可的前提基础。湘企在工程承包正式施工之前，必须提交环境评估申请书，将评估报告及相关材料递交有关环保主管部门，只有得到相关部门批准许可之后，才能正式进行工程承包项目。环评程序是环保法律纠纷引发

① 张小虎. 非洲国家宪法环境权的实证研究 [J]. 人权研究，2019，21 (01)：242-267.

② 张敏纯，张宝. 非洲环境权入宪的实践及其启示 [J]. 求索，2011 (04)：162-164.

的重灾区，例如，Sekikubo & Ors诉乌干达政府及中国港口工程有限公司（CHEC）一案[①]中，就以工程和运输部为代表的乌干达政府于2015年3月30日与中国港口工程有限公司（CHEC）签署关于东部和北部标准轨距铁路网项目的合同协议的声明是非法的、无效的，依据的理由就是合同的签订和执行忽略了环境评估等程序，对原告和乌干达的环境等公众利益带来了损害。但同样，水电八局在参与加纳布维水电站项目时，则十分注重加纳的环境评估等程序，通过项目业主向加纳环境保护机构申请环境许可证，同时严格依据加纳的环境保护条例和环境标准进行工程建设，避免了环保领域纠纷的产生，并树立了良好的典范。

表5 湘企在非洲工程承包重点国家环评制度

国家	环评管理机构	环评依据	环评审核费用	环评程序耗时
埃塞俄比亚	联邦环保局	《环境影响评估法》	/	
坦桑尼亚	国家环保委员会	《环保影响评估规定》《环保评估程序指南》	金额由国家环保委员会确定	/
肯尼亚	国家环境管理委员会	《环境影响评估规定》	/	6个月内
乌干达	国家环境管理局	《国家环境评估规章》	依据项目投资规模缴纳[②]	6个月内
刚果（布）	林业经济、可持续发展和环境部		一般较大项目收费在6 000万到7 000万非郎之间	四个月到一年
安哥拉	生态环境部		在2 000美元到20 000美元之间	
加纳	环境保护事务局		费用数万美金	半年至一年半
埃及	环境事务署		费用根据项目类型和投资额确定	45天左右
阿尔及利亚	环境部		编制费为50万至100万第纳尔不等	三至五个月

3. 劳务法律风险

在对非投资过程中，劳务纠纷一直占据重要部分，究其原因，中企在非洲的用工基本实现了当地化，雇用非洲员工的比例一般达到85%左右。加上中非劳动法律制度存在较大

① Sekikubo & Ors v Attorney General (MISC. CAUSE NO. 092 OF 2015) [2016] UGHCCD 26 (4 April 2016).

② 评审费是依据项目投资规模缴纳，总价值不超过5 000万先令的项目缴纳25万先令评审费；总价值在5 000万至1亿先令的项目缴纳50万先令评审费；总价值在1亿至2.5亿先令的项目缴纳75万先令评审费；总价值在2.5亿至5亿先令的项目缴纳100万先令评审费；总价值在5亿至10亿先令的项目缴纳125万先令评审费；总价值在10亿至50亿先令的项目缴纳200万先令评审费；总价值在50亿先令的项目按价值的0.1%征收评审费。

差异，导致了中企的劳动法律风险日益突出，因此其已成为在非中企不容忽视的重要问题。[①] 具体到湘企在非的工程承包业务更是如此，工程承包向来需要大量人力，由于殖民历史，非洲国家向来对劳工权益十分重视，劳动法律体系十分完善，劳工、非政府劳工组织对自身的劳动权益保护意识强，因此劳务纠纷层出不穷。

湘企在非洲工程承包在劳务方面的法律风险具体包括：第一，工资标准和工作时间法律风险。在工资法律风险方面，以水电八局参建的乌干达卡鲁玛水电站为例，在卡鲁玛，仅仅因为工资问题就发生了多次大规模的罢工。究其原因，主要包括工资水平不符合乌干达劳工法规定、乌干达提高劳工收入所得税、水电八局不熟悉乌干达劳动法导致劳工工资发放顺序出错等等。[②] 在工作时间法律风险方面，非洲各国对劳工时间有着严格而准确的要求。阿尔及利亚劳动法规定，法定每周工作时间为 40 小时；某些在工作时间可能存在无工作情况的岗位，每周工作时间可以增加；从事高体力、危险或容易在身体和心理方面产生特别压力的工作，每周工作时间可缩减。同时，由于非洲当地劳工对加班有着严格的抵触，对于不熟悉非洲当地情况的湘企而言，可能就会因为其将国内做法直接带入所在国适用，从而引发纠纷。第二，劳动用工禁止歧视风险。例如坦桑尼亚法律规定，雇员一律平等，雇主不得直接或间接歧视雇员。另外，对处于孕期的女性雇员、身有残疾的雇员及携带艾滋病毒的雇员，雇主也不得歧视。湖南某公司于 2013 年以 EPC 方式承包了位于乌干达西部的一个道路项目，该项目业主是乌干达公路局，出资方是世界银行。项目施工过程中，当地的部分非政府组织频频给世界银行写信，反映劳工对当地村镇少女性侵问题。[③] 世界银行自 2015 年 10 月起，单方面多次到现场开展调查，并做出了撤资的决定。第三，工会介入的法律风险。非洲国家的工会是工人自由、自愿组织而成，它的使命是为工人利益服务的。如果工人的诉请或诉求不能得到满意的答复，一般会通过罢工的方式去获得更高的劳动待遇与劳动报酬。[④] 当劳工的需求得不到满足时，其通常会诉诸工会，通过交涉、罢工等方式为劳工争取权益。以上述的乌干达卡鲁玛为例，其都是通过工会组织的大规模罢工来争取待遇的提高，而且是规模逐步扩大，从 200 人罢工到 6 000 人的大罢工，可见，工会的影响力也在罢工中得以扩大。但需要注意的是，罢工很多时候是出于其他利益的考虑。例如，某湘企在乌干达某项目中，忽略了工会的地位和作用，根据业主的需要，将合同类型予以变更，导致工会的利益受损，同时为了赚取政治资本，工会对部分员工进行引

---

① 洪永红，黄星永. “一带一路”倡议下中企对非投资劳动法律风险及应对 [J]. 湘潭大学学报（哲学社会科学版），2019，43（03）：66-71.

② 在中国水电乌干达卡鲁玛水电站项目施工过程中，曾就因工资问题引发过 3 次大规模罢工，第一次是 500 多名当地员工以罢工要求企业提高基层工人的薪资待遇；第二次是 2 000 多名当地员工由于工资过低、税收高、生活压力大等原因发起罢工；第三次是 6 000 多名当地员工全面罢工，原因是乌干达税务局提升了乌干达国民的收入所得税，而中国水电在工资发放过程中直接将当地员工们的所得税划入了乌干达税务局，于是员工全面罢工，给企业带来了严重损失。

③ 商务部国际贸易经济合作研究院，中国驻乌干达大使馆经济商务处. 对外投资合作国别（地区）指南：乌干达 [R]. 商务部国际贸易经济合作研究院，2019：90.

④ 洪永红，黄星永. “一带一路”倡议下中企对非投资劳动法律风险及应对 [J]. 湘潭大学学报（哲学社会科学版），2019，43（03）：66-71.

导和煽动，也开始刻意煽动业主的反对，引发了员工对合同的不满情绪激增，最终引发罢工。[①]

（三）项目结算时的法律风险

当工程顺利进行直至竣工验收阶段，在顺利结算工程尾款时，由于非洲国家的外汇管理政策以及汇率变动较大等原因，可能引发货币汇兑风险；而当工程遭遇延误、暂停甚至停工等各种情况，无法顺利结算时，由此可能带来各类法律风险。

1. 货币汇兑法律风险

当工程承包竣工验收之后，如何结算工程尾款是当务之急，除了部分业主以工程质量等原因拖欠尾款以外，工程所在国外汇管理政策的变化和汇率波动是影响承包商合法权益的重要风险之一。我们可以发现货币汇兑风险主要有以下特点：首先，可以看出，湘企工程承包的重点国家，大部分都实行外汇管制，此外部分非洲国家社会环境不稳定，严重的还会出现战乱等情况，加之现代非洲国家的经济是在欧美国家的影响下发展起来的，目前经济对外依存度高，容易受到西方发达国家的经济制裁，导致湘企有时很难正常结算，并且由于非洲国家的外汇管理十分单一，使得企业很难通过其他方式变通结算；其次，由于非洲地区金融环境不稳定，大部分国家的外汇汇率都不是非常稳定，近年来，诸如非洲经济发达的南非、尼日利亚抑或是与湘企工程承包十分密切的乌干达等都出现了货币贬值的现象，加之外汇汇兑受限，导致即使不出现汇率波动，湘企的工程承包款也很难及时汇兑。

表 6　非洲部分国家外汇管理及汇率波动

国别	外汇管理	汇率波动
阿尔及利亚	实施外汇管制，仅实现经常项目下部分可兑换，中央银行掌控所有外汇资源	
坦桑尼亚	虽然实行外汇管制，但政策较为宽松，金融管理部门对外汇兑换业务持开放态度，外汇兑换相对简便	
乌干达	自由外汇	2018 年上半年，乌干达先令出现贬值趋势
南非	实施外汇管制，但逐步放松	近两三年，兰特经历大幅贬值
加纳	如企业投资资金由外国银行汇入，外国企业可在境内商业银行开立离岸账户（Offshore Account）。如企业仅开立普通外币账户，外汇只能在境内转移，无法向境外自由转账	

① 黄霞. 乌干达中资企业劳动法律纠纷研究［D］. 湘潭：湘潭大学，2020.

续表

国别	外汇管理	汇率波动
刚果（布）	外汇登记制度，监管严格	没有自己的货币，独立后使用中非金融共同体法郎，固定汇率
肯尼亚	没有外汇管制	汇率波动较大
埃塞俄比亚	外汇管制，外资企业（或项目组）可在当地银行开立外币账户，汇入自由但不能提现（银行折付当地币），由于埃塞俄比亚外汇储备非常紧缺，外汇汇出管理非常严格且手续复杂	2008 年以来，埃塞俄比亚货币比尔贬值较快，兑美元的汇率由 2008 年的 9.6∶1跌至 2016 年 21.8∶1
安哥拉	实行外汇管制。在当地注册的外资企业，经批准可开设银行账户（包括外汇账户）	
科特迪瓦	实行外汇管制，外资企业在科特迪瓦境内不允许开设外汇账户	

2. 违约法律风险

根据工程遭遇的情况不同，违约法律风险具体可分为：第一，工程变更法律风险。工程变更是工程承包中最常见的法律风险，特别是在非洲，不仅有合同本身的因素影响，当地土著居民、政治势力等都会因自身利益而阻挠项目的进行。以中建五局的公路项目为例，在非洲某国公路项目中，中建五局在施工过程中在取得业主同意后修改了方案。在完工结算过程中，业主提出需要扣回已支付的工程款，理由是修改方案没有为业主节省成本，最终提起 DAB，DAB 在听证后支持了中建五局要求支付相关费用的申请。① 第二，工程延误法律风险。由于工程延误中既有业主方的责任，也有承包商的因素，实践中二者各方相应的责任比例往往很难量化，但是在举证责任上，一般由承包商负主要的举证责任，而业主一般只需证明实际工作时间晚于合同约定即可，这也要求承包商做好证据管理以备项目索赔之用。如水电八局在非洲开展水电站项目时，工期延误从开工起就已发生。业主的延误因素有：场地移交延误、施工图纸提供延误、施工中设计变更、地上施工许可证未按时办理等。水电八局也存在一些应承担延误责任的情形。由于双方都存在众多延误问题，项目业主认为工期严重滞后，最后导致双方解除合同，进入裁决。但是工程延误导致的损失赔偿目前缺乏有效的救济手段。以水电八局在赞比亚某变电站项目为例，由于业主、审计及自身的多方原因，导致合同延期时间已经超过工期，按照合同规定，业主须赔偿不超过项目总额 10% 的赔偿款，大概是 160 万美元，而如果通过国际仲裁进行司法手段救济，则需要几百万美元的费用，大大超过赔偿款，导致企业只能报损，自行承担损失。第三，工程暂停和终止法律风险。由于市场竞争激烈，湘企在进入非洲市场时为了能

① 常设中国建设工程法律论坛第六工作小组. 中国工程承包企业海外经营风险［M］. 北京：法律出版社，2019：132.

获取项目，或多或少地会降低对项目的选择标准，然而，未经慎重选择的项目，往往会由于业主资质不佳、项目不成熟和资金落实不到位等风险，导致项目停工或者合同终止。

四、湘企在非洲工程承包的法律风险成因分析

通过对湘企在非洲工程承包法律风险类型的梳理，湘企在工程承包的整个过程中都会因自身和外界环境遭遇不同类型的法律风险，因此，本文以非洲国家、中央政府、湖南省政府、湘企四个主体为出发点，分析湘企在非洲工程承包法律风险的成因。

（一）非洲国家的政策法律稳定性与国家治理能力不足

湘企在非洲地区进行工程承包，非洲地区的政治环境和社会治理水平尤为重要，这关系到湘企工程承包的稳定性、安全性以及风险概率大小等。具体而言，非洲国家的政策法律的稳定性、自身治理能力、司法行政效率等多方面都影响着湘企在非洲工程承包的方方面面。

1. 部分非洲国家政策法律不稳定

伴随着现代化民主进程的加快，非洲国家的政治体系有了一定程度的完善，但非洲国家的政治民主化还存在一些问题和缺憾。由于传统政治文化的惯性使然，威权主义的遗风并未根除，“总统的神圣权力”依然是多数非洲国家民主政体权力结构的一大特征，进而弱化了立法、司法权力的制衡作用；并且，受到非洲固有的“政治游戏规则”影响，民主化并未促成政权更迭频率的加快，即便是那些实现了政党轮替或政权更迭的国家也往往会出现“打倒皇帝做皇帝”的现象。① 据不完全统计，在民主转型过程中，非洲有 40 多个国家出现严重的政局动荡或社会骚乱，30 多个国家发生暴力事件或武装冲突，近 20 个国家发生内战或军事政变。② 而政局的不稳定导致国家政策法律的稳定性不足，出于不同的政治目的，新政府会对旧政府制定的重要立法做出修改，而工程承包作为一项系统工程需要长期稳定的政治环境，在不稳定的政策法律规制下，小到工作人员人身财产安全大到工程的进度都会受到严重影响。例如，中资企业在利比亚西线铁路项目的合同履行过程中，从项目设计到预付款的支付收纳再到项目顺利开工的整个前期的施工过程，中资企业都运作和实施得非常顺利，可当项目进行到快要完工验收的阶段，却发生了令人意想不到的“茉莉花革命”，卡扎非政府在革命的影响和打击下，迅速失去了对国内事务的控制权，相关的政策法律无法发挥作用，项目面临中止乃至终止的绝境。在非洲这样事例绝不在少数，目前也在屡屡发生。例如之前的索马里项目，即使企业与当地签署的合同里包含了不可抗力条款，也很难获得赔偿。非洲脆弱的政治生态带来政策法律的不稳定是威胁湘企在非洲

---

① 张宏明. 非洲政治民主化历程和实践反思——兼论非洲民主政治实践与西方民主化理论的反差 [J]. 西亚非洲，2020 (06)：3-52.

② 魏翊. 国家建构策略与政党政治动员——当代非洲政党制度化的政治起源 [J]. 世界经济与政治，2021 (03)：53-74＋157-158.

工程承包的重要因素之一。

2. 部分非洲国家政治和司法腐败

国内外众多学者研究发现，一国的开放程度、完善的产权保护和清廉的政府等制度特征会促进外商直接投资和贸易往来，高效的制度环境为外来资本经营提供了有力的保障。[①]非洲国家由于殖民因素的影响，在法律体系设计上基本上参照英美等国家，但法律不是用来当作摆设的，而是用来适用执行的。在现实执法过程中，由于非洲大部分国家的法律环境不够完善，且执法人员的法律素质需要提高，因此，有法不依执法不严的现状在非洲十分常见，法院也极其容易受到强大的外部环境影响而做出不公正的判决。在非洲某国，腐败的情况极其严重，一方面，税务工作人员明目张胆地向企业索要一定数额的贿赂才有可能为企业办理正常的业务；另一方面，当企业遭遇需要当地执法部门保护合法利益的事件时，通常会被索取贿赂，甚至出现执法部门为了贿赂与第三方合作，由第三方先阻碍工程的正常实施，再由执法部门出面解决的情况。在马达加斯加等政治经济极为不稳定的国家，会毫无正常缘由地增加外资企业的税负，会经常性地对湘企等中资企业进行安全、卫生等检查，从而索取贿赂。可以看出，一方面，非洲有些国家的法律意识还停留在表面，仅仅把法律当成获得利益的工具，没有真正信奉法律，导致行政执法腐败、司法裁判缺乏中立性；另一方面，各国的法律法规执行缺乏必要的监督机制，很难有效制约政府官员、法官、检察官等寻求个人利益。

（二）国家层面关于工程承包的保障机制不健全

国家层面关于工程承包的保障机制，除了上述需要针对非洲国家法律、政治、经济等外部环境提供信息之外，主要在投资保护领域对工程承包提供相应保障，其中最主要的包括工程承包保护协定的签订、海外保险制度等，存在不足之处。

1. 中非工程承包保护协定缺乏

近年来，伴随着中非经贸投资合作的深入，开始引发西方一些国家的忧虑，认为中方损害了其既有利益，在其煽动下，也引发了非洲部分国家通过国家手段对中国的企业加以限制。到目前为止，中非之间在经贸活动方面，主要 BIT 能从国家层面为企业在非经贸活动提供有力的支撑，为企业保驾护航。通过对湘企在非洲工程承包主要国家与中国签订 BIT 的情况整理，大致存在以下不足之处：第一，BIT 缔结数量不足，且生效数量少。南非是典型的对 BIT 持明确反对态度的非洲国家，其观点是 BIT 对促进本国经济健康发展并无实质性益处，不签订 BIT 抑或是 BIT 不生效，对中资企业在非投资的国家保障力度将大为削减。第二，投资范围需要扩大。BIT 中生效的协定大部分都是时间久远，继续更新的协定。可以发现加纳、埃塞俄比亚等国家生效时间都是在 2000 年前后，其对投资范

---

① 尹美群，盛磊，吴博．“一带一路”东道国要素禀赋、制度环境对中国对外经贸合作方式及区位选择的影响[J]．世界经济研究，2019（01）：81-92+136-137．

围的规定也十分狭窄，根据其定义，工程承包并不属于投资的范围，即使是最新的中坦BIT，也仅仅将工程承包的合同权益纳入，未能全方位地为工程承包提供保障。除了BIT协定之外，在“一带一路”的大背景下，中国与众多非洲国家签订了“一带一路”合作备忘录，[1] 在备忘录中，在合作领域中明确了基础设施领域是中非合作的重点领域，但仍然只停留在倡导、促进工程承包领域的深入合作的阶段，对企业在非洲工程承包并未提供明确的保障机制。

表7　湘企在非洲工程承包重点国家的BITs

国家	BIT	投资的范围
加纳	关于鼓励和相互保护投资协定（1990年生效）	动产、不动产、公司股份、知识产权特许权等权利
埃及	关于鼓励和相互保护投资协定（1996年生效）	同上
埃塞俄比亚	关于鼓励和相互保护投资协定（2000年生效）	同上
阿尔及利亚	关于鼓励和相互保护投资协定（2003年生效）	同上
塞拉利昂	关于促进和保护投资协定（未生效）	同上
科特迪瓦	关于鼓励和相互保护投资协定（未生效）	同上
肯尼亚	关于鼓励和相互保护投资协定（未生效）	同上
乌干达	关于相互促进和保护投资的协定（未生效）	同上
坦桑尼亚	关于促进和相互保护投资协定（2014年生效）	动产、不动产、公司股份、知识产权特许权等权利、债券、交钥匙工程合同及建设合同等合同权利
南非	无	
刚果（布）	无	
安哥拉	无	

2. 海外保险制度不完善

中国企业在外工程承包的海外保险主要是以中国信保为主的海外投资保险制度，中国信保通过支持企业在工程承包的相关保险产品对在非洲当地发生的汇兑限制、战争及政治暴乱、违约等政治风险造成的经济损失提供风险保障。其设置主要缺陷包括：第一，风险保障存储和保费之间存在巨大差异，保证金难以为湘企在非洲工程承包提供足够的保障力度。风险保证金主要来自中央财政支持、中国信保本身及第三方金融机构，而近年来中央财政支持明显不足，中国信保与第三方合作的强度也没有明显提高，在2020年中国信保的保费规模已超过7 000亿元而风险保障存储则远远与之无法适配。第二，保险制度本身在效力上、机构设置、条款内容上存在不足，湘企很难有效地适用中国信保以保障自身权

① 截至2021年5月，中国与包括非盟在内的46个非洲国家和组织签订有“一带一路”合作备忘录.

益。首先，由于与非洲国家之间关于海外保险缺乏明确的条约规定，当遭遇保险索赔时，主要依赖国家权力和外交政策，导致海外保险的效力不稳定，难以有效、持续发挥自身作用；其次，中国信保的信息公开不够明确、机构设置也不够高效，不利于海外保险制度发挥自身作用；最后，中国信保的条款存在漏洞，同类保险连带导致湘企再难以选择此类救济手段，以中国信保的主权违约险为例，当此类险别下存在多个公司投保时，其中一个公司因为主权违约情况的出现需要适用该保险维护自身权利时，一旦中国信保接受，将冻结对此类险别下其他公司的金融保障，在此情况下，该公司几乎不会选择适用该保险以免带来更大的损失。同时，随着工程承包领域劳工、环境等法律风险在非洲的出现，现有险别已然不能全面保障湘企在非洲工程承包。

（三）地方层面关于工程承包预防机制存在不足

地方层面对湘企在非洲工程承包给予了政策扶持、资金支持、平台建设等一系列保障措施，但湘企在非洲不同国家的法律风险复杂多样，为了保障湘企能够在非洲地区工程承包项目的顺利进行，在省级层面，还需要进一步完善信息交流和保障机制。

1. 信息交流机制不够完善

伴随着湖南对外经贸合作的发展，湖南省逐步打造了“湘企出海＋”等信息交流服务平台和“中非经贸博览会”等国家级经贸交流平台，指导企业申请立项、备案，提供国内有关对外工程承包的法律法规等，并且对湘企在外工程承包的数据按照不同国家、不同行业制图列表，方便企业了解在非洲工程承包的现实状况。可以看出，政府建设的一系列信息交流平台便利了湘企对非工程承包的相关手续，同时，系统的信息公开更加有助于中小企业了解相关政策导向和非洲市场的现实需求，但仍有以下几点需要完善：第一，法律库不够全面。政府的信息平台的法律法规库以国内法规为主，而缺乏湘企工程承包所在地——非洲国家的相关法律法规资料。而非洲国家众多、殖民的历史加之人种、种族众多复杂，因而，非洲法内容繁多、体系庞大，有其独特的发展规律，[①] 法律种类繁多且与国内存在诸多不同，这样的现实情况导致如若缺乏对非洲国家的法律法规的认识了解，极易产生法律纠纷。第二，交流渠道仍需要完善。2019 年中非经贸博览会在长沙成功召开，湘企凭借地利和自身优势签署了大批基础设施的订单，但后续衔接机制不健全，导致项目签约后的工作进程未能顺利进行。加之湖南省缺乏举办大型国际性经贸展会的实践经验，在首届经贸博览会中呈现出交通不够便利、展会硬件设施达不到要求、展会服务水平需要提高等诸多问题。[②] 因而尚未充分发挥中非经贸博览会的作用。更为重要的是，伴随着全球新冠疫情的持续发酵，建设线上交流平台、完善线上签约模式是目前急需解决的重点难题。

2. 保障机制不够全面

湖南省政府从政策扶持、资金支持等多方面保障湘企在非洲工程承包的合法权益，但

---

① 夏新华. 非洲法律文化研究的理论辨析 [J]. 法律文化研究，2018 (00)：88-96.

② 北冰. 以中非经贸博览会为契机 打造湖南内陆开放新高地 [J]. 新湘评论，2020 (09)：33-35.

保障机制仍有需要完善之处：第一，组织执行力较弱，政策执行缺乏高级别协调机构，尚未建立定期工作协商机制，重点政策的制定、重大问题的及时协调无法得到保障。同时，部门之间由于缺乏相应的沟通渠道，政府部门之间不能及时共享信息，导致部门在执行贯彻政策时的行政效率下降，由于缺乏强有力的监督检查机制，严重的会出现部门推诿责任，严重影响湘企在非洲工程承包的相关规划的推进。第二，资金保障还不够全面。一方面，政府的财政支持只限于大型企业的重点项目，对于在非洲工程承包的中小型湘企的支持力度远远不够，需要针对不同类型、规模的企业及其项目设置多种项目支持名单，同时，对于纳入项目名单，缺乏全方位、足够的资金支持，除了直接资金支持外，对税收方面的减免还不够重视；另一方面，进出口银行、建设银行等一系列开放性大型金融机构的贷款范围限制较多，对于级别不够的中小型湘企缺乏有针对性的项目支持，由于工程承包阶段多，因此对于龙头企业的支持力度也仍需提高，不应该仅仅停留在项目初始阶段。第三，湖南省政府和非洲各国的沟通交流渠道尚未完善。省级政府与非洲各国缺乏必要的沟通协调机制，不利于国内力量及时保障湘企的合法权益，同时，还缺乏应急状态下沟通交流渠道的建设，需要尽量减少因国家不稳定、国际公共卫生安全等不可抗力事件给湘企带来的影响。

（四）企业风险防控和社会责任履行欠缺

湘企在非洲工程承包之所以会遭遇种种法律风险，不仅仅是由于非洲国家和湖南省级政府等客观外在环境尚不完善，更为重要的是湘企自身风险防范意识、手段的不完善，具体表现为：湘企缺乏对非洲国家工程承包相关法律的了解，由此导致湘企的风险防范手段不够具有针对性，同时，近年来，非洲国家非常重视经济发展所带来的社会效益，加之西方国家的煽动，湘企在非洲工程承包的社会责任感还需要提高。

1. 缺乏对相关法律的了解

关于湘企缺乏对非洲国家法律的了解，主要是在实体和程序两个方面。一方面，从实体内容角度上分析，湘企缺乏对非洲国家法律实体内容的理解。首先，湘企缺乏对最新法律制度的了解。湘企在非洲工程承包所在国中诸如安哥拉、刚果（布）等国家由于法律制度的制定实施、社会经济的动荡等外部环境的影响，法律政策变动频繁且文件的效力难以判定，同时可能会由于语言、工作人员的重视不足等多种因素导致湘企无法及时更新信息掌握情况，进而做出错误的判断。其次，湘企缺乏对当地国家有特色的法律的了解，由于法系、社会环境的不同，即使在当地生活了多年的工作人员也会忽视一些与国内情况不同的法律。以劳工工资为例，据了解，中国企业国内发放的工资仅仅局限于劳工劳动所得部分，而在乌干达等非洲国家，由于劳工保护力度不同，在其相关法律中明确规定工资还应当为其缴纳其他费用，正是由于法律的差异化导致劳工法律风险。另一方面，从实际操作的程序角度分析，从水电八局在非工作人员了解到，湘企在非洲工程承包的法务人员总体来说对于所在国的重要法律制度都是有所了解的，但目前欠缺的是在当地如何快速有效地利用法律保护自身权益。一方面，湘企法务人员由于门槛限制无法作为当地的法律工作者直接使用当地法律；另一方面，由于语言等其他因素的影响，在通过当地法律服务的时候，可能出现当地律所与事件另外一方合作的情况，难以有效地保障自身利益。

2. 缺乏风险防控手段

湘企缺乏风险防控手段主要表现在以下三个方面：第一，湘企缺乏风险管理意识。据了解，由于中非法律、社会环境的巨大差异，许多在中国并未得到重视的法律风险在非洲却是影响工程承包进展的重要因素，例如媒体舆论在非洲各国影响力巨大。据在非水电八局相关人员透露，当地和湘企产生利益冲突的时候，工会和非政府组织会利用媒体的宣传力量，塑造湘企在非的不良形象，进而引发政府延误乃至中止工程承包的进程，而这些在国内是几乎不会遇到的，因此，遇到此类风险隐患，湘企往往很难引起重视，最终会形成较为严重的法律风险。第二，湘企缺乏风险预防手段。据了解，湘企在非洲工程承包很少深入当地，开展有针对性的风险尽职调查，在项目开始前对当地的法律、社会环境、情况并未完全了解，往往是在施工过程中遭遇阻碍，进而被动地应对纠纷，缺乏足够的准备，从而导致损失的扩大。第三，湘企缺乏风险应对策略。据了解，湘企在当地工程承包遭遇风险纠纷时，主要依赖工会和大使馆去协商解决，在非洲一般一个国家会根据国企和民营企业设立中国商会和中华商会来保障企业的利益，商会一般定期到会员企业进行评估调查或者根据企业要求帮助企业解决纠纷，而湘企自身由于缺乏专业人才，遇到问题时往往自身无法及时给出处理意见从而导致问题的扩大，并且，湘企在非通过仲裁和诉讼解决纠纷时，缺乏国际性的涉外案件法律人才导致自身没有能力加以鉴别，基本依赖当地律所，缺乏自主解决意见和鉴别能力，严重的会出现当地不良律所恶意败诉的情况。

3. 社会责任履行欠缺

近年来，非洲各国十分重视在非企业的社会责任，出台了大量相关的立法用以明确和强调社会责任对于企业在非顺利开展业务的重要性。与工程承包相关的社会责任主要包括劳工保护和环境保护这两方面。由于本土化立法和严格的环境立法要求，湘企在非洲工程承包开始雇用更多的当地员工，并给予相关社会保障待遇，遵循环境保护的规定，在施工中减少了对当地环境的破坏，但实质上部分湘企社会保障意识仍然缺乏，具体包括以下两方面。在劳工保护方面，湘企常常忽视当地劳工法律对劳工工作时间的保障，沿用国内用工模式的思维，再加上与非洲本土居民的既有思维严重不符，极易产生劳工纠纷，同时，由于工程承包的特殊性，缺乏对劳工的社会保障力度，对劳工的物资供给不足也容易引发冲突。在环境保护方面，湘企未能充分考虑预算中环保投入。由于在项目投标前对环保投入预计不足，出现中标后实际投入资金超出预算的情况，不仅会影响企业效益，而且因无法有效实施环保措施而影响项目顺利开展。同时，在项目建设过程中，缺乏与当地政府、非政府环保组织和居民在环保方面的沟通和交流，在出现隐患时未能及时扼杀，从而导致纠纷的产生。并且，非洲大部分国家对于环境保护要求十分严格，救济手段也十分多样，一旦出现纠纷，湘企将很难取得胜利，从而增加相应的成本。

五、湘企在非洲工程承包的法律风险的防控对策

由于非洲国家政治环境和法律体系尚不稳定以及中央政府、湖南省政府的保障机制尚不完善，加之湘企自身风险防范意识和风险防范手段不足，湘企在非洲工程承包自项目招标到交付，会面临主体资格受限、融资、环境、劳务、货币汇兑等一系列法律风险，在这样的情形下，需要我们从政府和企业的层面出发，构建全方位的风险防控体系。

（一）国家层面完善风险保障机制

国家层面加强风险保障机制，一是主要通过完善中非工程承包保护协定体系为湘企在非洲工程承包提供国家政策层面的支持；二是通过提高海外保险制度的支持力度、增强海外保险的适用效力、弥补条款的漏洞等措施，从国家资金保障的层面提供支持；三是通过建立法律咨询中心，通过对湘企在非洲工程承包重点国家重要法律信息的收集、梳理、分析、共享，为风险预防提供保障。

1. 完善中非工程承包保护协定体系

完善中非工程承包保护体系主要应从以下方面入手。第一，在中非 BIT 协定中加强对工程承包的保护，及时更新 BIT 内容，使之更好地为湘企在非洲工程承包提供保障：应当扩大“投资”的范围，在当前国际经贸活动中，投资的定义已经不仅仅局限于传统的直接投资，工程承包由于其融资模式等多方面因素，应当被纳入其投资定义范围之内，中坦 BIT 就是新时期 BIT 投资定义的典型代表，但关于工程承包的法律风险不仅仅局限于传统合同领域，因此应当就风险类型适当扩大投资涵盖范围。并且，要针对部分非洲国家的特殊国情设置特殊条款，明确投资针对解决方式的适用等内容的更新，切实加强中非 BIT 中工程承包的保障。第二，除了在投资协定中增加对工程承包的保护之外，还需要签订专门的工程承包保护协定以切实加强保护力度，可以在双边合作备忘录中添加也可以签订专属于工程承包的双边协定，具体内容应当包括：首先，应当明确工程承包的定义范围，将各类企业在非洲工程承包尽可能涵盖，以期提供全方位的保护；其次，设置类似于“最惠国”的条款，为中资企业在非洲工程承包扫除不必要的障碍；最后，设置争端解决条款——国际仲裁适用条款，特别是通过当地司法救济不能保障企业合法利益时，国际仲裁仍然是解决争端的重要手段之一。

2. 优化海外保险制度

优化海外保险制度主要应从以下方面入手：第一，切实提高风险保障存储。政府要重视海外保险，进一步出台相应政策，增强财政支持力度。同时，要对金融机构和保险机构的合作加以引导，通过第三方充足的资金支持增加风险准备存储。不仅如此，还需要在一定程度上降低信用保费，缓和风险准备存储和保费之间极度不平衡的状况。第二，完善中国信保等保险机构的设置。通过职能划分、信息公开等手段，提高中国信保的办事效率和办事能力，坚决打击腐败现象。第三，强化海外保险效力，弥补海外保险条款漏洞。首

先，在立法上给予海外保险制度强力支持，通过及时更新和签订我国与沿线众国的 BIT 代位求偿权条款，为保险机构追偿提供法律依据。[①] 其次，修改同类保险连带的相关条款，可以通过设置相应的审查制度，对同类险别下的企业审查后再适用相关条款，从而减轻企业顾虑，提高海外保险适用可行性。最后，针对现有的险别扩大范围，增加新型劳工保护、环境保护的内容，增强对工程承包的保护。

3. 设立中非法律咨询中心

建立中非法律咨询中心主要应从以下方面入手：第一，全面收集，法律查明机构应当通过线上查找和线下调研等多重方式，全面收集企业在非洲工程承包的重点法律和重要政策。第二，系统梳理，根据法律政策的效力、内容类型、相关程度等标准对海量文件进行系统梳理，提高企业查找所需法律文件的效率，避免因文件过多而忽视重要规定，特别是要设置专门的工程承包板块的查询栏目，针对工程承包的整个过程系统梳理，对于非洲国家的公司法、本土化立法等与工程承包密切相关的法律，要进行详细的搜集并作重点提示，以免企业因不熟悉而引发法律纠纷。第三，重点案例分析。对工程承包领域的重要案例加以关注，例如 BOT 合同纠纷、劳工罢工时间、环境公益诉讼案件等，为湘企在非洲工程承包提供有效预警。[②] 第四，信息全面共享。法律查明机构应当建立信息共享平台，帮助企业提高理解中非经贸协定、非洲重点国家重点法律政策的理解能力，使得湘企在进入非洲工程承包市场之前做好相应的心理准备和风险预防手段。第五，建立非洲国家律所名录。企业在非洲工程承包预防法律风险和解决法律纠纷主要依赖当地律所，因此，应通过实地调研，根据律所对中资企业的友好程度、律所办案能力等综合素质设立律所名录，为企业在非洲工程承包法律保障提供一个权威性指南。

（二）地方层面构建风险预防机制

地方层面要加强预防保障机制的建设，应当完善综合服务平台的建设，同时充分发挥“中非经贸博览会”等大型平台的交流作用；此外，还要充分发挥地方政府层面的沟通协调作用，深化双方沟通协调机制，为湘企在非洲工程承包创造良好的环境，同时，扩大资金支持范围和力度，针对在非洲工程承包的重点为湘企提供政策资金和金融支持。

1. 完善湘企走出去综合性服务平台

通过前文的分析可知，要想建立非洲国家工程承包法律法规、政策指引等信息的数据库，依靠湘企自身的力量是远远不够的，必须以地方政府为支撑，建设相对全面的综合信息服务平台，这需要从以下几方面入手：第一，信息搜集以全面、真实、有效为原则。目前的信息服务平台的法律法规及政策等信息都是以国内的为主，而由于非洲国家距离较

---

① 梁文才.“一带一路”建设中我国海外承包工程非商业性风险保险规制及完善研究［J］. 沿海企业与科技，2019（03）：3-7.

② 蔡高强，刘明萍. 基于中非合作发展的投资争端预防机制论［J］. 湘潭大学学报（哲学社会科学版），2020，44（03）：83-88.

远，加之国家众多，发展程度也并不相同，信息的搜集应当以“线上＋线下，从重点到全面”的原则，通过线上各国官网、国际组织官网、第三方国家网站等线上信息加之线下调研尽可能全面搜集信息，同时，由于国家法律众多，在有限的时间内理当以重点国家的重点领域为开端，逐步覆盖。第二，信息翻译、整理需要专业人才。非洲国家官方语言以英语、法语等为主，且法律信息翻译需要法律专业人才，因此，湖南省政府应当以湖南各高校为依托，加大此类科研项目的资金投入，同时政府相关部门应当引进此类人才，从而从根本上解决信息平台建设困难的难题。第三，信息整理以科学、有效为原则。由于信息杂乱繁多，加之中非法律体系的差异，需要对信息进行分类整理，分类整理应当照顾湘企的习惯，以中国部门法的法律体系划分对非洲各国法律进行分类，同时，需要严格审查各个法律的生效日期，保障信息平台信息的有效性。

2. 拓宽沟通渠道和政策引导

首先，要充分发挥地方政府对非的沟通协调作用，利用诸如友好城市等对外交往渠道，深化双方沟通协调机制，为湘企在非洲工程承包创造良好的环境。同时，加强湖南省商务厅西亚非洲处的职能，建立重点非洲国家政府机关和经济机构的良好关系。当湘企在非当地发生重大法律纠纷和突发事件之后，相关政府部门可积极与东道国政府联系，加强沟通，尽可能地减少风险带来的损失。其次，政府通过出台各项政策完善保障机制：第一，政府需要完善各个层级的政策引导。为了尽量减少非洲国家法律政策不稳定以及部分行政执法给湘企在非洲工程承包带来的负面影响，省政府在中央打造中非地方经贸合作的基础上相应地出台一系列配套政策，明确湘非经贸合作中工程承包的重要性，提升湘企对非经贸合作的战略高度；省商务厅等职能机构则需要完善对非工程承包业务的专项指导政策，将工程承包的保障机构落实到位，还可以出台行业机构的专项指导政策，对那些在促进湘企对非工程承包健康发展方面起着推动作用的行业机构，在政策或经费方面给予支持或奖励。第二，政府需要加强并引导资金支持体系的完善。一方面，针对湘企在非洲融资困难需要企业垫付大量资金才能进行工程承包项目的现实情况，需要更好地完善政府自身的资金支持制度：要制定专项资金分类支持管理制度，根据不同企业不同规模的项目设置不同的标准和资金支持力度，分级分层，尽可能覆盖湘企在非洲工程承包需要支持的项目，同时又强调重点企业的典型项目，从而充分发挥专项资金的作用。另一方面，要引导进出口银行、建设银行等开发性银行，进一步释放其贷款支持力度，加强金融机构在湘企工程承包中的保障作用，为企业保驾护航。

（三）湘企强化自身风险防控能力

湘企要加强自身风险防范能力，树立社会责任意识，优化纠纷解决策略。企业要从自身决策的科学性、执行的有效性、风险控制的全面性等方面，加之重点提升湘企在环保、劳工等领域的社会责任意识，以提升湘企应对风险的能力；同时，湘企要熟练掌握诉讼、仲裁、调解等多元化纠纷解决方式，保障自身的合法权益不受侵害。

1. 建立企业社会责任考评体系

企业的社会责任是目前企业发展所要肩负的一项重任，也是企业能持续发展的推动力，[①] 因此湘企还应当建立企业社会责任考评体系，主要包括以下三方面：首先，要做到企业在工程承包的过程中合法合规。合法合规是企业社会责任的基本要求，主要可以通过以下方式：一是通过座谈会、调查问卷等形式充分了解利益相关的真实意愿，从而避免违法违规；二是通过加强培训等活动普及当地法律知识，提高工作人员法律素养，尽可能避免工程进行过程中的违法行为。其次，湘企要加强环境保护方面的社会责任。要避免工程承包中大型机械使用、装卸等活动给生态环境带来的危害，例如蒙内铁路施工时，为了避免对当地动物生活的影响，通过设置专门的通道为其正常活动提供便利。同时，由于施工时间长，对当地居民的不便要尽可能地避免，因此，要加强与当地居民、非政府组织的沟通交流，了解其真实诉求，将风险扼杀在摇篮。最后，湘企要加强劳工保护方面的社会责任。要尽可能地雇用当地居民成为工程承包的劳工，缓解当地的就业压力。同时，湘企要满足当地居民需求，真心听取当地工会、非政府组织的合理建议。在工程承包过程中，要保障劳工的工资待遇、社会福利保障以及工作时间，不能把国内的工作环境要求带到非洲，要尊重非洲地区的劳工文化和用工习惯。并且，要通过各类培训提高当地居民的劳动素质，传授其可以维持持续、良好生活的工作技能，尊重当地劳工的宗教信仰，灵活多样地变通相关规定。

2. 建立完善的法律风险防控体系

湘企在非洲工程承包要想规避风险、提升应对风险的能力，最根本的是从自身入手，具体包括以下几个方面：第一，提升决策的科学性。湘企在决策之前需要进行全面的可行性分析研究，并得到利益共同体、监管方等第三方主体的认同，通过实地调研，熟悉并掌握工程承包所在国的法律环境、社会治安等一系列对工程承包有影响的因素，通过做好尽职调查，将风险控制在可接受范围内，结合公司可获得的收益，做出符合企业利益的决策：在合同招投标过程中就要严格遵循当地法律公开透明的原则，在签订合同时要严格审查条款的责任分配，避免留下隐患。第二，提升执行的有效性。要建立权责分明的决策机制，对湘企在非洲工程承包的具体管理人员有明确的分工：在子公司层面，建立决定子公司重大项目突发事件处理的决策机制，完善风险管理体制，在总公司层面，设立相关职能部门加强对在非洲工程承包项目的指导。这类矩阵式管理虽然在效率上稍显欠缺，但确实是行之有效的风险防范模式。第三，提升风险控制的全面性。在面临不同类型的法律风险时，从风险预防开始就要确定风险预警机制，同时制定出具体的风险应对措施，对症下药，通过各种手段转移、降低、消灭风险，实现“事前—事中—事后”的全方位风险控制。

3. 灵活运用多元化的纠纷解决策略

湘企在工程承包过程中遇到法律纠纷之时，需要通过纠纷解决的各种措施来维护自身

---

① 胡充寒. 中国对非洲投资的国际法保护研究［M］. 北京：人民出版社，2016：252.

的合法权益，不仅仅局限于传统的诉讼，在国际商事法律纠纷中，仲裁以及调解、协商等也是必不可少的手段，因此，湘企应当充分利用“诉讼＋仲裁＋其他方式”的多元化机制解决法律纠纷。

第一，湘企充分利用诉讼保障自身合法利益。一方面，湘企应当积极应诉。湘企因为违法或侵权而作为应诉方，在应诉过程中，应当积极聘请具有法律司法实务经验的律师或法律顾问，最好在项目实施过程中在当地聘请具备相关资质的专员，通过专业技术人员和司法实践人员的协助，并事先开展法律培训，对投资母国与非洲东道国发生的法律案件进行评析，在预防优先的理念下，作为应诉方积极应对非洲各国的诉讼。另一方面，因非洲法律保护行政机关或个人的活动而使得湘企遭受不利影响的，湘企可作为起诉方并依据相关法律对非洲行政机关做出的保护行政行为或决定提请行政复议，拒绝非洲当地执法机关明显不合法行政行为。第二，湘企利用第三方仲裁机构解决纠纷。仲裁在国际民商事纠纷中具有较强的执行力。《纽约公约》极大地简化和优化了外国仲裁裁决的承认与执行过程，增强了仲裁裁决的执行力。[①] 因此，有学者主张在中非民商事纠纷中应当高度重视和鼓励仲裁程序的运用。[②] 湘企在选择仲裁机构时，应当优先选择知名的国际商事仲裁机构仲裁。在选择仲裁机构之后还应当谨慎对待仲裁中的相关问题。具体包括：首先应当明确争端解决的依据，在仲裁之前双方合意选择适用何种条件，然后，要严格按照程序要求进行仲裁程序。据了解，湘企由于缺乏精通国际法和外语的复合型人才，导致因时效、文件要求等程序问题而被仲裁机构拒之门外。与此同时，还需要注意仲裁员的选择，要充分发挥自主性，选择能够代表自身利益，且了解当地政策法律环境的仲裁员。第三，湘企选择其他方式解决法律纠纷。湘企不仅可以选择诉讼、仲裁的方式解决纠纷，还可以通过调解等利益补偿非诉机制来解决纠纷。首先，调解是一种争议双方在中立的第三方（调解人）的协助下协商解决争端的机制，工程承包纠纷的调解员通常具有建设工程方面的专业知识。在调解中，双方都是决策者，且只有双方自身才能对争议解决的方案达成协议，调解人不能强迫当事人接受任何结果。与仲裁和诉讼相比，调解除了能够维持双方之间的商业合作关系外，还有两大优点。一是高效率和低成本。调解通常不超过一两天，而法庭审理或仲裁听证则需要数周时间。只要当事人准备好了，就可以安排调解，争端的快速解决为项目参与者之间的进一步合作清除了障碍。二是保密性。双方在调解过程中提供的任何信息以及交换的任何解决方案都不能在随后的诉讼或仲裁程序中被使用。据此，要寻求合适的第三方，充分发挥调解的积极作用，最大限度地减少湘企在非洲工程承包的损失。因此，湘企应当充分协商解决纠纷，能够节省时间，降低影响，较为快速地解决问题，湘企首先应当充分依赖当地中国工会和驻外使馆的强大力量，在相对公正的情况下解决纠纷，同时在外部力量无法及时解决问题时，依赖自身力量通过协商缓解双方冲突，了解对方真实诉求，在相对缓和的氛围下寻求解决冲突的方法。

---

① 洪流. 试论调解在解决中非民商事争议中的地位 [J]. 西亚非洲，2020 (02)：137-160.

② 朱伟东. 中国与非洲民商事法律纠纷及其解决 [J]. 西亚非洲，2012 (03)：73-89.

参考文献

［1］湖南省商务厅，湖南省发展和改革委员会．关于印发《湖南省商务和开放型经济发展第十三个五年规划》的通知（湘商发〔2016〕21号）．

［2］湖南省人民政府办公厅．关于印发《湖南省对接“一带一路”倡议推动优势企业“走出去”实施方案》的通知（湘政办发〔2015〕80号）．

［3］中共湖南省委办公厅．印发《关于落实中非合作八大行动打造中非地方经贸合作高地的若干意见》的通知（湘办发〔2020〕8号）．

［4］湖南省财政厅．关于印发《湖南省开放型经济与流通产业发展专项资金管理办法》的通知（湘财外〔2020〕8号）．

［5］湖南省商务厅、湖南省财政厅关于2020年度对外投资合作资金拟支持项目的公示［EB/OL］．（2020-9-8）［2020-12-20］http://swt.hunan.gov.cn/swt/hnswt/tzgg/202009/t20200908_289778521963547392.html.

［6］湖南省人民政府办公厅．关于印发《湖南省对接“一带一路”倡议推动优势企业“走出去”实施方案》的通知（湘政办发〔2015〕80号）．

［7］周月桂．湘企大步走进非洲［N］．湖南日报，2018-09-01（001）．

［8］湘企出海平台：http://www.investgohn.com/statistics/contractProjectIndustry.do.

［9］宋宜军，崔敏捷．科威特反投资争议案的解决技巧［J］．国际工程与劳务，2019（12）：58-61.

［10］宋宜军，陈如意．国际工程受项目所在国审计之典型案例剖析［J］．国际工程与劳务，2020（03）：37-41.

［11］郑一争，宣增益．“一带一路”建设中对外工程承包的法律风险及应对［J］．河南大学学报（社会科学版），2018，58（02）：61-67.

［12］姚梅镇．国际经济法概论［M］．武汉：武汉大学出版社，2010：317.

［13］Article 13 of Nigeria's Labor Act of 1990.

［14］Article 41 of Indigenization and Economic Empowerment Act of Zimbabwe of 2007.

［15］Contract for Kenya's China-funded railway ruled 'illegal'［N/OL］．（2020-6-23）［2020-12-20］http：//www.msn.com/en-xl/africa/kenya/contract-for-kenyas-china-funded-railway-ruled-illegal/ar-BB15SxQR.

［16］FIDIC，Conditions of Contract for Construction［M］．1999；FIDIC，Conditions of Contract for Construction［M］，2017.

［17］中国对外承包工程商会．国际工程总承包项目合同管理导则［M］．北京：中国建筑工业出版社，2016：73.

［18］宣增益．“一带一路”战略下我国铁路走出去相关法律及对策研究［M］．北京：

中国政法大学出版社，2017：188.

［19］商务部国际贸易经济合作研究院，中国驻乌干达大使馆经济商务处．对外投资合作国别（地区）指南：乌干达［R］．商务部国际贸易经济合作研究院，2019：60.

［20］朱伟东．非洲 PPP 项目的法律政策环境［J］．中国投资，2017（04）：78-79.

［21］张小虎．非洲国家宪法环境权的实证研究［J］．人权研究，2019，21（01）：242-267.

［22］张敏纯，张宝．非洲环境权入宪的实践及其启示［J］．求索，2011（04）：162-164.

［23］Sekikubo & Ors v Attorney General（MISC. CAUSE NO. 092 OF 2015）〔2016〕UGHCCD 26（4 April 2016）.

［24］商务部国际贸易经济合作研究院，中国驻乌干达大使馆经济商务处．对外投资合作国别（地区）指南：乌干达［R］．商务部国际贸易经济合作研究院，2019：85.

［25］洪永红，黄星永．"一带一路"倡议下中企对非投资劳动法律风险及应对［J］．湘潭大学学报（哲学社会科学版），2019，43（03）：66-71.

［26］商务部国际贸易经济合作研究院，中国驻乌干达大使馆经济商务处．对外投资合作国别（地区）指南：乌干达［R］．商务部国际贸易经济合作研究院，2019：90.

［27］洪永红，黄星永．"一带一路"倡议下中企对非投资劳动法律风险及应对［J］．湘潭大学学报（哲学社会科学版），2019，43（03）：66-71.

［28］黄霞．乌干达中资企业劳动法律纠纷研究［D］．湘潭：湘潭大学，2020.

［29］常设中国建设工程法律论坛第六工作小组．中国工程承包企业海外经营风险［M］．北京：法律出版社，2019：132.

［30］张宏明．非洲政治民主化历程和实践反思——兼论非洲民主政治实践与西方民主化理论的反差［J］．西亚非洲，2020（06）：3-52.

［31］魏翊．国家建构策略与政党政治动员——当代非洲政党制度化的政治起源［J］．世界经济与政治，2021（03）：53-74＋157-158.

［32］尹美群，盛磊，吴博．"一带一路"东道国要素禀赋、制度环境对中国对外经贸合作方式及区位选择的影响［J］．世界经济研究，2019（01）：81-92＋136-137.

［33］截至 2021 年 5 月，中国与包括非盟在内的 46 个非洲国家和组织签订有"一带一路"合作备忘录。

［34］夏新华．非洲法律文化研究的理论辨析［J］．法律文化研究，2018（00）：88-96.

［35］北冰．以中非经贸博览会为契机 打造湖南内陆开放新高地［J］．新湘评论，2020（09）：33-35.

［36］梁文才．"一带一路"建设中我国海外承包工程非商业性风险保险规制及完善研究［J］．沿海企业与科技，2019（03）：3-7.

［37］蔡高强，刘明萍．基于中非合作发展的投资争端预防机制论［J］．湘潭大学学

报（哲学社会科学版），2020，44（03）：83-88.

［38］胡充寒．中国对非洲投资的国际法保护研究［M］．北京：人民出版社，2016：252.

［39］洪流．试论调解在解决中非民商事争议中的地位［J］．西亚非洲，2020（02）：137-160.

［40］朱伟东．中国与非洲民商事法律纠纷及其解决［J］．西亚非洲，2012（03）：73-89.

统筹推进大中小学思想政治理论课一体化建设的四重进路

陈方芳*

摘　要：统筹推进大中小学思想政治理论课一体化建设，是一项重要的系统工程，是推动思想政治理论课建设内涵式发展的迫切需要。在实践中，需要从理念为先、内容为核、队伍为要、机制为纲这四重路径下功夫。其中，率先转化思维方式，是一体化建设的基础和前提；优化整合教育内容，是一体化建设的根本和核心；提升师资队伍素养，是一体化建设的关键和要害；建立健全治理机制，是一体化建设的保障和支撑。

关键词：大中小学；思想政治理论课；一体化建设；四重进路

一体化，亦称综合化，通常指将两个或两个以上互不协调的事项，采取适当的方式、方法，使其有机地融合为一个整体，形成协同效力，提升综合效能，以实现既定目标的一项举措。大中小学思想政治理论课（以下简称“思政课”）是推进铸魂育人、立德树人的关键课程。2019 年 3 月 18 日，习近平总书记在学校思想政治理论课教师座谈会上强调：“要把统筹推进大中小学思政课一体化建设作为一项重要工程，推动思政课建设内涵式发展。”[1] 在实践中要统筹推进好大中小学思政课一体化建设，需要从理念为先、内容为核、队伍为要、机制为纲这四重路径下功夫。

一、理念为先：率先转化思维方式，是统筹推进大中小学思想政治理论课一体化建设的基础和前提

思维方式是一个人长期形成的思考问题的基本方法和模式，是主观已经具备的思维能力，属于高阶思维。思维方式是连接教育理念转化为教育行为的中介，是教育行为的先导。科学的思维方式是促进教师教育、教学发展和完善的强大武器。党的十八大以来，习近平总书记多次强调：“要学习掌握科学的思维方法，以科学的思维方式保证改革发展稳定各项任务顺利推进。”在新形势下，推进思政课一体化建设，首先应该更新教育理念，

---

* 陈方芳，长沙理工大学马克思主义学院讲师。

转化传统思维方式，树立整体性、精准性、协同性思维方式，祛除传统思维中的瓶颈“症状”，这是一项基础性和前提性工作。

1. 确立整体性的思维方式

大中小学思政课的总体目标都是立德树人，在不同阶段有着不同的阶段性目标与任务。通过梳理针对不同阶段的指导性文件可以看出，对于不同阶段的课程设计、文件制定、教学方案等，往往都是各自分开、封闭性设计的，虽然具有更加鲜明的针对性，具有其合理性，但大中小学思政课的根本使命都是通过思想政治教育来铸魂育人、立德树人，各个阶段间是缺一不可、紧密衔接、螺旋上升的有机关系。因此，在思政课一体化建设中，应该消除过去局部性思维方式，确立起整体性思维方式。诚如恩格斯曾强调：“我们抓不住整体的联系，就会纠缠在一个接一个的矛盾之中。”[2]

所谓整体性思维，就是要把整体中的各个组成部分按照一定规律有机整合起来，并全视角、整体性审视各个部分。大中小学思政课一体化建设必须确立整体性思维，整体规划、顶层设计思政课课程标准、课程目标、课程结构、课程内容、教学方案等，尤其是要处理好各学段之间的断层、重叠、倒置等问题，进而构建目标明确、一以贯之、衔接有序、循序渐进、螺旋上升、操作性强的大中小学思政课育人体系及其配套方案。

2. 树立精准性的育人思维

大中小学的各个阶段，由于学生的身心特点、兴趣爱好不同，其学习方式、学习重点也应该有所区别。正如朱熹在《小学》一文中曾指出：“小学者，学其事；大学者，学其小学所学之事之所以。”讲的就是小学是“学其事”的阶段，而大学是“学其理”的阶段。因此，在大中小学思政课一体化建设过程中，不能仅有面面俱到的整体性思维，还需要树立重点性思维、精准性思维，集中精力精准地解决每一阶段的主要矛盾，实现精准育人。

针对大中小学不同阶段教育目标、教育侧重点，需要“遵循学生认知规律设计思政课课程内容”[3]，小学阶段重在开展启蒙性学习，在思想启蒙、情感熏陶中心灵净化、行为养成；初中阶段重在开展体验性学习，在亲其事、临其境中深化体悟、增进经验；高中阶段重在开展常识性学习，在常规知识学习中内化于心、深化于魂；本专科阶段重在开展理论性学习，在系统性、科学性、思想性的理论武装中强化理性认知，明确使命担当，促进知行合一；研究生阶段重在开展探究性学习，在更有广度和深度的探究性、研讨性学习中深化“四个自信”，进而增强文化甄别力、文化免疫力。

3. 培养协同性的育人理念

推进大中小学思政课一体化建设，并不是仅依靠学校的力量就能实现，还需要家庭与社会的协同参与，形成多元主体协同育人的长效机制。当前，中小学在家校融合协同育人方面做得比较好，而大学由于人数众多、联系不便等原因，在家校协同育人方面还不成熟。同时，各个阶段与社会的协同性都还比较缺乏。培养起协同性理念，统筹好学校、家庭、社会三方力量，是新时代推进全过程、全方位、全员育人的现实需要，是破解传统思政课“5+2=0”尴尬局面的有效举措。

要构建学校、家庭、社会三方协同育人的新格局，需要三方共同努力。第一，学校应该从“思政课程”与“课程思政”相结合来实现课程育人；从营造良好校风、班风、学风等实现校园文化育人。第二，家庭的家长应该首先做到严于律己，注重营造团结和睦、孝老敬亲、乐观向上的家风家教，为学校思政课提供坚定支持。第三，社会需要不断净化国际环境、经济环境、政治环境、文化环境、生态环境、网络环境等，积极营造出有利于青少年健康成长的天朗气清的社会生态环境。

二、内容为核：优化整合教育内容，是统筹推进大中小学思想政治理论课一体化建设的根本和核心

2019年8月，中共中央办公厅、国务院办公厅印发的《关于深化新时代学校思想政治理论课改革创新的若干意见》（以下简称《意见》）指出：“（要）统筹大中小学思政课程一体化建设。”[4]其顺利开展和实现离不开课程内容一体化建设的支持。我们在推进大中小学思政课一体化建设中，应该始终坚持以内容为核心这一原则，通过系统性规划、进阶性推进、发展性完善等来优化整合课程教育内容，以科学、优质的内容来满足不同阶段学生的“消费需求”，这是一体化建设中的根本举措与核心工程。

1. 系统性规划，绘就各阶段达成共识的课程“导游图”

“导游图”通常是指景区内一个景点到另一个景点的一种引导性标识，是对景点景物相关来历、典故的综合介绍，给人清晰明了之感，给游览过程提供正确的方向指引。同样的，大中小学思政课课程内容一体化建设也需要从整体性进行系统规划，设计和描绘出能够反映各个学段侧重点的课程内容“导游图”，而且这个“导游图”应该是各个学段专家学者共同参与制定并最终达成共识的。

要做到系统性规划，首先需要组织大中小学不同阶段的权威专家学者，在遵循思想政治工作规律、教书育人规律、学生成长规律基础上，共同探讨研究大中小学思政课课程内容的整体布局，做到整体谋划与分段探究相结合。要根据学生身心发展实际，从小学、中学到大学这样的顺序来设计思政课课程内容，可以有效避免过去出现的内容逻辑顺序错位、混乱、断层、衔接不自然等问题。在整体谋划与分段探究的基础上，绘就一个充分反映不同学段思政课课程目标和内容的逻辑推进图（表），使每一位大中小学思政课教师都能够对思政课有一个全景式关照，明确自身所处的位置以及所担负的职责与使命，开展更有针对性的思想政治教育。

2. 进阶性推进，形成具有层次性的教育内容“阶梯图”

进阶，原指台阶，现多理解为递进的阶梯，即“从低到高逐级上升或在原有基础上逐步提高的过程”。[5]之所以要强调进阶性推进，是基于人的身心发展与认知发展规律来考虑

的。诚如瑞士心理学家皮亚杰曾在人的认知发展“四阶段”理论中指出，人的认知发展是循序渐进的，发展阶段不能被跨越和逆转。因此，推进大中小学思政课内容一体化建设，就必须基于学生的身心特点和认知发展规律对从小学到大学的思政课进行分析和考量，形成有阶段性、层次性的教育内容“阶梯图”。

基于进阶性理解，需要对大中小学思政课教育内容进行初阶、中阶、高阶这三级进阶划分，分别对应小学、中学和大学学段。在初阶，小学思政课教师应该培养学生的“知事”“懂事”“讲文明”；在中阶，中学思政课教师应该着重引导学生“知史”“晓义”“明是非”；在高阶，大学思政课教师应该重在启发学生“明理”“行道”“铸信念”。[5]另外，这三级进阶并不是彼此分离的，而是有机衔接、循序渐进、螺旋上升的关系。因此，在进阶推进中还需把握好衔接性的问题，对不同阶段相同或相似的一些主题讲解要遵循由浅入深、由表及里的内在逻辑，以增进学生认知、认同。

3. 发展性完善，呈现具有时代性的教育内容“新面貌”

“时代”是人类生存与活动的时间标尺，人类活动过程无不打上时代的烙印，即体现着时代性。时代性是历史发展中的新趋势，呈现着人类社会发展进步的新格局、新信息、新风貌。习近平总书记强调：“只有与历史同步伐、与时代共命运的人，才能赢得光明的未来。”[6]因此，推进大中小学思政课内容一体化建设的过程中，不能忽视时代性的要求，要用发展创新眼光和精神来审视和构建思想政治教育内容，使思政课内容在一体化建设中展现“新面貌”。

之所以思政课教育内容做到发展性完善，主要是由于人类社会在不断发展进步，国际国内形势不断变化，而且马克思主义理论体系也在不断发展丰富，这些都要求思政课内容更新上要做到与时俱进。首先，大中小学思政课教材编写组要及时组织课题组成员对思政课教材进行全面修订，实现新思想、新理论、新案例“进教材”。其次，大中小学思政课教师要树立正确学习观，不断更新丰富自己的“知识库”，根据学生具体特点，将新思想、新理论及时嵌入到不同学段学校教育教学全过程，实现新思想、新理论“进课堂”“进头脑”的目标。

三、队伍为要：提升师资队伍素养，是统筹推进大中小学思想政治理论课一体化建设的关键和要害

习近平总书记指出：“办好思想政治理论课关键在教师，关键在发挥教师的积极性、主动性、创造性。”[1]因此，在推进大中小学思政课一体化建设过程中，必须从立德修身，练好过硬内功；畅通渠道，增进交流研讨；协同配合，凝聚育人合力等方面着力来抓好大中小学思政课教师队伍一体化建设，使广大思政课教师成为学生成长的重要“领路人”，成为培育时代新人的“铸魂者”，成为教育事业的“护航员”，这是办好思政课的关键环节与要害因素。

1. 立德修身，练好过硬内功

“国无德不兴，人无德不立。”这句话揭示了修身立德是做人的根本。习近平总书记也强调：“道德之于个人、之于社会，都具有基础性意义，做人做事第一位的是崇德修身。”思政课教师队伍的综合素养状况在一定程度上将决定大中小学思政课一体化建设的成败，因此，在提升思政课教师队伍素养上，首先需要广大思政课教师立德修身，练好“六要”过硬内功，这将成为一体化建设的“助推器”。

习近平总书记对思政课教师有“政治要强、情怀要深、思维要新、事业要广、自律要严、人格要正”“六要”的标准要求。要达到“六要”标准，并非易事，需要广大思政课教师始终严于律己，在立德修身上下功夫。第一，在化“被动”为“主动”学习中坚定马克思主义信仰。[7]在真学、真读马克思主义经典著作中实现真懂、真信，这才能达到“心中有信仰，脚下有力量”。第二，在“学用结合”“知行合一”中增强理论素养，强化道德践行。思政课教师要带着问题、联系实际地深入学、持久学、刻苦学，并始终做言行一致的表率、楷模，实现以透彻的学理分析、强大的真理力量回应学生、说服学生、引导学生，以高尚的人格魅力感召学生。

2. 畅通渠道，增进交流研讨

由于大中小学思政课之间存在着根本目标的一致性、教育内容的进阶性、育人过程的衔接性，使得大中小学思政课一体化建设的过程并不是封闭的“独立场域”，而应该是充满交流研讨的“开放区域”。正如《意见》强调：“建立纵向跨学段、横向跨学科的交流研讨，深入开展相邻学段思政课教师教学交流研讨。”[4]可见，应该搭建平台、畅通渠道、健全机制，增进大中小学思政课教师之间的交流互动，以确保各学段有机衔接、循序渐进、螺旋上升。

增进不同学段思政课教师间的交流研讨，其一，应该形成大中小学思政课教师一体化备课模式。首先，组织各学段教学名师纵向共同商讨，相互学习借鉴成功备课教学经验，以集体智慧制作出适用于各学段的优质课件。其次，在各学段的横向层面，以教学名师示范带动、指点帮助，帮助其他思政课教师提升教学素养与水平。其二，应该形成大中小学思政课教师常态化现实交流机制。定期邀请不同学段的思政课教师利用周末、节假日进行校园考察、听课评课、教学技能研讨等，在交流中增进技能。其三，应该构建大中小学思政课教师生活化网络研讨平台。[8]利用互联网、大数据、新媒体等现代技术来搭建大中小学思政课教师交流的网络平台，可以在日常生活中时时交流教学心得、解答教学困惑、共享教学资源等。

3. 协同配合，凝聚育人合力

提振思想政治教育铸魂育人、立德树人的质量和成效，并不是只依靠思政课这一“主渠道”就能实现的，还需要“使各类课程与思政课同向同行，形成协同效应”[9]。这也启示我们，在大中小学思政课一体化建设进程中，要实现“思政课程”＋“课程思政”的协同育人局面，在师资队伍建设方面，除了需要抓好大中小学思政课教师队伍，还需要各学段学校的党委领导班子、其他课程任课教师、管理服务人员的齐心协力、共同参与，构建多方合力的“十大育人”体系。

大中小学思政课师资队伍协同育人，应该主要抓好教学、科研、培养三方面。第一，抓好教学协同。除了开展一体化备课，还可以探索多样化合作式、互动式、研讨式教学模式，提升教学能力，共同上好一堂思政课。第二，抓好科研协同。各学段思政课教师在提升教学技能的同时，还应该潜心研究，但不能“闭门造车”，而是应该发挥各学段思政课教师的独特优势，相互配合，提升学术力、研究力，以更好地指导教学。第三，抓好培养协同。在培养人才方面，中小学可以多邀请大学杰出师生代表来进行演讲、讲座；高校的思想政治教育专业可以聘请优秀的中小学教师当学生的副导师，在优势资源共享中培养高素质人才。

四、机制为纲：建立健全治理机制，是统筹推进大中小学思想政治理论课一体化建设的保障和支撑

长期以来，党和国家始终高度重视思想政治教育工作，加上高校在开展思想政治教育过程中出现了许多问题的反思、倒逼下，大中小学思政课一体化建设日益引起全面、广泛的关注。就目前而言，虽然在不同学段教育内容衔接、教师互动、联合培养等层面已有一定成效，但对大中小学思政课综合性治理方面还缺乏完善的机制保障。对此，应该建立健全一体化的领导协调机制、资源耦合机制、考评激励机制等来保障和支撑大中小学思政课一体化建设统筹推进。

1. 建立健全一体化领导协调机制

一体化的领导协调机制有助于高屋建瓴地对大中小学思政课一体化建设进行整体规划、资源协调、监督落实等。就当下来看，大中小学各学段思政课的组织管理仍然是独立、自主管理为主，缺乏统一的、权威的领导协调主体，无法有效领导课程统一建设、共享教学信息、协调教育资源等。这也是当前为何还存在各学段内容衔接不畅，存在内容错位、倒置等问题的一个重要原因。对此，首先应该着力构建一体化的领导协调机制。

建立健全一体化领导协调机制，需要在教育部统一领导、指导下，各省级教育主管部门设立大中小学思政课一体化建设指导委员会。指导委员会成员可以邀请不同学段的权威专家学者、教学名师组成，并明确其权力和职责。在指导委员会的统一领导下，整体规划不同学段的课程目标、课程体系、课件制作等，并对贯彻落实的过程进行监督管理、考核评价等。另外，还可以成立大中小学思政课一体化建设学术研究中心、研究基地等，强化一体化建设的科学性，提升广大教师的研究力、教学力。

2. 建立健全一体化资源耦合机制

目前，在大中小学思政课建设中还多是以各自为政、彼此分离的局面，这不仅不利于形成衔接自然、进阶有度、螺旋上升的有机整体，而且还将使不同学段的优势资源无法充分开发利用、有机整合起来，造成了资源的闲置、浪费现象，会弱化不同学段思政课的教育成效。对此，在建立一体化领导协调机制的基础上，还应该建立健全一体化资源耦合机制，使各学段的优势资源得以充分发掘、利用。

建立健全一体化资源耦合机制，需要致力于各学段优势资源的全面开发、共建共享、有机整合。由于不同学段不同学校都有自己的一些优势资源或独有资源，如部分学校拥有一些教学名师、学术专家、道德模范等人力资源；有些学校拥有“千年书院”“名人真迹”“伟人纪念馆”“历史博物馆”等德育资源；还有的学校具有世界或国内先进的重点实验室、研究中心等物力技术资源。在大中小学思政课一体化建设中，就应该将各学段学校所拥有的优势资源深度发掘、统筹管理、合理配置，为提升思政课亲和力、针对性、实效性提供保障和支撑。

3. 建立健全一体化考评激励机制

大中小学思政课一体化建设的质量如何，离不开科学的考核评价，实现“以评促进”。由于思政课的培育对象是不断学习成长、发展变化的学生，仅从不同学段进行阶段性考核评价是缺乏科学性和说服力的。这就需要构建大中小学思政课一体化的考评激励机制，做到整体性考评、阶段性反馈、激励性发展、长效性推进有机统一。

建立健全一体化考评激励机制，首先，需要整体性、全局性制定思政课考评标准和体系。在厘清不同学段思政课的教学任务、教育内容的基础上精细化各学段思政课的考评标准、内容，以增强考评的系统性、进阶性、规范性。其次，需要在考评体系中明确奖惩举措。比如，对思政课教学表现优异的教师可以在荣誉鼓励、薪资奖励、职称晋升、教育深造等进行激励、支持，激发其内生动力。最后，需要构建长效化的考评激励机制。除了需要对思政课一体化考评制度不断完善、健全，还需成立考评领导小组，运用学校自评、同行互评、第三方考评相结合的方式进行定期考评，并及时反馈，监督整改，合理高效推进大中小学思政课一体化建设。

参考文献

[1] 习近平主持召开学校思想政治理论课教师座谈会强调：用新时代中国特色社会主义思想铸魂育人 贯彻党的教育方针落实立德树人根本任务［N］. 人民日报，2019-03-19(1).

[2] 中共中央马克思恩格斯列宁斯大林著作编译局. 马克思恩格斯全集（第20卷）［M］. 北京：人民出版社，1971：506.

[3] 中办国办印发《意见》深化新时代学校思想政治理论课改革创新 [N]. 人民日报，2019-08-15 (1).

[4] 中办国办印发《关于深化新时代学校思想政治理论课改革创新的若干意见》[N]. 人民日报，2019-08-15 (1).

[5] 余华，涂雪莲. 关于大中小学思想政治理论课教学有效衔接的思考 [J]. 思想理论教育，2019 (9)：62-67.

[6] 习近平. 在庆祝中国共产党成立 95 周年大会上的讲话 [N]. 人民日报，2016-07-01 (2).

[7] 朱丽霞，蒋辛. 论新时代“六要”思想政治理论课教师的培育 [J]. 思想理论教育导刊，2019 (10)：83-85.

[8] 石书臣. 关于大中小学思想政治理论课教师队伍一体化建设的思考 [J]. 思想理论教育，2019 (11)：17-22.

[9] 习近平在全国高校思想政治工作会议上强调：把思想政治工作贯穿教育教学全过程 开创我国高等教育事业发展新局面 [N]. 人民日报，2016-12-09 (1).

五溪流域三古文化生态变迁研究

易 弢*

摘 要：在五溪流域多山且水域充沛的自然环境中生发出物质资源丰富的自然生态系统，原居民与迁徙至此的多民族群体通过长期的“交往、交流、交融”，构建了以古城、古镇、古村为特色，“人地和谐，和而不同”的群落聚居的社会生态。在文化生态的变迁历程中，以农耕文化为根基的巫傩文化、楚文化构筑了五溪流域“三古文化”原生态民族文化体系。然而，在遭遇现代文明冲击时，却面临着自身文化体系瓦解的危机。但是，在五溪流域“三古文化”生态变迁的过程中，善于思考、崇尚“人地和谐”、有着“蛮”劲的五溪人民，每一次都能顽强地找到自己的定位，实现蜕变重生。重构能被时代认同的民族文化生态体系，是民族文化的自觉与自信感的根基，才能在面对问题与挑战时从容应对，找到适合自身文化可持续发展的路径。

关键词：五溪流域；三古文化；生态变迁

一、五溪流域“三古文化”概念界定

“五溪流域”，即指以沅水中上游“酉水、辰水、巫水、潕水和渠水”五条支流为核心形成的物理空间区域；“三古文化”则是以“古城、古镇、古村”为对象的民俗文化体系。

早在北魏时期郦道元所著的《水经注·沅水注》中就对“五溪”之概况有明确的记载。谓之“五溪”，源于古武陵郡内沅水中上游五条支流：即酉溪（酉水）、辰溪（辰水）、潕溪（潕水）、樠溪（渠水）、雄溪（巫水）。而这五条支流贯穿在湘、黔、渝、鄂四省（市）边境地区，形成了一个特定的地理单元。五溪流域因其重要的交通枢纽地理位置，自古以来被誉为“黔滇门户”“全楚咽喉”。作为五溪流域的交通枢纽怀化市，位于湖南省西南部，古称五溪之地，囊括了如今怀化市全境，面积有2.76万平方公里，全市共有13个县市区，519.35万各族人民在这里和谐相处，侗、苗、土家等50个少数民族人口占

---

* 易弢，怀化学院美术与设计艺术学院副教授。

40.5%，是一个多民族聚居的山水生态城市①。五溪流域“三古文化”历史悠远，五溪流域人们在适应其山地和水域交织为特征的自然生态过程中，诞生的以古城、古镇、古村为代表的“三古文化”，亦是原生态文化发展演变的结果。拥有洪江古商城、黔阳古城、龙潭古镇、龙溪古镇、荆坪古村、高椅古民居、芋头侗寨等为代表的30多处集中连片的古城古镇古村，融汉、侗、苗民族文化为一体，是中国最大的古城古镇古村群落，被誉为“中国古建筑博物馆”。

五溪流域的“三古文化”具有深厚的文化内涵，其生存发展态势展现了“三古文化”原生性与自然性相互交织中地域性文化的生发。各村落聚居长期处于交往、交流、交融过程中，其文化变迁形成了多民族特色的原生态民族文化生态体系，彰显了五溪流域“人地和谐，和而不同”的生态美与生态观。

（一）自然生态域境下文化生态的生发与演变

1. 多山、多雨、多物种的自然生态域境

五溪流域地理位置独特，衔接了湖南省与贵州省、广西壮族自治区、湖北省、重庆市周边交界区域的50多个县（市、区），其地处连接中国西南地区与中东部地区的关键位置。湖南省地级市怀化市则地处五溪流域的中心区域，最具代表性，其位于雪峰山脉与武陵山脉之间，沅水中上游流经其北部，其境内的“五溪”自南向北汇入沅江。因其重要的地理位置，自古以来被誉为“黔滇门户”“全楚咽喉”。在交通基础建设与交通工具飞速发展的当代社会，怀化市逐渐发展成为全国性综合交通枢纽城市，被称之武陵山经济协作区中心城市和节点城市，中国中东部地区通往大西南的“桥头堡”。多山、多雨、多物种是五溪流域的地域性自然生态特点。

（1）多山且地形崎岖。武陵山脉和雪峰山脉分别横亘于怀化市的北部与东部。武陵山脉分别延绵于湘西土家族苗族自治州、张家界市与怀化市之间，呈西南至东北走向。而雪峰山脉则分别延展于娄底市、邵阳市与怀化市之间，同样亦呈西南至东北走向。两大山脉造就了怀化市山地面积占其总面积70.5%的比例，而丘陵和山间平原则分布在武陵山脉与雪峰山脉之间的中部地区，并向南北两个方向延伸。北部的中低山顺着沅水流域与常德市相接，南部与西部的中低山脉则分别与广西壮族自治区的桂林市、柳州市，以及贵州省的铜仁市、黔东南自治州相邻。总体而言，怀化市地形呈现出“两边高、中间低”，并呈带状狭长延展之态势。

（2）多雨且四季分明。怀化市地处北纬25°52′22″—29°01′25″，东经108°47′13″—111°06′30″之间，气候既无过度严寒酷暑，又无过度干旱少雨。② 相反，该地区气候温和湿润，降水量丰富。纵观怀化市的四季更迭，春、秋两季相对于夏、冬两季而言，天气变化小，

① 怀化市民族宗教事务委员会. 怀化市民族志［M］. 北京：线装书局，2014：1-9.

② 怀化市人民政府. 自然地理［DB/OL］. 怀化市人民政府网.（2020-05-04）［2020-11-02］. https://www.huaihua.gov.cn/huaihua/c100191/singleArticle.shtml.

无灾害性天气发生。而夏、冬两季则天气变化较大，洪涝、干旱以及霜冻等灾害性天气通常会发生于这两季。由于夏季受副热带高气压的影响，气温较高，天气炎热多雨，易形成降雨且周期较长，特别是初夏时节的“梅雨季”。而冬天则在季风的控制下，温度降低，阴雨雪天气较为常见。

（3）多物种且资源种类丰富。怀化市坐落于武陵山和雪峰山两大山脉之间，山间平原和低山丘陵广泛交错分布，在温和多雨的气候条件下使得该区域不仅动植物繁茂，物种多样，还拥有大量的矿产资源。其中，各类植物大约 1 471 种，各种动物大约 170 种。此外，怀化市已探明的矿产资源有 11 类 45 种，而且部分矿产种类诸如重晶石、硅砂、石煤的贮藏量位居全国前列。

2. 独特域境下群落聚居式文化特性的生发

黄河流域中原文化自古以来处于中华民族的政治经济中心，使其成为华夏民族文化主体，并对中国其他自然区域文化影响深远。五溪流域虽远离中原腹地，亦受中原汉文化的影响。但由于该区域地形崎岖、山高林密，生存条件恶劣，千百年来，生活在五溪流域的人们为了抵抗大自然的侵袭，因地制宜顺应自然、改造自然，在与汉文化交融下，逐渐生发出独特的以巫文化、傩文化以及盘瓠文化为主体的五溪流域“三古文化”。故在历史的长河里，五溪流域“三古文化”既彰显了地域环境的特征，同时又杂糅了汉文化的特点。

正是特征明显的地域环境孕育了五溪流域独具特色的群落聚居式“三古文化”，其境内的古城、古镇、古村如繁星般洒落在五溪流域的河畔，或山腰山脊，或河流交汇处，村落形态、民居建筑遵循依山就水融人文的理念，其选址、建造的文化都透露出人与自然相互融合的智慧。怀化市“三古文化”的分布与水流的位置具有密切的联系，即古城、古镇、古村分别坐落在五溪流域中不同支流的流域，比如会同县的高椅古村和洪江区的洪江古商城坐落于雄溪（巫水）流域，靖州苗族侗族自治县的地笋苗寨和通道侗族自治县的坪坦村坐落于樠溪（渠水）流域，辰溪县的五宝田古村和麻阳苗族自治县的豪侠坪古城坐落于辰溪（辰水）流域，新晃侗族自治县的龙溪古镇和中方县的荆坪古村坐落于潕溪（潕水）流域，沅陵县的胡家溪土家古村落坐落于酉溪（酉水）。

由此可见，无论是古城、古镇、古村的选址，还是其为了适应地域环境而生发的群居聚居，均是五溪流域地域环境外在物化的体现，亦推动形成独特的五溪流域“三古文化”积淀，为其文化的发展演变奠定了基础。

3. 多元共生性原生态文化的历史演变

五溪流域地处湖南西南部，目前在这片古朴而又神奇的土地上居住着包括汉族、侗族、苗族、土家族、瑶族、白族、回族等 51 个民族，其中少数民族人口占据了总人口的 40%左右。因该地域山川河流错综复杂，使得该区域交通极为不便，因而导致该区域与外界交流受到限制，得以较少受外来文化的冲击和影响，故得以保存当地原始、本真状态下的文化形态，形成了以民族性为特征的多元共生性原生态文化。五溪流域“三古文化”蕴含了该区域原生态文化的生长历程，其发展轨迹更是该流域“三古文化”发展变迁之基础。少数民族族群多、民族文化源远流长成为其重要文化特征。

五溪流域历史悠久，文化产生时间早。潕水文化遗址是五溪流域诞生文化最早的一个遗址，属于旧石器时代中晚期。高庙文化遗址属于距今7800—6500年间的新石器时期早期，高坎垅文化遗址属于新石器时代中期，距今5300—4600年间，斗篷坡文化时期产生于新石器时代晚期，该遗址位于靖州苗族侗族自治县新厂乡，距今5000年左右。

夏朝是我国历史上第一个王朝，也是我国历史上第一个奴隶制王朝。但是此时出现的中华文明主要处于黄河流域，后来的商、周两个奴隶制王朝的统治中心亦都在黄河流域。而处于长江流域地域的五溪流域相对于黄河流域的中原王朝而言则属于边远蛮荒之地。故《尚书·禹贡》中记载夏商时代五溪流域称之为“荆之城”，周朝则称之为“荆蛮”。

战国时期，五溪流域先后为楚国与秦国设置的黔中郡所管辖，郡址位于沅陵县太常乡窑头村。后来，秦始皇征讨南越国时在五溪流域的镡城置兵驻防。两汉时期，今怀化市地区的沅陵、溆浦、芷江、黔阳（洪江市）、辰溪等县市相继归入汉王朝所管辖，并在此设置郡县级行政机构。

三国时期，五溪流域先后被蜀国和吴国管辖。东晋及南北朝期间，在此分别设置镡城、武陵郡、南阳郡以及沅陵郡。隋朝时改沅陵郡为辰州，以此管辖五溪流域。唐朝年间，继续在前朝基础上加强对该流域的管辖。五代十国年间，地方割据势力兴起，五溪流域的各少数民族首领亦拥兵自重。

两宋期间，统治者对五溪流域的统治以怀柔与征剿兼施并行，并推行土官统治制度。元朝的统治者对该地区的统治沿袭了两宋时所设置的治所和行政辖区。后来的明清两朝在此置府、县两级行政机构，由辰州府管辖该地区的军政和粮饷。

中华民国结束了中国长达两千多年的封建王朝。民国年间，废府道行政机构，实行省县两级管理，设行政督察区。中华人民共和国成立后，怀化市地区的行署机关迁移至鹤城区，并改地区设置为地级市，至此发展形成了现在的怀化市。

由此可见，五溪流域的历史变迁经历了从原始社会时期直到现在几十万年的时间跨度，该地区亦见证了人类社会生产力从原始到现代化的层层蜕变。在其漫长的历史进程中，五溪流域的文化在该地域环境的孕育下散发出独特的原生态气息。该地区历来是各个少数民族聚居之地，在此基础上产生的“三古文化”不仅具有浓郁的少数民族意味，而且透露出深厚的文化内涵。

（二）原生性与自然性交织构筑“人地和谐，和而不同”的文化生态

1. 原生性与自然性交织下的群落聚居空间生态文化

五溪流域地理环境复杂，山地多、平地少、水域支流繁复，具有“八山一水一分田”之说。该区域属中亚热带季风性湿润气候，年平均气温16.4℃。温暖湿润的气候条件十分适宜动植物的繁衍生息，从而使得五溪流域呈现出五彩缤纷的自然生态环境，人在适应自然生态过程中生发的原生态文化，从而又反作用于自然生态，使得五溪流域“三古文化”凸显出了其原生性与自然性相互交织下的群落聚居生态文化特征。

地处五溪流域中枢位置的怀化市，地形整体面貌呈现出中间平缓，四周崎岖。北部和东部分别有武陵山脉和雪峰山脉耸立。南部延绵着与广西交界的九万大山，西部与贵州交界处则逶迤着苗岭。但是山地面积多的面貌也造就了怀化市森林资源丰富，从而直接而又便捷地为世居于此的各民族提供了生产资料。其建筑善于就地取材，各古村落随处可见木质结构的杆栏式建筑。无论是居住于深山处的苗、侗、瑶等少数民族村落，还是居住在山脚的汉族聚居地，都是就地取材建造木质建筑为主。在五溪流域即使是汉族，其无论是在生活习俗上，还是在饮食起居上都或多或少受本土少数民族原生态文化影响。这与北方平原建筑文化形成鲜明对比，譬如，生活在黄土高原地区的汉族因其环境干旱少雨，土质松软，木材匮乏，或掘窑洞而居，或建造以砖为主木结构为辅的砖木建筑而居，延安窑洞和平遥古城便是其中的典型代表。五溪流域即使是汉族居民的建筑亦就地取材以木材为建造材料，在历史的变迁中汉族与各少数民族相互交融、不断融合，其建筑亦形成了与该地区少数民族相互影响之样式，采用杆栏式结构，大量吸收苗族、侗族等少数民族建筑特征，形成了独具特色的建筑样式。如坐落于洪江市的黔阳古城就地取材，广泛采用当地盛产的青石板、杉木等作为建筑材料，其建筑晒楼充分汲取了五溪流域少数民族吊脚楼的样式，古城建筑群既具有汉族建筑斗拱飞檐、青瓦灰墙的样式，又体现出苗侗等少数民族杆栏式木质建筑风格。

怀化市的古城、古镇、古村坐落在五支溪流之畔，洪江古商城便是其中典型的代表之一。洪江古商城位于沅水与巫水交汇之处，是一座拥有两千多年历史底蕴的建筑群。春秋时期的五溪流域是楚国的管辖范围，洪江古商城在此时便初具雏形，到了唐朝时已经发展成形，至明清时期达到了鼎盛。明代中后期，资本主义萌芽开始兴起，商业得到了迅速发展。洪江地理位置优越，发达的水运为商品经济的发展提供便捷的交通运输条件，至此该地商贾云集，店铺林立，使其成为湘、滇、黔、桂、鄂五省份的物质集散地。往来的客商汇聚于此，一座集汉族与少数民族特色的建筑群便傍水形成。

洪江古商城的分布格局依山而建，以山为骨架，以水为经脉，沿河的建筑以少数民族吊脚楼的结构建造。洪江古商城中的窨子屋建筑群承袭汉族传统建筑“井”字形分布格局，通常为两进两层形制居多，也有两进三层或者三进三层，貌似四合院的格局。窨子屋的屋顶按比例从四周向中心倾斜形成天井，天井之下方中央通常有一个石板缸正好接住从屋顶倾泻而下的雨水，以水寓财，寓意“财不外流”。

2. 生态美与生态观彰显“人地和谐，和而不同”的文化生态

《后汉书·马援传》：“武陵有五溪，……悉是蛮夷所居，故谓五溪蛮。”五溪蛮，“蛮”一字生动地概况了五溪流域多民族文化交往、交流、交融过程中整体的文化生态共性。五溪流域古城、古镇、古村遍布于群山峻岭之间，河流阡陌之畔，其选址布局从自然生态与社会生态上凸显了“天人合一”的思想理念，展现了“人地和谐”的理想生态空间，群落聚居的各民族在生存、生产、生活中衍生出“和而不同”的文化生态，展现了多民族文化交往、交流、交融中的人文智慧。这也正是中华优秀传统文化中，强调尊重自然规律，顺应自然界的变化，在本质上从内而外与自然界完美相融的生存经验，彰显了“人地和谐，

和而不同”生态美与生态观。

其一，自然生态与山水人文情怀交融的生态美。自然生态是影响五溪流域“三古文化”选址布局的外在条件。人类从诞生之始便开始不断地尝试探索如何让自己更好地融入“自然”这一空间里。无论是凿洞穴而居，还是筑巢而栖，人类始终把对于自然环境的适应作为构筑住所的首要考虑条件，而水资源则首先是人类栖居选址所要考虑的重中之重。万物生长离不开水资源，人类亦如此。水资源是滋养和哺育人类文明的乳汁。因为有水的地方，植被生长茂盛，茂密的植物为食草动物的生长提供了理想的食物来源。而食草动物的出现又会吸引肉食动物的觅食，如此环环相扣便形成了一条完整的食物链，而人类是处于自然界中食物链的顶端。所以，自古以来人类的繁衍生息都是以水为邻，畔水而居，即印证了“水乃万物之源”的道理。

自然生态是影响五溪流域“三古文化”的外在条件，五条支流是这一区域自然环境的地理特征。纵观历史上人类文明的发源地，皆位于各大河流流域：古埃及文明发源于尼罗河流域，古巴比伦文明发源于两河（幼发拉底河与底格里斯河）流域，古印度文明发源于印度河流域，中华文明发源于黄河流域。五溪流域早在旧石器时期的远古时代就已经有人类居住，五溪流域属中亚热带季风性湿润气候，降水量多，使得其河流繁多，河网密布，水利资源丰富。在该地区所发掘出的潕水文化遗址、高庙文化遗址、高坎垅文化遗址、斗篷坡文化遗址均位于潕水、巫水、渠水流域。自古以来，沅水的五条支流散布于各个古城及古村镇群落间，人们善用丰富的水力资源，不但灌溉了土地庄稼，还孕育了五溪文化。多民族栖居于各流域之畔，在其选址建屋，发展形成了现如今诗意之所。如：会同县高椅古村坐落于巫水河畔，村落三面环山一面临水，形成背山面水之势。村落布局与建筑内部空间的布置与周围的山岭水系形成一个相互联系的整体，既满足了人们生产生活中对水资源的需求，又从人文形态上契合了《周易》阴阳、五行之学说。

除了水资源影响人类居住分布以外，土地亦是其不可忽视的另一个重要方面。五溪流域素来就地形崎岖不平，莽莽大山延绵不绝。无论是盘踞在北部的武陵山脉，还是矗立于东部的雪峰山脉，抑或是散布于南部的九万大山和西部的苗岭，使其四周均被崇山峻岭所环绕。而只有中间部分占地面积较少的低山丘陵和河谷冲积平原地形较为平坦。由于崎岖的地形在阻碍人们交通出行的同时，也阻碍了人们之间的交流和文化传播。反之，平坦的地形条件下则更有利于人与人的沟通以及文化的快速传播，并扩大其影响范围。从更远层面来看，随着人与人之间以及文化与文化之间的相互交流，亦能够更好地推动其文化向更高程度发展。

基于此，不管是五溪流域的文化遗址，还是坐落于该流域中的古城、古镇、古村亦都不约而同地坐落分布在平缓的河流冲积平原或者河谷之处。纵使在山岭密布的崇山峻岭深处，在山岭之间的河谷平坦之处亦有村落分布。

除此之外，平坦的河流冲击平原和谷地土壤肥沃，易于耕种。而且靠近河流之处物产丰富，既可以渔猎又利于农耕。人类的生产生活方式在平坦肥沃的土地上日趋变得丰富起来，不但农业发展起来了，而且商业也随之发展起来。商业的发展加速了政治、经济、文化的繁荣，从而使得古城、古镇、古村的规模不断发展壮大。如位于洪江市的黔阳古城坐落在㵲水与沅水的交汇处，地势平坦，水势平缓，为农工商业的发展提供了得天独厚的自然条件。便捷的水路运输使得黔阳古城成为楚南上游沟通湘、黔、桂、鄂、渝边境的政治、经济、文化中心，使其形成了“三纵四横七街八巷”的布局分布。城内会馆、书院、庙宇、宗祠、民居、客栈等建筑错落有致地分布于中。

其二，社会生态文化的演变形成“人地和谐，和而不同”生态观。社会生态是影响五溪流域“三古文化”选址布局的内在条件。人是社会性的动物，自人类诞生之日起就生活在社会当中。远古时期，人类社会各方面发展都很落后，个人很难单独在自然界中得以生存。于是在人类社会发展之初，原始人类便成群结队地聚居在一起形成部族进而发展成部落，以此共同面对自然界的挑战。古城、古镇、古村这一人类在千百年来的生产生活中所形成的栖居之所，不但具有避风防水、保护人类不受侵害之作用，更是在这一社会生态背景下汇聚的多种文化之精华，并折射出了人文思想璀璨之光辉。

一方面，五溪流域的古城、古镇、古村在建造中，先祖在漫漫的历史进程中以自然为师，向生活求教创造了大量体现人与自然和谐相处，具有人文特色的建筑。其中侗族的风雨桥就是典型代表之一。

在侗族有种说法“有村必有桥，有桥必是风雨桥”，以通道侗族自治县黄土乡坪坦河上的普修桥为例，桥长约 58.5 m。上面部分为廊亭，其可分为多层，但一般都为奇数层，逐层往上等比例缩小呈宝塔状尖顶。最低层处桥檐外挑遮盖住桥身，既可以供行人遮风避雨，保护桥面不被日晒雨淋，同时又增加了桥的造型美感。中间部分为桥身，采用托架式结构直接置于桥架上，两者之间没有任何牢固措施，而桥架与桥墩之间亦如此。桥面横跨河流两岸，其呈现长廊式结构，桥面专门设置有为行人休息的坐凳，在柱与柱之间架设坐凳栏杆与桥身首尾相连。廊柱横梁上通常绘有五彩缤纷的图画或者雕刻着惟妙惟肖的人物图案。最下面部分是桥墩，通常以青石为构筑材料围砌成六面形柱体，依次等距分布在河面，上置桥架托住桥身。侗族风雨桥各构件之间的衔接全部运用榫卯结合而组成一个坚固完整的结构体系，整座建筑不用一钉一铆。风雨桥集合了桥、廊、亭三位于一体，整座桥为砖木石混合材料构筑而成，从上而下由三部分组成。

另一方面，五溪流域的古城、古镇、古村在寻址布局上以人为本，充分考虑到防御之作用。其既可以防御自然之灾害又可以防御人为之灾害。五溪流域山地绵连，山高林密之处瘴气横行，毒虫蛇蚁甚多，再加上阴湿的环境，严重影响到生活在此的人们的身体健康。为了躲避这些自然灾害，远古人类筑巢为居，并在此基础上发明形成了杆栏式木建筑式样。五溪流域的各古村落，依山傍水的吊脚楼屡见不鲜。如位于通道侗族自治县的芋头侗寨就是一座拥有五十多座杆栏式建筑的古村落。芋头侗寨始建于明朝洪武年间，距今已经有了 600 多年的历史。寨中的吊脚楼全部因山势而建，房屋格局随山势而走，形成了“山脊型”与“山谷型”交相辉映的格局。其匠心独运的设计不仅有利于避开自然灾害的侵袭，还使得村寨与周围的自然环境巧妙地融为一体。而位于会同县高椅古村的窨子屋则通过砖、石、木不同材料相结合的设计，使其具有防潮、防火、防盗之功能。其建筑为穿斗式结构，青砖构筑的马头墙把房屋四周围住，窗口尺寸较小。包围房屋的马头墙能够有力地阻隔火势蔓延，很好地起到了防火的作用，而小窗则有效地起到了防盗作用。窨子屋的地基高出地面 60 cm，由小青石砌筑而成，并设置了排水沟和下水道沟通至鱼塘，使得房屋避免潮湿而保持干燥，彰显出“人地和谐，和而不同”的生态美与生态观。

（三）现代语境下五溪流域“三古文化”生态境遇

1. 原始本真性的文化生态濒危

“文化是人类知识、技术、社会实践活动的总和。每个社会都有它独有的、视为宝贵财富的文化。”① 人类从最初原始社会时期的刀耕火种到现在遍布全球的信息化时代，人类社会可谓是跨越了一个漫长而又翻天覆地的巨变。虽然人类社会的变迁受各方面因素的影响，但是最根本的原因在于生产力的发展。因为生产力是推动人类社会化进程的动力所在。与此同时，人类文化的发展程度亦随着社会的发展也越来越高。社会每向前迈一步，其文化发展程度亦随之每向前发展一步。

随着社会生产力的发展，五溪流域的生态环境受到破坏的程度亦越来越严重。不但自然生态的可持续发展面临严重的挑战，山林乱砍滥伐现象频繁导致森林面积骤减，大量的古建筑未受到完善的保护而受到破坏和损坏，原始本真的人文生态亦受到现代化文明的冲击而正逐步走向瓦解。尤其是在社会经济不断发展的趋势下，城市化成为现代化建设当中不可避免的社会现象。由于经济水平的提高，无论是在城镇还是农村，大批崭新的钢筋混凝土建筑拔地而起，造成了“千城一面”甚至是“千村一面”的现象。千百年来古城、古镇、古村所积淀而来的文化底蕴在现代化建筑方式的引领下荡然无存，新式的建筑不仅在建筑的材质构造上很难与古城、古镇、古村之中原有的老建筑相协调，还在格局上打乱了其原始分布方位。

五溪流域古城、古镇、古村原始本真性的丧失使得其文化生态濒危。究其原因，一方面出于对商业目的的追求，大量的古城、古镇、古村被用于旅游开发。特别是城镇的古街区由于地理位置优越而被大量拆除用于开发房地产。而幸存下来所剩无几的古城、古镇、古村则由于人们缺乏保护意识或者保护措施不当，以至于很多的古城、古镇、古村缺乏应有的保护或者其在保护的过程中没有根据实际环境而制定与之相符的措施。另一方面则是古城、古镇、古村融入了诸多的民间手工艺技术，无论是窨子屋的雕花门窗和马头墙，还是古城镇中的街头巷尾，皆是民间手工艺人的智慧汇聚而成的结果。但是随着这些非物质文化遗产传承面临着断层的危机，古城、古镇、古村的修缮和保护就存在着技艺缺失的境况，从而导致大量粗制滥造、毫无地域特色的建筑物泛滥，彻底破坏了古城、古镇、古村的原生态民族文化。

2. 原生态民族文化体系面临瓦解

文化代表了一个地域环境的整体形象，其是人类所创作的物质成果和精神成果的总

① ［美］罗伯特·F·莫菲．文化和社会人类学［M］．吴玫，译．北京：中国文联出版公司，1988：3.

和。从文化的孕育到形成，其既受自然生态的影响又受社会生态的影响。在社会变迁的过程中，文化随着生产力的发展而发展，社会结构体系对于文化而言只是支撑其庞大身躯的框架。

五溪流域山高谷深，崎岖不平的地形地貌从古至今一直成为制约其与外界交流的首要因素。山地多、平地少的自然条件使得五溪流域的人口散布趋向于河畔旁的台地与低矮丘陵。稻作农业是五溪流域古老的生产方式，生活在该流域的各族同胞均以种植业为主。男耕女织式的农业生产生活方式成为五溪流域各民族传统的生活方式，自足自给的生活使得生活在这里的人们对于外界的依赖很少。自然经济模式的农耕生活方式使得五溪流域的社会结构形态长期地处于一个相对封闭而又稳定的状态。虽然在五溪流域由于河流兴起了一些商业城镇，如黔阳古城、洪江古商城、龙潭古镇等，但是相比人口基数庞大、组成成分稳定的农业人口而言，河道据点上所兴起的商业城镇对于五溪流域社会形态的影响可谓是微乎其微。

历史上的五溪流域历来被中原政权的统治者视为“蛮夷之地”。夏商周时期，五溪流域的三苗部落被称之为五溪蛮。在此后的几千年间，中原政权的统治者依次在五溪流域设置行政管辖区并委派官吏进行管理。由于五溪流域地理位置偏僻，生活条件艰苦，故该地域历来作为朝廷流放与贬谪官吏之地。但是，来自中原汉地的官吏为五溪流域带来了儒家文化，把明经理学思想引入到五溪流域各少数民族的思想言行之中。如位于靖州苗族侗族自治县的鹤山书院就是宋代理学家魏了翁创办的，在靖州为官期间，他致力于教学和经学研究，为靖州及其周边地区的文教事业做出了贡献。

历史上的五溪流域曾是楚国的属地，在沅陵县境内发掘了战国时期楚国设置的黔中郡遗址。由于五溪流域以稻作农业为主，水稻种植一直是该流域主要的农业生产方式。水稻种植在五溪流域的历史可以追溯至新石器时代，其中位于洪江市的高庙文化时期遗址、中方县的高坎垅文化时期遗址、靖州苗族侗族自治县的斗篷坡文化时期遗址均说明了五溪流域悠久的稻作农业历史。五溪流域的先民早在几千年前的新石器时代就学会了水稻种植技术。随着农业技术的逐步成熟，水稻逐渐构成了五溪流域各民族饮食结构中的主食。巫傩文化是一种源自稻作农业的文化体系，其以鬼神为祭，通过舞蹈的形式以达到驱病除疫之目的。五溪流域历来以稻作农业为主，而该流域崎岖不平的地形地貌制约着农耕业的发展。同时由于五溪流域山高谷深且瘴气横行，在如此艰难的自然环境下以祛病除魔为宗旨的巫傩文化应运而生。并且，巫傩文化在与源自远古传说而形成的盘瓠文化以及楚文化一道合而为一形成了独具地域特色的巫楚文化。在五溪流域自然环境的制约下以及自足自给式自然经济模式的影响下，受商业贸易活动、宗教文化传输以及政治流放刑罚等原因的影响，多种文化共同汇聚并发展演变而成了如今五溪流域丰富多彩的原生态民族文化。

随着工业革命的发生，以机器为工具的规模化、集成化的工业生产方式解放了生产力。突飞猛进的技术革命加速了新型交通工具的产生，在新型交通工具的帮助下人类可以快捷地到达想要去的地方。同时，随着高速公路、高速铁路以及航空线路等交通基础设施的建设，五溪流域从一个自古以来交通闭塞之地转变为一个拥有全方位一体化交通系统的枢纽，古村落间的空间形态、通勤时间和交往半径发生了巨大改变，人们更加渴望与外界交往和交流，以获取更多信息和商业机会，而在这个交流过程中，必然导致本民族的原生态文化弱化。不同地区之间贸易活动的频繁开展，商业的繁荣促进了各个地域环境下人与人之间的交往，同时也为不同文化间的相互影响创造了条件。

一方面，在市场经济的影响下，发展旅游业成为五溪流域促进经济发展的重要举措。旅游业的发展，对古城、古镇、古村的修缮成为一项必不可少的环节。但是由于开发人员缺乏相关的民族历史文化积淀，或缺少对区域特色民族文化可持续发展的深入研究，急于求成，欲速则不达，导致大量不伦不类的仿制建筑泛滥，并且一些古建筑遭到了画蛇添足般的改造。受商业利润的驱使，一些古城、古镇、古村为了扩大旅游景点规模而盲目兴建娱乐休闲设施，不但破坏了周遭的生态环境，而且使得古城、古镇、古村千百年来所积淀的原生态民族文化凋零。另一方面，信息化通道亦加速了五溪流域与外界的沟通，改变了与外界环境的交往、交流、交融的方式，来自外界的各种文化思想使得人们的思想观念发生转变，对五溪流域的原生态民族文化体系在精神内核上造成了极大的冲击，使其向瓦解方向发展。自此，为了保护五溪流域的古城、古镇、古村不受破坏，确保五溪流域原汁原味的原生态民族文化不变味，平衡五溪流域和谐的人地关系就显得尤为重要。

三、结语

五溪流域古时因其地理交通要塞，承载了中华民族东部与西部在政治、文化、经济频繁交往、交流、交融的历史使命与重任。五溪流域的历史，从侧面也反映了该区域的迁居文化，几乎每个少数民族都有自己迁徙至此的口述史，其原因几乎都是战乱逃亡于此，或经由此地西进西南腹地才得以保留自己的民族命脉；而迁居于此的汉族却原因各异，既有因战事屯兵驻守于此的，又有经商谋生定居于此的，还有从政被贬流落于此的。因而五溪流域这一世人眼中的蛮荒之地在地理概念的“蛮”文化为特点，是各民族迁居于此的痛点，亦是他们勇于面对自然生态与社会生态困境，战胜磨难并形成自身独特而多元文化的亮点。

多民族杂居于多山且水域充沛的五溪流域，形成了群落聚居人文特色的古城、古镇、古村形态的五溪流域“三古文化”。自古以来，能够长远发展的文化，都凝结了人们对文化的深度理解与思考的智慧。五溪流域的古城、古镇、古村群在文化生态的变迁过程中每一次都顽强地找到自己的定位，实现蜕变重生。相信面临当下的挑战，善于思考、崇尚“人地和谐”、有着“蛮”劲的五溪人民，同样可以找到适合自身文化可持续发展的路径。民族文化的发展需要建立在尊重原生态民族文化体系的基础上，重构“人地和谐，和而不同”的文化生态关系，才能从容地面对现代化的文化融合的冲击，构建好大众认同的民族文化生态体系，让当地居民感受到自身文化的可贵之处，才会产生民族文化的自觉与自信心。

参考文献

[1] 怀化市民族宗教事务委员会. 怀化市民族志 [M]. 北京：线装书局，2014：1-9.

[2] 怀化市人民政府. 自然地理 [DB/OL]. 怀化市人民政府网. (2020-05-04) [2020-11-02]. https://www.huaihua.gov.cn/huaihua/c100191/singleArticle.shtml.

[3] [美] 罗伯特·F·莫菲. 文化和社会人类学 [M]. 吴玫，译. 北京：中国文联出版公司，1988：3.

湘西州传统村落空心化特征及调控措施研究

秦英洁 刘春腊 付怡纯*

摘 要：城镇化的快速发展使农村人口不断向城市地区流动，导致传统村落空心化现象严重。本文基于人口空心化视角，对湘西州第五批传统村落空心化程度进行定量测度，分析空心化特征并探讨影响因素，结果表明：①湘西州传统村落人口空心化现象明显，空心化传统村落占比高达92.22%；②空心化程度区域差异显著，高密度分布区主要集中在西部龙山县、花垣县、保靖县以及东部的古丈县，呈现出西北多、东南少的分布格局；③空间分布与海拔高低具有一致性；④传统村落空心化是自然、经济、交通、政策等多种因素相互作用的结果。提出推动村落保护与整合，完善公共服务设施、优化村落内外部交通，增强道路交通安全性、培育发展特色产业，实现经济多元化发展、活化村落空置资源，激发传统村落活力等针对性调控措施。

关键词：传统村落；空心化特征；调控措施；湘西

一、引言

伴随中国城镇化、工业化的快速发展，农村人口大量向城市流动，许多住宅季节性或永久性无人居住，造成了农村空心化现象[1]。农村空心化是世界各地快速工业化国家普遍存在的问题[2,3]，本质上是农村地域经济社会功能的整体退化，既包括农村土地空心化、住宅空心化、人口空心化，也包括农村产业空心化和基础设施空心化[4]。国外虽没有对“农村空心化”一词的定义，但仍存在相关内容的研究，其注重村庄整治以解决农村衰败、过疏化等问题，在理论和实践上取得了诸多成就[5-8]。我国的农村空心化研究始于20世纪90年代，此后地理学、经济学、社会学等学科领域的学者分别以不同视角[9]，对农村空心化的概念内涵、影响因素、负面效应、空间模式和空间分布、演变规律、治理对策等进行了深入研究[10-17]。但对传统村落这一特殊类型农村聚落的空心化研究还有待进一步加强[18,19]，目前已有研究以定性描述居多，且着重关注住宅建筑的空心化[20-23]，忽视人口空心化[24,25]。传统村落承载着大量极具研究价值的历史、文化和情感，除了面临建筑和土地

* 秦英洁，湖南师范大学地理科学学院硕士研究生；刘春腊，湖南师范大学地理科学学院副教授，硕士研究生导师；付怡纯，湖南师范大学地理科学学院硕士研究生。

资源荒废、居住环境恶化等普通村落空心化存在的共性问题外，还面临着传统历史建筑被毁、村落空间肌理破碎、文化遗产保护受阻等个性问题[26-28]。因此缓解空心化现象，增强传统村落活力，保护传统建筑，对传统村落的保护与发展具有重要的现实意义。本文基于人口空心化视角，选取湘西州第五批传统村落为研究对象，对其空心化程度进行定量测度，在此基础上借助 ArcGIS 可视化技术及空间统计工具，分析湘西州传统村落空心化特征，探讨其影响因素，并提出针对性治理策略，为传统村落保护与振兴提供参考依据。

二、湘西州传统村落空心化特征分析

（一）传统村落人口空心化现象明显

采用净流出人口数占户籍人口的比重来衡量传统村落的人口空心化率，并借鉴前人研究[25]，将传统村落空心化程度划分为无空心化、轻度空心化、中度空心化和深度空心化四种类型（表 1）。

表 1　湘西州传统村落空心化程度分类

空心化类型	空心化程度	特征
无空心化	$(-\infty, 0]$	常住人口大于户籍人口，村落发展活力大，未出现人口外流
轻度空心化	$(0, 0.2]$	部分原住居民外流
中度空心化	$(0.2, 0.4]$	原住居民外流现象明显
深度空心化	$(0.4, 1)$	近一半的原住居民外流，人口流失现象严重

对传统村落空心化率进行计算和分类，得到湘西州不同程度空心化传统村落数量图（图 1）。如图所示，无空心化的传统村落仅有 7 个，占总量的 7.78%，因为这些传统村落自然环境优美、人文环境浓厚、就业岗位充足、发展水平较高从而具有很强的拉力，吸引周边或外来人员向该地区流动，如白果树村、鼓戎湖村、米坨村等。此外，其他 83 个传统村落呈现不同程度的人口空心化现象，占比高达 92.22%，说明湘西州传统村落人口空心化现象严重。其中，轻度空心化传统村落共有 26 个，占比 28.89%，这类传统村落具备一定支柱产业，村民人均收入可观，能在一定程度上留住人才；中度空心化传统村落共有 30 个，占比 33.33%，这类传统村落以经济作物种植、养殖业为主，村民人均收入较低，难以满足原住居民的生产生活需求，部分青壮年劳动力在周边城镇地区务工，节假日或农忙时期回村居住，人口外流现象较明显；深度空心化传统村落共有 27 个，占比 30%，该类型传统村落主要分布在山地、丘陵地区，以传统农业为主，交通条件差，教育、医疗等基础设施建设不完善，生产生活条件恶劣，村民人均收入低，青壮年劳动力不得不到城市谋生，剩下老弱妇孺留守村落，空心化现象严重。

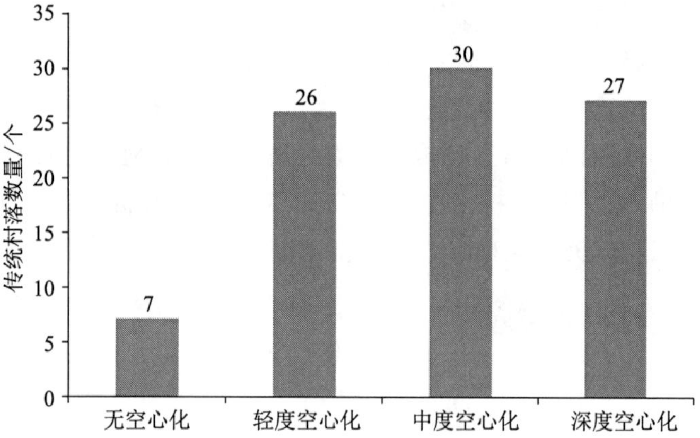

图 1 湘西州不同程度空心化传统村落数量

（二）传统村落空心化区域差异显著

将传统村落抽象为点要素并结合空心化程度分类标准，得到湘西州传统村落空心化程度分布图（图 2a），利用 ArcGIS 空间分析工具进行核密度分析得到（图 2b），结合两图发现，湘西州空心化传统村落分布呈凝聚型，高密度分布区主要集中在西部龙山县、花垣县、保靖县以及东部的古丈县，呈现出东西多、南北少的分布格局。从县域层面来看，各地传统村落都存在空心化现象，但空心化程度存在明显差异。其中，龙山县的空心化传统村落分布数量最多，高达 20 个，深度空心化传统村落达 15 个。花垣县、保靖县、古丈县的空心化传统村落以轻度和中度空心化为主，轻、中、深度空心村个数分别为 18、12、13 个。吉首市、泸溪县、凤凰县、永顺县的空心化传统村落相对较少，共有 20 个，占湘西州传统村落总数的 22.2%。

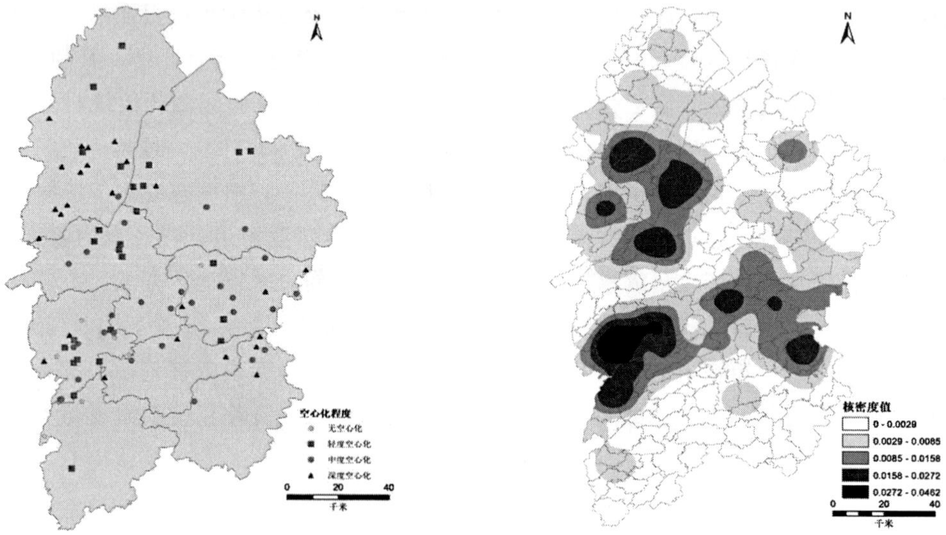

a b

图 2 湘西州传统村落空心化程度分布图

（三）海拔高的地区传统村落空心化更严重

湘西州空心化传统村落分布与海拔高低具有一致性。由图 3 可知，湘西州地势西北高、东南低，海拔 200 m 以下的地区主要在东南部，空心化传统村落仅有 3 个；海拔高度在 200～500 m 地区的空心化传统村落数量为 34 个，占总量的 37.78%；海拔高度在 500 m 以上地区集中在湘西州北部和西北部，空心化传统村落达 46 个，占总量的 51.11%。这是因为海拔高的地区地质条件复杂，自然灾害频发，地形起伏较大，耕地面积匮乏，农作物种植单一，加之农村劳动生产率逐渐提高，出现大量剩余劳动力，人地矛盾日益紧张，村民不得不向城市地区转移，从事非农业生产来满足生活需求。

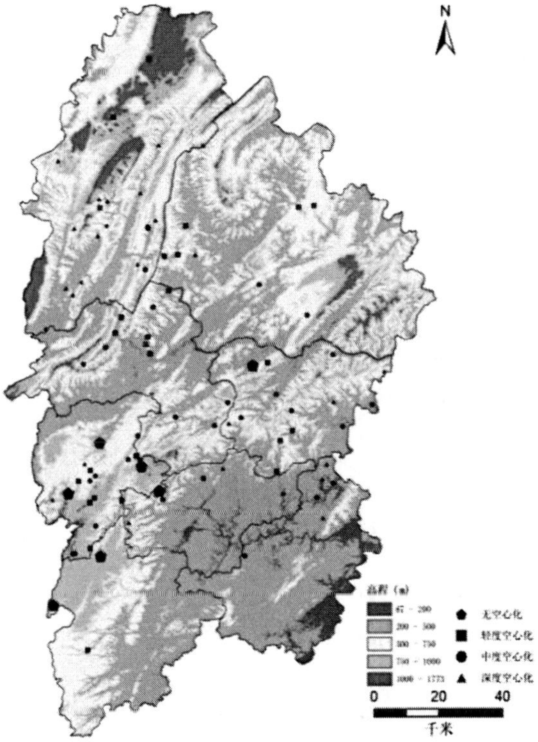

图 3　湘西州空心化传统村落地形分布图

三、湘西州传统村落空心化影响因素分析

（一）自然因素

平均海拔是区域地形地貌特征的主要反映，也是影响农业产业结构和生产方式的重要因素[29]。湘西州位于武陵山区，地势崎岖，以山地丘陵为主，夏季多暴雨，滑坡、泥石流等灾害频发。这样的自然条件决定了传统村落耕地面积较少，导致人地关系的紧张，影响着农民的生产和生活，对于大多数家庭来说外出务工成为解决生计的最好选择，从而造

成人口空心化现象。

（二）交通因素

利用 ArcGIS10.2 对湘西州主要公路网络进行缓冲区分析，发现距离交通干道较近的 0～1 km 范围内的空心化传统村落数量较多，达 16 个。这是因为沿路交通通达性好，与城市地区联系较为密切，便于进行经济活动，沿路建房收益高于在村内建房，利益驱使逐渐导致村落内部的空心化。1～4 km 范围内的空心化传统村落比例较少，这类传统村落距离交通干线较近，受县城的带动作用强，基础设施较为完善，发展机会较多，村民收入较可观，生活幸福指数较高，从而减轻人口流失。距公路 4 km 以外的空心化传统村落分布最多，高达 41 个，占比 45.56%。对外交通可达性差导致落后的经济、医疗、教育条件，迫使传统村落居民搬离本地，向交通条件较好或经济发达的地区谋求发展，人口流失数量逐年增加，造成严重的人口空心化现象。

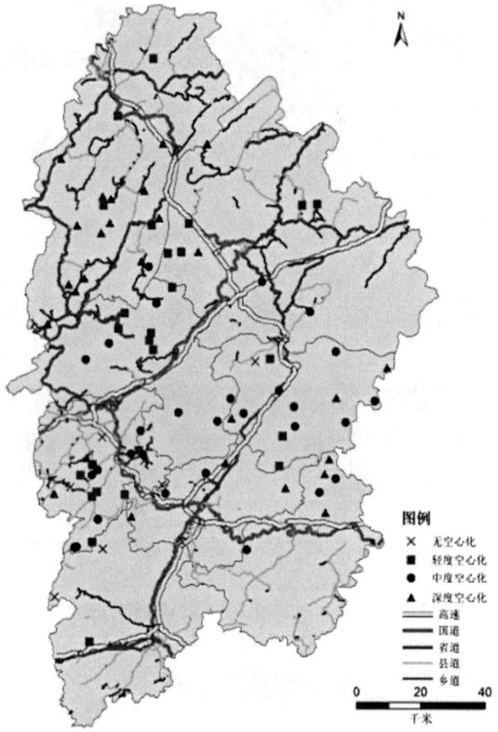

图 4　湘西州空心化传统村落交通分布图

（三）经济因素

经济发展水平是传统村落人口流出的根本动因，经济发展水平越高，对区域人口的吸引力就越强。空心化传统村落主要分布在湘西州西北部，这些地区受地形地貌及交通条件的影响，产业结构以种植业为主，组织化程度低，集体经济薄弱，收入不容乐观，导致农村人口不断向城市地区流动，人口空心化问题严重。湘西州南部空心化传统村落数量较少，以轻度和中度空心化为主，这些地区地势相对较低，交通较为便利，在吉首市的辐射带动下发展机遇增多，经济发展水平相对较高。

（四）政策因素

政府为保护传统村落出台了一系列政策条例，但也因此限制了部分村落内部传统住宅建筑的改造重建。随着经济发展和社会进步，村民对美好生活的向往越来越迫切，加之一些老宅年久失修无法居住，村民渴望改善居住环境、建造新房，然而在保护政策下他们无法对传统建筑随意改建。传统建筑格局自身的缺陷以及人们对现代化生活的渴望迫使村民向城市地区搬迁，导致传统村落空心化现象逐渐严重。

四、湘西州传统村落空心化调控措施

（一）推动村落保护与整合，完善公共服务设施

1. 整合分散村落

湘西州西北部的地势较高，传统村落空心化问题尤为突出，许多自然村人口稀少，农村空间布局呈现零散化和破碎化趋势，无法满足村民的基本居住要求。应依托区域自然地理环境对分散的传统村落进行重点整合，帮助居住环境恶劣的农户改善生活条件，选择地势平缓、海拔相对较低的区域进行中心村建设，提供完善的基础设施和公共服务功能，从而保障区域生态环境和农户的生产生活，逐步缩小城乡差距，增强传统村落的吸引力。

2. 保护传统建筑

对个别历史文化浓厚的传统村落应进行重点修缮和保护，借助现代科学技术精准刻画村落传统文脉，恢复传统村落物质载体和文化符号，既改善传统村落居民的居住环境，又有效保护传统村落的文化遗产从而保障乡村地域文化传承功能。设立传统村落专项保护基金，对传统村落的古树、古建筑等物质文化以及传统民俗、手工艺等非物质文化进行保护。

3. 完善公共服务设施

加强对留守儿童和空巢老人的关注，逐步增加补贴力度，完善医疗、教育、养老等社会保障，设立流动卫生室、敬老院、活动中心、乡村课堂等服务机构。组织志愿者队伍，定期向空巢老人提供生活照料、情感慰藉、心理疏导和社会支持。加强乡村教师队伍建设，关爱留守儿童心理成长。改善传统村落给排水、供电照明、网络通信等设施条件，满足村民的生产生活需求。

（二）优化村落内外部交通，增强道路交通安全性

1. 改善外部交通条件

多数空心化传统村落位置偏远，交通可达性差。因此需改善区域交通条件，在保护村落空间完整性以及文化独特性基础上开展针对性的交通建设，提升传统村落的可达性[30]。逐步改善外部交通条件，拓宽路面，硬化进村道路，满足农业生产所需材料和产品的运输。

2. 活化内部街巷肌理

科学规划传统村落街巷空间，对残缺、混杂小道进行疏通与建设，发挥传统村落祠堂、古树古木等核心景观的带动作用，恢复传统街巷空间肌理，提高村落内部街巷空间的可达性。科学合理地进行村落道路绿化建设，在保护自然环境的同时营造生态景观，提供视觉欣赏，促进人与自然和谐共生。

3. 增强道路安全性

增加资金投入，完善路标建设，增设减速板、护栏等安全配套设施。加强交通安全教育，组织村民学习道路交通安全法规，增强村民交通安全意识。提高道路养护管理水平，组织村民成立道路养护小组，加强技术培训，分路段维护道路设施，举报损坏公路等行为，帮助村民养成爱路护路的良好习惯。

（三）培育发展特色产业，实现经济多元化发展

1. 调整产业结构

改变原有传统种植业模式，发展以农副产品深加工为主的产业结构形态。由政府统筹规划村民农业用地，组织农作物种植技术培训班，加大政策和资金支持，促进农业机械化，逐步提高农业生产技术水平和经济效益。优化农业生产结构，推动一、二、三产业融合发展。建立绿色农产品加工基地，就地对油茶、柑橘、烟叶等特色资源进行深加工，增加产品附加值，发挥品牌效应，形成特色优势产业。

2. 发展休闲旅游业

深入挖掘传统村落饮食服饰、传统工艺、节日风俗等文化资源内涵，以历史建筑、地方特产、自然景观为载体，打造景色宜人、文化鲜明的旅游胜地。并以旅游业为先驱，延长产业链，发展特色种养业和加工业，从文字、图案、色彩中提取传统符号元素，结合现代创意手段，创新传统文化表达形式，开发形式新颖、极具村落文化特色的旅游产品，满足公众的文化需求，形成“旅游+”产业体系。

3. 推进康养产业发展

结合传统村落的自然资源和文化资源，打造康养基地。实施优惠政策，鼓励有能力的

企业家到传统村落开发康养项目，放活经营，推动资源市场化配置。借助媒体网络做好宣传工作，增加人们对康养基地的关注度。加强与医院、高校、研究院所等的合作，不断拓展业务能力，吸纳优秀人才，提高康养基地的服务质量。

（四）活化村落空置资源，激发传统村落活力

1. 提高空废房屋利用率

传统村落与一般村落不同，许多空废房屋具有极高的文化价值，是宝贵的传统文化资源。因此对传统村落进行保护的同时也要发挥其应有的价值，对空置历史建筑进行改造，增加空废房屋的再利用率。将其作为传统文化学习基地，组织中小学生参观学习，增强青少年对传统文化的认同感，培育自觉保护传统文化的意识；组建传统工艺培训班，培养传统技艺和民俗传承人；打造传统文化创意工作室，吸引年轻的文艺工作者到乡村创业，形成传统村落发展的文化催化剂，传播传统文化，增加村民收入。

2. 盘活土地资源

对空心化传统村落的闲置土地资源进行统计，鼓励企业承包，村民入股，实现规模化经营，提高土地资源的利用率，带动新兴产业的发展，提供更多就业岗位，解决传统村落劳动力就业问题。进一步完善农村土地产权制度，规范土地资源流转，破除城市要素资源流向农村的阻碍，建立健全土地要素城乡平等交换机制，切实保障农民权力。

3. 活化本土人才

完善大学生返乡就业创业政策制度，对致力于传统村落保护与振兴的创新型、实用型人才给予住房、医疗、税收等多方面的扶持，减少或避免人才闲置和人才浪费，实现农村人力资源与物产资源的有效结合，打造农村人才聚集和发展的平台。加大对农民的培训力度，组织专家授课，提供创业指导，努力培育一批创新型、知识型、技能型的乡村人才队伍。

五、结论

基于人口空心化视角，对湘西州传统村落空心化程度进行定量测度与分类，并结合ArcGIS软件对传统村落空心化特征及影响因素进行分析，进而提出针对性调控措施。主要结论如下：

1. 湘西州传统村落存在不同程度的空心化现象，无空心化传统村落7个、轻度空心化传统村落26个、中度空心化传统村落30个、深度空心化传统村落27个，分别占比7.78％、28.89％、33.33％和30％，传统村落人口空心化现象严重。

2. 湘西州空心化传统村落分布呈凝聚型，呈现出西北多、东南少的分布格局。龙山县的空心化传统村落分布数量最多，且深度空心化传统村落占比高。花垣县、保靖县、古

丈县的空心化传统村落以轻度和中度空心化为主。

3. 湘西州传统村落空心化现象受自然因素、交通因素、经济因素、政策因素等多种因素的影响。自然因素影响区域的生产生活状况，交通条件影响区域的对外联系程度和人口流动状况，经济发展水平决定着区域的吸引力，政策保护因素影响村民生活条件的改善。这些因素相互作用，从而影响传统村落的空心化状况。

4. 为了有效缓解传统村落空心化现象，提出推动村落保护与整合，完善公共服务设施；优化村落内外部交通，增强道路交通安全性；培育发展特色产业，实现经济多元化发展；活化村落空置资源，激发传统村落活力等调控措施，通过人为调控实现传统村落文化资源活性转化，增强传统村落的吸引力，逐步实现传统村落保护与振兴。

参考文献

[1] Liu Yansui, Liu Yu, Chen Yangfen, et al. The process and driving forces of rural hollowing in China under rapid urbanization [J]. Journal of Geographical Sciences, 2010, 20 (6): 876-888.

[2] Garcia A I, Ayuga F. Reuse of abandoned buildings and the rural landscape: the situation in Spain [J]. Transactions of the Asabe, 2007, 50 (4): 1383-1394.

[3] White Eric M, Morzillo Anita T, Alig Ralph J. Past and projected rural land conversion in the U. S. at state, regional, and national levels [J]. Landscape and Urban Planning, 2009, 89 (1-2): 37-48.

[4] 刘彦随，刘玉，翟荣新. 中国农村空心化的地理学研究与整治实践 [J]. 地理学报，2009，64 (10)：1193-1202.

[5] Ren AZUMA. Village Renewal in the F R of Germany A Co-operation of Urban Construction and Rural Land Consolidation [J]. Journal of Rural Planning Association, 1986, 4 (4): 41-46+87.

[6] Kenji Ishimitsu, Junko Goto. Changing Rural Areas as the Object of Rural Planning in Japan [J]. Rural and Environment Engineering, 1982 (2): 28-42.

[7] Day Jennifer, Ellis Peter. Urbanization for Everyone: Benefits of Urbanization in Indonesia' s Rural Regions [J]. Journal of Urban Planning and Development, 2014, 140 (3): 04014005.

[8] Johnson Kenneth M, Lichter Daniel T. Metropolitan Reclassification and the Urbanization of Rural America [J]. Demography, 2020, 57 (5): 1929-1950.

[9] 刘彦随，刘玉. 中国农村空心化问题研究的进展与展望 [J]. 地理研究，2010，29 (1)：35-42.

[10] 龙花楼，李裕瑞，刘彦随. 中国空心化村庄演化特征及其动力机制 [J]. 地理学报，2009，64 (10)：1203-1213.

[11] 王介勇，刘彦随，陈秧分. 农村空心化程度影响因素的实证研究——基于山东省村庄调查数据 [J]. 自然资源学报，2013，28 (1)：10-18.

[12] Yang Menghao，Yao Zhihong，Cao Lianhai，et al. Spatial-temporal evolution characteristics and influencing factors of county rural hollowing in Henan [J]. Ciencia Rural，2019，49 (4)：1-15.

[13] 王成新，姚士谋，陈彩虹. 中国农村聚落空心化问题实证研究 [J]. 地理科学，2005 (3)：3257-3262.

[14] Sun Hu，Liu Yansui，Xu Keshuai. Hollow Villages and Rural Restructuring in Major Rural Regions of China：A Case Study of Yucheng City，Shandong Province [J]. Chinese Geographical Science，2011，21 (3)：354-363.

[15] Yin Kai，Wen Meiping，Zhang Feifei，et al. Research on the evaluation method of rural hollowing based on RS and a case study of the Ningxia Hui Autonomous Region in China [J]. Proceedings of Spie-The International Society For Optical Engineering，2016，10005.

[16] Li Chenxi，Wu Kening. Driving forces of the villages hollowing based on geographically weighted regression model：a case study of Longde County，the Ningxia Hui Autonomous Region，China [J]. Natural Hazards，2017，89 (3)：1059-1079.

[17] Liu Sheng，Bai Ming，Yao Min，et al. Identifying the natural and anthropogenic factors influcncing the spatial disparity of population hollowing in traditional villages within a prefecture-level city [J]. PLoS ONE，2021，16 (4)：e0249448.

[18] 蒲娇. "乡关何处·传统村落'空心化'问题及其对策国际学术研讨会"会议综述 [J]. 民间文化论坛，2020 (1)：120-128.

[19] 林祖锐，理南南，常江，田梦思. 传统村落空心化区位分异特征及形成机理研究——以山西省阳泉市传统村落为例 [J]. 现代城市研究，2016 (1)：16-23.

[20] Wang Degen，Zhu Yujia，Zhao Meifeng，et al. Multi-dimensional hollowing characteristics of traditional villages and its influence mechanism based on the micro-scale：A case study of Dongcun Village in Suzhou，China [J]. Land Use Policy，2021，101：105146.

[21] 秦晴，李广斌，王勇. 苏州传统村落空心化的时空演变特征与机制研究——以后埠、堂里、翁巷三村为例 [J]. 农业经济，2021 (2)：38-40.

[22] 胡文静，宋明轩. 农村空心化背景下传统村落的旅游活化研究——以朝阳县西大杖子村石灰窑沟为例 [J]. 青岛农业大学学报 (社会科学版)，2020，32 (1)：24-29.

[23] 李玉红，王皓. 中国人口空心村与实心村空间分布——来自第三次农业普查行政村抽样的证据 [J]. 中国农村经济，2020 (4)：124-144.

[24] 杨忍，刘彦随，郭丽英，等. 环渤海地区农村空心化程度与耕地利用集约度的时空变化及其耦合关系 [J]. 地理科学进展，2013，32 (2)：181-190.

[25] 李冬珍. 湖南省传统村落地理研究 [D]. 长沙：湖南师范大学，2018.

[26] 李焕珍. 湖南省传统村落的空心化问题研究 [D]. 湖南师范大学，2015.

[27] 沈亚婷，刘兴双. 传统村落空心化问题及保护途径——以朝阳西大杖子村为例 [J]. 现代商贸工业，2017 (33)：20-21.

[28] Gegentana, Longge Di, et al. Study on the Spatial Characteristics of Religious Traditional Villages—Take Songpan County, for Example [J]. Open Journal of Social Sciences, 2020, 8 (4): 47-57.

[29] 郑殿元，文琦，王银，等. 中国村域人口空心化分异机制及重构策略 [J]. 经济地理，2019，39 (2)：161-168+189.

[30] 张忠训，杨庆媛，王立，等. 少数民族地区传统村落交通可达性分析——以贵州省铜仁市为例 [J]. 资源科学，2018，40 (11)：2296-2306.

政府购买老年康复服务质量满意度影响因素研究*

徐金燕**

摘　要：基于多纳伯迪昂三维质量模型、世界卫生组织《社区康复指南》和《健康服务体系中的康复》构建分析框架，通过从湖南省长沙市、株洲市和湘潭市随机抽取952名老年人作为调查对象，采用分层回归分析结构和过程变量对居家养老和机构养老康复服务质量满意度的影响。结果发现：老年康复服务质量满意度总体评价为21.19±6.84分，处于中等偏上水平，机构老年康复服务质量满意度为23.06±7.67分，居家老年康复服务质量满意度为19.31±6.85分。结构变量中可以预测康复服务质量满意度的只有员工培训（$B=0.09$，$p<0.05$），政府财政投入因素在加入过程变量后不具显著性。过程变量对康复服务质量满意度比结构变量的影响程度大，信息获取、自主性和信任对居家和机构老年康复服务质量满意度都具有显著正向影响。因此，过程变量是老年康复服务质量满意度的重要决定因素，提示相关部门对工作人员和老年人的互动关系等服务过程因素给以更多的关注。

关键词：政府购买；老年康复服务；质量满意度；三维质量模型

一、引言

康复服务是为有健康状况的个体在其所处的生活和工作环境中，实施使功能最大化并降低功能障碍影响的一套干预措施[1]。康复服务是老年人健康服务体系的重要组成部分，包括健康促进、预防、治疗和姑息等内容，贯穿于老年人服务的整个过程。康复可以加快出院，防止再入院[2]，促进老年人社区活动参与[3]，降低与老龄化相关的功能障碍并提高生活质量[4]。世界卫生组织提出要加强康复服务均等化供给，把康复纳入不同层次健康服务体系中，建立政府专门财政预算制度，在家庭、社区和医院由公共组织、企业或非营利机构等多部门合作提供[1]。联合国在制定2030年的可持续发展目标中也强调各国确保公平获得包括康复在内的高质量、负担得起的保健服务[5]。可见，康复是养老服务供给的重

* 基金项目：湖南省自然科学基金项目——基于人口异质性的农村养老服务供需精准匹配研究（2020JJ4320）。

** 徐金燕，女（1978年—），壮族，广西贵港人，博士，副教授，硕士生导师，主要研究方向为公共管理与卫生政策。

要方面。2016 年，国务院通过的《关于全面放开养老服务市场提升养老服务质量的若干意见》中明确指出，要改革公办养老机构运营方式，鼓励实行服务外包，重点选取生活照料、康复护理和养老服务人员培养等方面为主要购买领域，并确定 2020 年改善服务质量和提高群众满意度的目标。政府购买老年康复服务是指政府通过招标、谈判或协商等形式，选出符合要求的企业或社会组织负责老年人康复服务的生产和管理，政府按照合同契约对其进行评估并给予财政资助的一种服务供给方式[1]，购买的主要内容包括社区日间照料、老年康复文体活动、残疾康复和各种护理服务等。目前，我国政府购买老年康复服务可分为政府购买居家老年康复服务和政府购买机构老年康复服务两种模式[6]。前者主要是由社区组织或社会工作人员为居住在家中的老年人提供以解决日常生活困难为主要内容的社会化康复服务，如生活照料、医疗保健以及精神关爱服务等。后者是由养老机构为入住老年人提供生活护理、健康管理、康复训练等康复服务[7]。居家养老和机构养老作为两种不同的养老模式，在购买方式、运行管理和供给效果上必然存在差异。关于老年康复服务质量的文献日益增多，但通常将养老康复服务视为一类不加区分，或单独探讨居家养老和机构养老康复服务的质量问题，把两者结合起来进行比较的研究尚未见相关报道。而且侧重对政府购买康复服务质量的评估，对影响因素的探讨尚显不足。因此，本文通过对政府购买居家养老和机构养老康复服务的质量及其影响因素进行比较分析，有利于挖掘两种不同养老模式康复服务质量的优劣及其成因，为制定针对不同购买老年康复服务模式的政策建议提供参考。

二、文献回顾与理论框架

学术界对养老服务质量的界定主要形成两种观点：一是感知服务质量，认为养老服务质量是老年人基于自身的需求、服务期望和服务实际感知绩效的结果，是老年人对所提供的养老服务的主观感受和评价，是一种主观质量[8]。二是整体服务质量，认为养老服务质量是实施养老服务的综合效果，包括服务机构的软硬件条件、资金支持力度、工作能力、服务对象及家属的服务需求表达和服务效果的接收等，是一种综合评估的结果[9]。相较后者的综合性评估，前者对服务质量的概念界定以受益老年人群体为中心，侧重服务对象的实际感知为衡量标准，符合养老服务“以人为本”的发展宗旨，也为实践研究提供了一种更易于理解和操作的思路。因此，本文认为，政府购买老年康复服务质量是指老年人基于自身需求，在服务消费过程中通过感受工作人员的态度、行为、仪表等，作出的一种综合感知水平与主观评价，即服务质量依据老年人感知的满意度来反映。

目前，已有学者对养老服务影响因素的探讨主要是基于自身研究目的进行，研究结论的理论基础和依据尚显薄弱。因此，寻找一个老年人养老服务质量评估及其影响因素的理论框架，也成为许多研究者关注的焦点[10]，其中影响较大的是 Donabedian 提出的三维质量模型，在医疗服务领域得到广泛使用[11]。Donabedian 认为，护理质量最好描述为由结构、过程和结果组成的线性模型，他将结构定义为有利于促使服务形成的因素，如资金预算、资源投入、员工培训、奖励制度、支付方法、设施和设备等。过程是指与护理有关的所有行为，如诊断、治疗和患者互动等[12]。在已有研究中，过程维度主要涉及护理人员和老年人之间的互动、沟通和决策方面的测量，并在实践中得以检验[13]。促使老年人积极参与，以及老年人对受到尊重的看法已被证明会影响服药、饮食和身体活动的依从性。维持护理关系的自主性是过程维度的另一个重要因素。高质量的服务要求工作人员和居民形成参与积极的伙伴关系，分享信息并相互影响。结果是基于结构和过程维度的产出，包括护理服务的所有影响，如健康、行为、知识和满意度等[14]。服务质量的指标应更关注服务对象的主观感受，而非一味由提供服务的专业人员制定的标准决定，对养老服务的质量评价关注老人感受和体验非常重要。在本研究中，结果也是根据老年人对康复服务质量的满意度来操作的。Donabedian 的三维质量模型强调结构和过程维度对产出结果的决定性影响，并且已得到部分学者证实[15]。《社区康复指南》和《健康服务体系中的康复》是世界卫生组织分别于 2010 年和 2020 年发布的指导康复服务工作的指南建议。《社区康复指南》包括健康、教育、谋生、社会和赋能五个方面内容体系，旨在提升残疾人和老年人社区康复服务的获得感和促进其社会融合[16]。《健康服务体系中的康复》包括“康复服务建议分级、评定、发展和评估”四大系统，通过完善和支持健康服务系统，提升康复服务质量，更好地满足人们的康复服务需求[1]。两个指南中对影响康复质量的因素主要涉及老年人个体特征因素、人力资源、财政资源的分配、康复辅助产品使用培训、倡导和沟通等方面，与结构和过程维度具有相通之处。本文以 Donabedian 三维质量模型和世界卫生组织的《社区康复指南》《健康服务体系中的康复》为理论框架，系统分析结构和过程变量对结果变量即老年康复服务质量满意度的影响方向和影响程度。

三、研究设计

（一）数据来源

本文的数据来源于湖南科技大学养老服务课题组于 2019 年 6 月—2019 年 12 月在湖南省长沙市、株洲市和湘潭市开展的“湖南省养老服务体系建设状况”的调查。湖南省是制定和实施政府购买养老服务政策较早的地区，长株潭三市多地在政府购买养老服务的资金投入、购买方式、运行机制等方面都各具特色，积累了丰富的经验，因而具有一定的典型性。本文调查采用多阶段整群随机抽样方法进行。首先，在每个市选取两个区，再在每个区随机抽取 2 个街道，然后在每个街道抽取 3 社区作为调查现场，每个社区及下辖的养老机构所有 60 岁及以上的老年人作为调查对象。纳入调查对象的标准为：（1）年龄 60 岁及以上；（2）没有意识障碍；（3）没有听力或视力严重障碍，可以进行正常交流；（4）纳入政府购买服务的范畴；（5）人户没有分离；（6）愿意参与问卷调查。

在获得当地符合调查对象的老年人口资料后，通过居民委员会工作人员的介绍与陪同，由经过系统培训的调查员采取入户以及在养老机构面对面的调查的形式，在征得老年人“知情同意”后进行问卷调查。按照对象入选的要求发放问卷 1 006 份，回收有效问卷 952 份，有效回收率达 94.6%。

（二）变量测量

1. 因变量

本文因变量为政府购买老年康复服务质量满意度，采用顾客满意度量表（Client Satisfaction Questionnaire，CSQ-8）进行测量。该量表最初由 M Maruish 等人提出，后经过 Attkisson 等学者修订而成[17]。量表共包括 8 个条目，测量服务对象在社区和养老机构所接受康复服务的质量、内容、需要满足、项目推荐、满足程度、问题解决、总体满意度与再次选择的评价。本文调查政府购买老年康复服务主要包括医疗保健、精神关爱服务、老年康复文体活动、残疾康复训练、健康管理和各种护理服务等项目。每个条目采用李克特 4 级计分的方式，即 1～4 分。服务质量满意度得分为 8 个条目的加总，总分介于 8～32 分之间。8～16 分为满意度较低，17～23 分为中等，24～32 分为满意度较高，分值越高，满意度越高。CSQ-8 是针对社工服务对象的满意度进行评估，养老康复服务是社工服务的重要组成部分，因此，该量表适合运用于本研究。基于研究目的和服务对象的情况，本文把量表的语言表述和语序进行了小幅度的修改，在每个问题中增加养老康复服务的表述，回答问题的 4 个计分等级保持不变。量表的条目在本研究的内部一致性系数介于 0.84～0.95 之间，量表信度良好，数据可靠。

2. 自变量

本研究的自变量为结构和过程变量，结构变量包括：财政资源（市政府人均养老服务费用支出）、服务设施、员工培训、员工数量、奖惩机制。由于结构变量主要涉及养老康复服务提供方的信息，所以由熟悉养老康复服务组织状况的负责人或工作人员来填写，共包括 5 个条目，回答采用李克特 5 级计分方式进行计分。每个条目分值为 1～5 分，结构变量得分为 5 个条目加总的算数平均值。分值越高，说明养老服务组织的结构化水平越高。该量表在本文的内部一致性系数分别为 0.83、0.79、0.81、0.85 和 0.76，量表数据信度较好。过程变量主要包括信息获取、自主性、尊重和信任对待四个方面的条目，回答采用李克特 5 点计分法。每个条目分值为 1～5 分，过程变量得分为 4 个条目加总的算数平均值。该量表在本文的内部一致性系数分别为 0.85、0.82、0.79 和 0.77，说明量表数据信度较高。控制变量为老年人社会人口学特征，主要有年龄、性别、受教育程度、自评健康状况、月收入、医疗保障水平等。各变量的操作及描述性统计见表 1。

（三）统计方法

采用 spss19.0 统计软件对数据进行分析。首先，对结构和过程各自变量的均值、养老康复服务质量满意度的均数和标准差、T 检验进行描述性分析；然后，采用 person 相关分析对自变量和因变量之间的关系进行检验；最后，采用分层逐步回归法分析结构变量与过程变量对政府购买养老康复服务质量满意度的影响，所有数据统计显著性纳入标准为 $p<0.05$。

四、结果

（一）养老康复服务三维质量评价现状

在结构维度方面，政府对老年康复服务的人均财政投入处于较高水平（4.27±0.12），居家养老康复服务的财政投入水平（4.09±0.24）比机构养老的投入低（4.45±0.19，$p<0.05$）；老年康复服务设施现代化水平较高（4.16±0.17），养老机构（4.25±0.33）比居家养老康复服务的现代化设施水平高（4.07±0.42，$p<0.05$）；养老机构员工培训的规范化水平（4.39±0.26）比居家养老康复服务高（3.85±0.18，$p<0.05$）。在过程维度方面，使用居家康复服务的老年人受到尊重对待的水平（3.77±0.74）比养老机构的老年人高（3.48±0.82，$p<0.05$），能够及时获取关于老年康复服务的信息也比养老机构老年人多（2.92±0.48～2.54±0.62，$p<0.05$），拥有康复服务的自主性也比养老机构老年人强（3.08±0.85～2.65±0.63，$p<0.05$）。老年人对康复服务质量满意度评价为21.19±6.84分，处于中等偏上水平；有46.4%的老年人对服务质量感到满意。居家老年康复服务的满意度为19.31±6.85分，低于机构养老服务质量满意度（23.06±7.67），有54.6%的老年人对机构康复服务感到满意，比居家康复服务高（45.4%），p均<0.05。（见表1）

表1　样本描述及养老康复服务三维质量统计结果

变量	全部样本 $n=952$	居家养老 $n=520$	机构养老 $n=432$	p（t&x^2）
年龄（M）	73.51±5.71	67.30±4.58	78.37±7.43	0.691
性别%				
男	415（43.59）	230（55.42）	185（44.58）	
女	537（56.41）	290（55.40）	247（44.60）	
受教育程度%				
小学及以下	92（9.66）	57（61.96）	35（38.04）	0.430
初中—高中	651（68.38）	307（47.16）	344（52.84）	
大专及以上	209（21.96）	162（77.51）	47（22.49）	
婚姻状况				
在婚	585（61.45）	407（69.57）	178（30.43）	0.029 1
单身	367（38.55）	121（32.97）	246（67.03）	
个人月收入%				
3 000元以下	431（45.27）	268（62.18）	163（37.82）	0.392
3 000～6 000元	458（48.11）	226（49.34）	232（50.66）	
6 000元以上	63（6.62）	26（41.27）	37（58.73）	

续表

变量	全部样本 $n=952$	居家养老 $n=520$	机构养老 $n=432$	p（$t\&x^2$）
养老/医疗保险%				
有	684（71.85）	367（53.65）	317（46.35）	0.750
没有	268（28.15）	153（57.09）	115（42.91）	
自评健康%				
好	303（31.83）	185（61.06）	118（38.94）	0.011
一般	536（56.30）	303（56.53）	233（43.47）	
差	113（11.87）	32（28.32）	81（71.68）	
结构变量（*M*）				
财政投入	4.27±0.12	4.09±0.24	4.45±0.19	0.003
设施设备	4.16±0.17	4.07±0.42	4.25±0.33	0.021
员工培训	4.12±0.23	3.85±0.18	4.39±0.26	0.010
员工数量	3.94±0.34	3.72±0.24	4.16±0.57	0.832
过程变量（*M*）				
信息获取	2.86±0.67	2.92±0.48	2.54±0.62	0.001
自主性	2.82±0.79	3.08±0.85	2.65±0.63	0.03
信任	3.17±0.84	2.86±0.79	3.32±0.92	0.59
尊重对待	3.52±0.68	3.77±0.74	3.48±0.82	0.004
结果变量				
服务质量满意度（*M*）	21.19±6.84	19.31±6.85	23.06±7.67	0.001
满意%	442（46.4）	201（45.4）	241（54.6）	0.003
一般	315（33.1）	177（56.2）	138（43.8）	
不满意%	195（20.5）	142（72.8）	53（27.2）	

（二）结构、过程和老年康复服务质量满意度的相关性分析

对结构、过程变量与老年康复服务质量满意度进行 person 相关分析（见表 2），从相关性矩阵结果来看，第一，养老康复服务质量满意度和结构变量中的设施水平、员工人数没有相关性，与政府财政投入和员工培训具有弱相关性，说明结构变量对养老康复服务质量满意度影响不明显。第二，不论是居家养老还是机构养老，服务质量满意度和过程变量中的尊重、信息、信任和自主性都具有很强的关联，说明过程变量对养老康复服务质量满意度具有很强的影响。第三，政府的财政投入和养老康复服务提供方的设施设备现代化水平具有正相关，说明政府对养老康复服务的资金投入对服务设施设备的建设具有一定的影

响。此外，过程变量之间的内在关联性比较强，但和结构变量之间没有关联。

表 2　变量间的相关性矩阵

变量	对象	财政投入	设施设备	员工培训	员工数量	信息获取	自主性	信任	尊重对待	质量满意度
财政投入	全样本	1	0.162**	0.221	0.278	0.093	0.282	0.232	0.171	0.130*
	居家养老	1	0.082*	0.178	0.249	0.134	0.111	0.348	0.231	0.082*
	机构养老	1	0.227*	0.232	0.192	0.072	0.263	0.192	0.163	0.157*
设施设备	全样本	0.162**	1	0.211	0.360	0.272	0.022	0.042	0.262	0.387
	居家养老	0.082*	1	0.173	0.242	0.263	0.041	0.121	0.238	0.412
	机构养老	0.227*	1	0.346	0.191	0.178	0.012	0.083	0.177	0.342
员工培训	全样本	0.221	0.211	1	0.152	0.211	0.152	0.192	0.322**	0.183*
	居家养老	0.178	0.173	1	0.119	0.182	0.373	0.169	0.281**	0.128*
	机构养老	0.232	0.346	1	0.172	0.223	0.262	0.286	0.372**	0.208*
员工数量	全样本	0.278	0.360	0.152	1	0.229	0.371	0.182	0.283	0.057
	居家养老	0.249	0.242	0.119	1	0.213	0.281	0.261	0.162	0.077
	机构养老	0.192	0.191	0.172	1	0.393	0.392	0.127	0.212	0.112
信息获取	全样本	0.093	0.272	0.211	0.229	1	0.247	0.267*	0.373**	0.441***
	居家养老	0.134	0.263	0.182	0.213	1	0.182	0.221*	0.274**	0.378**
	机构养老	0.072	0.178	0.223	0.393	1	0.241	0.352*	0.343**	0.476***
自主性	全样本	0.282	0.022	0.152	0.371	0.247	1	0.242	0.482**	0.379***
	居家养老	0.111	0.041	0.373	0.281	0.182	1	0.312	0.331**	0.407***
	机构养老	0.263	0.012	0.262	0.392	0.241	1	0.188	0.412**	0.358***
信任	全样本	0.232	0.041	0.192*	0.182	0.267*	0.242	1	0.429**	0.488***
	居家养老	0.348	0.122	0.171	0.261	0.221*	0.312	1	0.447**	0.469***
	机构养老	0.192	0.083	0.293	0.127	0.352*	0.188	1	0.508***	0.516***
尊重对待	全样本	0.171	0.262	0.322**	0.283	0.373**	0.482**	0.429**	1	0.422**
	居家养老	0.231	0.238	0.281**	0.162	0.274**	0.331**	0.447**	1	0.413***
	机构养老	0.163	0.177	0.372**	0.212	0.343**	0.412**	0.508***	1	0.451***
质量满意度	全样本	0.130*	0.387	0.183*	0.057	0.441***	0.379***	0.488***	0.422**	1
	居家养老	0.082*	0.412	0.128*	0.077	0.378**	0.407***	0.469***	0.413***	1
	机构养老	0.157*	0.342	0.208*	0.012	0.476***	0.358***	0.516***	0.451***	1

注：* $p<0.05$，** $p<0.01$，*** $p<0.001$。

（三）养老康复服务质量满意度影响因素的分层回归模型

进一步以养老康复服务质量满意度为因变量，以老年人社会人口学特征为控制变量，结构和过程为自变量，采用分层回归分析养老康复服务质量满意度的影响因素。首先，把老年人社会人口学特征和结构变量纳入模型，预测结构变量对养老康复服务质量满意度的影响；然后再纳入过程变量，预测过程变量对养老康复服务质量满意度的影响。模型一、模型二和模型三分别代表了全模型、居家养老和机构养老康复服务分模型，本文检测了方差膨胀因子（VIF）值，在第一步分层回归分析中，三个模型的VIF值范围分别为1.12～1.74、1.05～2.05、1.16～1.88，在第二步的回归分析中，三个模型的VIF值范围分别为1.03～1.64、1.38～1.97、1.23～2.28，VIF值小于临界值5，说明变量间不存在多重共线性问题，模型拟合结果良好。第一步回归分析结果显示，三个回归模型调整后的R^2分别为0.212、0.161和0.253，p均<0.05，模型具有显著统计性。在社会人口学变量中，年龄、月收入和自评健康对养老康复服务质量满意度具有显著的负向影响。

在结构变量中，第一步分层回归分析对养老康复服务总体满意度具有显著预测因素的是政府人均财政投入（$B=0.268$，$p<0.05$）和员工培训（$B=0.213$，$p<0.05$），在机构养老中同样具有显著影响（$B=0.361$，$p<0.05$）和（$B=0.252$，$p<0.05$），但在居家养老中的影响不显著。在第二步分层回归分析中，当加入过程变量后，三个模型调整后的R^2分别为0.621、0.583和0.678，p均<0.05，模型的解释度分别提高了40.9%、42.2%和42.5%。过程变量的所有因素在三个模型的服务质量满意度中都具有统计显著性，而且解释因变量的差异量均超过了结构变量的解释度，说明过程变量比结构变量的影响程度更大。值得关注的是，在加入过程变量后，政府财政投入的影响变得不具显著性，而员工培训在全模型和机构养老中的影响系数下降了，分别为0.088和0.122，p均<0.05；在机构养老模型中，员工数量和满意度之间的显著关系也消失了。

对于居家养老而言，第一步的回归模型不具显著意义（$R^2=0.161$，$p>0.05$），而在加入过程变量以后，模型变得具有显著性（$R^2=0.583$，$p<0.001$），但结构变量的所有因素和老年康复服务质量满意度之间的关系不具显著统计性。除了自主性（$B=0.176$，$p>0.05$）以外，尊重对待（$B=0.318$，$p<0.01$）、信任（$B=0.462$，$p<0.01$）和信息获取（$B=0.192$，$p<0.001$）对服务质量满意度的影响都具有显著统计性。表3列出了全样本、居家养老和机构养老分模型的回归系数及显著性情况。

表3　政府购买老年康复服务质量满意度影响因素的回归分析

变量	全样本		居家养老		机构养老	
	模型一	模型二	模型一	模型二	模型一	模型二
年龄	−0.122**	−0.139**	−0.161**	−0.149**	−0.082**	−0.058*
性别	−0.081	−0.123	−0.038	−0.023	−0.132	−0.087
婚姻状况	−0.158	−0.138	−0.033	−0.054	−0.091	−0.042

续表

变量	全样本		居家养老		机构养老	
	模型一	模型二	模型一	模型二	模型一	模型二
受教育程度	−0.128*	−0.212*	−0.182**	−0.242*	−0.058*	−0.111*
个人月收入	−0.092**	−0.159*	−0.172*	−0.133*	−0.172*	−0.211*
养老/医疗保险	0.211	0.191	0.077	0.158	0.078	0.132
自评健康	−0.047**	−0.082*	−0.142**	−0.112*	−0.182**	−0.118*
财政投入	0.268*	0.211	0.282	0.173	0.361*	0.208
设施设备	0.183	0.028	0.159	0.117	0.080*	0.082
员工培训	0.213*	0.088*	0.128	0.082	0.252*	0.122*
员工数量	0.148	0.123	0.048	0.021	0.092*	0.021
信息获取		0.282**		0.192***		0.273***
自主性		0.332***		0.176		0.357***
信任		0.410***		0.462**		0.587***
尊重对待		0.372***		0.318**		0.479***
调整后的 R^2	0.212*	0.621**	0.161	0.583***	0.253*	0.678***

注：* $p<0.05$，** $p<0.01$，*** $p<0.001$。

五、结论与讨论

本文通过对湖南省三市的数据调查，运用分层回归分析法探讨结构和过程变量对政府购买老年康复服务质量满意度影响的相对重要性。结果表明，我国政府购买老年康复服务质量满意度处于中等偏上水平，这与张栋等的研究结论一致[18]。居家养老康复服务质量满意度比机构养老康复服务质量满意度低。过程维度的相关因素对老年康复服务质量满意度的影响程度比结构维度更明显。

在社会人口学特征因素中，除受教育程度外，年龄、个人月收入和自评健康对康复服务质量满意度均呈负向显著影响。期望理论表明，人的满足感与期望值相关，而期望源于需求。年龄较低的老年人身体状况较好，对养老服务项目的需求较少，期望值较低，所以满意度较高。随着年龄的增长，身体机能和心理素质下降，收入减少和疾病折磨，加之4-2-空心家庭结构的出现，增加了高龄老年人的生活与心理压力，对生活照料、医疗护理、精神健康等康复服务项目需求的种类和质量相应提高，服务达不到预期就会影响满意度。目前我国老年康复服务特别是社区居家养老康复服务水平仍处于初级发展阶段，服务供给不足和不均衡发展，使高龄老年人满意度评价较低。老年人学历越高，服务质量满意度越低。主要是由于学历高的老年人对医疗护理、康复等服务专业知识了解较多，对精神慰藉、康复辅助工具使用的种类与标准、工作人员的态度等期望值较高，一旦达不到要求就会直接影响满意度。但本文考察的主要是正规的学历教育，《社区康复指南》中的教育模块包括非学历教育等补充教育的因素，可能对老年人康复服务质量满意度也具有一定的影响，这也应成为社区居家老年康复服务理论和实践需要关注的问题[19]。收入对应《社区康复指南》的谋生模块，收入对老年人服务需求具有正向影响，与对王琼等学者的研究一致[20-21]。收入低的老年人对养老康复服务需求少，期望低，对服务质量满意度评价较高；收入较高的老年群体对医疗护理和精神慰藉等康复服务需求和期望较高，而目前这些内容供给的种类和形式都较少和单一化，因此，收入较高的老年人感知服务质量评价较低。

在结构变量中，模型一中政府财政投入对服务质量满意度具有显著正向影响，政府通过康复服务补贴在一定程度上使老年人获得了购买服务的能力，促使提供方不断提升服务质量，从而提高其满意度。但在模型二中加入过程变量后变得不具显著性，说明过程变量在政府财政投入的影响中具有调节作用。设施设备的现代化水平在模型一中对居家老年康复服务质量满意度影响不显著，对养老机构服务质量满意度具有显著正向影响。虽然近年来我国政府通过购买形式加大了社区养老服务设施的建设，但注重形式而轻实质，大部分硬件设施处于闲置状态，未能得到充分利用，政府对社区建设的积极性似乎远高于作为参与主体的老年人。有些老年人甚至认为，社区康复服务设施只是面子工程，并非真正为老人服务[22]。设施设备管理是养老机构运营管理的主要内容，养老机构的硬件设施是为老年人提供养老服务与住宿的设备依托和物质保障；硬件设施完备、齐全的养老机构能够为老年人提供更加科学、安全、健康的康复服务[23]，从而保证入住老年人的生活质量，提高康复服务质量满意度，但在模型二中加入过程变量后显著性也消失了。员工培训在模型一和模型二对康复服务质量满意度均具有正向影响，养老机构康复服务人员是否持证上岗、有无职称评定是衡量服务人员专业素质、服务水平的关键因素；加强职业技能培训对于完善老年康复服务体系和提升康复服务质量满意度具有关键性影响。

过程变量除了自主性因素以外，其他三个因素在居家养老和养老机构康复服务质量满意度均具有显著正向影响，而且影响程度比结构变量高，过程变量比结构变量对服务质量满意度的解释意义更强也更明显。Hearld 等对已有文献的分析指出，大多数学者主要关注结构方面的因素对老年康复服务质量的影响[11]。本文的研究结果表明，老年康复服务质量的满意度在很大程度上是由服务的过程或人际关系方面的因素决定，如信息获取、信任、自主性和尊重对待等。这些因素对应《社区康复指南》的社会和赋能模块，以及《健康服务体系中的康复》对护理人员培养“以人为本”职业素养的工作原则，是影响老年人康复服务需求和感知服务质量的约束条件。结构变量如政府财政投入、设施设备现代化水平、员工数量对老年康复服务质量满意度没有显著影响。政府财政投入和员工培训与养老机构康复服务质量满意度具有较弱的关联。这些发现并不意味着结构方面的因素不重要，《健康服务体系中的康复》中也强调了政府专门财政分配和多学科人力资源是提高康复服务质量的重要保障。实际上，结构变量是过程变量得以正常运行的基础。如果缺乏康复服务的人力资源，给予老年人提供具有尊重的对待和信息获取服务自然会受到负面影响[24]。这可能是因为，当经济水平下降到一定程度，老年康复服务质量才会受到明显的影响。本文主要是选取长沙市、株洲市和湘潭市养老服务发展比较完善的地区作为调查现场，这三个城市经济发展水平比较高，在老年康复服务供给方面的探索居湖南省前列，在全国也具有典型性。近年来，湖南各级政府制定和出台了各种推进居家养老服务发展的政策，明确规定各地政府要重视养老问题，加大对居家养老服务和老年康复服务的财政投入，扶持资助社会力量兴办的非营利性养老服务机构，共同推进老年康复服务社会化，满足普通百姓各方面的养老需求。在此基础上，政府通过购买服务的方式，对社区投资兴办的民办养老服务企业提供大量的支持与补助，把对这些机构的专项经费纳入了财政预算，为养老服务机构的日常运营提供经费保障。湖南省长沙市和其他地区的区、街道、社区三级联动居家养老服务网络正在逐步形成。因此，该研究结果可能是受到调查地区选择范围所致。前文调查数据也表明，结构维度均值评价也较高，服务质量条件得到了较好的满足。因此，要提高老年康复服务质量，可以通过改善老年康复服务的过程管理工作。Hanssen 和 Helgesen 的报告表明，护理人员和服务对象的关系培训有所增加，养老服务组织中的信息交流正在增长，主要涉及各级人员之间以及老年人之间的交流[25]。本文的研究也证实了信息对老年康复服务质量满意度的重要性。以关系为基础的因素如尊重对待和自主性是康复服务质量满意度的关键因素。当生命快结束时，人们的互动似乎减少了[26]，使社会关系的质量更为重要。本研究结果也证实了自主性的重要性，特别是在养老机构的环境下，通过提高老年人选择服务的自主性已成为改善服务质量普遍使用的范式[27]。

健康老龄化是老年人生理、心理和社会三位一体的健康状态[28]，政府购买老年人康复服务是实现健康老龄化的重要途径[29]。本文首次运用三维质量模型和世界卫生组织关于康复服务体系的指南文件，在居家养老和机构养老服务中系统检验结构和过程因素对老年康复服务质量满意度的影响。研究发现过程变量的重要性，信息获取、尊重和信任在满足老年人服务需求中具有重要作用。然而，老年人的自主性并不能解释居家老年康复服务质量的满意度。这可能是因为大多数老年人在自己家中和社区生活接受服务时，都会有相对高度的自主性和影响力的体验，自主性在一定程度上被认为是理所当然的事[30]。因而，在评估老年康复服务质量满意度时，自主性并不是一个主要的影响因素。而且，过程变量在机构老年康复服务中的影响程度比居家养老更大，解释这两种不同模式和制度背景下的影响路径差异有待今后进一步研究。本文只通过调查老年人的满意度来反映康复服务质量状况具有一定的局限性，但是老年人应成为服务质量的主要评判者，研究结果揭示了信息获取、自主性、尊重和信任对康复服务质量满意度影响的价值，这些因素不仅是提升服务质量满意度的关键，从更普遍意义上来说是在发挥更好的服务。因此，当出现康复服务质量问题时，并不一味只是通过增加财政资源、员工数量等来寻找解决方案，而是可以考虑在运行层面如何使用现有资源，如照料者和老年人之间的互动。提供和增加资源并不是提升康复服务质量的必要充分条件，而是需要给以服务如何运行更多的关注。未来我国老年人康复服务发展应根据《健康服务体系中的康复》和《社区康复指南》的理论和建议，完善包括老年康复服务在内的政府购买养老服务体系，提供精准和高质量的康复服务，促进老年人的社会融合和健康老龄化社会的发展。

参考文献

[1] 世界卫生组织. 健康服务体系中的康复 [J]. 邱卓英，郭键勋，李伦主，译. 中国康复理论与实践，2020，26 (1)：1-14.

[2] Silow Carroll S, Edwards J N, Lashbrook A. Reducing hospital readmissions: lessons from top-performing hospitals. Synthesis report [R]. Washington DC: The Commonwealth Fund, 2011.

[3] World Health Organization. WHO global disability action plan 2014—2021. Better health for all people with disability [A]. Geneva: World Health Organization, 2015.

[4] Gillespie L D, Robertson M C, Gillespie W J, et al. Interventions for Preventing falls in older people living in the community [J]. Cochrane Database Syst Rev, 2012: CD007146.

[5] United Nations. Sustainable development goals [EB/OL]. New York, NY: Sustainable. Development Knowledge Platform, United Nations, 2015. [2016-04-14]. https: //sustainabledevelopment. un. org/sdgs.

[6] 章晓懿. 政府购买养老服务模式研究——基于民间组织合作的视角 [J]. 中国行政管理，2012 (12)：48-51.

[7] 张文娟，魏蒙. 城市老年人的机构养老意愿及影响因素研究——以北京市西城区为例 [J]. 人口与经济，2014 (6)：22-34.

[8] 毛瑛，谢涛，宁伟. 医疗服务质量对患者医患关系感知的影响——基于患者满意度的中介效应分析 [J]. 西安交通大学学报（社会科学版），2020，40 (6)：119-127.

[9] 胡光景. 政府购买社区居家养老服务质量评估体系研究 [J]. 山东工商学院学报，2012，26 (5)：93-98.

[10] Schneider E, Lieberman T. Publicly disclosed information about the quality of health care: response of the US public [J]. Quality in Health Care, 2001, 10 (2): 96-103.

[11] Hearld L R, Alexander J A, Fraser I, et al. Review: how do hospital organizational structure and processes affect quality of care? A critical review of Research methods [J]. Medical Care Research and Review, 2008, 65 (3): 259-299.

[12] Donabedian A. The quality of care: how can it be assessed. Journal of the American [J]. Medical Association, 1998, 260 (12): 1743-1748.

[13] Forbes Thompson S, Gessert C E. End of life in Nursing homes: connections between structure, process, and outcomes [J]. Journal of Palliative Medicine, 2005, 8

(3)：545-555.

［14］ Mead N，Bower P. Patient-centredness：a conceptual frame work and review of the empirical literature ［J］. Social Science & Medicine，2000，51（7）：1087-1110.

［15］ Stewart M. Towards a global definition of patient centred care：the patient should be the judge of patient centred care ［J］. British Medical Journal，2001，322（7284）：444-445.

［16］ World Health Organization，UNESCO，International Labor Organization，et al. Community Rehabilitation Guidelines：Community-based Rehabilitation Guidelines ［M］. Geneva：World Health Organization，2010.

［17］ Attkisson C，Greenfield T. The UCSF client satisfaction scales：I. The client satisfaction-8. In M Maruish（Ed.），The use of psychological testing for treatment planning and outcomes assessment ［J］. Lawrence Erlbaum Associates. 2001，3（3）：799-811.

［18］ 张栋. 社区居家养老服务机构绩效影响因素实证研究——基于山东省十七地市数据 ［J］. 当代经济，2017（4）：51-53.

［19］ 史珈铭，刘晓婷. 老年人社区康复服务需求及其影响因素 ［J］. 中国康复理论与实践，2021，27（3）：334-340.

［20］ 王琼. 城市社区居家养老服务需求及其影响因素——基于全国性的城市老年人口调查数据 ［J］. 人口研究，2016（1）：98-112.

［21］ 鲁心灵，李欣，邱卓英，等. 精神残疾人康复需求与康复服务发展状况研究［J］. 中国康复理论与实践，2018，24（11）：1252-1256.

［22］ 李素利，白延涛. 政府农村养老保障服务能力对服务质量的影响研究 ［J］. 公共管理学报，2016，13（4）：65-76.

［23］ 杨宇航，韩闻文，汤莉娅，等. 长春市养老机构康复服务供给现状研究 ［J］. 中国康复医学杂志，2020，35（3）：333-337.

［24］ Closs S J，Tierney A J. The complexities of using a structure，process and outcome framework：the case of an evaluation of discharge planning for elderly patients ［J］. Journal of Advanced Nursing，1993，18（8）：1279-1287.

［25］ Hanssen G S，Helgesen M K. Multi-level governance in Norway：universalism in elderly and mental Health care services ［J］. International Journal of Sociology and Social Policy，2011，31（3/4）：160-172.

［26］ Bravell M E，Malmberg B，Berg S. End-of-life care in the oldest old ［J］. Palliative and Supportive Care，2010，8（3）：335-344.

［27］ Welford C，Murphy K，Wallace M，et al. A Concept analysis of autonomy for older people in residential care [J]. Journal of Clinical Nursing, 2010, 19 (9-10): 1226-1235.

[28] 邬沧萍，姜向群.“健康老龄化”战略刍议 [J]. 中国社会科学，1996 (5): 52-64.

[29] Bean J F, Orkaby A R, Driver J A. Geriatric rehabilitation should not be an oxymoron: a path forward [J]. Archives of Physical Medicine and Rehabilitation, 2019, 100 (5): 995-1000.

[30] 王冬，华罗艳，周通，等. 农村老年慢性病病人老化态度、自主性感知现状及其影响因素研究 [J]. 护理研究，2020, 34 (14): 2563-2566.

论纪念性文化遗产的法律保护

陶华强*

摘　要：作为一种具有“纪念性价值”的文化遗产，纪念性文化遗产能够以物质的或非物质的表现形式引起相关主体（国家、族群或社群、个人等）产生回忆、哀思等纪念性情感，进而构建共同体的文化身份认同，促进人类精神延续和历史文化传承。纪念性文化遗产的基本特征包括但不限于纪念性、历史传承性、价值偏好性、活态流变性、文化象征性。纪念性文化遗产保护的“法理”在于从物质属性到精神属性的升华和从静态保护到活态利用的指向要求。目前，我国关涉纪念性文化遗产保护立法存在指向性模糊、保护主体不明确、保护对象覆盖范围有限、地方立法弱等问题。为此，在中央层面制定一部统一的《纪念性文化遗产保护法》或者修改关涉纪念性文化遗产保护的法律法规、在地方层面制定并完善相关立法，成为完善我国纪念性文化遗产保护的立法路径选择。

关键词：纪念性文化遗产；纪念性；法律保护；立法

党的十八大以来，习近平总书记对文化遗产保护高度重视，多次前往文化遗产积淀丰厚的省份考察调研，并就文化遗产保护作出重要指示批示。党的十九大将“加强文物保护利用和文化遗产保护传承”作为坚定文化自信的一个部分写进报告中，使之成为习近平新时代中国特色社会主义思想的组成部分。在文化遗产保护进程中，“纪念性文化遗产”保护理论上的认识不足和实践上保护的严重缺位，造成我国文化遗产法治建设的诸多困境。“纪念性文化遗产”保护理念的提出，可以追溯至2014年。是年，适逢第一次世界大战爆发100周年，为铭记历史、防止人类灾难性历史重演，国际古迹遗址理事会（ICOMOS）将该年的国际古迹遗址日的主题定为“纪念性遗产”（Heritage of Commemoration），并号召各会员国家围绕该主题开展相关活动。以此为契机，学界开启了以“纪念性文化遗产”为主题的研究序幕。

一、问题的提出及其难点

对纪念性文化遗产的内涵界定是对其进行保护的首要前提。孙华认为，“纪念性文化

* 陶华强，中共衡阳市委党校讲师。

遗产是历史上重要人物使用过的或与重要历史事件相关，经历了历史的检验、文化的积淀并完成了代际传承的物件和场所。这些物件或场所承载了一定地域、一定文化乃至于全人类的集体记忆，在人们心目中具有相对的永恒性、标志性和神圣性。它是对于人们和社会发展具有启示、激励和教化作用的遗产。”[1]上述研究对纪念性文化遗产所作的一般性概念式描述，凸显了纪念性文化遗产的物质性特征和功能性特征，彰显了其独立的纪念性价值，对深化纪念性文化遗产的研究与保护奠定了重要的理论基础。但是，上述研究存在的一个明显不足在于将社会生活领域中对遗产的“物质性”的一般认识附加于纪念性文化遗产，这必将大大限缩纪念性文化遗产的内涵与外延，弱化了纪念性文化遗产研究的主体性地位，落入同质化研究的窠臼。例如，“清明节”“端午节”属于非物质文化遗产，但本身也体现了对祖先圣贤的哀悼追思、崇敬奉上的纪念性价值，因而属于纪念性文化遗产。

一般认为，纪念性文化遗产是指以物质的或非物质的表现形式、能够引起相关主体（国家、族群或社群、个人等）产生回忆、哀思等纪念性情感、建构身份认同和精神延续且表征历史和文化传承等纪念性价值的文化遗产。按照不同的分类标准，可以将纪念性文化遗产进行相应的归类。如按照所有权不同，可以将纪念性文化遗产分为国家的纪念性文化遗产、民族（或社群）的纪念性文化遗产、个人的纪念性文化遗产等；按照遗产是否可以移动，纪念性文化遗产可以分为可移动的纪念性文化遗产和不可移动的纪念性文化遗产；按照遗产的文化表现形式不同，可将纪念性文化遗产分为纪念性物质文化遗产与纪念性非物质文化遗产。纪念性文化遗产的基本特征包括但不限于：第一，纪念性①，纪念性是纪念性文化遗产在功能性表征体系中最为突出的价值属性，构成其与其他非纪念性文化遗产之间必要区别特征，亦是纪念性文化遗产的核心特征；第二，历史传承性，纪念性文化遗产是历史积淀的产物，它通过特定的表现形式作用于人的记忆系统，通过“图景”再现的方式压缩时空从而完成代际“对话”或“沟通”的历史使命；第三，价值偏好性，纪念性文化遗产的功能性价值的实现有赖于相关接受主体的价值选择，不同接受主体的价值偏好决定了纪念性文化遗产的价值大小，如“母亲的一缕白发”对接受主体A来说纪念性价值可能就大于接受主体B；第四，活态②流变性，纪念性文化遗产反映了在共同文化环境下成长的共同体成员在不断调整与适应的社会实践中对具体文化事项的创造与发展，蕴含了共同体的民族情感、价值取向、宗教信仰、历史传承和文化心理，是一种变动的、无形的“活态遗产”；第五，文化象征性，纪念性文化遗产不是一堆堆冰冷的纪念碑、纪念塔、纪念祠等物件或场所，在这些具有强烈象征性意义的物质性载体的背后凝聚了共同体

① 关于“纪念性”的概念，学术界尚未达成统一的共识。因“纪念性”的含义与社会意识形态、政治制度、美学思想、科学技术等因素紧密相关，因此其内涵与外延经历了复杂多元的动态演变过程。尽管如此，但“纪念性”的功能指向具有相对性，即追念作用与表征作用。详见吴中平：《都市语境中的建筑纪念性研究》，华南理工大学2016年博士学位论文，第21-29页。

② 对“活态”一词的使用肇始于民族学和民俗学研究领域，伴随着世界文化遗产保护运动实践的深入开展，后逐渐应用于文化遗产保护领域，其内涵和外延亦处于不断发展之中，学界对此持有不同看法，但文化遗产保护语境中的“活态”概念的核心要义包括遗产的“存活”和可持续发展两个面向。参见孙发成：《非遗“活态保护”理念的产生与发展》，载《文化遗产》2020年第3期。

的集体记忆，承载了人们厚重的精神寄托和文化品格。

对纪念性文化遗产保护进行研究具有十分重要的价值与意义。首先，纪念性文化遗产为各主体提供身份认同和精神依归，纪念性文化遗产一般通过特定的表现形式营造纪念性空间，使各主体在纪念性空间的特定场域中产生集体记忆，“只有记忆才能建立身份”[2]，“由国家设立的纪念馆、纪念碑和博物馆等，凝聚人们对国家‘想象的共同体’的具体空间记忆，为国家和民族提供认同的资源和基础。”[3]纪念性文化遗产作为人类社会化情感的物化形式，其所蕴含和释放出的精神能量，能够以一种温情脉脉的方式将深受技术理性困扰的现代人类从物欲横流的现实世界解放出来，从而满足人们对精神世界的渴望与追求。其次，纪念性文化遗产为构建纪念性空间①和精神传承提供载体，人类文明的延续是一种精神与文化的传承，纪念性文化遗产通过载体固化的方式使得这种精神与文化原汁原味得以保存，并通过纪念性空间的建构达致密码解读的彼岸，让人们在时空的穿越中感受到精神的洗礼和文化的熏陶，其本质在于通过纪念性空间的建构和精神的延续，达到回忆与传承历史和文化的目的[1]。最后，推进纪念性文化遗产立法保护使国家文化遗产法治建设更加完善，纪念性文化遗产在现有的文物分类体系中被归为不同的文物类型系列，其中，“中国古代的纪念性文化遗产，大多数都按照其具体功能属性被归入了古遗址、古建筑、古墓葬、石刻及其他等类，有些年代价值不高的纪念性文化遗产还没有纳入文物保护的视野。”[4]这些因时间积淀不足或人们价值偏好而未被纳入文物保护视野的纪念性文化遗产成为我国文化遗产法治建设的薄弱环节。因此，推进纪念性文化遗产的立法保护，建立科学、高效、合理的纪念性文化遗产现代法律保护体系，能够促使我国的文化遗产法治建设更加完善。

目前而言，在理论层面，直接以“纪念性文化遗产”为主题研究的相关论著屈指可数②，有代表性的论著更是风毛麟角。就研究内容而言，仅有的研究成果主要聚焦于纪念性文化遗产的概念、要素、保护利用以及一些应景式研究。而与“纪念性文化遗产”主题相似或概念相近的相关研究却显得相对丰富③。揆诸文献，我们可以发现造成上述研究分布不均匀、不对称现象的原因在于：第一，纪念性文化遗产外在表现形式为“纪念性建筑”“纪念性景观”“纪念性雕塑”或“纪念性空间”等，既有研究以“概念替换”或“概念等同”的同质化方式分散了研究力量；第二，纪念性文化遗产的内涵和外延与物质文化

① 纪念性空间，“用于标志、怀念某一事物或为了传承历史的物质或心理环境”“是有思考、情感、精神和社会功能的场所，是一个回忆往事的地方，一个哀悼的地方，一个沉思和集会的地方。”纪念性空间具有回溯性和前瞻性的双重功能：回溯性功能让人们回溯历史、唤起记忆，前瞻性功能则让人们获得历史认同、确定未来发展。参见刘禹舒：《纪念性空间的研究》，北京林业大学 2006 年硕士学位论文，第 3 页；Hue-Tam Ho Tai. Pierre Nora and France National Memory [J]. The American Historical Review，2001 (3).

② 2020 年 12 月 1 日，笔者以“纪念性文化遗产”为主题词在中国知网（CNKI）检索发现，文献数量仅有 8 篇。其中，报纸类 3 篇、学位论文类 3 篇、期刊类 2 篇。

③ 如上，笔者以与“纪念性文化遗产”主题相似或概念相近为主题词在中国知网（CNKI）检索发现，“纪念性”523 篇、“纪念性雕塑”126 篇、“纪念性景观”124 篇、“纪念性建筑”118 篇、“纪念碑”77 篇、“纪念性空间”61 篇、“纪念性园林”56 篇。

遗产、非物质文化遗产等存在交叉与重叠，既有相关研究在缺乏仔细甄别的情况下武断地做了“覆盖式”研究，削弱了理论研究的妥适性；第三，纪念性文化遗产的“纪念性”价值被有意或无意地遮隐或排除于遗址价值体系，使得其功能性特征的独立价值被忽视。

在实践层面，囿于在理论上缺乏对纪念性文化遗产的理性认识和科学界定，导致在纪念性文化遗产保护层面出现诸多难点，主要表现为既有的文化遗产法律保护制度难以有效回应纪念性文化遗产保护的迫切需求。第一，保护意识缺乏，因纪念性文化遗产功能性特征的独立价值被忽视而造成人们将关注的焦点较多地投射于纪念性文化遗产的相关或相近领域，致使对纪念性文化遗产保护的重要性和对其关注度呈现“倒挂”现象；第二，保护主体缺失，在目前的文化遗产法律保护体系中，因纪念性文化遗产与其他文化遗产在内容上存在交叉与重叠，继而对其保护的相关法律条款分散于不同的部门法律中①，进而造成了管理主体多样化、管理权限分散化、管理范围交叉化的突出问题；第三，保护法律缺位，我国目前尚未专门制定针对纪念性文化遗产保护的法律，而现有的文化遗产保护法律体系又难以有效关涉纪念性文化遗产保护遭遇的现实困境，因此，上述相关法律对纪念性文化遗产的界定不明、定位不准、重视不够，造成法律保护缺位。

二、纪念性文化遗产保护的“法理”：从共同体记忆到身份再建构

（一）纪念性文化遗产保护的实质：从物质属性到精神属性

在应然层面，纪念性文化遗产的保护是人类走出“物质的泥沼”从而走向守护精神家园和延续精神命脉的必然逻辑，是实现人类自由发展的必要条件。自进入工业革命以来，人类在技术理性的指引和贪欲意念的支配下，逐渐走向了一条通往物质财富攫取的“不归路”，人的生存价值和意义湮没在“物质”的喧嚣世界并以一种传统文化的表现方式逐渐走向消亡，“使得原来拥有该文化传统的人们对历史的认同感趋于淡漠，从而也使得其精神家园丧失。”[5]为避免人类继续成为物质生产的手段或工具进而走出“被物质奴役”的非自然状态，使得人类在重返精神家园的过程中重获人的主体性认知，精神产品的有效供给是不可或缺的重要元素。“精神产品的价值在于有体物所承载的信息、知识、技术、标识和其他精神文化，它不同于人的主观精神活动本身，是精神活动的物化、固定化。”[6]纪念性文化遗产就是这种精神产品的高度浓缩，它通过一种“精神再生产”的方式源源不断地将蕴含在物质载体内的精神元素——“纪念性的精神元素是我们希望实现永恒，希望超越我们的极限和我们短暂的瞬间”[7]——进行选择、排列、整合并转换为可感知或可接受的精神力量予以释放，从而将人类从“物质”的桎梏中解放出来并实现人类发展的必要条件，即“自由与境地的多样化”[8]。科学技术的盲目扩张，使人类社会陷入一种无以复加

① 目前，在学界可以基本达成一致的是，在我国国家层面的文化遗产法律保护体系中，存在两部法律与两部行政法规，分别为《中华人民共和国文物保护法》《中华人民共和国非物质文化遗产法》《中华人民共和国文物保护法实施条例》《传统工艺美术保护条例》。在分管部门上，分别是国家文物局、文化和旅游部非物质文化遗产司、工业和信息化部。

的危险境地——用物质生产的逻辑统治精神生产的逻辑——严重挤压了自由生长的空间，窒息着人的生存价值与意义。从某种意义上讲，纪念性文化遗产的保护就是确保人类实现自由的条件，是自由理念传承的必然要求。

纪念性文化遗产的保护是对人类精神文明传承和文化身份认同的必然选择。纪念性文化遗产的核心价值在于纪念性，纪念的对象一般包括“人”（如祖先圣贤、至亲友人、英雄烈士、民族同胞等）和事件（如虎门销烟、遵义会议、台儿庄战役等）。纪念性文化遗产一般通过特定的表现形式（如纪念性活动等）营造纪念性空间，“纪念性空间的特征，使得记忆不只停留在语言与文本中，更存在于以博物馆、纪念馆、故居、陈列馆、纪念碑、遗迹等为载体的现实性空间中”[9]，使各主体在纪念性空间的特定场域中将纪念性情感以一种可感知的方式作用于纪念对象，从而在使纪念性价值得以充分彰显的同时积淀为一种特有的纪念文化。在中国传统文化流觞中，肇始于祭祀礼制的纪念文化的历史源远流长①。如“国之大事，在祀与戎”（《左传·成公十三年》）、“凡治人之道，莫急于礼。礼有五经，莫重于祭”（《礼记·祭统》）、“祀所以昭息民，抚国家，定百姓也，不可以已”（《国语·楚语下》）等。祭祀作为一种道德实践和慰藉情感的重要方式，将人类精神文明以一种代际接力的方式予以传承和发展，从而从根本上避免了“文明发展断裂”的巨大风险，间接地保护了“后代人生活和发展模式选择权”[10]，同时其本身具有凝聚人心、敦睦人伦、传承文明的社会功能[11]。纪念性文化遗产通过纪念性空间的建构“唤醒”保存在物质载体内的历史记忆，并让历史记忆在纪念活动的特定“仪式”中搜索、凝聚、识别进而构筑起民族记忆共同体。“仪式借助永恒不变的和潜藏着的形式，把过去、现在和将来联系在一起，从而消除了历史和时间”[12]，“节日和仪式定期重复，保证了巩固认同的知识的传达和传承，并由此保证了文化意义上的认同的再生产。”[13]

（二）纪念性文化遗产保护的指向：从静态保护到活态利用

对纪念性文化遗产的静态保护是农耕文明在工业文明剧烈冲击下面临消亡危机而不得不采取的零时性策略选择。文化遗产的静态保护，其方法应用肇始于物质文化遗产，后逐渐用于非物质文化遗产，旨在于通过文字、录音、录像、描绘、建筑物、大数据等方式与手段，在保持“最低限度”干扰下，对保护对象的原真性、整体性、系统性采取的封闭式、保守式、单一式的保护方法。文化遗产的静态保护，其本质在于“存活”，维护文化遗产的自然、自洽、自在的状态，采取的方式主要有博物馆保护、档案馆保护、图书馆保护、生态公园保护等。但从 20 世纪 60 年代开始，现代纪念性所承载的共同体的集体意义和统一的价值信念在后现代主义对现代主义的批判浪潮中逐渐被消解，并由此走向衰落，“造成了纪念性的消亡”。[7]p23 与此同时，纪念性文化遗产在纪念性价值被解构和纪念功能

---

① “祭祀”和“纪念”尽管在内容与形式上存在区别，但在纪念性价值的表达上是一致的，在这个意义上讲，两者是通用的。从文化渊源上来看，“祭祀”属于中国传统的纪念文化，其在晚近西学东渐中逐渐被解构，在政府倡导的主流意识中逐步为西方纪念性体制及话语所改造或替代。参见王余辉：《安生慰死：南京国民政府国家忠烈祭祀制度的建立》，载《抗日战争研究》2018 年第 2 期。

消退的双重“挤压”下逐渐被社会主体所遗弃，其在记忆中的追忆功能与支配地位亦逐渐为新技术及其形式所取代。较之于纪念性文化遗产，这种新技术在保存图像及声音的记忆能力建构方面具有显著优势，“能够以一种更具体的方式存储和再现过去的事件，因为它们直接作用于感觉及敏感性，是更抽象、更非物质化的电子系统的‘记忆’。”[14]尽管如此，对人类生存价值和意义存在窒息危险的现代技术在纪念性空间的建构方面却始终无法取代纪念性文化遗产，因为纪念性文化遗产塑造的“历史纪念空间所蕴含和释放出来的场所精神，在物质文明高度发达的今天，能够满足人们对精神层次的心理追求，具有较强的吸引力和感染力。”[9]如何在现代化转向中克服技术理性的盲动和物化意志的束缚，维持人类精神文明传承和文化身份认同，那就必须在“能够”深刻认识纪念性文化遗产在现代社会中地位和作用之前，对这些濒临消亡边缘且正在消亡的纪念性文化遗产采取零时的且必要的保护措施使其“存活”，即对纪念性文化遗产保护采取“静态保护”的策略选择。

纪念性文化遗产保护的最终指向于对纪念性文化遗产的活态利用，保护其文化生命力的延续和表达。“活态利用”包括了两层价值指向：(1)“活态”要求保持遗产风貌的原真性、整体性、系统性的同时保持遗产适当的开放性与包容性以促成其可持续发展，“活态保护体现了对遗产价值和存续规律的尊重，活态保护的最终目的是维护遗产和社会生活之间的自然、自在状态”[15]；(2)“利用”要求在整体文化生态环境下保持遗产文化意义上的“血肉联系”，根据社会的文化需求对遗产进行恰如其分地使用以防止其脱离现代社会而成为“死产”，因为“如果脱离了整体文化生态环境单独谈论某种文化事象，就不能获得对其内涵的真切理解。如果我们进而将其剥离出去，置于不同的文化场域或使其游离于现实生活之外，也就隔断了它与社会生活环境的血肉联系，失去了最为核心的生命力。”[16]纪念性文化遗产是一种变动的、抽象的、无形的“活态遗产”，其本身的活态流变性与非物质文化遗产具有共通性。对“活态遗产”采取纯粹的静态保护策略将会导致遗产的“静止”与“固化”，使其在自我封闭中走向保护的反方向——由“死保”导致“保死”。[17]对纪念性文化遗产的保护，既要做到对遗产固化的外在物质载体形态的保护（低层次的保护），又要做到对遗产“生命力”赖以生存的整体文化生态环境及其可持续发展的保护（高层次的保护）。

三、纪念性文化遗产保护的法律实践及其问题

（一）纪念性文化遗产保护的法制建设现状

我国关涉纪念性文化遗产①的法制建设始于 20 世纪 80 年代。1980 年国务院颁布的《革命烈士褒扬条例》②，对革命烈士的遗物和斗争史料的保护做出了原则性规定。1982 年

① 在我国现行的法律规范体系中，并没有“纪念性文化遗产”字样的专门表述，纪念性文化遗产多以革命遗址、遗物、纪念性建筑、纪念设施、公祭设施、纪念物等表述形式出现于相关的法律规范。

② 2011 年，《烈士褒扬条例》颁布，《革命烈士褒扬条例》同时废止。

的《文物保护法》第一次对纪念性文化遗产中具有重要“纪念意义”的史迹、实物、代表性建筑等进行文物保护的法律确认。1985 年文化部（现文化和旅游部）颁布的《革命纪念馆工作试行条例》，是我国较早的关涉纪念性文化遗产保护的部门规章。1995 年民政部颁布的《革命烈士纪念建筑物管理保护办法》①，是我国第一部系统关于革命烈士纪念建筑物保护的部门规章。2018 年的《英雄烈士保护法》，是我国首部关于英雄烈士精神褒扬、纪念祭扫、权益维护、英雄烈士纪念设施保护等内容的文化遗产保护法。从法律规范的效力而言，目前我国关涉纪念性文化遗产保护的法律规范体系主要由以下五个层面构成：

第一，法律及相关文件。《文物保护法》对纪念性文化遗产保护大体采取了“二分法”原则，即“古代纪念性文化遗产”和“近现代纪念性文化遗产”。古代纪念性文化遗产，大多数都按照其具体功能属性被归入了古遗址、古建筑、古墓葬、石刻及其他等类；近现代纪念性文化遗产，按照“纪念意义、教育意义及史料价值”的标准划归重要史迹、实物、代表性建筑等类。《非物质文化遗产保护法》并没有对纪念性文化遗产保护的直接表述，而是更多地体现为对“非物质文化遗产”精神层面上的行为或权利的保护。纪念性文化遗产，既包括固化的外在物质载体形态的“实物和场所”，也包括依附于物质载体上体现“纪念性价值”的精神文化。因此，非物质文化遗产的保护和纪念性文化遗产的保护在内容上具有共通性，对非物质文化遗产的保护在效果上间接地保护了纪念性文化遗产。《英雄烈士保护法》围绕英烈的褒扬、纪念、英烈精神的宣传教育、英烈纪念设施的管理与保护、英烈合法权益的维护等五个方面进行了规制，其中，对于英烈的纪念（祭扫制度和礼仪规范）和英烈纪念设施的管理与保护属于纪念性文化遗产的保护内容。此外，《民法典》对于侵害私人所有的纪念性文化遗产而造成其灭失或毁损的精神损害赔偿问题进行了规定。②

第二，行政法规及相关文件。2003 年，国务院颁布了《文物保护法实施条例》，这是我国关涉纪念性文化遗产法律保护的重要行政法规。2006 年，国务院颁布了《长城保护条例》，对入选世界纪念性建筑遗产保护名录的“中国长城”提出了法治化保护的要求。2011 年，国务院颁布了《烈士褒扬条例》，这是我国关于烈士纪念设施保护和管理的首部行政法规。2013 年 7 月，中共中央办公厅、国务院办公厅、中央军委办公厅印发《关于进一步加强烈士纪念工作的意见》，对弘扬烈士精神、开展烈士纪念活动、宣传烈士事迹、加强烈士纪念设施保护管理等做出了具体要求。2019 年 9 月，中共中央办公厅、国务院办公厅、中央军委办公厅又印发了《烈士纪念设施规划建设修缮管理维护总体工作方案》，这是我国关于烈士纪念设施保护管理工作的纲领性文件。

第三，国务院部、委规章及相关文件。2006 年，文化部颁布了《世界文化遗产保护管理办法》；2012 年，文化部又颁布了《大运河遗产保护管理办法》，对于促进世界文化

---

① 2013 年，《烈士纪念设施保护管理办法》颁布，《革命烈士纪念建筑物管理保护办法》同时废止。

② 《民法典》第 1183 条第 2 款规定：“因故意或者重大过失侵害自然人具有人身意义的特定物造成严重精神损害的，被侵权人有权请求精神损害赔偿。”

遗产保护具有重要作用。2012 年，民政部、人力资源和社会保障部、财政部、中国人民解放军总政治部联合下发了《关于贯彻实施〈烈士褒扬条例〉若干具体问题的意见》。2013 年，民政部颁布了《烈士纪念设施保护管理办法》，对烈士纪念设施分级保护管理、国家级烈士纪念设施申报条件、划定烈士纪念设施保护单位保护范围及建设控制地带、烈士纪念设施改建、扩建和迁移的报批程序、烈士纪念设施保护单位保护纳入红色旅游发展规划、烈士纪念设施保护管理的法律责任等方面做出了具体要求。2014 年，民政部颁布实施了《烈士公祭办法》，对烈士公祭的时间、场所、环境、参与人员着装、仪式仪程、组织保障等方面做出了明确要求。2020 年，退役军人事务部、外交部、财政部、中央军委政治工作部联合发布《境外烈士纪念设施保护管理办法》，对境外烈士纪念设施保护管理的总体要求、管理体制机制、保护内容方式、相关责任等作出具体规定。

第四，地方性法规及相关文件。从省级层面看，各省、自治区、直辖市人大及其常委会结合本地实际，就纪念性文化遗产保护开展了相关立法工作，制定了一些专门性的关涉纪念性文化遗产保护的地方性法规，如《山东省刘公岛甲午战争纪念地保护管理规定》(2000 年)、《陕西省秦始皇陵保护条例》(2005 年)、《吉林省高句丽王城、王陵及贵族墓葬保护管理条例》(2009 年)、《山东省台儿庄古城保护管理条例》(2013 年)、《内蒙古自治区元上都遗址保护条例》(2016 年)、《山西省红色文化遗址保护利用条例》(2019 年)等。从市级层面看，全国一些设区的市人大及其常委会也相继颁布了涉及纪念性文化遗产保护的专门条例，如《清东陵保护管理办法》(1999 年)、《银川市西夏陵保护条例》(2001 年)、《沈阳市故宫、福陵和昭陵保护条例》(2003 年)、《洛阳市邙山陵墓群保护条例》(2011 年)、《运城市关圣文化建筑群保护条例》(2016 年)、《杭州市大运河世界文化遗产保护条例》(2016 年)、《包头市长城保护条例》(2017 年)、《淮安市周恩来纪念地保护条例》(2017 年)、《南京市国家公祭保障条例》(2018 年) 等。

第五，地方政府规章及相关文件。地方政府为了更好地贯彻落实纪念性文化遗产保护的各项工作，结合地方实际出台了一些政府规章及相关规范性文件：在省级政府层面主要有《甘肃省革命烈士纪念建筑物管理办法》(1991 年)、《吉林省革命烈士纪念建筑物保护管理若干规定》(1997 年)、《陕西省黄帝陵保护管理办法》(2009 年)、《重庆市抗日战争遗址保护利用办法》(2015 年)、《河北省长城保护办法》(2016 年)、《北京市长城保护管理办法》(2018 年)、《江西省英雄烈士纪念设施保护管理办法》(2018 年) 等；在市级政府层面主要有《长春市革命烈士纪念建筑物管理保护办法》(1997 年)、《宁波市大运河遗产保护办法》(2013 年)、《贵阳市红色文化遗址保护管理办法》(2016 年)、《大运河扬州段世界文化遗产保护办法》(2016 年)、《三明市红色文化遗址保护管理办法》(2017 年) 等。

(二) 纪念性文化遗产法律保护的问题

从前文梳理看，我国关涉纪念性文化遗产保护已初步形成以《文物保护法》《非物质文化遗产保护法》《英雄烈士保护法》为中心、其他法律法规为补充的法律规范体系。但是，无论从理论抑或实践来看，我国纪念性文化遗产保护存在或多或少的问题。

首先，纪念性文化遗产保护的指向性较为模糊。较之于一定物质形态或相应形式载体的“物化”或“固定化”存在，纪念性文化遗产亦表现为类似于非物质文化遗产的精神属性和智慧形态，正如“在中国人的传统观念中，具有纪念意义的古迹，主要不是这个古迹的物质载体本身，而是这个物质载体背后的那个人或那件事，后人通过这个物质载体引起对这人这事的追忆。”[4]类似于非物质文化遗产，纪念性文化遗产固化的外在物质载体形态和依附于物质载体上体现“纪念性价值”的精神文化之间相互依存、不可分割。《非物质文化遗产保护法》是我国关涉纪念性文化遗产保护的一部重要法律，其对非物质文化遗产范围界定采取的“两分法”方式，“将非物质文化遗产的物质属性与精神属性人为地予以切分，不承认非物质文化遗产的精神属性对物质属性的依附，这明显是不科学的。”[18]这将对纪念性文化遗产的认定、存档等带来消极影响。在英烈纪念设施保护方面，《英雄烈士保护法》对“英雄烈士”范围界定的刻意回避，在一定程度上模糊了公众对英烈的传统认知，给英烈纪念设施的申报、认定、存档、保护、管理等工作带来了诸多不便。此外，在个人纪念性文化遗产保护方面，《民法典》第 1183 条第 2 款在充分吸收《最高人民法院关于确定民事侵权精神损害赔偿责任若干问题的解释》第 4 条①规定内容的基础上，增加规定了侵害特定物造成严重精神损害，被侵权人有权请求精神损害赔偿。但是，“具有人身意义的特定物”的范围界定模糊②，造成了在司法实践中的诸多分歧。

其次，纪念性文化遗产保护的主体不明确。按照所有权不同，纪念性文化遗产可以划分为国家的纪念性文化遗产、民族（或社群）的纪念性文化遗产、个人的纪念性文化遗产。一般认为，国家的纪念性文化遗产应当由代表国家权力行使的政府作为保护的主体，如《英雄烈士保护法》第 4 条第 2 款规定：“县级以上人民政府负责英雄烈士保护工作的部门和其他有关部门应当依法履行职责，做好英雄烈士保护工作。”但是，在实践中具体由政府的哪一个部门负责英烈纪念设施保护工作在各地却情况迥异③，造成上述情形的原因一方面源于中央立法的滞后性，另一方面在于立法内容上的冲突性，比如《烈士纪念设施保护管理办法》第 7 条规定“确定地方各级烈士纪念设施，由民政部门报本级人民政府批准后公布，并报上一级人民政府民政部门备案”，而《烈士褒扬条例》第 27 条第 2 款却

---

① 《最高人民法院关于确定民事侵权精神损害赔偿责任若干问题的解释》第 4 条规定：“具有人格象征意义的特定纪念物品，因侵权行为而永久性灭失或者毁损，物品所有人以侵权为由，向人民法院起诉请求赔偿精神损害的，人民法院应当依法予以受理。”

② “具有人身意义的特定物”或者“具有人格象征意义的特定纪念物品”，在学界被称为“具有人格利益的财产”或者“人格物”，其为具有人格利益的物，着重强调的是该物所蕴含的人格利益，表现为一种精神利益和伦理利益。此外，有学者实证研究了目前司法实践中“具有人格象征意义的特定纪念物品”的大体范围包括：逝者的骨灰、遗骨、棺材、坟墓、墓碑，具有纪念价值的照片、画像或视频（结婚、生日），学位（历）证书、荣誉证书等。参见：易继明、周琼：《论具有人格利益的财产》，载《法学研究》2008 年第 1 期；冷传莉：《论人格物的界定与动态发展》，载《法学论坛》2010 年第 2 期；高荣林：《具有人格象征意义的特定纪念物法律保护之实证研究》，载《广东行政学院学报》2020 年第 32 卷第 2 期。

③ 实践中，负责英烈纪念设施保护管理的部门或组织主要有民政部门、退役军人事务部门、文物行政部门、英烈纪念设施保护管理协调小组或风景区管委会等。

规定“地方各级烈士纪念设施，由县级以上地方人民政府退役军人事务部门报本级人民政府批准后公布，并报上一级人民政府退役军人事务部门备案”。这种立法上的矛盾与冲突一方面使得英烈纪念设施保护力量因掣肘内耗难以集中行使，另一方面使得行政成本因部门协调而不断攀升。此外，对于民族（或社群）的纪念性文化遗产（如瑶族盘王节、傈僳族刀杆节、哈尼族扎勒特等）保护主体的确定，实践中多沿袭了非物质文化遗产保护的基本路径，但是上述纪念性文化遗产的具体权属不明，使得实践中保护主体流于形式难以真正确立。

再次，纪念性文化遗产保护的对象覆盖范围有限。其一，《文物保护法》对纪念性文化遗产保护采取的二分法原则，大大限缩了纪念性文化遗产保护的范围，使得那些因时间积淀不足或人们价值偏好而暂时未被纳入文物保护视野的纪念性文化遗产面临“保护真空”的风险；其二，《非物质文化遗产保护法》将“纪念性”价值有意或无意地遮隐或排除于非物质文化遗产保护价值体系[①]之外，或者将“纪念性”价值视作其他价值的附属表达，这种从立法原旨引申出的价值表达及其形式在矮化“纪念性”价值的同时，使得那些在价值表达上独立于非物质文化遗产保护价值体系内容的纪念性文化遗产难以进入法律的有效“保护域”；其三，《英雄烈士保护法》对保护对象具有明确的身份指向，决定了其对保护对象覆盖范围的有限性，使得纪念性文化遗产中大多数游离于法律“保护域”之外而难以得到法律有效“关照”。

最后，纪念性文化遗产保护的地方立法存在问题。其一，关涉纪念性文化遗产保护的地方立法供给严重不足，难以满足纪念性文化遗产保护的法治需求，2020 年 12 月 31 日，笔者以与“纪念性文化遗产保护”主题相似或概念相近为主题词在司法部所有的“法律法规数据库”（http://search.chinalaw.gov.cn/search2.html）检索发现，涉及“纪念”17 条、“烈士”19 条、“非物质文化遗产”59 条、“文化遗产”86 条、“文物保护”239 条，[②]从这里我们不难发现，我国关涉纪念性文化遗产保护的地方立法缺失严重，显然，这样的地方立法供给与数量庞大的纪念性文化遗产亟待法治保护的现实需求不相匹配；其二，关涉纪念性文化遗产保护的地方立法特色不足、同质化严重，我国幅员辽阔、历史源远流长，各民族（或社群）在社会历史发展中创造了大量具有民族特色、区域特色、时代特色的纪念性文化遗产，这决定了在关涉纪念性文化遗产保护的地方立法中应当根据纪念性文化遗产传承和发展的自身特点适时选择相应的措施和方法，而不宜采取相同的或高度类似的“一刀切”的做法，令人遗憾的是，目前我国关涉纪念性文化遗产保护的地方立法“照搬照抄”现象依然存在，地方特色难以凸显；其三，关涉纪念性文化遗产保护的地方立法

---

① 《非物质文化遗产保护法》第 3 条规定：“国家对非物质文化遗产采取认定、记录、建档等措施予以保存，对体现中华民族优秀传统文化，具有历史、文学、艺术、科学价值的非物质文化遗产采取传承、传播等措施予以保护。”该条表达了国家对非物质文化遗产保护的价值体系选择，即具有历史性、文学性、艺术性、科学性的非物质文化遗产才能够被纳入非物质文化遗产保护的视野。

② 这里需要说明的是，以不同的主题词检索的结果会有所不同，其中不乏交叉与重叠，这里所做的检索并不是且不可能精确囊括我国所有关涉纪念性文化遗产保护的地方立法，只是为了对其地方立法有一个大体认知。

宣示性意义较重、可操作性不强，地方立法是将宏观、原则和抽象的中央立法应用于实践的“翻译”和“转换”，是对落实中央立法精神的具体化、实践化，但从已有的地方立法实践来看，这种立法的“翻译”和“转换”程度明显不高，立法的政治宣示意义氛围浓厚，规范的可操作性空间有限。

四、完善我国纪念性文化遗产保护的立法路径选择

目前，我国现有的文化遗产法律保护体系在纪念性文化遗产保护实践方面尽管取得了一定成效，但立法上的不足使得纪念性文化遗产保护的“短板”问题凸显，在相当程度上制约了纪念性文化遗产保护的实践开展。为此，完善纪念性文化遗产保护的相关立法成为当下首要而紧迫的任务。

（一）中央立法：制定或修订

鉴于目前我国关涉纪念性文化遗产保护的法律体系无法有效供给纪念性文化遗产保护法治化的现实需求，在中央立法层面对相应法律规范进行制定或修改就成为纪念性文化遗产保护立法的必然的策略选择。

1. 制定统一的《纪念性文化遗产保护法》

目前，我国关涉纪念性文化遗产保护领域的立法大多数以单行法的形式出现，如《文物保护法》《非物质文化遗产保护法》《英雄烈士保护法》《文物保护法实施条例》《长城保护条例》等。尽管这些门类众多的单行法在各自调整领域发挥了重要的作用，但是由于缺乏对“纪念性价值”“文物”“非物质文化遗产”“英雄烈士”“纪念物”等法律概念清晰的解释和界定，造成了纪念性文化遗产保护实践中的“有法难依”的尴尬局面。同时，因单行法调整范围交叉与重叠带来的覆盖“盲区”，使得纪念性文化遗产保护实践中“无法可依”的情形依然存在。因此，在充分借鉴和吸收各单行法立法经验和内容的基础上，统筹相关立法资源，适时制定一部《纪念性文化遗产保护法》，已经成为我国文化遗产保护领域必须直面的问题。作为纪念性文化遗产保护领域的一部基础性的法律，《纪念性文化遗产保护法》的制定不仅可以有效解决我国纪念性文化遗产保护领域“有法难依”“无法可依”的突出问题，而且可以增强纪念性文化遗产立法的权威性和实效性，切实提升公众的纪念性文化遗产保护意识，为新时代我国文化事业的发展提供坚实的法治保障。

《纪念性文化遗产保护法》的制定，应当以宪法为依据，主要应当涵盖以下内容：立法的宗旨和基本原则；法律术语或概念的界定，如纪念性文化遗产、纪念性价值、纪念物、纪念性建筑等；纪念性文化遗产保护法的适用范围；纪念性文化遗产的传承和发展；纪念性文化遗产的保护主体；公民纪念性文化遗产保护的权利类别和内容；纪念性文化遗产保护的国家权力和义务；纪念性文化遗产保护的国际交流与合作；法律责任；等等。《纪念性文化遗产保护法》为我国所有的纪念性文化遗产（包括但不限于纪念性文物、纪念性建筑、纪念物、纪念性的非物质文化遗产、工业遗产等）保护、传承与发展提供法律依据，在我国文化遗产资源保护立法中占有重要地位。

2. 修改关涉纪念性文化遗产保护的法律法规

与制定一部新的法律比较而言，对已有的法律规范进行适度的修改以达到所期的目标，从节约立法成本的角度来看，不失为一种理想的立法路径选择。就目前我国纪念性文化遗产保护的立法现状而言，对关涉纪念性文化遗产保护的法律法规进行适当的修改，尽管不能做到对保护对象范围的全覆盖，但是可以在一定程度上维护我国文化遗产资源保护法律体系的稳定性和结构的完整性。

首先，尊重并认可“纪念”在价值面上的独立表达，将“纪念”纳入《文物保护法》和《非物质文化遗产保护法》的价值体系范畴，增强公众对“纪念”价值的认同，提升人们参与纪念性文化遗产保护的意识。比如，可以在《文物保护法》第 2 条和《非物质文化遗产保护法》第 3 条中添加“纪念”价值的相关表述，使得“纪念”价值成为我国文化遗产资源保护的基本价值遵循。

其次，修正纪念性文化遗产保护中指向性不明或错误的问题，增强相关立法内容的确定性。比如，可以对《非物质文化遗产保护法》第 2 条关于“非物质文化遗产”的范围界定进行修改完善，便于正确认识非物质文化遗产的精神属性和物理属性，对纪念性文化遗产的精准识别和科学存档具有重要的指导意义；在必要时可以对《英雄烈士保护法》中的“英雄烈士”进行科学的范围界定，彻底解决英烈的合法权益维护和英烈的纪念性设施的保护的“元理论”问题；在个人纪念性文化遗产保护上，可以在充分调研和借鉴的基础上，对《民法典》中“具有人身意义的特定物”的范围予以明确，弥合司法实践中的分歧。

最后，明确纪念性文化遗产保护的主体，压实相关主体的法律责任。比如，可以在《英雄烈士保护法》中明确英烈纪念设施的保护主体，理顺英烈纪念设施的管理体制，明确保护主体与文物、文化、景区等部门在英烈纪念设施保护中职责和分工，同时要对《烈士褒扬条例》《烈士纪念设施保护管理办法》中的相关内容作相应修改，保持法律与行政法规、部门规章内容规定的一致性；同时，可以在《非物质文化遗产保护法》明确纪念性文化遗产的权利属性，协调好行政保护主体和私人权益保护主体两者之间的关系，确定纪念性文化遗产传承人及其权利界限，并可以就传承人及其他相关权利人的救济途径予以规定。

（二）地方立法：制定并完善

首先，加大纪念性文化遗产地方立法的有效供给，突破纪念性文化遗产立法供需矛盾的“瓶颈”。地方政府应当加强对本行政区域内的纪念性文化遗产及其“生存状况”的调查研究，摸清纪念性文化遗产的“家底”，找准纪念性文化遗产保护中“短板”和不足，坚持以立法需求为导向，并根据纪念性文化遗产的种类、数量、分布、完损、重要性等因素综合考量立法保护的必要性和可行性，同时要杜绝“为了立法而立法”的应景式立法现象。

其次，立足本地纪念性文化遗产的特色，立法尽量做到有的放矢。我国幅员辽阔、人文历史璀璨，在各个地区分布着大量的纪念性文化遗产，这些纪念性文化遗产也存在着较大的差异。在中央立法层面，对关涉纪念性文化遗产保护的规定是抽象而原则的，其较多关注的是纪念性文化遗产保护中的“共性”问题。在地方立法层面，在承继中央立法精神的同时，应当更多地关注纪念性文化遗产保护的“个性”问题，承认并重视其中的地方差异，充分发掘富有地方特色的纪念性文化遗产文化资源并给予专项立法保护，进而避免地方立法的同质化。

最后，充实地方立法的实质性内容，增强实践可操作性。法的可操作性，是评估一项立法是否成功的关键性指标。与中央立法的宏观指导性、原则性和抽象性不同，地方立法应当在微观层面具有更强的可操作性，规范的内容宜细不宜粗。在纪念性文化遗产保护立法阶段，立法部门应当广泛征集意见或建议，深入一线执法部门，围绕纪念性文化遗产保护开展翔实的调查研究，将调研中发现问题的解决转化为具有可操作性的制度规范，使得立法兼具民主性和科学性。

五、结语

推进纪念性文化遗产立法保护是我国文化遗产法治建设的重要内容。纪念性文化遗产是固化的外在物质载体形态和依附于物质载体上体现的精神文化的高度“抽象物”，兼具物质属性和精神属性。因此，对纪念性文化遗产保护的基本指向在于从静态保护走向活态利用。鉴于目前我国关涉纪念性文化遗产保护的立法存在指向性模糊、保护主体不明确、保护对象覆盖范围有限、地方立法弱等问题，故完善我国纪念性文化遗产保护的立法路径是在认同纪念性文化遗产特有的“纪念”价值在文化遗产保护的价值体系范畴中独立表达的前提下，在中央层面制定一部统一的《纪念性文化遗产保护法》或者修改关涉纪念性文化遗产保护的法律法规、在地方层面制定并完善相关立法。这种立法模式不仅在理论上可行，而且在实践中具有较强的可操作性。总之，纪念性文化遗产的法律保护在我国才刚刚开始，值得进一步研究。

参考文献

[1] 孙华. 纪念性文化遗产与纪念碑 [N]. 中国文物报，2014-5-30.

[2] [法] 阿尔弗雷德·格罗塞. 身份认同的困境 [M]. 王鲲，译. 北京：社会科学文献出版社，2010：33.

[3] [美] 本尼迪克特·安德森. 想象的共同体——民族主义的起源与散布 [M]. 吴睿人，译. 上海：上海人民出版社，2003：38.

[4] 孙华. 中国的纪念性文化遗产 [N]. 中国文物报，2014-6-13.

[5] 蒋万来. 从现代性和文化多样性看非物质文化遗产的法律保护 [J]. 知识产权，2015 (2)：3-11.

[6] 杨永芳. 非物质文化遗产保护问题的法学界定 [J]. 行政与法，2007 (7)：85-90.

[7] 吴中平. 都市语境中的建筑纪念性研究 [D]. 广州：华南理工大学，2016：30.

[8] [英] 约翰·密尔. 论自由 [M]. 徐宝骙，译. 北京：商务印书馆，2007：67-86.

[9] 温小平. 纪念性空间与思想政治教育的发展 [J]. 思想理论教育，2018 (6)：57-61.

[10] 杨清望，陶华强. 环境资源代际信托的权利基础及其制度属性 [J]. 中南大学学报（社会科学版），2015，21 (5)：86-93.

[11] 李建勇，于慧婷. 试论中国共产党的祭祀礼仪活动 [J]. 现代哲学，2018 (4)：56-63.

[12] [美] 大卫·科泽. 仪式、政治与权力 [M]. 王海洲，译. 南京：江苏人民出版社，2015：13.

[13] [德] 扬·阿斯曼. 文化记忆：早期高级文化中的文字、回忆和政治身份 [M]. 金寿福，黄晓晨，译. 北京：北京大学出版社，2015：52.

[14] [法] 弗朗索瓦丝·萧伊. 建筑遗产的寓意 [M]. 寇庆民，译. 北京：清华大学出版社，2013：10-11.

[15] 孙发成. 非遗“活态保护”理念的产生与发展 [J]. 文化遗产，2020 (3)：35-41.

[16] 刘志军. 非物质文化遗产保护的人类学透视 [J]. 浙江大学学报（人文社科版），2009，39 (4)：36-45.

[17] 高永久，朱军. 城市化进程中少数民族非物质文化遗产的法律保护研究 [J]. 西北民族大学学报（哲学社会科学版），2007 (6)：46-53.

[18] 丁鹏超. 论中国非物质文化遗产的行政法律保护 [J]. 北京理工大学学报（社会科学版），2018，20 (1)：136-142.

需求侧改革与“双循环”新发展格局构建服务业发展的功能与路径探析

曾世宏　钟　纯*

摘　要：加快构建以国内大循环为主体、国内国际双循环相互促进的新发展格局对需求侧改革提出了新要求。文章通过文献概括和逻辑推理的方法重点分析了以下问题：（一）为什么分工深化是分析需求侧改革的逻辑起点；（二）构建双循环新发展格局为何需要需求侧改革；（三）新发展格局视域下需求侧改革的科学内涵是什么；（四）新发展格局视域下需求侧改革的难点在哪；（五）现代服务业加快发展对深化需求侧改革的作用是什么；（六）数字经济背景下需求侧改革如何倒逼现代服务业发展。

关键词：需求侧改革；新发展格局构建；服务业发展

一、引言

2020年中央经济工作会议面对经济发展的国内外环境改变及时提出“要扭住供给侧结构性改革，同时注重需求侧改革”，强调供给侧结构性改革和需求侧改革并重。这是自2015年年底中央提出“加强供给侧结构性改革”以来，首次强调“需求侧改革”，从扩大内需战略进一步提升到以改革的方式来促进国内需求。

需求侧改革是构建新发展格局的内在要求。我国供给侧结构性改革已经取得显著成效，如何让中国经济更高质量发展，单靠改革供给侧还不够，必须依靠需求侧改革协同发力。这次会议首提“需求侧改革”，并非简单依靠“三驾马车”拉动经济，而是要在培养更多“有效需求”的同时，进行经济结构性改革，从而更高质量地促进以国内大循环为主体、国内国际双循环相互促进的新发展格局。双循环的重点是要解决投资效率、收入分配和流通环节的一些痛点问题，通过需求侧改革，打通堵点，补齐短板，贯通生产、分配、流通、消费各环节，形成需求带动供给、供给创造需求的更高水平动态平衡，提升国民经济体系整体效能。

对于新发展格局下如何促进经济高质量发展，众多研究是基于新一代信息技术创新、

---

* 曾世宏，湖南科技大学湖南创新发展研究院副院长、教授；钟纯，湖南科技大学商学院，在读博士。

人力资源、全要素生产率、制造业推动等供给视角，鲜有文献基于服务业功能视角对需求侧改革和新发展格局构建的影响及路径进行研究。服务业发展的主要功能是满足市场需求，特别是国内市场需求。因此，本文研究服务业功能作用于需求侧改革和新发展格局构建具有很强的现实意义。在已有文献分析基础上，本文试图进一步回答以下几个方面的问题：（一）为什么分工深化是分析需求侧改革的逻辑起点；（二）构建双循环新发展格局为何需要需求侧改革；（三）新发展格局视域下需求侧改革的科学内涵是什么；（四）新发展格局视域下需求侧改革的难点在哪；（五）现代服务业加快发展对深化需求侧改革的作用是什么；（六）数字经济背景下需求侧改革如何倒逼现代服务业发展。

二、为什么分工深化是分析需求侧改革的逻辑起点

构建新发展格局的关键在于经济循环的畅通无阻，内需扩大是“双循环”新发展格局构建的逻辑起点。构建“双循环”新发展格局意味着改变过去外向型经济占主导的发展格局，转向内需增长型，并立足稳定、畅通、提升国内经济大循环，发挥比较优势，积极融入国际大循环，充分利用国内外市场资源，促进内需和外需，进而实现国民经济的良性循环和内外贸易的一体化。

亚当·斯密认为，随着市场的扩大，分工将会越来越精细化，“劳动生产力上最大的增进，以及运用劳动时所表现的更大的熟练、技巧和判断力，似乎都是分工的结果”。同样市场也会影响分工的深化，“分工起因于交换能力，分工的程度，因此……要受市场广狭的限制”（亚当·斯密，2018 年）。通过分工与市场之间的联系、互通有无，满足每个人的需求。随着人口数量的增加、国内市场资源的丰富、分工愈加精细化、科技愈加创新化，必然会出现生产成本降低的现象，从而使国内需求增加，国际竞争力提高。正如马克思和恩格斯所言：“满足需要的活动和已经获得的为满足需要而用的工具又引起新的需要”（马克思和恩格斯，2009 年）。可见，社会需要的程度对国内市场的扩大和技术的更新换代都有着巨大的推动作用。斯密经济学范式和马歇尔经济学范式共同认识到：在多元发展经济的过程中促进国内需求增加、国外市场扩大，从而实现经济的快速发展。同样，“以畅通国民经济循环为主构建新发展格局，就是要建立一个有张力、有弹性、开放包容、自主可控的循环系统”（鲁保林、王朝科，2021 年）。相对于其他国家，中国不仅自然资源丰富、人口基数大，而且具有完备的国内市场；不仅可以提供丰厚劳动力，还实现着按劳分配和按生产要素相结合的分配方式；不仅有多元的消费群体，而且具有满足消费的生产系统；不仅可以实现内部供求体系的循环，而且能够拉动国外市场，实现互利共赢。由此可见，多层次、大规模、多元化的国内大循环主体，既能够实现资源的优化配置，又可以提高国际竞争力；既能够充分调动国内市场的循环，又有利于国外市场的开拓；既能保障“双循环”新发展格局构建，又为经济高质量的发展奠定基础。

三、构建双循环新发展格局为何需要需求侧改革

恩格斯认为，“政治经济学，从最广的意义上说，是研究人类社会中支配物质生活资料的生产和交换规律的科学。”“这两种只能在每一瞬间都互相制约，并且互相影响，以致它们可以叫作经济曲线的横坐标和纵坐标。”构建新发展格局，要以马克思主义经济学生产、分配、交换、消费相互关系以及社会总资本再生产等理论作为基础，协调构建新发展格局中各种复杂经济关系（孔晓、谢地，2021年）。

第一，按照马克思再生产理论，生产、分配、交换、消费四个环节在国民经济循环过程中形成一个有机的整体，各个环节相互作用、相互促进，使得社会再生产得以顺畅实现。以畅通国内大循环为主体构建新发展格局，重要环节就是要破除体制机制障碍，改革流通体制、建设现代流通体系，补齐短板，打通堵点，使生产、分配、流通、消费这四个环节更为畅通。

第二，从物质资料生产的过程看，生产是起点，并决定其他三个环节，处于支配地位。“没有交换，生产也能进行；没有生产，交换便不能发生。”

第三，分工理论。伴随社会分工的持续深化、商品经济的不断发展、经济全球化的深入推进，生产、分配、流通、消费也由国家内部的经济循环，逐渐拓展到国际。国内循环是国际循环的基础，国际市场是国内市场的延展。顺畅的国内大循环，以满足国内需求为目的，提升我国产业整体发展水平，形成参与国际竞争和合作的新优势。国际循环越顺畅，就越能发挥我国国际竞争新优势，促进国际国内经济在技术创新、产业链、供应链、产品和劳务等诸方面的互通有无。

第四，运用马克思相对剩余价值生产理论分析。一方面技术进步促进资本有机构成提高，引发一般利润率下降，导致资本积累率的下降，长期内破坏了剩余价值的生产机制；另一方面剩余价值的生产和实现的矛盾，使得相对剩余价值生产机制遭到周期性破坏，这为内循环提供了条件。复旦大学孟捷提出马克思经济学参照系理论，将内循环理解为生产率、实际工资率与赢利能力的并行增长，内循环的实现就是要构建制度条件，保证经济向参照系收敛。

第五，运用马克思资本循环理论分析。一国所有资本循环构成了国内循环；与之相联系的国外资本循环形成了国际循环。清华大学李帮喜以包含进出口的三大部类再生产模型构建了一个理解国民经济循环过程的框架，分析经济的循环过程本质上即价值的循环，其实现条件为经济中的技术结构、分配结构、需求结构、生产结构相互配合。在新冠感染疫情深刻冲击世界经济的背景下，习近平总书记提出要“加快形成以国内大循环为主体、国内国际双循环相互促进的发展新格局”的大战略，此举既是顺势而为的战略举措，更是强国之路的必然选择。

在生产经济循环理论中，消费是终点也是新的起点。注重需求侧改革，有利于“十四五”期间更好地释放改革和制度红利。注重需求侧改革可以科学有效地利用调控手段在短

期内调整需求结构，提升需求总量。通过分析消费能力、消费意愿和消费结构的深层次原因，调整策略和供给方式，使消费市场的“压舱石”作用提升。当今世界经济形势复杂严峻，面对新冠感染疫情和全球贸易局势的不稳定，我国消费呈现一定程度的疲软态势。实施需求侧改革，是发展大国经济和建设现代化经济体系的需要。党的十九大提出了建设现代化经济体系，要求全面构建比较稳固的现代农业、发达的制造业尤其是高级装备制造业以及门类齐全的现代服务业，这些都离不开消费的带动作用，更是中国经济结构性调整的现实需要。

四、新发展格局视域下需求侧改革的科学内涵

1. 打造完整的国内需求体系

习近平总书记指出，“大国经济的优势就是内部可循环”，我国人口基数扩大，人均国民总收入不断增长，形成了庞大的国内需求，扩大内需是形成以“国内大循环”为主体的双循环新发展格局的战略基点，是推动中国经济高质量发展的“压舱石”和“助推器”。需求侧改革新动能形成的成功关键点在于培育和发展完整的国内需求体系，它具有全领域性、多层次性和动态性。完整的国内需求体系，就是要满足居民、企业和政府等市场主体的需求，即在满足居民生存型需求（衣食住行等）的基础上，并顺应消费升级趋势，满足居民的发展型（教育、医疗、通信等）和享受型需求（文体娱乐等）；要满足不同层次、不同规模、不同技术的企业在不同领域的生产资料需求和投资需求；要满足政府在公共服务、基础设施等方面的需求。同时，依据技术、生态、人口结构等的发展变化，调整需求结构，从而适宜性地满足不同主体的个性化、多层次和全方位的需求，以激发内在需求活力，为我国经济高质量发展提供有针对性的保障。中国每年居民消费占国内生产总值比重为 38%，如达到世界平均水平的 58%，每年可以增长 20 万亿元人民币的消费能力。所以，中国拥有世界级的巨大市场，将推动国际大循环运行更加顺畅。

2. 打造内外需双循环增长

当前，我国经济已高度融入世界，成为非洲、阿联酋、东盟、欧盟等 120 多个国家、地区及国际组织的重要贸易伙伴，是世界第一大货物贸易国，全球第二大经济体。在受新冠感染疫情影响，全球经济低迷的当下，“中国是全球贸易复苏的重要贡献者”。经济全球化大势不可逆转，开放合作仍是时代潮流。我国新发展格局是需要更加开放的、协调的、相互畅通的国内国际双循环。在此背景下，需求侧改革不仅要立足本土，而且要放眼世界，实现内外需协调型高质量增长。一方面，把握国际市场需求特点变化，激发更多的市场需求动力，提高中国在国际市场的开拓能力和风险防范能力，从而赢得更多的发展机遇和更大的发展空间；另一方面，将内需形成的创新链、供应链、产业链融入全球价值链中，推动全球生态环境治理、全球贫困治理、全球卫生治理、全球健康治理、全球安全治理等向良好态势发展，形成普惠、共赢的良性互动新局面，满足人民群众对美好生活的需要。

3. 需求侧与供给侧的双向发力

马克思主义理论表明，生产（供给）是为了满足人民物质文化的需要。消费需求是最终需求，消费的启动与扩大，引导和促进商品与服务的生产发展，进而推动生产资料和生产力的发展；产品结构的调整与产业结构的持续优化，满足消费需求的多层次、多样化、高端化、个性化，进一步激发潜在的消费需求，提升整个国民经济的活跃度。因此，供给与需求是相互依存、相互转化，是具有紧密联系性的。同时，中央经济工作会议多次强调的是以“供给侧结构性改革”为主线。“需求侧改革”的提出，是为更好地与供给相适应、相匹配，是对中国高质量发展的更高层次、更系统性的统筹。当前，从供给端来看，中国国内大市场将为新技术、新业态、新管理、新产业提供海量的数据基础、多样的应用场景和充足的成长机会；从需求端来看，中国国内大市场蕴含的无穷潜力将带来新兴消费模式、“高大上”的感观体验和内生发展动力。为了解决国内循环中的供需匹配错位问题，避免无效供给和盲目生产，应协调推进供给侧与需求侧改革，形成需求牵引供给、供给创造需求的传动机制，在保持“中国制造＋中国消费”的内循环中，走向“中国创造＋全球共享”的良性双循环发展格局，实现总供给与总需求更高水平的动态平衡。

五、新发展格局视域下需求侧改革的难点

当前，国际环境日趋复杂，国内发展不平衡不充分问题仍较突出，为适应高质量发展要求，增强国际经济合作和竞争新优势，在构建“双循环”新发展格局中，需求侧面临多个层面的循环堵点，制约着我国经济持续健康地发展，其主要体现在以下几个方面。

1. 投资结构不合理，导致需求虽强劲但效率下降

从投资主体来分析，国有资本投资占比仍然较高，民间固定资产投资发展缓慢。2020年中国社会固定资产投资为527 270亿元，同比下降6%；其中民间固定资产投资为289 264亿元，同比下降7%；何帆（2009年）认为国有投资提供的就业岗位少于民间投资所能吸纳的就业岗位，这是因为国有投资主要以重工业和基础设施建设为主，提供一个就业岗位相应投资比例要大于以轻工业为主的民间个体投资。曾康霖、范俏燕（2009年）认为我国居民收入大部分依然来源于工资收入，在国有投资主体的市场中难以解决居民就业问题。

从投资产业结构失衡来分析，2020年中国第一产业投资额为13 302亿元，占总固定资产投资的2.6%，第一产业投资比例一直处于较低的水平；第二产业投资额为149 154亿元，占总固定资产投资的28.7%；第三产业投资额为356 451亿元，占总固定资产投资的68.7%。第二和第三产业所占比重分别为28.7%和68.7%，占比从第二产业最大发展到第三产业占比最大。究其原因，相比于第一产业，第二产业与第三产业的投资周期较短，收效快，资本的逐利性决定了资本青睐于收益回报高的第二和第三产业。第一产业投资的不足，会使得农产品供给时抗风险能力较差。当新冠感染疫情之类灾害突发状况发生

时，很容易引发农产品价格上涨。同时，一方面会导致居民对未来商品价格通胀的预期，紧缩消费；另一方面也会影响中低收入群体的消费能力，造成居民消费结构的不合理，制约居民未来消费能力的释放。

从投资行业结构失衡来分析，以房地产行业为代表的“老基建”投资占比太高，限制了居民消费能力和购买愿望。2008 年以来，为应对金融危机带来的经济下行压力，我国利用“四万亿计划”的大规模财政投资的举措，刺激“扩大内需”，更多的是依赖地产、基建等投资方式。这些传统模式虽然在一定条件下有效地推动了国内经济的复苏，但也进一步扩大了产能过剩，加大了企业和居民的债务压力，限制了居民消费能力和购买愿望，同时也提高了地方政府的隐性债务风险。尽管自 2015 年供给侧结构性改革以来，“三去一降一补”取得了良好成效，但受 2020 年新冠感染疫情影响，我国在稳控疫情情况下，地产投资、基建投资等逆周期需求仍然强势，2020 年全年全社会固定资产投资 527 270 亿元，比上年增长 2.7%，全年房地产开发投资 141 443 亿元，比上年增长 7.0%，全年房地产开发投资占全年全社会固定资产投资 26.83%。这将极大挤占国家为适合新发展格局而提倡的“新基建”“新型消费”的投资空间，进一步挤压消费潜力。

2. 消费结构不合理，导致消费需求下降

从消费能力来分析，居民人均可支配收入提升缓慢，而居民负债性支出比重则不断增加。央行数据显示，目前国内居民家庭债务率为 60%。对应 2020 年国内 101.60 万亿元的 GDP 规模来计算，全国居民负债额为 61 万亿元，对比 2009 年 19%的占比，中国居民负债率 10 年间跳升了 41%，这一比例远超新兴市场国家 37%的平均水平。过去 10 年间中国负债率增长幅度高达 170%，远超发达经济体 10 年间 20%的增长幅度。据央行报道，75.9%的居民家庭将负债用于买房。居民负债率飙升的最大原因是日益高涨的房价对居民收入形成的“虹吸效应”；居民负债比的提升过快不但冲淡了居民远期消费预期，更是直接削弱居民的即期消费能力，而且债务负担还有可能产生转嫁和传递效应，从而对整体家庭消费形成“挤出效应”。因此可见，国内社会消费品零售总额增速过去 10 年一路走低，从最高点的 23%滑落至目前的 8.0%。另外，我国居民消费能力结构严重不合理。14 亿人中，虽有 4 亿左右的高收入阶层和中产阶层，但有约 10 亿人是低收入者，占总人口的 70%以上，这样的“金字塔型”收入分配格局，严重制约了公众总体消费水平，是消费需求的一个重要堵点。

从消费意愿来分析，凯恩斯的绝对收入假说提出边际消费倾向递减规律。随着收入的增加，消费也会相应增加，但是增加的消费量小于收入的增加量。“预防性储蓄”是居民控制消费增加储蓄的重要原因，即居民为了预防如失业、疾病治疗、子女教育费用等不确定事件的发生，会有意强化自己的储蓄行为，以防未来不时之需。居民对未来的顾虑越多，预防性储蓄倾向越明显，而相应的消费倾向越低。2020 年社会消费品零售总额 391 981 亿元，同比下降 3.9%。2020 年城镇消费品零售额为 339 119 亿元，同比下降 4%；乡村消费品零售额为52 862亿元，同比下降3.2％。由于新冠感染疫情、失业率攀升等不确定性因素影响，引发了大量居民较高的“预防性储蓄”倾向，存在消费的“后顾之忧”，导致居民边际消费倾向不足，总体需求萎缩（张志毅，2020年）。

从消费支出比重来分析，我国居民消费需求增长受到抑制的主要原因，在于住房、教育、医疗等方面占据我国居民或家庭消费支出比重较大，致使居民不得不增加预防性储蓄，用来满足自己及家庭的稳定、健康和发展需求，从而极大地挤占了居民在其他方面的消费能力，也使我国消费结构向不合理化方向发展。国家统计局2020年统计数据显示，2020年，全国居民人均消费支出构成中，居住、医疗保健和教育文化娱乐的支出分别占到了居民人均消费支出的24.6％、8.7％和9.6％，合计达到40.9％。随着中国人口老龄化趋势的来临，联合国人口署的预测，中国60岁以上人口比重在2030年将上升到23.8％，2050年将进一步上升到31.1％（张川川、陈斌开，2014年）。随着“生育三胎”政策的推行，截至2025年之前预计每年约有超4000万的适龄人口。这也意味着，未来居民消费支出中，医疗保健和教育支出比例仍将继续攀升，占据我国普通居民家庭支出的极大部分。

从城乡消费结构来分析，2000年以后，我国基尼系数稳居警戒线0.4之上，城乡居民收入分配差距仍较大，城镇居民消费支出在平稳中呈上升趋势，农村居民消费支出所占比重却逐年下降，而农村人口占我国人口的绝大多数，他们的消费欲望和消费多样性在很大程度上受到了低可支配收入的制约，故而在一定条件下导致我国消费需求的疲软。有关研究表明，若农民工以城市居民消费方式进行消费，那么，我国人均消费支出将增长27％（王一鸣，2020年）。

3. 外需不振，导致出口需求贡献下降

首先，出口对经济增长的贡献率下降。改革开放以来，我国依靠出口劳动密集型产品和服务，在国际贸易中占据着一定的竞争优势，但是受2008年的国际金融危机影响，我国出口对经济增长的贡献率开始下降，特别是自2017年以来，逆全球化、贸易争端、新兴科技革命等对这一竞争优势产生了强烈的冲击。这是因为，在国际分工结构中，美国等发达国家主导保险、金融、信息技术等高附加值服务类行业，中国则始终扮演着“代工厂”角色，锁定加工类、货物类，以及较为低端的机械、电子制造类等低附加值的制造环节。也就是说，我国始终处于高附加值产品“引进来”、低端复制性产品大规模“走出去”的局面。自2013年以来，我国20～59岁的主要劳动年龄人口开始持续下滑，且下滑幅度逐年加大，劳动力比较优势相对减弱。商务部数据显示，2021年上半年，货物和服务净出口对经济增长贡献率为19.1％，拉动经济增长2.4个百分点，同期最终消费支出对经济增长贡献率为61.7％，拉动经济增长7.8个百分点。外需对经济增长的贡献率远低于内需对经济增长的贡献率。

其次，我国核心技术、关键技术长时期地受制于人，科技创新能力不足，既制约了我国产业结构升级，也阻碍了经济高质量发展，而且容易在国际市场竞争中陷入困境，不利于“国际大循环”的贯通。尽管近年来，中国生产性服务贸易技术复杂度呈现上升态势，于2017年在世界各国中排名74，但与发达国家仍有较大差距，与全球生产性服务贸易出口技术复杂度位居首位的卢森堡，差距接近10 000；与金砖国家中的南非、巴西的差距为2 000左右。

因此，当前全球经济低迷，亟须立足国内大循环，在大力推动服务业开放，加强对外贸易的同时，也应培育新的比较优势，改善贸易结构，增强抵御风险的能力。

4. 科技进步导致新兴服务消费外溢

当前，互联网服务已经成为我国居民社会生活中必不可少的重要组成部分，并激发出巨大的网络消费市场，全国网络消费支出对国内生产总值、最终消费增长的贡献率在不断上升。2021年《中国互联网络发展状况统计报告》数据显示，截至2020年6月，我国网民规模达9.4亿，互联网普及率达67.%；我国网络购物用户规模达7.49亿，占网民整体的79.7%；手机网络购物用户规模达7.47亿，占手机网民的80.1%。2019年，全年实物商品网上零售额85 239亿元，占社会消费品零售总额的比重为20.7%；中国的商品及服务网络零售总额为3 334.5亿美元，占全球零售总额的22.9%。由于互联网等新技术的发展，推动了国内居民海外消费的快速增长，导致部分国内需求外流。随着居民收入水平的提高以及消费观念的转变，居民产生新的海外商品需求，推动了跨境电商和海外代购等新型消费的发展。据统计，我国海外代购市场交易规模不断增长，2019年，通过海关跨境电子商务管理平台零售进出口商品总额达1 862.1亿元，增长38.3%。新型消费的发展，在一定程度了释放了潜在的消费需求，但也导致部分消费需求外溢。

5. 城乡差别，导致需求渠道不畅

首先是城乡需求渠道不畅，最明显的是基础设施如乡村电商和物流网络循环不畅。相较于传统实体消费，网络消费逐渐成为当前居民消费主流，最主要的原因是便利，但优势是建立在互联网、物联网的基础之上的。据中国互联网络信息中心（CNNIC）统计，截至2020年6月，我国农村网民规模为2.85亿，占全国网民的30.4%；农村地区互联网普及率为52.3%，低于城镇地区互联网普及率76.4%。可见，未来我国农村网络消费规模增长空间十分广阔。尽管自2014年以来，阿里巴巴、京东等电商平台纷纷下乡，建立农村电子商务服务体系；国家也出台一系列推动农村地区网络消费发展的政策，截至2019年，中国邮政设在农村的快递服务营业网点6.5万处（全国21万处）；至2020年11月，中国快递乡镇网点覆盖率近98%；然而，我国乡村末端配送网点仍不足，有超70%建制村没有电商配送站点，物流体系“最后一公里”没有完全打通。可见，农村地区（尤其是偏远地区）网络消费仍受空间限制。

其次是金融服务市场主体的传导机制不畅。我国传统的金融服务大多仅面向优质客户，中小企业、农村（尤其是偏远地区）低收入群体由于缺少可供抵押的资产、可靠稳定的收入来源和良好的累计信用记录等，而受到金融市场的排斥，不能如愿获得资金支持，大大抑制了当前消费意愿。尽管在政府的支持下，国内自 2013 年 11 月开始正式发展普惠金融，《中国普惠金融创新报告（2020）》数据显示，从我国金融服务的普及性和可获得性来看，我国银行业金融机构网点存在一定的区位差异。据统计，2019 年，我国东部地区、中部地区、西部地区和东北地区的地理渗透性分别为 10.10、19.266 2、112.99、35.81 个/km^2；人口渗透率分别为 1.68、1.45、1.59、2.00 个/万人。可见，我国西部地区的金融地理渗透性总体上要高于东部、中部以及东北地区，存在不均衡发展，致使不同地区的金融服务可得性在公平性上存在差异。

六、现代服务业加快发展对深化需求侧改革的作用

从构建新发展格局要求看，需求侧改革是推动构建国内经济大循环格局的内在要求。当前，我国经济已进入高质量发展新阶段，构建以国内大循环为主体、国内国际双循环相互促进的新发展格局，首要就是要坚持国内大循环为主体。要实现国内大循环为主体这一目标，就要尽快建立起完备的内需体系，进一步发挥好消费在国民经济运行中的基础性作用，进一步推动消费升级，以满足人民日益增长的美好生活需要（李敬子、陈强远等，2020 年）。而中国要释放国内巨大的消费潜力，应全方位把握服务业和服务贸易的发展状况和动态变化（杨盼盼、崔晓敏，2021 年）。通过对比我国和美国、欧盟、日本服务业的研究发现：最终需求的国内增加值占比高低和经济结构中服务业占比高低决定了发达经济体内循环程度的高低。中国即将步入后工业化时代，从国际比较而言，由于大部分服务业的不可贸易性，扩大内需和内循环需求升级有赖于服务业的发展。服务业的发展能够打通流通各环节中需求的堵点并疏解对应的堵点。这与中国经济目前所处阶段性相匹配。

新发展格局下需求侧改革的战略基点是扩大内需（刘鹤，2020 年）。需求侧改革主要通过扩大内需来实现（顾阳，2020 年）。制约居民消费水平的核心“堵点”就是消费能力（董志勇、李成明，2020 年）。新形势下的需求侧改革，重点不是“量”的调节，“质”的调节才是要点（金碚，2021 年）。实践表明，发展服务业已经成为扩大内需的重要途径。服务业发展会通过收入水平提升、投资渠道扩大、就业吸纳、资源优化配置起到扩大内需的作用（王杨，2021 年）。

1. 服务业促进就业对内需的拉动作用

重点发挥服务业的“就业效应”，提升居民收入，从收入源头打通内需的堵点。近年来，我国服务业发展取得显著成效，成为国民经济和吸纳就业的第一大产业，稳增长、促改革、调结构、惠民生作用持续增强。发展现代服务业对于扩大内需的拉动作用，主要是从就业、收入水平等角度来考虑（张婷，2019 年）。服务业对需求的促进作用主要体现为“就业效应”（王晶晶、陈启斐等，2014 年）。

扩大内需具有强烈的民生导向，而服务业是满足民生的重要内容（夏杰长，2009 年）。

目前我国居民消费需求扩大的潜在性主要还是在于消费性服务，这也就鼓励了我国相关现代服务业的发展与创新。大部分服务业不可进行贸易的特征，决定了其对内需增长的贡献极大。2018 年中国服务性消费占人均消费支出中比重的 44.2%，2019 年提升至 45.9%。北京市 2019 年服务性消费占人均消费支出中比重的 55.1%，服务性消费对消费增长的贡献率达到 72.7%（张培丽，2021 年）。

服务业与居民消费之间存在着长期的均衡关系，其主要表现为服务业对居民消费增长的一种促进作用。王晶晶、陈启斐等（2014 年）的实证结果表明服务业对需求的促进作用主要体现为就业效应。服务业是各国吸纳就业的主阵地。在全球范围内，服务业就业人员在总就业人员中所占比重从 1991 年的 34.58%，快速上升到 2004 年的 40.67%，首次突破 40%大关，截至 2018 年，服务业吸纳全球总就业人数更是高达 48.77%，全球经济进入名副其实的服务经济时代。2020 年，中国第三产业从业人员占比高达 47%，服务业就业效应明显，这对于增加居民收入，提升居民消费能力有着直接的拉动作用。

现代服务业吸纳剩余劳动力，保证消费者的收入水平，同时可以解决资源错配的问题，合理提升居民收入（夏杰长、肖宇等，2020 年）。而民生性质的现代服务业的发展，可以降低消费者的预防性储蓄，提高消费能力，最终实现增进国民福利水平的目的。金融性质的现代服务业的发展，则可以拓宽消费者的投资渠道，增加居民收入水平，最终达到提高居民消费能力的目的。发展现代服务业是提高需求的重要因素，但这一促进作用主要体现在现代服务业的就业效应上，而非规模效应（王晶晶、陈启斐等，2014 年）。

2. 服务业对优化居民消费结构的作用

当前我国经济社会发展呈现出消费引领、服务驱动的特征。与此同时，国民收入水平提升扩大了生活性服务消费新需求，信息网络技术不断突破拓展了生活性服务消费新渠道，新型城镇化等国家重大战略实施扩展了生活性服务消费新空间，人民群众对生活性服务的需要日益增长、对服务品质的要求不断提高，生活性服务消费蕴含巨大潜力。

新业态新模式正在引领新型服务消费发展。目前，以网络购物、移动支付、线上线下融合等新业态新模式为特征的新型消费迅速发展，特别是自新冠感染疫情发生以来，传统接触式线下消费受到影响，新型消费发挥了重要作用，有效保障了居民日常生活需要，推动了国内消费恢复，促进了经济企稳回升。

我国居民消费需求扩大的潜在性主要还是在于消费性服务（夏杰长，2009 年），这也就鼓励了我国相关现代服务业的发展与创新。扩大内需的新突破口在于增加新型服务消费（张培丽，2021 年）。作为人口大国和世界第二大经济体，中国需求侧改革主要问题是虽拥有超大规模市场需求，但多样化、个性化、高端化需求得不到满足，消费者仍需在海外市场大量消费，国内有效需求仍然不足（刘勇、李丽珍，2021 年）。消费需求的个性化、多样化和优质化，往往也要求通过服务业发展及其质量的提升来提供引领支撑（姜长云，2019 年）。

为顺应经济发展的趋势，文化创意服务业、农业设计服务业、科技服务业和农业产业的融合发展成为大势所趋。随着新技术的进步，“互联网＋”或电子商务能够在更大空间内实现供需顺畅对接，迅速发展，通过链接和匹配功能，有效集成、集聚边角化、碎片化、小众化的需求和细分市场、长尾市场，更好地满足消费需求扩张升级对居民消费体验、便利、互联的需求，从而形成可盈利的新产业、新业态、新模式的发展。

我国现阶段消费需求所呈现的个性化、多样化、优质化和服务化特征，不仅是经济发展和居民收入水平提高的结果，更与人口年龄结构变化所产生的激发效应密切相关。我国城镇化不断深化，老龄化步伐提速，也会对消费结构升级和消费需求扩张带来新的影响，如由此所带动健康养生服务、医疗服务、家庭服务的需求迅速扩张，为相关服务业发展提供了新的契机。

3. 服务业开放对消费需求的促进作用

推进“双循环”的关键是要加快服务贸易发展（迟福林，2021 年）。大力发展服务贸易，是扩大开放、拓展发展空间的重要着力点，有利于稳定和增加就业、调整经济结构、提高发展质量效率、培育新的增长点。扩大服务业对外开放成为推动中国产业结构升级和对外贸易高质量发展的主要路径。服务业开放能显著促进中国制造业企业一般贸易额上升，通过降低变动成本和固定成本来促进其一般贸易额增加（符大海、鲁成浩，2021 年）。当今世界服务贸易已成为全球自由贸易的焦点。2010—2019 年全球服务贸易额由 7.8 万亿美元增长至 11.9 万亿美元，服务贸易额占贸易总额的比重由 20.3％提高至 23.8％，预计到 2040 年将提升至 50％。服务业成为发达国家发展的主引擎。从整体上把握服务贸易成为国际贸易发展的新动力的机遇，扩大服务业开放空间，建立健全知识产权保护体系，优化服务业对外开放结构，进一步扩大服务业开放（夏杰长、肖宇等，2020)。

七、数字经济背景下需求侧改革如何倒逼现代服务业发展

1. 加强体制机制建设，引领服务业结构优化

加强顶层设计，着力强化服务业发展根基。推动结构优化，持续打造服务业结构数字化、高端化、合理化。在政府宏观政策上，应加大鼓励各类内需增长的政策力度，加快服务市场开放步伐；在结构政策上，把促进服务业发展放在更重要的地位，积极扩大教育、医疗和公共服务等需求，增强人力资本和研发技术水平。各地政府把发展服务业作为扩大内需、吸纳就业、拉动增长的主力军（毛艳华、李敬子，2015 年）。但在着力加强服务业发展的同时，也要注意产业间平衡，确保相应的资源流向农业、工业部门，防止各地“一哄而上”发展服务业，防范“过度去工业化”(魏后凯、王颂吉，2019 年)。

2. 加快发展现代服务业，促进消费结构升级

推动生活消费方式由生存型、传统型、物质型向发展型、现代型、服务型转变，促进和带动其他生活性服务业领域发展。

扩大服务消费需求。大力发展健康、养生、养老等产业，为满足大众新需求，适应消费结构升级新需要，深度开发现代化生活性服务消费。积极运用互联网等现代信息技术，培育新型服务消费，推动线上线下融合业态。推动“全域旅游”，赋予旅游文化内涵，丰富文体事业，推动文体优势品牌和项目“走出去”，开拓国际市场。提升服务质量水平。打造“中国服务”品牌。积极运用新理念和新技术，改进提高服务质量。力争实现生活性服务业总体规模持续扩大，新业态、新模式不断培育成长。

推动一二三产业深度融合。给予涉农企业和机构产品质量认证支持、消费金融服务支持，鼓励其科技创新、加强推广应用能力。倡导“新基建”，积极发展数字赋能，提质增效。借助工业互联网、电商平台、云计算等先进技术，开展线上线下深度融合，通过网络集聚效应，满足居民小批量、个性化需求，提高资源优化配置效率。在新发展格局背景下，通过提升服务业发展质量，增强服务业创新供给、激活潜在需求、引领需求升级方向、提升服务体验的能力日趋重要。

3. 大力发展新业态新模式引领的新型服务消费

通过优化新业态新模式引领新型消费发展的环境，提升新型消费产品的供给质量、增强新型消费对扩内需稳就业的支撑，培育形成一批新型消费示范城市和领先企业，实物商品网上零售额占社会消费品零售总额比重显著提高，“互联网＋”服务等消费新业态新模式得到普及并趋于成熟。加力推动线上线下消费有机融合。培育壮大各类消费新业态新模式。推动线上线下融合消费双向提速。支持互联网平台企业向线下延伸拓展，加快传统线下业态数字化改造和转型升级，发展个性化定制、柔性化生产，推动线上线下消费高效融合、大中小企业协同联动、上下游全链条一体发展。

鼓励企业依托新型消费拓展国际市场。推动电子商务、数字服务等企业“走出去”，开拓国际市场特别是“一带一路”沿线业务，培育一批具有全球资源配置能力的国际一流平台企业和物流供应链企业。依托新型消费带动传统商品市场拓展对外贸易、促进区域产业集聚。

4. 加快发展服务贸易，进一步扩大服务业开放

依托大数据、物联网、移动互联网、云计算等新技术推动服务贸易模式创新。进一步扩大服务业开放，提高利用外资的质量和水平。重视科技创新对服务业开放的推动作用。ICT 技术发展和科技创新直接推动服务业的“可贸易性革命”和劳动力“虚拟跨境流动”，科技创新将极大推动生产与服务过程可分离，可带动离岸服务外包业务在全球迅猛发展。(Freund & Weinhold，2002 年；江小涓，2008 年)。

参考文献

[1] [英] 亚当·斯密. 国富论 [M]. 郭大力，王亚南，译. 北京：商务印书馆，2018.

[2] 中共中央马克思恩格斯列宁斯大林著作编译局. 马克思恩格斯文集（第 1 卷）[M]. 北京：人民出版社，2009.

[3] 鲁保林，王朝科. 畅通国民经济循环：基于政治经济学的分析 [J]. 经济学家，2021 (01)：15-23.

[4] 孔晓，谢地. 构建新发展格局与马克思主义经济学的创新发展——全国第十四届马克思主义经济学发展与创新论坛综述 [J]. 经济研究，2021，56 (03)：204-208.

[5] 何帆. 保增长未必促就业 [N]. 第一财经日报，2009-07-20 (A15).

[6] 曾康霖，范俏燕. 论财产性收入与扩大内需 [J]. 经济学动态，2009 (09)：44-48.

[7] 张志毅. 需求侧改革的关键是增强民众消费能力 [J]. 中关村，2020 (12)：28-29.

[8] 张川川，陈斌开. "社会养老"能否替代"家庭养老"？——来自中国新型农村社会养老保险的证据 [J]. 经济研究，2014，49 (11)：102-115.

[9] 王一鸣. 百年大变局、高质量发展与构建新发展格局 [J]. 管理世界，2020，36 (12)：1-13.

[10] 李敬子，陈强远，钱学锋. 非位似偏好、非线性本地市场效应与服务贸易出口 [J]. 经济研究，2020，55 (02)：133-147.

[11] 杨盼盼，崔晓敏. "双循环"新发展格局的国际比较与启示 [J]. 开放导报，2021 (01)：51-60.

[12] 刘鹤. 加快构建以国内大循环为主体、国内国际双循环相互促进的新发展格局 [N]. 人民日报，2020-11-25 (006).

[13] 顾阳. 扩内需促消费提升发展动力 [N]. 经济日报，2020 11 06 (003).

[14] 董志勇，李成明. 国内国际双循环新发展格局：历史溯源、逻辑阐释与政策导向 [J]. 中共中央党校（国家行政学院）学报，2020，24 (05)：47-55.

[15] 金碚. 经济双循环视域下的需求侧改革 [J/OL]. 新疆师范大学学报（哲学社会科学版)，2021 (05)：1-9 [2021-08-14]. https：//doi. org/10.141 00/j. cnki. 65-1039/g4.202 10125.001.

[16] 王杨. 内外双循环背景下服务业发展与扩大内需双向互动机制探讨 [J]. 商业经济研究，2021 (02)：175-178.

[17] 张婷. 服务业对居民消费的影响——基于我国分地区面板数据的实证 [J]. 商业经济研究，2019 (14)：52-55.

[18] 王晶晶，陈启斐，丁平. 城镇化与现代服务业发展对扩大消费需求的实证研究 [J]. 西安交通大学学报（社会科学版)，2014，34 (03)：39-45.

[19] 夏杰长. 大力发展服务业是扩大内需的重要途径 [J]. 经济学动态，2009 (02)：61-64.

［20］张培丽. 扩大内需与深化供给侧结构性改革结合的逻辑与路径研究［J］. 中国特色社会主义研究，2021（03）：41-48.

［21］夏杰长，肖宇，孙盼盼. 以服务业扩大开放促进中国产业升级：理论逻辑与政策思路［J］. 国际贸易，2020（06）：4-13＋79.

［22］刘勇，李丽珍. “双循环”新发展格局下企业转型发展的机理、路径与政策建议［J］. 河北经贸大学学报，2021，42（01）：41-50.

［23］姜长云. 服务业高质量发展的内涵界定与推进策略［J］. 改革，2019（06）：41-52.

［24］迟福林. 以服务业贸易为重点加快推进高水平开放［J］. 当代金融家，2021（01）：43-45.

［25］符大海，鲁成浩. 服务业开放促进贸易方式转型——企业层面的理论和中国经验［J/OL］. 中国工业经济，2021（07）：156-174［2021-08-16］.

［26］毛艳华，李敬子. 中国服务业出口的本地市场效应研究［J］. 经济研究，2015，50（08）：98-113.

［27］魏后凯，王颂吉. 中国“过度去工业化”现象剖析与理论反思［J］. 中国工业经济，2019（01）：5-22.

［28］Freund C and D Weinhold. The Internet and International Trade in Service［J］. American Economic Review，2002，92（2），236-240.

［29］江小涓. 服务全球化的发展趋势和理论分析［J］. 经济研究，2008（02）：4-18.

年报问询函的公司治理效应：非效率投资视角

曾辉祥　龚方圆　周　琼*

摘　要：作为交易所一线监管的重要手段，年报问询函制度的监管效果受到政策制定者和学术界的广泛关注。本文以中国这一世界上最大的新兴经济体为研究对象，从企业资源配置效率——“非效率投资”视角，实证检验了年报问询函对中国A股主板上市公司所产生的经济后果。研究发现：(1) 年报问询函能有效抑制被问询公司的非效率投资行为，且这种抑制效应会因问询回合、问询问题数量等特征而存在显著差异；(2) 进一步分析表明，公司所在地区的外部治理环境（例如地区中介组织发育程度、法律制度环境）是年报问询函发挥其公司治理效应的重要边界条件；(3) 异质性分析发现，年报问询函的作用效果会因被问询公司产权性质和问询主体证券交易所的差异而有所差别；(4) 在作用机制方面，降低被问询公司的代理成本和提高其代理效率是年报问询函改善企业投资效率的重要渠道。本研究不仅丰富了年报问询函经济后果和企业投资效率影响因素的相关文献，也为完善资本市场监管体系和实现金融服务实体经济提供了参考。

关键词：年报问询函；非效率投资；外部治理环境；监管转型

一、引言

问询函是证券监管部门针对上市公司披露的重大信息或在审核上市公司提交材料的过程中所发现的问题，提出质疑并要求上市公司予以反馈的一种监管机制。其目的是规范上市公司的信息披露，进而维护投资者的合法权益。尽管问询函不同于证监会的行政处罚，不具有惩罚性质，但比起普通的提醒，问询函也足以引起各方利益相关者的高度重视，促使被问询上市公司谨慎地进行财务决策。这种监管制度在不同的国家以不同的方式发挥着独特作用。例如，学术界和实务界都承认了美国证券交易委员会的问询函公开制度的有效性，但也存在时效性差、威慑力不足等问题；相较之下，中国的年报问询函制度要求被问询公司及时回函并披露，消极应对问询函的公司不仅声誉受损，更会面临监管处罚，体现

* 曾辉祥，中南大学商学院副教授、硕士生导师；龚方圆，中南大学商学院硕士研究生；周琼，中南大学商学院博士研究生。

出独特的制度优势。

自问询函制度诞生以来，学者们从不同视角探究了它的经济后果，例如年报披露质量（Bens，et al.，2016；Johnston and Petacchi，2017；Chen，et al.，2019；Kubick，et al.，2016）、业绩预告质量（Wang，2016；Li，et al.，2019）、审计质量（Chen，et al.，2018）、溢出效应（Brown，et al.，2015）及股价崩盘风险（Zhang，et al.，2018）等。尽管已有研究证实了问询函的警钟效应，即问询函确实能制约和规范公司的信息披露决策与行为，但既有研究多侧重于问询函的直接效果，或者说更多地证实了问询函的必要性。本文拟从投资效率角度探究年报问询函的间接效果，一是希望能拓展关于年报问询函间接影响的研究，（Brown，et al.，2015）证实问询函对企业信息披露的影响在同行业企业之间存在溢出效应，问询函对被问询公司管理者的行为决策的影响是否也存在溢出效应？即是否会影响信息披露之外的其他行为决策？二是想从投资效率低下这一普遍现象入手，根据委托代理理论（Majluf and Myers，1984）从制度层面探寻提升治理能力的有效举措。

本文以中国为研究背景，主要基于以下原因。一方面，中国上市公司的非效率投资行为屡见不鲜，既存在普遍的过度投资行为，自由现金流被滥用的现象极为严重（Xin，et al.，2007），也有大量企业面临严峻的融资约束，企业投资难以达到最优水平，导致投资不足现象严重（Zheng，et al.，2001），不仅损害了投资者的经济利益，还造成了社会资源的浪费。另一方面，党的十九大报告指出要“创新监管方式”，把主动防范化解风险放在“三大攻坚战”首位，特别是要发挥交易所一线监管的作用，将其作为资本市场监管补短板的重要举措。中国正处于全面深化改革关键期，如何充分发挥市场在资源配置中的决定性作用，以及如何实现“金融服务实体经济”而非金融“蚕食”实体经济，进而推动政府与市场形成合力而非针锋相对成为当下迫切需要探究的现实问题。问询函制度作为政府监管理念转型的重要举措，能否提高资源配置效率并助力改革初衷的实现还有待验证。此外，相比于美国等资本市场发育较为完善的国家（股票的购买者多为机构投资者），中国的资本市场以散户为主，他们的信息搜集能力和分析处理能力相对较弱，导致他们更容易产生恐慌和跟风从众。中国特色社会主义市场经济制度体系包括政府“看得见的手”和市场“看不见的手”，问询函披露对于公司管理者的行为决策是否会产生不同于资本主义市场经济的作用有待检验。因此，本文立足于中国背景探究年报问询函对公司投资决策产生的经济后果，不仅能为完善中国资本市场监管体系和提升公司治理效能提供经验证据，还能为其他发展中国家在健全资本市场和发展实体经济提供参考。

从理论上来看，问询函的蝴蝶效应能引起公众、媒体和机构高度关注被问询公司，公司将面临更高的信息隐藏成本和违规成本，进而提高其会计信息质量。根据委托代理理论，信息环境的改善有助于限制管理者的机会主义行为，这是由于低质量的会计信息会通过加剧股东与管理层之间的信息不对称，提供引发道德风险等渠道降低企业投资效率（Biddle，et al.，2009；Liu，et al.，2014；Wang，et al.，2011）。从这个角度来看，年报问询函可以通过提高会计信息质量缓解信息不对称，以减少管理者利己主义行为并抑制非效率投资，如此一来，作为一线监管手段的问询函制度确实能发挥其治理效果。但从威慑理论的角度来看，当违规行为的预期效用超过将时间和资源用于从事其他活动所带来的效用时才会发生违规，而惩罚则削弱了违规的预期效用（Becker and Gary，1968）。问询函作为非处罚性行政监管，发函主体是证券交易所而非中国证监会，它对违规行为预期收益的削弱程度可能微乎其微。换言之，问询函制度并不能改变管理者对机会主义行为成本效益的判断，问询函形式的监管可能无法影响管理者的行为决策。结合以上两个方面的分析，问询函制度是否会影响企业的投资决策有待实证验证。

鉴于此，本文首先检验了交易所发函是否会对企业的非效率投资行为产生影响，发现问询函能抑制企业的非效率投资，这种抑制效果会受到问询特征的影响，被问询公司当年收到的年报问询函次数越多、问题数量越多，年报问询函的抑制作用更为显著。其次，进一步分析了外部治理环境的影响，发现在较为良好的外部治理环境中（所处地区的中介组织发育程度较高、法律制度环境较完善，被投资机构跟踪关注度较高），年报问询函对公司非效率投资的边际作用相对较弱。上述结果在改变投资效率衡量方法、变换实证检验模型及引入工具变量等一系列测试后依然稳健。在此基础上，本文还进行了一系列异质性分析和作用机制检验，发现年报问询函的作用效果与问询客体上市公司的产权性质和问询主体证券交易所的差异有关，主要在非国有企业和受上交所监管的企业发挥出作用；在具体的作用机制方面发现，公司被问询后代理成本显著降低，说明问询函通过降低代理成本抑制了企业的非效率投资行为。综上，本文认为客观的监管压力和主观上缓解市场负面反应的意愿会促使公司提高其信息披露质量，进而降低代理成本，抑制非效率投资行为。

本研究的边际贡献体现在以下几个方面：（1）本文首次从投资决策的角度探究了问询函的溢出效应。已有研究主要讨论了问询函对企业信息披露决策本身的直接影响（Wang，2016；Bozanic，et al.，2017），本文则选取企业投资效率这个独特视角检验问询函的治理效果，并从企业内部特征和外部环境等方面深刻揭示了年报问询函发挥抑制效应的边界条件和潜在传导机制，本研究在丰富问询函经济后果研究文献的同时，也为探讨问询函制度的有效性和必要性增添了经验证据。

（2）本文构建了资本市场正式监管制度与企业投资效率的研究框架，为探究企业资源配置效率的影响因素开辟了一个新的视角。相较于从企业特征或高管特质方面研究企业非效率投资的影响因素（Biddle，et al.，2009；Richardson，2006；García Lara，et al.，2016），本文重点关注以年报问询函为代表的外部正式监管制度对企业投资决策的影响效果，是对本领域研究视角的拓展；此外，本文以中国为背景，研究在经济转轨、监管转型、散户多、资本市场发育尚不完善等独特情景下年报问询函的实施效果，对于其他发展中国家或新兴经济体具有参考价值。

（3）本文验证了市场“看不见的手”会强化抑或削弱政府“看得见的手”的纠偏效果这一问题。考虑到年报问询函制度实施环境的复杂性以及相关法律法规的不完备性，本文检验了机构研报关注度、中介组织发育和法律制度环境一类市场监督环境对于年报问询函制度作用发挥的影响，还根据企业产权性质、发函主体的不同分组进行异质性分析，能更加精确识别年报问询函制度的净效应，获得更为全面的经验证据。对于总结年报问询函制度的实施效果和监管体制改革经验有重要参考价值。

本文后续内容安排如下：第二部分在介绍制度背景和回顾基本理论的基础上，提出本文的研究假设，第三部分为研究设计，第四部分为实证结果及分析，第五部分从异质性和机制方面做了进一步研究，最后总结全文。

二、制度背景、理论基础与研究假设

（一）制度背景

中国在全面深化改革和构建中国特色社会主义市场经济体制的进程中，政府职能逐渐从事前监管转向事中和事后监管。2013 年 7 月，“信息披露直通车制度”正式实施，上市公司披露信息无须经过交易所审核，可直接向公众披露规定范围的信息，并对披露的信息负责。中国证监会指出，处理好政府与市场的关系进而实现监管转型的核心是“放松管制、加强监管”，事前需要进一步简政放权，逐步减少行政审批事项，事中事后则需要切实将监管职能落到实处。本文重点关注的年报问询函制度便是事后监管的重要手段。根据证监会要求，证券交易所根据具体情况对上市公司年报实施审核，3 年内每家公司至少应审核一次；并从 2014 年起，交易所开始公开其向上市公司发送的年报问询函件。上海证券交易所和深圳证券交易所作为发函主体负责对财务报告进行审核，当发现信息披露不合规或对某些披露内容存在疑惑时，便可及时发放问询函要求上市公司在规定时间内处理财务报告相关问题并进行回复。部分财务报告问询函还会要求会计师事务所、律师事务所、保荐机构等中介机构对相关事项发表专业核查意见。

交易所年报问询的一般流程为：交易所在上市公司发布年度报告后的约 20 个交易日内对其进行审核，针对年报中存在的问题向上市公司发放问询函，同时在交易所网站的“监管问询”板块予以公开，并要求上市公司在规定时间内（通常为 5 个交易日）以回函形式进行解释说明或补充披露。一般而言，交易所与公司会经过一轮或多轮交流，直到相关问题全部得到解决，整个问询过程方可结束。

（二）理论基础与研究假设

委托代理理论从根本上揭示了现代企业存在代理问题的根源，即经营权与所有权分离。在信息不对称和契约不完善的环境下，所有者（委托人）与管理者（代理人）之间的利益并不完全一致，当利益目标出现分歧时，代理人在行使委托人授予的资源决策权时可能会受到诱惑，从而把个人利益置于委托人利益之上，损害委托人的利益，即产生代理问题（Majluf and Myers，1984）。然而，威慑理论认为，当违法行为的预期收益高于机会成本时，便会触发违规动机，而惩罚则改变了当事人对于预期收益的评价，进而影响其对违法收益与成本的权衡（Becker and Gary，1968）。基于威慑理论，本文认为恰当的惩罚制度对于代理人机会主义行为会产生一定的威慑作用，惩罚存在的意义除了惩罚本身，更有着威慑和警示效果。年报问询函一旦公开披露，意味着被问询公司会受到广泛且高度关注，对于存在问题的公司而言无疑是一种惩罚，问询函披露带来的负面影响削弱了公司管理者对机会主义行为的收益预判，或许能在一定程度上规范和约束代理人的行为决策，发挥治理效用。

1. 年报问询函与企业非效率投资

年报问询函作为政府监管上市公司信息披露的一种重要手段，能产生广泛而深远的影响。虽然问询本身并不是处罚，但问询函披露会带来更大的监管压力和更高的违规成本，以及强烈的负面市场反应（Johnston and Petacchi，2017），对公司而言是一种间接惩罚。犯罪学中的威慑理论指出，惩罚会削弱违法的预期效用，改变违法收益与成本相对价值（Becker and Gary，1968）。从这个角度来说，年报问询函形成的威慑效果会促使公司有所作为，以改善被问询后的处境。鉴于此，本文认为外在的监管压力和缓解市场负面反应的主观意愿促使被问询公司提升其信息披露质量，进而有助于缓解信息不对称。

一方面，年报问询函向资本市场传递了公司信息披露质量较低的信号，且市场参与者认可这种监管前移的作用，面对收函公告，会引起负面市场反应，被问询公司有动机主动提高信息质量以扭转市场的负面预期（Li，et al.，2019），一定程度上改善了信息不对称。另一方面，年报问询函作为公开的监管信息，向投资者揭示公司盈利能力等潜在问题（Chen，et al.，2018），导致公司的股东和其他利益相关者增加对公司行为的监控，这变相地增加了公司隐藏信息的成本（Cheng，et al.，2013），迫使公司减少“坏消息”隐藏，从而提高公司的财务报告质量，有助于缓解公司与资本市场之间的信息不对称（Zhang，et al.，2018）。此外，被问询公司为应对问询函而发布回函公告可以视为公司补充信息披露的一种方式，使得投资者获得更多涉及公司具体情况的信息，也缓解了信息不对称问题（Chen，et al.，2019）。

正如（Majluf and Myers，1984）指出，信息不对称是投资效率低下的首要原因，改善信息不对称则有利于提高公司的投资效率。具体地讲，投资决策前为搜集大量信息而形成管理者私人成本，而这种私人成本往往只能得到部分补偿，在信息不对称、股东对投资决策过程缺乏足够了解的情况下，会产生两种可能。一种可能是管理者发生“偷懒”行为，管理者不搜集信息而直接选择风险较低的投资项目，进而产生投资不足（Aggarwal and Samwick，2006；Majluf and Myers，1984）；另一种可能则是在公司存在富余自由现金流量的情况下，管理层不将其返还给股东，取而代之的是滥用资金、在职消费、盲目扩大企业规模等行为，进而产生过度投资（Jensen，1999）。年报问询函的威慑力促使公司提高会计信息质量和改善信息不对称，优化了委托人（股东）对代理人（管理者）的监督环境，通过规范约束代理人的“偷懒”行为、滥用现金流和“帝国建设”行为，进而提高公司的投资效率。因此，本文认为年报问询函能通过提升被问询公司的信息披露质量来缓解信息不对称和强化外部监管，进而能有效减少其非效率投资行为，并提出本文的核心假设：

H1：年报问询函能有效抑制企业非效率投资。

2. 外部治理环境的调节效应

毋庸置疑，企业作为活跃于市场的个体，其行为决策必然会受外部市场环境影响。当企业被问询时，年报问询这一事件冲击并不是管理者决策的唯一考虑因素，政府监管和外部市场环境压力也会影响管理层对监管压力与违规成本的权衡。基于此，本文进一步考察公司外部治理环境对年报问询函与非效率投资关系的影响。

一方面，如前所述，公司披露年报问询函与回函会引起各利益相关方的高度关注以及市场的负面反应等后果，对被问询公司形成警示和威慑。事实上，公司本身就不乏外部监督，如良好的法律制度环境和信息环境能形成有效监督和威慑，进而限制管理者的机会主义行为（Bowen，et al.，2008；Leuz，et al.，2003；Chung，et al.，2013），年报问询函则弥补和放大了这种威慑力。基于威慑理论，外部环境的隐形监管越严格，被问询公司面临的监管压力和违规成本越高，这种威慑力对预期违规收益的削弱作用也越强。本文根据外部治理环境来衡量非正式监管威慑力强度，主要包括公司被投资机构跟踪关注度、公司所处地区的中介组织发育程度和法律制度环境三个重要维度。在公司所处的外部环境中，投资机构跟踪关注可以降低企业和投资者之间的信息不对称，对企业形成隐形监督；中介组织发育程度和法律制度环境是刻画地区市场化进程和市场成熟度的重要维度，相对完善的市场同样能对企业行为形成约束。与年报问询函这一正式的行政监管手段不同，外部治理环境来源于市场上活跃的中介机构监督以及市场为投资者提供保护的环境，是一种非正式且非行政的监督压力。显然，作为正式制度的年报问询函对监管威慑力的放大效果也受非正式监督环境的影响。

另一方面，机构投资者和分析师通过跟踪监督公司行为并与公众分享分析结果，可以帮助股东和投资者获得有关公司未来前景和实际投资决策的更多信息，能够在一定程度上改善信息环境（Chen，et al.，2017），这一过程可以有效阻碍管理者损害公司价值的活动（Bowen，et al.，2008）。根据委托代理理论，信息环境的改善有利于股东更好地监督和评价管理层，机构跟踪关注度越高，则对投资者与管理层之间的信息不对称的改善越大（Healy and Palepu，2001），对管理者的行为约束越强。包括会计信息披露在内的企业行为倾向是其外部治理环境的重要体现，年报问询对信息不对称的改善程度依赖于企业外部治理环境所释放的压力。因此，本文提出如下假设：

H2：外部治理环境会调节年报问询函对企业非效率投资的抑制效应。

三、研究设计

（一）样本与数据

为了检验年报问询函对公司投资效率的影响，本文以 2017—2019 年中国 A 股主板上市公司为研究样本，并根据以下原则对初始样本进行筛选：（1）剔除金融行业上市公司样本；（2）剔除观测期内交易状态异常（ST、* ST）的样本；（3）剔除财务数据缺失的样本；（4）对主要连续性变量作首尾 1% 的 Winsorize 处理。经过筛选和剔除后（筛选过程见表 1 Panel A)，本文共得到 1 415 家公司的 4 041 个公司—年份观测值，样本的行业分布情况如表 1 Panel B 所示。

表 1　样本筛选过程及行业分布

Panel A：样本筛选过程	
筛选阶段	企业数量
初始样本	1 904
剔除金融行业上市公司样本观测值	(78)
剔除交易状态异常（ST、* ST）的企业	(109)
剔除数据异常或数据缺失的企业	(302)
最终样本	1 415

Panel B：行业分布			
行业代码	行业名称	企业数量	比例（%）
A	农、林、牧、渔业	19	1.34
B	采矿业	59	4.17
C1	制造业	98	6.93
C2		227	16.04
C3		420	29.68
C4		12	0.85
D	电力、热力、燃气及水生产和供应业	85	6.01
E	建筑业	40	2.83
F	批发和零售业	119	8.41
G	交通运输、仓储和邮政业	69	4.88
H	住宿和餐饮业	7	0.49
I	信息传输、软件和信息技术服务业	52	3.67
K	房地产业	106	7.49
L	租赁和商务服务业	20	1.41
M	科学研究和技术服务业	11	0.78
N	水利、环境和公共设施管理业	20	1.41
P	教育	3	0.21
Q	卫生和社会工作	4	0.28
R	文化、体育和娱乐业	24	1.70
S	综合	20	1.41
合计		1 415	100

所有变量的数据来源如下：(1) 上市公司投资效率借鉴（Richardson，2006）投资效率模型计算得出；(2) 年报问询函文本来自深交所的“问询函件”栏目和上交所的“监管问询”栏目，由作者手工搜集整理得到；(3) 调节变量研报关注度和公司基本特征数据来自国泰安数据库；(4) 调节变量市场中介组织的发育和法律制度环境指数来自《中国分省份市场化指数报告（2016）》(Wang，et al.，2017)，由于无法获得更新的报告，且省份之间的市场化程度差异不会发生较大的变化，本文的指数平滑了 2016 年的数据；(5) 区域特征来自中国统计年鉴。

（二）变量

1. 被解释变量

企业非效率投资是本文的被解释变量。参考（Chen and Huang，2019）、(Liu，et al.，2014) 的研究，本文也沿用（Richardson，2006）的方法，通过构建 Model (1) 来测度企业的非效率投资水平。

$$\begin{aligned}\text{Invest}t=&\beta_0+\beta_1\text{Growth}_{t-1}+\beta_2\text{Lev}_{t-1}+\beta_3\text{Cash}_{t-1}+\beta_4\text{Age}_{t-1}\\&+\beta_5\text{Size}_{t-1}+\beta_6\text{Return}_{t-1}+\beta_7\text{Invest}_{t-1}+\text{industry}+\text{year}+(\zeta)\end{aligned}$$

Model (1)

在 Model (1) 中，Invest 表示企业当年的投资水平，Invest＝（购建固定资产、无形资产及其他长期资产的支出＋取得子公司及其他营业单位支付的现金净额－处置固定资产、无形资产和其他长期资产收回的现金净额－固定资产折旧、油气资产折耗、生产性生物资产折旧）/总资产。其他控制变量包括企业成长性（Growth)、杠杆水平（Lev)、现金及现金等价物占总资产的比重（Cash)、企业上市年限（Age)、企业规模（Size)、公司股票年度回报（Return）以及行业固定效应（Industry）和年度固定效应（Year)。模型 (1) 回归所得残差（ζ）即为企业的未预期投资水平。本文对残差取绝对值，以此表示企业的投资额对理论预期值的偏离程度，偏离程度越大则企业投资效率越低。

2. 解释变量

本文的解释变量由年报问询函的三个代理变量构成。其中：(1) 虚拟变量，是否被问询（CL)，表示公司当年是否收到年报问询函，若是则 CL＝1，否则 CL＝0；(2) 年报问询函中的问题数量（CLissues)，表示公司当年收到的第一份年报问询函中问题数量的自然对数；(3) 被问询的回合数（CLround)，表示公司第 t 年年报收到的问询函次数的对数，若为未被问询的公司则为 0。后两者用于衡量年报问询函的严重程度，问题数量越多、问询次数越多则视为性质越严重。

3. 调节变量

本文的调节变量外部治理环境主要通过如下两个方面来测度：(1) 研报关注度（N_Report)，公司当年被跟踪分析的研报数量的自然对数。(2) 市场中介组织的发育和法律制度环境指数（MKT_law)，选取自樊纲市场化指数中的分指数，由市场中介组织发育、维护市场的法制环境和知识产权保护 3 个分项指数组成。该变量值越大表明公司所处地区的中介组织发育越完善、法律制度环境越好。

4. 控制变量

本文借鉴（Cassell，et al.，2013）、（Wang，et al.，2017）、（Chen，et al.，2018）、（Li，et al.，2019）等人的研究，考虑了如下控制变量：(1) 公司股权结构特征：公司股权集中度（TOP）、产权性质（SOE）；(2) 公司特征变量：包括公司规模（Size）、市值账面比（MB）、资产负债率（Lev）、现金持有水平（Cash）、净资产收益率（ROE）、公司成长性（Growth）、是否亏损（Loss）、董事会规模（Bsize）、独立董事占比（Outdir）、两职合一（Dual）、会计信息披露及时性（Timeliness）；(3) 公司外部治理特征：基金持股比例（Fund）、跟踪研报数量（N _ Report）、审计师事务所是否"四大"（Big4）；(4) 地区特征：市场化指数（MKT）、GDP 增长率（GDPgrowth）。同时，本文控制年度固定效应（Year）和公司固定效应（Firm）。为避免异常值影响，本文对所有连续变量进行 1%缩尾处理。变量定义见表 2。

表 2　变量定义

变量名称	变量符号	变量定义
被解释变量：		
投资效率	Absinv	借鉴（Richardson，2006）的研究，见模型（1）
	Absinv2	借鉴（Biddle，Hilary and Verdi，2009）的方法，见模型（5）
	Absinv3	借鉴（Chen，et al.，2011）的方法，见模型（6）
解释变量：		
年报问询函	CL	若公司当年收到年报问询函，取 1；否则取 0
	CLissues	公司当年收到的第一份年报问询函中的问题数量，取自然对数
	CLround	公司当年收到年报问询函的次数，取自然对数
调节变量：		
研报关注度	N _ Report	公司当年被跟踪分析的研报数量，取自然对数
市场中介组织的发育和法律制度环境指数	MKT _ law	由市场中介组织发育、维护市场的法制环境和知识产权保护 3 个分项指数组成
控制变量：		
股权集中度	Top	第一大股东持股比例
资产负债率	Lev	总负债/总资产
自由现金流水平	Cash	现金及现金等价物/总资产
净资产收益率	ROE	净利润/净资产
独立董事占比	Outdir	独立董事人数/董事会总人数

续表

变量名称	变量符号	变量定义
两职合一	Dual	若公司董事长与总经理为同一人，取 1；否则取 0
企业成长性	Growth	营业收入增长率
股权性质	SOE	若为国有企业，取 1；否则取 0
是否亏损	Loss	净利润<0 时，Loss 取 1；否则取 0
企业规模	Size	Ln（营业收入）
董事会规模	Bsize	Ln（董事会总人数）
是否为四大	Big4	年报由四大审计，Big4 取 1；否则取 0
市账比	MB	公司市值/股东权益
地区经济发展水平	GDPgrowth	GDP 增长率
会计信息披露及时性	Timeliness	上一会计年度结束日与年报实际披露日的间隔（日历天数）
基金持股	Fund	Ln（基金持股比例）
年份效应	Year	年度虚拟变量
行业效应	Industry	行业虚拟变量
个体效应	Firm	公司虚拟变量

（三）模型

为了检验本文的 H1 和 H2，本文分别构建了 Model（2）和 Model（3）：

$$Absinv_{i,t} = \beta_0 + \beta_1 CL_{i,t-1} + \sum Controls_{i,t} + Year + Firm + \varepsilon \qquad \text{Model (2)}$$

$$Absinv_{i,t} = \beta_0 + \beta_1 CL_{i,t-1} \times Group_{i,t} + \beta_2 CL_{i,t-1} + \beta_3 Group_{i,t} + \sum Controls_{i,t} + Year + Firm + \varepsilon \qquad \text{Model (3)}$$

其中：Absinv 代指企业非效率投资；CL 为年报问询函虚拟变量；Moderator 代表外部治理环境，包括机构研报关注度（N _ Report）和市场中介组织的发育与法律制度环境（MKT _ law）。其他变量定义见表 2。本文参照（Li，et al.，2019）的研究，控制公司固定效应（Firm）和年度固定效应（Year），且全文回归采用公司层面聚类（Firm-Level Cluster）的稳健标准误估计。

四、实证结果及分析

（一）描述性统计与相关性检验

表 3 列示了主要变量的描述性统计结果。被解释变量企业的非效率投资程度（Absinv）的均值为 3.043 5，中位数为 2.008，说明上市公司非效率投资额占总资产的平均比重约为 3.043 5%。Absinv 的最大值和最小值分别为 21.530 0 和 0.035 6，且标准差为

3.504 9，这意味着中国企业间的投资效率存在较大差异，这与 Chen and Huang（2019）的发现相一致。此外，Absinv 的最小值大于 0，即大部分企业没有达到最优投资规模，说明我国上市公司的非效率投资现象较为普遍。CL 的均值为 0.112，说明在本文样本中收到问询函的企业占比约为 11.2%。其他变量的数据特征本文此处不再赘述。

另外，表 4 还报告了主要变量的 Pearson 相关系数，结果显示主要变量之间相关系数大都远小于 0.6，保证了变量间不存在多重共线性问题。谨慎起见，本文还进行了方差膨胀因子检验（Variance Inflation Factor，VIF），结果如表 5 所示，VIF 均值远小于 10，进一步证实本文模型中各变量不存在多重共线性。

表 3　描述性统计

Variable	N	Mean	Sd	Max	Min	Median	25%	75%
Absinv	4 094	3.043 5	3.504 9	21.530 0	0.035 6	2.008 0	0.907 2	3.697 3
CL	5 481	0.112 0	0.315 4	1.000 0	0.000 0	0.000 0	0.000 0	0.000 0
CLround	5 481	0.085 1	0.247 3	1.791 8	0.000 0	0.000 0	0.000 0	0.000 0
CLissues	5 481	0.220 1	0.645 5	3.332 2	0.000 0	0.000 0	0.000 0	0.000 0
N _ Report	4 094	1.629 5	1.569 3	5.537 3	0.000 0	1.386 3	0.000 0	2.944 4
MKT _ law	4 094	9.478 8	4.563 1	16.940 0	1.100 0	8.470 0	5.390 0	13.550 0
Lev	4 094	0.488 3	0.206 7	0.995 2	0.066 2	0.491 7	0.334 4	0.636 0
Growth	4 094	0.180 5	0.568 2	4.503 3	−0.725 9	0.092 4	−0.015 9	0.238 0
Cash	4 094	0.138 3	0.105 4	0.549 2	0.008 1	0.111 4	0.064 2	0.178 6
Size	4 094	22.187 8	1.675 8	28.718 3	16.222 8	22.133 6	21.186 1	23.191 3
Dual	4 094	0.176 1	0.381 0	1.000 0	0.000 0	0.000 0	0.000 0	0.000 0
TOP	4 094	35.206 7	14.886 4	75.002 1	8.715 6	33.076 5	23.967 4	45.397 3
ROE	4 094	0.039 1	0.266 9	0.785 3	−2.084 4	0.065 7	0.026 2	0.110 3
Bsize	4 094	2.151 3	0.203 7	2.995 7	1.386 3	2.197 2	2.079 4	2.197 2
Outdir	4 094	0.376 8	0.055 2	0.571 4	0.333 3	0.363 6	0.333 3	0.428 6
Big4	4 094	0.096 7	0.295 6	1.000 0	0.000 0	0.000 0	0.000 0	0.000 0
MB	4 094	0.728 9	0.282 6	1.247 4	0.000 0	0.762 4	0.532 0	0.953 1
SOE	4 094	0.578 9	0.493 8	1.000 0	0.000 0	1.000 0	0.000 0	1.000 0
Loss	4 094	0.114 6	0.318 5	1.000 0	0.000 0	0.000 0	0.000 0	0.000 0
GDPgrowth	4 094	8.630 0	7.124 2	27.504 9	−27.959 6	8.709 9	6.842 6	11.221 5
Timeliness	4 094	102.499 0	16.842 0	243.000 0	23.000 0	108.000 0	89.000 0	117.000 0
Fund	4 094	0.748 0	0.724 3	3.248 2	0.000 0	0.558 7	0.067 0	1.226 1

表 4 相关性分析

Variable	Absinv	CL	CLround	CLissues	N_Report	MKT_law	Lev	Growth	Cash	Size
Absinv	1.000 0									
CL	0.054 0***	1.000 0								
CLround	0.059 3***	0.968 4***	1.000 0							
CLissues	0.054 7***	0.960 2***	0.912 6***	1.000 0						
N_Report	0.035 3**	−0.139 2***	−0.129 9***	−0.151 1***	1.000 0					
MKT_law	−0.020 4	−0.057 8***	−0.052 7***	−0.077 3***	0.068 3***	1.000 0				
Lev	−0.057 3***	0.081 3***	0.085 9***	0.085 1***	0.026 3*	−0.028 6*	1.000 0			
Growth	0.237 5***	0.005 1	0.003 6	−0.004 8	0.078 6***	−0.024 5	0.027 5*	1.000 0		
Cash	−0.013 9	−0.062 2***	−0.067 4***	−0.063 6***	0.027 0*	0.059 0***	−0.311 8***	0.006 8	1.000 0	
Size	−0.083 7***	−0.156 5***	−0.145 0***	−0.175 4***	0.562 1***	0.069 0***	0.361 5***	0.077 6***	−0.102 6***	1.000 0
Dual	0.046 7***	0.035 9**	0.039 6**	0.030 0*	−0.022 1	0.042 2***	−0.025 1	0.007 9	−0.000 6	−0.117 7***
TOP	−0.031 9**	−0.145 2***	−0.147 9***	−0.148 2***	0.165 3***	0.054 6***	0.010 7	0.008 7	0.084 6***	0.256 6***
ROE	0.047 5***	−0.151 0***	−0.149 2***	−0.171 3***	0.239 0***	0.034 2**	−0.148 0***	0.111 4***	0.108 1***	0.172 0***
Bsize	−0.026 5*	−0.064 1***	−0.063 3***	−0.065 8***	0.150 5***	−0.009 4	0.095 0***	−0.038 4**	−0.047 3***	0.216 1***
Outdir	−0.009 3	0.014 8	0.016 9	0.013 7	0.019 9	−0.025 2	0.036 3**	−0.003 9	0.023 2	0.043 9***
Big4	−0.014 6	−0.089 3***	−0.087 2***	−0.089 8***	0.253 5***	0.099 3***	0.081 2***	−0.000 9	−0.011 8	0.342 4***
MB	−0.096 1***	−0.094 8***	−0.084 4***	−0.105 4***	0.030 2*	−0.006 3	0.299 7***	−0.023 5	−0.233 5***	0.495 5***
SOE	−0.105 8***	−0.197 3***	−0.199 4***	−0.188 6***	0.010 2	−0.066 7***	0.097 9***	−0.045 2***	0.049 7***	0.213 0***
Loss	−0.043 3***	0.193 2***	0.189 3***	0.210 8***	−0.261 8***	−0.091 1***	0.176 7***	−0.151 9***	−0.101 5***	−0.245 6***
GDPgrowth	−0.014 9	−0.054 8***	−0.053 6***	−0.055 4***	0.042 2***	0.133 5***	−0.026 7*	0.003 0	0.047 1***	0.027 2*
Timeliness	−0.042 4***	0.114 3***	0.114 6***	0.118 7***	−0.148 7***	−0.006 9	0.075 8***	−0.053 2***	−0.062 2***	−0.110 3***
Fund	0.002 9	−0.069 2***	−0.059 9***	−0.080 4***	0.468 8***	−0.012 4	0.027 9*	0.059 2***	0.044 6***	0.201 6***
Variable	TOP	ROE	Bsize	Outdir	Big4	MB	SOE	Loss	GDPgrowth	Timeliness
TOP	1.000 0									
ROE	0.136 1***	1.000 0								
Bsize	0.031 4**	0.039 2**	1.000 0							
Outdir	0.034 5**	−0.032 7**	−0.499 7***	1.000 0						
Big4	0.185 4***	0.069 0***	0.075 0***	0.051 0***	1.000 0					
MB	0.125 6***	0.004 7	0.141 6***	0.011 1	0.119 2***	1.000 0				
SOE	0.264 0***	0.037 8**	0.173 3***	0.009 6	0.095 0***	0.233 3***	1.000 0			
Loss	−0.166 5***	−0.518 4***	−0.032 8**	0.018 6	−0.071 0***	−0.091 5***	−0.083 1***	1.000 0		
GDPgrowth	0.023 7	0.009 4	0.017 8	0.000 8	0.032 4**	0.003 4	0.003 5	−0.013 3	1.000 0	
Timeliness	−0.110 5***	−0.177 5***	−0.018 3	−0.001 8	−0.142 5***	0.007 4	−0.154 6***	0.208 3***	−0.028 5*	1.000 0
Fund	−0.030 2*	0.118 9***	0.060 8***	−0.022 6	0.032 9**	−0.069 5***	0.005 7	−0.106 2***	0.005 4	−0.065 5***

注：***、**、* 分别表示 1%、5%和 10%的显著性水平。

表 5 VIF 检验结果

Variable	VIF	1/VIF	VIF	1/VIF	VIF	1/VIF
LCL	1.07	0.93				
LCLissues			1.08	0.93		
LCLround					1.07	0.93
Size	2.02	0.50	2.02	0.49	2.02	0.50
Loss	1.56	0.64	1.56	0.64	1.56	0.64
MB	1.51	0.66	1.51	0.66	1.51	0.66
Bsize	1.50	0.67	1.50	0.67	1.50	0.67
ROE	1.43	0.70	1.43	0.70	1.43	0.70
Lev	1.42	0.70	1.42	0.70	1.42	0.70
Outdir	1.40	0.71	1.40	0.71	1.40	0.71
SOE	1.27	0.79	1.26	0.79	1.27	0.79
TOP	1.18	0.85	1.18	0.85	1.18	0.85
Big4	1.18	0.85	1.17	0.85	1.18	0.85
Cash	1.17	0.85	1.17	0.85	1.17	0.85
Fund	1.11	0.90	1.11	0.90	1.11	0.90
Dual	1.10	0.91	1.10	0.91	1.10	0.91
Limeliness	1.10	0.91	1.10	0.91	1.10	0.91
Growth	1.05	0.96	1.05	0.96	1.05	0.96
GDPgrowth	1.01	0.99	1.01	0.99	1.01	0.99
MeanVIF	1.30		1.30		1.30	

（二）H1 检验

为探究年报问询函对企业非效率投资的影响（H1），本文分别检验了年报问询函对当期和滞后一期的影响，结果如表 6 所示。第（2）列显示，LCL 的系数(−0.508 3) 在 5% 水平显著为负，即年报问询函会抑制滞后一期的企业非效率投资，这充分表明年报问询函在减少非效率投资或改善企业投资效率方面发挥了重要作用，H1 得到验证。

众所周知，即使同样被问询，各被问询公司收到的年报问询函也存在差异，如问询的轮回和问题数量等，这些差异意味着被问询公司存在问题的严重程度不尽相同，这是否会对企业非效率投资的抑制效果也存在差异？基于此，本文推测年报问询函越尖锐，引起的负面反应也可能更强烈，公司迫于更大的监管压力越有可能提高会计信息质量以改善信息不对称。

于是，本文拟进一步检验年报问询函特征对公司非效率投资的影响差异。本文参照

(Li, et al., 2019) 的方法，主要采用以下 2 个变量衡量年报问询函特征：(1) 被询函次数 (CLround)，即公司第 t 年的年报收到问询函数量的对数；(2) 问题数量 (CLissues)，即问询函全文问题总数的对数。本文采用以下模型进行检验：

$$\text{Absinv}_{i,t} = \beta_0 + \beta_1 \text{Characteristic}_{i,t-1} + \sum \text{Controls}_{i,t} + \text{Year} + \text{Firm} + \varepsilon$$

Model (4)

其中：Characteristic 为年报问询函特征，包括 LCLround 和 LCLissues 两方面；其他变量定义与前文一致。本文预期 LCLround 和 LCLissues 的系数显著为负。

回归结果显示（见表 6 列 (3) (4)），LCLround 和 LCLissues 的系数均在 5%的水平上显著为负。这表明，相比未被问询的公司，被问询公司收到的年报问询函次数越多或问题数量越多，非效率投资程度越低，表明当年报问询函的程度越严重时，被问询公司投资效率的改善越明显，这进一步支撑了 H1。

表 6 年报问询函与非效率投资的回归分析

Variable	Absinv			
	(1)	(2)	(3)	(4)
CL	0.271 1			
	(1.284 7)			
LCL		−0.508 3**		
		(−2.192 2)		
LCLissues			−0.307 1**	
			(−2.466 3)	
LCLround				−0.709 3**
				(−2.202 7)
Lev	6.001 9***	6.234 7***	6.231 0***	6.220 5***
	(4.441 3)	(4.459 3)	(4.458 8)	(4.450 0)
Growth	1.270 6***	1.354 2***	1.354 7***	1.352 2***
	(6.348 8)	(6.831 0)	(6.845 1)	(6.837 6)
Cash	−1.384 4	−1.456 5	−1.505 4	−1.482 5
	(−1.060 2)	(−1.102 1)	(−1.139 1)	(−1.120 8)
Size	−0.756 0**	−0.986 3***	−1.000 7***	−0.979 7***
	(−2.569 2)	(−3.281 6)	(−3.344 5)	(−3.252 5)
Dual	0.252 6	0.282 3	0.293 3	0.284 4
	(0.851 3)	(0.939 7)	(0.980 2)	(0.946 3)
TOP	−0.009 3	−0.009 7	−0.009 4	−0.009 7

续表

Variable	Absinv			
	(1)	(2)	(3)	(4)
	(−0.378 3)	(−0.389 4)	(−0.377 7)	(−0.393 1)
ROE	0.673 8**	0.610 3**	0.617 3**	0.599 4**
	(2.330 6)	(2.392 4)	(2.424 1)	(2.361 5)
Bsize	−1.027 3	−0.585 9	−0.585 8	−0.578 6
	(−1.014 3)	(−0.605 8)	(−0.605 6)	(−0.597 7)
Outdir	−0.622 0	0.346 2	0.268 3	0.375 9
	(−0.233 5)	(0.130 3)	(0.101 0)	(0.141 5)
Big4	0.447 7	0.494 7	0.493 5	0.493 3
	(0.499 3)	(0.559 1)	(0.557 5)	(0.557 7)
MB	1.126 2**	1.154 6**	1.156 4**	1.153 8**
	(2.315 8)	(2.331 2)	(2.333 4)	(2.330 0)
SOE	−2.126 7**	−2.208 6**	−2.228 7**	−2.205 9**
	(−2.166 5)	(−2.207 2)	(−2.225 8)	(−2.206 0)
Loss	−0.697 2***	−0.672 9***	−0.666 8***	−0.675 3***
	(−2.773 5)	(−2.652 0)	(−2.629 6)	(−2.668 0)
GDPgrowth	−0.009 0	−0.009 9	−0.009 6	−0.010 0
	(−1.070 2)	(−1.172 4)	(1.138 7)	(−1.188 3)
Timeliness	−0.007 1	−0.003 8	−0.003 8	−0.003 8
	(−1.096 1)	(−0.631 9)	(−0.630 0)	(−0.629 4)
Fund	−0.087 9	−0.119 9	−0.116 1	−0.118 7
	(−0.632 9)	(−0.899 2)	(−0.870 7)	(−0.890 2)
_cons	21.217 3***	24.712 2***	25.069 0***	24.551 5***
	(3.080 3)	(3.438 5)	(3.497 9)	(3.409 4)
Firm	YES	YES	YES	YES
Year	YES	YES	YES	YES
Observations	4 094	4 041	4 041	4 041
R-squared	0.090 9	0.094 5	0.095 1	0.094 9

注：***、**、* 分别表示 1%、5%和 10%的显著性水平，括号内数值为 t 值。标准误差进行了公司层面的聚类调整。

（三）H2 检验

为了进一步考察外部治理环境对年报问询函与非效率投资关系的影响（H2），本文对 Model（3）进行了检验，回归结果见表 7。其中，（1）至（3）列是机构研报关注度（N _ Report）影响年报问询函与非效率投资关系的检验结果，交乘项（LCL×N _ Report、LCLissues×N _ Report、LCLround×N _ Report）的系数均在 5%水平上显著为正，说明在机构研报关注度较低的情况下，年报问询函对非效率投资的抑制作用更为明显。

同理，表 7 中（4）至（6）列显示了市场中介组织发育与法律制度环境的调节效应检验结果，交乘项（LCL×MKT _ law、LCLissues×MKT _ law、LCLround×MKT _ law）的系数在 5%水平上显著为正，表明随着企业所在地区中介组织发育和法律制度环境成熟度的提升，年报问询函对非效率投资的抑制作用会逐渐减弱；且当年报问询函的问题数量越多、一年内问询次数越多时，上述外部治理环境的调节效应越显著，验证了 H2。这表明年报问询函的抑制效应具有一定的外部治理环境依赖，当外部治理环境良好时，年报问询函的边际治理效果反而减弱，充分体现了年报问询函（正式制度）与外部治理环境（非正式制度）之间相辅相成的关系。

表 7 外部治理环境的调节效应

Variable	Absinv					
	机构研报关注度的影响			市场中介组织发育与法律制度环境的影响		
	(1)	(2)	(3)	(4)	(5)	(6)
LCL	−0.887 9***			−1.395 5***		
	(−3.231 0)			(−2.780 3)		
LCLissues		−0.497 1***			−0.804 5***	
		(−3.458 2)			(−3.354 6)	
LCLround			−1.145 1***			−1.668 9**
			(−2.941 5)			(−2.482 2)
N_Report	0.172 6	0.168 1	0.173 5*			
	(1.645 4)	(1.605 3)	(1.654 6)			
MKT_law				−0.182 3	−0.182 1	−0.182 5
				(−1.571 8)	(−1.572 1)	(−1.578 1)
LCL×N_Report	0.333 7**					
	(2.181 3)					
LCLissues×N_Report		0.191 8**				
		(2.149 2)				

续表

Variable	Absinv					
	机构研报关注度的影响			市场中介组织发育与法律制度环境的影响		
	(1)	(2)	(3)	(4)	(5)	(6)
LCLround×N_Report			0.384 1*			
			(1.789 7)			
LCL×MKT_law				0.096 1**		
				(2.107 1)		
LCLissues×MKT_law					0.057 7**	
					(2.403 3)	
LCLround×MKT_law						0.105 2*
						(1.725 5)
Lev	6.378 8***	6.381 1***	6.373 2***	6.316 6***	6.387 2***	6.268 9***
	(4.567 7)	(4.571 2)	(4.565 6)	(4.513 8)	(4.561 4)	(4.481 9)
Growth	1.362 3***	1.362 9***	1.361 9***	1.347 2***	1.350 9***	1.345 1***
	(6.880 5)	(6.884 5)	(6.895 1)	(6.810 3)	(6.846 3)	(6.811 2)
Cash	−1.510 4	−1.598 2	−1.531 1	−1.455 2	−1.498 8	−1.481 2
	(−1.145 1)	(−1.212 9)	(−1.159 8)	(−1.102 2)	(−1.135 3)	(−1.120 4)
Size	−1.081 3***	−1.096 8***	−1.074 4***	−0.991 1***	−1.018 9***	−0.980 1***
	(−3.633 7)	(−3.699 0)	(−3.598 4)	(−3.294 7)	(−3.410 6)	(−3.244 3)
Dual	0.291 0	0.305 5	0.295 3	0.316 7	0.333 0	0.316 2
	(0.974 0)	(1.028 6)	(0.987 9)	(1.051 5)	(1.116 0)	(1.048 4)
TOP	−0.010 0	−0.009 9	−0.010 2	−0.009 7	−0.009 4	−0.010 0
	(−0.401 1)	(−0.395 0)	(−0.409 4)	(−0.390 5)	(−0.379 7)	(−0.403 6)
ROE	0.553 4**	0.567 0**	0.543 5**	0.631 7**	0.647 5**	0.608 9**
	(2.162 6)	(2.225 1)	(2.135 5)	(2.494 4)	(2.570 6)	(2.414 1)
Bsize	−0.588 8	−0.590 9	−0.579 4	−0.547 4	−0.537 7	−0.539 5
	(−0.609 4)	(−0.612 1)	(−0.598 1)	(−0.565 4)	(−0.555 4)	(−0.556 9)
Outdir	0.311 9	0.235 6	0.344 2	0.432 4	0.332 2	0.475 5
	(0.117 7)	(0.089 0)	(0.129 8)	(0.162 5)	(0.124 9)	(0.178 5)
Big4	0.484 4	0.482 5	0.482 1	0.486 4	0.482 9	0.486 3
	(0.548 5)	(0.546 1)	(0.546 0)	(0.549 6)	(0.545 4)	(0.549 6)

续表

Variable	Absinv					
	机构研报关注度的影响			市场中介组织发育与法律制度环境的影响		
	(1)	(2)	(3)	(4)	(5)	(6)
MB	1.299 2***	1.293 7**	1.297 8***	1.162 7**	1.170 7**	1.159 3**
	(2.587 3)	(2.577 6)	(2.579 8)	(2.343 5)	(2.357 5)	(2.336 6)
SOE	−2.177 1**	−2.195 1**	−2.164 6**	−2.213 4**	−2.247 0**	−2.210 0**
	(−2.215 4)	(−2.229 5)	(−2.202 0)	(−2.199 1)	(−2.233 5)	(−2.200 5)
Loss	−0.661 1***	−0.655 7***	−0.668 2***	−0.677 7***	−0.681 9***	−0.684 6***
	(−2.614 8)	(−2.597 6)	(−2.650 3)	(−2.672 4)	(−2.693 9)	(−2.713 7)
GDPgrowth	−0.010 1	−0.009 6	−0.010 3	−0.009 7	−0.009 4	−0.009 8
	(−1.190 1)	(−1.132 5)	(−1.220 4)	(−1.140 4)	(−1.106 8)	(−1.156 2)
Timeliness	−0.004 3	−0.004 4	−0.004 3	−0.003 7	−0.003 7	−0.003 8
	(−0.712 5)	(−0.716 1)	(−0.701 3)	(−0.609 7)	(−0.614 8)	(−0.616 7)
Fund	−0.183 7	−0.177 8	−0.183 0	−0.123 9	−0.119 4	−0.122 5
	(−1.334 1)	(−1.292 0)	(−1.328 1)	(−0.933 2)	(−0.900 4)	(−0.920 3)
_cons	26.463 2***	26.863 9***	26.277 2***	26.383 5***	26.989 7***	26.152 7***
	(3.723 1)	(3.789 7)	(3.686 1)	(3.603 5)	(3.704 6)	(3.562 1)
Firm	YES	YES	YES	YES	YES	YES
Year	YES	YES	YES	YES	YES	YES
Observations	4 041	4 041	4 041	4 041	4 041	4 041
R-squared	0.024 7	0.025 5	0.024 9	0.095 9	0.096 9	0.096 0

注：***、**、* 分别表示 1%、5%和 10%的显著性水平，括号内数值为 t 值。标准误差进行了公司层面的聚类调整。

（四）稳健性检验

1. 投资效率的替代变量

为了避免投资效率的衡量偏误，本文基于（Chen，et al.，2009）计算出来的投资效率 Absinv2（Model 5）和基于（Chen，et al.，2011）计算出来的投资效率 Absinv3（Model 6）重新进行回归，计算模型如下：

$$Invest_t = \beta_0 + \beta_1 Growth_{t-1} + \zeta_t \qquad \text{Model (5)}$$

$$Invest_t = \beta_0 + \beta_1 Growth_{t-1} + \beta_2 NEG_{t-1} + \beta_3 Growth_{t-1} \times NEG_{t-1} + \zeta_t \qquad \text{Model (6)}$$

其中，NEG 是哑变量，当营业收入增长率小于零时取 1，其他取 0，Growth 定义同 Model (1)。通过分年度分行业回归，所得残差的绝对值就是企业的非效率投资水平。

实证结果如表 8 所示，与前文的主检验基本一致，这表明即便是改变企业非效率投资的度量方法也并不会影响本文的实证结果。

表 8　改变非效率率投资测度方法的检验

Variable	Absinv2			Absinv3		
	(1)	(2)	(3)	(4)	(5)	(6)
LCL	−0.443 1*			−0.455 9*		
	(−1.845 0)			(−1.857 5)		
LCLissues		−0.270 7**			−0.278 7**	
		(−2.135 9)			(−2.147 6)	
LCLround			−0.633 5*			−0.653 1*
			(−1.870 8)			(−1.894 5)
Lev	6.206 1***	6.202 8***	6.193 4***	6.026 9***	6.023 4***	6.013 7***
	(4.775 1)	(4.774 2)	(4.765 7)	(4.616 9)	(4.619 7)	(4.607 6)
Growth	0.846 9***	0.847 3***	0.845 1***	0.925 5***	0.925 9***	0.923 7***
	(3.641 1)	(3.649 6)	(3.640 7)	(4.022 6)	(4.029 7)	(4.023 3)
Cash	−1.643 0	−1.687 0	−1.668 1	−1.986 5	−2.031 7*	−2.012 5
	(−1.347 0)	(−1.382 5)	(−1.366 9)	(−1.617 1)	(−1.652 7)	(−1.637 6)
Size	−0.769 2**	−0.782 0**	−0.763 4**	−0.681 3**	−0.694 4**	−0.675 3**
	(−2.399 5)	(−2.438 3)	(−2.384 4)	(−2.145 9)	(−2.182 9)	(−2.130 9)
Dual	0.460 3	0.470 2	0.462 4	0.628 4**	0.638 6**	0.630 6**
	(1.437 3)	(1.475 4)	(1.443 4)	(2.009 1)	(2.052 8)	(2.015 3)
TOP	0.002 6	0.002 8	0.002 5	−0.003 0	−0.002 8	−0.003 1
	(0.100 8)	(0.110 6)	(0.097 9)	(−0.116 2)	(−0.106 2)	(−0.119 2)
ROE	0.463 3*	0.469 3*	0.453 0*	0.637 9**	0.644 0**	0.627 3**
	(1.816 0)	(1.846 0)	(1.776 5)	(2.399 9)	(2.434 4)	(2.363 6)
Bsize	−0.924 9	−0.925 2	−0.919 4	−1.155 0	−1.155 3	−1.149 4
	(−0.909 6)	(−0.909 9)	(−0.903 9)	(−1.119 3)	(−1.119 7)	(−1.113 2)
Outdir	−1.006 8	−1.077 2	−0.984 0	−1.005 8	−1.078 4	−0.982 7
	(−0.356 3)	(−0.381 0)	(−0.348 3)	(−0.353 3)	(−0.378 6)	(−0.345 2)
Big4	−0.203 6	−0.204 6	−0.204 8	−0.158 4	−0.159 4	−0.159 6
	(−0.195 1)	(−0.196 1)	(−0.196 3)	(−0.145 7)	(−0.146 7)	(−0.146 9)
MB	1.212 6**	1.214 3**	1.212 0**	1.298 0**	1.299 7**	1.297 4**
	(2.292 6)	(2.294 7)	(2.291 0)	(2.382 5)	(2.384 4)	(2.380 9)

续表

Variable	Absinv2			Absinv3		
	(1)	(2)	(3)	(4)	(5)	(6)
SOE	−2.258 8***	−2.276 5***	−2.256 2***	−2.124 6***	−2.142 8***	−2.121 9***
	(−2.957 6)	(−2.982 4)	(−2.955 5)	(−3.182 1)	(−3.212 9)	(−3.180 4)
Loss	−0.238 0	−0.232 5	−0.239 9	−0.162 9	−0.157 3	−0.164 9
	(−0.918 2)	(−0.896 7)	(−0.928 5)	(−0.615 9)	(−0.594 4)	(−0.625 2)
GDPgrowth	−0.010 2	−0.010 0	−0.010 3	−0.007 7	−0.007 5	−0.007 9
	(−1.156 3)	(−1.128 0)	(−1.168 9)	(−0.869 6)	(−0.840 4)	(−0.882 8)
Timeliness	−0.006 1	−0.006 1	−0.006 1	−0.004 9	−0.004 9	−0.004 9
	(−1.007 4)	(−1.004 5)	(−1.004 6)	(−0.775 2)	(−0.772 5)	(−0.772 2)
Fund	−0.039 7	−0.036 4	−0.038 7	−0.020 2	−0.016 7	−0.019 1
	(−0.278 6)	(−0.254 9)	(−0.271 0)	(−0.140 3)	(−0.116 1)	(−0.132 6)
_cons	21.858 7***	22.175 8***	21.720 6***	20.322 1***	20.648 6***	20.180 3***
	(2.869 8)	(2.906 0)	(2.855 6)	(2.666 9)	(2.701 1)	(2.652 9)
Firm	YES	YES	YES	YES	YES	YES
Year	YES	YES	YES	YES	YES	YES
Observations	4 041	4 041	4 041	4 041	4 041	4 041
R-squared	0.059 7	0.060 2	0.060 0	0.061 0	0.061 5	0.061 3

注：***、**、* 分别表示 1%、5%和 10%的显著性水平，括号内数值为 t 值。标准误差进行了公司层面的聚类调整。

2. 变换模型

本文用过度投资（Oinv）作为被解释变量，并借鉴（Richardson，2006）对 Oinv 的定义，根据 Model（1）计算得出的残差ζ，当ζ>0 时，Oinv 取 1，否则 Oinv 取 0。控制行业虚拟变量和年度虚拟变量，并用 Logit 模型检验年报问询函对企业非效率投资的影响，结果见表 9。结果显示，在改变检验模型的情况下，年报问询函仍然会抑制企业的过度投资行为，且当年报问询函的问题数量越多、问询的次数越多，问询函的抑制作用更强，与主检验一致，说明本文的实证结果不受模型类型的影响，结论比较稳健。

表 9 替代模型

Variable	Absinv		
	(1)	(2)	(3)
LCL	−0.348 1***		
	(−2.634 4)		

续表

Variable	Absinv		
	(1)	(2)	(3)
LCLissues		−0.173 1***	
		(−2.704 9)	
LCLround			−0.441 6***
			(−2.581 0)
Lev	0.938 1***	0.943 8***	0.937 9***
	(3.842 4)	(3.863 5)	(3.847 3)
Growth	0.216 4***	0.216 2***	0.214 9***
	(3.097 1)	(3.093 6)	(3.081 2)
Cash	−1.962 5***	−1.967 1***	−1.963 9***
	(−4.893 6)	(−4.905 6)	(−4.891 5)
Size	0.154 9***	0.152 9***	0.155 5***
	(4.250 1)	(4.189 7)	(4.268 4)
Dual	−0.019 3	−0.019 1	−0.019 9
	(−0.188 1)	(−0.186 1)	(−0.193 7)
TOP	−0.012 2***	−0.012 2***	−0.012 2***
	(−4.145 6)	(−4.147 2)	(−4.141 5)
ROE	0.227 3	0.227 1	0.228 4
	(1.299 0)	(1.291 5)	(1.303 4)
Bsize	−0.137 2	−0.136 5	−0.137 9
	(−0.536 7)	(−0.533 6)	(−0.539 6)
Outdir	−0.584 2	−0.584 4	−0.589 2
	(−0.705 4)	(−0.705 7)	(−0.711 3)
Big4	−0.076 5	−0.073 6	−0.076 5
	(−0.520 3)	(−0.501 2)	(−0.519 9)
MB	−0.308 6*	−0.310 4*	−0.307 9*
	(−1.718 9)	(−1.728 7)	(−1.716 1)
SOE	−0.235 6***	−0.232 4***	−0.236 2***
	(−2.696 3)	(−2.662 6)	(−2.703 6)
Loss	−0.329 1**	−0.328 8**	−0.329 0**
	(−2.256 0)	(−2.253 0)	(−2.259 0)

续表

Variable	Absinv		
	(1)	(2)	(3)
GDPgrowth	0.006 1	0.006 2	0.006 1
	(1.207 8)	(1.223 1)	(1.194 0)
Timeliness	0.004 8**	0.004 8**	0.004 8**
	(2.012 4)	(2.010 4)	(2.026 6)
Fund	0.216 8***	0.217 1***	0.217 4***
	(4.011 4)	(4.015 8)	(4.023 8)
_cons	−2.863 2***	−2.823 8***	−2.876 5***
	(−2.809 9)	(−2.768 8)	(−2.824 9)
Industry	YES	YES	YES
Year	YES	YES	YES
Observations	4 041	4 041	4 041
Pseudo R^2	0.052 6	0.052 6	0.052 6

注：***、**、*分别表示1%、5%和10%的显著性水平，括号内数值为 t 值。标准误差进行了公司层面的聚类调整。

3. 子样本检验

考虑到制造业上市公司的固定资产投资多为实物投资，直接作用于生产过程并影响企业产出效果，再者保持良好的投资节奏、提升投资效率是发展实体经济、打造制造业强国的必由之路，提高制造业的投资效率刻不容缓。加之制造业上市公司进入证券市场较早，数量较多，具有一定的代表性。因此，本文参照中国证监会 2012 年颁布的《上市公司行业分类指引》的行业分类标准，选取 2017—2019 年制造业上市公司为子样本重新进行回归分析。本文共筛选出 2 159 个公司一年度观测值，控制公司固定效应和年度固定效应后的回归结果见表 10，H1 和 H2 的检验结果与前文主检验一致，印证了本文检验结果的可靠性。

表 10 子样本检验

Variable	Absinv				
	(1)	(2)	(3)	(4)	(5)
LCL	−0.642 4*			−1.585 8**	
	(−1.827 5)			(−2.431 0)	
LCLissues		−0.358 1*			−0.637 9***
		(−1.877 1)			(−2.917 7)

续表

Variable	Absinv				
	(1)	(2)	(3)	(4)	(5)
LCLround			−0.889 6*		
			(−1.896 4)		
LCL×MKT _ law				0.107 2*	
				(1.754 4)	
MKT _ law				−0.073 6	
				(−1.610 6)	
LCLissues×N _ Report					0.240 2*
					(1.782 1)
N _ Report					0.147 4
					(1.033 7)
Lev	7.601 3***	7.601 1***	7.581 4***	7.645 0***	7.749 1***
	(3.444 4)	(3.445 3)	(3.435 1)	(3.463 5)	(3.534 8)
Growth	1.342 4***	1.345 3***	1.341 0***	1.343 0***	1.358 1***
	(4.202 8)	(4.232 8)	(4.189 9)	(4.196 6)	(4.302 5)
Cash	−1.126 6	−1.163 0	−1.173 8	−1.156 8	−1.217 3
	(−0.615 2)	(−0.635 1)	(−0.640 6)	(−0.633 1)	(−0.665 2)
Size	−0.858 7*	−0.881 6*	−0.855 8*	−0.865 6*	−1.011 1**
	(−1.678 0)	(−1.735 1)	(−1.655 2)	(−1.691 3)	(−2.022 4)
Dual	−0.159 6	−0.150 7	−0.159 3	−0.113 1	−0.144 5
	(−0.360 4)	(−0.341 5)	(−0.359 4)	(−0.252 8)	(−0.328 5)
TOP	−0.064 8*	−0.064 4*	−0.064 8*	−0.064 9*	−0.065 3*
	(−1.857 0)	(−1.843 5)	(−1.859 7)	(−1.860 9)	(−1.868 6)
ROE	0.347 9	0.358 7	0.331 8	0.355 8	0.305 7
	(1.091 7)	(1.126 2)	(1.044 9)	(1.110 5)	(0.963 8)
Bsize	−0.337 8	−0.318 1	−0.329 2	−0.335 2	−0.365 6
	(−0.296 3)	(−0.279 6)	(−0.288 8)	(−0.293 1)	(−0.323 7)
Outdir	1.113 6	1.106 6	1.190 4	1.361 6	0.950 1
	(0.348 8)	(0.347 4)	(0.373 1)	(0.423 3)	(0.299 0)
Big4	0.000 9	−0.003 5	−0.003 5	0.014 8	0.006 8
	(0.001 1)	(−0.004 1)	(−0.004 1)	(0.017 1)	(0.008 0)

续表

Variable	Absinv				
	(1)	(2)	(3)	(4)	(5)
MB	0.961 6	0.942 2	0.978 4	0.970 1	1.100 0
	(1.290 8)	(1.265 2)	(1.309 7)	(1.296 6)	(1.436 0)
SOE	−3.974 8**	−4.010 5**	−3.969 1**	−4.001 2**	−3.984 0**
	(−2.382 9)	(−2.402 1)	(−2.378 3)	(−2.408 2)	(−2.424 5)
Loss	−0.761 6**	−0.753 5**	−0.768 0**	−0.784 4**	−0.729 8**
	(−2.172 3)	(−2.150 0)	(−2.202 8)	(−2.223 0)	(−2.105 0)
GDPgrowth	−0.008 2	−0.008 2	−0.008 1	−0.007 3	−0.008 5
	(−0.687 9)	(−0.689 2)	(−0.682 9)	(−0.613 1)	(−0.711 0)
Timeliness	−0.002 9	−0.002 8	−0.002 9	−0.003 0	−0.003 3
	(−0.339 5)	(−0.332 1)	(−0.344 5)	(−0.349 3)	(−0.389 2)
Fund	0.028 9	0.033 3	0.029 1	0.028 3	−0.020 8
	(0.167 3)	(0.192 6)	(0.168 0)	(0.164 9)	(−0.114 9)
_ cons	23.250 3**	23.734 7**	23.150 5*	23.979 2**	26.433 1**
	(1.980 8)	(2.032 4)	(1.955 0)	(2.034 0)	(2.301 4)
Firm	YES	YES	YES	YES	YES
Year	YES	YES	YES	YES	YES
Observations	2 159	2 159	2 159	2 159	2 159
R-squared	0.092 2	0.092 7	0.092 8	0.093 7	0.096 6

注：**、**、* 分别表示 1%、5%和 10%的显著性水平，括号内数值为 t 值。标准误差进行了公司层面的聚类调整。

4. 排除其他政策冲击

中国分别在 2014 年 11 月和 2016 年 12 月开通了沪港通和深港通，股票市场交易互通机制可能对企业投资效率产生一定影响。例如，沪港通开启后，公司信息质量的提高和分析师预测准确度的增加促使标的公司的投资效率提高（Chen and Huang，2019）。为了保证结果的稳健性，排除沪港通和深港通开通对本文实证结果的干扰，本文剔除 2017—2019 年沪股通和深股通的成分股样本，对剩下的 477 个纯净样本做面板回归检验，结果如表 11 所示。可以发现，无论是 H1 还是 H2，在剔除沪港通和深港通的政策噪音之后，年报问询函的效果仍然与主检验一致，即年报问询函对企业非效率投资的抑制作用仍然存在。这进一步证实了年报问询函对企业非效率投资的抑制作用确实存在，且其他政策的干扰相对有限。

表 11　排除其他政策冲击

Variable	Absinv					
	(1)	(2)	(3)	(4)	(5)	(6)
LCL	−0.867 7***			−2.209 1***		
	(−2.594 5)			(−2.631 5)		
LCLissues		−0.528 8***			−0.699 6***	
		(−3.071 5)			(−3.737 7)	
LCLround			−1.212 1**			−1.823 0***
			(−2.316 7)			(−3.083 8)
LCL×MKT_law				0.125 1*		
				(1.766 6)		
MKT_law				−0.605 6***		
				(−7.864 5)		
LCLissues×N_Report					0.444 5**	
					(2.230 7)	
LCLround×N_Report						1.430 3**
						(2.397 6)
N_Report					0.025 2	0.008 5
					(0.111 4)	(0.037 6)
Lev	5.069 8***	5.023 7***	5.011 1***	5.119 2***	4.993 9***	5.084 5***
	(2.644 4)	(2.611 6)	(2.612 4)	(2.657 4)	(2.625 6)	(2.707 4)
Growth	1.073 3***	1.089 7***	1.068 5***	1.306 8***	1.115 5***	1.120 5***
	(4.422 6)	(4.523 5)	(4.381 6)	(5.430 3)	(4.693 4)	(4.694 1)
Cash	−0.673 1	−0.883 7	−0.710 9	−0.497 3	−1.197 1	−1.014 7
	(−0.320 7)	(−0.420 7)	(−0.339 0)	(−0.239 0)	(−0.567 7)	(−0.485 4)
Size	−1.269 3***	−1.311 2***	−1.247 8***	−1.266 2***	−1.393 2***	−1.436 1***
	(−2.861 6)	(−3.023 7)	(−2.771 9)	(−2.927 4)	(−3.359 9)	(−3.469 5)
Dual	−0.396 1	−0.360 2	−0.402 4	−0.323 3	−0.404 8	−0.474 4
	(−0.714 7)	(−0.655 5)	(−0.726 4)	(−0.605 2)	(−0.730 8)	(−0.842 8)
TOP	0.006 3	0.004 9	0.006 6	−0.011 9	0.006 1	0.007 8
	(0.209 7)	(0.164 5)	(0.220 6)	(−0.355 3)	(0.204 0)	(0.260 7)
ROE	0.789 7**	0.807 6**	0.778 6**	0.714 8**	0.769 3**	0.718 0*
	(2.188 6)	(2.232 2)	(2.183 3)	(1.991 0)	(2.092 7)	(1.944 3)

续表

Variable	Absinv					
	(1)	(2)	(3)	(4)	(5)	(6)
Bsize	2.892 9	2.866 3	2.914 5	3.329 6	2.753 8	2.701 7
	(1.343 1)	(1.333 7)	(1.351 9)	(1.564 6)	(1.282 5)	(1.253 4)
Outdir	9.961 1**	9.896 4**	10.027 0**	9.138 0*	9.612 4*	9.665 1*
	(1.990 6)	(1.982 8)	(2.003 9)	(1.815 1)	(1.927 9)	(1.931 7)
Big4	2.070 2	2.054 1	2.059 5	1.987 8	2.095 8	2.169 8
	(0.750 1)	(0.744 8)	(0.746 8)	(0.737 4)	(0.764 6)	(0.792 1)
MB	1.535 3	1.559 8	1.505 8	1.641 2*	1.684 4*	1.706 0*
	(1.516 2)	(1.540 5)	(1.488 4)	(1.745 1)	(1.648 0)	(1.656 8)
SOE	−1.686 4	−1.695 1	−1.687 3	−1.953 6	−1.702 3	−1.690 8
	(−1.185 8)	(−1.189 6)	(−1.186 6)	(−1.392 6)	(−1.183 7)	(−1.171 1)
Loss	−0.946 7**	−0.933 2**	−0.948 4**	−1.021 5**	−0.888 2**	−0.908 4**
	(−2.274 5)	(−2.239 8)	(−2.285 4)	(−2.458 6)	(−2.129 1)	(−2.196 9)
GDPgrowth	−0.002 3	−0.002 1	−0.003 9	−0.008 4	−0.003 4	−0.007 0
	(−0.147 8)	(−0.134 5)	(−0.248 1)	(−0.573 1)	(−0.217 0)	(−0.442 0)
Timeliness	0.005 6	0.005 6	0.005 7	−0.002 1	0.004 2	0.004 2
	(0.559 8)	(0.567 0)	(0.570 8)	(−0.224 4)	(0.415 5)	(0.421 0)
Fund	−0.449 6*	−0.437 6*	−0.439 9*	−0.588 2**	−0.403 6	−0.411 6
	(−1.741 1)	(−1.696 1)	(−1.697 9)	(−2.320 6)	(−1.524 4)	(−1.561 6)
_cons	18.116 3	19.165 1*	17.633 7	24.435 6**	21.282 7**	22.163 2**
	(1.608 8)	(1.733 5)	(1.545 8)	(2.179 7)	(1.990 4)	(2.067 9)
Firm	YES	YES	YES	YES	YES	YES
Year	YES	YES	YES	YES	YES	YES
Observations	1 249	1 249	1 249	1 333	1 249	1 249
R-squared	0.116 5	0.118 8	0.117 1	0.147 4	0.123 0	0.124 3

注：***、**、*分别表示1%、5%和10%的显著性水平，括号内数值为 t 值。标准误差进行了公司层面的聚类调整。

（五）内生性控制

本文的潜在内生性问题可能主要来源于反向因果和遗漏变量偏误。其中，反向因果问题是指在本文主效应模型中，被解释变量与解释变量之间可能存在互为因果的关系，即企业的投资效率越低，企业的信息披露质量可能会更低，其年报更可能会被问询，反向因果的存在有可能导致主效应估计结果存在偏误。为解决前述内生性问题，本文采取如下措施：

首先，为解决关键变量缺失造成的内生性问题，本文在实证分析中采用了固定效应模型（控制公司个体效应），在一定程度上缓解了此类内生性问题。再者，虽然本文在回归设计中使用固定效应模型来控制不随时间变化的企业个体特征，但依然无法完全排除其他不可观测因素导致回归结果产生偏误。因此，为核心解释变量寻找恰当的工具变量，是缓解内生性问题行之有效的方法。最终选取的工具变量需要与内生变量（企业被年报问询）高度相关，而又不能与因变量（企业非效率投资）直接相关。基于此，本文选用企业所在省份的交通事故直接财产损失作为工具变量，其数据来自中国统计年鉴。选用该工具变量的原因如下：一是当地交通事故直接财产损失情况并不会直接影响企业的投资效率，交通事故直接财产损失越高，一定程度上可以说明该地遵守规则的意识不够强，当地企业更有可能违规披露信息，因此其年报更有可能会被问询。二是对本研究而言，交通事故直接财产损失是外生决定的，从而满足了工具变量的外生性要求。

基于此，本文创建新变量 Traffic，其定义为各省份交通事故直接财产损失的自然对数，将其引入模型，并使用 2SLS 估计处理内生性问题，结果见表 12。根据第（1）（3）（5）列的估计结果可以发现，在第一阶段中，工具变量的估计系数均显著为正，说明当地交通事故直接财产损失越高时，当地企业的年报越容易被问询，且问询函的严重程度越高，证实了工具变量与解释变量的相关性。由第（2）（4）（6）列可以看出，在第二阶段中，年报问询函对企业非效率投资的影响依然显著为负。由此可见，在控制潜在的内生性问题后，年报问询函对非效率投资的抑制作用仍然显著，与主检验结果一致。

表 12 内生性检验

Variable	(1)	(2)	(3)	(4)	(5)	(6)
	First stage	Second stage	First stage	Second stage	First stage	Second stage
	LCL	Absinv	LCLissues	Absinv	LCLround	Absinv
Traffic	0.105 2**		0.271 7***		0.079 9**	
	(0.042)		(0.088)		(0.033)	
LCL		−10.738 9*				
		(6.398)				
LCLissues				−4.156 3*		
				(2.260)		
LCLround						−14.140 1*
						(8.564)
Lev	0.109 9***	1.420 2*	0.253 7***	1.294 1*	0.086 6***	1.463 7*
	(0.028)	(0.840)	(0.058)	(0.710)	(0.022)	(0.877)

续表

Variable	(1)	(2)	(3)	(4)	(5)	(6)
	First stage	Second stage	First stage	Second stage	First stage	Second stage
	LCL	Absinv	LCLissues	Absinv	LCLround	Absinv
Growth	0.019 4**	1.684 9***	0.034 7**	1.621 2***	0.012 2*	1.649 2***
	(0.008)	(0.182)	(0.017)	(0.144)	(0.006)	(0.171)
Cash	−0.066 5	−1.525 0*	−0.153 5	−1.449 4*	−0.058 1	−1.633 4*
	(0.047)	(0.869)	(0.097)	(0.772)	(0.037)	(0.919)
Size	−0.014 6***	−0.309 0***	−0.039 5***	−0.316 6***	−0.009 9***	−0.292 1***
	(0.004)	(0.113)	(0.008)	(0.107)	(0.003)	(0.106)
Dual	−0.010 5	0.229 2	−0.024 8	0.238 5	−0.009 0	0.213 6
	(0.012)	(0.205)	(0.025)	(0.185)	(0.009)	(0.212)
TOP	−0.001 3***	−0.016 7*	−0.002 6***	−0.013 6*	−0.001 0***	−0.017 2*
	(0.000)	(0.010)	(0.001)	(0.008)	(0.000)	(0.010)
ROE	−0.034 3*	−0.113 7	−0.071 2*	−0.041 4	−0.024 7	−0.095 1
	(0.020)	(0.388)	(0.042)	(0.333)	(0.016)	(0.388)
Bsize	−0.039 4	−0.516 9	−0.069 6	−0.383 3	−0.032 2	−0.548 6
	(0.027)	(0.486)	(0.055)	(0.413)	(0.021)	(0.503)
Outdir	0.014 3	0.002 9	0.015 4	−0.086 9	−0.000 0	−0.151 2
	(0.096)	(1.533)	(0.199)	(1.394)	(0.075)	(1.549)
MB	−0.065 4***	−1.021 7*	−0.147 9***	−0.934 5**	−0.049 9***	−1.025 1*
	(0.021)	(0.528)	(0.043)	(0.446)	(0.016)	(0.539)
Loss	0.079 0***	0.715 6	0.163 5***	0.547 3	0.061 6***	0.739 1
	(0.018)	(0.581)	(0.036)	(0.452)	(0.014)	(0.603)
GDPgrowth	−0.000 7	−0.015 4	−0.000 7	−0.011 3	−0.000 7	−0.018 5
	(0.001)	(0.011)	(0.001)	(0.009)	(0.000)	(0.012)
Timeliness	0.000 7**	0.002 7	0.001 2**	0.000 9	0.000 6***	0.004 0
	(0.000)	(0.006)	(0.001)	(0.005)	(0.000)	(0.007)
Constant	0.437 1***	12.543 0***	1.072 9***	12.307 8***	0.311 8***	12.257 7***
	(0.108)	(3.375)	(0.223)	(2.970)	(0.085)	(3.282)
Industry	YES	YES	YES	YES	YES	YES
Year	YES	YES	YES	YES	YES	YES
Observations	4 041	4 041	4 041	4 041	4 041	4 041
R-squared	0.076		0.081		0.076	

注：***、**、*分别表示1%、5%和10%的显著性水平，括号内数值为标准误差。标准误差进行了公司层面的聚类调整。

五、进一步研究

（一）异质性分析

1. 产权性质差异分析

有研究表明，公司与政府间的关系会影响处罚性监管的监管效果。例如，（Chen，et al.，2009）发现，当违规处罚国有企业的最终控制人与管辖法院同级时，市场的负面反应程度会变小。这意味着企业产权性质会影响执法力度，相比于非国有企业，国有企业所受处罚更轻。由于国有企业由政府机构最终控制，存在一种天然的政治关联，而有政治关联的公司会通过影响违规查处的及时性来削弱监管机构的执法效率（Xu，et al.，2013）。那么，政企关系的这种负面影响是否也存在于一线监管的实施效果上还有待检验。

据此，本文根据产权差异将样本分成国有企业（SOE）和非国有企业（Non-SOE）两组，进一步研究不同产权性质下年报问询函对非效率投资的影响差异，结果见表13。比较列（1）（2）与列（3）至（6）之间的差异可以发现，年报问询函对非效率投资的抑制作用在非国企样本中表现为显著，且比起是否被问询这个事件冲击来说，问题数量和问询次数效果更显著，即问询函的严重程度对于企业的投资行为影响更深。相反，在国企样本中则表现均不显著，年报问询函对国有企业的投资效率影响甚微。这种因产权性质不同而产生的监管效果差异，证实了政企关系在资本市场监管中确实发挥着一定的屏障作用，国有企业天然的政治关联削弱了年报问询函的监管效率。这意味着政策制定者及执行者要重视政企关系的影响，在政策的出台和执行力度上应秉承客观公正、不偏不倚。

表13　产权性质异质性分析

Variable	Absinv					
	(1)	(2)	(3)	(4)	(5)	(6)
	SOE	Non-SOE	SOE	Non-SOE	SOE	Non-SOE
LCL	−0.389 1	−0.503 2				
	(−1.326 7)	(−1.527 2)				
LCLissues			−0.234 1	−0.308 9*		
			(−1.553 2)	(−1.695 6)		
LCLround					−0.322 6	−0.794 6*
					(−0.794 3)	(−1.782 6)
Lev	4.577 7**	7.653 1***	4.588 0**	7.627 4***	4.529 0**	7.616 1***
	(2.221 0)	(4.051 8)	(2.226 7)	(4.037 6)	(2.197 5)	(4.031 5)
Growth	1.423 1***	1.309 3***	1.424 6***	1.307 9***	1.422 6***	1.305 7***
	(5.347 9)	(4.538 3)	(5.356 6)	(4.543 8)	(5.343 0)	(4.558 3)

续表

Variable	Absinv					
	(1)	(2)	(3)	(4)	(5)	(6)
	SOE	Non-SOE	SOE	Non-SOE	SOE	Non-SOE
Cash	−2.457 9	−0.927 5	−2.494 2	−0.975 1	−2.436 3	−0.978 7
	(−1.575 6)	(−0.451 4)	(−1.597 1)	(−0.474 9)	(−1.561 0)	(−0.476 3)
Size	−1.656 4***	−0.722 5*	−1.662 0***	−0.742 6*	−1.649 6***	−0.711 5*
	(−3.782 3)	(−1.805 6)	(−3.790 9)	(−1.865 4)	(−3.765 2)	(−1.775 7)
Dual	−0.315 4	0.682 5	−0.304 7	0.691 5	−0.322 3	0.687 0
	(−0.867 9)	(1.502 8)	(−0.841 0)	(1.528 1)	(−0.884 8)	(1.509 8)
TOP	0.005 9	−0.064 0	0.005 9	−0.063 9	0.005 9	−0.063 6
	(0.222 8)	(−1.200 1)	(0.225 1)	(−1.197 5)	(0.222 0)	(−1.193 6)
ROE	−0.088 8	0.934 0***	−0.074 1	0.935 1***	−0.090 7	0.909 9***
	(−0.172 1)	(2.893 8)	(−0.144 0)	(2.910 1)	(−0.175 6)	(2.837 5)
Bsize	−0.878 1	−0.248 8	−0.882 5	−0.245 0	−0.869 4	−0.250 2
	(−0.759 2)	(−0.146 3)	(−0.762 7)	(−0.144 3)	(−0.751 4)	(−0.147 3)
Outdir	0.832 6	0.534 0	0.759 7	0.467 0	0.864 1	0.586 5
	(0.276 9)	(0.103 4)	(0.253 0)	(0.090 5)	(0.287 6)	(0.113 5)
Big4	1.441 0	−1.112 6*	1.436 0	−1.098 7*	1.432 8	−1.124 6*
	(1.182 5)	(−1.674 7)	(1.178 3)	(−1.661 2)	(1.174 5)	(−1.693 3)
MB	1.012 8*	1.284 0	1.015 2*	1.281 5	1.006 1*	1.283 4
	(1.795 4)	(1.503 4)	(1.798 9)	(1.499 1)	(1.783 6)	(1.502 7)
Loss	−0.829 8***	−0.570 8	−0.827 6***	−0.561 6	−0.825 1***	−0.581 9
	(−2.831 2)	(−1.383 6)	(−2.825 1)	(−1.361 6)	(−2.808 4)	(−1.418 5)
GDPgrowth	−0.012 0	−0.009 3	−0.011 8	−0.009 0	−0.012 2	−0.009 4
	(−1.211 9)	(−0.572 2)	(−1.191 5)	(−0.552 5)	(−1.226 1)	(−0.577 6)
Timeliness	0.003 3	−0.012 5	0.003 4	−0.012 6	0.003 1	−0.012 5
	(0.439 4)	(−1.374 6)	(0.455 4)	(−1.387 0)	(0.416 7)	(−1.370 7)
Fund	0.076 3	−0.282 6	0.080 3	−0.280 2	0.073 4	−0.279 9
	(0.463 3)	(−1.331 0)	(0.487 0)	(−1.322 0)	(0.445 5)	(−1.317 8)
_cons	38.287 6***	19.106 2*	38.432 1***	19.592 7*	38.148 7***	18.864 8*
	(3.872 6)	(1.777 7)	(3.884 0)	(1.827 0)	(3.858 1)	(1.753 7)
Firm	YES	YES	YES	YES	YES	YES
Year	YES	YES	YES	YES	YES	YES

续表

Variable	Absinv					
	(1)	(2)	(3)	(4)	(5)	(6)
	SOE	Non-SOE	SOE	Non-SOE	SOE	Non-SOE
Observations	2 339	1 702	2 339	1 702	2 339	1 702
R-squared	0.088 2	0.113 8	0.088 6	0.114 4	0.087 7	0.114 9

注：***、**、* 分别表示 1%、5%和 10%的显著性水平，括号内数值为 t 值。标准误差进行了公司层面的聚类调整。

2. 交易所差异分析

在中国，深交所和上交所是年报问询函的发函主体。笔者在收集数据时发现，两家证券交易所并未统一问询形式和披露模式。考虑到不同的证券交易所可能在监管经验和执行力度上风格有差异，且两家交易所的监管板块也各有侧重（上交所以主板上市企业为主，深交所则包括主板、中小板和创业板上市企业），我们担心这些差异可能引起监管效果的差异。故本文将样本分成上交所上市企业和深交所上市企业两组，进一步研究不同交易所监管下年报问询函对非效率投资的影响。从表 14 可以发现，上交所的问询函明显抑制了非效率投资行为（见第（1）、(3)、(5) 列），而深交所的年报问询函效果并不显著（见第 (2)、(4)、(6) 列）。这种效果差异可能与样本的选择有关，由于本文以 A 股主板上市公司为样本展开研究，而主板最初是在上交所上市的，比起深交所，上交所监管主板公司的经验更为丰富。可见两家证券交易所的监管领域有共性也有个性，它们各司其职、各有所长，故而推进深交所与上交所在年报问询函方面的交流合作有利于提高上市公司的监管效果。

表 14　交易所差异分析

Variable	Absinv					
	(1)	(2)	(3)	(4)	(5)	(6)
	上交所	深交所	上交所	深交所	上交所	深交所
LCL	−0.711 7**	−0.475 9				
	(−2.561 9)	(−1.157 2)				
LCLissues			−0.493 8***	−0.247 8		
			(−2.843 9)	(−1.438 5)		
LCLround					−0.953 3**	−0.632 1
					(−2.499 2)	(−1.085 5)
Lev	7.806 4***	3.626 1*	7.827 6***	3.599 8*	7.778 0***	3.631 1*
	(4.239 0)	(1.864 8)	(4.251 6)	(1.847 0)	(4.225 4)	(1.867 7)

续表

Variable	Absinv					
	(1)	(2)	(3)	(4)	(5)	(6)
	上交所	深交所	上交所	深交所	上交所	深交所
Growth	1.225 7***	1.535 2***	1.225 7***	1.536 8***	1.219 1***	1.535 4***
	(5.576 5)	(4.669 5)	(5.585 1)	(4.682 4)	(5.591 1)	(4.670 9)
Cash	−1.802 0	−0.006 5	−1.820 8	−0.096 5	−1.852 1	−0.007 5
	(−1.171 3)	(−0.002 7)	(−1.183 6)	(−0.040 6)	(−1.203 5)	(−0.003 1)
Size	−1.152 7***	−1.050 0**	−1.155 8***	−1.071 9**	−1.147 3***	−1.039 1**
	(−3.007 1)	(−2.132 2)	(−3.014 9)	(−2.188 3)	(−3.006 9)	(−2.105 4)
Dual	0.172 6	0.369 3	0.174 6	0.385 9	0.175 2	0.370 6
	(0.575 9)	(0.536 3)	(0.581 8)	(0.564 1)	(0.584 9)	(0.537 7)
TOP	−0.025 8	0.024 5	−0.025 6	0.024 9	−0.025 8	0.024 1
	(−0.886 8)	(0.503 0)	(−0.880 6)	(0.510 4)	(−0.886 8)	(0.495 8)
ROE	1.009 6***	−0.236 3	1.012 7***	−0.231 1	0.983 5***	−0.231 3
	(2.982 4)	(−0.577 4)	(2.977 9)	(−0.563 5)	(2.922 6)	(−0.566 9)
Bsize	−1.267 4	0.634 3	−1.290 8	0.631 9	−1.252 7	0.633 8
	(−1.200 8)	(0.333 0)	(−1.222 0)	(0.332 1)	(−1.183 7)	(0.332 6)
Outdir	−0.340 1	1.539 6	−0.435 6	1.412 5	−0.274 4	1.535 7
	(−0.115 1)	(0.264 6)	(−0.147 5)	(0.242 9)	(−0.092 8)	(0.264 0)
Big4	−0.333 1	4.270 0	−0.333 9	4.260 1	−0.333 6	4.267 4
	(−0.516 5)	(1.193 1)	(−0.517 4)	(1.191 3)	(−0.517 0)	(1.192 9)
MB	1.587 0**	0.550 9	1.600 3**	0.546 3	1.587 3**	0.552 3
	(2.483 4)	(0.674 2)	(2.502 7)	(0.667 0)	(2.482 0)	(0.676 5)
SOE	−1.462 6	−3.677 1***	−1.467 6	−3.701 8***	−1.463 5	−3.669 9***
	(−1.131 4)	(−2.624 0)	(−1.133 9)	(−2.636 8)	(−1.133 2)	(−2.621 9)
Loss	−0.779 3**	−0.578 5	−0.770 9**	−0.571 2	−0.785 1**	−0.578 6
	(−2.534 7)	(−1.292 2)	(−2.510 9)	(−1.277 5)	(−2.565 9)	(−1.291 9)
GDPgrowth	−0.006 3	−0.026 9*	−0.006 2	−0.026 5*	−0.006 5	−0.027 0*
	(−0.610 3)	(−1.777 9)	(−0.596 7)	(−1.758 2)	(−0.631 5)	(−1.782 2)
Timeliness	0.002 5	−0.022 7*	0.002 5	−0.022 5*	0.002 6	−0.022 8*
	(0.361 2)	(−1.819 8)	(0.353 5)	(−1.797 7)	(0.368 1)	(−1.829 7)
Fund	−0.195 5	0.007 6	−0.194 9	0.013 7	−0.194 2	0.009 2
	(−1.223 3)	(0.033 4)	(−1.218 6)	(0.059 9)	(−1.215 9)	(0.040 4)

续表

Variable	Absinv					
	(1)	(2)	(3)	(4)	(5)	(6)
	上交所	深交所	上交所	深交所	上交所	深交所
_cons	28.764 2***	26.111 0**	28.903 2***	26.656 1**	28.608 7***	25.883 6**
	(3.345 6)	(2.011 2)	(3.360 3)	(2.058 9)	(3.335 3)	(1.991 4)
Firm	YES	YES	YES	YES	YES	YES
Year	YES	YES	YES	YES	YES	YES
Observations	2 816	1 225	2 816	1 225	2 816	1 225
R-squared	0.083 4	0.154 0	0.084 0	0.154 9	0.084 1	0.153 8

注：***、**、* 分别表示 1%、5%和 10%的显著性水平，括号内数值为 t 值。标准误差进行了公司层面的聚类调整。

（二）渠道检验

（Biddle，et al.，2009）指出，高质量的财务报告可以通过减少道德风险和逆向选择风险来提高公司投资效率。具体地，财务报告是股东监督管理者行为决策的重要信息来源（Bushman and Smith，2001），财务报告质量的提高强化了股东监控管理投资的能力，进而降低因道德风险和逆向选择风险形成的代理成本，提高投资效率。鉴于年报问询函是监管和规范企业信息披露的一种手段，本文采用中介效应检验方法，识别年报问询函能否通过改善代理问题进而抑制企业非效率投资。

借鉴（Li，2007）等人的研究，本文将管理费用率（Chargeratio）定义为代理成本的观察变量，当管理费用率越高时，代理成本越高，企业存在的代理问题越严重；将总资产周转率（TAT）定义为代理效率的观察变量，当总资产周转率越低时，代理效率越低，企业存在的代理问题越严重，并构建如下中介效应模型：

$$\text{Absinv}_{i,t} = \beta_0 + \beta_1 \text{CL}_{i,t-1} + \sum \text{Controls}_{i,t} + \text{Year} + \text{Firm} + \varepsilon \qquad \text{Model (7)}$$

$$\text{Agency}_{i,t} = \beta_0 + \beta_1 \text{CL}_{i,t-1} + \sum \text{Controls}_{i,t} + \text{Year} + \text{Firm} + \varepsilon \qquad \text{Model (8)}$$

$$\text{Absinv}_{i,t} = \beta_0 + \beta_1 \text{CL}_{i,t-1} + \beta_2 \text{Agency}_{i,t} + \sum \text{Controls}_{i,t} + \text{Year} + \text{Firm} + \varepsilon \qquad \text{Model (9)}$$

其中，Agency 表示公司存在的代理问题，分别用管理费用率（Chargeratio）和总资产周转率（TAT）度量；其他变量定义同前文。

代理效率的渠道检验结果见表 15，第（1）列是模型（7）的检验结果，与前文主检验一致。第（2）（3）列显示，年报问询函能提高代理效率，而代理效率的改善有助于减少非效率投资，验证了前文的推导，即年报问询函会改善企业的代理问题，从而抑制了企业非效率投资。同时，相较第（1）列而言，第（3）列中 LCL 的系数绝对值稍有降低，进一步表明了代理问题是年报问询函抑制企业非效率投资行为的一个重要渠道。此外，表 15

还报告了 Sobel 检验结果，Sobel Z 值显著为负，证明部分中介效应确实存在。

表 15 渠道检验——代理效率（TAT）

Variable	(1)	(2)	(3)
	Absinv	TAT	Absinv
LCL	−0.508 3**	0.058 0*	−0.453 6*
	(−2.192 2)	(1.924 3)	(−1.959 2)
TAT			−0.943 8**
			(−2.125 5)
Lev	6.234 7***	−0.597 3***	5.671 0***
	(4.459 3)	(−2.779 5)	(4.086 2)
Growth	1.354 2***	−0.021 3	1.334 1***
	(6.831 0)	(−1.055 7)	(6.717 8)
Cash	−1.456 5	−0.122 3	−1.571 9
	(−1.102 1)	(−1.469 5)	(−1.186 1)
Size	−0.986 3***	0.418 7***	−0.591 2
	(−3.281 6)	(5.876 4)	(−1.588 1)
Dual	0.282 3	−0.000 9	0.281 4
	(0.939 7)	(−0.068 2)	(0.938 8)
TOP	−0.009 7	−0.002 5	−0.012 1
	(−0.389 4)	(−1.139 7)	(−0.485 1)
ROE	0.610 3**	−0.243 2*	0.380 7
	(2.392 4)	(−1.898 5)	(1.387 3)
Bsize	−0.585 9	−0.177 5	−0.753 5
	(−0.605 8)	(−1.198 0)	(−0.785 6)
Outdir	0.346 2	−0.194 4	0.162 7
	(0.130 3)	(−0.515 6)	(0.061 3)
Big4	0.494 7	−0.090 6	0.409 2
	(0.559 1)	(−1.516 6)	(0.486 1)
MB	1.154 6**	−0.285 5***	0.885 1*
	(2.331 2)	(−2.594 0)	(1.766 8)
SOE	−2.208 6**	−0.008 0	−2.216 2**
	(−2.207 2)	(−0.149 4)	(−2.271 9)
Loss	−0.672 9***	0.022 1	−0.652 1***
	(−2.652 0)	(1.071 6)	(−2.582 0)

续表

Variable	(1)	(2)	(3)
	Absinv	TAT	Absinv
GDPgrowth	−0.009 9	−0.002 0	−0.011 8
	(−1.172 4)	(−1.140 3)	(−1.384 3)
Timeliness	−0.003 8	0.000 2	−0.003 6
	(−0.631 9)	(0.564 8)	(−0.597 0)
Fund	−0.119 9	−0.012 2	−0.131 4
	(−0.899 2)	(−1.089 0)	(−0.995 3)
_ cons	24.712 2***	−7.567 4***	17.569 9**
	(3.438 5)	(−5.657 3)	(2.132 6)
Firm	YES	YES	YES
Year	YES	YES	YES
Observations	4 041	4 041	4 041
R-squared	0.094 5	0.248 7	0.099 4
Sobel Z		−2.251 0**	
Sobel Z Z-p 值		0.024 4**	

注：***、**、* 分别表示 1%、5%和 10%的显著性水平，括号内数值为 t 值。标准误差进行了公司层面的聚类调整。

同理，表 16 报告了代理成本的渠道检验结果。第（1）列结果与主假设一致；第（2）（3）列结果显示，年报问询函能通过降低代理成本引起投资效率的改善，同样从代理成本的视角证实了代理问题这一传导机制存在。综上，年报问询函主要通过改善企业代理问题对企业非效率投资产生抑制效果，而降低代理成本和提高代理效率是年报问询函改善被问询公司代理问题的重要途径。

表 16　渠道检验——代理成本 Chargeratio

Variable	(1)	(2)	(3)
	Absinv3	Chargeratio	Absinv3
LCL	−0.455 9*	−0.027 6**	−0.446 4*
	(−1.857 5)	(−2.004 5)	(−1.815 5)
Chargeratio			0.343 4*
			(1.770 1)
Lev	6.026 9***	0.253 1*	5.940 0***
	(4.616 9)	(1.904 2)	(4.554 3)

续表

Variable	(1)	(2)	(3)
	Absinv3	Chargeratio	Absinv3
Growth	0.925 5***	0.006 8	0.923 2***
	(4.022 6)	(0.287 2)	(4.011 1)
Cash	−1.986 5	−0.049 9	−1.969 3
	(−1.617 1)	(−1.177 6)	(−1.601 9)
Size	−0.681 3**	−0.210 6**	−0.608 9*
	(−2.145 9)	(−2.010 7)	(−1.822 4)
Dual	0.628 4**	0.003 9	0.627 1**
	(2.009 1)	(0.406 8)	(2.003 0)
TOP	−0.003 0	0.002 7*	−0.003 9
	(−0.116 2)	(1.858 2)	(−0.151 1)
ROE	0.637 9**	−0.122 5	0.680 0***
	(2.399 9)	(−1.066 2)	(2.586 4)
Bsize	−1.155 0	0.033 3	−1.166 4
	(−1.119 3)	(1.443 5)	(−1.130 3)
Outdir	−1.005 8	0.195 6	−1.073 0
	(−0.353 3)	(0.947 5)	(−0.376 6)
Big4	−0.158 4	0.022 4	−0.166 1
	(−0.145 7)	(0.922 1)	(−0.152 9)
MB	1.298 0**	0.075 5	1.272 1**
	(2.382 5)	(0.992 2)	(2.337 7)
SOE	−2.124 6***	−0.005 8	−2.122 6***
	(−3.182 1)	(−0.201 7)	(−3.183 0)
Loss	−0.162 9	−0.022 5	−0.155 1
	(−0.615 9)	(−0.535 1)	(−0.588 4)
GDPgrowth	−0.007 7	0.000 1	−0.007 8
	(−0.869 6)	(0.153 3)	(−0.873 7)
Timeliness	−0.004 9	0.000 1	−0.004 9
	(−0.775 2)	(0.628 4)	(−0.779 3)
Fund	−0.020 2	−0.010 6	−0.016 6
	(−0.140 3)	(−1.053 4)	(−0.115 1)

续表

Variable	(1)	(2)	(3)
	Absinv3	Chargeratio	Absinv3
_ cons	20.322 1***	4.369 9**	18.821 4**
	(2.666 9)	(2.043 4)	(2.375 3)
Firm	YES	YES	YES
Year	YES	YES	YES
Observations	4 041	4 041	4 041
R-squared	0.061 0	0.137 8	0.061 4
Sobel Z		1.655 0*	
Sobel Z Z p 值		0.097 9*	

注：***、**、* 分别表示 1%、5%和 10%的显著性水平，括号内数值为 t 值。标准误差进行了公司层面的聚类调整。

六、结语

伴随中国市场经济体制的构建进程，证券交易所的监管核心转向“放松管制、加强监管”，年报问询函成为“事后审核”的主要手段。在此背景下，本文实证检验年报问询函对公司非效率投资的影响发现，年报问询函能有效抑制被问询企业的非效率投资，当收到年报问询函的次数越多或问题数量越多时，抑制效果越强。进一步分析发现，这种抑制效应与外部治理环境相关，企业所处地区的外部治理环境越差，年报问询函的抑制作用则更强。企业层面的特征（例如产权性质、所属交易所等）也是影响年报问询函治理效果的重要因素，非国有企业和上交所上市企业对年报问询的反应更敏感。在作用机制方面，年报问询函主要通过改善企业代理问题以及抑制管理层的机会主义行为，来发挥其非效率投资治理效应。

本文为相关研究作出了重要的理论贡献。第一，验证了年报问询函对企业非效率投资的抑制效应，丰富了委托代理理论的内涵。本文立足于委托代理理论，不仅从企业非效率投资视角证实了年报问询函的公司治理效应，还探讨了年报问询函这一行政监管手段对企业管理者投资行为决策的作用机制，充分揭示了年报问询函通过降低企业代理成本和提高代理效率，进而改善企业非效率投资的作用渠道，丰富了委托代理理论的相关研究。委托代理理论指出，在利益冲突和信息不对称的环境下，一旦代理人在行使委托人授予的资源决策权过程中面临诱惑时，便有动机选择维护自身利益而牺牲委托人的利益最大化（Grossman and Hart，1983）。针对普遍存在的代理问题，委托代理理论的中心任务就是如何设计出最优的契约来规范、约束或者激励代理人（Sappington，et al.，1991）。对此，学术界进行大量的探索，例如，借助股利分配作为限制管理者攫取股东利益的手段（Faccio，et al.，2001），以高额报酬激励管理者提高绩效（Murphy，1985），抑或是通过股权激励促使管理者与所有者的利益趋同（Singh and Davidson Iii，2003）。相较于已有研究从微观企业层面探究相关的治理措施，聚焦于寻求最优契约对公司管理者加以约束或激励，本文则将视角转向宏观层面的政府监管手段，搭建了一个关于宏观监管政策与微观企业行为（绩效）之间的分析框架，重点研究外部监管手段对企业投资效率的治理效果及其作用机制，凸显了代理问题在连接企业外部监管措施与企业投资决策重要价值。本研究打开了年报问询函影响企业投资效率的“黑箱”，本文的研究发现为改善企业投资效率和提高市场整体治理能力提供了新的视角；同时，也拓展了委托代理理论的内涵，为运用委托代理理论解决现实中的代理问题提供了思路。

第二，本文从企业外部环境与企业异质性视角探讨了年报问询函发挥公司治理效应的约束情境，不仅是对威慑理论的拓展，也有助于精准定位年报问询函的适用边界。本文研究发现，年报问询函对企业投资效率的治理效应依赖于外部治理环境，且被问询企业所属交易所的异质性和被问询企业的产权性质差异是引起年报问询函实施效果不同的重要因素，这说明市场隐性制度压力是识别年报问询函适用情境时不可忽略的约束条件。威慑理论为年报问询函发挥监管效应提供了有力的理论支持，年报问询函的收函公告导致被问询公司面临的监管压力加剧，这种压力一方面来自政府的正式监管，另一方面则来自市场反应以及区域市场环境的隐性约束（Chen，et al.，2017；Aggarwal，et al.，2011；Pukthuanthong，et al.，2017）。本文在直接检验年报问询函（正式制度）监管效果的同时，还从非正式制度（企业所处市场环境，如本文中的外部治理环境）视角重点考察了市场隐性约束对年报问询函治理效应的叠加效果。可见，威慑理论既为本研究奠定了理论基础，本研究也拓展了威慑理论的边界。此外，在中国特色社会主义市场经济体制下，本文的研究发现也充分印证年报问询函有机地结合了有为政府和有效市场，二者的复合实现了“1+1>2”的效果。

第三，立足于中国独特情境的年报问询函公司治理效应研究，为其他发展中国家完善资本市场监管制度体系提供了“中国经验”。中国特色社会主义市场经济制度体系是立足于中国现实，破解社会主义道路和市场经济体制对立关系的伟大探索，年报问询函制度正是在妙用政府之力、尊重市场规律和发挥市场作用的基础上，正确处理政府与市场关系的重要举措，本文的研究结果为实现有效市场和有为政府的结合提供了中国经验。尽管本文以中国这个全球最大的新兴经济体为研究对象，从企业投资效率视角系统揭示了年报问询函的实施效果和作用路径，但中国是发展中国家行列最为典型的代表，中国资本市场发展状况与世界其他发展中国家存在诸多共性，本研究充分说明在资本市场发育不成熟和市场监管不完善背景下年报问询函的杠杆效应不容忽视，年报问询函的中国经验有助于为它们建立和完善资本市场监管体系提供参考。

本文的研究结论同样蕴含着重要的实践启示：(1) 国家和地方政府应进一步完善相关配套监管制度，减少法律不完备情况下有机可乘的灰色地带。事实证明，随着 2013 年中国“信息披露直通车”的实施，证券交易所通过问询函制度在一定程度上保障了资本市场的健康发展，推动上市公司合理配置资源和提高经营绩效。交易所在实施问询函制度的同时，应进一步缩小因企业产权性质差异所引起的区别化监管，同时促使不同证券交易所在监管模式和监管风格方面走向趋同，全方位发挥交易所一线监管尤其是事后监管的作用。

（2）深交所和上交所作为年报问询函制度的实施主体，应加强合作和沟通，进一步完善和规范问询函监管流程。年报问询函制度是贯彻“健全重大政策事前评估和事后评价制度”具体行动的体现，但深交所和上交所在监管风格上存在一定差异。例如，相较于深交所披露问询函和对应的公司回函，上交所却只披露了问询函件，相应的公司回函需要信息使用者自行检索公司的回函公告。可见，两家证券交易加强沟通合作，制订相对稳定且标准统一的问询函实施流程更便于公众参与监督和保护投资者利益，也是问询函制度激发市场发挥资源配置功能的内在要求。

（3）企业应从法律道德和绩效考评双管齐下约束管理者的机会主义行为，提高治理能力，将合规披露信息、保护投资者权益由外部监管压力驱动内化为管理者自我约束。随着问询函制度日趋完善，企业信息披露问题曝光必然引起政府、公众、中介机构等不同利益相关者立竿见影的反应，企业的违规成本会随之增加，企业应高度重视由此带来的市场惩罚；同时，发函不仅是对公众的提醒，更是对公司的敲打，公司所有者应积极关注问询函中的问题，及时应对暴露的治理问题，规范管理者行为，以确保管理者行为与股东利益趋同，实现资源合理配置和企业价值最大化。

当然，本研究也存在一定的缺陷，有待持续深入研究：（1）由于中国的年报问询函发函量近几年才开始增加，故本文的时间窗口较短，仅选取了近三年的数据，但实际上法律或政策的施行一般具有滞后性，其未来的长期影响同样具备十分重要的研究价值，后续研究可进一步研究。（2）由于年报问询函的相关特征指标由笔者手工收集，且关于问询函的问题数量等计量标准尚不统一，可借鉴的研究相对有限，感兴趣的学者可多关注并投入本领域的研究中来，以便于在年报问询函的测度方面尽早达成统一。（3）年报问询函会产生不同的经济后果，本文仅从资源配置效率的角度进行探究，后续研究可以进一步探讨年报问询函的其他政策效果。

参考文献

［1］Bens D A，Cheng M，Neamtiu M. The Impact of SEC Disclosure Monitoring on the Uncertainty of Fair Value Estimates［J］. The Accounting Review，2016，91（2）：2066238443.

［2］Johnston R，Petacchi R. Regulatory Oversight of Financial Reporting：Securities and Exchange Commission Comment Letters［J］. Contemporary Accounting Research，2017，34（2）：1128-1155.

［3］Chen Y，Deng Y，Li Z. Effectiveness of the Front-line Regulation of the Chinese Stock Exchanges：Evidence From Comment Letters［J］. Management World，2019，035（003）：169-185.

［4］Kubick T R，Lynch D，Mayberry M，Omer T C. The Effects of Regulatory Scrutiny on Tax Avoidance: An Examination of SEC Comment Letters [J]. The Accounting Review, 2016, 91 (6): 1751-1780.

[5] Wang Q. Determinants of segment disclosure deficiencies and the effect of the SEC comment letter process [J]. Journal of Accounting & Public Policy, 2016, 35 (2): 109-133.

[6] Li X, Rao P, Yue H. Stock Exchange Comment Letters and Management Earnings Forecast [J]. Management World, 2019, 35 (08): 173-188.

[7] Chen Y, Deng Y, Li Z. Can Non-administrative Penalty Regulation Improve Audit Quality? ——Evidence from inquiry letters [J]. Auditing Research, 2018 (05): 82-88.

[8] Brown S V, Tian X S, Tucker J W. The Spillover Effect of SEC Comment Letters on Qualitative Corporate Disclosure: Evidence from the Risk Factor Disclosure [J]. Contemporary Accounting Research, 2015, 35.

[9] Zhang J, Tang X, Li G. Does the preventive regulation mitigate stock price crash risk? Evidence from comment letters [J]. Journal of Management Sciences in China, 2018, 21 (10): 112-126.

[10] Majluf, Myers. Corporate financing and investment decisions when firms have information that investors do not have [J]. Journal of Financial Economics, 1984 (13): 187-221.

[11] Xin Q, Zheng G, Yang D. Business Groups, Government Control and Investment Efficiency [J]. Journal of Financial Research, 2007, 000 (010): 123-142.

[12] Zheng J, He X, Wang H. Financing Constraints of Investment of Listed Companies: An Empirical Analysis from the Perspective of Equity Structure [J]. Journal of Financial Research, 2001, 000 (011): 92-99.

[13] Biddle G C, Hilary G, Verdi R S. How does financial reporting quality relate to investment efficiency? [J]. Journal of Accounting and Economics, 2009, 48 (2-3): 112-131.

[14] Liu H, Wang C, Wu L. Decision Rights Allocation, Earnings Management and Investment Efficiency [J]. Economic Research Journal, 2014 (8): 93-106.

[15] Wang X, Chen F, Hope O K, Li Q. Financial Reporting Quality and Investment Efficiency of Private Firms in Emerging Markets [J]. Social Science Electronic Publishing, 2011, 86 (4): 1255-1288.

[16] Becker, Gary S. Crime and Punishment: An Economic Approach [J]. Journal of Political Economy, 1968, 76 (2): 169-217.

[17] Bozanic Z, Dietrich J R, Johnson B A. SEC comment letters and firm disclosure [J]. Journal of Accounting and Public Policy, 2017, 36 (5): 337-357.

[18] Richardson S. Over-investment of free cash flow [J]. Review of Accounting Studies, 2006, 11 (2-3): 159-189.

[19] García Lara J M, García Osma B, Penalva F. Accounting conservatism and firm investment efficiency [J]. Journal of Accounting and Economics, 2016, 61 (1): 221-238.

[20] Chen Y, Deng Y, Li Z. Does the Non-penalty Regulation Have Information Content? Evidence from Inquiry Letters [J]. Journal of Financial Research, 2018 (04): 155-171.

[21] Cheng M, Dhaliwal D, Zhang Y. Does investment efficiency improve after the disclosure of material weaknesses in internal control over financial reporting? [J]. Journal of Accounting and Economics, 2013, 56 (1): 1-18.

[22] Aggarwal R K, Samwick A A. Empire-Builders and Shirkers: Investment, Firm Performance, and Managerial Incentives [J]. Journal of Corporate Finance, 2006 (12): 489-515.

[23] Jensen M. Agency Costs of Free Cash Flow, Corporate Finance, and Takeovers [J]. American Economic Review, 1999, 76 (2): 323-329.

[24] Bowen R M, Chen X, Cheng Q. Analyst Coverage and the Cost of Raising Equity Capital: Evidence from Underpricing of Seasoned Equity Offerings [J]. Social Science Electronic Publishing, 2008 (25): 657-700.

[25] Leuz C, Nanda D, Wysocki P D. Earnings management and investor protection: an international comparison [J]. Journal of Financial Economics, 2003, 69 (3): 505-527.

[26] Chung H H, Wynn J P, Yi H. Litigation risk, accounting quality, and investment efficiency [J]. Advances in Accounting, 2013, 29 (2): 180-185.

[27] Chen T, Xie L, Zhang Y. How does analysts' forecast quality relate to corporate investment efficiency? [J]. Journal of Corporate Finance, 2017 (43): 217-240.

[28] Healy P M, Palepu K G. Information asymmetry, corporate disclosure, and the capital markets: A review of the empirical disclosure literature [J]. Journal of Accounting and Economics, 2001, 31 (1): 405-440.

[29] Wang X, Fan G, Yu J. Marketization Index of China's Provinces: Neri Report 2016 [M]. Social Sciences Academic Press (China), 2017.

[30] Chen Y, Huang J. Stock Market Liberalization and Corporate Investment Efficiency: Evidence from Shanghai-Hong Kong Stock Connect [J]. Journal of Financial Research, 2019 (08): 151-170.

[31] Cassell C A, Cunningham L M, Myers L A. Reviewing the SEC's Review Process: 10-K Comment Letters and the Cost of Remediation [J]. Social ence Electronic

Publishing, 2013, 88 (6): 1875-1908.

[32] Chen F, Hope O, Li Q, Wang X. Financial Reporting Quality and Investment Efficiency of Private Firms in Emerging Markets [J]. The Accounting Review, 2011, 86 (4): 1255-1288.

[33] Chen X, Li M, Rui O M, Xia L. Judiciary Independence and The Enforcement of Investor Protection Laws: Market Responses to the “1/15” Notice of the Supreme People's Court of China [J]. China Economic, 2009, 9 (1): 1-28.

[34] Xu N, Jiang X, Yi Z, Yuan Q. Do Political Connections Affect the Efficiency of Legal Enforcement? [J]. China Economic, 2013, 12 (02): 5-38.

[35] Bushman R M, Smith A J. Financial accounting information and corporate governance [J]. Journal of Accounting and Economics, 2001, 32 (1): 237-333.

[36] Li S. Ownership, Agency Cost and Agency Efficiency [J]. Economic Research Journal, 2007 (01): 102-113.

[37] Grossman S J, Hart O D. An Analysis Of The Principal-Agent Problem [J]. Econometrica, 1983, 51 (1): 7-45.

[38] Sappington, David E M. Incentives in Principal Agent Relationships [J]. Journal of Economic Perspectives, 1991, 7: 24-52.

[39] Faccio M, Lang L H P, Young L. Dividends and Expropriation [J]. American Economic Review, 2001, 91 (1): 54-78.

[40] Murphy K J. Corporate Performance and Managerial Remuneration: An Empirical Analysis [J]. Journal of Accounting and Economics, 1985, 7 (1-3): 11-42.

[41] Singh M, Davidson Iii W N. Agency costs, ownership structure and corporate governance mechanisms [J]. Journal of Banking & Finance, 2003, 27 (5): 793-816.

[42] Aggarwal R, Erel I, Ferreira M, Matos P. Does governance travel around the world? Evidence from institutional investors [J]. Journal of Financial Economics, 2011, 100 (1): 154-181.

[43] Pukthuanthong K, Turtle H, Walker T, Wang J. Litigation risk and institutional monitoring [J]. Journal of Corporate Finance, 2017, 45: 342-359.

能力本位的现代调适：百年大党强党视域下政党能力建设论纲

管志利*

摘　要：党的十九大报告提出“毫不动摇把党建设得更加坚强有力”“长期执政能力建设”等重大命题，从根本上提出新时代强党目标的时代要求。作为百年大党的中国共产党，必须持续增强政党能力以实现能力本位的现代化调适。“理想源流、使命源流、现实源流、问题源流”等四个方面决定中国共产党“为什么要建设最强大的政党”，政党能力体系的理想构成及其基本要素揭示了“怎样才是最强大的政党”，新时代必须协同推进政党能力的科学调适以实现“建成世界上最强大政党”的宏伟目标。

关键词：百年大党；政党政治；政党能力；强党；现代化调适

一、引言

回顾党的百年历史，特别是十八大以来的管党治党实践，深刻证明“伟人的事业必须有坚强的党来领导”。2016 年习近平总书记指出：“我们党要搞好自身建设，真正成为世界上最强大的一个政党。”[1] 2017 年党的十九大报告中强调“必须毫不动摇坚持和完善党的领导，毫不动摇把党建设得更加坚强有力”[2]。党的十九大闭幕后，习近平总书记在同中外记者见面时强调，“中国共产党是世界上最大的政党，大就要有大的样子”[3]，这对新时代党的建设提出了新的要求。坚强有力的执政党是实现强国目标的前提和保证，这要求作为百年大党的中国共产党必须致力于政党能力的增量发展和政党效能的质化提升，在引领现代化建设过程中以“使命—责任”为导向探索中共长期执政能力建设，在国家与社会的良性互构中探索世界上最先进的强党机制与发展模式。

二、政党能力的因果溯源：建设世界上最强大政党的四维动因

中国共产党是在世界上人口最多的国家和最大的发展中国家执政，自我革命力度大、国际影响力大、所干事业最伟大，被美国记者斯诺称之为“坚忍卓绝，任劳任怨，无法打

* 管志利，中共长沙市委党校副教授。

败”，应该成为也必须成为世界上具有最强大政党能力的“使命—责任”型政党。中国共产党以政党属性、政党使命、政党权威、政党文化和党建格局为力量支点，始终致力于增强党的生命力、创造力和领导力，从而更好地巩固政权和获得广大民众的衷心拥护。

（一）“理想源流”所寄：强大的政党能力是永葆党的先进性和纯洁性的客观要求

中国共产党以马克思主义为指导思想，最崇高理想是实现共产主义，后者是对人类社会发展规律的深刻揭示，意味着物质条件的极大丰足和政治社会的解放，体现出真理性和价值性、合目的性和合规律性的高度统一，正是这种指导思想和崇高理想支撑着中共由弱小变得强大、由分散变得团结。中国共产党在政党性质上如党章所界定，“是中国工人阶级的先锋队，是中华民族和中国人民的先锋队”。但政党性质和政党党性是不同的：政党的性质是静态的、具有质的规定性；政党的党性则是动态的，具有质的规定性和量的要求。只有用崇高理想塑造起来的政党才真正具有生命力、号召力、战斗力和影响力，但政党的党性不会因为自身执政时间的增加和党员规模的扩大而自然强大，必须持之以恒地强化政党党性永葆党的先进性和纯洁性。如今的中国共产党是由 9 000 多万党员组成的执政党，要保持这个堡垒坚不可摧，必须始终用崇高理想作为指引和支撑，开展整党整风、提升政党能力，方能把党建设得更加强有力实现质量强党目标。

（二）“使命源流”所向：强大的政党能力是建设马克思主义使命型政党的客观要求

一是中华民族伟大复兴的历史使命要求党必须具备强大的政党能力。中国共产党以建立共产主义、实现每个人的自由全面发展为最终使命，其主要目标是吸引人们信仰其理念而非仅为获得选票支持。中国共产党人的初心和使命是为中国人民谋幸福、为中华民族谋复兴，这个使命被写入政治纲领进而贯穿到中共政治实践活动始终。中国能成功把“国土大、人口多、底子薄”这个历史“负担”转变为国家发展的动力，是因为具备国家能力（形成统一意志的能力）这个前提条件，而国家能力来自由硬实力和软实力构成的党的能力结构。这要求中国共产党必须把自己建设得更加坚强有力，通过强大的政党能力化蓝图为现实，在满足人民群众美好生活需要的基础上实现中华民族伟大复兴的历史使命。

二是全面建设社会主义现代化的目标决定党必须具备强大的政党能力。中国共产党与欧美国家的政党不同，近代欧洲是在建构起民族国家、发展出现代国家治理体系的基础上进而产生政党的，政党大多处于从属地位；中国共产党是中华人民共和国的缔造者和建设者，建党、建军、再建国的发展模式使得中国共产党具有一元化领导的强大政治势能并处于国家治理的核心位置。就政党在国家现代化中的角色和功能来说，无论是资产阶级政党，还是西方国家的无产阶级政党，说到底都是如何适应国家现代化；中国共产党的使命，是如何把国家组织起来并建设好，即如何引领国家现代化。在新时代的新发展阶段，全面建设社会主义现代化的目标决定党必须具备强大的政党能力。

三是建设中国特色社会主义的强国追求决定党必须具备强大的政党能力。党的十八大以来，各种强国战略不断提出并得以强化，如人才强国、文化强国、海洋强国、制造强国、科技强国、质量强国、航天强国、网络强国、交通强国、贸易强国、体育强国、教育强国、知识产权强国等等。新中国成立以来的历史，就是中国共产党带领中国人民从“救国”到“兴国”，从“富国”再到“强国”的历史，为人类提供了探索现代化强国建设和社会制度建设的中国方案，党的十九大报告庄严宣告，“中国正走近世界舞台的中心”。党的十九届五中全会提出的现代化强国目标和二〇三五年远景目标是在向全世界宣告，“历史不会也不可能终结”，这种没有终结的强国追求决定党必须具备强大的政党能力。

（三）“现实源流”所需：强大的政党能力是应对复杂形势和完成艰巨任务的时代需要

从长期执政来看，要维持社会的稳定和发展，要提升国家治理的合理性、合法性和有效性，进而获得各方力量对其政治上的认同，中国共产党必须不断强大自身，经受住当前仍显尖锐严峻的“四大考验”，沉稳应对复杂的国内外形势。从长期执政的考验来看，纵观世界各国政党，苏联共产党连续执政 74 年（1917—1991），墨西哥革命制度党连续执政 71 年（1929—2000），前者于 1991 年垮台，后者曾因严重的腐败问题一度失去执政地位，均昭示着执政越久越要警惕执政的有效性。从市场经济的考验来看，市场经济大潮的冲击，升官发财的糟粕、全程曝光的媒体、价值观念的错位都对党员干部的思想和行动带来重要影响。从改革开放的考验来看，我们怎么看待过往，怎么继承制度，怎么走向未来，这些关乎政党生长性的问题，直接关系到党是否真正强大。从外部环境的考验来看，风险治理的挑战，尤其是在新冠疫情影响下，世界百年未有之大变局加速演变，产业链供应链面临冲击，逆全球化趋势加剧，单边主义保护主义抬头，美国加紧对我国的战略遏制等等，我国发展环境的复杂变化深刻影响党的总体安全性问题。党面临的“四大危险”也依然长期存在，动荡源和风险点也显著增多，均要求党在坚持系统观念的基础上，发扬斗争精神，炼成强大的拒腐防变和风险治理能力，锻造高超的领导能力和执政能力，把党建设得像钢铁一般坚强有力。只有这样，才能给中国特色社会主义注入强大活力和更大信心，跳出政权治乱兴衰的“历史周期律”，从而永葆执政党的先进性和执政的科学性。

（四）“问题源流”所迫：强大的政党能力是推进自我革命和凝聚党心民心的根本要求

一是“四风”问题树倒根存，“四风”问题是违背党的性质和宗旨的，是群众深恶痛绝的问题，也是损害党群干群关系的重要根源。党内很多问题与其相关、由其衍生，习近平总书记曾针对秦岭别墅问题中存在的形式主义和官僚主义做出重要批示，强调“彻底查处整而未治、阳奉阴违、禁而不绝的问题”，党内“四风”问题的根深蒂固对凝聚党心民心带来极其不利的影响。二是政治隐患尚未清除，无视党的政治纪律和政治规矩的七个“有之”现象仍需得到大力重视和从严治理，党的“三不纯”（思想不纯、组织不纯、作风不纯）问题，以及其他影响党的先进性、弱化党的纯洁性的突出问题尚未得到根本解决，党的领导弱化、组织涣散、纪律松弛的挑战仍客观存在。三是政治生态仍须净化，赖小民、黄兴国们所秉持的“庸俗腐朽”的政治文化严重践踏党纪国法，严重搞坏了党内风气，严重侵蚀了政治生态，严重损害了党在人民群众心目中的形象，变通执行中央大政方针和决策部署、放弃管党治党责任等行为模式严重破坏了党的集中统一和红色气质，削弱了党的战斗力和凝聚力。

三、政党能力的结构系统：世界上最强大政党的能力体系构成

约瑟夫·奈认为，中国共产党在国内外拥有强大的软实力，在于这个政党本身具有的强大吸引力（能吸引党员和群众自愿跟随）和凝聚力，并强调把软硬实力很好结合起来的巧实力。[4]执政党执政地位的形成和巩固既非一蹴而就，亦非一劳永逸，必须锻造自身过硬的政党能力结构系统以构建政党巧实力。

（一）能力结构：强大的政党力量是一种现代化的综合能力体系

一般认为，政党的硬实力就是传统意义上由党员人数、组织体系、领袖素质等所构成的对社会的影响力；政党的软实力是由政党的包容性、适应性、亲和力等体现出来的对社会的影响力。政党软实力可分为结构性要素和功能性要素，前者包括政治力、感召力、制度力、革新力，后者包括组织力和话语力。[5]政党能力与政党的软实力和硬实力紧密相关，可归纳为组成结构和过程发挥两个方面，前者指动员社会资源和整合公共利益的能力，后者主要取决于政党制度化程度及其领导人的人格魅力。王韶兴教授认为政党能力是政党建设的价值指向，也是政党先进性的表达机制和政党执政能力的发展基础，是一个由治党管党、政党合作、执掌政权、领导社会、党际交往和政党学习等方面构成的能力体系。[6]后来他在此基础上提出一个由“基础性能力、关键性能力、保障性能力、目的性能力、方法性能力”构成的能力体系，并认为这是中共管党治党、治国理政本领的系统化表达。[7]张涛提出从“适应性、复杂性、统一性和内聚力”方面来衡量政党力量，[8]袁超则揭示组成政党能力支撑结构的若干重要元素（包括党纲和意识形态、政党的组织体系、领袖或领导集体、党员及其规模等），强调这些元素之间相互支持、相互制约，提出要重视政党能力的发挥机制，以及在适应情景中政党能力的限度和边界的问题。[9]并言之，政党的力量体现为一种“综合能力”，这种综合能力主要体现为强大的政治领导力、民心感召力、组织动员力和功能聚合力，形成于良好的政治生活和政治生态。

（二）核心能力：最强大政党要以强大的“政治领导力”为核心

在中国从传统走向现代，再走向全面建设现代化的历史征程中，中国共产党能由弱变强，最终脱颖而出并使得自身变得更加坚强有力，靠的就是强大的政治领导力。政治领导力是党的定向力、胜任力、执行力和影响力的有机统一，由此“四力”共同构成一个完整的合力结构，[10]主要体现在引领政治方向、统领政治体系、决断重大事项、领导社会治理等方面。[11]一是必须准确把握社会进步方向，以共产主义的最高纲领支撑政治领导力和引领经济社会发展，让美好蓝图在中国特色社会主义的实践中焕发时代精神，中国共产党只要把自己建设得更加坚强有力，就一定能确保党和国家始终沿正确方向胜利前进。二是必须善于制定执行正确政策策略（政策和策略是党的生命），通过现实纲领以富有感召力的

奋斗目标团结和带领人民追求美好生活。三是必须以唯物辩证法的哲学思维总揽全局、协调各方，从整体上把握革命和建设大局，把各种力量和因素融入党和国家事业中，以“和而不同”“对立统一”的方式建立和谐的政治关系，建立广泛的统一战线和卓有成效的党际协商，整合和协调各种政治力量，体现国家和社会发展核心力量的大党风范。四是要必须具备强大的政治定力，以沉稳的战略定力应对时代风云变幻。战略定力是中国共产党人的政治品格，是在长期艰苦斗争中由共产主义远大理想滋养孕育的政治基因。所谓“乱云飞渡仍从容”，中国共产党始终在“旗帜道路”的根本性问题上保持强大的战略定力。

（三）基础能力：最强大政党要以强大的“民心感召力”为基础

中国共产党拥有强大的民心感召力的关键在于其先进的执政理念、方略和体制等得以形成的强大的民心感召力。一是中国共产党把马克思主义作为看家本领，理论的先进性决定了党内在本质的先进性，也决定了其领导社会主义现代化建设的有效性，从而获得人民群众衷心拥护；二是中国共产党始终把人民立场作为根本政治立场，让人民群众的获得感、幸福感和安全感持续提升，这是当始终赢得拥护的关键所在。《2020 年爱德曼全球信任度调查报告》显示，中国共产党领导的中国政府以 82%的信任度综合指数连续第三年位居世界各主要经济体首位，远高于世界平均指数 54%。抗战结束时，国民党接收大员被老百姓称为是“三洋开泰”（抢西洋、爱东洋、要现洋）、“五子登科”（抢车子、房子、金子、衣服料子和女子），把他们的贪污方法叫作“八仙过海”（抢、占、盗、偷、漏、吞、诈、咬），国民党及其成员的腐败糜烂、以权谋私最终失掉民心。政党力量的强大决定于制度化群众支持的规模及其制度化程度，[12]新冠感染疫情防控中，党的政治领导力、组织动员力和资源整合力成为政党能力的核心要素，对于缓解突发公共危机和维护秩序稳定发挥重要作用，为打赢疫情防控的人民战争奠定了坚实基础。

（四）催化能力：最强大政党要以强大的“组织动员力”为支撑

1. 强大的组织动员力是政党自信的重要来源

组织严密是党的优良传统和政治优势，也是其强大力量所在。中国的红色政权能够存在的“一个要紧的条件，就是共产党组织的有力量和它的政策的不错误”。[13]中共用七年时间把党员队伍和全国工农红军分别发展到 30 万人，全面抗战后在战争中继续壮大，用八年时间拥有了 121 万党员，领导 120 万人民军队和近一亿人口，开辟了近 100 万平方公里的抗日民主根据地，在多重威胁中成长为中国第二大党，科学强大的组织动员力是不断壮大的直接动力。[14]在新中国准备向社会主义过渡时，中共成为中国最大的执政党；过渡到社会主义时，成为世界上最大的共产党。今天中共党员已经超越国民党 100 多倍，超越鼎盛时期苏联共产党 5 倍以上，成为世界第一大党。

2. 强大的组织动员力源于科学的机制模式

一是组织内动员多维多向。组织内动员在纵向上依靠先锋队机制发挥作用，以上率下、先进带后进，通过垂直性贯彻落实正确的路线、方针、政策，中央、地方、基层组织通过下管一级的行政逻辑进行动员；在横向上通过正式的组织联络各单位和部门之间的横向协作，实行人财物的资源动员，或者通过非正式的领导小组、现场办公会、联席会议等形式进行部门协同，实现资源跨部门流动。二是组织外动员有效有力。党通过组织嵌入或者组织体系延伸进行政权资源动员，成立党组、派出党工委，以组织内嵌和党管干部、人才等方式，发挥党组织的领导核心、阵地作用和服务功能；党通过动员社会先进分子、各类群体精英以及境内外精英入党，以动员社会资源的方式提供公共服务争取社会认同。中国共产党以这种内外互动的先锋队机制和组织嵌入机制，开启了内外双强的组织动员模式，新冠感染疫情防控工作集中展现和注解着这种强大的组织内外动员力。

3. 强大的组织动员力源于强大的领导体系

强大的组织体系、得力的干部队伍、严密的组织纪律、共同的理想信念保证了中共强大的组织动员力。中共通过多种方式进行再组织：一是通过全面从严治党和加强纪律建设实现再组织；二是进行组织动员力功能建设，着重构建新的意识形态功能、政治动员功能、经济动员功能、社会动员功能、文化动员功能等实现再组织；三是通过构建基层党建再组织体系，以提升组织力为重点，把党员质量放在突出位置。

（五）保障能力：最强大政党要以强大的“功能整合力”为依归

一是在制度创新上，独特的政治体制保证了决策优质，集体领导把控全局，决策程序重视一致性和反诉试错，展现出强大的路线修正能力，使得决策更有权威和更有效率，治理方式更加务实高效（应对金融危机反应迅速、举措得当，应对自然灾害表现优异，基础设施建设效率惊人，新冠疫情治理成就震惊世界）；通过坚持和完善中国共产党领导的根本政治制度和基本政治制度，塑造了良好的党际党群关系，彰显出中共强大的全面领导力。二是在构建话语体系上，习近平强调“人民是我们执政的最大底气”，在国际上提出构建“人类命运共同体”，进而演化出构建社会治理共同体等话语体系，凝聚起国家治理和社会治理的强大吸引力。三是发展社会生产上，改革开放40多年以来，在党的领导下，我国经济保持年均增长9.5%的速度，经济总量跃升世界第二位，建成了全球最大的社会保障网，历史性解决了困扰中国几千年的绝对贫困问题，创造了经济持续快速发展和社会持续稳定的世界奇迹，如期实现全面建成小康社会目标，这些巨大成就凝聚了广大民众的磅礴向心力。

四、政党能力的现代调适：世界上最强大政党的协同发展路径

政党能力的有效提升，既有赖于理论自觉和机制完善，更有赖于实践上的扎实推进。有研究者总结了百年共产党的强党规律，即：信仰和发展真理的求真规律、挖掘唯物史观金矿的求本规律、不断自我革命的强盛规律、永葆斗争精神的奋进规律、不改初心慎终如始的坚守规律。[15]构建新时代中国共产党的政党能力体系，必须着眼于长期执政能力建设，以使命与责任的新视角系统谋划，顺应现代化潮流从党的“思想（观念）—领导—建

设—事业—制度”的统筹视角协同发力，把党建设成为能科学调适国家治理体系和治理能力现代化的强大马克思主义执政党。

（一）求变：加快自我革命，炼成自我革新力

中国共产党拥有自我革命的天然基因和丰富经验，既有自我革命的内生需求和外部助推，更形成了自我革命的成熟机制。习近平总书记在党的十九大报告中两次提及党的“自我革命”，2017 年 12 月在省部级主要领导干部专题研讨班上再次提出“要兴党强党，必须以自我革命精神打造和锤炼自己”，2019 年在中共中央政治局第十五次集体学习时强调“勇于自我革命”是党的鲜明品格和最大优势，要求“在新时代把党的自我革命推向深入”。中国共产党以革命的特征登上历史舞台，以社会革命的方式消灭旧制度、开展社会主义改造、进行改革开放。中国共产党能够以自我革命推动社会革命，进入新时代新发展阶段必须通过强化使命担当系统挖掘自我革命的内驱力，强化社会认同并引导人民群众的自发组织参与以形成外驱力支撑，协同整合“物质基础力、人才凝聚力、理论引领力、历史承载力、文化推动力、社会参与力”等各类动力要素，建构起自我革命动力系统的信息反馈链条。[16]党不断应对挑战、抵御风险并能不断攻坚克难、解决矛盾，源于我们党“自我革命”的红色气质和政治勇气。习近平总书记强调推进党的自我革命必须坚持党的“集中统一领导和解决党内问题、守正和创新、严管和厚爱、组织推动和个人主动”的“四个统一”。党在带领人民群众抗击新冠感染疫情的过程中，通过破除“四风”顽疾的自我革命，实现了“党的领导—教育训练—适时纠错—作风建设—监督工作”的内在贯通，建构了社会革命胜利的动力机制，展现出我们党强大的自我革新力和旺盛生命力。

（二）定向：加强政治建设，提高政治领导力

党的政治建设是党的根本性建设，决定党的建设方向和效果。一要坚决做到“两个维护”。维护习近平总书记党中央的核心、全党的核心地位是党和国家的根本利益所在，维护党中央权威和集中统一领导是党的领导的最高原则。[17]必须坚定执行党的政治路线，在政治立场、政治方向、政治原则、政治道路上同以习近平同志为核心的党中央保持高度一致。长征途中面临红军分裂的危险，朱德坚持维护党中央权威反对分裂中央，提出“必须维护党的统一和团结”，这也是当前党的政治建设的首要任务。二要坚持民主集中制，严肃党内政治生活。党的历史实践反复证明，不执行好民主集中制原则，党内政治生活就不可能健康开展，党的肌体就会失去活力，一旦出现重大决策失误，将极大破坏党的事业。完善和落实民主集中制的各项制度，把充分发扬党内民主和正确实行集中结合起来；同时要尊崇和严格执行党章党规，严肃党内政治生活，营造风清气正的政治生态。三要着力提高政党领导力的科学化水平。要以加强党的长期执政能力建设、有效实现人民主体地位为核心，增强全党对各种政治现象的正向影响力，大力提升党领导改革创新能力、运用制度能力、治理资源整合能力的科学化水平。有研究者指出，习近平新时代的领导力与领导变革理论相一致（强调领导主动求变），超越了特质理论（强调领导者的重要性）、行为理论

（强调领导用人的重要性）和情境理论（强调应变并重视领导制度），并在理念、思想、方式方法、体制机制等方面不断创新，形成了独具魅力的超强领导力。[18]超强政党领导力的形成，使党能够经受严峻考验、真正把握工作特点和规律、高效解决深层次矛盾和问题，使党员干部永葆共产党人政治本色。

（三）铸魂：塑造过硬形象，发挥思想引领力

一要塑造具有吸引力和认同感的政党形象。从当代世界政党发展进程来看，以政党形象为核心的“政党再造”已经成为一种时代趋势，其中社会化政党、效能型政党、创新型政党、服务型政党、学习型政党等都是“政党再造”的方式选择。政党形象首先体现在政党的素质和能力，政党能力主要包括政党的建设能力、管理能力和执政能力等。中国共产党的形象塑造主要体现在党的先进性建设和现代性建设，前者包括形塑坚定的理想信念、确立崇高的宗旨目标、创新科学的指导思想、制定明确的路线纲领、实施灵活的政治策略、锻造严密的组织体系、制定严格的纪律规范、弘扬模范的个体实践等，后者则指党的建设的现代化水平。二要通过理论创新提升政党的理论成熟度。西方国家政党也都重视思想的作用，如英国工党领袖布莱尔的“第三条道路”理论使工党在大选中实现连胜，瑞典社会民主党的“人民之家”理论及其“包容性妥协”“排他性妥协”政策帮助其实现长期执政，英国保守党的理论因其开放性、非教条性和发展性而在不同发展阶段均有理论建树并不断推陈出新。工人阶级政党则纷纷创立本国化的马克思主义，如中共的毛泽东思想和“中国特色社会主义理论体系”，越南共产党的“胡志明思想”，朝鲜劳动党的“主体思想”，古巴共产党的“马蒂思想”，等等。三要找到发挥思想引领力的最佳生长点和发展模式。中国共产党的理想信念是保持党的团结统一的思想基础，其关键在于马克思主义的中国化、时代化、大众化，这要求科学社会主义必须与我国具体国情和时代特征相结合，科学对待和搞清楚什么是马克思主义，科学处理好社会主义的普遍性和特殊性，坚持实践第一，一切从实际出发，实事求是，在加强学习和修养锻炼中领会马克思主义创新理论的思想魅力并自觉地追随行动。

（四）强基：打造过硬队伍，提升群众组织力

一要发挥“关键少数”垂范作用，增强标准规制力。习近平总书记提出好干部要具备五项标准，即：信念坚定、为民服务、勤政务实、敢于担当、清正廉洁。五项标准前后一致，核心是“信念坚定、敢于担当”，信念坚定排在第一位，是其他四项标准的前提，也是敢于担当的前提；为民服务、勤政务实是敢于担当的表现形式（勤政体现为勤于学习、勤于走访、勤于理政，务实体现为谋事要实、创业要实、做人要实）；清正廉洁与敢于担当相辅相成，有了清正廉洁，就有了敢于担当的最大可能。习近平总书记还根据信仰、信念、纪律、担当四个维度提出四个“铁一般”标准，这都是为了锻造坚强有力的领导干部和优秀党员提出的高要求。我党必须以上述标准选贤任能，不断提高党员领导干部这个“关键少数”的调适能力和执政本领，为使命型政党培育和储备强大的治理主体。

二要坚持正确选人用人导向，提升主体筛选力。新时代党选贤任能的任务比以往任何时候都更为迫切和重要，人称“五假干部”的原司法部政治部主任卢恩光多次违规升迁，20 多名党员干部为其提供方便和收受贿赂，提醒各级党组织用严密的任用选拔制度进行“靶向治疗”。历史上有不少选用杰出人才的成功之道可资借鉴，如《吕氏春秋》中有“八观”“六验”之法，唐代有“四善”“二十七最”标准，清代康熙强调“必以才德兼优者为佳”。毛泽东强调“老粗出人物”，“老粗能办大事情，刘邦得天下是源于决策对头和用人得当”来说明选干部不只是看其拥有的理论知识，更要重视其实践知识和战略视野等。[19]习近平总书记反复要求“贯彻新时代党的组织路线”，强调“用多双眼睛看人选人”，“多从群众口碑中了解干部”。只要我们坚持唯贤是举、重在平时，严格标准、尊重民意，坚持干部能上能下制度化发展，同时加强选人用人的纪律和监督，强化选人用人的责任机制和反腐败工作，就一定能选拔和培养出人民满意的优秀干部。

三要加强基层党组织建设，夯实党建链接力。中国共产党的基层党组织建设是国家治理和社会治理的起点，必须以提升组织力为重点，突出政治功能，强化组织引领、能力引领和制度引领，加强企业、农村、机关、事业单位、社区等各领域党建工作，推动基层党组织全面覆盖、全面进步和全面过硬。“党建就是生产力”，要善于把党的政治优势转化成社会治理优势，通过党建把党员、干部和各类精英凝聚形成经济社会发展的主心骨，进而提升党的常规治理和风险治理效能。充分发挥基层党组织的政治功能、服务功能和战斗堡垒作用，“建设学习型、服务型、创新型、法治型党组织，善用互联网技术和信息化手段”，[20]要引领基层各级各类党组织坚决贯彻党的意志，通过资源动员、组织动员、服务链接等形式来促进社会力量的生长，把基层党组织建设成为服务群众的坚强阵地，助推社会治理体系和治理能力的现代化转型。

（五）聚源：锤炼过硬作风，提升社会感召力

马克思主义执政党必须具备强大的真理力量和人格力量，后者集中体现为党的优良作风。习近平总书记以“深入推进党的建设新的伟大工程”部署新时代党建的新型系统构造，作风建设是其中的重要组成部分。一要以教育活动锻造优良作风。十八大以来，党通过群众路线教育实践活动、“三严三实”专题教育、“两学一做”学习教育、“不忘初心、牢记使命”主题教育等持续的整风活动和教育活动纯洁党的思想和党的作风。二要以作风建设的创新思想指导强党实践。我们党十八大以来创新提出“全面从严治党”并将其纳入“四个全面”战略布局，并深刻揭示了党的作风与权力、信念、制度、道德、家风之间的关系，在疫情防控中坚决纠治“四风”、完善激励机制等，构成了新时代党的作风建设的创新理论成果。三要以密切联系群众为重点加强党的作风建设。作风建设是以民心政治对党自身提出的道德要求，核心是保持党同人民群众的血肉联系，获得群众衷心拥护，进而提升党的社会感召力，更好地指导实践、推动工作。这要求必须根据新形势新任务新阶段继承和发展党在革命和建设中形成的优良作风，最根本的是畅通建言献策渠道和批评监督渠道，抓好关键少数、挖掘深层问题、善用互联网，完善制度、精准施策，提升党的作风

建设精准化水平，塑造优良党风带动民风和社会风气持续向好。

（六）规制：筑牢过硬制度，加强权力约束力

“规律揭示使命、规划设计路径、规矩锻造主体”，中国共产党必须在“规律维度”上掌握人类社会发展规律、社会主义建设规律和共产党执政规律，在“规划维度”上坚持一切从实际出发、“一届接着一届干”，在“规矩维度”上让规矩内化于心、外化于行、融合于法，唯有如此，才能真正锻造出一个坚强有力的马克思主义使命型政党。[21]一要优化制度化政治势能，形成强大战斗力。邓小平在《党和国家领导制度的改革》中指出，“官僚主义还有思想作风问题的一面，但是制度问题不解决，思想作风问题也解决不了。”中国共产党以理想信念和教育活动等要素启动价值性政治势能，并通过修订和完善党内法规和党章优化制度化政治势能，使纪律建设和制度建设成为保持党坚强有力的重要保障。这种通过列宁主义政党纪律对内整合党内秩序和自觉，对外型构政党国家一体化的治理模式，比国民党的政党发展模式更具道义和实践的正当性。[22]二要强化体制性政治势能，形成强大凝聚力。赖小民系列案件暴露了内部监督的虚空和外部监管的短板，警示必须加强监督尤其是“一把手”的监督，真正把权力关进制度的笼子。中国共产党对纪检机构进行结构性调整和重组，推进监察体制“双为主”工作流程再造，形成和完善巡视、派驻、监察全覆盖的国家监督体系，这种权力监督格局的“体制性政治势能”对有效扭转权力本位的治理困局，推动党风政风明显好转，凝聚“党心—民心—恒心”，永葆共产党人政治本色等方面将持续发挥显著的治理效能。三要强化政党法治和一元化政治势能，形成强大政策执行力。政党法治是衡量政党现代化状态的重要标尺，是对政党权力肯定和实现的过程，是新型政党文明不断提升的实现机制。[23]华东政法大学教授童之伟提出“权利法学”理论，认为只要构建可靠可行的人民（党员）的权利行使机制，就能打造出把一切权力限制住的制度笼子。我党应继续强化对国家事业各个领域（如组织人事、事业单位、社会组织、司法建设等）的全面领导，使公共政策进入党的议题，推动政治势能位阶不断升级以促进公共政策执行的良性落地。

综上所述，政党能力是政党生存的核心支撑，是政党发展的关键驱动和政党价值的关键表达。只有通过不断提升政党自身能力，不断增强党的“价值性政治势能、制度化政治势能、体制性政治势能和一元化政治势能”，[24]才能化解政党生存危机和规避发展风险，进而实现政党政治的健康发展。中国共产党的成功在于拥有强大的自我革新力、思想引领力、政治领导力、群众组织力、社会感召力和权力约束力，这是政党强大和政党自信的基础力量，也是一个相对完整和系统化的治国理政能力体系框架。中国共产党已转型为融性质、作用、角色、地位、使命、责任于一体的使命型政党，[25]只有从“加快自我革命、加强政治建设、塑造政党形象、锻造优良作风、打造过硬队伍、扎牢制度笼子”等方面协同发力，才能把中国共产党自身建设成为更加坚强有力的马克思主义执政党，从而为建设社会主义现代化强国提供关键性的政治保障，让党走得更加自信、更加辉煌。[26]

参考文献

[1] 我们党要搞好自身建设，真正成为世界上最强大的一个政党。——2016 年 2 月，习近平总书记在中央政治局常委会议审议“两学一做”学习教育方案时提出。

[2] 党的十九大报告。

[3] 在 2017 年 10 月 27 日十九届中共中央政治局常委同中外记者见面会上，习近平总书记强调指出：“中国共产党是世界上最大的政党。大就要有大的样子。”

[4] 约瑟夫·奈. 中国共产党拥有强大的软实力 [N]. 环球时报，2013-12-16.

[5] 胡键. 中国共产党的软实力研究 [J]. 社会科学，2015 (3)：11-17.

[6] 王韶兴. 社会主义政党政治视阈下的政党能力论 [J]. 学习与探索，2012 (11)：19-22.

[7] 王韶兴. 现代化进程中的中国社会主义政党政治 [J]. 中国社会科学，2019 (6)：4-24.

[8] 张涛. 论政党能力：特征和途径 [J]. 深圳大学学报（人文社会科学版），2005 (3)：50-54.

[9] 袁超. 政党-国家形态下的政党能力——一个解释中国经济转型的理论简纲 [J]. 内蒙古大学学报（哲学社会科学版），2015 (2)：13-19.

[10] 陈剑. 新时代增强党的政治领导力的价值意蕴及实践进路探析 [J]. 理论导刊，2020 (1)：40-44.

[11] 中央党校（国家）行政学院. 习近平新时代中国特色社会主义思想基本问题 [M]. 人民出版社，2020：87-92，92-95.

[12] [美] 塞缪尔·P·亨廷顿. 变化社会中的政治秩序 [M]. 王冠华，等译. 上海人民出版社，2008：341.

[13] 毛泽东. 毛泽东选集：第 1 卷 [M]. 人民出版社，1991：51.

[14] 韩庆祥、黄相怀等. 建设世界上最强大的政党 [M]. 中国人民大学出版社，2018：111-113.

[15] 刘须宽. 百年共产党的强党规律研究 [J]. 广西社会科学，2021 (1)：13-19.

[16] 胡洪彬. 中国共产党自我革命的动力系统与优化路径 [J]. 长白学刊，2020 (3)：28-37.

[17] 刘峰. 中国共产党领导力的继承和创新 [J]. 中国领导科学，2018 (4)：19-20.

[18] 陈晋. 毛泽东评点二十四史人物精选 [M]. 时事出版社，1997：1402.

[19] 方世南. 网络强国与世界上最强大政党建设研究 [J]. 武汉科技大学学报（社会科学版），2019 (12)：581-585.

[20] 李海青、黎远波. 规律 规划 规矩——理解使命型政党的三重维度 [J]. 中国领

导科学，2019（3）：46-48.

［21］石伟. 纪律塑造政党——基于政党变迁史的制度考察［J］. 思想战线，2021（1）：24-32.

［22］王韶兴. 政党政治论［M］. 山东人民出版社，2011：275-293.

［23］贺东航，吕鸿强. 新时代中国共产党治国理政的政治势能［J］. 东南学术，2019（6）：1-11.

［24］唐亚林. 使命—责任体制：中国共产党新型政治形态建构论纲［J］. 南京社会科学，2017（7）：1-7.

［25］王海燕、梁洪力. 德国创新体系的特征与启示［J］. 国家治理，2014（4）：68-70.

［26］李颖等. 新型研发机构参与主体的合作策略选择——演化博弈视角［J］. 科技管理研究，2014（4）：75-81.

"双一流"建设背景下地方高校人力资源柔性管理的实证研究*

王小兵　刘锦志**

摘　要：如何充分利用人力资源提升办学绩效已经成为地方高校发展的核心命题。本文基于人力资源柔性管理理论，探索在不同办学环境下柔性人力资源管理对高校办学绩效的影响，通过对问卷调查数据的实证分析得出：高校人力资源柔性可划分为制度柔性与协调柔性；高校人力资源管理柔性通过制度柔性——办学绩效与制度柔性——协调柔性——办学绩效两条路径对办学绩效产生影响；教学资源条件不佳的情况下，能够通过强化协调柔性的中介作用，从而提升制度柔性对办学绩效的正向影响作用。

关键词：地方高校；人力资源柔性管理；办学绩效；协调柔性；制度柔性

一、引言

当今世界正经历百年未有之大变局，各科研单位要加大改革力度，最大限度调动科研人员的积极性，[1]地方高校也亟待进行人才政策制度改革以激发活力。在我国"双一流"建设进程中，随着我国高等教育进入普及化阶段，作为普及化主力军的地方高校面临的内外部环境也随之发生了巨大的变化，资源日趋紧张，竞争日趋激烈。一些域外地方高校因入学率下降、政府拨款削减加剧了高校财政问题。[2]在内外部因素影响交织下，地方高校将面临前所未有之挑战。中国高等教育普及化、国际化、市场化、数字化的时代已经来临，我们需要重新定义大学（周光礼，2020）。[3]对于任何组织而言，人力资源是第一资源。但由于地方高校各类资源条件较差，缺乏名校光环，又大都地处二、三线城市，产业发展对高端人才的吸引力明显不足，[4]引进来、留得住的难度更大。如何尽可能激发广大教师的内在潜力和主观动力，这是大学管理应有之道，也是一个亟待解决的现实问题。

进入经济全球化和知识经济时代，西方各国的企业人力资源柔性管理已初露端倪，其

---

* 本文为国家社科基金教育学一般项目"生态位视域下地方高校特色学科的资源获取能力研究"（项目编号BIA180197）研究成果。

** 王小兵，湖南益阳人，1974—，教授，博士，湖南工学院学科建设中心主任，研究领域：高等教育学、教育经济与管理；刘锦志，湖南娄底人，1990—，讲师，硕士，湖南工学院专任教师，研究方向：企业管理。

研究的理论也日趋完善。[5]人力资源柔性是高校一种关键性资源，高校人力资源柔性管理肯定能够借鉴相对成熟的企业人力资源柔性管理理论，其根本目的是通过对柔性的获得和利用，获取竞争优势（邓远、董维春，2013）。[6]高校人力资源的柔性程度决定了人力资源管理与组织战略的契合程度，其价值性就体现在它能使高校具备快速地适应动态无序环境变化的能力。但国内外对人力资源柔性的研究对象更多聚焦企业，是为了应对外部环境，提高企业竞争能力、降低成本和提高利润的创新性反应能力，而对高校人力资源柔性管理的研究不多，不够系统深入，且大都停留在经验总结阶段，实证研究欠缺。因此从理论与实证角度来研究地方高校人力资源柔性管理的作用效果非常必要。

二、理论框架

1. 高校人力资源柔性管理的界定

相对于强调“以规章制度为本”的刚性管理而言，柔性管理是指“以人为中心”，依据组织的共同价值观和文化、精神氛围进行的人格化管理。人力资源有不同类型，应相应地采取不同人力资源管理系统（Lepak ，Snell，1999）。[7]针对不同的人力资源类型，从人力资源的价值性和独特性两个维度，以资源为基础，组织战略人力资源管理框架可以采取团队型、层级型、临时型和联盟型四种人力资源管理系统（程德俊，赵曙明，2004）。[8]人力资源柔性管理属于战略人力资源管理的范畴，按照不同的标准，可以分为不同的类型。例如，比较有代表性的四分法：柔性组织模型中把它分为数量柔性战略、功能柔性战略、财务与报酬柔性战略和距离柔性战略（Atkinson，1987），分别代表劳动力数量的准确配置、劳动力的多技能和配置、工资柔性及工资结构支持、外部化生产等。[9]两分法有资源柔性和协调柔性（Sanchez，1995），资源柔性是指人力资源自身拥有的能适应环境变化的多种能力和技能；协调柔性是人力资源的整合能力和人力资源战略的调整能力。[10]由此衍生出的是技能柔性、行为柔性和实践柔性三分法，以及五分法有技能柔性、决策柔性、财务柔性、功能柔性、人员柔性（Sami Kara，Berman Kayis，Shaun O'Kane，2002）。[11]基于资源基础观，高校人力资源柔性系统分为三个部分：技能柔性、行为柔性和人力资源实践柔性（田新民，2007）。[12]总之，人力资源柔性管理尽管有不同的分类，但都围绕着“人”这个主体展开，如何认识人、尊重人、激励人、熏陶人、成就人等等。

综上所述，高校人力资源的柔性管理是以尊重人的人格独立与个人尊严为前提的一种新的人力资源管理模式，它大致可以划分为制度柔性和协调柔性两大类。制度柔性管理是从制度层面对员工民主参与、工作时间和雇用柔性、工资和福利柔性、员工价值观的引导以及卓越的学术软环境的营造等方面的规范与实施情况；协调柔性管理是从关系层面对各类人力资源的快速识别、态度转变、技能提升、优化配置、有效整合等行为方式的偏好与选择。两者都旨在提高地方高校对环境变化适应能力，最终提升办学绩效。

2. 变量关系与假设

高校是知识型员工为核心资源的组织，[13]知识的有效开发和利用，不仅依靠严格的规章制度，更要依靠于相对自由、宽松的工作环境，减少教师思想上的压迫感和被动性。人力资源柔性强调组织的人际和谐、团队协作、结构灵活、敏捷反应以及目标实现的韧性等特征。教师是立校之本，兴教之源，地方高校的核心资源是教师，他们是地方高校人力资源的主力军，是一个知识程度高、自我意识强的知识型群体。对于刚性十足的地方高校传统人事管理制度而言，推进高等教育现代化，在地方高校实施人力资源的柔性管理就是一种必不可少的有益补充（周运来，2009）。[14]地方高校需要针对不同的人力资源类型和意愿，采取授权、培训、柔性引进、柔性工资计划、岗位轮换、弹性工作制和弹性福利等多元化人才管理手段，设置刚柔并济的制度，弥补刚性规章制度的不足和法律滞后的缺陷。[15]管理者要树立以人为本的观念，对教职员工实行“人本”管理，改变了过去“以事为中心”刚性状态，更多地对教职员工实行民主管理、自主管理，强调自我与团队合作的协同。[16、17、18]

高校的办学绩效主要表现在人才培养、科学研究和社会服务对社会的贡献，以及对各类资源的获取、占用和利用能力上，如师资队伍、财务状况、科研水平、社会声誉等方面。教师作为高校的核心资源，其获得感和幸福感也是办学绩效好的一种重要表现。通过这次线上、线下相结合的调查和访谈发现，越是办学层次高的学校，被调查者对学校整体发展趋于乐观；越是办学层次低的学校，大都可以归类为追赶型高校，被调查者对学校和自身的焦虑感越强；越是处于办学层次低的高校，人事制度的刚性可能越强，人力资源制度的柔性空间也就越小。制度柔性的稍加改善，可能对协调柔性影响越显著。因此，在低环境评分下，制度柔性对协调柔性影响越大。

综上所述，可以得出以下假设：

假设 1：制度柔性对办学绩效有显著的正向影响。

假设 2：协调柔性在制度柔性对办学绩效的影响中起到中介作用。

假设 3：办学环境在制度柔性对办学绩效的影响中起到负向调节作用。

假设 4：低环境评分下制度柔性对协调柔性的影响越大，即低环境评分下会强化制度柔性对协调柔性的关系。

三、研究设计

1. 变量的数据采集

人力资源柔性问卷调查分管理者卷和教师卷，所选取的样本调查对象主要来自高校的中高层管理者和关键教师，主要选取来自东部地区如北京、天津、广东、浙江、江苏等地方高校，其中这些样本中教学型高校占 28.18%，教学科研型占 69.22%，科研型占 2.6%；学术型占 22.08%，应用型占 74.03%，技能型占 3.9%。本次调查发放问卷 100 份，回收问卷 88 份，其中有效问卷 77 份，有效问卷率为 77%；第二种方式是通过问卷星发放问卷 200 份，收回问卷 167 份，其中有效问卷 145 份，问卷回收率为 83.5%，有效问卷率为 72.5%。

2. 量表设计

本量表题项的来源一方面借鉴程鹏（2009）、聂会平（2012）和王红椿（2015）[19、20、21]的相关调查问卷，另一方面通过对一些地方高校中高层管理者和一部分核心员工进行深入实地访谈以及征求相关专业人士的意见的基础上发展而成，设计共25个题项。为了保证测度结论的可靠性（reliability）和有效性（validity），整个问卷设计的过程都进行了相对科学的安排。

量表计分方式采用Likert五点量表尺度计分法，并根据其同意程度由“1”＝非常不同意（非常不满意）；“2”＝不同意（不满意）；“3”＝普通（很难说）；“4”＝同意（满意）；“5”＝非常同意（非常满意），以核计地方高校人力资源柔性各题项的分数。首先将这25个人力资源柔性题项编排成随机排列的题目，在小范围内进行预试。预试的结果表明：预试问卷还不是一个有效问卷，如根据因子分析结果存在共同度低的项目和因子负荷水平低的项目，根据测试结果剔除掉4个项目，然后将剩余的21个题项进行了第二次预试。对第二次预试的结果分析表明，该问卷已有一个清晰的二维结构，但是还存在因子负荷水平低的项目，将这些项目删除，最后形成由18个项目组成的人力资源柔性调查量表进行正式结构探索，见表1所示。对调查问卷进行初步统计分析发现，表1得分最低的4个题项为：“您认同贵校的人事管理制度”“您认为贵校的财务状况比同类院校好”“为保持竞争优势，贵校的改革力度大且成效显著”“您和您同事的抱怨得到了及时反馈”，得分分别为2.52、2.65、2.83、2.84。这在一定程度上也验证假设成立。人力资源柔性对办学绩效有显著影响，当前地方高校人力资源管理的柔性不足，影响了其办学绩效的提升。

四、实证结果

1. 量表内容结构维度划分与信度检验

根据所回收问卷数据，运用SPSS19.0软件对问卷量表进行信度检验与探索性因子分析，结果如表1所示。对量表题项做探索性因子分析来检验问卷数据的聚敛效度，结果显示KMO值达到0.901，Bartlett球体卡方检验值为2 880.615，并呈现出0.000水平的显著性，因此适合做因子分析。对问卷数据运用主成分法正交最大旋转法提取因子，题项得到与理论预期一致的四个因子分别为：协调柔性、制度柔性、办学绩效与办学环境，且题项的因子载荷均大于0.4，四个因子的累积方差解释率达到72.914%，表明问卷数据具有一定的研究价值。对四个因子进行信度分析，结果显示四因子的Cronbach'α系数均大于0.8，最小CICT值都达到了0.465>0.35，达到了可接受的标准，进一步表明问卷调查数据可以用来做进一步的实证分析。

表 1　量表信度分析与探索性因子分析结果

题项	因子载荷系数				Cronbach α 系数
	协调柔性	制度柔性	办学绩效	办学环境	
您能够自觉接受学校分配的不同工作	0.682				0.906
您能够根据环境变化和学生需求迅速地改变自己的工作行为习惯	0.908				
您能在很短时间内适应新的工作	0.874				
您能在很短时间内掌握新的知识和技能并运用到工作学习中	0.893				
您认同贵校的人事管理制度		0.76			0.921
您认同贵校的大学精神和校园文化		0.637			
您得到了很多适合自己需要的培训机会		0.729			
您认为贵校的福利制度充满人文关怀		0.819			
您认为贵校绩效考核，评先评优重贡献、重创新、重社会影响		0.815			
您的薪资高是因为您的绩效表现好		0.719			
您或同事的抱怨得到了学校的及时反馈		0.686			
您认为贵校的社会贡献和办学声誉比同类院校要高			0.735		0.889
您的幸福感和获得感比同类院校要好			0.465		
您认为贵校学科实力和科研水平比同类院校要高			0.727		
为了保持竞争优势，贵校的改革力度大且成效明显			0.5770		
您认为贵校财务状况比同类院校要好				0.935	0.836
相对同类院校而言，贵校的竞争对手都很强				0.634	
贵校发展严重受制于各类办学资源紧张				0.939	
累积方差解释率（旋转后）	28.839%	47.56%	60.429%	72.914%	
KMO 值	0.901				
巴特球形值	2 880.615				
df	153				
p 值	0				

2. 各维度数据相关性分析

各变量的描述性统计与相关分析结果如表 2。根据表中数据可以看出，制度柔性、协调柔性、办学环境与办学绩效显著正相关，这为后续的多元回归分析奠定了基础。

表 2 各维度数据描述性统计与相关性分析结果

	Pearson 相关					
	平均值	标准差	办学环境	办学绩效	制度柔性	协调柔性
办学环境	2.823	0.553	1			
办学绩效	2. 936	0.787	0.150*	1		
制度柔性	3.029	0.77	0.099	0.875**	1	
协调柔性	3.757	0.77	0.142*	0.463**	0.549**	1

注：*、**、***分别代表 $p<0.05$、$p<0.01$、$p<0.001$，下同。

3. 假设验证

针对回收的问卷数据，采用分层回归的方法对前文所提假设进行验证。为了进一步确保回归结果的准确性，引入控制变量（办学规模、办学类型、学校区位），得到回归结果如表 3 所示。

表 3 分层回归结果（$N=222$）

变量	协调柔性		办学绩效					
	模型 1	模型 2	模型 3	模型 4	模型 5	模型 6	模型 7	模型 8
控制变量								
学校区位	−0.057	0.013	−0.183	0.059	−0.162	0.058	−0.022	−0.002
办学规模	−0.088	−0.118	0.08	0.101	0.112	0.118	−0.063	−0.031
办学类型	0.096	−0.059	0.217**	−0.227***	0.182	−0.219***	0.001	−0.01
制度柔性		0.404***		0.750***		0.694***	0.528***	1.751**
协调柔性					0.369***	0.140***		
环境							0.021	0.796**
制度 * 环境								−1.612***
R^2	0.011	0.193	0.106	0.767	0.24	0.784	0.287	0.356
ΔR^2	−0.019	0.16	0.078	0.757	0.208	0.772	0.25	0.315
F 值	0.366	5.757***	3.819***	78.932***	7.579***	68.906***	7.659***	8.653***

（1）主效应验证（假设 1）。由表 3 中的模型 4 回归结果能够看出，以办学绩效为被解释变量，以学校区位、办学规模、办学类型为控制变量，以制度柔性为解释变量，最终得到回归系数 $\beta=0.750$，且在 0.001 水平上显著，表明人力资源管理的制度柔性将会对高校办学绩效产生显著的正向影响，即地方高校的人力资源管理制度柔性，能够促进办学绩效的改善与提升，假设 1 得到验证。

（2）中介效应验证（假设 2）。根据表 3 中的模型 2，制度柔性为解释变量，协调柔性为被解释变量，得到回归系数 $\beta=0.404$，且在 0.001 水平上显著，表明制度柔性对协调柔性有显著的正向影响；同理，根据模型 5，可得出协调柔性对办学绩效有显著的正向影响（$\beta=0.369$，$p<0.001$）；根据模型 6，在维持控制变量不变的前提下，将制度柔性与协调柔性共同作为解释变量放入回归模型中，得到制度柔性对办学绩效有显著正向影响（$\beta=0.694$，$p<0.001$），协调柔性对办学绩效也有显著的正向影响（$\beta=0.140$，$p<0.001$），至此可以初步验证得出假设 2 成立。为了进一步确保研究结果的科学性与可靠性，利用 Bootstrap 对间接效应进行抽样检验，重复抽样次数为 5000 的结果如表 4 所示。

表 4 Bootstrap 重复抽样 5000 次结果

项	Effect	Boot SE	BootLLCI	BootULCI	z	p
制度柔性⇒协调柔性⇒组织绩效	0.056	0.024	0.012	0.105	2.386	0.017

备注：BootLLCI 指 Bootstrap 抽样 95%区间下限，BootULCI 指 Bootstrap 抽样 95%区间上限。

根据表 4 数据分析可以看出，Bootstrap 抽样 95%区间为 0.012～0.105，置信区间不包含 0，因此得出结论协调柔性在制度柔性对办学绩效的影响起显著的部分中介作用，自此可以得出人力资源管理柔性对地方高校的办学绩效的影响有两条路径：一是管理制度柔性，可直接提升办学绩效；二是管理制度柔性，能够激发教师的自主性与积极性，提高教师队伍的协调柔性，从而提升办学绩效。假设 2 通过检验。

（3）调节效应验证（假设 3）。由表 3 中的模型 5 可以看出制度柔性将会对办学绩效产生显著的正向影响，由模型 8 中可以看出制度柔性与办学环境交互项的回归系数 $\beta=-1.612$，$p<0.001$，表明办学环境在制度柔性对协调柔性的影响中起到显著的负向调节作用，即办学条件越好、办学资源越充足情况下地方高校柔性的人力资源管理制度对提升办学绩效的影响作用会减弱，如图 1 所示。

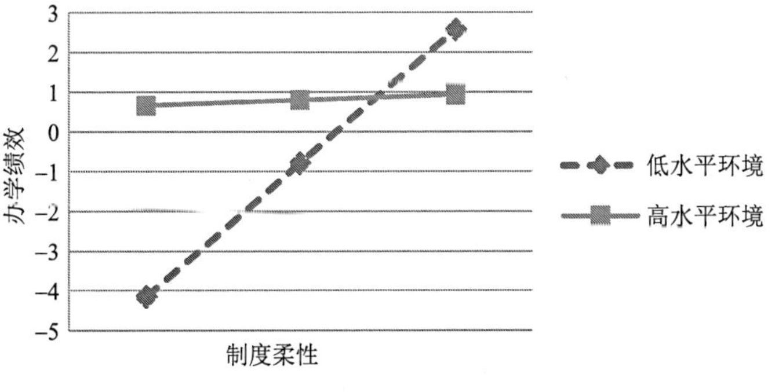

图 1 不同环境得分下制度柔性对协调柔性的影响分析

（4）带调节的中介效应。为了更深入分析办学环境在制度柔性对办学绩效影响中的调节作用，利用 Bootstrap 进一步验证在不同水平环境下，协调柔性在制度柔性与绩效之间的中介效应。结果如表 5 所示：一方面不同环境评分下，制度柔性对于办学绩效的直接影响效应差距不大（直接效应回归系数分别为：高环境评分 0.843，低环境评分 0.876，差异 0.042）；另一方面在高低环境评分下，协调柔性的中介作用差异明显：在低环境评分下制度柔性对协调柔性的影响作用显著增强，协调柔性对办学绩效的提升的影响也显著增强

（回归系数为 0.734***），即在办学环境较差、资源紧张的情况下，地方高校人力资源管理制度柔性增强能够较大提升协调柔性，从而提升办学绩效，总效应回归系数为 1.194**；而在高环境评分下，制度柔性对协调柔性的影响作用下降甚至消失（回归系数为 0.213，不显著），从而导致制度柔性对办学绩效影响的总效应减弱。至此，可以得出结论：低环境评分下，制度柔性对协调柔性的影响作用增强，有利于进一步提升办学绩效；高环境评分下，制度柔性对协调柔性的影响作用降低，从而导致制度柔性对办学绩效的影响作用下降。即：低环境评分能够通过强化协调柔性的中介作用，从而提升制度柔性对办学绩效的正向影响作用。假设 4 得到验证。

表 5 带调节的中介效应分析

调节变量	制度柔性→协调柔性→办学绩效				
	阶段		效应		
	第一阶段	第二阶段	直接效应	间接效应	总效应
	β_{XM}	β_{MY}	β_{XY}	$\beta_{XM}\beta_{MY}$	$\beta_{xy}+\beta_{XM}\beta_{MY}$
高环境	0.213	0.203**	0.834***	0.043*	0.877*
低环境	0.734***	0.434***	0.876***	0.318**	1.194**
差异	0.521	0.231	0.042	0.275	0.317

注：β_{XM}代表制度柔性对协调柔性的影响，β_{MY}代表协调柔性对办学绩效的影响，β_{XY}代表制度柔性对办学绩效的影响。

五、讨论与分析

1. 研究结论

本研究得到以下结论：①高校人力资源柔性管理可以划分为协调柔性管理和制度柔性管理两大类。②高校人力资源柔性管理对办学绩效的影响有两条路径，路径一：制度柔性能够直接提升办学绩效；路径二：制度柔性通过影响协调柔性从而提升办学绩效，即协调柔性在制度柔性对办学绩效的影响中起到部分中介作用。③办学环境在制度柔性对办学绩效的影响中起负向的调节作用，其调节机理为：办学环境相对越差、资源越紧张，协调柔性的中介作用得到强化，办学资源条件越好，协调柔性的中介作用得到弱化，即办学环境主要通过路径二调节人力资源管理柔性对办学绩效的影响。

2. 理论意义

（1）综合现有柔性组织模型理论，高校人力资源柔性管理可以划分为协调柔性和制度柔性两大类；人力资源柔性是高校一种关键性资源，地方高校实施刚柔并济的人力资源柔性管理范式将通过获取和利用人力资源柔性，提高办学绩效，改善办学环境。

（2）制度柔性对地方高校办学绩效具有正向的关系。人力资源的制度柔性是一种提高办学绩效的有效手段。这时人力资源柔性就是一种润滑剂、黏合剂，是以共同价值观为内核、以共同事业为激励手段、以共同情感为纽带的一种认同和共鸣，是一种依靠民主管理，从内心激发教师的内在潜力、主动性和创造活力的管理模式和手段。

（3）低环境评分下会强化制度柔性对协调柔性的关系。处于高等教育生态位越顶端的重点高校，战略人力资源管理制度越成熟，越自信，越从容，其教师的社会地位、获得感本来就高，因此其制度柔性的重要性显得并不突出和紧迫。处于高等教育生态位越低端的地方高校，传统的人事制度的“刚性内核”一时难以打破，其教师对学校的认同感较低。

3. 实践启示

（1）地方高校要重视人力资源制度柔性在提高办学绩效中的作用。树立人力资源柔性观念需要对传统刚性的人事管理理念进行一次根本性的观念变革。首先，要认识到人力资源柔性是一种战略性的核心资源，不能把高校人力资源投入视为一种成本负担，或者当成一种教育对象、榨取对象甚至是歧视对象，以致在学术成果考核方面违背学术规律而急于求成。教师没有得到应有的尊重，反而认为给予一定的经济报酬就理所当然地索取，或者通过设置形式各样的霸王条款试图框住各类所谓人才，极大地挫伤人才的积极性。

（2）在我国高等教育进入普及化阶段，地方高校实施刚柔并济的人力资源柔性管理范式具有重要意义。高校之间的竞争，归根到底是人才的竞争。柔性管理本质上是“以人为中心”的管理。要求用“柔性”的方式去管理和开发人力资源，而建立一支高素质的员工队伍是实施柔性化管理的关键。然而地方高校资源相对紧张，对人才的吸引力也十分有限，所以地方高校要造就一支高素质的人才队伍必须注重引培结合，构建人力资源柔性管理体系。同时通过民主管理、参与式管理的制度设计，提高教师员工的主人翁意识，增加对学校的认同感和归属感，通过推出全校教师共同受益的、更有针对性的、真正需要的培训课程，切实提高或者丰富全体教师的多元化技能。

参考文献

[1] 习近平. 在经济社会领域专家座谈会上的讲话 [EB/OL]. (2020-08-25) [2020-11-18]. 央广网，http://news.cnr.cn/native/gd/20200825/t20200825_525224924.shtml.

[2] 王倩. 一场财务危机正在逼近美国高校 [EB/OL]. (2020-08-11) [2020-11-18]. 里瑟琦智库，http://blog.sciencenet.cn/blog-2903646-1245926.html.

[3] 周光礼. 中国大学的战略与规划：理论框架与行动框架 [J]. 大学教育科学，2020 (2)：10-18.

[4] 唐宇文. 学深悟透习近平总书记考察湖南的讲话精神 着力打造“三个高地” [J]. 湖南社会科学，2020 (06)：1-8.

[5] 赵瑞美，李新建. 人力资源管理柔性研究的主流观点及实践意义 [J]. 科技管理研究，2008 (12)：389-391，397.

[6] 邓远，董维春. 基于资源基础观的高校人力资源柔性管理 [J]，国家行政学院学报，2013 (09)：46-50.

[7] Lepak, Snelh. The Human Resource Architecture: Toward A Theory of Human Capital Allocation and Development [J]. Academy of Management Review, 1999 (1): 24.

[8] 程德俊，赵曙明. 资源基础理论视角下的战略人力资源管理 [J]. 科研管理，2004 (05): 52-59.

[9] Atkinson J. Flexibility or Fragmentation? The United Kingdom Labor Market in the Eighties [J]. Labor and Society, 1987, 12 (4): 87-95.

[10] Sanchez R. Strategic flexibility in product competition [J]. Strategic Management Joural, 1995 (16): 135-159.

[11] Sami Kara, Berman Kayis, Shaun O′Kane. The Role of Human Factors in FlexibiLity Management: A survey [J]. Human Factors and Ergonomics in Manufacturing, 2002, 12 (1): 75- 119.

[12] 田新民. 柔性人力资源管理——战略人力资源管理研究的新视角 [M]. 上海：上海交通大学出版社，2007: 14-15.

[13] 张萌物. 基于知识员工特点的柔性管理 [J]. 前沿，2004 (09): 150-153.

[14] 周运来. 高校人力资源的柔性管理 [J]. 湖南社会科学，2009 (05): 177-179.

[15] 周作宇. 高校人力资源管理的几个理论问题 [J]. 中国高等教育，2000 (12): 20-22.

[16] 颜金玲，陈罗辉. 知识经济时代下的校园柔性管理 [J]. 社会科学家，2009 (07): 129-131.

[17] 刘卫平. 高等教育柔性管理范式及其实践策略 [J]. 大学教育科学，2014 (03): 43-48.

[18] 张锦平. 论柔性管理在高校人力资源管理中的应用 [J]. 技术与市场，2007 (12): 84-85.

[19] 王红椿，刘学，刘善仕. 合作型人力资源管理的构念及其影响效应研究 [J]. 管理学报，2015 (11): 1614-1622.

[20] 聂会平. 动态环境中的人力资源柔性与企业绩效 [J]. 北京师范大学学报（社会科学版），2012 (02): 114-120.

[21] 程鹏. 外部环境与组织柔性对企业创新模式选择的影响研究 [D]. 吉林大学 2009 年博士论文.

论共同富裕的政治伦理内核

向汉庆*

摘　要：共同富裕是社会主义的本质要求，是中国特色社会主义的根本原则，是中国社会主义现代化的价值目标，内含着社会主义独有的以人民为中心的政治伦理。该政治伦理彰显了社会主义制度的道德合理性和道德优越性，包括中国特色社会主义制度对秩序价值和发展价值的追求。正是因为遵循了该政治伦理，中国特色社会主义才创造了经济快速发展和社会长期稳定的奇迹，才具有强大生命力和远大前途。

关键词：共同富裕；政治伦理；秩序价值；发展价值

共同富裕是一个涵盖公共生活领域中财富生产与分配、社会实践与社会关系、社会秩序与社会发展等多个内容的复杂命题，这表明共同富裕不仅是一个经济问题，更是一个涉及中国共产党执政的政治问题和人自由全面发展的哲学命题。它是社会主义的本质要求，是中国特色社会主义的根本原则，是中国社会主义现代化的价值目标，因此，它必定内含着社会主义独有的以人民为中心的政治伦理。该政治伦理既彰显社会主义制度的道德合理性和道德优越性，又能在公共生活中凝聚普遍性的道德共识，指引着全体人民在中国特色社会主义政治实践中奋力前行。

一、共同富裕彰显社会主义制度的道德合理性和道德优越性

共同富裕及其实现不是一个简单的社会发展问题，更是一个政治问题和人自由全面发展的哲学问题。共同富裕所蕴含的社会关系由公共生活领域中的社会制度规约，其实现的关键在于以生产资料公有制为基础的社会主义制度。中国推动共同富裕的行动路径应当主要基于中国特色社会主义丰富的经济社会实践及独特的社会制度，而不是资本主义实践及其社会制度，也不能是封建主义实践及其社会制度。社会主义制度在批判资本主义制度虚伪性、不正当性基础上不断发展、完善，其提倡的共同富裕能为资本的扩张提供道德“规训”，从而在政治实践中彰显该制度的道德合理性和道德优越性。

1. 共同富裕彰显社会主义制度的道德合理性

制度合不合理、管不管用、有没有效，实践是最好的试金石。社会主义制度的道德合

* 向汉庆，湖南工业大学马克思主义学院教研室主任、讲师。

理性是指作为社会主义社会的公共生活的自我组织方式[1]或制度符合社会主义社会实践中不断变化的客观条件。共同富裕是全体中国人民在中国特色社会主义实践中不断达成的政治伦理共识，其蕴含的共建共享、渐进共享的道德要求充分彰显了中国特色社会主义制度的科学性和善性，能够克服资本主义制度的不合理性。一方面，共建共享的道德要求主张社会财富是由社会的劳动所创造的，要求社会财富创造的过程必须由全体人民共同实现，社会财富更公平地惠及全体人民。共同富裕要求共建共享，从而在社会物质财富和精神财富的创造、享用过程中强调“共同”的诉求，而不是多数人创造财富、少数人享用财富。当然，这个过程除了社会主义制度自身具有科学性，还需“先富帮后富”“东中西部协作”“两不愁三保障”等外在的规范发挥相应的治理效能。另一方面，渐进共享的道德要求认为社会财富实现共享不是一蹴而就的，不是依靠一纸法令就能实现的乌托邦。共同富裕认为财富共享需要经过两大步骤：第一个步骤是社会财富的产生并不断地得到丰富需要生产力的不断提升，而这个过程本身是一个历史过程；第二个步骤是伴随着生产力发展所逐渐形成的社会关系也是一个历史的过程。共同富裕蕴含的渐进共享道德要求符合中国特色社会主义改革实践的渐进特征，促使中国人民根据不断变化的实际条件有步骤有计划地改革社会制度，减少激进式改革带来的社会冲击，从而强化公共生活领域中主体与主体之间的和谐关系，将财富共享推向更深更广的层次。

2. 共同富裕彰显社会主义制度的道德优越性

社会主义制度的道德优越性是指社会主义制度相对于封建制度、资本主义制度等社会制度而言所具有的制度优势，特别体现在批判资本主义制度虚伪性与压迫性时所展示出来的比较优势。共同富裕为人类认识资本主义新变化提供了一个“善”的道德视域，能够让人们从资本主义新变化的伪善表面（尤其是其借助数字化和信息化的伪装）中看出资本主义剥削人的实质，认清资本对人的异化在不断加剧的客观现实。在资本主义生产方式作用下，财富的占有者和财富的创造者正在不断走向对立面，社会财富日益变为压迫人的手段和工具。资本家的“目标就是提高企业的利润率，他们期待着私有化能够为资本主义社会的资本积累提供强大推动力，他们要复辟放任自流的资本主义，反对任何社会调控和政治调节”[2]。而只有财富分配时的私人占有才能实现这种利益诉求，才能实现资产阶级的利益最大化。共同富裕作为社会主义的本质要求，它不仅能使社会主义制度在公共生活中克服资本主义制度的伪善性，而且能够在国家长期治理实践中凝聚共识，使得广大人民能够在中国共产党的领导下凝心聚力，发挥社会主义制度集中力量办大事的制度优势。这种制度优势尤其在应对重大公共事件时能够彰显其治理效能，凝聚全体中国人民的力量，创造世所罕见的经济快速发展奇迹和社会长期稳定奇迹。

二、共同富裕内含着社会主义制度对秩序价值的追求

中国共产党十九届五中全会指出：“十四五”时期党领导经济社会发展的目标之一在于统筹发展和安全，实现经济行稳致远、社会安定和谐。无论社会安定和谐的价值诉求还是经济行稳致远的价值目标，统一到共同富裕的政治理想上则分别体现为社会主义制度所

追求的秩序价值和发展价值。二者作为共同富裕的政治伦理内核源于社会主义现代化建设实践，它们是辩证统一的。归纳起来，中国共产党在领导中国人民实现共同富裕的政治实践中所需要的政治伦理是全面合理的秩序价值和发展价值的有机统一。

在中国特色社会主义公共生活领域中，共同富裕在何种意义上蕴含着社会主义制度所追求的秩序价值？从共同富裕自身来看，公平原则、平等原则抑或作为二者价值核心的正义均以社会秩序作为衡量尺度和衡量标准。具体而言，一方面，共同富裕所蕴含的公平原则和平等原则需要以秩序价值为基本尺度。在社会主义制度中，共同富裕内在的政治伦理根据是公共生活领域的个体对生存权、享受权和发展权的分配和享有。当然，个体在享有这些政治权利时需要遵循公平、平等等基本的政治伦理原则，并且这些原则及其评判标准是否具有正义往往需要以秩序价值为基本尺度。也就是说，人类追求的共同富裕不能以牺牲社会秩序为代价。

另一方面，社会主义制度中人民实现共同富裕的方式和手段是否符合分配正义的判断标准理应以秩序价值为基本尺度。从道德逻辑来说，社会主义制度中共同富裕所要求的财富共享可以有效消除上述社会混乱现象。马克思、恩格斯认为，生产资料共同占有或者实行生产资料个人所有制能够“消灭剥削实现劳动者的分配权利平等；实行按劳分配原则实现劳动者贡献与报酬对等；缩短劳动时间实现劳动者的劳动均衡和普遍”，[3]从而在社会主义公共生活中实现财富分配正义。财富分配正义意味着社会各阶级的利益诉求得到满足，建立在此基础上的社会制度“善”的价值属性能够得以充分彰显。特别是财富共享所带来的人与人之间互帮互助的“善”的行为，成为调节人与人之间关系的润滑剂，在整个社会主义社会中形成与人为善的道德共识，从而有助于构建良好的秩序。

共同富裕的政治伦理内含社会主义制度对秩序价值的追求，其根源在于人民对社会主义政治实践的客观把握，体现了人民群众对公共生活领域中人与人以及人与物（即公共事务）关系的追求。社会主义制度所追求的秩序价值具有三个基本属性。

首先，它要求社会结构具有相对稳定性。在一定社会结构中，个体有特定的社会地位(或在封建主义、资本主义的等级秩序中从属于统治阶级，或在社会主义秩序中处于平等地位)，个体之间交往关系相对比较稳定，社会结构处于稳定或亚稳定状态。在等级社会中，个体在追求自身政治权利时，可能会受到异化劳动的制约而无法获得真正的自由。只有在社会主义社会中，由于基本经济制度和根本政治制度的科学性和善性，使得个体能够获得共同富裕所需要的物质财富和精神财富，社会各阶层的自由流动得到制度的保障，社会结构处于相对稳定状态。

其次，秩序价值要求社会规范具有正当性。良好秩序的实现需要以人民利益为中心的制度、规则等外在规范。只有切实将人民的根本利益作为制定和执行规范的出发点和落脚点，国家才会具有公信力，从而使得良好秩序的生成和维持具有稳定性。个体在公共生活领域享受各项权利之时需要遵守这些社会规范，可以说遵守这些社会规范就是维护公共生活的良好秩序。

最后，秩序价值应该合乎道德。任何一个社会形态的公共生活都存在矛盾。封建主义包含着封建主与农民之间的对立，资本主义包含着经常性的劳资冲突，新时代中国特色社会主义也包含着发展不平衡不充分与人民对美好生活需要之间的矛盾，但解决矛盾的方式不能是封建主义和资本主义的直接暴力手段或依赖生产资料私有制的隐性强力手段，因为这二者从本质上都具有暴力性，都不构成秩序生成和维持的道德必然性。相反，从长期的政治实践来看，它们具有破坏性。社会主义制度因其科学性和内在的善性，使得它所追求的秩序价值合乎道德性，应该成为中国特色社会主义实践中所建立的普遍性的道德原则。这种道德原则“是由公共生活领域的本质和内容所决定的道德，是既强调个体价值又强调整体价值、既尊重和维护个人权利又注重和追求公共利益的道德”[4]。

三、共同富裕体现了社会主义制度对发展价值的追求

秩序价值是共同富裕所内含的政治伦理内核之一，是社会主义制度的内在要求。除此之外，共同富裕还包含着社会主义制度对发展价值的追求，或者说共同富裕内在规定着社会主义制度的发展价值。正所谓贫穷不是社会主义，新时代人民群众对美好生活的向往和期待是高品质生活，这种内在的需求和道德期盼正是共同富裕达成其发展价值的持续而强有力的动力。在社会主义现代化建设实践中，中国特色社会主义追求的共同富裕注重的发展价值包括“好”的发展和“合理”的发展两个内容，“好”的发展是共同富裕的目标，“合理”的发展是共同富裕的基本限度。二者虽然程度不同，但都包含着以人民为中心的发展思想，且发展内容具有全面性，每个人在实现共同富裕的实践中应当承担相应的责任。共同富裕注重的发展价值包括下面三个内容。

1. 发展价值的主体是人民群众

这主要强调三个方面的内容：

首先，人民群众是历史的创造者。在历史发展过程中，人民群众创造了社会物质财富、精神财富，是社会变革的决定力量。中国特色社会主义制度为人民群众创造历史提供了政治、经济、文化、社会、生态等方面的有利条件，有利于发挥人民群众的首创精神。当然，为了在创造历史中凝聚人民群众的力量，形成发展合力，需要一个强有力的政党。正如马克思、恩格斯在《共产党宣言》中所指出：“共产党人是各国工人政党中最坚决的、始终起推动作用的部分；在理论方面他们胜过其余无产阶级群众的地方在于他们了解无产阶级运动的条件、进程和一般结果。”[5]正是共产党不忘为人民谋幸福的道德秉性、科学合理的执政纲领、严格的组织纪律才能带领人民消灭等级社会秩序中不平等的财富分配制度，揭露资本主义财富生产和财富分配中的虚伪性和剥削性，激发每个社会成员的积极性、主动性和创造性。

其次，人民群众是发展成效的评价主体。中国特色社会主义制度要求评价发展成效的主体是人民群众。在日常的政治生活中，我们经常听到这些“接地气”的政治话语：发展好不好，群众说了算；小康不小康，关键看老乡；金杯银杯，不如老百姓的口碑。这些形象化表述无不表明社会主义制度在其执行过程中注重人民群众的政治评价。

最后，人民群众是发展成果的享有者。中央财经委员会第十次会议强调，共同富裕是

全体人民的富裕，不是少数人的富裕。这表明，中国特色社会主义制度追求的发展价值要求发展成果必须由人民享有，这是资本主义制度所无法实现的。正如恩格斯在《反杜林论》中指出："地方特权、差别关税以及各种各样的特别法令，不仅在贸易方面打击外国人或殖民地居民，而且还时常打击本国的各类国民。"[6]这些特权和法令正是资产阶级借助国家形式将法律层面的平等代替实质上的平等，将少数资产阶级的利益代替人民群众的共同利益，将广大无产阶级创造的财富据为己有，使整个社会呈现资产阶级富裕与无产阶级贫困的畸形现象。这无疑表明，在资本主义生产方式下，无产阶级无法获得真正的平等，资本主义社会无法实现共同富裕。

2. *发展价值的指向是全面发展*

人类自诞生之日起不断探索完美的、和谐的发展，但受较低的生产力水平和等级制度的双重制约，社会难以实现全面发展，更难以实现全体人民的共同富裕。所谓全面发展不能仅注重经济领域的发展，而是生产力维度、生产关系维度和人的发展维度三者有机统一。

首先，在生产力维度上，共同富裕要求的全面发展是经济高质量发展。中国共产党立足新发展阶段、贯彻新发展理念、构建新发展格局，充分发挥中国特色社会主义制度的"内在优势"和"外在优势"，将个体的道德性与制度的规范性相结合，从而促进全社会形成高质量发展的伦理共识。这种伦理共识要求全体社会成员不断完善生产力的三要素，从而提高生产力水平。一是全面发展既要求广大社会成员通过自身努力不断提升自己的劳动技能水平，又主张国家运用公共政策为劳动者创造有利条件，帮助劳动者提升劳动能力和水平，从而以制度的善性和规范性保障劳动者的发展权、生存权等多种权利，超越了封建社会、资本主义社会片面关注人的自然属性的制度缺陷。二是全面发展并不主张"贫穷就是社会主义"，这内在要求全社会不断激发创新意识，通过改良劳动工具来提升整个社会的劳动生产率，进而促进生产力的发展，丰富社会物质财富和精神财富。三是全面发展要求不断丰富生产过程中的劳动对象，这从客观上要求处理好与自在自然、人化自然的关系。资本主义片面追求剩余价值的财富增长理念诱发了整个社会产生商品拜物教、货币拜物教和资本拜物教的动机，造成破坏自然的不道德行为结果。共同富裕要求的全面发展批判了资本主义发展伦理，强调以科技创新丰富劳动对象，使得善的行为动机能够获得道德的行为结果。

其次，在生产关系的维度上，共同富裕要求的社会全面发展致力于社会关系的改善。"通过社会关系的改善来不断地超越社会的现有局限，构建更加和谐的人与人之间的关系，营造一个更加适宜于人生存的环境。"[7]马克思在《关于费尔巴哈的提纲》中强调人的本质是社会关系的总和。人是社会关系的主体，同时也是社会关系的客体，因而改善社会关系的实质就是使人的本质力量得以彰显。一是社会主义制度要求生产资料公有制，强调生产资料分配正义，实现人与人之间的共同利益。在资本主义生产资料私有制作用下，"生产资料不仅作为生产手段，而且作为剥削和奴役生产者的手段集中在垄断者手中。"[8]因而，要消除这种劳动异化状态下人与人的关系，构建人与人之间和谐的关系，则需要从根本上消灭生产资料私有制，实行生产资料公有制，保障人与人之间平等的社会关系，进而促进社会全面发展。二是共同富裕要求劳动产品分配正义。资本主义社会中，工人实际上“得到的是产品中最小的、万万不能缺少的部分，也就是说，只得到他不是作为人而是作为工人维持生存所必要的那一部分，只得到不是为了繁衍人类而是为繁衍工人这个努力阶级所必要的那一部分”[9]。中国实行按劳分配为主体的分配制度蕴含着公平、平等的产品分配关系，实现了产品分配正义。三是共同富裕要求合理的消费关系，强调消费结构的科学性。中央财经委员会第十次会议强调，“要想群众之所想、急群众之所急、解群众之所困，在学有所教、劳有所得、病有所医、老有所养、住有所居上持续取得新进展。”[10]这表明，中国特色社会主义制度要求生活资料能够在生存资料、发展资料和享受资料三者之间合理分配，反对资本主义社会的享乐主义、快乐主义。

最后，在人的发展维度上，共同富裕要求的全面发展是指人的自由全面发展。“通过人的全面发展来防止人的片面或者畸形发展，增强人的内在力量，使人成为能够应对社会发展所提出的各种挑战更加自由的主体。”[11]恩格斯指出，人一半是天使，一半是野兽。天使指人的社会属性，野兽是指人的自然属性。人的自然属性是社会属性的基础。一方面，人类总是在处理人与物的关系中寻找其中的规律，不断突破必然性束缚，构建自由王国。事实上，人的自由全面发展是一个伴随着生产力发展水平不断提升的社会历史过程。在生产力不断发展中，人们利用先进的认识工具拓展自身认识空间，从而在认识世界和改造世界的过程中增强自身的内在力量。另一方面，人的社会属性决定了人之所以为人的本质。实现每个个体自由全面发展能够使人的本质力量得以真正实现，但其前提在于社会共同体的形成，并将个体置于共同体之中，使个体通过合理的社会制度、正当的社会调控、良好的社会秩序不断突破固有的社会关系，获得发展的空间、条件和可能，以社会关系的不断丰富和发展推动人的自由全面发展[12]。

3. 发展需要个体承担共同责任

共同富裕不仅是重要的经济命题，还是一定历史阶段社会关系的体现；实现共同富裕的过程中不仅倡导全体人民共同享有社会发展成果，还要求责任的共同担当。所谓责任，并非简单地指向法律意义上的义务，更侧重于道德责任，即“处于社会关系之中的主体(包括个人和社会群体) 基于一定的道德所应该做的事或者应该履行的义务，换句话说，道德责任就是道德所规定的责任，是对于经济责任、政治责任、行政责任、人际责任等的道德规定”[13]。道德责任内在规定了主体的自愿性或非强制性，从而在追求财富过程中主体可以实现自我控制和自由。基于这种理解，共同富裕蕴含的社会发展价值目标所要求的共同责任应该包括公共生活领域中个体与个体之间、个体与群体之间以及群体与群体之间的道德责任，并且这三种形式的道德责任在实践中并非单线性，而是双向互动的。如此共同富裕在社会实践中能够超越理性人假设、最先占有者权利等道德准则规约下的财富私人占有，使人回归社会人，彰显人的道德本质，进而实现发展的成果更多更公平地惠及全体人民的价值目标。

在公共生活领域，如何使主体在社会实践中具备上述道德责任，以更好地彰显共同富裕所要求的共同责任？马克思、恩格斯在亚当·斯密、大卫·李嘉图、洛克、卢梭等人的理论基础上重在从人和“物”（指公共事务）角度阐述共同富裕的发展价值及其共同责任，批判了资本主义生产资料私有制作用下的异化劳动现象及其本质，主张社会成员以共同劳动的方式实现人与人之间平等的劳动关系。恩格斯在为马克思《雇佣劳动与资本》一文所写的导言中指出，“在人人都必须劳动的条件下，人人也都将同等地、愈益丰富地得到生活资料、享受资料、发展和表现一切体力和智力所需的资料。”[14]在这个过程中，个体需要自觉遵守道德责任标准和道德责任准则的同时，政府作为公共权力部门更应该秉持善性的道德立场，采取善性的道德手段，从而达到共同富裕的“善”的价值目标。

参考文献

［1］［4］［7］［11］彭定光，陈新．论中国制度优势的政治伦理基础［J］．伦理学研究，2020（04）：102-108.

［2］张世鹏．关于新自由主义研究的几个问题［J］．当代世界与社会主义，2003（06）：25-29.

［3］李东杨．习近平分配正义观研究［D］．东北财经大学，2019：39-40.

［5］中共中央马克思恩格斯列宁斯大林著作编译局．共产党宣言［M］．北京：人民出版社，2014：41.

［6］中共中央马克思恩格斯列宁斯大林著作编译局．马克思恩格斯文集：第9卷［M］．北京：人民出版社，2009：111.

［8］中共中央马克思恩格斯列宁斯大林著作编译局．马克思恩格斯选集：第3卷［M］．北京：人民出版社，2012：147.

［9］中共中央马克思恩格斯列宁斯大林著作编译局．1844年经济学哲学手稿［M］．北京：人民出版社，2012：11.

［10］习近平．在高质量发展中促进共同富裕 统筹做好重大金融风险防范化解工作［N］．人民日报，2021-08-18（01）.

［12］李明．新时代“人的全面发展”的哲学逻辑［N］．光明日报，2019-02-11（15）.

［13］彭定光．论责任、道德责任与政府道德责任［J］．湖南师范大学社会科学学报，2016（06）：57-61.

［14］中共中央马克思恩格斯列宁斯大林著作编译局．马克思恩格斯文集：第1卷［M］．北京：人民出版社，2009：710.

数字赋能背景下社会救助管理跨部门协同研究

刘　玮*

摘　要： 数字赋能背景下的技术变革催生了组织结构的变化，文章尝试运用“嵌入式协同”的概念，分析社会救助管理跨部门的协同情境。基于C市的实践调研发现，技术革新和政策变化使得社会救助站与职能部门在主体和任务两方面呈现出“嵌入式协同”的关系。文章采用案例分析方法探究数字赋能之下社会救助管理跨部门协同的现实情境，与传统科层制协同不同，嵌入式协同注重社会救助站与职能部门间的常态化功能性协同。并从利益整合和矛盾协调两个维度提出社会救助管理跨部门协同的四种优化机制，最终实现横向层面的信息共享与资源流动，纵向层面的组织协同与管理协同。

关键词： 社会救助；数字赋能；嵌入式协同；府际关系

一、引言

社会救助管理是“社会安全的‘最后一道防线’”[1]。作为一项托底线、救急难、可持续的制度设计，社会救助从封闭式的民政救助转化为开放性的社会救助，实现了从公民恩赐到公民权利、从单项救助到综合救助、从城乡分割到城乡一体的整体转型[2]。社会救助管理一方面要满足救助对象的需求，另一方面要满足我国经济社会发展的需要，以解决当前信息时代高风险、高不确定性的公共问题。

我国救助思想起源早且内容丰富，据《周礼》记载，大司徒以保息六养万民，其中就提到社会救助、儿童福利等多个方面。特别是当前数字化时代下，大数据、物联网、人工智能和区块链等技术的不断发展，为社会救助管理提供了新的发展范式，充分利用数字技术已成为国家社会救助管理的重要环节，数字赋能社会救助是推动社会救助管理现代化的重要载体。2020年8月，国务院办公厅印发《关于改革完善社会救助制度的意见》指出，“要加强社会救助信息化，推进现代信息技术在社会救助领域的运用，将政府部门开展救助帮扶的各类信息互通共享。”国家层面的高度重视，激励着地方政府积极探索社会救助

* 刘玮，湖南农业大学副教授。

领域的创新发展道路。新形势下以数字为媒介，积极推动各部门的紧密协同，合作解决社会救助服务中的各类问题，已成为一种新的发展潮流。数字赋能背景下，各社会救助站与政府部门之间怎样进行互动？彼此形成了何种协同模式？现阶段该协同模式存在哪些困境以及该如何优化这种模式？这些问题已成为学界关注的重点问题。

二、文献回顾

数字赋能是指通过大数据、移动互联和人工智能等数字化工具对特定的人群进行赋能，使他们获得相应的生活技能和生存能力[3]。随着数字技术的迅猛发展，数字技术赋予"新权力"的崛起代表了未来社会发展的新趋势[4]。既有研究关注了数字赋能背景下政府内部的协同救助问题，对于协同效能的解释大体分为技术赋能与结构赋能两种路径。

1. 技术赋能：技术要素与协同效果

该路径将数字技术视为强化府际协同、提升政府救助效能的重要因素。传统的社会救助具有高度集中化、权力等级化等特点，在某种意义上具有韦伯的经典科层制特征。数字技术不仅是一种工具，同时也会推动政府救助体系的重构。技术工具的变革，构成了当下社会救助转型的核心动力，催生出新型组织合作关系。

以往学界探讨了社会救助的机制转型问题，指出社会救助模式要实现从生存型救助到发展型救助[5]、从消极型救助到积极型救助[6]、从碎片化救助到整体型救助[7]的转型。学界还聚焦社会救助的运行机制，从救助的瞄准机制[8]、造血机制[9]、执行机制[10]等方面展开研究。无论是对社会救助模式还是运行机制的研究，大都未脱离"命令—控制"的传统社会救助体系，而数字技术削弱了层级特征，使社会救助日益扁平化。传统社会救助面临的多头管理、条块分割、信息共享不足等难题，都有望通过数字技术来解决，尤其是信息通信技术和大数据计算显著改变了治理主体之间的互动关系和互动模式[11]。张学华等阐释了大数据在社会救助监测预警、社会服务评估等方面的应用情况[12]。刘权指出社会救助信息核对平台能加快信息核对，提升社会救助审核效率，加强各部门间信息共享和整合[13]。数字技术可以使救助对象的个人身体状况、家庭特征、个人能力等信息更加精准化，通过动态监控实现精准帮扶。此外，孙远太基于整体性治理视角，提出救助主体整合、救助功能整合与救助资源整合三种视角[14]，数字技术恰好为整体性治理提供了重要工具，强化了政府内部部门之间、政府外部与社会组织之间的协同能力，减少了交易成本，为组织关系的重构提供了技术支撑。

2. 结构赋能：组织要素与协同效果

该路径认为组织特征及政策环境会对社会救助变革中的组织协同产生影响，它更强调部门利益、观念等因素的作用。朱德云指出社会救助过程中救助对象、中央政府和地方政府三者的利益目标各不相同，这种目标不一致性决定社会救助各环节中各主体间存在利益博弈[15]。王贤斌指出政府在农村社会救助资源供给中的缺陷，着重探讨了数字基础设施衔接与管理机制的问题[16]。由此可见，我国现有社会救助机制中存在部门间利益冲突、制度不健全等问题，阻碍着跨部门协同，碎片化特征明显。对此，学界针对跨部门协同提出了许多对策，如整体规划、建立伙伴关系等。冯元基于网络平台，从搭建紧急救助平台、破解救助难点、构建教育平台等方面指出互联网时代中多方主体救助服务方式的创新[17]。金红磊从对象精准识别、信息跨部门共享、整体性社会救助等方面论证了社会救助中跨部门合作的必要性[18]。结构赋能将组织结构和部门利益纳入研究视野。但它难以回答社会救助具体工作开展中，为什么是这些而非那些因素对于协同效果具有关键影响。在数字救助中，协同既发生在同级政府部门之间，也发生在不同层级政府之间，不同情境可能蕴含了异质性的因果逻辑。

3. 既有研究基础上的发展空间

当前学界对数字赋能社会救助的研究难以捕捉具体实际情境中协同的关系机理，未有研究解释出数字赋能背景下的社会救助管理是如何影响或变革部门间协同关系的，缺乏对协同模式本身复杂性、多样性的探讨。在既有文献基础上，文章试图在两个层面对数字赋能中社会救助的跨部门协同进行延伸。第一，在协同主体方面，将研究对象聚焦在政府内各部门之间、区（县）社会救助站之间及社会救助站与社区、社会组织之间。第二，在协同任务方面，突破传统组织架构下的横向和纵向协同思维，依据各部门资源可支配程度，运用数字技术探索精准救助情境下部门间的协同关系。对此，文章根据部门间的资源流动、协同主体等维度，运用“嵌入式协同”的模式，分析数字赋能社会救助的实践效果。

三、分析框架：社会救助管理的跨部门协同

美国社会学家 Granovetter[19]最早提出“嵌入式”的概念，指出人类的一切活动是嵌入到社会关系网络中的。协同的本质是打破资源间的边界和壁垒，使它们为共同的组织目标运作，通过对各种资源的利用和完善来实现组织目标。蔡立辉和龚鸣认为，跨部门协同就是以目标、机构、资源、业务和服务等要素的整合和业务协同为特征的行政模式[20]。既有研究已经发现，整合是实现跨部门协同的关键要素。在理论框架上，Hu 根据组织运行方向，从纵向和横向两方面构建了领导机制、管理控制、相互调适和信任维度四个维度的跨部门协同机制分析框架[21]。孙迎春根据跨部门协同功能，划分出宏观决策协同层、中观政策协调层与微观服务供应层三个运行层次，逐层分析跨部门协同实践中的结构配置、运行程序和阶段要素[22]。数字赋能下的社会救助站对各级职能部门的依赖进一步加强，职能部门的协同程度很大程度上决定了社会救助站的救助服务效能，并不是局限于某

一特定事务的协同。这种不同于以往的协同模式，可以称之为“嵌入式协同”。社会救助管理中的“嵌入”主要用来表现跨部门之间的常态化互动关系，即社会救助站的功能实现受到其他职能部门的影响，也需要其他职能部门的支持。

嵌入式协同和传统科层制协同有明显的差异。传统跨部门协同表现出五个层面的特点：在协同主体上，主要分为等级式纵向协同和条块横向协同；在协同类型上，主要分为紧急状态下的协同与常态化管理中的协同[23]；在协同过程上，以组织间的业务协同与关系协同为主，强调政务整合和关系整合两个维度下的协同[24]；在运作机制上，以结果导向的组织与制度设计为主，从结构上和程序上保证跨部门协同[25]；在性质方面，传统科层制协同主要是外源性协同（图 1）。传统科层制协同依赖于科层制的基本特征，通常是建立在各部门行政职能交叉的前提下，共同完成某项治理任务，该协同下部门间的边界壁垒并未打破，信息沟通、渗透也十分有限，传统科层制协同以分工和专业化为特征，这在一定程度上提高了政府部门的效率。但不可否认的是，分工与专业化同样带来了服务分散与碎片化等实践困境。与上述传统协同模式不同的是，嵌入式协同以部门间的配合程度为依据，这里的配合不仅包括管理、人事调任等结构层面的协同，还包括数字技术影响下各职能部门对社会救助站日常救助工作的日常性、动态性的业务技术协同。

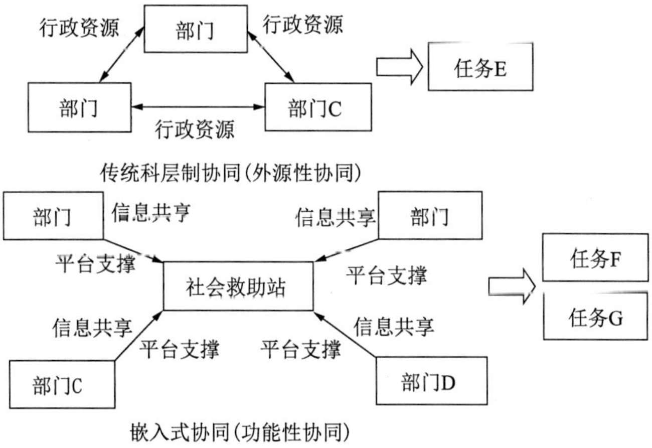

图 1　传统科层制协同与嵌入式协同组织结构关系图

而嵌入式协同则指的是社会救助站功能的实现均受到其他职能部门的影响与指导，克服了单一性、静态化的限制性。嵌入式协同中职能部门不仅是行政资源更是数字资源的流动，也表现在信息共享和平台支撑两方面，且两者的流动均具有非对称性。嵌入式协同具有双重含义：第一，各职能部门之间不属于领导与被领导的关系；第二，社会救助站受到各职能部门的影响更为直接，其建立在其他职能部门的资源嵌入到内部功能运转中。简言之，嵌入式协同弱化了部门间的等级特征，其组织结构主要是多个职能部门为社会救助站提供支持，以维持社会救助站救助管理工作的高效开展。有鉴于此，文章依据数字技术变革后社会救助的情境适配性，建立了如下分析框架（图 2）。该框架有两个分析方向：第一，探讨数字技术引发了社会救助中哪些府际关系以及协同模式的变化。第二，呈现特定情境下协同模式形态，通过“利益整合”和“矛盾协调”两个维度分析协同绩效。

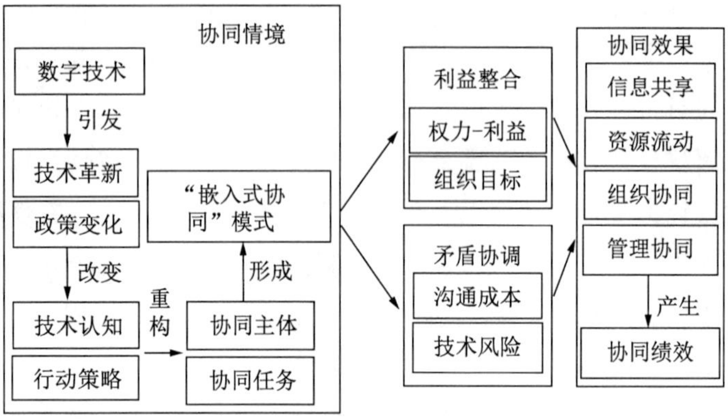

图 2 数字技术变革中社会救助跨部门协同分析框架

（1）协同情境：伴随数字技术的广泛应用，政府在社会救助领域积极进行技术革新和政策改革优化社会救助体系，这导致人们对技术的认知发生变化及领导者的发展策略也会产生变化。这些变化会让原有组织面临高度的不确定性，由此产生多元的协同模式，催生复杂多样的部门互动关系。社会救助的转型并不仅仅局限于社会救助站，而是嵌入到各政府部门体制中，由此组成了跨部门协同的基本前提。“嵌入式协同”模式是数字技术革新和政策变化综合影响下的产物。一方面，数字技术使得各部门之间打破数据壁垒成为可能，强化了部门间的信息共享，削弱了传统科层制的等级特征，让社会救助站与各职能部门的协同更为便捷、高效。当数字系统实现信息流动后，原本封闭的职能部门开始呈现整体性特征。另一方面，政策变化使得原本碎片化的职能部门成为救助服务的“共同生产者”。技术革新与政策变化带来的技术认知偏差与行动者策略改变会引发各部门协同主体与协同任务的重构。数字赋能用于公共部门中的协同主体是多元的，需要不同主体发挥其自身特有优势。同时其协同任务是多样的，不同部门主体和职责分配也会随着任务的不同而具有差异性。受限于各部门职能差异与资源存量差异，在实际社会救助协同过程中跨部门间的协同程度会受到影响。

（2）利益整合：权力关系在本质上就是一种不对称、不平衡的从属关系，将数字技术引入社会救助领域，必然导致原有组织的权力变化。利益是各主体行动的内在动因，行动者在特定组织环境下分析各自的收益值，依据组织目标行动。数字赋能社会救助改变数字资源的重新分配，从而引发各部门间的利益变化与矛盾。所以，理性选择理论认为协同成功的关键是各主体有相同的组织目标并具有强烈激励性[26]。因此，部门间的利益整合主要从如下两方面考察：一是权力—收益之间的权衡。作为“有限理性人”，人财物等组织资源的权力与收益是影响主体积极性的重要因素[27]。如果所有协同主体都能获得预期收益，就能有效维系集体行动，解决各主体间的利益冲突，建立长久伙伴关系，实现嵌入式协同。二是组织目标的一致性。不同部门内各主体的职责与目标是复杂多元的。各主体拥有各自的组织目标与部门利益，在协同进行社会救助时容易产生执行差异。所以，统一组织目标十分必要。换言之，数字时代仅仅根据本身职能属性来划分组织目标往往是不够的，为此还需通过强化制度规范与绩效评估等方式明确共同的组织目标，加强整体性建设。

（3）矛盾协调：数字技术这一全新要素引入社会救助领域必然导致社会大环境、政府部门关系的变化，加剧组织间矛盾的产生。矛盾的存在会影响协同机制中的沟通成本、收益以及协同效率，进而对协同模式的选择产生重要意义。因此该分析框架中组织的矛盾协调主要从两方面把握：一是减少协同主体间的沟通成本。根据科斯定理，如果交易成本很低，具有理性的各方通过自愿性的讨价还价能够实现分配的帕累托最优[28]。将此定理运用到协同关系中，即意味着各部门间沟通成本最低时，他们能有效实现协同效率，达到组织风险最小化，减少组织矛盾的产生。首先，各协同主体在以技术为媒介的信息沟通中，要解决好各主体信息掌握水平与信息可信度的不对称的问题，避免高额信息成本。其次，跨部门协同最重要的是各部门间的协商与谈判，在实际中要就收益分配规则与程序的问题达成共识，规避协商成本。最后，跨部门协同的最终目的是执行，集体行动需要付出大量成本，因此要避免协同过程中出现背离合作的现象，减少执行成本。二是规避协同主体间的技术风险。集体行动理论认为实现各主体协同机制的关键在于解决协同中所面临的风险[29]。与传统的协同方式相比，数字赋能背景下社会救助站与职能部门之间的协同方式已经发生变化，从线下协同转变为以数字技术为依托的线上沟通协同。数字技术包含多个方面，数字系统、部门数据整合、技术培训等都属于技术领域的范畴，所以社会救助站与职能部门的协同依赖于数字技术的完美实现。数字技术维系着协同主体的沟通，同时数字技术也需要协同主体间的共同维护。

（4）协同效果：良好的跨部门协同过程中，不仅能实现同级部门之间的横向协同效果，即信息共享与资源流动，还能实现上下层级之间的纵向协同效果，即组织协同与管理协同。协同效果最终取决于协同主体是否采取了与优化协同救助相一致的行为，最大化协同救助绩效。

总之，上述框架的亮点在于：第一，它指出数字技术变革会带来社会救助中技术认知与行动策略的改变并重构协同主体与协同任务，催生出多元府际关系。第二，在梳理既有文献的基础上，提炼出利益整合与矛盾协调两个变量，以分析数字技术情境下的协同模式绩效。笔者将根据该框架，结合具体的实际协同救助工作开展情况，描述部门间的多元互动情境，以期为我国社会救助的发展提供一种新思路。

四、数字赋能背景下的社会救助管理

1. 背景资料：C 市数字赋能社会救助的发展历程

文章以个案研究的方式深入探讨。案例材料来自调研组对 C 市社会救助站所做的田野调查，其中对不同区县的 9 个社会救助站及其牵头部门的 4 个工作人员进行了深度访谈，获取了调研单位的资料，详细了解了部门间的互动过程。C 市位于中部地区，该市高度重视数字技术在社会救助领域的应用。尤其是党的十九大以后，各级政府积极探索数字赋能社会救助的创新发展之路，顶层设计与实际战略部署不断加强。C 市社会救助工作的开展情况可以分为两个时期：

（1）传统单项救助时期。该时期 C 市的社会救助在救助方式上，以物质补给、收容遣送为主，仅限生存需要；在救助范围上，主要是以特困群体的专项救助为主。2008 年《中华人民共和国社会救助法》出台后，C 市将生活无着的流浪乞讨者纳入社会救助范围。在救助主体上，以社会救助站为主，政府的“命令—控制”纵向层级特征显著，各项救助工作均自行负责。

（2）数字精准救助时期。当前 C 市社会救助模式以数字为媒介，与各部门联动开展社会救助工作。2016 年，全国范围内开始使用救助管理信息系统，该系统采用人脸识别模块，实现了对救助对象相关信息的精准把控。2019 年，C 市落实省委关于机构改革的各项规定，组建市社会救助事务中心，归属为市民政局所属副处级公益类事业单位。随后，由 C 市民政部门牵头，召开市级联席会议，改变社会救助服务碎片化的状况，大力推进各部门的协同救助。在此背景下，C 市创新社会救助工作，投入近百万元建设了流浪乞讨人员数字化救助平台，将救助工作纳入智慧城管系统，与城管、公安密切合作，实行数字协同救助。此外，C 市还自主研发未成年人社会保护信息系统，将教育、妇联、公安等核心部门纳入了该系统，优化未成年人保护方面的部门联动，同时建立以“个人—家庭—学校—社区—社会”为着力点的“1＋N”全方位精准救助服务，优化部门联动，实现信息共享。

至此，社会救助依据数字赋能的实现和府际关系的重大变化转化为新型服务模式（图 3）。在线上层面，社会救助站使用各数字系统开展工作，数字系统通过数据接口对接多个部门，从而实现了社会救助事务中心与其他部门的信息共享。在组织层面上，在民政部门牵头下，社会救助站作为独立单位与各部门进行沟通和联动。数字赋能社会救助的转型发展营造了跨部门协同的大环境，传统单项救助时期各部门各司其职，纵向层级特征明显，而数字救助时期碎片化特征被打破，各部门横向信息共享、纵向组织管理进一步加强。

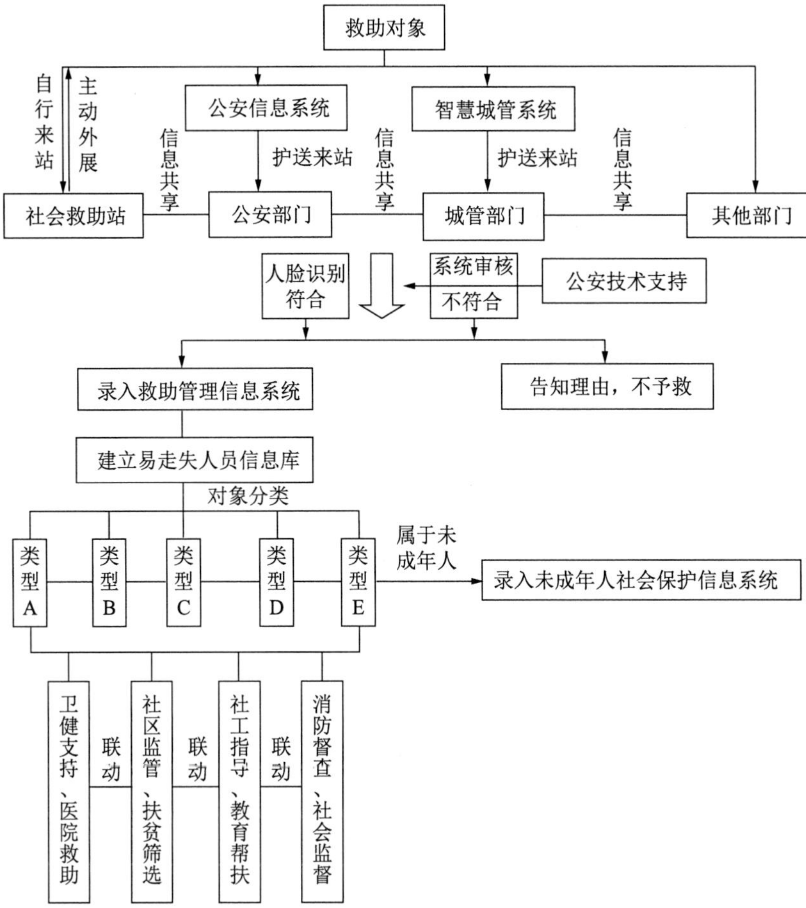

注：类型A：精神障碍患者；类型B：阿尔兹海默患者；类型C：肢体残疾人员；类型D：智力残疾人员；类型E：反复流浪乞讨人员。

图 3　C 市数字赋能社会救助跨部门协同救助工作流

2. 协同主体和协同任务：社会救助工作中的多元主体配合与业务技术支持

C 市社会救助工作的协同包括了政府部门、不同层级政府部门以及政府与社会组织等多种主体。社会救助站作为社会救助中的一线机构，其目标在于保障救助对象的基本生活需要，维护社会安全与稳定。尽管社会救助事务中心通过流程再造，拥有了职能部门的诸多行事权，但数字赋能下的社会救助已经脱离了传统“委托—代理”的工作关系，社会救助管理的各项工作开展仍需要各部门的配合与支持。因此，文章从主体和任务两个视角来分析 C 市社会救助协同情境。

（1）主体视角。社会救助工作主要由社会救助管理部门负责，社会救助管理部门包括民政、公安、城管、教育等多个部门。从社会救助站与各个职能部门间的主体结构、协同目标和资源流动三个方面来分析嵌入式协同模式在主体配合中的效用。首先，在主体结构方面，嵌入式协同克服了传统科层制协同中职能交叉部门间协作的局限性，以最终目标为导向，打破各部门的边界，注重发挥各部门的特定优势，并体现在各职能部门对社会救助站相关工作的日常性、持续性的渗透。其次，在协同目标方面，嵌入式协同克服了传统科层制协同中单一完成特定治理目标的单一性，而是更具动态化、多样化特征，以维持社会救助站的功能运转为目标。最后，在资源流动方面，传统科层制协同中的资源主要是职能交叉部门之间的相互流动，而嵌入式协同中的资源则是向社会救助站的集中流动，注重考虑各部门的不同资源存量，科学进行协同关系构建，进而能极大提高社会救助站的工作效率与服务能力。对此，社会救助站工作人员表示：

“现在我们的救助工作更加明确了，城管、公安那边都在协助我们，身上的担子也慢慢变轻了，救助服务质量也在一步步提升。”（访谈记录：CL20201126）[①]

显然，社会救助领域的变革催生出了多元的府际关系，社会救助的工作需要各职能部门的协助，各职能部门应该合理利用自身职能协同社会救助站工作的开展，这种协同应具有功能性，应与社会救助站目标职能一致。

（2）任务视角。该视角即包含职能部门对社会救助站救助对象甄别、核对等具体救助业务的配合，还包含职能部门与社会救助站协同提供的救助服务。协同过程不仅涉及各协同主体间诸多要素的耦合，还伴随着协同主体间任务的动态交互过程。我国现有的救助服务信息系统建设尚不完善，救助对象信息的收集、审查、核实产生了不可忽视的显性成本，需求信息输入与服务供给输出间的渠道尚未完全打通，信息共享的障碍造成救助服务供给的延迟，各职能部门内部的条块壁垒和信息阻隔会造成协同发展的失范和服务供给的碎片化。整体化的服务需求以及公众对效率质量的渴求需要政府不同层级和部门进行信息共享和功能整合，以加强社会救助站与职能部门间的沟通交流，实现资源利用的最大化和服务供给的最优化。所以，该视角主要是从各职能部门与社会救助站的配合程度来分析，嵌入式协同模式中职能部门是资源供给者，而社会救助站是救助服务的直接提供者，各职能部门依据社会救助工作中的具体业务需求进行协同。尤其是在数字赋能的推动下，数字系统将社会救助站与各职能部门紧密联结起来，无论是对救助对象的识别、摸底等静态层面，还是在对救助对象的管理、服务等动态层面，职能部门都发挥着重要的支持与配合作用，这种支持与配合大大提高了寻找救助对象的效率，使得救助服务质量不断提升。对此，社会救助站工作人员表示：

“和以前相比，现在一个系统就能直接联系到其他部门，大家都根据我们站点的工作开展情况配合我们，大大提高了我们的工作效率。在寻找救助对象过程中，城管会配合我们上街巡查，公安那边会第一时间甄别救助对象的信息。如果出现紧急情况，医院会第一时间提供医疗救助……”（访谈记录：KD20201126）

总而言之，C市各职能部门与社会救助站的协同情境主要围绕后者的具体救助工作产生。在主体、任务的双重嵌入下，意味着各个职能部门自身的资源存量不同，且各部门与社会救助站的资源交换主要体现在从前者向后者的纵向或横向流动。尤其在数字系统之下，社会救助站对职能部门的依赖性进一步增强，需要职能部门持续提供资源，如此才能

---

① 访谈记录编码规则：被访者姓名汉语拼音首字母（英文字母）＋访谈日期（数字）。

维持高效便民的救助服务。其中的资源既包括政策信息、知识、操作技能等无形的，又包括数据、数字系统、硬件设施等有形的，这些资源的集合构成了数字赋能视角下社会救助管理实现新发展的必要条件。

五、数字时代社会救助管理中跨部门协同的现实困境

嵌入式协同要求各政府部门给予社会救助站全方位的支持，以提高数字变革后社会救助站的救助效率。然而，嵌入式协同在改革后虽然整体运转情况良好，但在C市的实地调研中仍发现一些问题。从具体内容来看，协同中的现实困境主要包括以下几个主要方面：

一是职能部门业务回应指导不充分的问题。这个问题主要体现在数字技术发展以来，职能部门自身数字技术把握度不同而导致的回应指导不足。社会救助站对各职能部门的资源依赖具有非对称性，尤其是技术变革后各职能部门拥有的数字资源各不相同，对数字资源的掌握程度也不同。从职能部门与社会救助站两者的角度来看，职能部门更多的是作为资源补给方，面临的压力相对较小，一旦救助工作出现问题，社会救助站的问责压力会更大，下述现象时有发生：

“在实际救助工作中，无论是技术问题还是政策问题，大家都认为是我们救助站的问题，后果全由我们承担，所有矛盾都集中在我们这儿了。”（访谈记录：ZMJ20201126）

这表明职能部门对救助业务中出现的问题缺乏及时精准的回应指导。这种单向非对称型的资源依赖关系是较为脆弱且难以持续的，会随着支持力量的削弱而瓦解，不利于协同组织内部各种要素的联结，会阻碍协同资源的优化和协同效能的发挥。在部门利益最大化的前提下，部门内部滋生相互扯皮、争功诿过的空隙，拉低社会救助工作的效率，使救助对象的需求难以得到最大程度的回应。当社会救助站向职能部门反馈问题疑难时，也会遇到沟通困难、回复不及时等状况，对此，社会救助站某工作人员曾表示，出现过与职能部门沟通效果不明显，时常不回复问题的现象，事实表明职能部门的回应指导的速度、质量均有待提升。

二是各职能部门责任模糊化问题。同一救助业务或技术故障相对于不同的协同主体而言，其重要程度是不尽相同的。对于各职能部门而言，协同目标只是其众多组织目标中的一个，协同工作相对次要；而救助业务对社会救助站来说，则处在绝对的优先位置上。并且数字技术本身具有模糊性，倘若使用过程中造成数据泄露乃至救助失败，确定责任主体存在较大困难。社会救助站的组织目标与协同目标是紧密联系的，并且需要对救助对象进行全方位的负责。由此就容易产生各协同主体在救助业务中行动的不协调和“各自为战”的局面。特别是一些疑难的救助业务不仅涉及社会救助站，还涉及多个职能部门，同时业务与技术也难以分割，数字系统本身就是呈现政策的手段，由此就会导致社会救助站与职能部门之间的责任空隙，跨部门绩效考核指标仍然缺乏。嵌入式协同主张政府各职能部门和社会救助站进行业务与技术协商，将相关部门都纳入提供社会救助服务的体系中，整合分散化的社会救助服务供给，搭建资源集中流入社会救助站的高效服务模式。在具体的救助事务协同开展中，职能部门与社会救助站需要就救助任务、救助技术等方面进行沟通协

商。对此，社会救助站点工作人员曾表示：

“公安有时候护送救助对象过来，到站点门口就把他放下了，然后就不管了，严重的时候还会和我们发生矛盾，不仅对救助对象有影响，对我们救助站的工作开展也十分不利。”（访谈记录：LYY20201125）

这说明职能部门与社会救助站责任界定的问题依然存在，难以发挥协同救助的合力，部门间的“齿轮”需要更加紧密地衔接。从根本上来说，职能部门与社会救助站的协同发生在由民政部牵头的联席会议等一系列会议的沟通交流的基础上，参会成员主要是各部门及社会救助站的主要领导，基层人员很难参与到顶层设计的决策中，这种机制下的纵向层级的沟通一定程度上会影响实际救助工作问题的解决效率。虽然目前相关制度在进一步规范完善跨部门协同模式，但牵头部门权力有限，其仅仅是在组织架构上解决了部门与社会救助站之间的协同问题，但在具体救助业务中，仍缺乏正式体制内的协同通道，一定程度上阻碍了嵌入式协同模式的发展。

三是信息共享不足的问题。社会救助服务的整体性首要是各职能部门与社会救助站之间的数字信息共享，这种信息共享是高效实现嵌入式协同的基本前提。调研发现，当前职能部门与社会救助站的信息共享中依旧存在一些问题。首先，部门传统的职能分工带来的数字信息碎片化的问题。部门的职能划分是现代政府运作的基本形式，但在一定程度上也造成了部门间信息共享的壁垒。分工带来的部门竞争会强化个别部门由职能产生的优越感，在实现信息共享的协同过程中试图主导协同过程、不配合信息共享，从而大大限制了救助效能。其次，除了部门分工，不同层级部门条块结构的存在也为数字信息在不同部门间的共享设立了潜在的障碍，阻碍信息共享协同进程。职能部门一方面要按照上级指示，垂直进行系统数据的录入和业务办理，另一方面又要配合社会救助站，通过智慧城管系统将数据与社会救助站的共享。协同过程意味着职能部门可能失去资源及技术优势。因此，职能部门常常倾向于保护自身的边界和信息数据。这在一定程度上降低了职能部门参与信息共享的积极性，致使职能部门与社会救助站间的信息共享的协同实践效果欠佳。再次，数字时代下技术成为影响主体参与信息共享行为的关键，尤其是数据存储的安全性都是涉及信息在主体间共享的重要内容。当前的数字基础设施仍处于高速发展阶段，客观上容易导致信息存储和传输不畅。最后，政府内部的信息共享不足的原因在很大程度上均可归于部分职能部门不愿意共享、开放信息数据。这主要表现在数字技术水平与救助工作开展需求之间的不完全匹配，数据监管技术还不够成熟。对此，社会救助站点工作人员曾表示：

“我们站点在进行救助对象事先筛查时，需要有关部门提供贫困人员的详细信息，但这些部门往往会对它们信息的安全保障不足而产生顾虑，从而不愿意和我们共享这些信息数据。”（访谈记录：WX20201215）

社会救助站直接面向救助对象，所以上述协同困境会直接影响社会救助站的救助绩效。无论是具体业务问题还是信息共享问题都会直接影响社会救助站的救助效率。

六、社会救助管理中跨部门协同的优化机制

笔者从利益整合和矛盾协调两个维度着手，构建了四种优化机制（图 4），全方位为嵌

入式协同模式的实现进行理论阐释，以期提升社会救助领域的协同绩效。这四种机制在各类救助管理工作中的作用大小必然有所区别，但嵌入式协同模式只有在受到四大机制合力作用的前提下，才能高效开展社会救助事务，才能稳固当前协同救助的格局，协同机制的救助效果也将最优化。

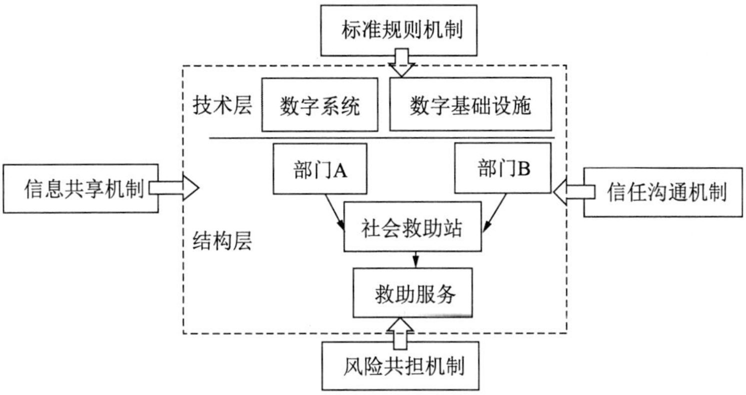

图 4　“嵌入式协同”运行机制示意

1. 利益整合

在嵌入式协同中，数字等资源从各职能部门流向社会救助站，这意味着各职能部门对社会救助站的配合程度受利益和组织目标的双重影响。如若这两者处理不当，容易导致协同梗阻。由此，可以从信息共享和标准规则两个层面构建优化机制。

（1）整合“权力—利益”，构建信息共享机制。信息时代对救助工作带来的最大影响在于，技术理性的广泛运用保障了各部门救助效率最大化。部分研究认为信息共享是实现跨部门协同的重要路径，提出了实现跨部门协同的信息质量提升、共享机制建设、发展模式优化等方面的建议[30]。从整合“权力—利益”的角度来理解，数字赋能给各部门带来了全新的数字技术，由此各部门内的信息数据更被视为一种“特有资产”。但嵌入式协同的理念强调的是数字资源流动与整合，所以需要从数字信息共享的方面入手，平衡各部门与社会救助站之间的权益。社会救助管理的整体性首要是社会救助站与职能部门之间的信息共享：一是上下层级部门之间的信息共享，便于下级部门准确执行上级部门的政策和上级部门了解下级部门的政策执行情况并及时作出政策调整；二是同级部门之间的信息共享，便于同级部门之间对各种救助信息及时交流和共享，应对社会救助管理中出现的共同问题。信息在协同主体间共享，能够实现要素整合和信息资源的有效利用，并通过数字技术的模拟功能提升救助水平与效果。从供给侧角度而言，各职能部门要通过技术手段掌握处理救助服务等信息，并将处理后的信息与社会救助站共享，从而节省信息收集与协同成本，提高社会救助管理效率，争取整体救助行动效果。社会救助站与职能部门间的协同高效性首先体现在对普遍性数据信息的掌握、对大量信息的收集应用。数据信息的应用是跨部门协同进行的前提，数据信息的应用也存在着信息反馈、核实的必要，需要及时的流通交流。通过全国救助信息管理系统与智慧城管系统等信息平台进行信息共享，共同通过平台规范化和程序化的过程设置，形成必须协同的管理过程，缺失任何一个职能部门的参与行为将导致救助过程的停顿。高效的信息共享的社会救助服务信息会给救助服务带来以下三种变化：第一，在保障信息安全的基础上，各部门与社会救助站共享贫困对象的实时信息，有利于实现救助服务的精准供给，贴合贫困人群的实际需求，提供个性化服务。第二，最大限度地发挥社会救助的"救急"属性，缩短需求与供给的时间间隔，提高救助服务供给效率。第三，救助服务要延伸到已退出救助机制的受助对象身上，保障救助服务的可持续性。

(2) 统一组织目标，构建标准规则机制。规则统一是实现嵌入式协同的基础，也是实现救助目标与服务的前提。顺应信息时代的需要，政府不断通过政策文件的出台、法律的颁布等措施自上而下地推动各部门的协同交流，致力于打破各部门内传统的工作模式和惯性，为各层级部门树立整体、协同的观念。这在很大程度上激励了政府部门间的协同意愿，特别是数字时代各部门共享数据的类别、存储以及传输通道等的信息水平建设，但目前对于协同主体进行信息共享、组织协同等行为多以建设性意见为主，可信的奖惩、实施效率等激励制度安排并不多见。各部门在原有组织任务与标准下进行跨部门协同，必然容易出现因组织目标不同而影响救助服务绩效的问题。所以标准规则机制的构建主要在制度激励与协同绩效评估两个方面。首先，嵌入式协同模式里必须加强制度激励建设，制度决定着部门如何制定组织目标、规则等[31]，这些都属于协同标准的组成部分，要想构建标准规则机制，必须把握制度激励的手段与方式，提高各部门救助工作开展的积极性，增强各部门的规则相容性。其次，嵌入式协同模式必须加强救助绩效评估体系建设，要实现组织目标的统一，一个权威明确的绩效评估体系必不可少，特别是面对各部门信息化水平不均的这一现实问题，则需要通过合理的评价机制对协同主体确立标准规范和行事准则，产生信息流通、共享激励，这些都可通过建立合理的绩效评估标准来衡量不同部门在社会救助管理工作开展中的效果，从而明确各部门的救助职责与任务，统一组织目标，提高社会救助服务效率。

2. *矛盾协调*

嵌入式协同要素之二是协同主体间的矛盾协调，技术风险影响着职能部门与社会救助站协同中的资源交易成本以及协同救助绩效，进而对协同机制的选择具有重要意义。对此，嵌入式的矛盾协调需要做好以下两方面：

(1) 减少沟通成本，构建信任沟通机制。跨部门救助事务涉及的职能部门众多，若协同不畅将会产生极大的协同成本，使得协同救助工作难以推进或协同救助效果不理想。同时，职能部门与社会救助站如果沟通中出现数字信息不完整或两者信息掌握程度不均衡的问题，会产生巨大的信息成本。既有理论认为，部门间权力差距越小，关系越平等，就越有利于沟通或信息交换，从而达成共识[32]。所以，嵌入式协同的重要环节是打破部门层级之间的沟通壁垒，主张部门间与社会救助站之间的直接业务沟通。从救助执行的层面来看，职能部门更强调程序化的执行，而社会救助站主要以结果为导向。职能部门主要是担任"政策把关者"的角色，而社会救助站更强调具体救助问题的解决。此时职能部门与社会救助站就救助工作执行的问题所产生的沟通成本也是很大的。所以构建信任沟通机制主要从以下两方面入手：一方面，牵头部门必须长期发挥主心骨作用，搭建良好的“沟通桥梁”，提高自身协调沟通能力，与此同时社会救助站是提供救助服务的核心主体，所以应提高社会救助站的话语权，主张社会救助站与职能部门的直接对话，既能提高协同效率，也能减少沟通成本。另一方面，需要加强职能部门与社会救助站之间的信任文化建设。协同救助需包含全部相关职能部门，在过程中就救助目标的达成需进行多方探讨、共同商议，以达成共识。这一过程中，对于各部门利益考量与意见反馈等因素均能对部门参与救助管理的态度产生正向激励，提升其对于协同数字系统和社会救助站的认知和肯定，进而提升两者之间的信任水平，强化协同救助效果。因此需要在提升数字技术水平的基础上，来构建协同文化和主体信任，在避免数字技术隐患和漏洞的同时，加强协同主体的信任与沟通。在协同过程中，提升各部门在社会救助管理的参与程度，促进部门与社会救助站之间的相互认知，增强部门的信任感，通过构建信任沟通机制，促进嵌入式协同模式的实现。

(2) 规避技术风险，构建风险共担机制。数字赋能背景下救助业务与技术之间难以分离来解决，由此可能导致部门之间产生责任空隙，随之带来一定的技术风险。数字系统问题将会影响社会救助中的各个环节。数字变革后，技术渗透在社会救助站与各个职能部门之间，这种无形的风险影响着救助服务的高效实现。一旦出现问题，社会救助站需要向多个部门多次沟通咨询，此过程中难免会导致职能部门间的相互推诿，最后使得社会救助站出现的问题难以及时解决。所以，责任界定在规避技术风险中十分重要，无论是职能部门与社会救助站的横向责任界定，还是纵向层级之间的责任界定都必不可少。社会救助站是社会救助工作的主要责任者，单一的责任承担或过度碎片化的责任分化都不利于提高嵌入式协同的效率，必须对各部门与社会救助站进行合理的责任划分，构建风险共担机制。角色精准定位是责任清晰划分的前提，在社会救助服务中，社会救助站是执行者，而各部门是资源提供者、参与者。角色的差异性决定了责任的不平等，民政部门作为社会救助服务工作开展的主要责任人，需要明确各部门与社会救助站协同的目标准则、社会救助服务的内容以及服务供给的标准，从而选择合理的风险共享、责任共担的运行机制，并且规避技术风险，不仅仅局限于解决数字系统自身服务器或网络故障问题，更重要的是要明确社会救助站与各职能部门之间的责任界限，共同维护数字系统，发挥出嵌入式协同模式中的“部门合力”，协调好社会救助站与职能部门间的矛盾，从而建立风险共担机制。

七、总结与创新

数字赋能引发的技术变革已经成为当下学术界的研究热点。社会救助领域也在为适应全新的组织关系进行改革，对此学界已经提出过整体性社会救助、数字精准救助等诸多理念，但这些理念并未着眼于技术变革后部门间关系变化的特征，在实践层面深入考察部门间的互动情况有待补充。因此，文章立足于社会救助站与各职能部门之间的互动情境，建立分析框架，旨在阐明数字赋能背景下社会救助管理的发展过程，以及其中跨部门协同的特征与优化机制，为社会救助顺应时代变化提供一条可行路径。

在价值层面，文章的创新之处主要在以下三点：

第一，文章基于数字赋能的背景对嵌入式协同进行深入研究，并从数字技术和组织关系两方面展开广泛的讨论，丰富了嵌入式协同的研究视角。由于社会救助站对部门的资源依赖具有非对称性，且各职能部门之间所掌握的资源以及权力并不完全对等，特别是信息时代中数字资源更多的是一种无形的流动，具有不稳定性。在这种背景下，社会救助站与职能部门之间从利益整合与矛盾协调两方面构建起优化机制，如果部门间的沟通不畅，协同效果必定会受到影响。C市的案例也说明数字技术主要是为嵌入式协同提供可行性的工具，数字系统的实际操作者也并非该市数字资源的掌控者，数字系统的实践运用效果也会受到跨部门协同效果的影响，因此考察数字赋能背景下的组织结构特征具有非常重要的意义。文章正是基于这一原因，以部门间的关系为切入点，对嵌入式协同展开研究。

第二，运用“嵌入式协同”的基本概念，丰富发展了数字赋能背景下社会救助中组织关系的研究。数字技术带来了高风险和高不确定性，政府对数字技术的应用不再是简单的复制，因此部门间的权责边界发生变化，资源重新分配且流动加剧，也在一定程度上弱化了传统科层制中的等级特征。在这种大环境下，部门间的可支配程度悄然变化，跨部门协同不仅会发生在权力对等的部门之间，还会发生在权力不对等部门单向之间，嵌入式协同正是属于后者。这种协同与传统科层制协同显著不同，它不再以权力等级为基础，而是以部门的资源可支配程度和部门间的配合程度为基础，其协同目标主张从外源性的协同转向常态化的功能性协同。所以，嵌入式的协同可以为社会救助领域的组织结构关系提供一种新思路。今后，可以在此基础上进行拓展，例如：如何保持部门间的可持续“嵌入”，如何维持嵌入式协同的常态化发展等一系列议题都值得深入研究。

第三，文章探讨嵌入式协同的现实困境并不代表否定C市的协同模式，由于我国数字变革中尚缺乏成熟经验，出现协同问题也属正常。虽然C市的嵌入式协同模式具有可推广性，但不同地区的社会救助发展变革具有异质性。例如，C市的创新性在于自主研发了数字化救助平台，并将其纳入智慧城管系统，而大部分地区并没有该平台，这种差异可能会产生不同的救助效果。因此，未来可以注重不同地区跨部门协同效果的对比研究。

参考文献

[1] 童星. 社会保障理论与制度 [M]. 南京：江苏教育出版社，2008：280.

[2] 郑功成. 中国社会救助制度的合理定位与改革取向 [J]. 国家行政学院学报，2015 (04)：17-22.

[3] Maarit Makinen. Digital Empowerment as a Process for Enhancing Gitizens′ Participation [J]. E-learning and Digital Media，2006，3 (3)：381-395.

[4] Heimans J，Timms H. Understanding “new power” [J]. Harvard Business Review，2012，92 (12)：48-56.

[5] 谢勇才，丁建定. 从生存型救助到发展型救助：我国社会救助制度的发展困境与完善路径 [J]. 中国软科学，2015 (11)：39-49.

[6] 关信平. 朝向更加积极的社会救助制度——论新形势下我国社会救助制度的改革方向 [J]. 中国行政管理，2014 (07)：16-20.

[7] 陈水生. 整体性救助：社会救助制度的功能整合研究 [J]. 浙江社会科学，2013 (11)：52-60+51+156.

[8] 王增文，邓大松. 倾向度匹配、救助依赖与瞄准机制——基于社会救助制度实施效应的经验分析 [J]. 公共管理学报，2012，9 (02)：83-88+126.

[9] 蒋悟真，马媛. 我国社会救助造血机制及其立法完善 [J]. 社会保障研究，2013 (04)：73-78.

[10] 汪湖泉. 论社会救助的精准实施——以《社会救助暂行办法》的执行机制创新为视角 [J]. 求实，2016 (08)：50-56.

[11] 关婷，薛澜，赵静. 技术赋能的治理创新：基于中国环境领域的实践案例 [J]. 中国行政管理，2019 (04)：58-65.

[12] 张学华，邢岩，范一大，王兴玲，刘亮. 民生保障大数据应用及其关键技术研究 [J]. 科学管理研究，2017，35 (01)：16-19.

[13] 刘权. 社会救助审核：价值、问题与对策 [J]. 中国行政管理，2017 (08)：133-138.

[14] 孙远太. 政府救助与慈善救助衔接机制构建研究——基于整体性治理视角 [J]. 中国行政管理，2015 (08)：52-56.

[15] 朱德云. 我国贫困群体社会救助过程中政府间的博弈问题探析 [J]. 财经问题研究，2008 (06)：12-16.

[16] 王贤斌. 我国农村社会救助的现实困境及其化解之道 [J]. 青海社会科学，2016 (01)：117-125.

[17] 冯元. 共时协同与多元参与："互联网+"时代救助服务功能创新 [J]. 长白学刊，2017 (02)：78-83.

[18] 金红磊. "互联网+"背景下的社会救助：现代功能、实践困境及实现路径 [J]. 河海大学学报（哲学社会科学版），2020，22 (4)：84-90.

[19] Mark Granovetter. Economic Action and Social Structure：The Problem of Embeddedness [J]. American Journal of Sociology，1985，91 (3)：481-510.

[20] 蔡立辉，龚鸣. 整体政府：分割模式的一场管理革命 [J]. 学术研究，2010 (05)：33-42+159.

[21] Paul Jen，Hwa Hu，Dai Cui，Alan Charles Sherwood. The 39th Hawaii International Conference on System Sciences [C]. Examining Cross Agency Collaborations in E-Government Initiatives，2006. pp. 1-11.

[22] 孙迎春. 国外政府跨部门协同机制及其对中国的启示 [J]. 行政管理改革，

2013 (10)：63-67.

[23] 周志忍，蒋敏娟. 中国政府跨部门协同机制探析——一个叙事与诊断框架 [J]. 公共行政评论，2013，6 (01)：91-117+170.

[24] 徐娜，李雪萍. 治理体系现代化背景下跨部门协同治理的整合困境研究 [J]. 云南社会科学，2016 (04)：145-150+188.

[25] 姜佳莹. 跨部门协同的困境及其破解——基于美国海事机构协同机制的研究 [J]. 中共浙江省委党校学报，2017，33 (01)：114-121.

[26] 邢瑞磊. 理解理性选择理论：历史、发展与论争 [J]. 武汉大学学报（哲学社会科学版），2015，68 (03)：53-58.

[27] Flingers M. Governance in Whitewall [J]. Public Administration，2002，80 (1)：51-71.

[28] Coase R. The Problem of Social Cost [J]. The Journal of Law and Perspectives，1960，3 (1)：837-878.

[29] 姜流，杨龙. 制度性集体行动理论研究 [J]. 内蒙古大学学报（哲学社会科学版），2018，50 (04)：96-104.

[30] 谷民崇，孟庆国. 数据统筹视角下的跨部门行政协同问题研究 [J]. 东北大学学报（社会科学版），2017，19 (02)：167-172.

[31] 石亚军，施正文. 我国行政管理体制改革中的“部门利益”问题 [J]. 中国行政管理，2011 (05)：7-11.

[32] Agranoff R. Managing within Networks：Adding Value to Public Organizations [M]. Washington，DC：Georgetown University Press，2007：135-140.

中国红色文学英语译介的百年嬗变研究

刘 堃*

摘 要：本文以中国红色文学海外英译本及相关研究成果为研究对象，考察中国红色文学近百年英语译介的历史分期及各时期的译介特点，尤其是对英语世界影响中国红色文学接受的意识形态、审美习惯、期待视野等因素进行分析。既在历时层面上全面、系统地对中国红色文学近百年的英语译介历程进行纵览与述评，又在共时层面上探究了中国红色文学英译本在西方的读者接受，勾勒出中国红色文学的英语译介图谱，从而推动中国红色文学与世界文化的对话与融通。

关键词：红色文学；英语译介；接受

一、引言

自 1921 年中国共产党成立以来，中国红色文学如同一脉红线串起了 20 世纪至今的中国文学，凭借其鲜明的意识形态、精神特质和文化内涵在海外文学场域受到关注。其中，以英语为载体的中国红色文学的翻译和研究无论是数量或质量都独占鳌头，呈现出译介方式多元化、译介载体多样化、译介影响因素复杂化的特点，受到政治环境、西方理论、海外汉学以及本土文化传统在内的多种话语场的塑造与制衡。如何将中国红色文学英语译介置于百年历史演进的总体框架中加以梳理和探究，剖析中国红色文学在英语世界的传播和接受，从而向国际社会阐释好其中蕴涵着的丰富精神内涵和厚重历史文化，应是当下学界亟待实践和回应的主题。

二、关于“中国红色文学”

学界对中国红色文学英语译介的研究尚处于起步阶段，成果相当有限，零散而不系统。国内真正进入学理层面的研究始于 20 世纪 90 年代中期，相关研究主要涵盖在以中国现当代文学英语译介的研究中，且多采用综论式的方法予以展开。具体又分两种情形：第一，在国外文学史研究中部分梳理了国外某一时期中国红色文学的英语译介研究，如廖七一（2015）、耿强（2015）、马士奎和倪秀华（2017）等，但由于受通史体例和篇幅所限，

---

* 刘堃，湖南科技学院教授。

这类研究仅在相关章节简要列举了几部重要的中国革命文学作家作品；第二，在对中国现当代文学整体的域外诠释中涉及少部分红色文学作品的海外接受研究，如刘江凯（2012）、杨四平（2014）、季进和余夏云（2017）等对中国现当代文学作品在海外接受中的文化语境、形象建构、文化差异等作了多角度深度挖掘，其中便涉及海外对个别红色文学译作的接受研究。但总体来说，学界对红色文学的海外译介关注得不多，尚需下大力气进一步做深入系统的研究。

而且，即使对何谓中国红色文学，目前也尚未达成统一认识。阎俊平（2007）、曹琳（2007）认为红色文学是指从1921年中国共产党成立后在长期的革命战争年代革命者们所创作出来的文学作品；陈雪琼（2003）、李遇春（2007）认为红色文学是指从1928年中国工农红军创立至1976年“文革”结束这一时期所有描述中国共产党领导的新民主主义革命和社会主义建设的文学作品；阎浩岗（2009）则将其限定为新中国成立后十七年间以“三红一创，山青保林”为主要代表的文学作品。可见，关于什么是红色文学学界还有不同认识，有的将革命历史题材的文学作品视为界定红色文学的根本因素，有的从广义上将书写革命战争和社会主义建设的文学作品都纳入研究对象，有的则从狭义上将红色文学的创作年代划定在“十七年时期”。虽然学界对于红色文学的时间跨度、文化生存形态、文学观念等各持观点，但我们发现，对红色文学所具有的鲜明的意识形态和精神特质及其服务无产阶级革命事业、推动社会改造建设所发挥的积极作用都持有相同的态度。故本文拟参照已有观点，并结合自身认知，将中国红色文学界定为：1921年至今，以歌颂中国共产党领导的新民主主义革命文学和社会主义建设文学为主要内容，包括20世纪20—30年代间的革命文学和左翼文学，40年代的解放区文学，新中国成立后到70年代期间的反映社会主义改造和建设的文学及新时期讴歌改革开放和小康社会建设的文学。

三、中国红色文学的英语译介历程

中国红色文学的英语译介呈现出鲜明的阶段性变化。本文依据主流研究思想、研究内容和研究规模将其分为四个时期，即萌芽期、拓展期、恒定期和繁荣期，并通过分析中国红色文学英译本在不同时期的译介特点，为其英语译介梳理出一条较为系统的演进脉络。

1. 萌芽期（1920—1949）

由于受到外交关系、传播渠道、文化心态等诸多因素的影响，直到20世纪50年代以前，国外对中国红色文学的翻译和研究还未系统而有针对性地开展。这一时期西方对中国红色文学的主要传播者只是那些具有冒险精神且勇于探寻真相的新闻记者，其中包括美国记者史沫特莱和斯诺。史沫特莱（Agnes Smedley，1892—1950）1928年来华，在中国生活十二年，目睹了日本侵略中国的种种暴行，终于勇敢地向世界发出了正义的呐喊，先后创作了《中国人民的命运：今日中国的书写》（Chinese Destinies：Sketches of Present-Day China，1933）、《中国红军在前进》（China's Red Army Marches，1934）、《中国在反击》（China Fights Back，1938）、《中国的战歌》（Battle Hymn of China，1943）等英文著作，并于1937年1月应中国共产党邀请访问延安，采访了毛泽东、朱德、周恩来、彭德怀等中共领导人，还为朱德撰写传记《伟大的道路：朱德的生平和时代》（The Great Road：The Life and Times of Chu The，1937）。斯诺（Edgar Snow，1905—1972）是第一位来到陕北苏区采访并报道中国革命的西方记者，1936 年伦敦哈拉普书局出版了其编译的《活的中国——现代中国短篇小说选》（Living China：Modern Chinese Short Stories），收录了柔石、茅盾、丁玲、张天翼、郭沫若等 15 位中国当代作家的 25 篇佳作，其中丁玲的《水》、张天翼的《移行》作为早期的红色文学作品被译介到了海外；1937 年，伦敦戈兰茨公司出版了其长篇纪实文学《红星照耀中国》（Red Star Over China），并在短期内反复再版，在英语世界产生了巨大影响。二人之外，伊文·金（Evan King，1906—1968）、安娜·路易斯·斯特朗（Anna Louise Strong，1885—1970）、海伦·福斯特·斯诺（Helen Foster Snow，1907—1997）等来华的美国记者也以区别于传统汉学家从书卷中了解中国的方式，以崇高的职业精神和道德操守将目睹的红色政权的先进和国民党政府的腐败积极地向海外推介。但总体而言，这一时期中国红色文学对外译介的数量极少，种类单一，主要以来华的美国记者通过切身体验和情感来书写中国，将中国革命的真实写照最早介绍给世界人民，为世界打开了第一扇了解中国革命的窗口。

2. 拓展期（1950—1979）

新中国成立之初，我国翻译出版工作步入了有计划、有组织的发展阶段。虽然对外翻译出版数量不够多，影响范围不够大，但作为反映这一时期时代主旋律的红色文学，无论是在英译的数量或质量上都有了较大提升。这一时期的红色文学主要通过中国官方的主动对外推介，以外文出版社和英文版《中国文学》（Chinese Literature）刊物组织的翻译出版为主。1952 年，由中央人民政府新闻总署国际新闻局改组而来的外文出版社成立，标志着新中国对外翻译以政府机构为主导、注重党和国家对外宣传的开端。英文版《中国文学》创刊于 1951 年，是国内唯一一个对外译介中国当代文学艺术的官方外文刊物，同时也是新中国成立之后相当长的时间内对外传播新时期中国红色文学的重要媒介。新中国的成立经历了长期的革命战争，不久又经历了抗美援朝战火的考验，因此，这一时期对外英译的文学作品主题有着趋同的政治化、集中化特征，大多围绕着革命历史斗争和抗美援朝战争而展开，如反映解放战争题材的《火光在前》《百合花》《红日》等；反映抗日战争题材的《风云切记》《平原烈火》《野火春风斗古城》等；反映抗美援朝战争题材的《朝鲜前线通讯》《志愿军与美军俘虏》《上甘岭》等；此外，还有关于革命题材的诗词，如《赣南游击词》《囚歌》等，特别是大量毛泽东诗词，如《送瘟神》《七律·人民解放军占领南京》《七律·长征》等，得到了对外译介与传播。据统计，这一时期与政治主题密切相关的文学作品的译介占到了文学译介总量的 76%（吕敏宏，2008：6）。通过官方的主动对外推介，以“自我”为视角，为西方民众了解中国社会的革命与建设以及工农兵英雄人物打开了新的渠道。

3. 恒定期（1980—1999）

1979 年，我国开始实行改革开放政策，与此同时与美国正式建立外交关系，这都为中国红色文学走向世界提供了更为开阔的发展空间。1981 年，时任英文版《中国文学》主编的杨宪益先生受到英国《企鹅丛书》的启发，倡议主持出版“熊猫丛书”（Panda Books），旨在向海外出版一系列具有中国特色的文学选本。该丛书以国家机构为主导，具有鲜明革命主题的中国红色文学毋庸置疑地成为其对外翻译出版的重要组成部分，主要涉及丁玲、茅盾、老舍、郁达夫、萧红、孙犁等革命作家的小说作品选集，如《郁达夫作品选》（1984）、《丁玲小说选》（1985）、《茅盾作品选》（1987）等。这些作家的英译作品选集主要以小说形式向 150 多个国家和地区输出，因此，作为中国红色文学重要表现形式的小说，无论在译本数量或受众程度上都占据中国红色文学英语译介的主流地位。同时，诗歌的译介也得到了进一步延续和强化。一方面，蕴含着丰富爱国情怀和美学精神的毛泽东诗词继续得到推介，如 1986 年美国加州圣巴巴拉出版社出版了《雪映长城：毛泽东诗词全集新译本》（Snow Glistens on the Great Wall：A New Translation of the Complete Collection of Mao Tse-Tung's Poetry）；另一方面，以艾青为代表的反思革命历史诗歌得到蓬勃发展，主要有 1981 年哥伦比亚大学出版社出版的《百花齐放文集》（Literature of the Hundred Flowers）、1990 年夏威夷大学出版社出版的《红色杜鹃花：中国“文革”以来诗歌选集》（The Red Azalea：Chinese Since the Cultural Revolution）、1992 年美国加兰出版社出版的《防空洞里的抒情诗：现代中国诗歌 1930—1950》（Lyrics from Shelters：Modern Chinee Poetry 1930—1950）等。这些海外知名大学出版社和权威商业出版社几乎都是首次参与了中国红色文学作品的翻译出版，加快了中国红色文学在英语世界的传播速度。总之，这一时期社会政治稳定，而且以国家机构为译介主体有序推进，这些都促使着中国红色文学在海外译介进入了相对平稳的增长阶段。

4. 繁荣期（21 世纪以来）

进入 21 世纪以来，在中国文化“走出去”战略实施的大力推动下，中国红色文学作为中外文化交流的重要纽带，成为我国提升文化软实力、扩大对外文化交流和提高国际话语权的重要载体。这一时期对外英译传播的中国红色文学作品大都体现了新中国的发展和成就，塑造了社会主义东方大国的崭新形象。主要呈现两个特点：第一，反映中国革命和建设经验的中国红色文学经典之作得到再版和收录。海外图书出版系统逐步完善，中国红色文学得到越来越多海外知名大学出版社和权威商业出版社的关注，这些出版机构纷纷以单行本、合集的形式加快中国红色文学在英语世界的传播速度，如 2020 年美国密歇根大学出版社再版了《毛泽东在延安文艺座谈会上的讲话》（Mao Zedong's “Talks at the Yan'an Conference on Literature and Art”），2007 年美国哥伦比亚大学出版社出版的《哥伦比亚现代中国文学选集》（The Columbia Anthology of Modern Chinese Literature）中收录了张天翼、丁玲、萧红等革命文学作品，这些作品重塑了海外读者对中国红色文学的认知。第二，领袖传记得到海外的认可与推广。这些传记向西方读者展现了中国一代领袖的使命感、责任感以及为人民解放、国家富强作出的卓著功勋。主要有 2002 年精通英汉双语及文化的美裔翻译家沙博理（Sidney Shapiro，1915—2014）翻译的《我的父亲邓小平——“文革”岁月》（Deng Xiaoping and the Cultural Revolution—A Daughter Recalls the

Critical Years)，2005 年美国知名中国问题专家罗伯特·劳伦斯·库恩（Robert Lawrence Kuhn）撰写的《他改变了中国：江泽民传》（The Man Who Changed China：The Life and Legacy of Jiang Zemin)，2011 年致力于中国政治和历史文化研究的美国哈佛大学教授傅高义（Ezra F Vogel，1930—2020）撰写的《邓小平时代》（Deng Xiaoping and the Transformation of China)，该著作获得英语世界最重要的非虚构文学奖之一的“莱昂内尔·吉尔伯图书奖”。可见，部分中国红色文学作品不仅已经“走出去”，而且已经“走进去”，获得海外主流文学场域较高的认可与接受，提升了中国红色文学的海外影响力。再加上中国政府部门推出的一系列对外翻译出版计划和工程，如“中国图书对外推广计划”“中国文学海外传播工程”等，都推动着中国红色文学的海外传播进入了蓬勃发展的快车道。

四、中国红色文学的海外接受阐释

英语世界对中国红色文学的解读，更直接地体现在研究者的评论文章与论著中。国外中国红色文学英译研究始于 20 世纪 20 年代。1927 年，美国《当代历史》(Current History）第 10 期刊登了美国学者巴特勒特（Robert Merrill Bartlett）在访问鲁迅后撰写的《中国革命的思想界领袖们》(Intellectual Leaders of the Chinese Revolution)，从此打开了中国红色文学海外英语译介研究的大门。分析并总结上述近百年来英语世界对中国红色文学不同译介阶段的特点，可深入挖掘其在西方文学场域的接受因子，为中国红色文学的西渐以及研究走向提供参考。

1. *以读者为导向的政治驱动与革命精神的感召*

接受美学的创立人之一姚斯（Hans Robert Jauss，1921—1997）指出，“文学作品首先是为接受者而写的……在作者、作品和大众这个三角关系中，大众并不是被动的部分，并不仅仅作为一种反应，相反，它自身就是历史的一个能动的构成”（姚斯、霍拉勃，1987：24)。读者作为处于复杂社会关系之中的文学接受主体，文本接受的过程不是读者单纯地、被动地接受，而是读者能动的介入与参与的过程，同时又在一定程度上不可避免地受到文学活动之外的社会性因素的影响。早在 20 世纪 20—30 年代就来到中国革命前线的国外记者，通过与多位中国红军领导人的深入交流以及在战地的所见所闻，深深地被中国红军战士炽热的爱国主义情怀、坚定的革命信念和不屈的革命精神所鼓舞，并以准确、客观的文字将国民党封锁歪曲下的红色中国真实地向世界传播。1941 年，日本偷袭珍珠港，削弱了美国在世界的霸权地位，在此期间的日本侵华战争也严重损害了美国的在华利益。在多重政治外力的驱使下，中美形成抗日同盟。西方读者在同盟政治的驱使下，被这些作品中所描述的中国抗日战争的革命精神所感召，如斯坦福大学历史学教授戈登·张（Gordon Chang）认为，“《红星照耀中国》的阅读体验令人振奋，以前从未有其他西方人对中国共产主义有过如此深刻的见解……红军的成员大多是贫穷的农民，他们在长征途中克服困难的韧性和能力令人钦佩”（Chang，2015：150)。史沫特莱的多部作品也被认为“向世界讲述日本侵华战争历史、向英语世界展现年轻的中国共产党大胆成就的翔实巨著”

(J R MacKinnon & S R MacKinnon，1988：245)。大部分海外读者对中国抗战时期文学作品的政治功用给予了肯定，并将展现中国革命战争原貌作为译介研究中国红色文学的首要出发点。

2. 从政治功利与文学欣赏的博弈中满足对当代中国的认知需要

进入20世纪50年代，英语世界对中国红色文学研究的人数有所增长，部分是从事历史学、国际政治关系等方面的非文学专业研究者，如罗德里克·麦克法夸尔（Roderick MacFarquhar)、埃德蒙·史蒂曼（Tilman Spengler)、斯图尔特·R·施拉姆（Stuart R Schram）等，还有第二次世界大战之后最先突破西方汉学发展转型、从传统汉学向现代汉学推进的美国汉学家，如夏志清（1921—2013)、许芥昱（1922—1982)、陈世骧（1912—1971）等。一方面，这些研究者在其自身国家利益的驱动下，以中国红色文学为媒介，急需从中去了解中国、认识中国，以便于政府制定对华政策；另一方面，他们将中国红色文学作为研究中国历史和现当代文学的重要素材，从而揭开这个神秘东方大国的面纱。由英国伦敦大学亚非学院出版的国际性学术期刊《中国季刊》(The China Quarterly)，作为海外中国研究最具权威的杂志之一，为海外读者及时了解中国提供了广阔而深入的视角。该刊物在1963年第13期的"中国文学"专号上刊发了对英文版《中国文学》的评论文章，表达了对中国红色文学各种评论观点，其中既有从作品的文学价值去感悟中国革命领袖风范的，如致力于亚洲国际政治经济研究的 Ng Yong Sang（1963：60）指出，"毛泽东似乎在继承中国一长串强有力统治者的既定传统，他们希望让世界记住，他们不仅是胜利的征服者和有力的管理者，而且是有成就的文学家"，又有受主流意识形态影响夸大中国特色社会主义政党制度的，如美国哥伦比亚大学著名汉学家夏志清（Hsia，1963：130）认为，手中的共产主义小说（《红日》，1957）或许可以作为中国研究的原始资料、社会文献或共产主义术语的宝库……作家试图是以个人的眼光来描绘生活，但是实际上是受到了共产主义思想的严格控制，书中的每一个小细节都可能成为对整个主体的讽刺性评论。这一时期，虽然受到东西方"冷战"、译者文化身份等因素的限制，海外研究者的英语译作与评论数量不多，且还存在着一定的政治偏见，但却是西方读者了解中国红色文学的一个重要窗口。这些作品的内容与风格在一定程度上引导、规约了海外读者对新中国红色文学的认知与欣赏。

3. 从政治软化与异域书写中唤起文学接受的期待视野

20世纪80年代以来，随着中美正式建交后外交关系的改善以及我国对外文化交流的增多，海外从事中国红色文学英译本研究人员的数量不但有了较大程度的增长，且有越来越多的大学体系内的文学研究者致力于中国红色文学研究，如英国利兹大学的詹纳（W J F Jemmer)、旧金山州立大学的许芥昱、英国爱丁堡大学的杜博妮（Bonnie S McDougall）等。虽然海外研究者的侧重点有所不同，但是整体的研究立场日趋客观化。他们更多地去关注中国红色文学作品中所反映的共产主义革命与建设进程，倾向于从作品的语言风格、意象以及象征艺术手法中找寻相似的文学因子。姚斯在其接受美学理论中提出阅读中影响读者接受的经验期待视野，认为“文学接受是以满足接受者的期待视野为基础，以接受者文学阅读经验构成的思维定向为先在结构”（Jauss，1982：33）。以丁玲为代表的无产阶级革命文学团体的文学作品唤起了西方读者在接受其作品之初的经验性文化视野，如对丁玲作品有着深入研究的美国密执安大学汉学家梅仪慈（Yi Tsi Mei Feuerwerker）认为，“对政治压力的回应与反抗是阅读丁玲作品的独特趣味所在，昂扬的革命基调与奔放的战斗激情透露出现代中国革命的时代气息……这种另类叙事具有美国左翼文学的因素”（Feuerwerker，1982：96）。西方读者从丁玲作品中只看到了中国红色文学的阶级性、工具性，以及两国都以马克思主义作为指导思想、以文学艺术作为斗争工具的左翼文学的相似之处，却忽略了两国文学运动兴起的根源不同且有着不同的革命斗争性质。西方读者在接受具有相似创作手法的中国红色文学之前对此已经积累了相关的文学经验，他们习惯以熟悉的文学范式去解读来自异域的中国红色文学作品，从中找寻与预设文本风格相似的文学因子，从而满足特定的经验期待视野。这虽带着浓郁的主观色彩去理解和接受中国红色文学，却在一定程度上减少了西方读者在寻求与本土文化互证、互识的接受过程中对异域文学的陌生感。

4. 从中国红色文学的美学价值中激发文学接受共鸣

进入 21 世纪，中国红色文学风貌的整体呈现与作品思想性的凸显引发了海外多场域研究者的关注。这一时期中国红色文学海外英译本的研究者主要是以大学体系内的汉学家和华裔学者为主，他们谙熟英汉双语和中西文化，对中国红色文学走进海外文化场域起到较好的引导和推介作用，成为中国红色文学英译研究的中坚力量。此外，海外政要、文学评论家、主流媒体评论员、民间汉学研究者也纷纷加入了中国红色文学海外研究队伍。文学接受是一种文化价值的阐释活动（Jauss，1982：25）。海外读者不但从阅读中满足了对中国红色文化的理解和阐释需求，而且还从有着丰富文化内涵和美学价值的中国红色文学中获得了审美享受和精神愉悦，从而与作品所蕴含的思想情感产生了相同或相近的审美共鸣。共鸣是文学接受进入高潮阶段的最重要标志之一，是接受主体在文学接受中表现出与接受对象异质同构或审美契合的心理状态（Newton，1997：190）。镌刻着中国时代发展历史烙印的领袖传记所具有的崇高政治品格和精神风范打动着海外读者，其中所彰显出的中国领袖们始终坚持人民至上的执政理念感召着海外读者。既有从宏观对中国领袖在开拓国家前进道路中的战略方针、执政理念展开研究的美国约翰斯·霍普金斯大学资深中国问题专家大卫·兰普顿（David Lampton），他认为“中国领袖传记都是极具洞察力的作品，涵盖了中国各时期领导人的思想和发展脉络以及后毛泽东时代一系列中国体制变革的重要事件，为中国领导人在过去几十年里取得的举世瞩目的成绩所感动和震撼”（Lampton，2014：202）；又有学者对单一领袖展开了微观研究，如美国乔治·华盛顿大学致力于国际关系研究的沈大伟（David Shambaugh）教授对邓小平的性格、气节、胆识、功绩等方面展开了细致研究，并指出“邓小平传记是对邓小平思想和中国改革开放实践的权威性研究，任何一个关注中国时代发展的人都会对 1979 年至 1992 年十三年间邓小平取得的成就感到敬畏”（Shambaugh，2012：222）。此外，美国哥伦比亚大学教授亚历山大·潘佐夫和斯蒂文·莱文（Pantsov & Levine，2015：164）、美国中国问题专家布鲁斯·吉利（Gilley，2005：170）等对中国领袖始终将人民利益作为中国共产党人的最高准绳给予了充分肯定，他们对此秉持相近的观点，认为人民至上理念在当代中国的运用和发展为人类社会发展提供了价值观支撑。

五、结语

中国红色文学在海外的英语译介经历了从政治到艺术的审美转变，从单调到多元的时代转变。海外对中国红色文学的译介研究丰富了文学内涵、拓宽了研究视角，但由于受到主流意识形态及接受者主观评判等多重译介要素的影响，研究者们对中国红色文学的译介研究表现为文化误读与相对客观共存。本文立足于建党百年的光辉历程，在中外文化交流的良性互动中向国际社会阐释好蕴涵着丰富精神内涵和厚重历史文化的中国红色文学，弘扬红色精神，增强中国红色文学海外研究的中国学术意识，为有效推进中国红色文学在海外的传播以及研究走向提供借鉴与启示。

参考文献

[1] 曹琳. 论苏区文学的特征 [J]. 党史文苑，2007 (16)：15-17.

[2] 陈雪琼，熊沛军，赵献涛，等. 红色文学经典现代阅读的意义 [J]. 琼州大学学报，2003 (3)：69-75.

[3] 耿强. 晚清至现代中国文学的对外译介研究——一段隐形的翻译史 [M]. 北京：世界图书出版公司，2015.

[4] 季进，余夏云. 英语世界中国现代文学研究综论 [M]. 北京：北京大学出版社，2017.

[5] 李遇春. 权力·主体·话语：20 世纪 40—70 年代中国文学研究 [M]. 武汉：华中师范大学出版社，2007.

[6] 吕敏宏. 中国现当代小说在英语世界传播的背景、现状及译介模式 [J]. 小说评论，2008 (12)：4-12.

[7] 马士奎，倪秀华. 塑造自我文化形象——中国对外文学翻译研究 [M]. 北京：中国人民大学出版社，2017.

[8] 廖七一. 抗战时期重庆翻译研究 [M]. 天津：南开大学出版社，2015.

[9] 刘江凯. 认同与“延异”：中国当代文学的海外接受 [M]. 北京：北京大学出版社，2012.

[10] 阎浩岗. “红色经典”的文学价值 [M]. 北京：人民出版社，2009.

[11] 阎俊平. 二十世纪三十年代红色文学个案批评 [M]. 太原：山西古籍出版社，2007.

[12] 姚斯 H R，霍拉勃 R C. 接受美学与接受理论 [M]. 周宁，金元浦，译. 沈阳：

辽宁人民出版社，1987.

[13] 杨四平. 跨文化的对话与想象——现代中国文学海外传播与接受 [M]. 上海：东方出版中心，2014.

[14] Chang，Gordon. Fateful Ties：A History of America's Preoccupation with China [M]. New York：Harvard University Press，2015.

[15] Feuerwerker，Yi Tsi Mei. Ding Ling's Fiction：Ideology and Narrative in Modern Chinese Literature [M]. New York：Harvard University Press，1982.

[16] Gilley，Bruce. Reviewed Work：The Man Who Changed China：The Life and Legacy of Jiang Zemin by Robert Lawence Kuhn [J]. The China Quarterly，2005 (3)：169-178.

[17] Hsia T A. Heroes and Hero-Worship in Chinese Communist Fiction [J]. The China Quarterly，1963 (13)：113-138.

[18] Jauss，Hans Robert. Toward an Aesthetic of Reception [M]. Minneapolis：University of Minnesota Press，1982.

[20] Lampton，David M. Following the Leader：Ruling China，from Deng Xiaoping to Xi Jinping [M]. California：University of California Press，2014.

[21] MacKinnon，Janice R，MacKinnon，Stephen R. Agnes Smedley：The Life and Times of an American Radical [M]. Berkeley：University of California Press，1988.

[22] Newton K M. Hans Robert Jauss："Literary History as A Challenge to Literary Theory" [A]. In K M Newton (ed). Tewntieth-Century Literary Theory [C]. London：Palgrave Macmillan，1997.

[23] Pantsov，Alexander，Levine，Steven. Deng Xiaoping：A Revolutionary Life [M]. New York：Oxford University Press，2015.

[24] Shambaugh，David. Review Deng Xiaoping and the Transformation of China [J]. The China Quarterly，2012 (3)：125-135.

[25] Yong Sang Ng. The Poetry of Mao Tse-tung [J]. The China Quarterly，1963 (13)：60-73.

新时代全面从严治党的实践路径研究

李珍珍*

摘　要：全面从严治党是新时代党治国理政的一个鲜明特征，党的十八大以来，党风廉政建设和反腐败斗争取得了历史性成就。新时代推动全面从严治党向纵深发展，要深刻把握全面从严治党的时代特征，在此基础上从组织和个人两个维度深入分析新时代全面从严治党的实践路径，从而持续推进新时代党的建设新的伟大工程，确保党不变质、不变色、不变味。

关键词：新时代；全面从严治党；时代特征；实践路径

一、引言

习近平总书记在党的十九届中央纪委五次全会上对反腐败工作做了科学判断：尽管党风廉政建设和反腐败斗争取得了历史性成就，但形势依然严峻复杂，腐败这个党执政的最大风险仍然存在，存量还未清底，增量仍有发生，政治问题和经济问题交织，传统腐败和新型腐败交织，腐败问题和不正之风交织，贪腐行为更加隐蔽复杂，腐蚀和反腐蚀斗争长期存在，稍有松懈就可能前功尽弃。正因如此，习近平总书记强调，党风廉政建设永远在路上，反腐败斗争永远在路上，我们党作为百年大党，要永葆先进性和纯洁性、永葆生机活力，必须一刻不停推进党风廉政建设和反腐败斗争。[1]这是以习近平同志为核心的党中央对反腐工作的再次亮剑，充分体现党中央对腐败问题一查到底、绝不姑息的鲜明态度和坚定决心。特别是重点领域、关键岗位的领导干部身处改革发展一线和廉洁从政的风口浪尖，往往是不法分子“围猎”的重点对象，既是权力运行的“关键点”，也是廉政建设的“风险点”。因此，理清新时代全面从严治党的实践路径，推动全面从严治党向纵深发展尤为重要。

二、新时代全面从严治党的时代特征

党风廉政建设和反腐败工作是一项年年抓、经常讲的工作，也是一个常谈常新的政治话题。当前，党风廉政建设和反腐败工作有四个方面的鲜明特征：

---

* 李珍珍，湖南省社会科学界联合会助理研究员。

1. 正风反腐越来越紧

党的十八大以来，以习近平同志为核心的党中央，从落实中央八项规定破题，坚持“打虎”不停歇、“拍蝇”不手软、“猎狐”不止步，以猛药去疴、重典治乱的决心，刮骨疗毒、壮士断腕的勇气，驰而不息推动党风廉政建设，“打虎地图”在全国31个省市区实现全覆盖。据统计，十八大以来全国落马的省部级及以上官员有145人，截至2021年8月，十九大后落马的省部级及以上官员有76人；湖南省2020年立案审查调查省管干部47人，处分20 446人，其中处分厅局级干部38人，县处级干部444人。[2]这两组数据表明，中央和省委正风反腐的态度旗帜鲜明，决心坚定不移。

2. 纪律要求越来越严

习近平总书记强调，要把纪律建设摆在更加突出位置，坚持纪严于法、纪在法前，健全完善制度，深入开展纪律教育，狠抓执纪监督，养成纪律自觉，用纪律管住全体党员。党的十八大以来，从制定实施中央八项规定开始，到修订《中国共产党巡视工作条例》《中国共产党纪律处分条例》、出台《中国共产党问责条例》、制定《中国共产党党内监督条例》、印发《关于加强党内法规制度建设的意见》等等，五年时间，中央修订党内法规超过50部，制度“笼子”不断扎紧扎密扎牢，就是要唤醒党员干部的党章党规党纪意识，使纪律要求更加“严、紧、硬”，用纪律管住党员干部大多数，做到不踩“红线”、不越“雷池”、不闯“禁区”。湖南省也密集下发了《关于开展违反中央八项规定精神突出问题专项治理的工作方案》等制度方案，明确严禁违规公款吃喝、严禁违规配备使用办公用房、严禁违规收送红包礼金等三项重点，推进清廉湖南建设。

3. 监督范围越来越广

当前，已经由对腐败行为零容忍提升到对所有违纪问题零容忍，实现监督无禁区、全覆盖，主要表现在两个方面：一方面，监督对象扩至所有行使公权力的公职人员。《中华人民共和国监察法》第一章第一条就明确规定：“为了深化国家监察体制改革，加强对所有行使公权力的公职人员的监督，实现国家监察全面覆盖。”[3]监察法的制定实施，推动形成“横向到边、纵向到底”纪检监察组织网络，将监察的震慑力贯穿于公权力运行的每个环节，实现对所有行使公权力公职人员的监察全覆盖。另一方面，监督时间延伸至领导干部“八小时之外”。领导干部掌握着党和人民赋予的权力，随时随地、一言一行都会对周围的群众和环境产生影响，八小时之外的权力影响绝不会自动休眠，很多领导干部恰恰就是在这个时段出了问题，加强对党员领导干部的监督，尤其是加强对重点领域、关键岗位的监督，念好“八小时以外”的“紧箍咒”同样至关重要。当前，如广东、山西等省市都出台了加强党员领导干部“八小时之外”活动监督管理的规定。

4. 责任追究越来越重

“有权就有责，用权受监督，失职要追责”是权责运行的必然要求。当前，失责必问、问责必严成为常态，突出表现在三个方面：一是实行一案三查。2015年湖南省委就出台了《关于落实党风廉政建设党委主体责任和纪委监督责任的意见》，明确规定，对主体责任和监督责任落实不力、不抓不管导致组织涣散、纪律松弛、“四风”问题突出，或发生区域性、系统性严重违纪违法案件，或发现重大腐败问题不制止、不查处、不报告的，要实行一案三查，一查当事人的违纪违法责任，二查党委（党组）的主体责任，三查纪委（纪检机构）的监督责任。二是实行公开曝光。阳光是最好的防腐剂。党内问责也同样如此，执纪执法越公开，就越有权威和公信力。《中国共产党问责条例》第十三条规定，“建立健全问责典型问题通报曝光制度，采取组织调整或者组织处理、纪律处分方式问责的，应当以适当方式公开。”[4]近年来，湖南省不断建立健全党风廉政建设典型问题通报曝光制度，先后曝光了多起案例。这些案例的曝光不仅可以让案件当事人、责任人警醒，更有效发挥了“问责一个、警醒一片”震慑作用。三是实行终身问责。《中国共产党问责条例》第十六条规定“实行终身问责，对失职失责性质恶劣、后果严重的，不论其责任人是否调离转岗、提拔或者退休，都应当严肃问责”。终身问责制意味着党员干部从实施行为的那一刻起，就要对自己的行为终身负责，无论历时多久、无论身处何位都要为之“买单”，绝不会因为通过了离任或者退休审计，就代表“平安着陆”。

三、新时代全面从严治党的组织实践路径

政府系统反腐败的核心任务是制约和监督权力，特别是加大公共权力、公共资金、公共资源、公共资产、公共工程等领域的监管和制约，通过改革创新，扎笼子、堵漏洞、强监管，构建起防范遏制腐败的长效机制，确保廉洁用权。

1. 盯牢公共权力

习近平总书记强调：“权力是一把双刃剑，在法治轨道上行使可以造福人民，在法律之外行使则必然祸害国家和人民。把权力关进制度的笼子里。”盯牢公共权力，要把握好三个方面：一要放权减权。目前政府权力下放的精准性、协同性、创新性还不够，还存在放虚不放实、你放我不放、前放后不放的现象，特别是一些部门避重就轻，下放一些资料初审和受理量少等含金量不高的事项“交差”，把项目审批、投资审批、资质审批等关键性审批权仍牢牢抓在手里，放了跟没放差不多；一些证照办理陷入互为前置的审批怪圈，搞得群众团团转。深入推进简政放权，还要坚持放权量质并重，既及时按要求放权，又将权力放彻底、放到位，不拖延、不截留，特别是以群众需求为导向，实现简政放权从“政府给社会端菜”向“让人民群众点菜”转变。二要制权限权。经济学家弗里德曼指出：“为了既能从政府的有利之处得到好处，又能同时回避对自由的威胁，政府的职责范围应当是有限的。”制权限权，实质上就是要求党员干部正确行使权力。近年来，政府部门在这方面做了许多探索，不仅精简了行政审批事项，而且制定了部门权力清单，行政效能有明显提升，但与市场主体和老百姓的期盼还有较大差距。比如开办企业的周期还比较长，在长沙开办一个企业一般需耗时 20 天左右，广州不到 13 天，深圳只要 6 天。要按照“清单之外无权力”“目录之外无审批”“法无授权不可为”的“三无”原则，着力收缩政府的手、放活市场的手、补强社会的手，大力提升行政办事效率，着力打造国际一流的营商环境，进一步激发创新创业的无穷活力。三要晒权督权。绝对的权力导致绝对的腐败。实践

一再证明，权力失去监督约束，就会走向反面甚至变质。要依法加强公共权力监督，确保权力行使到哪里、监督就跟进到哪里。特别是要健全公共权力监督体系，全面落实党内监督、人大监督、民主监督、行政监督、司法监督、审计监督、社会监督和舆论监督制度，完善和落实巡视监督制度、任期经济责任审计制度、个人重大事项报告制度，强化政府内部层级监督和专门监督，形成监督合力。

2. 盯紧公共资金

公帑不可靡费。公共资金是人民的财富，每一笔都必须管好用好。管好了公共资金，就相当于扼住了腐败的咽喉。当前，公款吃喝、公车私用、职务消费等种种违规违纪现象，说到根上就是通过手中掌握的权力滥用公共资金。必须严格公共资金管理和监督，做到收入一个“笼子”、预算一个“盘子”、支出一个“口子”，让公共资金规范、廉洁使用。一要加强预算管理。党员干部要强化预算法意识，拓展预算广度，把政府所有收支全部纳入，按照“钱从哪里来”“用到哪里去”“具体怎么用”的要求，交出明白账。实行严格会计制度，给公共资金上锁把门，一分一毫都抠细、审严。提升预算精度，预算安排时充分考虑结转结余和项目实际需要，严格控制年中追加和调整预算。强化预算执行，健全支出绩效监督考核机制，对所有公共资金实行监督全覆盖，确保资金安排后尽快落实到项目、发挥出效益。二要提高使用绩效。采取措施加强公共资金绩效管理，有效防止公共资金使用效率低、“撒胡椒面”“专款不专”等现象。加强资金整合，集中管理和使用公共资金，对规模散小、使用方向雷同、扶持对象相近的，实行统一归并；对已到期、不符合市场经济原则和公共财政改革方向的，依程序予以取消；对使用违规、绩效不高、连年结转的，坚决予以压减；对一些年年审、年年存在“顽疾”的，要从根子上解决问题。严格规范“三公经费”、扶贫等资金管理，管住管好“钱袋子”，对以各种方式违规使用、骗取套取财政资金等行为严肃问责追责，坚决铲除滋生腐败的土壤。三要严肃财经纪律。违反财经工作纪律是目前违纪行为中查处最多的，主要表现为贪污受贿、挪用公款、化公为私、破坏市场经济秩序等，严重浪费了宝贵的公共财政资源，给党和人民带来了巨大损失。“木受绳则直，金就砺则利”，必须始终把强化财经纪律作为监督党政干部的重要抓手，进一步完善财务管理和公开制度，强化内部监督机制，建立责任追究制度，有效规范财经秩序。进一步健全审计制度，实现财政资金审计全覆盖。紧紧围绕党委政府工作重心和群众关心的热点难点问题，加强事前、事中、事后全过程监督，倒逼财经制度完善。

3. 盯住公共资产

公共资产是全体人民的共同财富，必须全面监管、悉心经营。由于权力集中、资金密集、资源富集，监督约束机制不到位、不健全，国企很容易成为权力寻租和权钱交易的重灾区。要以勇于革故鼎新、自我革命的精神推进国资、国企改革。一要深化国企战略重组。目前湖南省国企的综合实力、运营水平、盈利能力、品牌效应等与发达地区相比还有较大差距。国企战略重组要聚焦产业、突出主业，不能停留在挂个牌、行个文、开个会的层面，一定要伤筋动骨，尤其要抓紧推动集团层面的二级及以下公司重组，减少监管层级，坚决杜绝国有资产个人化。二要健全现代企业制度。重点要推进混合所有制改革。湖南省的国企尽管都按要求成立了董事会、监事会，但往往形式大于内容，仍然沿袭过去“管人、管事、管资产”的传统模式。国企混合所有制改革的关键在于生产经营方面充分放权，建立职业经理人制度，通过管资本实现国有资产的保值升值，从而将更多竞争类企业培育上市，吸引更多社会资本来促进发展，在全省形成上市企业后备梯队，培育一批产权清晰、权责明确、政企分开、管理科学的现代化国有企业。三要加强廉洁风险防控。公共资产不是任人宰割的“唐僧肉”，国资国企也不是“脱缰的野马”，必须加强廉洁风险防控，重点是要管住关键事、管住关键处、管好关键人。习近平总书记强调，坚持党对国有企业的领导是重大政治原则，必须一以贯之。要发挥国企党组织的领导核心和政治核心作用，将党组织研究讨论作为董事会、经理层决策重大问题的前置程序，由党组织对董事会、监事会集体和个人进行评价。对国企改制重组、产权交易、投资并购、选人用人、大宗采购、重点工程等关键环节的监管要进一步强化，把写在纸上的制度落到实处，决不允许把国有资产装进“私人口袋”。特别是要加强对“一把手”等关键岗位、重要人员的监督管理，落实“三重一大”议事决策制度、职代会报告述职制度等，坚决杜绝“一霸手”行为。

4．盯好公共资源

公共资源交易历来是市场主体的利益“角斗场”、矛盾“交织点”和廉政“敏感区”。特别是项目招投标、政府采购、土地使用权等公共资源配置和交易领域的腐败问题易发、多发。必须推进公共资源配置市场化改革，打造统一规范、公开透明、服务高效、监督到位的交易平台，实现公共资源阳光交易。一要规范招投标活动。公共资源交易领域的腐败犯罪往往发生在招投标环节，很多人绞尽脑汁逃避招标、虚假招标，不按照法定程序开标、评标和定标，甚至串标、围标、低价抢标，弄虚作假、暗箱操作、直接干预等行为还时有发生。因而必须健全制度体系，对资格后审、现场监管、信息公开、评标后评估、投标保证金、评标专家以及社会监委库的管理等工作进行细化，形成统一的项目招投标制度体系。推动招投标“建、管、招”三分离，探索解决同体监管问题。对违反招投标纪律的行为进行严格处罚、严厉追责，坚决打击领导干部、监管部门插手干预招投标活动的行为。二要加强政府采购管理。近年来经济社会加快发展，政府采购持续拓面增量。由于政府采购领域利益诱惑极大，因而违法违规行为屡禁不止，特别是还存在“价格高、质量差、效率低”等突出问题。所以，政府采购要进一步规范操作、严格管理，监察、财政、审计等部门要加强对政府采购的监督管理，完善供应商违规行为“黑名单”制度、评审专家违规行为网上通报制度，严格执法检查，对违法违规行为发现一起、查处一起，从严从重处罚违规采购、违规评审等行为。三要抓好交易平台建设。公共资源交易平台还存在制度设计有待健全、监督管理有待加强、交易行为有待规范、电子化建设有待加快、诚信体系有待构建等问题，这些薄弱环节往往就是滋生腐败的温床。必须完善平台交易目录，坚持“应进必进”原则，督促目前尚未明确行政监管的特许经营权、经营性资产和罚没物资等交易项目入场交易，实现交易项目“监管全覆盖，场外无交易”。切实规范公共资源交易行为，继续梳理、修订和完善监督制度，对目前交易流程中的审批“堵点”、监管“盲点”和廉政“风险点”进行全面排查，建立正面、负面和例外清单，进一步优化交易流程。

5. 盯实公共工程

公共工程领域一直是腐败多发、易发、群发的重灾区，违法违纪案件70%与工程有关，经常出现“工程上马、干部下马”“建一座大楼、倒一批干部”现象，江西省十八大以来涉嫌贪污贿赂的省管干部中更是有93.8%的人涉嫌工程腐败。[5]严防公共工程腐败的滋生，要做好三个方面：一要打造廉洁放心工程。廉洁才能让人放心。一些公共工程出现各种问题，背后几乎都有违反廉洁纪律的行为，特别是一些领导干部违规插手工程，严重干扰公共工程建设。公共工程领域出现腐败都是大问题，涉及的资金多，造成的损失大，必须加大廉洁监管力度。要严格规范审批监管自由裁量权，加强对工程建设管理重点岗位、关键环节的监督和约束，严密规则、程序和制度设计，让那些想通过干预工程建设钻空子、搞腐败的人“有想法没办法”，挡住伸向公共工程建设的“黑手”。二要打造阳光透明工程。阳光是最好的防腐剂。近年来发生的公共工程腐败案件，一个共性就是工程建设中不按法定程序办事、决策执行不透明，让腐败分子有机可乘。要将公开透明贯穿于公共工程建设的全过程，确保工程项目从决策、立项、设计、招标、施工、验收、审计都公开透明，让每一个公共工程都运行得清清楚楚。要及时将政府政策、项目金额、中标方等信息公布于众，提高群众知晓率和社会参与度，让每一分项目资金都用得明明白白。三要打造优质精品工程。质量是公共工程的生命。在诸多“楼倒倒”“楼歪歪”“楼脆脆”等现象背后，反映的是一批工程监管部门人员失职渎职、商业贿赂的廉政问题。湖南凤凰沱江大桥垮塌、广东九江大桥坍塌等，这些典型的“豆腐渣工程”背后都存在着严重的职务犯罪。最高检职务犯罪预防厅预防处曾对系列案件进行分析，部分项目三分之一的工程款用于行贿。而工程款是经过科学预算的，包含材料费、人工费、管理费等，即便把全部工程款用于工程建设，开发商的利润一般也只有10%左右。假如“三分之一工程款被用于行贿”，施工方弥补亏空并赢利的办法只能是大面积偷工减料，或是以次充好，这样的建设工程肯定都是豆腐渣工程。因此，必须加强对政府投资建设项目的全程审计监督，由监察机关加强对项目建设管理单位的行政监察及廉政建设监督，切实做到“质量为本、安全为先”，把每项公共工程都打造成为群众满意的优质工程、精品工程。

四、新时代全面从严治党的个人实践路径

唯物辩证法指出，事物的内因是事物运动的源泉和动力，是事物发展的根本原因，外因通过内因起作用。廉政建设同样如此，最根本、最持久的是，党员领导干部要不断加强党性锤炼，提升自我修养。中国共产党历来高度重视党员干部思想道德建设，毛泽东同志指出：治国就是治吏，礼义廉耻，国之四维，四维不张，国将不国。[6]各级党员干部特别是重点领域、关键岗位的党员干部更要时刻紧绷廉洁自律之弦，“常修为政之德，常怀律己之心，常思贪欲之害”，落实好廉洁奉公的“四大要求”。

1. 坚持忠诚为上

习近平总书记要求党员干部“对党忠诚、个人干净、敢于担当”，并多次强调党员干部要“心中有党、心中有民、心中有责、心中有戒”。党员干部要始终牢记自己的第一身份是共产党员，第一职责是为党工作，第一追求是不懈奋斗，把对党绝对忠诚刻在心中。一是对信仰忠诚。心中有信仰，脚下有力量，国家才有希望。中国共产党是一个靠信仰凝聚起来的先进政治组织。100 多年的发展历程中，中国共产党能够一次次从血泊中爬起来，一次次从危机中走出来，总结经验教训又继续前行，根本的一点，就是共产党人对信仰的忠诚如一，凭着一代接着一代的努力，创就了今天的伟大事业和伟大工程。党的干部更要发自内心地坚守对马克思主义的信仰，对共产主义远大理想的信仰，对新时代中国特色社会主义共同理想的信仰，筑牢信仰之基，把稳思想之舵，在大是大非面前站得稳脚跟、辨得清方向、经得住考验，做到“千磨万击还坚劲，任尔东西南北风”。二是对组织忠诚。习近平总书记指出，“党员、干部要正确对待组织，对党组织忠诚老实。在党组织面前，党员、干部不能隐瞒自己，不能信口雌黄。”[7]每一个共产党人的成长，都离不开党组织的培养和教育，没有组织提供的机会和平台，个人有再大的本事也没有用武之地。在任何岗位上，作为党员干部都要依靠组织、服从组织、忠诚组织，时刻不忘党员的责任义务，时刻维护党的团结统一，增强“四个意识”，做到“四个服从”，始终同以习近平同志为核心的党中央保持高度一致，坚决维护党中央的权威和集中统一领导，坚决贯彻落实中央、省委各项决策部署，确保政令畅通、令行禁止，不辜负组织的信任。三是对事业忠诚。忠诚不是抽象的，而是具体的。古代读书人把“为天地立心、为生民立命、为往圣继绝学、为万世开太平”作为毕生追求。各级党员领导干部更应始终不忘初心、砥砺前行，干就干到极致，做就做到最好，走就走在前列，把忠诚刻印到岗位职责上，体现到事业追求上，坚定不移推进实施“三高四新”战略，毫无保留地把全部智慧和力量用在加快湖南发展上。

2. 坚持明法为先

孟子曰：“离娄之明，公输子之巧；不以规矩，不成方圆。”意思是即便有离娄的目力，有鲁班的技巧，如果不用圆规或曲尺，也不能正确地画出圆形或方形。也就是说凡事都应该遵循一定的规矩和法度。公职人员更应该切实提高法治素养，自觉做尊法学法守法用法的模范。一要主动学法。领导干部要从宪法这一根本大法学起，自觉把权力置于宪法法律之下，不断提高运用法治思维和法治方式推进工作的能力和水平。要系统学习基本法律知识，真正让法治精神深植于脑、内化于心，将一切权大于法、以权压法的错误观念都清除出去。要努力学习与本职工作息息相关的法律法规，弄清楚手中的权是怎么来的，法律是如何规定的，心中高悬法律明镜，手中紧握法律戒尺，才能知晓为官做事的尺度。二要带头守法。“善禁者，先禁其身而后人；不善禁者，先禁人而后身。”要牢记法律红线不可逾越、法律底线不可触碰，说话做事要先考虑是不是合法，带头遵守法律、依法办事，让遵纪守法变成一种习惯，共同营造办事依法、遇事找法、解决问题用法、化解矛盾靠法的法治环境。三要公正执法。哲学家培根说过："一次不公正的审判，其恶果甚至超过十次犯罪。"能否实现公正执法，直接关系广大人民群众的切身利益，关系社会公平正义能否全面实现。特别是我国约80％的法律、90％的地方性法规和所有行政规章都由政府来执行，其中大量的执法工作主要由市、县两级政府具体承担，能否严格依法行政至关重要。各级政府部门要始终坚守公正执法的价值取向，让人民群众在每一项执法活动、每一起案件办理中都能感受到公平正义，使公平正义的阳光普照。

3．坚持实干为要

古人讲："为官避事平生耻，视死如归社稷心。"有多大担当才能干多大事业。现在八项规定抓得越来越紧、执纪越来越严，但绝不能成为不作为、懒作为、慢作为的借口。要学会在约束条件下干好工作，既要廉政不腐败，也要勤政敢担当。要想干事、不避事。始终保持一股"闯"的精神、"冒"的勇气和"冲"的劲头，敢于"第一个吃螃蟹""跳起来摘桃子"，切不可"守摊子""混日子"，做无所事事的"太平官""平庸官"。特别是在全面建设现代化新湖南的关键时期，要以"功成不必在我，建功必须有我"的精神追求，主动为湖南发展担当，为深化改革担当，为项目建设担当，奋力谱写中国梦的"湖南篇章"。要敢干事、不怕事。"大事难事看担当，顺境逆境看襟怀。"现在社会思想意识多元、利益诉求多元，面对的矛盾复杂交错，党员领导干部要深入一线、主动靠前，敢于面对和处理各种矛盾，努力把矛盾化解在基层，把问题解决在萌芽状态。尤其是在重点难点工作中，要有"偏向虎山行"的勇气、"敢啃硬骨头"的韧劲、"争当出头鸟"的胆识，迎着困难上，顶着压力干。只要党员干部齐心协力、攻坚克难，心往一处想、劲往一处使，就没有啃不下的硬骨头。要干成事、不误事。"疾风知劲草，烈火见真金。"重点领域关键岗位的领导干部既要敢于担当，还要善于担当，不断提升担当的能力，增长担当的智慧。要突出重点，对事关全局的重点工作、重点项目，盯上靠上、抓紧抓好，排出时间表，拿出路线图，扎扎实实推进。要创新方法，打破固有的思维定式和条条框框，善于用新的视角看问题，用新的思路谋发展，用新的机制和方法解决问题，赢得发展先机。要保持定力、持续用力、久久为功，看准的事情坚定地干，部署的工作一抓到底，干一件成一件，积小胜为大胜。

4．坚持律己为本

孔子说："其身正，不令而行；其身不正，虽令不从。"清正廉洁是干部从政的生命线。要时刻紧绷廉政之弦，堂堂正正做人、清清白白为官。坚持管好个人自己，恪守公心为上，注重修身养德，把"做官"与"做人""立言"与"立行"相统一。始终保持"赶考"心态，常修为政之德、常思贪欲之害，做到慎独、慎欲、慎微、慎初，确保初心不改、本色不变。始终坚持交往有原则、有界限、有规矩，坚守底线、不越制度防线、不碰纪律的警戒线、不触法律的高压线，带头巩固风清气正的机关政治生态。管好党员干部，牢固树立对干部"严是爱、松是害""严管就是厚爱"的理念，自觉担当起对党员干部的监督管理责任。把党风廉政建设作为底线工作来部署落实，通过层层压实责任、传导压力，引导党员干部不断增强廉洁自律意识。管好亲戚朋友，主动净化“社交圈”“朋友圈”“关系圈”，坚守底线，不踩红线，把好自家门，引导家人和身边亲友洁身自好，涵养良好家风，展现清正廉洁的良好形象。

参考文献

[1] 习近平. 充分发挥全面从严治党引领保障作用，确保“十四五”时期目标任务落到实处 [N]. 人民日报，2021-01-23 (01).

[2] 王城长. 2020 年湖南“反腐成绩单”出炉，呈现四大亮点 [DB/OL]. http://www.sxfj.gov.cn/news/222245955.html,2021-01-30.

[3]《中华人民共和国监察法》[M]. 中国法制出版社，2018：15-18.

[4]《中国共产党问责条例》[M]. 法律出版社，2019：13-14.

[5] 林伟. 工程领域成腐败“高发区”给谁拉响警报？[DB/OL]. http://cpc.people.com.cn/pinglun/n/2014/0717/c241220-25295520.html,2014-07-17.

[6] 习近平. 用权讲官德 交往有原则（节选）[J]. 求是，2004 (19)：36-38.

[7] 关于党员与组织的关系，习近平这样要求 [DB/OL]. http://www.chinanews.com/gn/2018/07-09/8560308.shtml,2018-07-09.

中华民族伟大复兴的政治经济学分析

张 磊 刘长庚*

摘 要：全面消除绝对贫困、全面建成小康社会，标志着中国共产党带领全体人民在民族复兴道路上迈出坚实的一大步。回顾中国社会经济变迁史可以发现，五四运动以来特别是中国共产党建立一百年来，中华民族复兴伟业迎来前所未有的光明前景，这一民族复兴大业在新时代更具丰富内涵和非凡意义。根据社会生产力标准，中华民族复兴的标志是我国经济总量占世界经济份额恢复到近代开端之前的水平，其本质目标为“实现人民美好生活”，这是中华民族在中国特色社会主义制度下的新时代复兴远高于前社会主义复兴的根本之处。中华民族具有在21世纪中叶甚至提前实现复兴的能力，人民美好生活蓝图充分展现了中华民族伟大复兴梦想与马克思主义人类解放价值理想以及共产主义远大理想的内在统一性。中华民族伟大复兴战略全局与世界百年未有之大变局辩证统一、相互促进，新时代要全面把握“两个大局”关系。中华民族伟大复兴具有历史必然性，社会主义革命建设基础、“四个坚持”、以人民为中心的高质量发展、伟大民族精神和人类命运共同体理念全面增强了新时代实现民族复兴伟业的底气和信心。

关键词：民族复兴；美好生活；两个大局；中国特色社会主义；人类命运共同体

目前中国取得了脱贫攻坚战的全面胜利，已全面建成小康社会。摆脱贫困是实现中华民族伟大复兴中国梦的重要内容①，消除绝对贫困、全面建成小康社会，意味着中华民族复兴伟业迈出了坚实的一大步，但民族复兴大业绝不止于摆脱贫困和全面小康，还需在新的发展阶段以一往无前的奋斗姿态，加快实现全面建成社会主义现代化强国的历史宏愿。民族复兴直接关系人民生活、国家命运，在中国共产党建立一百周年这个伟大历史关口审慎思考这一重大议题，具有非凡的理论价值和深远的历史意义。

早在2012年，习近平总书记在参观“复兴之路”展览时强调，“实现中华民族伟大复兴是中华民族近代以来最伟大的梦想”，此后在党的十九大等多个场合重申和阐述了这一

---

* 张磊，博士，湘潭大学商学院、湘潭大学社会主义经济理论研究中心讲师，硕士生导师。刘长庚，博士，湘潭大学商学院教授、博士生导师，湘潭大学社会主义经济理论研究中心主任，湖南财政经济学院校长。

① 参见习近平总书记在全国脱贫攻坚总结表彰大会上的讲话，详见 http://politics.people.com.cn/n1/2021/0226/c1024-32037098.html

论断。2019年5月，他在江西考察时指出：“领导干部要胸怀两个大局，一个是中华民族伟大复兴的战略全局，一个是世界百年未有之大变局。”由此，中华民族伟大复兴成为中国共产党谋划工作的基本出发点——“两个大局”之一。从“中国梦”“伟大梦想”到“战略全局”的认识变化，深刻反映了中华民族在实现中国梦的历史进程进入更接近、更有信心和能力实现这一目标的新阶段后，民族复兴伟业在以习近平同志为核心的党中央的统筹推进下、在新时代中国特色社会主义伟大实践中所形成的一种战略思维、战略态势、战略局面。但从现有相关研究来看，学术界关于中华民族伟大复兴的政治经济学内涵解析十分匮乏，尤其对于“何为中华民族伟大复兴的标志和蓝图”“如何在世界百年未有之大变局中把握中华民族伟大复兴战略全局”“新时代实现民族复兴伟业有何基础和保障”以及“在新的发展阶段如何实现民族复兴伟业”等一系列基本问题的认识仍然不够清晰。有鉴于此，本文拟从政治经济学视角探寻上述相关问题的答案，系统解构中华民族伟大复兴的新时代内涵，增强实现民族复兴伟业的坚定信心，这对于加快发展中国特色社会主义具有重大意义。

一、中华民族伟大复兴的光辉历程回溯

第一次鸦片战争后，中国开始沦为半殖民地半封建社会，在西方列强的肆意侵略和封建专制的腐朽统治之下，中国逐渐从一个世界超级大国堕入深渊。为挽救民族危亡，无数仁人志士奋起抗争、前仆后继，为中华民族不断探求救亡图存、走向现代化的道路。尤其是中国共产党成立一百年来，民族独立、人民解放、国家富强等目标逐步得以实现和推进，中华民族在现代化道路上迈出坚实步履。回顾中华民族伟大复兴的光辉历程，可以分为两个大的阶段。

1. 鸦片战争至五四运动之前的“救亡图存”

1840年鸦片战争后，在帝国主义、封建主义、官僚资本主义三座大山的重压之下，中国人民生活在水深火热之中。“哪里有压迫，哪里就有反抗。”身负灾难的近代中国爆发了大量先进分子的救亡运动。

坚持“师夷制夷、中体西用”的洋务派追求“自强求富梦”，尽管其初衷是学习西方长技、抵制列强侵略以维护封建统治，但洋务运动所引进的先进科学技术客观上促进了中国民族资本主义的发展。农民阶级追求“太平天国梦”，他们对清王朝封建统治和资本主义列强侵略造成一定打击，在促进封建社会崩溃和阻止殖民化进程方面起到了重要作用，拉开了中国近代旧民主主义革命的序幕。资产阶级维新派追求“改良梦”，倡导学习西方科学文化，改革政治、教育制度，发展农、工、商业，这既是一次政治改革也是一次思想启蒙运动，对促进近代社会进步和思想文化发展起到助推作用。以孙中山为代表的资产阶级革命派追求“共和梦”，在他领导下的辛亥革命取得胜利，推翻了在中国延续几千年的封建专制统治，尽管它没有改变半殖民地半封建的旧社会性质，但开创了完全意义上的近代民族民主革命，极大地促进了中华民族思想解放和中国社会变革。

面对积贫积弱的中国，孙中山痛心疾首地第一次提出“振兴中华”的口号。他坚信，

“建设为革命之唯一目的”，中国一定能够赶上世界先进国家。然而，从洋务运动的“自强求富梦”到辛亥革命的“共和梦”，都逐一幻灭，中国近代先进分子的探索都未能改变中国人民的悲惨命运，未能完成实现民族独立、人民解放的历史任务[1]。

2. 五四运动以来的“复兴之路”：三大里程碑

在多个强国梦想逐一破灭、多条救亡道路持续受阻之际，俄国十月革命爆发，让中国知识分子看到了社会主义革命的先进性和民族解放的新曙光。五四运动推动马克思列宁主义在中国广泛传播，改变了中国近代史的发展方向，为中华民族伟大复兴遵循马克思主义科学指导思想和沿着社会主义正确道路方向前行奠定了基础。五四运动是中华民族伟大复兴的一次关键觉醒，成为中国反帝反封建的民主革命由屡次失败走向伟大胜利的转折点，是我国新民主主义革命的开端。它为中国共产党成立做了思想和干部上的重要准备，成为中华民族真正呈现复兴趋势的历史起点。

习近平总书记指出，“建立中国共产党、成立中华人民共和国、推进改革开放和中国特色社会主义事业，是五四运动以来我国发生的三大历史性事件，是近代以来实现中华民族伟大复兴的三大里程碑。”[2]

五四运动促进了马克思列宁主义与中国工人运动的结合，催生了中华民族复兴的坚强领导核心——中国共产党。自诞生起，中国共产党就以民族复兴为己任，致力于反帝反封建，肩负起领导新民主主义革命的历史重任。历史实践表明，面对帝国主义列强的侵略，资产阶级无法领导中国革命，而只有无产阶级及其政党才能领导中国的民主革命和社会主义事业。中国共产党的建立给民族独立和复兴带来了希望和光明。

中国共产党将土地革命、武装斗争和政权建立相结合，创立一条“农村包围城市”的契合中国国情的正确革命道路，完成新民主主义革命，推翻“三座大山”，建立新中国，争得民族独立和人民解放，为中华民族实现复兴伟业构建了必要的历史前提。恩格斯指出，“排除民族压迫是一切健康而自由的发展的基本条件。”[3]新中国的成立从根本上扭转了中华民族的百年屈辱史，全面废除了帝国主义列强在中国攫取的特权及强加给中国的不平等条约，让中国人民从此站了起来、成为国家和自己命运的主人。中国实现从旧制度向新制度的根本转变，开辟了一条适合中国国情的社会主义道路，为中华民族伟大复兴奠定了根本政治前提和经济制度基础。

推进改革开放和中国特色社会主义事业，为中华民族伟大复兴战略全局布下关键棋。党的十一届三中全会作出实行改革开放的伟大决策，中国实现从“以阶级斗争为纲”到以经济建设为中心、从封闭半封闭到对外开放、从体制僵化到各方面改革的历史性转折，社会主义事业进入新的发展阶段。改革开放的伟大实践释放出强大制度红利，持续推动中国经济、政治、社会、文化、生态等各领域全方位发展。中国共产党历届中央领导集体始终坚持将马克思主义同中国具体改革发展实践相结合，开辟、完善和发展了中国特色社会主义道路、理论、制度和文化，使中国特色社会主义成为当今世界和人类发展史上的耀眼明珠。推进改革开放和中国特色社会主义事业，是中华民族推动复兴伟业大踏步前进的关键秘诀和重要法宝。

实现中华民族伟大复兴，“是孙中山先生的夙愿，是中国共产党人的夙愿，也是近代以来中国人的夙愿”[4]。“三大里程碑”为中华民族伟大复兴之路凝聚了力量、扫除了障碍、明确了方向，全面呈现了民族复兴伟业的光明前景。正如习近平总书记所说，“今天，我们比历史上任何时期都更接近、更有信心和能力实现中华民族伟大复兴的目标。”[5]

二、新时代中华民族伟大复兴的标志和蓝图

新时代加快实现中华民族伟大复兴，首先必须弄清楚中华民族伟大复兴的具体内涵，也即中华民族伟大复兴以什么为衡量标准？具体标志是什么？有何蓝图？在民族复兴进入新时代这个关键节点，有必要把这些基本问题进一步阐述清楚。

1. 中华民族伟大复兴的标志

邓小平曾指出，“社会主义制度优越性的根本表现，就是能够允许社会生产力以旧社会所没有的速度迅速发展，使人民不断增长的物质文化生活需要能够逐步得到满足……如果在一个很长的历史时期内，社会主义国家生产力发展的速度比资本主义国家慢，还谈什么优越性？”[6]这一论断深刻阐明了社会生产力对于发展中国特色社会主义的基础性、决定性意义。社会生产力水平的高低，可以根本决定和直接表征中华民族复兴伟业的实现程度。中华民族复兴应以社会生产力水平为主要的判定标准。

进一步地，按照生产力标准，中华民族伟大复兴的标志又是什么？习近平强调，实现中华民族伟大复兴，是一段“中华民族由近代不断衰落到根本扭转命运、持续走向繁荣富强的伟大飞跃”的历程，是“近代以来中华民族最伟大的梦想”[5]。因此“伟大复兴梦”是相对于我国近代之前来讲的。从经济学意义上来讲，实现中华民族伟大复兴，就是我国经济总量占世界经济总量的份额重新恢复到我国近代开端之前的水平。根据麦迪森的研究，公元元年以来，中国经济总量占全球经济总量的比重在第一次鸦片战争前夕达到最高，1820 年前后为 32.9%，约占全球的三分之一（见表 1）[7][8]。从这个意义上看，中华民族伟大复兴的标志就是我国经济总量占世界比重恢复到三分之一左右水平。

表 1 公元元年—2003 年世界 GDP 的主要分布（单位：%）

年份	0	1 000	1 500	1 600	1 700	1 820	1 870	1 913	1 952	1 978	1 990	2 003
中国	26.2	22.7	25.0	29.1	22.3	32.9	17.2	8.9	5.2	4.9	7.8	15.1
西欧	10.8	8.7	17.9	20.0	22.5	23.6	33.6	33.5	25.9	24.3	22.2	19.2
美国	—	—	0.3	0.2	0.1	1.8	8.9	19.1	27.5	21.6	21.4	20.6
日本	1.2	2.7	3.1	2.9	4.1	3.0	2.3	2.6	3.4	7.6	8.6	6.6
印度	32.9	28.9	24.5	22.5	24.4	16.0	12.2	7.6	4.0	3.3	4.0	5.5

资料来源：根据安格斯·麦迪森的研究整理。

当然，社会生产力是中华民族伟大复兴的主要标准、核心标准、基础标准，但不是唯一标准、全部标准、本质标准。一方面，新时代发展社会生产力水平不单是数量问题，还

要求实现更高质量的发展。另一方面，中华民族伟大复兴不仅要求在经济上实现国家富强，本质上更要不断满足人民日益增长的美好生活需要。跻身世界前列并非中华民族复兴的本质和旨归，而人民幸福才是谋求民族独立、人民解放和国家富强的出发点和落脚点，中华民族伟大复兴的实质是人民美好生活。孙中山在提出“振兴中华”口号之时就期盼中国成为“世界一等大强国”“世界之冠”“最富最强之国”[9]，同时希望中国成为“世界上顶安乐的国家”、中国人民成为“世界上顶享幸福的人民”。习近平总书记将国家追求、民族期盼、人民向往三者融为一体来阐述中华民族伟大复兴的基本内涵，强调要实现国家富强、民族振兴、人民幸福的统一。

实现人民美好生活，是中华民族在新时代征程所将达到的而不同于以往的复兴状态，是中国特色社会主义制度所塑造的新时代复兴要远远高于和优于前社会主义复兴的关键之处、根本之处。这是新时代复兴的基本规定和本质意蕴。

2. 新时代中华民族伟大复兴的蓝图

从社会生产力来看，我们可以大致测算出在不同情形下中华民族实现经济复兴目标的可能时间节点。面对极具不确定性的世界经济，假定世界 GDP 年均增速为 2.5%①，可进一步估计中国在不同增速假定下 GDP 占比恢复到全球三分之一水平的可能时间（见表 2）。在中国经济年均增速分别为 6%、5.5%、5%、4.5%、4%的 5 种情形下，中华民族将分别在 2040 年、2044 年、2049 年、2056 年、2068 年前后实现经济复兴。其中年均增速 6%和 5.5%、4.5%和 4%分别是两种偏乐观和偏悲观的估计，而 5%左右的年均增速假定可能相对较符合实际情况，在这一情形下，中华民族将在 2049 年实现经济复兴，这也与“两个一百年”奋斗目标的第二个百年目标②不谋而合。值得指出的是，基于现阶段全球疫情仍在蔓延而中国疫情得到控制的事实，除中国外世界其他国家的经济形势近期将不容乐观③，因此中华民族经济复兴的目标可能进一步提前实现。图 1 生动地展现了中华民族伟大复兴在历史长河中的壮丽图景。仍需强调，社会生产力发展不是中华民族伟大复兴的全部内涵，此处仅是经济意义上一种“繁荣富强”导向的分析。

表 2 从社会生产力标准看实现中华民族伟大复兴的可能时间点

<table>
<tr><td colspan="2" rowspan="2">按年均增速 2.5%的世界 GDP
（万亿美元）</td><td>2019</td><td>2020</td><td>2030</td><td>2040</td><td>2044</td><td>2049</td><td>2056</td><td>2068</td></tr>
<tr><td>87.75</td><td>89.94</td><td>115.14</td><td>147.38</td><td>162.68</td><td>184.06</td><td>218.79</td><td>294.25</td></tr>
<tr><td rowspan="2">情形 1：
年均增速 6%</td><td>中国 GDP（万亿美元）</td><td>14.34</td><td>15.20</td><td>27.22</td><td>48.75</td><td>61.55</td><td>82.36</td><td>123.84</td><td>249.19</td></tr>
<tr><td>占世界 GDP 比重（%）</td><td>16.34</td><td>16.90</td><td>23.64</td><td>33.08</td><td>37.83</td><td>44.75</td><td>56.60</td><td>84.69</td></tr>
</table>

① IMF 总裁克里斯蒂娜·拉加德曾直言，金融危机后全球增长长期低迷，给潜在产出带来难以逆转的负面影响而不断强化，世界经济进入“一个充满不确定性的时代”。考虑当前金融危机影响尚未完全散去以及全球新冠感染疫情蔓延对世界经济造成严重冲击，世界 GDP 长期增速年均 2.5%是一种偏乐观的假定。

② 到新中国成立 100 年时建成富强民主文明和谐美丽的社会主义现代化国家，实现中华民族伟大复兴的中国梦。

③ 2020 年 6 月 IMF 最新预测，2020 年全球 GDP 增速为−4.9%，中国全年经济增速为 1%；中国将是 2020 年经济增长率唯一为正的国家。

续表

按年均增速 2.5%的世界 GDP（万亿美元）		2019	2020	2030	2040	2044	2049	2056	2068
		87.75	89.94	115.14	147.38	162.68	184.06	218.79	294.25
情形 2：年均增速 5.5%	中国 GDP（万亿美元）	14.34	15.13	25.84	44.14	54.68	71.47	103.97	197.66
	占世界 GDP 比重（%）	16.34	16.82	22.44	29.95	33.61	38.83	47.52	67.17
情形 3：年均增速 5%	中国 GDP（万亿美元）	14.34	15.06	24.53	39.95	48.56	61.98	87.21	156.61
	占世界 GDP 比重（%）	16.34	16.74	21.30	27.11	29.85	33.67	39.86	53.22
情形 4：年均增速 4.5%	中国 GDP（万亿美元）	14.34	14.99	23.27	36.14	43.10	53.71	73.09	123.95
	占世界 GDP 比重（%）	16.34	16.66	20.21	24.52	26.49	29.18	33.41	42.12
情形 5：年均增速 4%	中国 GDP（万亿美元）	14.34	14.91	22.08	32.68	38.23	46.51	61.20	97.99
	占世界 GDP 比重（%）	16.34	16.58	19.17	22.17	23.50	25.27	27.97	33.30

资料来源：作者根据 2019 年基期数据推算。

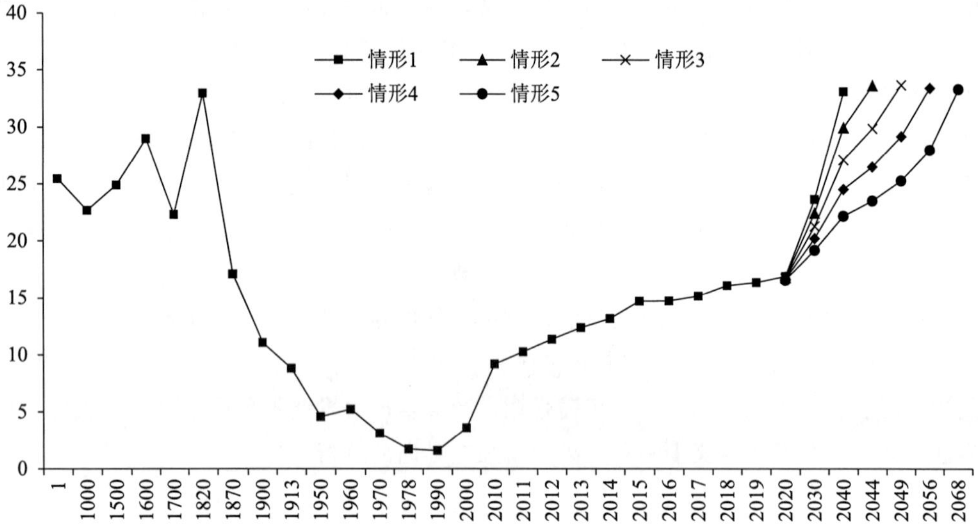

图 1　中华民族伟大复兴在新时代征程的可能情形（2020—2068）

注：纵坐标为中国 GDP 占世界比重，单位为%。

资料来源：1—1950 年数据来自荷兰格罗宁根大学格罗宁根增长与发展中心的线上数据“麦迪森数据库 2010”，1960—2019 年数据来自快易理财网数据库，2020—2068 年数据为作者根据不同情形推算。

回溯中华民族伟大复兴的光辉历程可以发现，在新民主主义过渡到社会主义阶段之前，民族复兴的先期目标主要是追求民族独立、人民解放；在实现国家繁荣富强的新时代征程上，习近平总书记鲜明提出，“人民对美好生活的向往，就是我们的奋斗目标”[10]，要求实现人民幸福。资本主义社会总体上也可以提高社会成员的生活水准，这是其具有一定合理性和进步性的表征之一，但社会主义取代资本主义的必然趋势决定了这种合理性和进步性具有天然的历史局限性，这是马克思的基本研判。新时代中华民族伟大复兴的目标是，要让全体人民过上比包括资本主义在内的前社会主义阶段社会成员更高水准的美好生活。纵观世界主要国家崛起最快时期的发展状况，中国的实际 GDP 实现人类历史上绝无仅有的迅速提高，人民生活水平改善幅度同样创造了一个世界历史奇迹（见表 3）。

表 3　部分国家发展最快时段的实际生活水平改善

	延续时段	时段起点预期寿命	实际 GDP 年均增长率	实际生活水平提高
全世界	数千年	极低	约 0.0%	无
英国	1880—1930	50 岁	0.9%	56%
美国	1920—1975	55 岁	2.0%	近 1 倍
日本	1950—2010	60 岁	4.0%	10 倍
中国（半程）	1981—2018	68 岁	8.6%	20.5 倍
中国（完成）	1981—2049		—	—

注：延续时段是指最快经济增长开始年份到一代人结束的年份，例如中国 1981 年人均预期寿命 68 岁，一代人结束时间即为 2049 年；起点预期寿命是指最快经济增长开始年份一国的平均出生时预期寿命；实际生活水平提高是指整个时段该国实际人均 GDP 的提高幅度。

资料来源：根据蔡昉的研究[11]和世界银行、联合国等国际组织数据整理。

在新的时代征程上，习近平总书记在党的十九大报告中清晰地描绘了新时代中华民族伟大复兴的具体线路图和基本蓝图。在规划部署上，实施“三步走”战略：2020 年全面建成小康社会，到 2035 年基本实现社会主义现代化——将党的十三大以来确立的到“第二个一百年”即 21 世纪中叶基本实现社会主义现代化的战略目标提前了 15 年，到 21 世纪中叶建成社会主义现代化强国。新时代中华民族复兴与社会主义现代化建设具有高度统一性，它从更高层面确立了全面建成社会主义现代化强国的伟大战略意义。新时代中华民族复兴是涉及经济、政治、文化、社会、生态等领域的全面复兴，到 21 世纪中叶，中华民族将呈现一幅“富强民主文明和谐美丽的社会主义现代化强国”的盛世图景。届时“我国物质文明、政治文明、精神文明、社会文明、生态文明将全面提升，实现国家治理体系和治理能力现代化，成为综合国力和国际影响力领先的国家，全体人民共同富裕基本实现”，尤其是“我国人民将享有更加幸福安康的生活，中华民族将以更加昂扬的姿态屹立于世界民族之林”[5]，实现国家富强、民族复兴、人民幸福的融合统一。

中华民族伟大复兴具有三个鲜明的特点。一是牵涉人口规模大。民族复兴是 14 亿人口的共同梦想，每一个个体、一代又一代人在民族复兴过程中同时为实现自身梦想而不懈奋斗。二是涉及领域广。中国现代化是一项涉及经济社会各行业各领域、全方位发展的宏伟事业。三是与世界分享互通。中华民族复兴融入世界经济舞台，中国发展的红利能够在多边交往的过程中实现分享。总之，新时代中国特色社会主义的人民美好生活蓝图，充分展现了中华民族伟大复兴梦想与共产主义远大理想以及马克思主义人类解放价值理想的内在统一性。

三、中华民族伟大复兴战略全局与世界百年未有之大变局

关于中华民族伟大复兴战略全局和世界百年未有之大变局的“两个大局”，是以习近平同志为核心的党中央凭借战略眼光和辩证思维针对当前世情国情发生深刻变化而做出的重大论断、准确判断。胸怀“两个大局”、把握“两个大局”，才能统筹“两个大局”、用好“两个大局”，推进中国特色社会主义事业取得新的更大成就。

1. 历史长河中的世界变局与国家兴衰

历史演变深刻反映了世界变局中的国家兴衰。公元 0—1400 年，全世界年均经济增长率仅为 0.05%，世界各国经济差距甚小[12]；直至 15 世纪晚期开始的地理大发现引发第一次全球化，西欧国家开始崛起（见图 2），推动世界经济走上增长之路。

地理大发现促使一些欧洲国家展开了对殖民地的激烈争夺，葡萄牙、西班牙较早建立起殖民霸权，将大量资源和财富带回国内而完成原始积累，成为 15—16 世纪最为富庶的帝国。17 世纪，一些国家纷纷将帝国主义与私营经济相结合，成立高度资本化并掌握一定军事力量和海上武装的东印度公司，其间，英国、荷兰的东印度公司为其殖民扩展起到了重要作用，带动了贸易和经济发展。18 世纪下半叶，英国爆发工业革命，资本主义生产逐步实现从工场手工业向机器大工业的过渡，随着 19 世纪殖民地的猛烈扩张，英国建立起“日不落帝国”。19 世纪美国、德国等后起工业化国家实现快速发展，20 世纪的两次世界大战深刻改变了国际格局，英国殖民霸权逐渐衰落，其世界霸权及权力中心地位被美国所取代，而美苏争霸博弈则形成了东西方对峙、全面冷战的世界两极格局。总的来看，欧洲的崛起给世界带来了殖民主义，美国的崛起也给世界带来了霸权主义。新时代中国必须深刻审视历史变局中的国家兴衰及经验教训，在和平与发展的世界潮流中发展中国特色社会主义，实现中华民族伟大复兴。

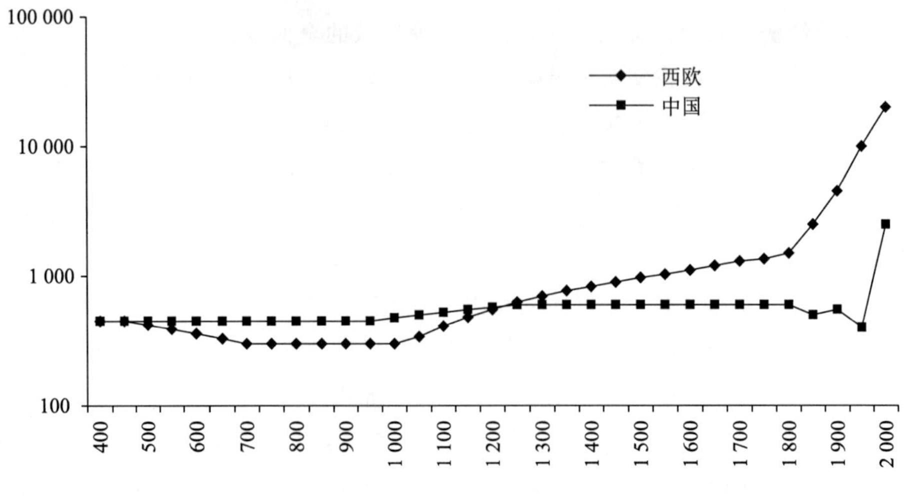

图 2 公元 400—2000 年西欧和中国的人均收入比较（单位：国际元）

资料来源：根据安格斯·麦迪森研究整理[7]。

2. 中华民族伟大复兴的当代背景：世界百年未有之大变局

当今世界“正处于大发展大变革大调整时期”，面临百年未有之大变局，集中体现在以下几个方面：一是当代西方资本主义国家出现了自工业革命以来的全面颓势，债务、失业、社会福利、难民、种族、宗教、价值分歧和民粹主义等问题严重，国家治理暴露出一连串的经济危机、政治危机、社会危机和外交危机，国际政治经济旧秩序全面松动。二是在逆全球化与全球化的双向抗衡中，以中国为代表的一大批新兴市场国家和发展中国家迅速崛起，在全球治理体系中的话语权空前提升，国际多边治理体系更趋完善。三是第四次工业革命的来临，彻底扭转了前三次工业革命都由欧美国家主导的“常态”，尤其是中国在人工智能、5G 技术等前沿科技领域率先取得突破并加速推广应用，将从根本上改变人类生产生活方式，为广大发展中国家赢得宝贵的弯道超车机会。四是在欧美国家深陷困境和第二世界国家停滞不前之时，科学社会主义在曲折中奋起并焕发出强大生机活力，中国特色社会主义为其他发展中国家走向现代化提供了经验借鉴。

世界百年未有之大变局给中华民族伟大复兴带来了一些不确定性和风险，同时更应看到，其中蕴藏着重大的战略机遇。在世界百年未有之大变局中，西方资本主义国家与发展中国家的力量对比将发生深刻变化。

3. 全面把握“两个大局”的相互关系

“两个大局”的重大论断深刻体现了以习近平同志为核心的党中央的宽阔战略视野、深邃战略思维，生动展现了中华民族伟大复兴在百年变局中、新时代征程上所形成的战略态势、战略局面。全面把握“两个大局”的关系，有利于明确当前国际国内形势，为中华民族顺势而为、因势利导提供广阔空间，确保民族复兴之路经得住历史的长久考验。

“两个大局”尽管有各自的背景和内容，但在时间和空间、机理和走向上又存在融合统一，二者同步交织、相互作用。一方面，百年未有之大变局形塑了当今世界的潮流和趋势，赋予了中华民族伟大复兴新的时代特征，给民族复兴既带来挑战也形成机遇。新时代中华民族复兴需要以世界百年变局为大环境，正向契合百年变局的发展要求，顺应时代进步潮流和人类社会发展趋势。另一方面，中华民族伟大复兴战略全局构成世界百年未有之大变局的必要组成部分，是影响和塑造这一变局的关键变量。中华民族伟大复兴的美好生活目标，符合中国人民和世界各国人民创造幸福生活的真实愿景，中华民族伟大复兴有利于引领人类命运共同体共创、共享美好生活。胸怀“两个大局”，要求我们勇于迎接挑战、化解风险，善于把握机遇、顺势作为，既要充分利用百年未有之大变局的有利因素加快实现新时代中华民族伟大复兴，又要发挥中华民族伟大复兴的全局效应推动百年大变局朝着有利于世界各国人民更加幸福美好生活的方向发展，实现“两个大局”的辩证统一、相互促进。

在本质上，“两个大局”要求中国这样一个大国在发展过程中避免跌落“修昔底德陷阱”和“金德尔伯格陷阱”。一方面，要顺应世界潮流，实现中国自身社会经济的快速发展，不对其他任何国家造成威胁；另一方面，在实现民族复兴伟业的过程中，要找准中国作为负责任大国在全球经济社会治理中的定位，分享更多中华民族复兴的红利，提供更多国际公共产品。

四、新时代实现中华民族伟大复兴的历史必然性

中华民族“前所未有地靠近世界舞台中心，前所未有地接近实现中华民族伟大复兴的目标，前所未有地具有实现这个目标的能力和信心。”[13]特别是中国共产党建立一百年来的历史和实践表明，中华民族具有实现复兴大业的充分底气和坚定信心，这决定了中华民族伟大复兴具有历史必然性。

1. 社会主义革命和建设为中华民族复兴作出奠基性贡献

作为毛泽东思想的主要创立者、中华人民共和国和人民军队的主要缔造者，毛泽东为中华民族复兴伟业奠定了指导思想基础、制度基础、国防武装基础[14]。新中国成立后，社会主义基本制度加快确立，坚持以农业为基础、工业为主导，实施重工业优先发展战略，以农业补贴工业完成原始资本积累，在农业基础设施、工业、科学技术和国防等方面取得巨大成就，建立起相对独立、完备的工业体系和国民经济体系。改革开放前三十年的社会主义革命和建设，为开创中国特色社会主义进行了伟大奠基和先行探索。习近平总书记评价道：“党在社会主义革命和建设中取得的独创性理论成果和巨大成就，为在新的历史时期开创中国特色社会主义提供了宝贵经验、理论准备、物质基础。”[15]

2. “四个坚持”确保中国特色社会主义事业欣欣向荣

坚持中国共产党的领导、坚持中国特色社会主义制度、坚持改革开放、坚持发展和完善社会主义市场经济，为中华民族复兴伟业保驾护航。第一，党的领导为中华民族伟大复兴提供了根本保证。中国共产党始终坚持“为中国人民谋幸福、为中华民族谋复兴”的初心和使命，一部中国共产党百年奋斗史就是一部中华民族复兴史。党经历了对马克思主义、社会主义、中国特色社会主义的三次历史抉择，其正确性和科学性已经得到历史实践的证明。在这一过程中，我们党对共产党执政规律、社会主义建设规律和人类社会发展规律的科学认识不断深化，充分彰显了中国共产党对一个发展中大国的超高领导智慧和非凡领导能力。第二，中国特色社会主义制度展现出强大生命力和独特优越性。中国特色社会主义制度是党和人民在长期实践探索中形成和发展的科学制度体系，长期以来我们党坚持把制度优势转化为国家治理效能，在经济、政治、文化、社会、生态文明、军事、外交等各领域取得卓著成就。新时代中国特色社会主义制度更趋科学完备，为国家治理体系和治理能力现代化搭建了基本架构。第三，改革开放是“实现中华民族伟大复兴的关键一招”[10]。改革开放让中国人民生活更加富裕，为全面建成小康社会和实现中华民族复兴打

下坚实基础。新时代坚持和发展中国特色社会主义始终坚持改革开放不动摇，让中国特色社会主义制度永葆青春活力。第四，社会主义市场经济以“无形之手”和“有形之手”共同夯牢民族复兴的物质技术基础。社会主义与市场经济有机结合，找准市场功能与政府行为的最佳结合点，有效避免西方资本主义国家的市场失灵和政策瘫痪，深刻昭示社会主义市场经济的鲜明特色和巨大优势。

3. 新时代以人民为中心的高质量发展全面开启社会主义现代化建设新征程

党的十八大以来，以习近平同志为核心的党中央团结带领全国各族人民不懈奋斗，正式踏入从站起来、富起来到强起来的中国特色社会主义新时代。在新的发展方位，我们党始终坚持以人民为中心的发展思想，全面贯彻落实新发展理念，持续完善社会主义市场经济体制和提高保障民生水平，推动经济社会各方面朝着高质量方向发展，让人民日益增长的美好生活需要得到更好满足，人民群众的获得感、幸福感空前提升。2020 年决胜全面建成小康社会，中华民族复兴取得又一阶段性胜利，为发展中国家走向现代化提供了宝贵经验，为世界减贫和人类发展作出卓越贡献。在“两个一百年”奋斗目标的历史交汇期，中华民族正在向全面建成富强民主文明和谐美丽的社会主义现代化强国、实现中华民族伟大复兴中国梦的第二个百年奋斗目标迈出更加坚实的步伐。新时代高质量发展让中华民族伟大复兴的目标变得更加可期。

4. 伟大民族精神凝聚起中华民族复兴的磅礴力量

中华民族的伟大创造精神、伟大奋斗精神、伟大团结精神、伟大梦想精神“为中国发展和人类文明进步提供了强大精神动力”①。回望历史，中国人民的救亡图存和复兴之路全面塑造了“四个伟大”民族精神的鲜明特性：以顽强不屈为核心的革命性、以爱国主义为核心的民族性、以拼搏进取为核心的英勇性、以改革创新为核心的时代性。展望未来，“四个伟大”民族精神全面涤荡了中国人民百年屈辱滋生的自卑感，提振了中华民族实现复兴伟业的自信心，增强了新时代坚持和发展中国特色社会主义的自豪感。伟大民族精神内生于中国人民对于实现复兴伟业的使命意识和必胜信心，凝聚起中华民族复兴的磅礴力量。

5. 人类命运共同体理念使中华民族复兴之路“得道多助”

中国梦与世界各国人民美好生活梦想、人类和平与发展梦想息息相通。中国共产党“为人民谋幸福、为民族谋复兴、为世界谋大同”的历史使命，充分印证了中华民族复兴伟业与中国塑造世界百年变局的包容性、统一性。人类命运共同体理念及“一带一路”倡议和实践成为中国梦生动的国际表达。习近平总书记强调，“中国无论发展到什么程度，

① 参见习近平在十三届全国人大一次会议闭幕会上的讲话，详见 http://www.xinhuanet.com/politics/2018lh/2018-03/20/c_1122566169.htm。

永远不称霸，永远不搞扩张。”[5]“无论国际风云如何变幻……中国维护世界和平、促进共同发展的诚意和善意不会变。”① 这与孙中山、毛泽东、邓小平的民族复兴理念一脉相承②。中国人民讲信修睦，积极推动构建合作共赢的人类命运共同体和利益共同体，为中华民族复兴大业奠定“世界群众基础”。

五、新时代中华民族伟大复兴的实现路径

实现中华民族伟大复兴，是新时代的光荣使命。“中华民族伟大复兴，绝不是轻轻松松、敲锣打鼓就能实现的。全党必须准备付出更为艰巨、更为艰苦的努力。”[5]新时代中华民族伟大复兴必须坚持中国共产党领导和社会主义制度不动摇，全面认识永葆党的先进性、凝聚各民族力量和赢得国际支持的深刻性、尖锐性，勇于面对中华民族复兴伟业的长期性、复杂性，统筹把握好“两个大局”，坚定道路自信、理论自信、制度自信、文化自信，按照党的十九大所规划的路线和蓝图，扎实推动中国特色社会主义事业和21世纪科学社会主义蓬勃发展，为推动世界发展和人类进步作出新的更大贡献。要在坚持中国共产党的领导这个根本前提下，将中国特色社会主义制度优势切实转化为治理效能，牢牢把握持续发展社会生产力和实现人民美好生活这条关键准绳，在世界百年变局尤其是新一轮科技革命中抢占战略先机，全面塑造国际力量对比的核心竞争优势，让中华民族屹立于世界民族之林，引领共建共享更加幸福美好的人类命运共同体。

第一，不断提高党对民族复兴大业的领导能力和谋划功能。作为百年大党，中国共产党已经积累了丰富的经济发展和社会治理的领导经验。但在面临更多的外部复杂性、不确定性以及内部新问题、新矛盾的当下，需要进一步加强党的自身建设，强化风险意识，不断提高领导社会经济发展的能力，尤其是更加注重中华民族复兴的长期谋划和短期规划，更好把握现代化进程的全局性和局部性问题。

第二，坚持开放和创新双轮驱动，从供给侧和需求端两方面助力新时代经济高质量发展。把握新一轮科技革命的战略机遇，主动融入全球价值链和创新链，以科技创新促进产品创新，持续提高中国对国内和国际市场需求的供给调整及适应能力。以扩大新基建等新兴领域投资和提升国内消费需求为关键着力点，加快构建强大国内市场，形成以国内大循环为主体、国内国际双循环相互促进的新发展格局。

第三，继续深化社会民生等重点领域改革，实现以缓解相对贫困为核心的减贫战略转型。民族复兴是人民幸福感不断提升的过程，这绝不止步于绝对贫困的消除，而有赖于人

---

① 详见 http://www.xinhuanet.com/politics/leaders/2018-12/31/c_1123931806.htm。

② 孙中山曾期盼：“中国如果强盛起来，我们不但是要恢复民族的地位，还要对于世界负一个大责任。”毛泽东在纪念孙中山先生诞辰90周年时指出：“中国应当对于人类有较大的贡献。”邓小平曾说：“国家总的力量就大了，可以为人类做更多的事情，在解决南北问题方面可以尽更多的力量。我们就是有这么一个雄心壮志。”参见：习近平. 在纪念孙中山先生诞辰150周年大会上的讲话［N］. 人民日报，2016-11-12（002）.

民美好生活需要的满足。因此，要持续推进收入分配制度和社会民生领域改革，不断提高居民收入水平，重点提高人们在公共教育、医疗、养老和住房保障等领域的获得感，解决居民消费的后顾之忧，更好满足美好生活需要，同时加速社会人力资本积累。

第四，着力推进乡村振兴与新型城镇化的有效衔接，加速城乡一体化，推动平衡协调发展。坚持产业兴旺这一首要要求，加快推进和落实乡村振兴战略，坚持农业现代化、新型城镇化、工业化和信息化协调发展。抓住土地流转、人的城镇化等主要矛盾，加速破除城乡一体化发展体制机制障碍，在城市和农村同时实现深化分工和适度规模经营，推动实现城市和农村的就业和收入均衡，实现更加平衡协调的发展，加快建设富强民主文明和谐美丽的社会主义现代化国家①。

第五，坚持包容共享理念，以大国担当的勇气和责任推动构建人类命运共同体。中国的发展离不开世界经济大局，受益于开放发展；同时，中国是世界和平与发展的坚定维护者，世界经济发展也将从中国经济发展中受益。中国始终坚持包容共享理念，积极推动构建公正合理、平等互利的国际政治经济新秩序，善于在全球经济社会治理中提供中国方案、贡献中国智慧，提供更多源自中国作出适当利益让渡的国际公共产品，推动构建“大同世界”。

参考文献

[1] 习近平. 在纪念孙中山先生诞辰150周年大会上的讲话 [N]. 人民日报，2016-11-12 (002).

[2] 中共中央党史和文献研究院. 十九大以来重要文献选编（上）[M]. 北京：中央文献出版社，2019：721.

[3] 中共中央马克思恩格斯列宁斯大林著作编译局. 马克思恩格斯文集（第10卷）[M]. 北京：人民出版社，2009：472.

[4] 习近平. 共圆中华民族伟大复兴的中国梦 [N]. 人民日报，2014-02-19 (001).

[5] 习近平. 决胜全面建成小康社会 夺取新时代中国特色社会主义伟大胜利 [M]. 北京：人民出版社，2017.

[6] 中共中央文献编辑委员会. 邓小平文选（第2卷）[M]. 北京：人民出版社，1994：163.

[7] 安格斯·麦迪森. 世界经济千年史 [M]. 伍晓鹰等，译. 北京：北京大学出版社，2003.

---

① 产业兴旺、生态宜居、乡风文明、治理有效、生活富裕的乡村振兴总要求与富强民主文明和谐美丽的社会主义现代化国家建设要求具有内在的一致性。

[8] 安格斯·麦迪森. 中国经济的长期表现：公元 960—2030 年（修订版）[M]. 伍晓鹰，马德斌，译. 上海：上海人民出版社，2016.

[9] 中国社科院近代史研究所. 孙中山全集（第 5 卷）[M]. 北京：中华书局，1985：572+188.

[10] 中共中央宣传部，中共中央文献研究室. 习近平谈治国理政 [M]. 北京：外文出版社，2014.

[11] 蔡昉. 新中国 70 年奋斗历程和启示 [J]. 中国人大，2019（19）：42-48.

[12] 罗伯特·C·艾伦. 全球经济史 [M]. 陆赟，译. 南京：译林出版社，2015：2.

[13] 中共中央宣传部. 习近平总书记系列重要讲话读本 [M]. 北京：人民出版社，2014：133.

[14] 李佑新，吴璇. 毛泽东对实现中国梦的奠基性贡献 [J]. 湘潭大学学报（哲学社会科学版），2020（2）：1-6.

[15] 习近平. 在庆祝改革开放 40 周年大会上的讲话 [N]. 人民日报，2018-12-19（002）.

论人类命运共同体理念深入人心的文化理路

胡达仁*

摘　要：人类命运共同体思想以其中华传统政治文化的精髓向世人展示了中国人民协和万邦、命运与共的处世理念，科学有效地回答了“人类该何去何从”的时代之问，为破解全球治理危机贡献了中国智慧。然而，当世人正唱响人类命运共同体的和谐曲之际，一些西方国家则大肆叫嚣“中国威胁论”，奉行单边主义政策和强权政治，不择手段地打压和制裁别国，破坏全球治理体系，加剧世界和平赤字，不断地拆台制乱。为此，强化人类命运共同体理念深入人心成为当前和今后一定时期的时代命题。从文化心理基础和文化逻辑进路的视角来探寻强化人类命运共同体理念深入人心的路径，需充分发挥中华文化包容共生的文化力量，推动“一带一路”倡议凝聚全球共识，摒弃单边主义，搭好世界多边主义的舞台，架稳命运共同体理念的深入人心的“连心桥”。

关键词：命运共同体；深入人心；文化理路；和合文化：一带一路

人类命运共同体思想作为关涉人类前途和命运的智慧结晶，经历了从概念的提出到内涵的日臻丰富，从基本内容到思想体系发展升华的过程，再到相继载入联合国决议。人类命运共同体以其中华传统政治文化的精髓向世人展示了协和万邦、命运与共的处世理念，并及时有效地回应了“人类该何去何从”的时代之问，科学地回答了“世界怎么了、我们怎么办”的世界性难题，为破解全球治理危机贡献了中国智慧，彰显了人类命运共同体理念的影响力和感召力。时至今日，人类命运共同体已不仅仅是一种“非结盟”的外交思维和呼应“中国梦”的执政方略，它更是一种包含着“共同性”的价值理念，这种共同性的价值理念是对人类根本利益和世界各国生存、发展需要的价值凝练，远远超越了西方的“普世价值”，并逐步扎根于世人之心，已经发展成为中国贡献给世界应对全球危机的价值理念和思想体系。党的十九届五中全会明确指出：“当今世界正经历百年未有之大变局，新一轮科技革命和产业变革深入发展，国际力量对比深刻调整，和平与发展仍然是时代主题，人类命运共同体理念深入人心。”[1]但国际环境日趋复杂，逆全球化、单边主义、保护主义、霸权主义仍威胁着世界和平与发展，一些西方国家仍热衷于拆多边主义的台，坏建

* 胡达仁，永州师范高等专科学校副校长，高级讲师。

立国际新秩序的事，大力奉行单边主义和强权政治，以企图搅乱世人之心，破坏构建人类命运共同体。为此，强化人类命运共同体理念深入人心成为当前和今后一定时期的时代命题。那么，该如何进一步强化人类命运共同体理念深入人心呢？究其文化理路来看，人类命运共同体理念深入人心有其相应的文化心理基础和文化逻辑进程。在理清文化心理基础和文化逻辑的基础上探寻强化其深入人心的路径更能引起世界各国间的共鸣，更符合中国文化的价值理念，更能达到强化和巩固人类命运共同体深入人心的效果。

一、人类命运共同体理念深入人心的文化心理基础

人类命运共同体思想从提出到被世人所认同，再到深入人心，都不是自发形成的。人类命运共同体理念之所以能够引起世界各国的共鸣，被越来越多的国家广泛接受，主要在于人类命运共同体思想的提出契合了新时代背景下人类社会发展的人的类本性心理，凝结和践行了马克思共同体思想的灵魂，汇集和发扬了中华和文化的精神，彰显了中华和文化的价值理念，符合人类社会发展的规律和需求。

1.“人的类本性”心理是人类命运共同体理念深入人心的先前之要

“类”是与“种”相对立而区别的概念。“种”是动物在生物进化的基础上形成的对动物属性存在的规定，具有先天性的自然属性，即物的“种属性”。“类”揭示的是人之所以为人的本质属性，是人类在进化的后天的进程中形成的特性，具有明显的群居性特征，是人类特有的社会属性，构成了人的“类本性”。与物的“种属性”不同的是，人的“类本性”体现在人的自由自觉的活动，这种自由自觉的活动使人和动物彻底区别开来，构成了人类特有的属性。而动物所从事的满足维持生命的本能的活动总是与它们的生命活动直接同一的，因此动物不能把自己与自己的生命区别开来，而人却能使自己的生命活动变成自己的意识和心理对象，“正是由于这一点，人才是类存在物。”[2]这种意识性、自由自觉性正是人的类本性的心理体现。概言之，“人的本质不是单个人所固有的抽象物”“它是一切社会关系的总和。”[3]无论是从原始社会时期的部落、氏族群体发展到后期的宗教、民族、权力的团体，都充分表明了人是存在于与他人内在统一的社会关系中，也只能同外部世界，即人的对象性存在的内在统一的一体性关系之中。血缘关系的共同体与动物性最为相近，是人类自然属性的天然情感的集中体现；地缘关系的共同体是生产力发展进程中人们长期相处与心理认同相互作用的结果；宗教、民族的共同体则是在更大范围的价值理念和文化认同的基础上形成的；而以国家形式存在的权力共同体在现代社会是个人为了寻求安全保障让渡部分权利给团体而形成的联盟。这种一体性的关系正构成了人的有意识活动的对象，并成为人的自为活动所须遵行的原则。在人类社会的进程中，“类”才是人的本质、本性。“人的这一本性内在地要求我们，用类哲学的思维方式和方法思考和理解人的问题，建立‘类’的观念和理论，在实践中按照类本性的要求去行动，合理地改造自然界与人类社会，创造‘类’的生活世界。”[4]人作为地球上的类存在物，生活在类群体的地球村，所形成的类群体文化本质上意蕴着你中有我我中有你的哲学智慧，中国倡导构建人类命运共同体，正符合了人类类本性的心理需要，其价值理念创造了类文明之美。而人的“类本

性”心理也恰是人类命运共同体理念得以深入人心的先前之要。

2．“马克思共同体思想”是人类命运共同体理念深入人心的理论之魂

任何科学的思想体系和符合人类价值理念的倡导，都不是随心所欲而呼之欲出的空中楼阁，它必定蕴意着诸多受大众所认同的价值取向和文化理念，必将是符合时代发展之需的思想锐器。而正当人们面对世界错综复杂的国际环境时，“治理赤字、信任赤字、和平赤字、发展赤字”的问题层出不穷，西方国家的治理方案一度失灵，世人们再度陷入了治理危机的迷雾，人类社会的发展将何去何从？在时代和人民呼唤之时，马克思共同体思想在实践中展现了其强大的生命力。人类命运共同体思想正是在立足于世界发展之大势、国家发展之需求，人类未来之命运的基础上继承和发展了马克思的共同体思想，并结合中国发展的实践经验加以时代性的创造，是马克思共同体思想生命力展现的具体体现。当前，马克思共同体思想之所以仍具有其强大的生命力，就在于马克思共同体思想作为科学的理论体系，其形成和发展经历了批判、扬弃、实践检验的过程，并在实践中随时代的变化而不断推进和发展，真正揭示了人类社会发展的规律，顺应了人类社会发展的潮流。马克思先后批判了古典的“城邦共同体”、卢梭的“契约共同体”以及空想社会主义的国家观，并深刻揭示了黑格尔“虚幻共同体”和费尔巴哈“抽象共同体”的真实本质。在生产力和商品经济发展基础上形成的以利益关系为纽带的这种虚幻的“政治共同体”，“本质上不过是占统治地位的阶级联合起来对其他阶级进行剥削、镇压的联合体，它无法代表全体成员的共同利益。”[5]个体在“共同体”中的自由是虚幻的自由，“由于这种共同体是一个阶级反对另一个阶级的联合，因此对于被统治阶级来说，它不仅是完全虚幻的共同体，而且是新的桎梏。”[3]马克思在批判资本主义“虚幻共同体”的同时，看到了资本主义生产、创造的巨大潜力，提出了构建“真正的共同体”的构想。无产阶级作为被剥削的阶级，只有联合起来争取自身的解放，摆脱劳动的异化，建立自由人的联合体，才能实现真正的共同体。在真正的共同体中，“每个人的自由发展是一切人的自由发展的条件”。[3]可见，建立真正的命运共同体是马克思共同体思想的旨归，也是共产党人的不懈追求。人类命运共同体立足于人的自由全面发展和当前人类社会发展的严峻形势，倡导构建公平正义、互利共赢的国际新秩序，旨在为人类社会的发展创造良好的国际环境。这正是在吸收了马克思共同体思想之精要时提出的破解之道，其中，“你中有我、我中有你”的文化价值理念是真正共同体思想之魂在新时代的价值体现。

3．“中华和文化”心理是人类命运共同体理念深入人心的动力之源

构建人类命运共同体的理念从提出到被越来越多的国家认同，再到深入人心，很重要的原因就在于人类命运共同体思想彰显了中华“和”文化的心理，充分体现了联合国宪章精神的理念，符合世界各国追求公平正义的心理需求和现实需要。中华“和”文化推崇“以和为贵”“和而不同”“求同存异”的文化价值理念，崇尚“协和万邦”“亲仁善邻”“四海之内皆兄弟”的和平思想，包含着“尚利贵义”“义利合一”的发展思想，蕴意着合作共赢、共享发展的交往理念。其文化思想的深邃主要体现在五个方面：一是“天人合

一”“道法自然”的生态自然观，追求的是人与自然的和谐共生，强调人要崇尚自然、效法天地，走永续发展的道路；二是以和为贵的思想，强调人与人的相处应“和而不同、求同存异”，强调“君子和而不同，小人同而不和”的相处之道；三是天下大同的治世之道，中国自古提倡“大道之行也，天下为公”，大道即为“仁道”；四是“讲信修睦”“协和万邦”的政治观，即国家之间的和谐，主张“亲仁善邻”，提倡国与国相处要诚信、和睦，反对以战争的方式解决国际争端，凸显了中华民族渴望天下和平、公平的美好愿望；五是平正擅胸思想，即人的内心和谐。具言之，中华“和”文化以和谐为核心，讲究万物间的和谐发展，蕴意着中华民族已形成的合作共赢的文化理念。人类命运共同体思想秉承和弘扬了中华传统“和”文化的核心之要，承认世界的差异性和多样性，追求世界的统一性，体现的是一种“和而不同”“求同存异”的价值追求与殊途同归的理性判断。其理念超越了种族、文化、国家与意识形态的界限，并深深根植于底蕴深厚的中华“和”文化心理，成为其深入世人之心的动力源泉。

二、人类命运共同体理念深入人心的文化逻辑进路

人类命运共同体理念深入人心不仅需要一定的文化心理基础，更需要倡导国具有其强大的文化自信，具有能够推动其深入人心的文化底气和制度优势，能够为破解世界治理危机提供合理有效的治理方案，并能在倡导的实践中形成共同的价值理念，为其深入人心拓开文化理路。改革开放以来，中国历经数十载的发展，从文化自觉到文化自信，为强化人类命运共同体理念深入人心提供了强大的文化底气；从中国之制到中国之治，彰显了中国特色社会主义制度的优势；从价值认同到共同价值的倡导，凸显人类命运共同体理念深入人心的现实旨归。

1. 从文化自觉到文化自信：人类命运共同体理念深入人心的文化底气

“文化是一个国家、一个民族的灵魂。文化兴国运兴，文化强民族强。没有高度的文化自信，没有文化的繁荣兴盛，就没有中华民族伟大复兴。”[6] 人类文明的发展进程足以表明，一个民族或国家的崛起或复兴，往往是以民族文化或本国文化的复兴为先导。同样，一个民族或国家的衰败或覆灭，也往往以民族文化或本国文化的颓废和萎靡为先兆。就一个民族或国家而言，只有当文化显现出比物质资料更强的力量时，才能实现更高水平、更快步伐的文明进步，才能更具有文化的吸引力，进而赢得其他国家或民族内心的认可和尊重。就其文化发展的进路来看，任何国家或民族的“文化发展就是从文化自觉到文化自信再到文化自强的过程”[7]。文化自觉“在于生活在一定文化中的人对其文化有‘自知之明’，明白它的来历、形成的过程，所具有的特色和它的发展的趋向，自知之明是为了加强对文化转型的自主能力，取得决定适应新环境、新时代文化选择的自主地位”[8]。它是一个国家或民族在文化上的觉醒和觉悟，是对文化在人类社会发展中所占的位置及所起的作用的深度认同和广泛推崇，是对本民族文化的赓续传承和对外来文明的扬弃、借鉴的积极探索和主动担当，是一种内在的精神力量。在此基础上理解其他文化，建立多种文化共同认可的基本秩序，构建人类命运共同体，这正是源自中国共产党以高度的文化自觉引领

中国人民主动面对新形势、新任务、新使命的担当，凸显了“各美其美，美人之美，美美与共，天下大同”的文化理念。

那么，如果说文化自觉是一种意识的觉醒和担当的话，文化自信则是一个国家、民族、政党“对自身文化理想、文化价值的高度信心，对自身文化生命力、文化创造力的坚定信念，对自身文化发展方向和发展道路的执着坚守，对在世界文化激荡交融中保持自身精神独立性的强大定力”。[7]中华民族拥有五千多年的优秀传统文化，在伟大的革命和建设中孕育形成了奋发向上的革命文化，在改革开放的伟大实践中铸就了承前启后、继往开来的社会主义先进文化，创造了中华文化的新辉煌，使中华民族千年来延续着人类发展的文明，以独立的姿态屹立于世界民族之林。中华民族的文化生命力如此强大，我们有理由有底气为之而无比的自信。如今，我们党正引领着中华民族不断地繁荣和发展自身的文化事业，凝练自身的核心价值观，建设社会主义文化强国，实现中华文化的自强。中华文化作为构建人类命运共同体的文化根基，具有无比深厚的历史底蕴和无比强大的前进定力，其文化价值理念深深地影响着世界人民。无论是从文化自觉到文化自信，再到文化自强，意蕴着中华文化精髓的人类命运共同体都有其深厚的文化底气，使其理念深入到世界人心。

2. 从中国之治到构建人类命运共同体：彰显中国特色社会主义制度优势

新中国成立以来，中国共产党带领全国人民在建设中不断建立和完善各种政治、经济、文化、社会制度，先后完成了对农业、手工业和资本主义工商业的三大改造，建立了社会主义制度，形成了“中国之制”的基本结构。历经数十年的发展，中国特色社会主义制度不断地在深化改革中彰显出其强大的威力。改革开放四十余年来，中国经济飞速发展，已跃居世界第二大经济体系，社会和谐稳定，创造了人类史上的发展奇迹，彰显了中国之制的魅力。反观西方，在大肆鼓吹“自由、民主”的资本主义是放之四海而皆准的发展模式时，却对资本主义制度自身矛盾引发的经济危机束手无策。他们在应对经济危机、生态危机、全球危机中陷入了混乱。在全球治理赤字、治理失灵时，中国之制在应对国内国外的各种风险挑战、克服艰难险阻时凸显出了其极大的制度优势。“中国之制”和“西方之乱”形成了鲜明的对比，世界的眼光开始瞩目中国，中国之制正逐步走向世界中心的舞台。中国之制的自信不是盲目乐观，不是无源之水和无本之木，而是具有其充分的理由和底气。这种理由和底气主要源于中国共产党始终以人民为中心，坚持和发展中国特色社会主义道路，不断改革和完善各项制度，形成了完整的制度体系，能够集中力量办大事。正如习近平总书记所说：“我们最大的优势是我国社会主义制度能够集中力量办大事。这是我们成就事业的重要法宝。”[9]中国特色社会主义制度的完善向世界各国展现了“中国之制”的魅力，正不断地以“中国之治”实现着中华民族的伟大复兴，推动着人类文明的进步。从“中国之制”到“中国之治”，“中国之治”不仅彰显出中国特色社会主义制度的优越性，更体现出中国特色的国家治理体制正不断转化为现实的治理效能。中国之治以实现中华民族的伟大复兴为价值目标，为人民谋幸福，体现了治理体系和治理能力现代化的人文情怀。然而，全球是一个开放的世界，世界上“没有哪个国家能够独自应对人类面临的各种挑战，也没有哪个国家能够退回到自我封闭的孤岛”，[6]人类面临的共同危机和挑战需要各国共同参与协商和应对，中国倡导构建人类命运共同体，力求破解全球治理危机，补足世界治理资源的缺失，其根本目标和价值取向是倡导建立开放合作、互利共赢的新型国际秩序，破解全球治理危机，为人民谋幸福。从中国之治到构建人类命运共同体，中国不仅向世界贡献了“中国智慧”，体现了大国的责任担当，更进一步彰显了中国特色社会主义制度的优势。

3. 从价值认同到共同价值的倡导：凸显人类命运共同体理念的现实旨归

“价值观是文化的核心，文化在通常意义上都包含着某个社会群体普遍的价值观、价值取向、理想信念和价值判断等。”[7]先进的价值观对社会、个人都有积极的导向作用，并通常会与不同国家、民族的群体心理共同发挥作用，促进社会的发展，反之，落后的价值观则会倒行历史阻碍社会经济的发展。几千年来的历史表明，一种文化能否强得起来，关键就在于贯穿和凝结的核心价值观是否具有生命力和引领力，是否能体现一个国家、民族的精神和共同的价值追求。正如习近平总书记所指：“对一个民族、一个国家来说，最持久、最深层的力量是全社会共同认可的核心价值观。核心价值观，承载着一个民族、一个国家的精神追求，体现着一个社会评判是非曲直的价值标准。”[10]社会主义核心价值观是在继承和发展了中华优秀传统文化的基础上，并积极借鉴人类文明优秀成果中逐渐形成和发展起来的价值观念，凝结着全党全社会的价值共识，昭示着社会主义先进文化发展的方向和前景，分别从国家、社会、个人的层面向世界展示了中国实现民族复兴的价值观念，有效提升了中国在世界各国中的国家形象。其核心价值观的理念与世界各国爱好和平、追求幸福生活的人民的心愿相吻合，因而得到了越来越多国家的价值认同。与此同时，以美国为首的西方国家一边在广推所谓的“普世价值”时，一边在大肆叫嚣“中国威胁论”“国强必霸论”扭曲中国的价值理念，丑化和抹黑中国，在面对世界治理失灵时却躲在世界迷乱的云雾中，其目的和用心是不言而喻的。在人类正处于世界危机的洪流之际，中国倡导以相互依赖、利益交融、休戚与共为依据，以和平发展、合作共赢为目标，以开放包容、交流互鉴为准则，构建你中有我、我中有你的人类命运共同体，其目的和理念就是要实现不同文明间的交流互鉴、取长补短、共同进步，提取世界各国文明间的最大公约数，在各国“心通意合”中共同构筑人类共同的价值理念。从价值认同到共同价值的倡导，人类命运共同体理念超越了民族、国家和意识形态的界限，凸显了人类同呼吸共命运的现实旨归。

三、强化人类命运共同体理念深入人心的文化实践路径

人类命运共同体思想的提出符合世界各国的利益诉求，有利于推动国际新秩序的建立，人类命运共同体理念虽已逐步深入世人之心，但人类命运共同体理念深入人心不是一帆风顺的，仍面临着单边主义、民粹主义、霸权主义等势力的威胁。它们无时无刻地不想方设法瓦解新秩序，践行着有利和、无利分的政策，给世界的和平制造恐慌和冲突。面对这些挑战，我们需进一步强化人类命运共同体理念深入人心，使人类命运共同体理念深根于世人之心，共同维护世界的和平发展。就中国而言，其实践路径是充分发挥本国传统文

化的力量，大力推动“一带一路”倡议凝聚全球共识，倡导多边主义，带头搭好多边主义的舞台，唱响命运共同体的“和谐曲”。

1. 发挥中华文化包容共生的文化力量，唱响命运共同体的“和谐曲”

随着中国制度优势的凸显，中国道路越发引人瞩目，中国正行稳致远地走向世界中心舞台。中国始终秉承共商共建共享的理念，深受世人认同，人类命运共同体所蕴意的价值理念引发世界共鸣。但人类命运共同体的价值理念不会自发深入人心，需要在人类共鸣的基础上加强各国间的文化交流，寻求文化上的相通。因为社会问题的根源源于文化的失调，各国间的文化失调多源于缺乏求同存异的文化交流。文化是连接各国间的精神纽带，文化间的交流融通必将开辟出一条全新的连接人类命运共同体的“丝绸精神之路”。中华文化博大精深、包罗万象，强调“和而不同”的价值理念和“义利统一”的辩证精神，推崇不同国家、民族间的文化“美美与共，天下大同”，具有极其强大的吸引力和包容共生的文化力量。正如习近平总书记所说：“中华文化崇尚和谐，中国‘和’文化源远流长，蕴涵着天人合一的宇宙观、协和万邦的国际观、和而不同的社会观、人心和善的道德观。”“以和为贵，与人为善，己所不欲、勿施于人等理念在中国代代相传，深深植根于中国人的精神中，深深体现在中国人的行为上。”[11] 人类命运共同体从提出到深入人心，关键就在于人类命运共同体本身所蕴意着义利统一、包容共生的文化价值观，为中国人民塑造了尚平贵和的精神气质、推己及人的文化情怀、强不凌弱的家国观念，使其产生了文化间的共鸣。

正当中国搭建世界和谐舞台，倡导共建人类命运共同体之际，一些西方国家则趁机肆意妄为地制造国际恐慌，大肆推崇“普世价值”，搞意识形态渗透，不断地拆台制乱，干涉别国内政、制裁他国，唯恐天下不乱。中国作为世界上最大的发展中国家，倡导世界各国共建人类命运共同体，其文化价值理念符合世界和平发展之大势，符合世界和平发展理念和联合国宪章的宗旨，并深深根植于中华和文化和深入世界人心。历史表明，自古以来，“中国人民崇尚‘己所不欲，勿施于人’。中国不认同‘国强必霸论’，中国人的血脉中没有称王称霸、穷兵黩武的基因。”[12] 中国始终坚持走和平发展的道路，人类命运共同体中所意蕴的中华文化包容共生的文化力量必将使西方国家制造的“中国威胁论”和“国强必霸论”不攻自破，人类命运共同体的“和谐曲”必将在世界舞台中心唱响。

2. 推动“一带一路”凝聚全球共识，架稳命运共同体的“连心桥”

“一带一路”作为构建人类命运共同体的重要载体，肩负着以全人类利益和福祉为归宿的使命，是进一步强化人类命运共同体理念深入人心的新时代命题。当今世界经济仍处于大调整大变化之中，经济环境仍存在诸多不确定因素，世界主要经济体走势不容乐观，“低增长、低通胀、低需求”的三低态势与“高失业、高债务、高泡沫”的三高风险相互交织，南北发展差距仍然很大，局部动荡此起彼伏，地区武装冲突、恐怖主义时有泛起，网络攻击、重大传染性疾病持续蔓延，粮食安全、能源安全等问题日益凸显，世界到底怎么了，世界到底该怎么办的时代之问再度深受各国关注。“一带一路”根植于中国优秀传统文化，秉承古丝绸之路的宝贵精神遗产，推动丝绸之路沿线国家的文明交流，开展经济、文化、科学、教育等方面的合作，开辟 21 世纪海上丝绸之路，推动世界各国间的文明交流，“以文明交流超越文明隔阂、文明互鉴超越文明冲突、文明共存超越文明优越，推动各国相互理解、相互尊重、相互信任。”[13]架稳人类命运共同体的连心桥。一是以“一带一路”唤醒沿线各国间的共同记忆，助推人类命运共同体深入人心。早在公元前 15 世纪左右，中国商人就把海贝等物品出售到中亚地区，并回购当地的玉石，进行经贸往来，逐步产生了贸易文化交流。汉武帝时期，张骞出使西域正式连接了中国腹地与欧洲诸地的古代“陆上丝绸之路”，并在隋唐时达到鼎盛。西汉时期，古代“海上丝绸之路”兴起于南越国与印度半岛，汉武帝灭南越国后拓宽了海外贸易，中国的丝绸、瓷器等可经海运运往沿线各国及希腊、罗马，随后的一些时代，因为战争、海禁政策等阻却了海上丝绸之路的发展，呈现出“和时兴、战时衰”的态势。二是以“一带一路”汇聚全球共识，促进合作共赢的理念深入世人之心。生活在地球村的人类，各国间骨肉相连、唇齿相依，谁也不能自我封闭地发展，“一带一路”的倡议先后得到了多国的认可，并逐步得到国际社会的高度关注和认同，就在于“一带一路”不仅是中国自身的发展战略，更是致力于开创国际合作的新模式，促进共商、共建、共享的发展模式，推进构建人类命运共同体。三是以“一带一路”践行共同发展目标，平等共享发展成果。“一带一路”倡议源于中华文化精髓，其宗旨是造福中国人民的同时更造福世界各国人民，发展机会和成果同属于世界。大力推进“一带一路”凝聚全球共识，架稳人类命运共同体理念深入人心的连心桥，是进一步强化人类命运共同体理念深入人心的关键之策。

3. 摒弃单边主义，搭好世界多边主义的舞台

单边主义是指“不顾其他当事方态度而一意孤行推行自己政策的行为。”[14]是以美国为首的部分西方国家所热衷推行的政策。近些年来，在国际局势大发展大变局的时代境遇下，单边主义的势头日趋突出，动辄就极限施压，退群毁约，不择手段打压别国，破坏全球治理体系，加剧世界和平赤字，在单边主义的道上越滑越远。奉行单边主义看似为了本国利益而一意孤行，实则更容易导致“捡了芝麻丢了西瓜”，对国际社会而言，单边主义更是一种威胁，是一种破坏国际社会和谐稳定的势力。各国应在世界危机中团结起来，摒弃单边主义，以实际行动维护和践行多边主义，加强多渠道的合作，推动构建人类命运共同体，“让多边主义的火炬照亮人类前行之路”。中国之所以要倡导践行和维护多边主义，是因为多边主义所意蕴着的核心要义集中展现了中华和文化的精髓，中华和文化倡导天下一家、协和万邦的文化精神与多边主义的理念殊途同归。多边主义与单边主义不同，多边主义以平等为基本前提，无论国家大小强弱，所享有的权利平等、规则平等、机会平等；以互利为目标引领，摒弃短视行为，以合作为行动导向，倡导将合作作为国际交往的主要方式，反对霸权主义和强权政治，强调协商是解决问题、推动发展的正确方式，其核心要义是“国际上的事应该由大家商量着办，不能由一国或少数几个国家说了算。”[15]各国间应互相尊重、平等协商、开放包容、遵规守制、合作共赢。中国作为多边主义的重要支柱，充分发挥着责任大国的作用，以实际行动积极践行参与全球发展与全球治理的协商，

在应对单边主义愈演愈烈、“退群”废约和分离主义风险上升、全球化负面影响持续发酵的复杂环境中，中国践行了维护多边主义的立场，“以维护世界和平、促进共同发展为目标，以维护公平正义、推动互利共赢为宗旨，以国际法和公认的国际关系基本准则为基础，”[16]为创新多边合作理念贡献中国智慧，为完善现有多边机制提供中国方案，为创设多边合作新平台践行大国责任，为凝聚多边国际合力发挥纽带作用，助力搭建好世界多边主义的舞台，深入推进人类命运共同体理念深入世人之心。

总之，人类生活在同一个地球家园，是同命相连的命运共同体，维护世界的和平稳定是世界各国的共同责任，任何国家或民族都不能坐视不管或独断专行。在当今人类社会发展的洪流中，“保护主义”“单边主义”是没有任何出路的，唯有多边合作才是大势所趋。各国人民应摒弃单边主义，践行和维护多边主义，倡导国际上的事由各国共同商量着办，世界的前途命运应由各国人民共同掌握，共担时代责任，共促全球发展。中国倡导构建人类命运共同体，正是基于当今世界面临的“发展赤字、和平赤字、治理赤字”等问题而提出，旨在与世界各国协商和维护世界的和平发展，秉承合作共赢的价值理念，以打破“单边主义、保护主义、霸权主义”赢者通吃或一家独大的不良格局，建立国际新秩序，共同维护世界的公平正义，契合了世界各国人民的心声，符合人类社会发展之大势，其理念已深入人心，并将继续在“中华和文化”的感召力及“一带一路”的推动下进一步拓宽深入的路径，在多边主义的世界舞台上得到强化和巩固。

参考文献

[1] 中国共产党第十九届中央委员会第五次全体会议公报 [EB \ OL]. 2020-10-29 日，中国共产党新闻网：http://cpc.people.com.cn/big5/n1/2020/1029/c64094-31911510.html.

[2] 中共中央马克思恩格斯列宁斯大林著作编译局. 马克思恩格斯全集（第 42 卷）[M]. 北京：人民出版社，1979：96.

[3] 韦建桦. 马克思恩格斯文集（第 1 卷）[M]. 北京：人民出版社，2009：505 +571.

[4] 卞慕东. 人类本性的“类”哲学探究 [J]. 求索，2001 (06)：86.

[5] 李包庚. 人类命运共同体：破解全球治理危机的中国方案 [M]. 北京：当代中国出版社，2019：14.

[6] 习近平. 决胜全面建成小康社会 夺取新时代中国特色社会主义伟大胜利——在中国共产党第十九次全国代表大会上的报告 [M]. 北京：人民出版社，2017：5+58.

[7] 张江. 建设新时代社会主义文化强国 [M]. 北京：中国社会科学出版社，2019：18+80.

[8] 费孝通. 文化与文化自觉 [M]. 北京：群言出版社，2016：403.

[9] 王远. 习近平会见世界卫生组织总干事谭德塞 [N]. 人民日报，2020-01-29 (1).

[10] 习近平. 习近平关于社会主义文化建设论述摘编 [M]. 北京：中央文献出版

社，2017：112.

[11] 习近平. 在中国国际友好大会暨中国人民对外友好协会成立60周年纪念活动上的讲话 [EB \ OL]. 2014-05-15，中国文明网：http://www.wenming.cn/specials/zxdj/xjp/zyjh/201407/t20140711_2056518.shtml.

[12] 习近平. 弘扬和平共处五项原则，建设合作共赢美好世界 [N]. 人民日报，2014-06-29 (2).

[13] 习近平. 携手推进“一带一路”建设 [N]. 人民日报，2017-05-15 (2).

[14] 李姝睿. 多边合作才是大势所趋 [N]. 解放军报，2019-02-27 (04).

[15] 习近平出席金砖国家领导人第十一次会晤并发表重要讲话 强调要倡导并践行多边主义 深入推进金砖国家新工业革命伙伴关系 坚持扩大对外开放 努力构建人类命运共同体 [N]. 人民日报，2019-11-15 (2).

[16] 习近平. 携手努力共谱合作新篇章——在金砖国家领导人巴西利亚会晤公开会议上的讲话 [N]. 人民日报，2019-11-15 (2).

县级政府社会矛盾化解的系统集成路径：问题导向、逻辑结构与效能转化

侯丹丹　陈建斌*

摘　要：自我国从总体性社会过渡到多元化社会以来，县级政府既担负着推动经济社会稳定发展、满足民众整体需求的政治责任，又要突破“目标差异化”“力量碎片化”“资源分散化”等社会矛盾化解困境。以系统集成路径推进县级政府社会矛盾化解是形成县域治理生态的必然选择，县级政府应以多元化思维为导向，优化宏观集成环境，合理运用集成工具，促进集成主体间的有机衔接与联动协同、制度完备、功能完整、运转高效的社会矛盾化解系统。在此基础上，推动县级政府社会矛盾化解“一大一小”的目标集成，建构纵横协同配套的制度集成，形成数量、质量、效率有机统一的效果集成，以系统集成的路径增强县域社会矛盾化解的整体性、协同性，拓展矛盾化解的广度与深度、质量与效益，有力有序地推进县域治理体系和治理能力建设，促进治理效能转化。

关键词：系统集成；县级政府；社会矛盾；效能转化

随着我国改革进入攻坚期和深水区，相关的改革任务和改革内容涉及的制约因素更加复杂、所要触动的利益结构相对固化，进而造成社会矛盾尖锐化，引发中国社会矛盾的根源问题不再是政治诉求而转为民生需求。县级政府作为上级政府政策的单向执行者存在于我国的行政体系结构中，面对利益群体的多元化诉求时，容易直观地将复杂的因果关系转换为单纯的线性关系，忽视了协调各方利益的系统化路径，如此一来，反而增添新的矛盾与冲突。作为直接面对民众的服务者，县级政府的社会矛盾化解能力直接影响民众福祉的实现程度，并进而影响着国家治理体系和治理能力现代化建设。基于此，如何优化县级政府社会矛盾化解路径是一个兼具理论与现实的研究热点。

学界针对地方政府化解社会矛盾的研究，涉及基层治理、社会治理、冲突管理等诸多领域，主要围绕矛盾化解主体、化解方式、化解机制等方面，既有规范研究也有实证研究，不仅有国家—社会视角下的制度建构研究，还有主体—行为视角下的协同互动研究，然而随着社会矛盾联动性加强、复杂性加深、分散性凸显，已有的单一化路径已经无法有

---

* 侯丹丹，湘潭大学公共管理学院在读博士生；陈建斌，湘潭大学公共管理学院教授。

效应对。20世纪90年代，Andrew Dunsire 提出了“整体性治理”（holistic governance），随之，整体性治理理论开始广泛应用于指导县级政府社会治理体制机制创新。对学习和改善“官僚制体制”的中国而言，整体性治理涵盖了各种治理逻辑，是一个契合当前改革需要的理论。此外，整体性治理在理念上强调责任和公共利益，组织框架上强调无缝隙政府，运行机制上提倡“整体性”服务，技术运用上强调信息技术的重要性，这无疑对思考我国县级政府社会治理创新具有启示意义。总体来说，整体性治理是社会公共事务日益复杂化、关联化与政府管理模式碎片化之间矛盾的衍生品，通过突破主体条块分割的界限，弥补了资源碎片化、价值碎片化、部门碎片化、对象碎片化等缺陷，从社会整体的视角调处社会矛盾，回应社会公众的现实需求，从一定程度上避免了纵横交错的层级间、部门间、功能间、群体间因寻利而造成的资源浪费和无效无序竞争，成为当前社会治理新范式。整体性治理的新范式是一个具有强大解释力的理论分析工具，兼具理论创新性和现实可行性。但县域本质上是一个由政治、经济、文化、社会等多元要素构成的系统有机体，与之对应的县域社会治理更是一项庞大而复杂的系统工程，为使系统趋于完整、保持平衡，在决策时，必须重点协调县域社会治理相关子系统间关系，将各个子系统的特性放到大系统的整体中去权衡，以整体系统的总目标来协调各个子系统的目标，必须创新县级政府整体性治理的具体路径——系统集成路径，在现代化建设中应该尽最大的努力提升化解社会矛盾子系统，以系统集成的路径激活社会治理中不同子系统的内在动力，拓展社会治理的广度和深度，化解县域社会矛盾。冲突的应对和矛盾的化解就是县域治理系统不断反省与进步的过程。作为我国的基层政府，县级政府如何从根本上满足民生需求，进而化解社会矛盾并维持地方经济社会稳定发展，使得各个子系统相互联系、相互作用，构成有特定功能的统一整体？换言之，本文关注的问题是县级政府如何以整体性治理为出发点，通过系统集成路径的自我革命、提升行为能动性、降低制度运行成本、增强制度回应能力以达到整体功能倍增，将社会矛盾化解在基层，优化县域治理系统，以达到维持社会稳定和维护人民根本利益的根本目标。

一、问题导向：县级政府社会矛盾化解系统集成路径缘起

中国的郡县制自秦开端，作为一级行政组织和政权管理机构一直是中国社会、经济生活最稳定的层级。县级政府担负着社会稳定最重要的主体责任，在实行善政、服务民众方面，任何行政权力主体均不足与县级政府相提并论，所以自古以来就有“郡县治、天下治；郡县安、天下安”之说。县级政府由于处在我国城乡结构的交汇点、“上下分治”治理体系的交叉点，必须直接面对基层老百姓的喜怒哀乐，处在预防和化解各种社会矛盾的关键前沿位置，如果对老百姓的实际困难和切身利益视若无睹、置之不理或者采取简单粗暴的方式企图回避压制，都将使由此产生的社会矛盾叠加、聚合，并呈现复杂化、多样化、组织化等特点。在经济面临“三期叠加”、改革进入“深水区”的大背景下，县域利益机制也悄然发生了改变，原有的系统结构功能及子系统之间的互动关系均发生了相应变化，治理系统秩序无法适应变化了的规则要求，各个子系统之间原本的平衡被打破，系统

必然遭遇重构。这种动态的变化不仅体现在各个子系统之间竞争合作关系的重塑，还表现为系统整体的发展和稳定性重建。显然，过去的单项突破或局部突进的方式已无法适应当下社会矛盾化解要求，加上对行政手段过分依赖等问题，使基层政府社会矛盾化解面临许多困境，也因此给县域经济社会发展带来了很大压力。

（一）“目标差异化”：化解目标设定偏移

县级政府社会矛盾化解“目标差异化”是指县级政府在应对社会矛盾的过程中遵循“不出事”逻辑，采取策略型治理、消极化治理等措施，寻求“刚性稳定”，以政府“压制型模式”予以回应。由于县级政府处在行政体制倒金字塔的末端，维稳工作时常被打上“政治任务”的标签，上级部门一般以刚性指标来督促县级政府向当地人民负责，县级政府干部在面对重重压力的情况下改变了社会矛盾化解目标：不期望从根本上解决实际问题，而是通过“严防死守”等管控化的社会管理方式，尽量避免“生事”，尽量“摆平”矛盾，为实现“矛盾不上交”的硬指标，甚至作出不该有的妥协。当前我国的社会矛盾已不是非对抗型社会矛盾而是利益冲突型社会矛盾，绝大多数社会矛盾的产生是因为利益分配不协调，在县域范围内主要表现为征地、拆迁、劳工权益等等，这些问题经过交织叠加从而成为新的社会矛盾。与政治矛盾有所区别的是，利益矛盾原本是政府可以通过理性的方式有效解决的，而县级政府在维稳的道路上，屏蔽了许多人民群众合理合法的利益诉求，被迫让他们走上维权道路，甚至进一步将原本的利益冲突激化为群体性事件。

当然，这种“不出事”逻辑是改革开放后特殊的经济社会环境以及我国央—地体制下，县级政府作为理性人的利益最大化选择，简单的褒贬评价并不合适。事实上，县级政府在这种“不出事”的稳定逻辑下，本身承载了外界难以想象的巨大压力，愈到基层愈发明显，如何在维持社会稳定和满足人民需要二者之间保持有机平衡，是县级政府仍需不断探索的。

（二）“力量碎片化”：化解主体联动困难

县级政府社会矛盾化解力量碎片化是指社会矛盾化解过程中多元主体沟通困难，纵向部门“条块分割”严重，横向机构职责冲突，整合力较弱的情况。中国经济发展成就举世瞩目，但是社会建设相对滞后，社会治理赤字较大，究其原因就是国家治理资源的核心——国家行政体系伴随着社会经济发展而过于膨胀，而社会组织发展相对滞后。县级政府作为国家治理的基础，不能完全依靠政府来解决群众的利益诉求，必须形成社会治理创新多元主体的互动合作，需要来自政府、群团、社会、公众等多部门多主体的广泛参与，增加一种高效的协同，推动总体应对，形成化解合力。纵向上，过分强调与上级政府部门的条条对接，造成部门分割、效率低下；以及来自上级政府的压力传导递减，造成的“上热下冷”现象。横向上，部门机构之间缺乏弹性机制，管理系统单位之间、部门之间协调沟通不畅，从而导致部门应急联动性较差。

科学的权力配置、协调的机构运转、有效的监督手段，是一个国家和地区政治文明高水平发展的必要条件。党的十九届三中全会指出推动党和国家机构改革，不能因为行政体制上的机构重叠、职责交叉出现权责脱节。“力量分散化”给县级政府社会矛盾化解带来了巨大挑战，既造成了政治运行成本的负担，也限制了治理主体行动能力的提升，在矛盾冲突爆发后很难达成默契的协调配合，决策部门无法纵观全局并对突发事件的后续发展进行合理推断，更难以进行有效联动，因此错过最优化解时间和决策失误。

（三）“资源分散化”：化解资源配置受阻

县级政府社会矛盾化解“资源分散化”是指县域内的人力、财力、治理资源过于分散。不断增强的流动性造成了现代社会的不确定性，也让社会治理更加寻求稳定的秩序，但秩序建构对资源整合程度有较强的依赖性，能否积极开发并整合资源是社会治理创新的逻辑起点。当前，县域内社会矛盾化解的各种资源以县级政府为中心的一元化较为严重，社会组织、群众力量弱化，造成了资源投入力度不够，分散情况较严重。由于县域内社会矛盾存在问题根源在上，矛盾爆发在下的问题，社会矛盾涉及面广导致管理存在着盲点和真空，资源下沉方式和内容缺乏精准设计，导致基层不仅接不住，还造成无端浪费和梗阻。在技术手段落后、有效资源限制的情况下，开展的县域治理始终是“无效的”创新，最终无法落到解决人民现实需求的目标上。因此，资源下沉的力度和强度决定着社会矛盾化解工作的进程，通过合力互动的矛盾化解网络，有效地开发人民调解、行业调解、行政调解、司法调解等多重解纷资源，推进各类资源下沉并进行有效的配置，实现社会矛盾化解从单纯依靠县级政府到寻求多元主体的互动合作，最终达到托起人民至上的目标。

“目标差异化”“力量碎片化”“资源分散化”体现了我国社会矛盾从“矛盾化解”到“社会治理”的演进逻辑，从追求行政权力主导下的利益整合、冲突协调到多元主体的共建共治共享，并以此构成了县域社会矛盾频发的基本维度，由于三重困境相互交错，县级政府社会矛盾化解能力难以有效发挥作用，甚至采取“运动式”化解的方式追求“刚性稳定”，呈现非规则化倾向，导致社会矛盾化解目标、方式和重心异化，出现一种“越解越难”的怪圈。因此，县级政府必须以目标一致为前提、力量聚合为关键、资源整合作基础，摆脱刚性维稳模式的实然困境，探索适应新形势下满足人民需求并维护社会繁荣稳定模式的应然向度。

二、基本属性：县级政府社会矛盾化解系统集成路径的内涵与结构

（一）县级政府社会矛盾化解系统集成路径的内涵

系统集成的概念是基于系统论和集成论提出的，但当前国内外并没有一个准确的定论。1937 年路德维希·冯·贝塔朗菲（Ludwigvon Bertalanffy）提出了系统论。他认为一个系统就是一个整体，这个整体由彼此不同的部分构成；越是多样性中含有统一性和统一性中含有多样性，这个系统越是显现出复杂性。随着科学技术的不断发展，系统论广泛应用于统计学、计算机科学等交叉学科，人们发现许多社会问题并不是孤立存在的，这些现

实问题之间具有高度的整体性、系统性和关联性，人类需要处理越来越“复杂、变化、多样”的问题。近代科学以简单性思维方式为核心的还原论，不再能够妥善解决各类复杂情境，也无法适应不断发展的人类社会，由此，催生了系统论这种崭新的、有效的科学方法和思维范式。

当下较为成熟的系统论方法主要分为三种，即开放性与系统性并重的整体性系统思维、非线性与自组织性兼容的协同性系统思维、适应性与生成性并存的突现性系统思维。贝塔朗菲曾指出，“我们被迫在一切知识领域中运用‘整体’或‘系统’概念来处理复杂性问题。”可见，系统科学和系统哲学自诞生起，就旨在为人类认识和处理世界复杂性问题提供一种新的整体的系统思维方式。随着整体论在多学科的发展和演变，系统论这种对“整体性”给予特别关注的思维方式也得到了更多学科的认可和应用。

集成论最早由三要素构成逐步拓展为五要素、七要素，即为实现特定的目标，集成主体创造性地对集成要素进行优化，并按照一定的集成关系构造成为一个有机整体系统（集成体），从而更大程度地提升其整体性能，适应环境的变化，更加有效地实现特定功能目标的过程。学界对于集成的理解相同之处在于肯定集成是要素的集合，其内在动机和基本思想是整合增效，即以要素的整合为手段，达到系统增效的目的，虽然“集成”本身具有融合之意，但在具体实践中将集成简单理解为机械组合并不可取。管理学认为系统集成的本质含义是通过思想观念的转变、组织机构的重组、流程的重构以及信息系统的开放互连，使整个机构彼此协调地工作，从而发挥整体上的最大效益。这种角度是从管理的思想出发，运用系统集成的方法论，摒弃技术万能的谬误，提倡以系统能够发挥最优化效能为目标的，体现以人为本、多元主体参与和网络化治理的原则，改造的某种行为过程。由原初意义上讲，系统集成旨在整合资源、衍生创新、分散风险、降低成本、加快发展、提高效益。

本文提出的系统集成是指县级政府在化解社会矛盾过程中，坚持全局意识，通过优化外部环境，协同多元主体进行风险联动，整合化解资源、创新化解工具、降低化解成本，以实现提升人民满意度的最终目标。系统集成是一种主动地寻优过程，而不是一般性的集中、汇聚，具有主体行为性、工具创新性、动态开放性、整体优化性的特征。(1) 主体行为性，即集成主体为实现目标而主动进行的一种有意识的干预、选择行为，这也构成了系统集成整体运作的核心要素。(2) 工具创新性，即完成集成过程所创新采用的手段和工具，主要包含物理技术、信息技术、制度，各类集成工具也越发趋向于“无形”。(3) 动态开放性，即集成系统并不是静止孤立的，而是一个全方位开放的、与外界信息有着密切联系的动态格局，在其相应的周期系统时间内，必须不断与外部环境进行交换和作用，以更新自身的要素构成动态匹配这些变化，延长系统生命周期；外部环境的影响也会导致集成要素发生量变，甚至质变，导致集成体的功能和作用发生变化。(4) 整体优化性，即集成主体通过分析和确定分工与集成的效率边界，对集成要素进行有意识的优化、整合，并根据外部环境进行实时重组、更新，为其增加新的功能，从而使其一改往常寻常的线性变化，带来非线性动态作用，实现整体的功能倍增性或功能涌现，达到“绩优集成”。

（二）县级政府社会矛盾化解系统集成的逻辑构成

有学者从完善基层治理研究范式出发，演绎了从抗争性政治到创造性政治的逻辑，分析了中国现阶段基层社会矛盾的特征，认为治理路径应该循着化解思路来进行。因此，许多地区纷纷探索基层矛盾化解机制多元化路径，例如“枫桥经验”等，部分地区结合本地实际建立了社会矛盾纠纷调处化解中心，但由于社会矛盾的多样化与复杂化，多数仍处于从空间整合向机制集成融合的推进阶段，还有不少需要改进的地方。比如，中心运行机制有待进一步健全完善，上下联动、网上网下衔接还不够紧密，矛盾化解集成办理的实效还需增强；部门信息资源未能充分共享，影响了矛盾纠纷源头预警预防工作成效；中心进驻人员的日常管理需进一步统一规范。社会矛盾化解系统集成路径要求县级政府更加侧重于县域治理体系的完善，运用系统化思维、集成化方法，在小切口和堵点、难点的基础上，凸显方方方面面的统筹和配套，也就是既能够善作善成又臻于浑然天成。在国家与社会关系迈入双向调适新阶段，结合系统集成主体行为性、工具创新性、动态开放性和整体优化性的特征，县级政府应遵循培育协同多元的集成主体（object）、优化协调配套的集成工具（tool）、打造格局统一的集成环境（environment）三位一体的逻辑构成，形成相互借力、共同深化的社会矛盾化解体系，从而推进整体效能转化，形成县域治理新常态。

1. 集成主体

随着经济社会的发展和利益结构的愈加复杂，任何一个政府都无法成为“全能政府”，做到面面俱到，民众或许在某些领域可能会感受到政府职能的缺失，从而极大损害对政府的信任感。基于此，相比一个在政治上相对比较中心化的体制，公共治理层面更需要一个数据、管理职能向外围分布的多中心化集成主体。传统的社会管理模式主要借助于政府的行政管理，依赖行政权力的层级化路径来实现社会管理的目的，这种“中心—边缘”式的线性格局忽略了多元主体的共同参与。伴随着人民群众在参与社会事务方面的利益诉求张力更加明显，社会法治更加健全、专门化社会组织不断发展、自组织不断涌现、网络空间不断延伸，从社会一元化管理向社会多元化治理的转换也逐渐具备了深厚的实践基础。

作为掌握知识、资源、能力等集成要素的对象，集成主体应该包含党委、政府、司法、社会组织以及个人。首先，始终坚持党的领导是应对社会矛盾的根本法宝。党的十九大提出“党政军民学，东西南北中，党是领导一切的。”由于我国政治信任呈现不均衡分布的特征，总体来说是对高层信任感较强而对基层信任感较差，人们对基层不信任大概也与基层工作人员认识水平欠缺及由此导致的工作作风问题有关，基层党委负责人必须做到明责、履责、问责，提升共情能力，站在人民的角度对矛盾进行研判。其次，县级政府是人民利益诉求的集中表达地，政府应主动担责，行使“责任政府”职能。责任政府要求政府主体在行使社会管理职能过程中，积极主动地就自己的行为向人民负责，做到政府权力与责任相统一。再次，司法行政信息数据要及时反映社情民意，为党委、政府决策提供参考和依据。切实加强对矛盾纠纷排查调处工作的协调指导，及时把握基层矛盾纠纷动态，及时研究矛盾纠纷的新情况、新特点、新规律，当好县级党委政府预防化解矛盾纠纷的参谋助手。积极引导鼓励律师、基层法律服务工作者通过担任调解组织法律顾问、驻调委会接访、参与疑难纠纷调解等方式，发挥专业法律服务力量的作用，让人民调解工作在阳光下公平、公正、公开运行，不断提高在群众中的公信力。同时，社会组织是县级政府实现社会治理职能的支持者和配合者，更是政府与公民沟通的重要载体与桥梁。社会组织通过组织化的行为，将一些具有共同价值取向或利益需求的民众聚合在一起，将公民分散的个体凝合成团体的力量，使得各种零星的、微弱的吁求转变成统一的、具有一定影响的社会诉求，将参与者对政府的要求、意愿、建议和批评等诉求进一步凝练和提升，为普通民众搭建了一条有效影响公共权力的途径，充分发挥社会组织在维护社会稳定"第一道防线"的作用。最后，十九届四中全会提出，要建设人人有责、人人尽责、人人享有的社会治理共同体。人民群众担负着共同建设、共同治理的责任，拥有着共同享有的权利。当人民群众在共同建设、共同治理、共同享有过程中发生冲突与矛盾之时，县级党组织应该总揽全局、协调各方，组织发动人民群众做好人民群众的工作，使人民群众成为共同建设、共同治理、共同享有的重要主体。由此，建立党委主导、政府负责、司法保障、社会联通、民众协同的多元系统集成主体。

2. 集成工具

由于县域社会矛盾纷繁复杂，集成工具的创新性体现在由合法化、正当化的行政执法，前移至更为民主化、科学化的行政决策，从传统的"救火式"管理转向新型的"防火式"治理。但对已有社会矛盾的处理，仍可能牵一发而动全身，如果"就事论事"解决某一群体而不"瞻前顾后"其他群体，有可能"按下葫芦浮起瓢"，造成群体之间相互攀比，产生新的矛盾和问题。因此，县级政府社会矛盾化解，应在坚持不突破中央政策底线、不引发攀比和连锁反应的原则下，创新运用法律、行政、经济措施和教育、疏导、协商方法，多策并举，探寻最优解，促进集成工具"无形"化。对合情合理、政策没有明确规定禁止的群体诉求，可运用现有的廉租房、低保、医保、养老保险、民政救济等政策稳妥解决；对既不合情合理，也不符合政策法律规定的群体诉求，做好说服教育和宣传疏导工作。党的十九大强调，加强预防和化解社会矛盾机制建设，正确处理人民内部矛盾，按照新时代新要求，创新化解社会矛盾工具应用，在机制创新和科技运用有机结合上下功夫。健全刑事和解机制，以"平和执法"促进社会矛盾化解；信访问题是社会矛盾的具体体现，建立涉检信访化解机制，以"理性执法"促进社会矛盾化解；转变群众上访为领导下访；完善多样化的利益诉求表达机制，畅通社情民意的表达渠道；更新管理技术和管理理念，对处在化解矛盾各节点上的职能部门之间建立有效信息传递和网络技术联系，通过可视化全面控制，提升诉求响应时间，提高民众满意度。通过创新集成工具的使用，始终保持与人民群众近距离对话、博弈、妥协以凝聚共识，获取全社会意愿和需求最大化，实现"最大公约数"的治理。

3. 集成环境

环境对系统集成的正面作用可以促进其功能的发挥，并可使其可持续发展，反面作用制约集成功能的发挥，使其功能退化，中性作用则无明显激励或约束作用。集成环境主要包括主体环境、资源环境、技术环境、舆情环境。集成环境的变动，政治、经济、社会状况及政策的调整，都会影响县域资源获取和治理结构稳定，从而带来治理系统集成主体、集成要素之间的变化。首先，随着社会主义市场条件下社会经济成分、组织形式、就业方式、利益关系和分配方式“四个多样化”趋势的进一步发展，在原有的工人、农民、知识分子之外，出现了新的社会阶层和利益群体。他们在根本利益一致的前提下，发生了具体利益的分化，相互之间存在利益的差异、矛盾甚至冲突。受社会文化意识形态化制约，积极沟通的精神氛围欠缺，社会组织信息功能不畅，导致信息传播反馈障碍；利益分配不公平，社会权利发展不均衡，权益分享的体制机制性不和谐，导致缺乏内在认同协作的利益协同基础。县级政府应该摒弃过去一元化为主体的治理模式，形成社会治理主体多元化格局，推进社会治理社会化发展，营造非线性的组织系统主体性环境。其次，基层政府管辖面积较大，开展矛盾识别工作地域范围广泛，但基层人力资源十分有限，造成了县级政府矛盾识别的覆盖面积不够，很容易存在空白点、盲点。针对“资源倒挂”情况，必须配合行政体制领域的改革，让处在治理末梢的基层政府决策自由，用人民的满意度代替上级政府的“硬指标”。再次，部分县域技术发展较为滞后，信息收集困难，县级政府必须将新一轮的技术革命成果嵌入社会矛盾排查和化解中，以便县级政府干部及时捕捉当地群众思想可能发生偏差的情况，最大可能发现一些较为隐蔽的矛盾冲突点。最后，随着社会开放程度的提高，网络社交媒体的兴起，信息传播交互更加自由，越来越多的群众通过网络空间参与政治生活，各种社会焦点问题、群体性事件也更加容易引起网络上的广泛讨论，互联网日益成为社会各阶层利益表达、情感宣泄和思想碰撞的平台，由此造就了一个全新的舆论环境——网络舆情环境，县级政府必须加强对网络舆情的监测、研判和引导，实现舆论的增值。

三、县级政府社会矛盾化解系统集成路径的效能转化

由于当前基层政府社会矛盾化解面临着“三重困境”交叉的情况，单纯解决其中某一方面的困境不足以解决这种复杂的情况。因此，县级政府应以提升人民群众满意度为目标，以目标集成化解“目标差异化”困境；集成目标的确定决定了集成工具的选择，随着集成工具趋于“无形”，从技术集成过渡到制度集成也就成为必经之路，应以制度集成化解“资源分散化”“力量碎片化”困境；通过制度集成，将各项制度法规从“纸上”落到“地上”、走进“心里”，达到最终的效果集成，从而最大限度激发系统集成化解社会矛盾的效能转化。

（一）目标集成

县级政府化解社会矛盾的系统集成旨在实现“一大一小”的目标集成，即人民满意程度最大化，社会治理成本最小化。“知屋漏者在宇下，知政失者在草野。”党的十九大报告提出了新时代我国社会主要矛盾是人民日益增长的美好生活需要和不平衡不充分的发展之

间的矛盾。这意味着必须把新时代人民对美好生活的向往作为党和国家的奋斗目标，以人民需求为导向。因此，县级政府化解社会矛盾的出发点应与人民的需求保持高度统一，树立人民群众利益是工作目标，群众满意是评价标准的工作理念，全力提升群众满意率，通过持之以恒地不断提升治理绩效和优质的公共服务与产品来满足人民的需求，用日新月异的发展绩效取信于民。在保证政府目标与人民目标一致的前提下，尽量节省社会治理成本，提高县级政府的整体柔性。社会治理成本是指县级政府为实现地区经济社会发展，所耗费的天然资源和人力资源。国家的快速崛起与发展，实际上是社会治理高效的具体体现，而社会治理的高效，受制于政府成本的高低程度。在中国社会发生巨大变革的过程中，由政府包揽社会一切事务显然十分困难，社会权利、社会利益的非均衡发展使各社会阶层矛盾加剧，从而导致社会内聚力降低，社会治理运行控制费用及沟通协调费用刚性增加，促使社会治理管控统辖、沟通协调、资源整合成本上升。县级政府应该以合作治理理论（collaborative governance）为逻辑起点，通过系统集成的路径化解社会矛盾，充分发挥非政府组织和个体的主动性，建立以利益协调为核心的成本评估机制，充分考虑各利益主体的诉求，达成合作共担的共识，满足社会需求，弥补政府行为不足，降低治理成本，提高公共管理效率。

（二）制度集成

制度是一种规则，有助于减少行为的不确定性，进而促成秩序形成，而实现制度建构的关键在于形成制度集成。国家治理的现代化水平最终体现为制度体系的整体效能，既有横向的制度集成，也有纵向的制度集成。县级政府应该在动态的制度演进优化中，更好地发挥制度执行主体的主观自觉努力，注重把握各项制度之间的内在联系和辩证关系，站在整体和全局高度，统筹协调和推动各领域、各子项、各事项间的制度创新，避免出现“碎片化”“分散化”“单打独斗”“创新成果相互抵消”等不利局面，不断推进制度优势与治理效能的协同提升。制度集成并非各项制度的简单累加，而是更为注重顶层设计和内部协同，把已有的各种政策制度有机地组合起来，使蕴含其中的创新要素交叉融合、相互激荡，以构成一种新制度，创造出更大的体制机制活力，是一种比单项制度创新涉及面更广、系统整体性更强且更为复杂的创新，也是最能彻底解决纷繁的社会矛盾问题、达成制度初衷的一种创新，具有系统性、整体性、协同性的特征。针对当前群众反映强烈的、带有共性的问题，加强政策研究，完善相关政策，注重政策配套。充分考虑各项矛盾化解举措时间的关联性、耦合性，做到眼前与长远相统筹、全局与局部相配套、渐进和突破相衔接。要更加注重政策协同配套，促进各项改革举措在政策取向上相互配合、在实施过程中相互促进、在改革成效上相得益彰，发生“化学反应”，推动制度优势转化为治理效能。中共中央印发的《法治中国建设规划（2020—2025 年）》，对“完善群众参与基层社会治理的制度化渠道”“完善人民调解、行政调解、司法调解联动工作体系”“整合基层矛盾纠纷化解资源和力量，充分发挥非诉讼纠纷解决机制作用”等作出具体部署，为县级政府构建法制化、专业化、科学化的矛盾化解制度集成指明了方向。

（三）效果集成

坚持数量、质量、效率三个要素的有机统一，把“矛盾不上交”作为衡量县域治理水平的重要标准，形成以“三个效果”（法律效果、政治效果、社会效果）有机统一为标准的考核评价机制，促进基层社会矛盾化解从“化讼止争”向“少讼无讼”转变，推动建立从源头预防、非诉化解、多元解纷矛盾解决链，实现矛盾“终端”与诉讼“前端”无缝对接，让大量纠纷通过前端防控体系止于未发、化于萌芽。2021 年，最高人民法院院长周强在作最高人民法院工作报告时提到，全国法院受理案件数量出现 2004 年以来的首次下降，特别是民事案件以年均 10％的速度增长 15 年后首次下降。2020 年全国各级人民法院新收一审民事案件 1 313.6 万件，同比下降 5.17％；全国检察机关接收群众信访 92.7 万余件，信访总量下降 4.3％，重复信访量下降 13.8％。在数量下降的同时，2019 年民事案件诉前调解成功共计 145.5 万件，2020 年民事案件诉前调解成功增长至 424 万件。截至 2020 年底，3 502 家法院全部实现与人民法院调解平台对接，调解平台应用率达 100％。平台入驻调解组织 3 万余个，调解员 16 万余人，覆盖了金融、劳动争议、知识产权等专业程度较高的纠纷领域，形成了类型多样的解纷资源库，累计调解案件超过 1 360 万件。上述数据表明，以系统集成路径为依托的“一站式”多元矛盾化解机制日益发挥作用，整合各方资源，推进资源共享，诉前调解成功案件越来越多，大量诉前调解成功案件自动履行，增强了化解能力，提高了化解效率，矛盾在基层得到有效化解，大大减轻了人民群众的诉累，充分缓和了社会矛盾冲突，有力促进了社会和谐稳定，做到了真正的“定纷止争”。

党的十九届五中全会指出，要完善共建共治共享的社会治理制度，坚持和发展新时代“枫桥经验”，完善各类调解联动工作体系，构建源头防控、排查梳理、纠纷化解、应急处置的社会矛盾系统综合治理机制。只有系统而不是零散、普遍联系而不是孤立地去把握规律、研究问题，才能构建出完整的、联动的、行之有效的系统集成路径，让每一个矛盾化解的处理结果经得起法律、政策和历史的检验，提高社会矛盾化解的整体效益。

四、结语

社会矛盾是社会发展中不可避免的一种社会常态，无法完全消除，不断堆积的社会矛盾容易最终成为矛盾冲突事件，例如贵州“6·28”事件，时任贵州省委书记石宗源一针见血地指出：“这起事件有深层次的原因，一些长期积累的社会矛盾没有得到应有的重视和妥善解决，导致干群关系紧张、治安环境不好，群众对我们的工作不满意。”可见，提高县域执政能力建设，关键是要提高预防和化解各种社会矛盾的能力，尽可能地使各种矛盾发现在基层，解决在基层，解决在萌芽状态，有效地防止矛盾激化和事态扩大，尽可能减轻社会矛盾的负功效，增强其社会安全阀的正功效。

县域社会矛盾化解系统集成是多层次、多维度、多领域子系统的再调适和再融合，应该遵循两条逻辑进路。一方面在谋划上突出系统集成。县级政府必须树立以人民为中心的发展理念，以满足人民需求为导向的矛盾化解理念，以实现人民期望为目标的奋斗理念，构建党领导下的政府、社会组织、民众等多元主体的县级矛盾化解共同体，实现资源互补并达成目标共识，在确保政府高效运转的同时降低社会治理成本，形成从分散管理到集成服务的矛盾化解方式。无论是思路谋划还是方案起草上，既要考虑关联的钳制要素，以系统化协同化思维作集成式推进，强化顶层设计的作用，又要融入其他已有的政策，强化政策集成，努力打造一套社会、司法、调解、仲裁、信访等有效衔接、相互协调的多元化预防和化解政策体系。另一方面，在操作上突出系统集成。从县域层面群众最关心的热点难点出发，围绕问题根源做一揽子解决的方案，强化方案举措的集成。坚持以点带面，坚持整体推进与重点突破良性互动，强化领域、层级的集成。在政策取向上相互配合、在实施过程中相互促进、在改革成效上相得益彰，推动各方面制度更加成熟更加定型，减轻社会震荡，减少因社会矛盾带来的资源损耗，最终实现社会矛盾化解效益的全民共享。紧紧围绕建成“解决案件量最多、调解资源最丰富、诉调对接最顺畅、智能程度最领先、化解最高效的中国特色社会矛盾化解体系”目标，准确把握立足新发展阶段、贯彻新发展理念、构建新发展格局要求，以一往无前的奋斗姿态，不断完善系统集成矛盾化解路径，为世界社会矛盾化解机制建设积累中国经验，贡献中国智慧，提供中国方案。

如何使社会矛盾化解的研究不完全局限于基层，需要有整体观察和系统思维，基层治理的责任主要在基层，但基层反映出的问题却并不都是基层的问题，这也是接下来的研究重点。

参考文献

[1] 刘霞. 多元社会的稳定逻辑——论转型期社会矛盾化解的协同治理机制构建[J]. 人民论坛·学术前沿，2013 (01)：74-83.

[2] 张立荣，刘毅. 整体性治理视角下县级政府社会管理创新研究 [J]. 管理世界，2014 (11)：178-179.

[3] 刘建民. 国家治理视域下社会矛盾的多元化解路径研究 [J]. 探索，2015 (06)：173-177.

[4] 贺雪峰，刘岳. 基层治理中的“不出事逻辑”[J]. 学术研究，2010 (6)：33-36.

[5] Michael C Jackson. Systems Thinking：Creative Holism For Managers [M]. Hoboken：John Wile & Sons Ltd.，2003.

[6] [美] 贝塔朗菲. 一般系统论：基础、发展和应用 [M]. 林康义等，译. 北京：清华大学出版社，1987：2.

[7] 孙淑生. 试论集成论的基本范畴与基本原理 [J]. 科技进步与对策，2003，8 (10)：8-10.

[8] 海峰，李必强，冯艳飞. 集成论的基本问题 [J]. 自然杂志，2000，22 (4)：219-224.

[9] 余吉安，高全，高向新，等. 再论集成理论的基本问题 [J]. 生产力研究，2009 (04)：131-133+136.

[10] 黄杰，熊江陵，李必强. 集成的内涵与特征初探 [J]. 科学学与科学技术管理，2003 (07)：20-22.

[11] 戴汝为等. 智能系统的综合集成 [M]. 杭州：浙江科技出版社，1995.

[12] 龚建桥等. 科技企业集成管理研究论纲 [J]. 科技管理，1996 (3)：34-35.

[13] 李宝山，刘志伟. 集成管理——高科技时代的管理创新 [M]. 北京：中国人民大学出版社，1998：34-35.

[14] 吴金群，曾智洪，游晨. 廉政治理的技术应用及超越：系统集成的智慧纪检监察模式研究 [J]. 党政研究，2020 (06)：15-25.

[15] 吴秋明，李必强. 集成与分工的系统辩证关系 [J]. 系统辩证学学报，2004 (07)：68-72.

[16] 吕书鹏，肖唐镖. 政府评价层级差异与差序政府信任——基于 2011 年全国调查数据的实证研究 [J]. 北京行政学院学报，2015 (01)：29-38.

[17] 戴木茅. 信任与怀疑之间——中国政治信任研究 [J]. 天府新论，2016 (01)：81-88.

[18] 姜玲，乔亚丽. 区域大气污染合作治理政府间责任分担机制研究 [J]. 中国行政管理，2016 (06)：47-51.

[19] 新华社. “聚焦全国两会”最高法工作报告中，这个“首次下降”值得关注 [N]. https：//www. thepaper. cn/newsDetail _ forward _ 11640623.

[20] 2021 年 2 月 20 日，最高人民法院召开新闻发布会，发布人民法院调解平台应用成效和《中国法院的多元化纠纷解决机制改革报告 (2015—2020)》.

[21] 陈晔. 有效政府视角下县域“放管服”改革的江阴实践与困境 [J]. 中共合肥市委党校学报，2018 (06)：39-45.

牢牢把握伟大建党精神的鲜明特征与时代意义

曾梦芳*

摘　要：百年征程中，中国共产党人在不懈奋斗中构建起中国共产党人的伟大建党精神。伟大建党精神穿越时空历久弥新，为新征程中衍生新的伟大精神提供精神之源。本文深入剖析伟大建党精神，总结出伟大建党精神所具有的敢为人先的创新性、高举旗帜的科学性、鱼水情深的人民性、开创未来的源头性等鲜明特质，并提出领会伟大建党精神的时代意义，就是在新时代背景下，以建党精神为根本指引，铸就伟大事业的精神基石，写就人民满意的历史答卷，练就砥砺奋进的过硬本领，锻就绝对忠诚的政治品格。

关键词：建党精神；基本特质；时代意义

在中国共产党成立100周年大会上，习近平总书记首次精辟概括了“坚持真理、坚守理想，践行初心、担当使命，不怕牺牲、英勇斗争，对党忠诚、不负人民”的伟大建党精神。牢牢把握伟大建党精神的基本特质与时代意义，以伟大建党精神武装全党、凝聚力量，才能书写出无愧于时代、无愧于人民、无愧于历史的绚丽篇章。

一、伟大建党精神的鲜明特征

1. 敢为人先，共产党人甘为革命先驱

自鸦片战争至中国共产党成立的八十多年间，封建专制与帝制重复洗劫中国，国家战火纷飞，民族积贫积弱，社会哀鸿遍野。时局动荡不安导致群众思想混沌、民智未开，封建残留势力蓄着长辫，期盼恢复清朝，开历史倒车，共产党早期的领导人陈独秀在彼时坚定地提出“孔教与共和乃绝对势不相容之物，存其一必废其一……故其提倡孔教必排共和，亦犹思之信仰共和必排孔教”，毅然举起反对封建专制制度的一面大旗。国内局势动荡不安之际，中国共产主义运动的先驱李大钊不顾安危毅然回国，并激昂寄语：“以青春之我，创建青春之家庭，青春之国家，青春之民族，青春之人类，青春之地球，青春之宇

* 曾梦芳，湖南省社会科学界联合会助理研究员。

宙……”用生命倾注于创建“青春之中国”的革命伟业中。1921年中国共产党初创之时，民主革命思想兴起，国民对于“民族国家”这一意识概念日趋觉醒，各类政治势力竞相角逐，举国上下大大小小的政府组织多达300余个，每日组建与解散的数量相当，这些组织信奉着社会民主主义、极端自由主义、无政府主义、改良主义、国家主义、实用主义等各类主义，并喧嚣一时，但均以失败告终。在马克思主义传入中国后，前赴后继的中国共产党人在反复寻觅与实践中，最终选择了将共产主义作为救亡图存的理论武装及现实出路。毛泽东同志在与苏区记者埃德加·斯诺讨论信仰这一主题时曾说：“我一旦接受了马克思主义是对历史的正确解释后，我对马克思主义的信仰，就没有动摇过。”在马克思主义真理的正确指导下，中国共产党带领中国人民最终实现了国家独立和民族解放的目标，走上了国家富强和民族复兴的道路。天下者我们的天下，国家者我们的国家，社会者我们的社会，历史实践有力地证明，正是在百年建党伟业中无数革命先锋敢为天下先地选择加入中国共产党，选择用马克思主义“改造中国与世界”，选择信仰共产主义远大理想，中国共产党的旗帜才能在历史洪流的涤荡中依旧鲜红夺目。

2. 高举旗帜，共产党人善发思想先声

毛泽东同志曾说：“主义譬如一面旗帜。”十月革命的一声炮响，为先进的共产党人送来了马克思列宁主义，人民思想从此冲破牢笼桎梏，民族精神从此获得空前振奋。中国共产党自创建之日起，就庄严地将马克思主义写在自己的旗帜上，有了这一旗帜，有了这个强大的精神支柱，使得中国革命发生了焕然一新的深刻变化。

高举马克思主义这面科学旗帜，使中国共产党人在精神上由被动变为主动。意识到物质决定意识，物质是第一性而意识为第二性，中国的历史从来就不是鬼神的意志或精英的思想所创造的，使先进的共产党人彻底摆脱了神学与唯心主义的禁锢，为革命先驱认识与改造中国铸就了强有力的思想武装，从此开辟了契合中国国情的革命道路。倘若百年建党伟大历程没有始终坚持马克思主义这一科学真理，共产党就无法领导中国人民解决社会主要矛盾深刻变革百年历程中的一系列基本问题，就无法实现全社会生产力的解放与发展，就无法形成九千万党员的战斗合力，就无法形成十四亿人民的强大凝聚力，中国就谈不上全面建成小康社会的光辉成就。

高举马克思主义这面科学旗帜，使党在发展进程中诞生了一系列党的新理论。我们党始终与时俱进将马克思主义基本原理同中国各阶段的具体实践相结合，实现了理论上的多次历史性飞跃，形成了毛泽东思想、邓小平理论、“三个代表”重要思想、科学发展观、习近平新时代中国特色社会主义思想，奏响了全党和全国各族人民生生不息、实现复兴的奋斗凯歌。实践与历史足以深刻证明，中国共产党之所以能、中国特色社会主义之所以好，归根到底是因为马克思主义行！习近平新时代中国特色社会主义思想是马克思主义中国化最新成果，并一直随着党和国家事业的深入发展和实践不断创新和发展，持续迸发出强大的生命伟力，是当今时代最现实、最鲜活的马克思主义。

高举马克思主义这面科学旗帜，使中国共产党人始终坚守人民立场。马克思主义揭示了只有人民群众是历史的缔造者，否定了历史上空想社会主义者曾将无产阶级仅仅看成任人宰割、受苦受难的被动阶级。习近平总书记反复强调："必须牢记我们的共和国是中华人民共和国，始终要把人民放在心中最高的位置，始终全心全意为人民服务，始终为人民利益和幸福而努力工作。"中国共产党在立党建党强党的进程中始终将人民立场作为我党的根本政治立场，紧紧依靠人民，深深扎根人民，在人民深厚的土壤中汲取无穷尽的前行力量。

3. 人民至上，共产党人开创历史先河

伟大建党精神集中体现着深厚的人民情怀，深刻蕴含着鲜明的人民性。其中，坚守理想就是要带领中国人民实现共产主义伟大理想，践行初心就是以牢固的人民公仆意识为人民谋幸福，不负人民就是要心中装着每一个人，造福每一个人。百年征程中，共产党人始终秉持着"江山就是人民，人民就是江山"的理念，接续奋斗，攻坚克难，带领全国人民不断从胜利走向新的胜利。新民主主义革命时期，中国共产党紧紧依靠人民，建立武装力量，击退了武装精良的内外敌人，成立了由人民民主专政的中华人民共和国。社会主义革命和建设时期，中国共产党进一步夯实人民主体地位，充分发动人民群众积极性，确立了社会主义基本制度，迅速推动了社会主义生产力向前发展。改革开放和社会主义现代化建设时期，中国共产党实事求是，与时俱进，坚定不移推进改革开放纵深发展，彻底改变了落后的生产力发展方式，充分回应了人民日益增长的文化物质需求，在社会各领域取得长足发展。进入新时代，以习近平同志为核心的党中央，带领全体共产党员，厚植为民情怀，扎根人民立场，反映人民意愿，勇挑为人民谋幸福、为民族谋复兴的责任担当，推动党和国家事业取得了全方位、开创性历史成就，发生了深层次、根本性历史变革。百年沧桑巨变中，伟大建党精神深深蕴含着中国共产党人坚持人民主体地位，回应人民需求，代表人民意愿，增进人民福祉，体现出为人民谋幸福、为民族谋复兴的使命担当。

4. 接续奋斗，共产党人勇当时代先锋

水有源，故其流不穷；木有根，故其生不穷。伟大建党精神谱写着中国共产党人精神谱系的伟大开篇，有着开创未来、引领方向的源头性。在一百年的非凡奋斗历程中，一代又一代中国共产党人顽强拼搏、不懈奋斗，涌现出一大批身先士卒的革命烈士、一大批赴汤蹈火的英雄人物、一大批我将无我的先进模范，从革命根据地的"井冈山精神""苏区精神""照金精神""百色精神"到革命艰难时期的"长征精神""延安精神"，到抗日战争时期的"沂蒙精神"、革命胜利时期的"西柏坡精神"，到社会主义革命和建设时期的"抗美援朝精神"，"'两弹一星'精神"，再到抗洪精神、抗震救灾精神、抗疫精神等伟大精神，这些精神都是历史留给中国共产党人和中华儿女最丰厚的宝贵遗产。正是这些伟大精神，构筑起中国共产党人的精神谱系，锤炼出共产党鲜明的政治品格，深深融入我们党、国家、民族、人民的血脉之中，为我们立党兴党强党提供了丰厚滋养。在共产党的精神谱系发展进程中，伟大建党精神贯穿始终，是中国共产党的精神之母。共产党人的精神谱系中所包含的许多伟大精神，都是由伟大建党精神延伸来的，是伟大建党精神的延续与发展。伟大建党精神是中国共产党的精神之基。中国共产党的精神内涵、外延有许多，已经构建出一个庞大的谱系，在这个精神谱系中，伟大建党精神发挥着“塔基”的作用，是精神之根，具有传承性、支撑性和启迪性。伟大建党精神是中国共产党的精神之魂。精神之要在其灵魂，我将无我、不负人民始终是中国共产党精神灵魂之所在，也是伟大建党精神的魂魄所在，丢了这个魂，就无以立足、难以致远。在实现第二个百年奋斗目标的新征程中，伟大建党精神必定将鼓舞和激励共产党人继续英勇奋斗，战胜前进道路上一切艰难险阻，不断激发共产党员不懈奋斗的积极性主动性创造性，引领共产党不断书写未来新的精神史诗。

二、伟大建党精神的时代意义

伟大事业孕育伟大精神，伟大精神引领伟大事业。弘扬光荣传统，赓续红色血脉，把伟大建党精神传承下去、发扬光大，就必须深刻领会伟大建党精神的时代意义。

1. 以建党精神为指引，铸就伟大事业的精神基石

坚持真理、坚守理想是共产党人安身立命之本。中国共产党人对马克思主义真理的坚定信仰、对共产主义理想的忠实实践，锻造出伟大的建党精神，谱写出中国共产党人精神谱系的宏伟开篇。在艰苦卓绝、筚路蓝缕的百年奋斗史中，一代又一代共产党人英勇高擎理想之炬，毅然烛照斗争之路。面对屠刀时，陈延年誓死不屈：“革命者只能站着死，绝不跪着死!”英勇就义前，赵世炎慨然陈词：“志士不辞牺牲，革命种子已经布满大江南北，一定会成长茁壮起来。共产党最后必将取得胜利……”在飞速发展、只争朝夕的新时代下，建党精神依旧熠熠生辉，照耀着继往开来的领路人们如革命先烈一般把真理铭记于心，把理想付诸实践，在新征程上凝聚发展中国特色社会主义事业的磅礴伟力，擘画实现中华民族伟大复兴的宏伟蓝图。

2. 以建党精神为指引，写就人民满意的历史答卷

践行初心、担当使命是激励共产党员“逢山开路、遇水架桥”的动力源泉。始终牢记与践行为中国人民谋幸福、为中华民族谋复兴的初心使命，是贯穿共产党百年奋斗史的一根红线。正是因为共产党始终与人民休戚与共、生死相依，始终保持同人民群众的血肉联系，才能交出让“阅卷人”满意的全面小康答卷。东方欲晓，前路迢迢。新时代的“赶考之路”远未结束，面对百年未有之大变局，中国共产党必须始终坚守初心、担当使命，方能站稳脚跟勇立潮头，不断迸发出中华民族的强大生机和持久活力。

3. 以建党精神为指引，练就砥砺奋进的过硬本领

不怕牺牲、英勇斗争是中国共产党革命先驱的政治底色，弘扬建党精神，赓续红色血

脉，努力成为可堪大用、能担重任的栋梁之材，需要我们在深刻领会建党精神，持之以恒提升“任尔东南西北风”的斗争精神，驰而不息练就“乱云飞渡仍从容”的斗争本领。永不停歇再出征的新号角已然吹响，想要躺在过去的功劳簿上是不切实际的，党员干部要清醒地丢掉幻想、勇于斗争，在立场问题上毫不含糊，在原则问题上寸步不让，自觉增强“四个意识”、坚定“四个自信”、做到“两个维护”。要做正能量的传播者，坚决抵制各种“负能量”；做崇高道德的践行者，坚决抵制各种歪风邪气；做文明社会的推动者，坚定践行社会主义核心价值观；做伟大事业的守望者，坚决捍卫政治安全、维护社会安定。

4. 以建党精神为指引，锻就绝对忠诚的政治品格

对党忠诚、不负人民是伟大建党精神党性与人民性的高度统一。习近平总书记深刻提出：“如果没有对党忠诚作为政治上的‘定海神针’，就很有可能在各种考验面前败下阵来。”忠诚于党、忠诚于人民是共产党员旗帜鲜明的政治品格，是共产党从胜利走向胜利的根本法宝。忠诚于党，才能将党的伟大事业放在首位，才能握紧党的伟大事业“接力棒”，才能随时为党的伟大事业牺牲一切。忠诚于人民，以为民的视角看问题，以为民的立场想问题，以为民的态度解决问题，才能始终代表最广大人民的根本利益。石可破也，而不可夺坚；丹可磨也，而不可夺赤。面对当今社会的复杂变局，党员干部要锲而不舍、驰而不息地以建党精神磨砺政治品格，忠诚伟大事业，不负时代重托，才能传承红色基因，永固红色江山。

参考文献

[1] 习近平. 在庆祝中国共产党成立100周年大会上的讲话 [N]. 人民日报，2020-07-02 (1).

[2] 习近平. 在“不忘初心、牢记使命”主题教育总结大会上的讲话 [M]. 北京：人民出版社，2020：13.

[3] 中共中央宣传部，中共中央文献研究室. 习近平谈治国理政（第3卷）[M]. 北京：外文出版社，2020：229.

[4] 沈云锁，潘强恩. 共产党通史：第3卷（上） [M]. 北京：人民出版社，2011：61.

[5] 中国李大钊研究会. 李大钊全集（第2卷） [M]. 北京：人民出版社，2013：124.

[6] 徐求真，郑志发. 井冈山精神与中华民族精神的弘扬与培育 [M]. 北京：人民出版社，2014：56.

[7] 曲青山. 中国共产党百年辉煌 [M]. 北京：人民出版社，2021：17.

[8] 宣言. 社会主义没有辜负中国 [N]. 人民日报，2021-06-07 (04).

[9] 中共中央文献研究室，中共湖南省委《毛泽东早期文稿》编辑组．毛泽东早期文稿（1912.6—1920.11）[M]．长沙：湖南出版社，1990：327.

[10] 王灿．论说：通论：党论 [J]．谠论，第3期，1913年6月．

[11] 中共中央马克思恩格斯列宁斯大林著作编译局．马克思恩格斯选集（第3卷）[M]．北京：人民出版社，2012：167.

[12] 任仲平．恢弘史诗的力量之源 [N]．人民日报，2021-07-20 (01).

[13] 项久雨．制度化的“身份”：初心与使命对中国共产党人身份的内在规定 [J]．教学与研究，2010 (9)：5-14.

[14] 中共中央文献研究室．毛泽东年谱（1893—1949）：上卷 [M]．北京：中央文献出版社，2013：99.

[15] 中共中央文献研究室．习近平关于全面从严治党论述摘编 [M]．北京：中央文献出版社，2016：185-186.

[16] 习近平．推进党的建设新的伟大工程要一以贯之 [J]．求是，2019 (19)：4-15.

经济危机、金融化资本主义走向及防范启示

蔡景庆*

摘　要：永续向前的人类社会生产力，最终为“生产过剩危机”创造物质前提；金融与实体经济背离交错是引发经济危机的“中间环节”；奴隶社会和封建社会存在发生经济危机的风险；走向高度金融化资本主义的由来与进程、支撑机理、脆弱环节、治理之难；落脚到防范启示。

关键词：金融化资本主义；经济危机；中间环节；支撑与风险；防范启示

“脱实向虚、青睐金融及其衍生产业”的金融化资本主义走向，是当代资本主义的重要特征与必然趋势。分析引发经济危机的“中间环节”，以历史脉络探讨经济危机的阶段性特征、高度金融化资本主义的由来与进程，探析金融化资本主义的支撑机理、脆弱环节与治理之难，思考给我们的防范启示，很具理论与现实意义。

一、永续向前的人类社会生产力，最终为“生产过剩危机”创造物质前提

自原始社会末期以来，人类社会生产力发展从未停息、一路向前。社会生产力前行的早期标志是生产工具的改进和劳动技能的提高，近现代则突出表现在科学技术的变革与进步。在生产力发展中，人类高级于一般动物的显著特征是：人类有聪明的大脑和更密切协作的精神；人类有很强的学习模仿能力，使其劳动技能、生产知识能不断互鉴提升；人类通过代际相传、师徒相传、教育培训等方式，使生产工具不断改进，知识技能与科学技术能接续传承；[1]战争以及与自然灾害的抗争，加剧新技能新方法的应用与演进速度等。在农业文明主导的奴隶社会与封建社会，生产力永续向前的步履相对缓慢；在工业文明与城市文明主导的近现代社会，这一进程迅速而突进。正如马克思所述：“受分工制约的不同个人的共同活动产生了一种社会力量，即成倍增长的生产力。”同时认为“生产力是人们的实践能力的结果。”[2]

永续向前的人类社会生产力，使原始社会剩余产品出现和私有制的产生成为可能，使早期社会分工和商品交换得以突破实现，使奴隶主和封建地主贵族脱离生产劳动，成为

---

* 蔡景庆（1974—），男，湖南娄底人，中共湖南省委党校、湖南行政学院经济学部副主任、教授；研究方向：宏观经济、理论经济、经济转型。本文是作者“构建我国新型宏观经济调控理论体系机理研究”的系列论文之一。

“食奴阶层”与“食地阶层”① 变为现实，使资本主义金融资本逐渐脱离实体经济，金融资本家利益集团成为“食利阶层”② 变成可能，为资本主义初中期爆发实体性“生产过剩型”经济危机提供厚实物质基础，为资本主义中后期金融与实体经济出现严重交错错乱、爆发“金融诱导型”经济危机，提供雄厚物质基础。经济危机是生产相对过剩的危机，是资本主义巨大贫富差距下“过度富贵病”所引发的“严重并发症”。社会生产力在其中发挥“成也萧何，败也萧何”之功能。这些在马克思对生产力与生产关系、生产力与经济危机关系的论述中得到印证。

二、金融与实体经济背离交错是引发经济危机的“中间环节”

自1637年荷兰爆发“郁金香泡沫”的局部经济危机、1825年英国首次爆发国家层面的经济危机以来，经济危机如阴霾噩梦，与资本主义形影相随、一并行进。危机按其诱因和表现形态，分为两个大的阶段：一是“实体性”危机阶段。时间从1637年首次出现经济危机到20世纪30年代，跨越资本主义自由竞争和垄断竞争两个时期；表现为单一的实体经济“生产过剩”、失业增加、经济衰退的危机。二是“金融诱导性”危机阶段。时间从20世纪30年代到现在，涵盖资本主义国家垄断和国际垄断两个时期；表现为以“金融泡沫化资产破灭”为导火索，通过一系列“恶性经济循环”，最终导致实体萧条、金融混乱、失业与贫困加剧等相互交融的复杂危机。20世纪70年代“滞胀”危机后，“金融诱导性”危机进入更高形态的“金融化经济危机”层级，危机更加频繁且周期性表现并不明显等。[3]资本主义也进入国际垄断和金融化资本主义时期。

1. 马克思及学者们的本质分析

马克思对经济危机的产生机理和根治方略有本质分析：认为其根源于生产社会化和资本主义私有制之间的固有矛盾；资本家对剩余价值的贪婪追求、资本有机构成的提高，带来劳动力相对过剩、失业人数增加和民众有支付能力需求的减少，导致生产相对过剩和经济危机的必然爆发。“在危机中，社会化生产和资本主义占有之间的矛盾达到剧烈爆发的地步。”[4]马克思认为，最终解决经济危机的根本方略：剥夺“剥夺者”；[5]即消灭资本主义私有制，建立社会主义和共产主义社会。马克思对经济危机的本质剖析十分深刻。

后来的马克思主义学者们对经济危机的成因有一些细化探求：“消费不足论”认为消费不足是产生资本主义经济危机的直接和根本原因；“比例失调论”认为危机来源于生产无政府状态下不同部门之间发展的“比例失调”；“利润率下降论”认为“利润率下降趋势”是危机产生的根本推力。[6]我国学者李连仲（2000）、刘伯文（2001）、徐茂魁（2010）、徐朝阳（2015）等；国外学者保罗·斯威齐、罗莎·卢森堡、杜冈·巴拉诺夫斯基、庞·巴维克、亨利克·格罗斯曼等，是其中的典型代表。这些探讨，是对资本主义长久“危而不亡”原因及走势的深入思索。

---

① “食奴阶层”是指通过奴役奴隶而获得收益的阶层；“食地阶层”依靠土地不劳而获的阶层。

② “食利阶层”是指以吞食利息获得收入的阶层。

2. 西方学者们的策略探讨

从历史看，西方主流经济学对经济危机的探知，处于摇摆与彷徨中：一是极力否认并"无害化论证"危机时期。时间是20世纪30年代以前。亚当·斯密对自由市场经济进行了"田园史诗般"描绘；萨伊秉承"斯密教条"，得出"供给自动创造需求"定律；大卫·李嘉图和约翰·穆勒完成对经济危机的"无害化论证"。二是主张国家干预治理经济危机的时期。20世纪30年的经济大危机，唤醒西方学者探求经济危机不能永做"装睡人"。凯恩斯的"有效需求不足"理论，偏重于应用财政政策以抗击危机；熊彼特提出科技优先的"创造性破坏"理论；萨缪尔森、琼·罗宾逊、斯蒂格利茨等，是后来深化国家干预应对危机理论的典型代表。三是新自由主义主张时期。20世纪70年代西方出现严重"滞胀"危机，凯恩斯主义者对此无法解释也无能为力，新自由主义"复活"并走上主流舞台。哈耶克、弗里德曼、穆斯、卢卡斯、蒙代尔、拉弗等是其典型代表。四是重新重视政府应对危机时期。20世纪90年代日本泡沫经济崩溃、1997年爆发亚洲金融危机，特别是2008年爆发金融与经济危机，以及2020年新冠感染疫情对西方经济的沉重打击，西方国家深刻感悟到"明斯基时刻"① 随时来临的危险性；近些年美国一轮轮"经济刺激计划""再制造业方案""无限制"量化宽松货币政策应用等，可以看出，西方愈发高举"激进式凯恩斯主义大旗"以应对危机。西方经济愈发步入摇摆、纷争和迷茫之中。[7]

3. 重视对引发经济危机"中间环节"思考

以上分析可体会到：马克思主义及学者们探析经济危机的"本质论证"和"根治方略"；西方学者们前后摇摆甚至相互掣肘地探寻解决危机的"具体策略"，尽管实践证明这些"具体策略"并不能治理奏效。在资本主义长期"危而不亡""终极革命"态势尚未形成的情形下，我们从大的程序环节看：经济危机尚缺乏从"本质论"到"举措论"的"中间环节"机理分析。这个"中间环节"的着力点在哪？熊彼特对马克思经济危机理论有一个相对中肯的评论，他说："马克思无疑值得赞美……他使我们认识他关于剩余价值的解释，同意积累和不变资本增加与过剩人口确实连成一条逻辑链，这个链的末端是资本主义制度的大崩溃——但即使那样，我们还是找不到因素来说明周期性波动必然成为过程的一部分，并是繁荣和萧条内在交替的原因。"[8]米夏埃尔·亨利希则认为：马克思关注危机与实体经济的内在联系，相对忽视了货币起重要作用的虚拟经济层面对危机的影响。[9]这些，开启我们思考"中间环节"的理论视角，以丰富和完善马克思主义理论。

4. 金融与实体经济背离交错是引发危机的"中间环节"

笔者前期研究认为，自由市场经济条件下，资本主义金融流通与实体经济流动（表现为货币流动与商品流动），必然带来"三大背离、一大交错"[10]：其一，流向背离。宏观上，自由市场经济的结果必然是货币和商品最终集中于少数市场优秀群体，即谓"同向流动"；微观上，市场又必然要求货币和商品"一手交钱一手交货"的"反向流动"；二者产

① "明斯基时刻"是指美国经济学家海曼·明斯基（Hyman Minsky）所描述的资产价值崩溃的时刻。

生流向背离。其二，循环背离。货币流通循环中的滞留性①与商品流通循环要求畅通性不一致，产生循环背离。其三，整体背离。由于以上两大背离的长期存在和不断运转，货币和商品流通出现整体阻滞，与宏观经济要求的顺畅运行相背离，产生整体背离。流向背离和循环背离是自由市场经济的基础背离；整体背离是高级背离。20 世纪 30 年代以前的实体性经济危机主要由以上三大背离所诱发，表现为周期性和结构性危机。其四，金融与实体经济交错。是指近现代西方国家大举推进政府负债、运用积极财政政策、放松金融监管、进行金融创新和衍生创新、发展虚拟经济等，导致金融货币体系与实体经济产生严重交错甚至错乱的情形。金融与实体经济交错，是“三大背离”更高层次的升级版，属于系统背离。20 世纪 30 年后、特别是 70 年代后的“金融诱导性”危机，充分展现其“交错性”特征，表现为系统性、偶发性和连带式危机。

市场经济具有自主性、竞争性、开放性、高效率性等优质特性，同时具有趋利性、时滞性、盲目性、虚假性、宽幅波动性等劣质特性。“三大背离、一大交错”是市场经济两种特性混合作用的必然趋势和结局。这种结局在资本主义社会的长期沉淀，终究展现出：资本与劳动的对立、技术与就业的对立、金融与实体经济的脱离、富有阶层与穷人的对立、资产阶级与无产阶级的对立；[3]甚至延展到美国和西欧今天的精英与平民的对立、白人与有色人种的对立、政府与民众的对立等。以经济视角看，表现为“有钱的人已没有进行消费或投资的欲望，没钱的人缺乏进行消费或投资的本钱”；或称“少数集货币和商品于一身的人群，有希望进行商品流通的强烈欲望，却发现社会缺乏促进商品流通的金融能力；社会大众有占有商品的强烈欲望，却没有持有货币进行购买的能力。”[10]显然，这些矛盾，无法在“资本逻辑至上”的资本主义社会得到根治。

1929—1933 年的经济大危机中，西方国家出现长时期的严重经济萧条与紊乱，其导火索是 1929 年美国股市暴跌、虚拟泡沫经济被刺破；使此次危机成为资本主义“实体性危机”向“金融诱导性危机”过渡的分水岭。随后，在凯恩斯理论影响下，西方国家注重财政政策应用，推进“二战”创伤修复、基础设施建造、环境保护运动等；从 20 世纪 40 年代中期到 60 年代中后期，西方国家迎来 20 余年发展的“黄金时期”。与此同时，其货币严重超发、财政负担加重，金融与实体经济的背离交错随之加重；特别是到了 60 年代末和 70 年代初，随着西方国家投资方向的迷失，其银行超发和财政超支的货币，大多数被资本利益集团所截留和瓜分，并没有转化为现实的经济推动力、就业拉动力和民众消费力，也不能形成通过“对外战争带来剩余军工产能的输出”（因为“冷战”中的相互“核威慑”），最终造成 70 年代西方严重的“滞胀”危机。自此，新自由主义走上前台并成为主流：美国采取放松金融监管，鼓励金融创新、金融衍生创新甚至次级贷款等，以缓解金融与实体经济日益严峻的背离交错，扩大需求、刺激经济；以完成由先前的“政府财政透支”向“社会透支”的转换，走的是“政府甩锅”型道路。[6]欧盟除同样放松金融监管、

---

① 货币流通循环中的滞留性，指人们所赚取的货币，不完全用于投资或消费，产生货币滞留；也即指部分货币和金融资本长期溢出并滞留于实体经济循环系统以外的情形。

鼓励金融创新外，通过政府举债和财政赤字，构建“福利型经济社会”，走的是有别于美国的“政府挑担”型道路①；也带来严重负面产品：民众制造创造热情的普遍下降和社会创新动能的严重不足。西方经济迎来短期的“镀金时期”发展。不论何种道路，毫无底线的金融创新和衍生创新或过度“政府挑担”：一是加速金融资本对实体经济的逃脱与背离，使金融资本形成产生泡沫化利润、自我封闭运行的独立体系。二是金融创新和衍生创新，是金融大鳄、资本家和大财团家族们的“玩弄游戏”，加剧对民众货币和大众金融资产的剥夺，加剧金融与实体经济朝着更加交错错乱方向发展，也加剧了资本与就业的对立、富有阶层与穷人的对立等，西方资本主义进入“金融化经济危机”层级。20 世纪 80 年代拉美爆发债务危机、90 年代日本泡沫经济崩溃、1997 年亚洲金融危机，一次次给新自由主义以“严重警告”；2008 年爆发发端于美国的金融与经济危机，最终宣告新自由主义“镀金时期”的结束，西方国家不得不重拾甚至以激进方式推进凯恩斯主义，以抗击危机。现将资本主义“金融化经济危机”的由来历程，图示如下（图 1）。通过以上论述，我们可以回顾体会到：金融与实体经济背离交错是引发危机的“中间环节”。

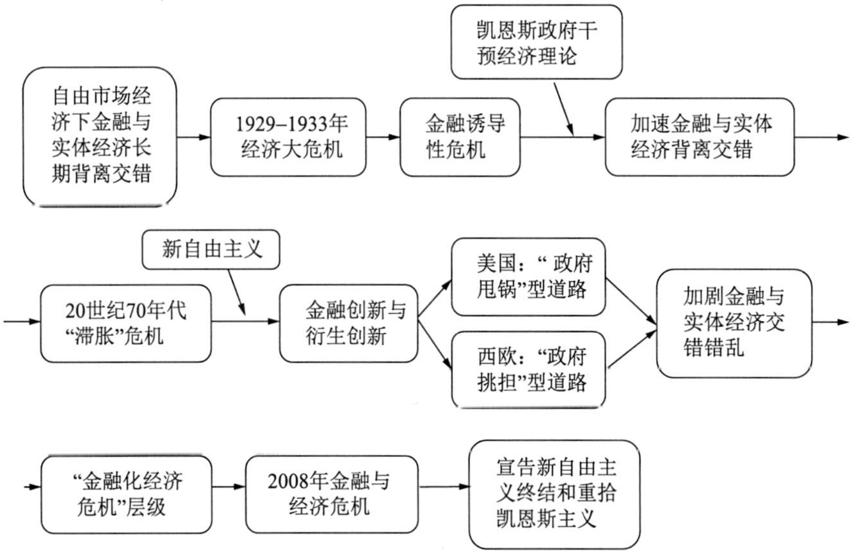

图 1 “金融化经济危机”的由来历程

三、奴隶社会和封建社会存在发生经济危机的风险

奴隶社会和封建社会是否存在经济危机？大多数学者持否定态度；部分学者认为存在经济危机或有爆发的潜在风险（薛国中 1986，钟祥财 1989，李纯蛟 2012，张琮和于光君 2013 等）。笔者趋向于后一种观点：认为起义和战争，是修复其时经济危机的重要方式。

奴隶社会和封建社会的农业文明，科技和社会生产力水平较低，农业、手工作坊和少

① “政府挑担”型道路，指政府挑起了交错发展的责任和风险，民众获得了额外的过多福利。

量商业是主要业态。无论何种业态，其产业富余利润①都很低。如（图 2）所示，居中循环的是实体经济环（含全社会人员生产消耗和日常消费），站在金融和货币流通角度看，有上下两个溢出环②：其一，“权力剥夺的富余利润”（图中下方环）。以金融货币形式存在的部分产业富余利润，以苛税或捐贡方式，溢出转化为王权（我国称皇权，以下均简称王权）和达官贵族们的收入；供其日常生活和享乐开支、花园豪宅和宫寝陵墓建造、田地购买和军事支出，也有部分用于基础设施建设和济困赈灾、少量间接进入借贷信贷等；这部分金融溢出，通过以上再分配和再支出，又直接或间接进入实体经济循环，并不会产生两者的交错或错乱。其二，“制度剥夺的富余利润”（图中上方环）。还有一部分产业富余利润，被奴隶主无偿剥夺，或以租金利息方式转化为地主和财团主收入，或以捐献方式转化宗教主收入；供他们日常生活和享乐开支、私宅花园和田地购买、建造宗教设施和举行宗教仪式、进行借贷信贷，也有少量用于对穷人的布施救助等，这些金融溢出同样都直接或间接转入实体经济循环。

需要补充说明的是：奴隶主、地主财团和达官贵族们所持有的金融货币，也有少部分用于金银珠宝，特别是流通金银货币的购买收藏，会产生一定的金融滞留④，由此带来金融与实体经济的交错；但其金融滞留的量不大、交错程度不深，还受到家庭家族变故、代际相传（多子多女财产分割）等的稀释，不至于诱发经济危机。

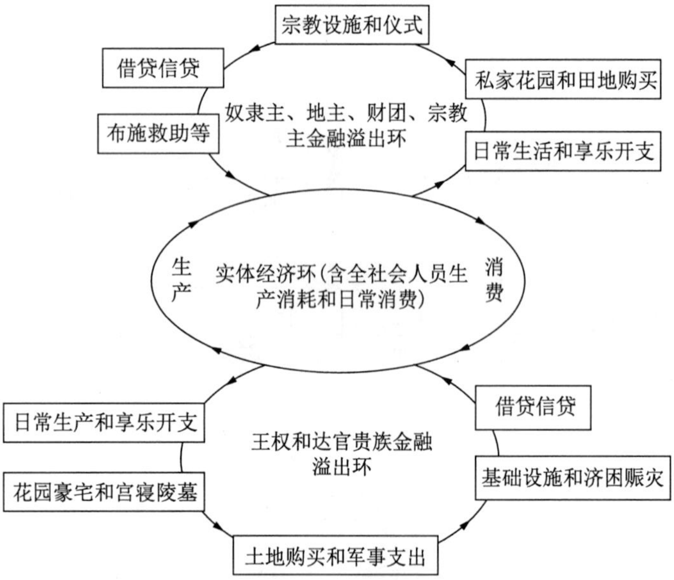

图 2　奴隶社会、封建社会金融与实体经济循环图

从上述分析可知：在奴隶社会和封建社会，通过如（图 2）所示的“三个接续循环”，可以维系年复一年、几十年甚至数百年的动态平衡。统治阶级和富贵阶层“多子多女”的

---

① 产业富余利润，可视为每个产业产生的平均利润量。

② 金融和货币溢出环，指部分金融和货币资产脱离实体经济，进入额外循环。

代际财产分割、我国封建社会科举考试的“民众上升通道”等，可以大大缓减金融与实体经济的背离交错，强化维系这种动态平衡。

然而，当奴隶主阶层、地主阶层、达官贵族们过分沉迷于骄奢淫逸、贪图钱财和极端享乐，严重冷视漠视民众疾苦时，特别是当因自然灾害等同时给实体经济造成严重打击时，金融与实体经济严重背离错乱会因此产生，并可能带来严重经济危机。“朱门酒肉臭，路有冻死骨”“少数有钱的人富贵满盈，而绝大多数的人食不果腹”。“民不聊生”和“官逼民反”式经济危机由此产生，表现为奴隶和农民起义、奴隶式和封建式战争迭起，进而带来王权动荡、政权更迭、财富重新分配等。即：通过战争和起义等方式，使金融与实体经济严重背离交错得到重新归序；对实体经济进行“先摧残、后重建”式复苏。例如：7—8 世纪，阿拉伯帝国扩张，规定 4/5 的战争掠夺归前线士兵所有；12—13 世纪十字军东征，战争抢夺的金银珠宝，归作战的农奴所有；[11]我国古代的农民起义和封建战争，都是通过剥夺旧帝王的政权和钱财，建立起新帝王的政权和金钱架构。在特定情况下，奴隶社会和封建社会的实体性经济危机，一般以起义、战争等极端方式来表现和进行终极修复；但修复的切口自觉不自觉地回归到对金钱和财富资产的重新分割，使金融与实体经济的严重背离错乱，回归到另一相对平衡状态。

四、走向高度金融化的资本主义

到了资本主义社会，科技和社会生产力快速发展，人类进入“机器大生产支撑”的工业文明。产业生产能力极大提高，使迅速“生产相对过剩”成为可能；资本对利益的无限追逐，加速这一进程并使之成为必然。产业的剩余价值和富余利润增大，使金融脱离实体经济产生较大背离交错成为可能；铸币和纸币的使用①，极大加速这一过程并使之成为必然。科技力量增强，人类征服自然的能力极大提高，带来的生态报复也与日俱增。正如恩格斯所说：“我们不要过分陶醉于我们人类对自然界的胜利。对于每一次这样的胜利，自然界都对我们进行报复。”[12]

站在货币功能发挥以及金融与实体经济交错的角度分析资本主义历程，大致经历五个阶段：自由商品经济阶段（15 世纪末至 18 世纪中后期）→货币经济阶段（18 世纪中后期至 20 世纪 30 年代）→财政与货币刺激经济阶段（20 世纪 30 年代至 20 世纪 70 年代）→金融和信用经济阶段（也可称“金融化程度快速加重阶段”，20 世纪 70 年代至 2008 年）→高度金融化阶段（2008 年至今）。在自由商品经济阶段，人们普遍感受到工业资本和商业资本的强大，危机表现为企业个体和行业性危机；在货币经济阶段（铸币和纸币开始广泛使用），人们普遍感受到银行资本、产业与银行联盟资本的强大，危机表现为结构性、周期性危机；在财政与货币刺激经济阶段，人们普遍感受到财政透支与货币超发的力量，危机表现为潜藏式、系统性危机；在金融和信用经济阶段，人们普遍感受到信用资本、金

① 1821 年，英镑确立为英国的标准货币单位；1795 年，法郎确立为法国标准货币；1792 年，美国通过铸币法案，美元正式诞生等。

融联盟资本、虚拟资本的强大，危机表现为偶发性、连带式危机；在高度金融化阶段，人们感受到资本主义高度金融化带来的机遇与风险，危机表现为深度性、全球性危机。

在自由商品经济阶段，货币主要发挥支付和部分借贷职能，货币流通与实体经济的背离交错程度不大，经济危机的破坏力不强；资本主义学者、执政当局采取否认和“无害化论证”危机来应对。在货币经济阶段，银行与货币资本、货币与产业联盟资本形成垄断，金融与实体经济背离交错的程度加剧，最终爆发1929—1933年大危机。到了财政与货币刺激经济阶段，资本主义国家遵循凯恩斯理论，采取财政透支与货币超发，刺激经济以解燃眉之需：一方面造成流通货币的骤然增加，且被少数利益集团占有控制，另一方面政府持续“透支刺激”的难度越来越大，最终导致20世纪70年代的“滞胀”危机。进入金融和信用经济阶段，也即本文所释的“金融化资本主义阶段”，以美国为首的西方国家遵循新自由主义思潮，采取放松金融监管，鼓励金融创新和衍生创新，不惜以次级贷款和再担保、再贷款的方式，鼓励民众消费和购买房产等。这些举措，是为了催促货币资本快速进入经济循环，或称“以金融创新改变货币和金融流向，使之快速进入经济循环”，以缓解或理顺金融与实体经济的严重交错错乱，拉动经济；只是手段由凯恩斯理论的“政府透支”，转变为以信用为支撑的“社会透支”或称“民众透支”。殊不知这些举措，更深层次加重了金融与实体经济的愈加交错错乱、愈加复杂混乱。到此阶段后期，高度金融化的货币资本，已严重脱离实体经济，也严重脱离货币的五大传统职能①，异化成为资本聚集、赌客心态、泡沫化增值和超前享乐的工具等，货币与金融高度证券化、虚拟化、信用化、契约化。有资料显示，2007年金融危机爆发前夕，美国的金融市场已呈“危险的倒金字塔”结构，第一层的次级贷规模约1.3万亿美元，第二层普通房贷约10万亿美元，第三层的企业债（含企业之间的债券）约60万亿美元，第四层的各种金融衍生品规模达340万亿美元。2007年美国GDP约14万亿美元，占各类金融衍生品总量比重仅为1/29。按国际清算银行数据，2007年全球衍生金融产品市值约681万亿美元，当年全球GDP约54万亿美元，全球GDP占比仅为1/13；2007年全球实物经济仅10万多亿美元，其占比则更低。[13] 2008年金融危机后，进入资本主义高度金融化阶段，西方国家一方面无法回避高度金融化带来的惊险、刺激、乐趣和机缘，更无法逃避其带来的巨大风险、挑战与痛苦；另一方面要制定应对之策，又面临资产阶级利益集团、资本主义固有矛盾、凯恩斯主义和新自由主义相互对立等的强大掣肘。简单的货币超发甚至激进的凯恩斯主义举措，已无法医治病入膏肓的资本主义深层病根，西方国家步入“简单性迷茫性应对高度金融化经济危机”阶段。

现将奴隶社会和封建社会，到资本主义社会，再到“高度金融化”资本主义阶段，金融与实体经济背离交错，产生经济危机的历程机理，图示如下（如图3）。

---

① 货币的五大传统职能，指货币的价值尺度、流通手段、贮藏手段、支付手段和世界货币五大职能。

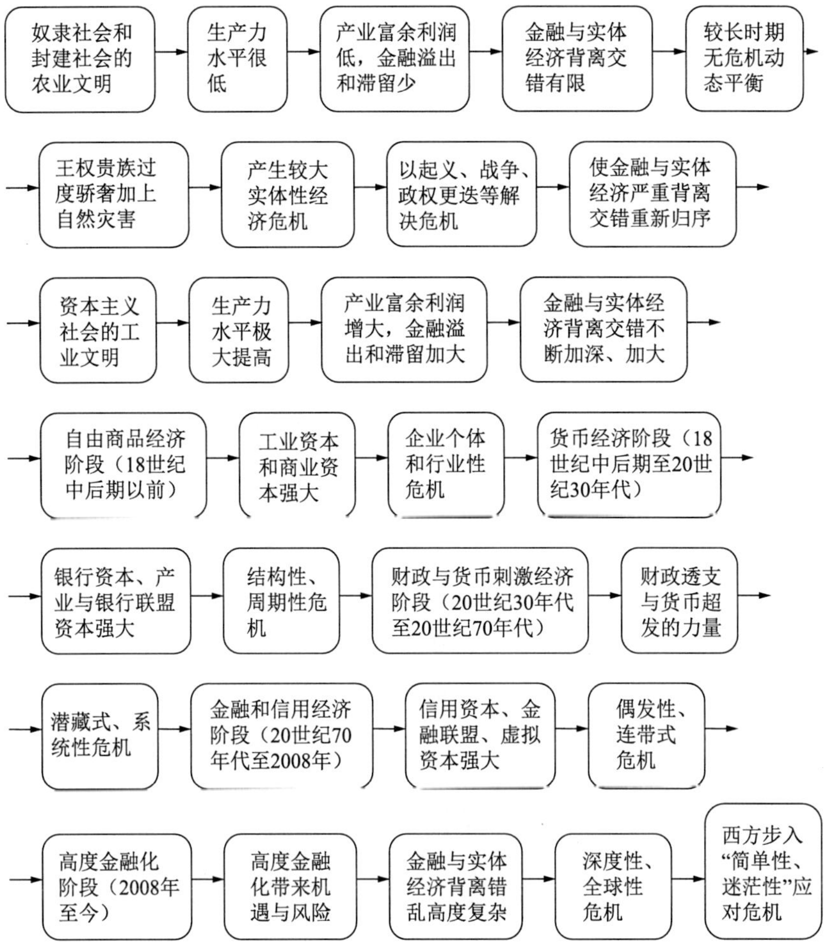

图 3　从金融与实体经济背离交错探析经济危机产生的历程脉络

五、金融化资本主义的支撑机理

总结前面论述，从经济危机形态看，20 世纪 30 年代大危机后，资本主义进入“金融诱导性危机”阶段，并在此阶段迈上两个台阶：一是 20 世纪 70 年代“滞胀”危机，西方迈上更高形态“金融化危机”时期；二是 2008 年经济危机，西方再迈上“高度金融化危机”时期。

随着资本主义生产力发展、社会分工细化和商贸的繁荣兴盛，特别是 20 世纪 30 年代后，凯恩斯理论推动政府持续负债运行与银行连续货币超发，以刺激经济；经济与社会领域堆积的金融和货币资产，利用其高流动性、快速收益性、高风险性、较强麻痹性等特性，应用其特殊垄断地位，超然和脱离于实体经济，进行自我封闭运行，并逐渐形成自己独立的金融循环体系（如图 4 所示的顶层“纯金融溢出环”①）。奴隶社会、封建社会金融和实体经济平面循环体系（如前图 2）被打破，金融和货币流通脱离、凌驾于实体经济循环之上，形成如下立体循环体系（图 4 所示）。

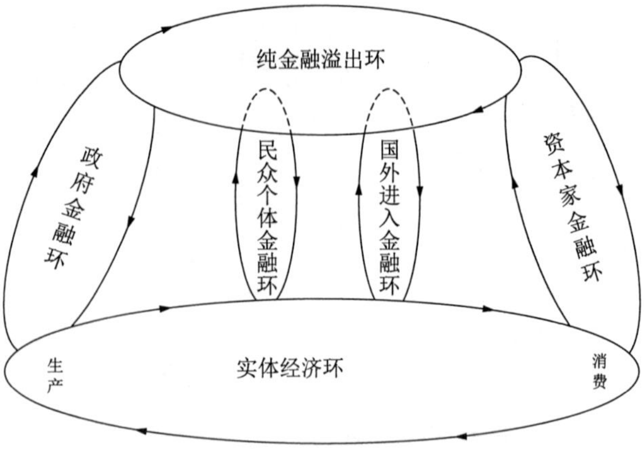

图 4 初级金融化资本主义金融与实体经济循环图

以上图示说明：一是随着资本主义以及全球化的深入发展，资本家、政府、普通民众和跨国资本，都参与到西方国家金融和实体经济两个循环之中，成为支撑纯金融溢出环的四方力量。二是近代西方国家推行收入和福利政策，普通民众逐渐深度融入“金融泡沫化增值循环”中；但因“资本主义制度缺陷”“金融循环的欺骗麻痹性”等，大众在“金融泡沫化循环”中一般处于被“割韭菜”地位，因此，更多民众是“超前消费”的“被金融化”。三是经济全球化推进，大量国外资本进入西方国家的两个循环（实体经济环和纯金融溢出环）。四是“纯金融溢出环”及其“泡沫化增值”，相对于实体经济，更为脆弱和高风险，也加剧了金融与实体经济背离交错程度。

20 世纪 70 年代新自由主义思潮兴起以来，西方国家通过减少政府干预、放松金融监管、鼓励金融创新和衍生创新等，来松绑经济、应对危机。由此，“金融泡沫化循环增值”的能量进一步激发、活力进一步释放；生成一级又一级脱离实体经济的金融衍生环，形成一层又一层“塔状”金融及衍生循环体系（如图 5 所示）。因此，金融与实体经济交错错乱、“塔状”金融及衍生循环体系的交错错乱，愈演愈烈、愈加深刻复杂。特别到了 21 世纪初后，金融的泡沫性、敏感性、脆弱性、高风险性等劣质特性凸显，任何一个金融环或两环叠加相扣处，出现危险与断裂，都将带来资本主义经济“大厦将倾”的危机。

① “纯金融溢出环”现象在 19 世纪末、20 世纪初的资本主义自由和垄断竞争时期已经存在，只是相对较弱、规模不显著。

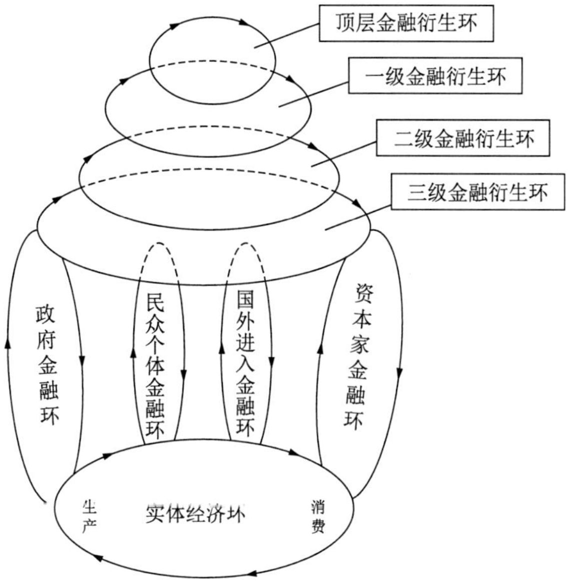

图 5　中高级金融化资本主义金融与实体经济循环图

如图 5 所示，20 世纪 70 年代后的中高级金融化资本主义，逐渐显现以下变化与特性：一是金融利用其经济血脉的特殊垄断地位，加大对实体经济的利润剥夺与割取。二是金融的高流动性、快速收益性等，诱使实体经济的产业扩张、企业治理、资本积累、公司并购等趋向于金融化推进，也加剧西方国家政策趋向于支持金融化或实施金融化举措。三是因金融及其衍生产业“利润高、来钱快”，从 20 世纪 90 年代开始，西方国家资本和产业加速“脱实向虚”，[14]追逐第三产业且特别青睐金融及衍生产业。四是发展中国家制造业成本低于西方发达国家，甚至借助于国际金融溢出的推力，发达国家实体经济向发展中国家转移。发达国家普通民众的“吃穿用住行”等又必须满足，形成“金融和资本榨取发展中国家剩余价值”“全球几十亿人供养美国等西方社会”等“中心外围现象”；同时发展中国家以低价劳动力、廉价能源资源和原材料等为主要优势，通过公平贸易，获取纸质形态的外汇顺差和储备。五是在 2008 年后，西方国家并没能制定长期性战略性举措，应对和化解“高度金融化”带来的巨大风险；相反，在 2020 年新冠感染疫情带来极度经济困境等因素催动下，美日等国纷纷实施“不限量、无底线”量化宽松政策，将极大加剧金融与实体经济的交错错乱，铸造能随时击垮西方经济的“核爆炸弹”。六是金融化资本主义加剧西方国家内部资本与劳动的对立、失业率上升、贫富差距拉大、社会深层次矛盾突显等严重问题。正如马克思所言：“作为纸质复本，这些证券只是幻想的，他们价值额的涨落，和他们有权代表的现实资本的价值变动完全无关……由这种所有权证书的价格变动而造成的盈亏，越来越成为赌博的结果，赌博已经代替劳动，并且也代替了直接的暴力，而表现为夺取资本财产的原始方法。”[15]

资本主义制度的劣根性、市场机制和资本的趋利性，是西方国家走向高度金融化的三大根本原因。金融及其衍生产业，甚至包括大多数第三产业，并不创造价值；人类赖以生存和发展的基本依托是商品（或产品）的价值与使用价值。许多人不禁要问：“脱实向虚、青睐金融及其衍生产业”的金融化资本主义，为什么能较长时期存在并取得一定发展呢？或者说金融化资本主义的重要支撑在哪？金融及其衍生产业为什么能长时期自转空转？

主要原因有：一是直接支撑。金融业的最直接支撑是银行信用体系不出现大面积违约，与之紧密相关且催生衍生能量的是股市、债券、基金、证券等虚拟资本的稳定上涨；因此，股票、基金及证券价格的持续上涨（不排除短期波动）、债券市场的基本稳定、银行信用体系不出现大面积违约，是金融化资本主义存在与发展的直接支撑。二是中坚支撑。借贷是金融的最核心环节。现实中，无论是抵押借贷（含担保、保证等）还是信用借贷，最终会落实到以房地产为主的实质担保与支撑，原因可能是房地产是人类财富唯一的最长期大额固定资产；因此，房地产价格不能下跌且最好温和上涨，是金融化资本主义存在与发展的中坚支撑。三是稀释支撑。二战后，无论是凯恩斯主义还是后来的新自由主义（供给学派、货币学派等），纸币大量超发、财政长期赤字是常态，在经济危机来临时则愈加强烈；“纸币超发”相当于向金融池注入“活水”，“财政赤字”可转移部分借贷风险（由社会担保转向政府担保）；这无形中稀释了金融风险和借贷断裂风险，是稀释支撑。四是内源支撑。二战后的几十年，西方发达国家在全球具有普遍优越感，民众心态基本稳定而不急躁、同样有优越感而不焦虑；西方国家几十年的优越发展，社会滞留的金融货币存量非常大，稀释了其金融和焦虑风险；西方国家近些年超发的大量货币，大多被资本利益集团所截取瓜分，转化为货币留滞或进入金融衍生体系，没有形成民众的挤兑行为和大量购买行为；因此，西方很长时期没有产生民众普遍急躁焦虑、社会动荡不安、恶性通货膨胀等危机直接推力，是内源支撑。五是外源支撑。西方发达国家利用其发展优越感和金融霸主地位（如美元、欧元、英镑等的坚挺霸权），能维系较长时期“以纸币换取商品”态势，形成“外围供养西方”局面及路径惯性，是外源支撑。这也是西方国家货币增量可以形成现实购买力和创造 GDP，而津巴布韦的货币增量只能引起通货膨胀的重要原因。六是实力支撑。西方发达国家经济总量非常大，尽管“脱实向虚”，但依然有很强的实体经济总量（如美国、德国、日本等）；特别是科技实力，近代一二百年来乃至今后二三十年均会领先于世界，是维系西方优越感和金融霸主地位的根本实力展现，是实力支撑。七是霸凌支撑。二战后特别是冷战结束后，西方强国在全球到处制造紧张、炫耀武力，以各种手段恫吓、排除和打压异己，使一些外围国家被迫服从和经济就范；西方强国依此“输出伤痛痛苦、拉动经济”，或转嫁危机与风险，是霸凌支撑。以上支撑分析可知：除实力支撑外，其余都是短期的、投机的，甚至虚拟泡沫的、并不道义和极具风险的支撑，不具备长期性、战略性支撑作用。

六、金融化资本主义的脆弱与治理之难

金融化资本主义可以无限增加脱离于实体经济的金融及其衍生环层级，其“塔状”金融环自转空转（如图 5），从而无限增加金融与实体经济、各循环层级、循环层级搭配之间的交错错乱程度，从而极大增强爆发“金融诱导性经济危机”的风险、扩大波及范围。金

融化资本主义的脆弱性，表现在对应上述的七个支撑环节风险，以及链接环节风险两方面。

对应上述的支撑环节风险：一是直接风险。股市、债券、证券和银行信贷等高虚拟性、高风险性领域，任一环节出现异常状况，都可能迅速波及甚至危及西方金融与经济大厦，直接支撑变成直接风险。二是中坚风险。房地产价格一旦出现中长期下跌，必定造成大面积借贷与契约违约，导致整个信用体系坍塌，危及金融和经济大厦，中坚支撑变成中坚风险。三是稀释风险。西方国家长期寅吃卯粮、债台高筑；政府并不创造价值，其举债终究是以公共信用担保的“庞氏融资”，难以长久为继，稀释支撑成为稀释风险。四是内源风险。随着西方国家优越感的逐渐减退，一旦有较强突发性事件引起民众急躁焦虑、社会动荡不安，特别如形成大规模挤兑现象产生恶性通胀等，必定危及西方经济根基，内源支撑孕育巨大内源风险。这点在 2008 年经济危机，特别是 2020 年新冠感染疫情带来的危机中，虽暂未危及经济根基，但得到很大程度体现。五是外源风险。西方长时期“以纸币换取商品”，使国内民众养成惰性和享乐习惯，不利于制造创造和实体经济创新发展；随着新兴国家经济实力的上升，西方国家发展优越感和金融霸主地位必将受到挑战，外源支撑铸就外源风险。六是实力风险。西方“吃老本型”科技与经济领先实力，很可能在未来不长时间段，被新兴经济体赶上并逐渐优势消失殆尽；应对新冠感染疫情等突发性灾害事件，犹如一面“对照镜”，将加速这一进程，实力支撑面临实力风险。七是霸凌风险。西方强国的军事霸凌，带来自身社会心态和产业的畸形发展，受到国内许多民众的强烈反对；“有霸凌必有反抗”，必定有来自霸凌相对方的强烈抗争，受到全世界正义价值观的强烈抨击，霸凌支撑必定造就霸凌风险。

链接环节风险：高度虚拟化泡沫化的金融化资本主义，其支撑点多、支撑环节多，整个经济体系越发庞大而脆弱；西方“塔状”的金融及其衍生循环，其堆砌越高重心就越高，就越难稳定，越发脱离实体经济而脆弱；经济全球化造成风险和危机的快速传导，会“反噬”作为全球主要经济体的西方国家本就脆弱的金融与经济体系；科技与信息革命为资本主义金融化创造条件，同时为链接风险和危机的快速传导提供平台支撑等。

因此，无论是“灰犀牛”或“黑天鹅”事件，在“蝴蝶效应”和“多米诺骨牌效应”作用下，都可能成为给高度金融化资本主义致命打击的惊涛骇浪。

在生产力永续向前的进程中，资本主义金融化根植于资本主义制度自身；孕育于近现代市场经济发展；倚仗于西方经济与科技实力的相对领先；获利于西方军事、经济霸权。同时，金融化资本主义给西方经济危机带来金融诱导爆发性、反实体性、偶发突然和难以预测性、快速扩散性、更大更强危害性等特点。西方国家要防治金融化资本主义带来的“对立与苦痛”，难度巨大：一是“资本逻辑”难撼动。资本主义必然坚守“以资本为本”“资本至上”的逻辑，金融化正是资本“叱咤风云”的方向与结果，也推动资本主义走向最高级形态；要在资本主义制度下纠正资本逻辑，不太可能。二是“政党代言”难撼动。西方执政党是资产阶级的代言人，西方两党或多党轮替的政党之争，终究只是“政治之需”“争取选民之需”之争，而非“经济之需”“民众之需”之争；且由最初的“相互制衡”转化为现今的“对立对抗、相互掣肘”；防御和治理资本主义高度金融化带来的危机，终究要建立在“满足大众需要”而非“满足少数人需要”的经济格局上去化解；西方政党要在自己代言的岗位上换掉代言靠山，不太可能。三是“形式民主”难撼动。西方程序化、僵化的民主，已蜕化为“形式民主”而非“实质民主”，“民意选举”而非“民心选举”；西方民主政治长期“被资本所左右”，现今很可能走向“暴民政治”和“民粹主义”的另一极端；治理资本主义高度金融化带来的深层问题，更需要价值认同、文化共识下的统一行动力、执行力，而不是美丽口号下的“形式与偏袒”；要在“美丽外衣”下揭露和刺痛自己丑陋的本性，不太可能。四是“抽象人权”难撼动。现今西方的人权，日益蜕变为“抽象的”“空洞的”人权口号和对极端放肆行为的放纵；从西方应对经济危机和新冠感染疫情看，对人最基本“生存权、生命权”的藐视漠视，只可能加重贫富差距、阶层与种族仇恨、社会对立等，资本主义的高度金融化起着推波助澜之功效；要褪去抽象的外表去追求“人人生而平等”的真谛，不太可能。五是“经济惯性趋势”难撼动。资本主义金融化遵守市场规则和坚守利益导向，合法合规，也符合商业道德，有较强虚伪性、隐蔽性和欺骗性；资本主义金融化是市场机制特别是自由市场经济的必然结果，想依靠市场力量和经济习性去纠正治理，不太可能。六是“全球化及双刃性”难撼动。全球化是生产力与经济发展的必然趋势，全球化对于各国经济和金融化资本主义具有“利弊一体”的“双刃”作用；“逆全球化”“反全球化”违反经济发展之必然规律，其本身比资本主义金融化更具风险和危险性，是一条不能重蹈覆辙的老路；想依靠全球化来防御和治理资本主义金融化，不太可能。

七、结论与给我们的防范启示

金融化资本主义是资本主义在全球化背景下的最高级形态，“世界正面临百年未有之大变局”。[16]马克思主义指出，资本主义进入最高级阶段后的唯一出路：把生产资料的资本主义私人占有形式变为公有的，即社会主义和共产主义的占有形式。[4]然而，在资本主义长期“危而不亡”和“终极革命”尚未到来之前，金融化资本主义带来的影响与现实窘境，同样值得走市场经济道路、逐渐步入全球经济中心、处于社会主义初级阶段的中国，予以警醒与防范。主要在三个方面：

在战略思考上：一是要谨防新自由主义思潮对我国各层面的洗脑、渗透；要特别严防鼓吹彻底市场化、自由化、金融资本自由扩张，宣扬国企和土地全盘私有化、削弱社会主义核心价值观共识等方面的洗脑和渗透。二是以马克思主义理论为指导，建立成熟的中国特色社会主义市场经济理论体系；要特别构建好中国特色社会主义政治经济学和宏观经济学理论体系。三是深入研究从古代“尊天物本逻辑”“唯心宗教逻辑”“王权人治逻辑”，到近现代资本主义“资本逻辑”的运行规律和发展趋势；要特别研究市场条件下金融与实体经济背离交错，以及“资本逻辑”下金融化趋势规律和结论的探讨，分析对我国的影响与冲击，探析应对方略。

在策略应对上：一是建立“个人勤劳奋斗致富、国家托底帮扶困难”长效机制。“国家托底帮扶困难”能保证社会基本公平，也利于拉动实体消费；“个人勤劳奋斗致富”能保证经济社会充满竞争力和活力，也增强国民经济“勤于、善于制造创造”的底气。二是不断增强金融服务实体经济能力，大力支持实体经济发展。新型工业、现代农业和生产性服务业是实体经济的主体；新型工业是实体经济的重点，现代制造业是新型工业的核心环节。“金融围绕实体转，实体朝着提升竞争能力奔”，应成为我国金融支持实体经济的长期方针。三是大力实施“科教兴国”“科技强国”战略，勇攀世界一流科技高峰并不断向前奋进。以科技领先和人的高科技素养，为经济社会发展提供核心支撑。四是建立普通民众通过努力奋斗，在政治、经济、文化、社会地位能上升的多方通道和有效机制。按照“优者上、庸者下”的要求[17]，防止社会阶层固化僵化和依此带来货币与金融资产的长期僵滞。五是防止金融资本过度衍生创新，严防金融资本私人垄断并形成私有化金融霸权，进而深度干预经济与政治。六是积极稳妥推进人民币国际化，防止人民币国际化“双刃性”对我国金融和经济的不利方面影响。七是严防西方某些强国以军事战争、金融战争等极端方式，转移国内经济危机和金融化资本主义带来的“对立与痛苦”；做好各项完备预案和斗争准备。

在前景感悟上：一是解决人类社会相似的经济矛盾与困惑、抵御人类共同的灾害与风险，已离我们越来越近、越来越迫切。二是构建人类命运共同体的目标与步伐，探寻全人类经济社会相互依存、共同发展的方略，同样离我们越来越近、越来越迫切。

参考文献

[1] 蔡景庆.“三只手”调节经济的历史脉络与实证分析 [J]. 开发研究，2019 (6)：72-81.

[2] 马克思，恩格斯. 马克思恩格斯选集（第 1 卷） [M]. 北京：人民出版社，2012：165.

[3] 何自立. 西方资本主义经济陷入停滞常态化的困境 [J]. 马克思主义研究，2017 (1)：11-17.

[4] [5] 马克思，恩格斯. 马克思恩格斯全集（第 20 卷）[M]. 北京：人民出版社，1971：301＋831.

[6] 蔡景庆. 金融与实体经济关系视角下的经济危机产生缘由探析 [J]. 经济研究参考，2018 (7)：31-37.

[7] 蔡景庆. 对西方经济学的反思与批判 [J]. 经济问题，2017 (12)：24-27.

[8] 熊彼特. 资本主义、社会主义与民主 [M]. 北京：商务印书馆，1999：90-91.

[9] 米夏埃尔·亨利希. 存在马克思的危机理论吗 [J]. 马克思主义与现实，2009 (8)：45-48.

[10] 蔡景庆. 从总供求大循环体系探究经济危机产生机理 [J]. 天津师范大学学报（社会科学版），2018 (5)：33-40.

［11］张远，朱凯兵．古代战争成本思想简论［J］．军事历史研究，2011（12）：117-124.

［12］马克思，恩格斯．马克思恩格斯全集第4卷［M］．北京：人民出版社，1995：284.

［13］李慎明．当前资本主义经济危机的成因、前景及应对建议［J］．世界历史，2009（6）：35-40.

［14］何自立，马锦生．发达国家经济高度金融化的内涵及本质［J］．经济纵横，2013（5）：20-27.

［15］马克思，恩格斯．马克思恩格斯全集第25卷［M］．北京：人民出版社，1974：540-541.

［16］习近平．在中央外事工作会议上的讲话［Z］．2018-6-23.

［17］习近平．在“不忘初心、牢记使命”主题教育工作会议上的讲话［Z］．2019-5-31.

后　记

为贯彻落实党的十九大精神和省委的决策部署，充分发挥省社会科学界学术年会的平台作用，调动和激励广大社科工作者关注现实、潜心研究，省社科联以“庆祝建党百年 助力‘三高四新’”为主题，面向全省社会科学界开展第十一届湖南省社会科学界学术年会征文活动，全省省级社科类社会组织、市州社科联、高等院校以及广大社会科学工作者积极响应与支持。截至 2021 年 9 月底，共收到论文 500 余篇。经专家评审，共评出优秀论文 128 篇，其中特等奖 20 篇、一等奖 40 篇、二等奖 68 篇。其中有理论分析，有实践调研，更有针对性、可操作性强的具体对策。这些优秀成果为大力落实“三高四新”战略定位和使命任务、奋力建设现代化新湖南提供了智力支持和学理支撑。

为供大家学习交流，促成成果转化，摘选部分优秀论文结集出版，一共 29 篇，希望能够鼓励全省社会科学工作者开拓进取、再接再厉，进一步深入开展研究，为推动湖南经济社会发展和哲学社会科学繁荣作出新的贡献。

在论文集的组稿、评审、编辑、出版过程中，省社科联党组书记、副主席（主持日常工作）胡代松同志高度重视，指导本书的编写并为本书作序，省社科联党组成员、副主席王和平同志具体策划组织了本书的编写，省社科联党组成员、副主席戴树源、丁宇同志对本书的编写进行指导并审稿。学会工作处处长刘平同志、副处长方丽同志负责本书的审稿和统筹。学会工作处周松华、贺丁辉、康韵凝、唐小玲、王莉娟等同志参与了本书的组稿、联络、编校。在此一并表示诚挚的感谢！

编者

2022 年 11 月